普通高等教育市场营销专业系列教材

市场营销学

第4版

主　编　许以洪　杨一翁
副主编　李双玫　刘中刚　石梦菊
参　编　张玉红　许春珍　潘友仙
　　　　汪笛晚　黄凤燕　丁梦悦

机械工业出版社

本书在市场营销学研究成果的基础上，依据教育部工商管理类核心课程的教学基本要求编写而成，涵盖了市场营销学的产生与发展、顾客满意与顾客价值、营销战略规划、市场调研、市场竞争分析与相关营销战略、市场营销组合策略，以及市场营销的组织、计划与控制等内容。同时，还紧密结合我国企业的营销实际，引入了体验营销、品牌资产和大数据营销等新的营销理念。本书坚持理论与实践紧密结合，具有针对性、现实性、前瞻性等特点。

每章除了基本理论和应用的介绍外，还包含了本章要点、导入案例、关键词、思考题和案例分析讨论等模块，既便于读者学习，也有利于教师组织课堂教学。根据教学需要，本书还提供了许多资料链接和小案例，力求资料翔实且具有学术价值，小案例新颖且具有趣味性、可读性和代表性。

本书既可以作为高等院校市场营销专业、工商管理类其他专业以及经济类各专业本、专科层次“市场营销学”课程的教学用书，也可以作为企业经营管理人员的参考书。

图书在版编目（CIP）数据

市场营销学/许以洪，杨一翁主编．—4版．—北京：机械工业出版社，2022.12（2025.1重印）
普通高等教育市场营销专业系列教材
ISBN 978-7-111-71861-1

Ⅰ.①市… Ⅱ.①许… ②杨… Ⅲ.①市场营销学-高等学校-教材
Ⅳ.①F713.50

中国版本图书馆CIP数据核字（2022）第195894号

机械工业出版社（北京市百万庄大街22号 邮政编码100037）
策划编辑：曹俊玲 责任编辑：曹俊玲 单元花
责任校对：史静怡 李 婷 封面设计：张 静
责任印制：常天培
北京机工印刷厂有限公司印刷
2025年1月第4版第2次印刷
184mm×260mm · 25印张 · 619千字
标准书号：ISBN 978-7-111-71861-1
定价：69.80元

电话服务	网络服务
客服电话：010-88361066	机 工 官 网：www.cmpbook.com
010-88379833	机 工 官 博：weibo.com/cmp1952
010-68326294	金 书 网：www.golden-book.com
封底无防伪标均为盗版	机工教育服务网：www.cmpedu.com

第4版前言

本书第1版于2007年8月出版，第2版于2011年12月出版，第3版于2016年7月出版，保持了5年左右更新一次的节奏。前三版教材承蒙营销界各位专家、学者和广大读者的关爱与支持，前后共印刷了14次。

“现代营销学之父”菲利普·科特勒认为，在数字化转型的背景下，市场营销已进化到4.0阶段。营销4.0以大数据、社群和价值观营销为基础，企业将营销的中心转移到如何与消费者积极互动、尊重消费者作为主体的价值观，并和消费者共创价值。近年来，电子商务发展为线上、线下与现代物流深度融合的“新零售”；网络营销也有了新的模式，短视频营销与直播营销发展迅猛；现实中建立与维持盈利性顾客关系的营销思想面临着“以用户满意度为最终目标”的实践挑战。与此同时，层出不穷的营销创新也伴随着争议：直播带货乱象丛生，亟待规范；精准营销带来隐私保护问题；“饭圈营销”借“粉丝互撕”吸引流量的不良之风需要治理。如何在社会主义核心价值观与新的营销观念的指导下，运用新技术，在科学与艺术之间平衡，从而更好地开展市场营销工作，以实现顾客、企业和社会等诸多利益相关者共赢，这是摆在每一位营销学者面前的新课题。

随着经济的蓬勃发展，我国已涌现出一批国际知名品牌，如华为、小米、腾讯和抖音等。很多鲜活的营销创新案例也发生在我国。例如，小米开创了“互联网手机”新品类，注重用户的“参与感”，进行口碑营销，2021年第二季度，小米手机销量超过苹果，位居全球第二；我国造车新势力的代表性企业蔚来汽车以“用户企业”冠名于世，通过极致的用户体验赢得极高的用户满意度，成立不到7年时间，市值就一度超过奔驰、宝马，成为我国市值最高的汽车企业；抖音与快手等短视频/直播平台的飞速发展，催生了短视频营销与直播营销的营销新玩法……我国的营销实践正在影响与改变着世界。

在《“双一流”建设成效评价办法（试行）》与教育部高等学校教学指导委员会发布的《工商管理类教学质量国家标准》的指引下，基于我国营销实践的新变化，本次修订在保持教材内容相对稳定的前提下，对大量内容进行了提炼和更新。主要修订如下：

（1）更新每一章的导入案例。优先选用我国品牌的案例，尽量选用备受各界关注的新创企业的案例，尽量选用与互联网、大数据等相关的品牌的案例。

（2）更新每一章中的“小案例”与“资料链接”。优先选用本土著名学者、企业家的最新研究成果与观点，知名专业机构的调查报告，以及公司官网、权威机构公开发布的最新数据。

（3）第一章补充了全方位市场营销的营销观念。

（4）第十五章新增一节：“第五节　大数据营销”。

（5）更新每一章的“案例分析讨论”。这部分案例的选用标准与导入案例相同，并为案例分析讨论提供了参考答案。

本书由许以洪教授（江汉大学），杨一翁副教授、博士（北方工业大学）担任主编；

李双玫教授（广东工业大学），刘中刚教授、博士（河南大学），石梦菊副教授、博士（武汉工程大学）担任副主编；张玉红教授（北京物资学院），许春珍副教授（集美大学），潘友仙副教授、博士（海南大学），汪笛晚（武汉文理学院），黄凤燕（江汉大学），丁梦悦（北方工业大学）参编。与此同时，参加本书第1~3版编写的刘玉芳、姚洁和洪菲等老师为本书的出版做出了很大贡献，对第4版的修订工作提出了大量真知灼见，在此表示衷心的感谢。

本书配有电子课件并提供了每章课后案例分析讨论的参考答案，使用本书作为教材的教师可登录机械工业出版社教育服务网（www.cmpedu.com）注册后下载。

由于编者水平有限，书中难免存在不足与不当之处，敬请广大读者批评指正，我们热切期望与读者交流（xuyihong2208@126.com）。

编　者

第3版前言

本书第1版于2007年8月面市，第2版于2011年12月面市。前两版教材承蒙营销学界各位专家、学者和广大读者的关爱与支持，前后共印刷了11次。

近五年来，我国电子商务发展迅猛，在线购物销售额的同比增长率始终保持着两位数的强劲增长速度。全球知名的资讯和监测公司尼尔森就消费者为何使用网上购物和网上购物的行为方式等，调研了全球26个国家和地区的13000名消费者。研究表明，随着电子技术的普及和移动设备的更新换代，网络购物越来越受到追捧，人们也在享受在线交易带来的便利。消费者的在线购物正向移动设备端转移，电子支付成为主要的支付方式，跨境电子商务正逐渐兴起。正如宝洁公司前CEO罗伯特·麦克唐纳所说，商业世界进入了“VUCA”［不稳定（Volatile）、不确定（Uncertain）、复杂（Complex）、模糊（Ambiguous）］时代——变化迅速又难以预期。

随着经济的发展，消费正在向高端化与细分化发展，消费者开始追求高品质、安全以及可靠的产品。同时，消费者开始重视产品带来的自我认同感。对于年轻消费者来说，自我认同和个性变得格外重要。因此，为了满足更多消费者不同的消费需求，产品细分正在不断深化。电子商务正在飞速发展，并驱动消费。如何将线上与线下相结合已成为吸引消费者消费的关键。另外，数字广告前所未有地为企业提供了吸引消费者的方式，数字化以及线上媒体的发展给我国经济发展带来了良好的机遇。

但是，消费者开始把大把时间花在网上，对于任何一个人来说，无论身在何处，都可以通过互联网接触到与他人一样多的信息，这导致全球市场呈现碎片化、分散化的趋势；另外，数字媒体技术使媒体更加多元化，这意味着企业传递信息的途径和消费者获取信息的方式更加多元化，社交媒体平台扮演着非常重要的角色。

企业营销内外部环境的变化，促使市场营销在理论和实践方面都取得了一定的发展。为了更加紧密地联系企业的营销实际，本次修订在保持教材内容相对稳定的前提下，对部分内容进行了提炼和更新。主要修订如下：

（1）更新相关章节的导入案例。选择更符合每一章所讲主题、更符合“互联网+”营销大环境的导入案例。

（2）删除了原书第二章第三节全面质量营销、第六章第三节部分市场需求的预测方法、第七章第四节市场竞争新模式——战略联盟、第十一章第二节中的“窜货现象及治理方略”、第十五章第一节国际市场营销和第六节水平营销等内容。

（3）更新每一章的课后案例分析讨论，并为案例分析讨论提供了参考答案。

本书由许以洪教授，李双玫教授，石梦菊副教授、博士担任主编；潘友仙副教授、博士，许春珍副教授，刘中刚副教授、博士担任副主编。许以洪参与全书的修订并负责总纂，潘友仙对第一～七章的修订、石梦菊对第八～十五章的修订做了大量细致的工作。与此同时，参加本书第1版和第2版编写的刘玉芳、张玉红、姚洁、洪菲和汪笛晚等老师为本书的出版做出了很大贡献，对第3版修订工作提出了一些真知灼见，付出了辛劳，在此表示衷心的感谢。

本书配有电子课件并提供了每章课后案例分析讨论的参考答案，使用本书作为教材的教师可登录机械工业出版社教育服务网（www.cmpedu.com）注册后下载。

由于编者水平有限，书中难免存在不足与不当之处，敬请广大读者批评指正。

编　者

第 2 版前言

本书第 1 版于 2007 年 8 月面市。四年多来，承蒙营销学界专家、学者和广大读者的关爱和支持，共印刷了 7 次。

本书第 2 版根据教育部精品课程建设和质量工程精神以及市场营销学发展的需要进行了修订。本次修订基本沿用第 1 版的架构及体例，在基本内容不变的前提下进行了提炼。主要修订如下：

(1) 更新全部案例，其中精选“导入案例”和“课后案例分析”共计 29 则。选用更有吸引力的个案取代一般性个案，并以新鲜个案取代过时个案，使第 2 版中的个案更贴近市场。这些案例侧重跨国公司和我国本土著名企业的代表性案例。

(2) 根据教学需要增设了“资料链接”和“小案例”，其中资料链接 38 个、小案例 51 则。所选资料链接力求内容翔实，具有学术价值，如动态营销管理与转型营销，联合国颁布的人口年龄类型划分新标准，英格兰式拍卖方式，荷兰式拍卖方式，代系细分，斯坦福咨询研究所的生活方式结构（VALS），隐形冠军的八大特质，德尔 · I. 霍金斯的文化价值观，美国文化的核心价值观，阿希实验，服务营销中的“北欧学派”，垂直营销系统、水平营销系统与多渠道营销系统，新产品开发失败原因分类，柯林斯和科特勒等学者的品牌命名标准，OEM、ODM 与 OBM，世界十大杰出推销员简介，三大国际 SP 大奖——法国戛纳广告金狮奖（Gannes Award）、美国克里奥奖（Clio Award）、美国雷芝促销大奖（Reggie Award）等。小案例力求新颖，具有趣味性、可读性和代表性，如资源节约型社会呼唤环保纸碗、山楂树村的珍珠陈皮定价、全新宝马 7 系的撇脂定价、“谭木匠”的集中性市场营销和中国传统文化对消费者行为的影响等。内容丰富的资料链接和小案例，有利于学生对基本观点、基本理论和基本知识的理解和掌握。

(3) 调整部分章节内容。例如，删减了“顾客满意的测量”“市场营销审计的构成内容”等内容，增加了 W. Stanton 对营销调研系统与营销信息系统的比较，服务质量维度、服务质量测定的 SERVQUAL 模型，服务质量差距模型等内容。

本书由许以洪和刘玉芳担任主编，张玉红、刘中刚和姚洁担任副主编，还有李双玫、许春珍、洪菲和汪笛晚参与了编写和修订，其中许以洪参与全书修订并总纂。

由于编者水平有限，书中难免存在不足与不当之处，敬请广大读者批评指正。

编　者

第1版前言

市场营销学是一门建立在经济学、行为科学和现代管理理论基础之上的应用科学。随着市场经济的发展和社会的进步，市场营销学的基本理论和方法在工商企业已得到广泛应用，并且扩大到非营利组织乃至社会生活的方方面面。如今，国内各高校已普遍开设“市场营销学”课程，教育部也于1999年将“市场营销学”列为高等学校工商管理类专业的核心课程。

随着我国经济的持续、快速发展，营销环境已经发生了深刻变化，企业面临全球经济一体化及信息技术迅猛发展、市场竞争日趋白热化的新环境。在这样的背景下，市场营销教材如何与时俱进、适应社会经济的发展，是摆在每一位教育工作者面前的重要研究课题。基于此，我们组织编写了本书。

本书是在最新研究成果的基础上，依据教育部工商管理类核心课程教学基本要求编写而成的。全书共十五章，第一章、第二章主要介绍市场营销学的基本理论，包括市场营销的概念、产生和发展的过程，营销观念的演变，以及顾客价值与顾客满意理论；第三章至第六章分别介绍了营销战略的规划过程、营销环境和顾客购买行为分析以及市场调研理论与技术；第七章、第八章分析了企业的市场竞争战略和目标市场营销战略；第九章至第十二章分别介绍了企业的市场营销组合，即产品、定价、分销和促销理论；第十三章讲述了服务营销理论；第十四章介绍了企业营销管理的组织、计划和控制；第十五章介绍了市场营销的发展与创新，包括国际市场营销、关系营销、绿色营销、网络营销、体验营销和水平营销等。

本书具有以下特点：①前瞻性。本书力图反映国内外最新研究成果，引入了品牌资产理论、价值链、全面质量营销、博弈营销、水平营销、体验营销等本学科发展的前沿理论，并将其融入相关的传统理论之中，对一些传统理论进行了创新性描述和发展。②以建立顾客忠诚为核心。本书自始至终都是以满足顾客需求、实现顾客满意为主线，将建立顾客忠诚贯穿于营销活动的全过程，很好地体现了“谁拥有顾客，谁就拥有了市场发言权”的现代市场竞争观。③较强的社会实践性。现代高等教育越来越重视素质教育与能力教育，而本书的编写人员都是在教学一线从事市场营销专业教学的骨干教师，并有长期在企业兼职工作和培训的经历，有着丰富的社会实践经验，所以，本书内容紧密结合现代社会市场营销活动的实践；同时，书中还附有相关的营销实践案例，这些对我国的营销实践都具有较强的指导意义。④编写体例新颖，便于教学。本书以企业市场营销活动过程为主线，符合读者学习的习惯。每章开始列有本章要点、导入案例，章末有关键词、思考题和案例分析讨论，以便读者学完后对每章内容有一个总体的认识与理解，既便于读者学习，也有利于教师组织课堂教学。

本书编写提纲由许以洪拟订，并经本书全体编写人员讨论定稿。本书的具体分工是：许以洪编写第一章、第五章第二节、第六章、第七章、第十一章、第十四章、第十五章第二节和第五节及案例，李双玫编写第四章、第九章和第十五章第三节，许春珍编写第五章第一节、第十二章，刘玉芳编写第三章、第八章、第十五章第六节，张玉红编写第二章，刘中刚编写第十章，洪菲编写第十五章第一节，姚洁编写第十三章，汪笛晚编写第十五章第四节。全书由许以洪和李双玫担任主编，许春珍和刘玉芳担任副主编，由许以洪负责统编定稿。

在本书的编写过程中，我们参阅了大量的文献资料，借鉴了国内外营销学者的部分研究成果，已尽可能地在参考文献中列出；得到了国内营销学界众多专家、学者和同仁的关心与支持；吴雅笛、蒿倩雯和张巍在资料收集整理方面辛勤工作、默默奉献。在此一并表示感谢！

由于编者水平有限，书中难免存在不足之处，恳请广大读者批评指正，以便再版时修订和完善。

编 者

目　录

第一章

市场营销学导论

本章要点

1. 市场营销的含义
2. 市场营销的核心概念
3. 市场营销管理哲学的演进
4. 市场营销管理的任务
5. 市场营销学的研究对象和方法

导入案例

电影《战狼2》的市场营销

《战狼2》是吴京执导的动作军事电影，由吴京、弗兰克·格里罗（Frank Grillo）、吴刚、张翰、卢靖姗、淳于珊珊和丁海峰等主演。该片于2017年7月27日在我国内地上映，2020年3月20日重映。《战狼2》以56.8亿元雄踞国产电影票房榜首，并在我国内地创下累计观影人次1.4亿的成绩，登上“单一市场观影人次”全球榜首。《战狼2》取得如此成功的票房业绩，市场营销功不可没。

（1）借势营销。《战狼2》于2017年7月27日上映，那时候正值建军90周年前夕，这样一部高度赞扬国魂、军魂的军旅题材影片点燃了国人的爱国热情，几乎每个看过《战狼2》的观众都说“背后有着这样一个强大的中国真是太幸运了”，国强则百姓安康。在《战狼2》热映期间，有关部门正严词抗议印度非法越界，电影宣传中的一句“犯我中华者，虽远必诛”引起广大网友的热烈反响。

（2）话题营销。话题营销属于口碑营销的一种。话题营销主要是运用媒体的力量以及消费者的口碑，让广告主的产品或服务成为消费者谈论的话题，以达到营销的效果。《战狼2》通过微博不断地用各种话题来刷新其存在和热度。例如，吴京卖房拍电影，吴京不用替身差点死在现场，吴京发布拍摄过程的“注意事项”，等等。各种话题热度都保持着上升的趋势，这也让观众有了谈资，观众也感叹真是“用生命拍电影，能活着回来不容易”。

（3）互动营销。在互动营销中，互动的双方一方是消费者，一方是企业。只有抓住共同利益点，找到巧妙的沟通时机和方法才能将双方紧密地结合起来。互动营销尤其强调双方都采取一种共同行为。吴京时常发布《战狼2》拍摄的细节，上映前夕，知名电影博主就开始了助推，上映后各路自带流量的明星纷纷转发支持。在微博中，明星效应就给粉丝传达了很多信息，为这部电影带来了一波实实在在的免费宣传。这样的实时互动刺激了网络协同的巨大功能，在各类媒体形成一股热浪，让还没有看过电影的观众有了走进电影院的欲望，让看过的观众有了参与评论的热情。

（4）病毒营销。病毒营销是一种常用的网络营销方法，常用于网站推广、品牌推广等。病毒营销利用的是用户口碑传播的原理。在互联网上，这种口碑传播更为方便，可以像病毒一样迅速蔓延，因此病毒营销成为一种高效的信息传播方式。由于这种传播是用户之间自发进行的，因此几乎是不需要成本的。对《战狼2》的评论都是“很不错”“非常好”之类的。几乎每一个看过该电影的人都说“这部电影非常不错，值得一看”“这是今年最好看的电影了”“良心推荐”等。在观众口碑的影响之下，消费者纷纷走进影院，为票房的上涨做了巨大贡献。

（资料来源：1. http://www.360doc.com/content/17/1127/19/50182796_707665072.shtml. 2. https://baike.baidu.com/item/%E6%88%98%E7%8B%BC%E2%85%A1/20794668? fr=kg_qa.）

案例表明，市场营销是《战狼2》成功不可或缺的助推器。怎样理解市场和市场营销的内涵？如何领会和把握市场营销管理哲学？如何进行成功的市场营销？本章主要将围绕这些主题展开。

第一节　市场和市场营销

一、市场的概念

正确理解市场的含义是开展营销活动的前提。

众所周知，市场是社会分工和商品交换的产物，哪里有社会分工和商品生产，哪里就有市场。市场有狭义和广义之分。狭义的市场是指进行商品交换的场所。这是人们对市场的一般认识，也是市场最早出现的形态。我国古代文献中有“日中为市，致天下之民，聚天下之货，交易而退，各得其所”的记载，就是对这种时空意义上的市场概念的描述。广义的市场是指在一定的领域或场所内的商品交换关系和商品交换活动的总和。

现代营销之父菲利普·科特勒（Philip Kotler）认为：“市场是由那些具有特定需求或欲望，而且愿意并能够通过交换来满足这种需求或欲望的全部潜在顾客所组成。”这是从卖方的营销角度分析问题，认为市场只是指需求的一方（买方），而不包括供给的一方（卖方）。

卖方和买方通过四个流程联结起来。卖方构成行业（Industry），买方则构成市场（Market）。卖方把商品/服务及其信息传送到市场；买方把货币及信息传送给行业。行业与市场之间的关系如图1-1所示。图1-1中，内环表示货币与商品/服务的交换，外环表示信息的交换。

在现代经济中，市场的概念更加丰富，交换关系更加复杂，出现了相互联结的复杂的市场体系。图1-2显示了五种基本市场及其交换流程。制造商从资源市场购买原材料、劳动力等各种资源，将其转变为商品和服务后销售给中间商，中间商再将商品和服务销售给消费者。消费者通过出售劳动力获取货币收入，再从市场上购买所需的商品和服务。政府利用从

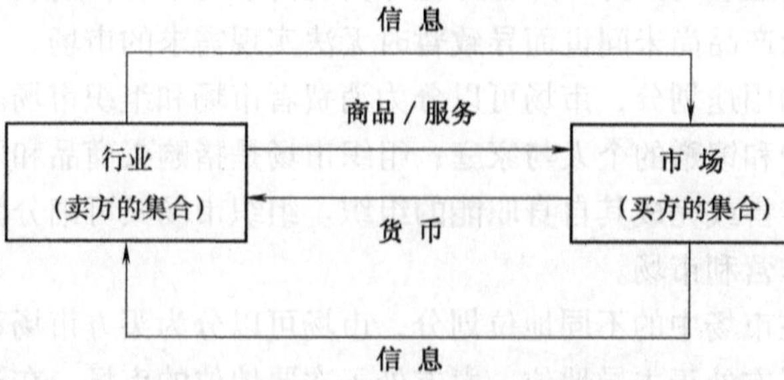

图 1-1 行业与市场之间的关系

各市场获得的税收从资源市场、生产者市场、中间商市场采购商品和服务，并为社会公众提供公共服务。

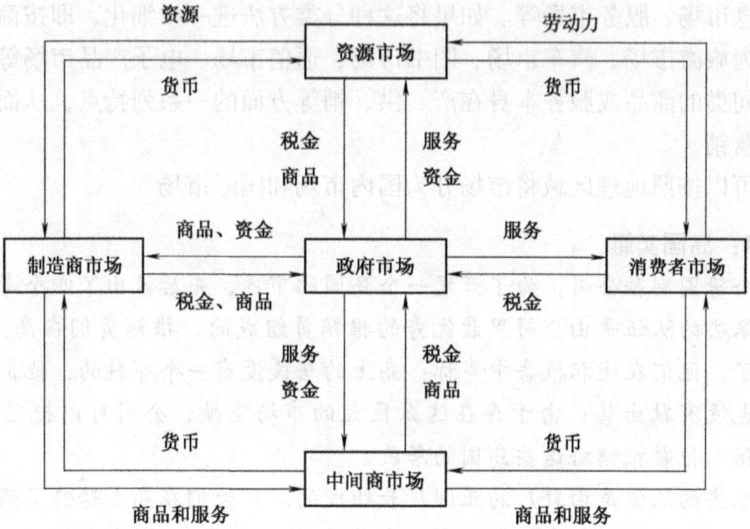

图 1-2 五种基本市场及其交换流程

随着经济的发展和时代的进步，人类的交易活动可以借助电话、传真或通过互联网进行，即使不存在特定的交易场所，其市场范围也可以遍及全球。因此，市场的概念从传统的物理概念演变为数字概念，从一定的市场地点（Market Place）过渡到市场空间（Market Space）或电子虚拟市场。

从市场营销学的角度看，市场主要突出消费者的现实与潜在需求，市场是人、购买力和购买欲望三个要素的统一。这三个要素相互制约，缺一不可，只有三者结合起来，才能构成现实的市场，才能决定市场的规模和容量。

二、市场的类型

市场的类型可以从不同的角度划分为许多种。在市场营销中，经常运用的分类标准有以下几种：

（1）按消费者需求是否能够立即实现划分，市场可以分为现实市场和潜在市场。现实市场是指消费者有购买欲望和购买力，并打算立即实现需求的市场；潜在市场是指因缺乏购买力、购买意愿或需求的产品尚未问世而导致暂时无法实现需求的市场。

（2）按购买目的和用途划分，市场可以分为消费者市场和组织市场。消费者市场是指购买商品和服务用于消费和馈赠的个人与家庭；组织市场是指购买商品和服务用于进一步加工制造、租赁或出售、转售或完成其自身职能的组织。组织市场又可细分为生产者市场、中间商市场、政府市场和非营利市场。

（3）按供需双方在市场中的不同地位划分，市场可以分为买方市场和卖方市场。买方市场是指在交换过程中买方处于主导地位、卖方处于次要地位的市场。在买方市场上，商品供过于求，市场竞争激烈，买方购买商品的机会和选择性很大。卖方市场则相反。在卖方市场上，买方处于从属地位，卖方左右着市场，商品短缺，供不应求，商品交易条件有利于卖方而不利于买方。

（4）按买卖对象的不同划分，市场可以分为消费资料市场、生产资料市场、资金市场、技术市场、信息市场、服务市场等。如果将这种分类方法进一步细化，即按商品或服务大类划分，可以分为旅游市场、汽车市场、图书市场、通信市场、电子产品市场等。这种分类方法便于了解不同类的商品或服务本身在产、供、销等方面的一系列特点，从而利于进行有针对性的专业化营销。

此外，还可以按照地理区域将市场分为国内市场和国际市场。

小案例 1-1：岛国卖鞋

欧洲的一个跨国制鞋公司，为了开发一个岛国的市场，先后派出了四个考察队。

第一个被派去的队伍是由公司里最优秀的推销员组成的。推销员们在岛上转悠了半天，第二天就回来了。他们在述职报告中声称：岛上的居民没有一个穿鞋的，他们没有穿鞋的习惯，岛上暂时也没有鞋出售；由于存在这么巨大的市场空缺，公司可以把鞋大批量地运过去，他们也有信心把鞋推销给这些岛国的居民。

第二个被派去的队伍是由鞋厂的正副厂长组成的。厂长们在岛上转悠了两天，回来之后显得非常兴奋。他们声称：该岛国是一个很有前景的市场，他们在岛上找到了可以生产鞋的原料，而且岛上的原料及其他各方面的社会资源价格都很低廉；他们建议公司立即到岛国设立分厂，并认为只要能够大批量生产，肯定可以获取高额的利润。

第三个被派去的队伍是由公司的财务部门组成的。在比较了“国际贸易”和“本地化生产”两种模式的优劣后，他们认为：岛国的原料、土地、劳动力、水、电等资源的价格相对低廉；公司的鞋厂距离岛国非常远，但岛国的关税较低。综合两种模式各方面所需的规模，只要新建的鞋厂能够保持每天 1000 双以上的规模，生产一双鞋采用“本地化生产”可以比“国际贸易”节省 4 元。按一个月生产 3 万双鞋计算，则一个月可以节省 12 万元，半年公司就可以收回建厂的全部成本。所以，他们建议公司到岛国设厂，就地生产和销售鞋子。

第四个被派去的队伍是由公司的营销经理组成的。经理们在岛上待了五天，拜访了上至酋长，下至各行各业普通老百姓等不同群体的 50 多个人。经理们了解到，岛国的居民一直没有穿鞋的习惯，他们看见外来的穿鞋人感到非常奇怪——原来他们根本没有意识到需要穿鞋这件事情。但是，很多人的脚是有毛病的，也想过很多办法避免脚病，却都不太奏效，他们非常渴望脚病得到根除。当他们了解到穿鞋可以帮他们的脚避免很多意外的伤害，更利于防治脚病后，都表示非常愿意并渴望拥有一双鞋。经理们还了解到：岛国居民的脚普遍比公司所在地欧洲的同年龄段人的脚长 2~3in[㊀]，宽 1in 左右。因此，公司要对卖给他们的鞋进行重新设计。另外，曾经有过一个有一定竞争力的制鞋公司派人去考察过，但当该公司发现当地居民都不穿鞋以后，认为没有市场，就放弃了继续努力。不过，也不能排除他们日后卷土重来。岛国的居民没有多少钱，但岛上盛产香蕉，这些香蕉又大又甜，在欧洲极具竞争力。岛国的居民都听从酋长的命令，经理们跟酋长商谈过，也去岛上的香蕉园参观过。酋长已经答应：他将以每 20~30kg 香蕉换一双鞋的比例，换取制鞋公司专门为岛国生产的鞋，总数量为 10 万双左右，第一批可以先订 1 万双，越快到货越好，并给予该公司独家售鞋权。

经理们了解过，这样的香蕉如果经过适当的包装，可以 30 元/kg 的价格卖给欧洲的某连锁超市，按 1 万 kg 计算，扣除包装、运输、关税、人员工资等费用，每千克香蕉的纯利润为 23 元。1 万双鞋如果从离岛国最近的鞋厂运到岛国，公司的总成本为 16 万元；可以换得的香蕉总数量（按 25kg 香蕉换一双鞋计算）是 25 万 kg，而香蕉的总利润为 575 万元，扣除鞋的成本，公司可以在第一笔交易中盈利 559 万元。如果在岛国本地生产鞋子，则每双鞋还可以节省 4 元成本，公司则可以得到 563 万元的总利润。

同时，经理们也计算过，投资设厂需要资金 200 万元，而且从建厂到真正出成品交货，需要三个月时间，满足不了酋长的迫切需求；而公司在最近的鞋厂设计、生产 1 万双鞋，再运到岛国出售，只需要一个半月，这个时间酋长是可以接受的。所以，经理们建议公司先用"国际贸易"做成第一笔 1 万双鞋的交易，建立好关系，打好基础；同时在岛国投资建厂，为后续更广阔的市场发展提供支持。

最后，制鞋公司对营销经理们的报告大加赞赏，同时给予了重奖。

三、市场营销的含义

（一）市场营销的概念

"Marketing" 一词既可译为"市场营销学"，又可译为"市场营销"。当"Marketing"译为"市场营销学"时，是指以营销活动为研究对象的一门学科；而译为"市场营销"时，是指企业的市场营销活动。

市场营销与现代社会化大生产和市场经济相关联，是一个随着市场营销管理实践的发展而发展、含义广泛的重要概念。国内外学者从不同的角度和发展的观点对市场营销（Marketing）的内涵进行了诠释，其中比较有代表性的表述包括美国市场营销协会（AMA）和科特勒的定义。

1960 年，美国市场营销协会给市场营销下的定义是："市场营销是引导货物和劳务从生产者流转到消费者或用户所进行的一切企业活动。"这个定义只是把企业营销局限于流通领域，并没有包括市场营销的全部内容。

1985 年，美国市场营销协会对市场营销的定义进行了修正，认为"市场营销是关于构思、货物和服务的设计、定价、促销与分销的规划及实施的过程，目的是创造能实现符合个人和组

㊀ 1in = 0.0254m。

织目标的交换”。与1960年的定义相比，这一定义较全面地表述了市场营销的含义。

2004年8月，美国市场营销协会公布了市场营销的最新定义：市场营销既是一种组织职能，也是为了组织自身及利益相关者的利益而创造、传播、传递客户价值，管理客户关系的一系列过程。新定义较之旧定义，不论是表述重点还是着眼点都有了创新。它明确了顾客在营销活动中的中心地位，强调了市场营销活动的可持续发展。

菲利普·科特勒认为，市场营销是个人和群体通过创造并同他人交换产品与价值，以满足需求和欲望的一种社会过程与管理过程。这一定义将市场营销的概念具体归纳为：①市场营销的最终目标是满足需求和欲望；②交换是市场营销的核心，交换过程是一个主动、积极地寻找机会，满足双方需求和欲望的社会过程和管理过程；③交换过程能否顺利进行，取决于营销者创造的产品和价值满足顾客需求的程度以及交换过程中管理的水平。

菲利普·科特勒的定义与美国市场营销协会公布的定义相比，表述的详略虽然不同，但是基本精神一致。本书采用菲利普·科特勒的定义。

为了更好地把握“市场营销”这一重要概念，还需注意以下几点：

（1）市场营销有宏观与微观之分。宏观市场营销从社会总体层面研究营销问题；微观市场营销从个人和组织交换层面研究营销问题。美国著名市场营销学家尤金·麦卡锡（Eugene McCarthy）认为，“宏观市场营销是指这种社会经济过程：引导某种经济的货物和劳务从生产者流转到消费者，在某种程度上有效地使各种不同的供给能力与各种不同的需求相适应，实现社会的短期和长期目标”；“微观市场营销是指某一个组织为了实现其目标而进行的这些活动：预测顾客或委托人的需要，并引导满足需要的货物和劳务从生产者流转到顾客或委托人”。本书所研究的市场营销主要是从微观角度进行阐述的，即企业市场营销。

（2）市场营销不同于推销或销售。在20世纪30年代以前，由于经济不发达、市场供不应求，企业的市场营销活动主要是加强推销，所以市场营销（Marketing）与推销（Selling）没有区别。随着市场经济的发展，市场营销与推销的区别也日益明显。正如科特勒所言：“推销不是市场营销的最重要部分，而只是‘市场营销冰山’的尖端。推销是企业市场营销人员的职能之一，但不是其最重要的职能。”正因如此，美国企业管理权威彼得·德鲁克（Peter F. Drucker）指出：“市场营销的目的就在于使推销成为不必要的。”

（3）市场营销的核心概念是交换。企业的一切市场营销活动都与交换有关，其目的都是达成交易，实现潜在交换。

（二）市场营销的相关概念

在通过交换满足顾客需求的过程中，市场营销涉及一系列核心概念，并且随着市场营销实践与营销理论的发展而变化。科特勒在其《营销管理》一书中指出，除了市场、交易和交换、营销者和预期顾客外，市场营销的核心概念还包括需要、欲望、需求、目标市场和细分市场、供应品和品牌、价值和满意、营销渠道、供应链、竞争、营销环境、营销计划等。本书就其中的某些概念做简要介绍。

1. 营销者和预期顾客

在市场营销中，如果一方比另一方更主动、更积极地寻求交换，则前者即为营销者（Marketers），后者称为预期顾客（Prospective Customers）。换言之，营销者是指希望从别人那里取得资源并愿意以某种有价值的东西作为交换的人；预期顾客是指营销者所确定的有潜在愿望和能力进行交换的人。营销者可以是卖方也可以是买方，当买卖双方都积极寻求交换时，则把双方都称为营销者。

2. 需要、欲望和需求

需要（Needs）是指人类的基本要求没有得到满足的感受状态。人们为了维持生存，需要食品、空气、水、衣服和住房；此外，人们还强烈需要娱乐、教育和文化生活。欲望（Wants）是指想获得满足需要的某种具体东西的愿望。不同环境下的人，其欲望会有所不同。例如，当一个人口渴时，可以选择一种饮品来满足“解渴”的生理需要，中国人可能选择绿茶，美国人可能选择可乐，而巴西人可能选择咖啡。需求（Demands）是指人们有能力购买并愿意购买某个具体产品的欲望。

从上述概念可以知道，人类的需要可以通过不同方式来满足；欲望是需要的一种，是明确了具体满足物或满足方式的一种需要；需求是一种特定的欲望。需要存在于营销活动之前，无法靠营销活动创造；但市场营销者连同社会上的其他因素可以影响人们的欲望，进而经过营销努力，使欲望转变为需求。

资料链接 1-1：五种类型的需要

满足目标市场的需要、欲望和需求是市场营销活动的目的。但是，要认识顾客的需要和欲望并非易事。有些顾客对自己的需要并不一定清楚，或者不能清楚地说明自己的需要。例如，当他们想要一辆“不贵”的汽车时，他们所指的可能是以下五种需要之一：①表述的需要：顾客需要一辆不贵的汽车；②真正的需要：顾客需要的汽车是使用成本低而不是原价低廉的汽车；③未表明的需要：顾客期望从销售商处得到良好的服务；④令人愉悦的需要：顾客在购买汽车时，意外地得到了全国交通地图；⑤秘密的需要：顾客想要找到一个价值导向的理解顾客心思的朋友。此时，营销者必须进行深入的分析，帮助顾客学会了解自己需要的是什么，并感觉和响应顾客的需要。

3. 产品、供应品和品牌

人类靠产品来满足自己的需求。产品（Product）泛指用来满足人类某种需求的东西。产品是需求的载体，需求通过对产品的使用和消费得到满足；一种产品可以满足多种需求，一种需求也可以通过多种产品的使用和消费得以实现。供应品（Offering）比产品更宽泛，是一系列用来满足顾客需求的利益的集合，主要包括商品（Goods）、服务（Service）、事件（Events）、体验（Experience）、人物（Persons）、地点（Places）、财产权（Properties）、组织（Organizations）、信息（Information）和观念（Ideas）等。营销者的任务是向消费者展示产品实体中所含的利益和提供的服务。品牌（Brand）则是一种在消费者认可的基础上形成的无形资产，它越来越成为人们想要得到某种无形利益如身份、个性的张扬等首先要考虑的因素，所以企业要为树立良好的品牌形象而努力。

4. 价值和满意

对能够满足某一特定需要的供应品进行选择时，人们所依据的标准是哪种供应品能够给他们带来最大的价值。价值（Value）是指顾客所获得的利益与付出的成本之比，反映了顾客对有形和无形利益及成本的认知。其中，利益主要包括功能利益和情感利益，而顾客的付出包括货币成本、时间成本、精力成本与体力成本。价值随着质量和服务的提高而提高，随着价格的增加而减少。

满意（Satisfaction）是指人们通过对一种产品的可感知效果与自己的期望相比较后，所形成的愉悦或失望的感觉状态。当可感知效果与期望相符合时，顾客就会满意；当可感知效果低于期望时，顾客就会失望。如果某企业的产品或供应物能给目标购买者带来价值并使其满意，那么该企业的产品和供应物就是成功的。

5. 交换、交易和关系营销

交换（Exchange）是指通过提供某种东西作为回报，从别人那里取得所需物的过程。人们可以通过自产自用、强制取得、乞讨和交换四种方式来获取产品满足需要，其中前三种方式不存在市场营销，只有通过交换这种特定方式来满足需要和欲望时，市场营销才会产生。因此，交换是市场营销的核心概念，营销的全部内容都包含在交换的概念中。

资料链接 1-2：交换发生必须具备的五个条件

交换发生必须具备的五个条件是：①至少有买卖双方；②每一方都有被对方认为有价值的东西；③每一方都能沟通信息和传送货物；④每一方都可以自由接受或拒绝对方的产品；⑤每一方都认为与另一方进行交换是适当的或称心如意的。只有当双方都认为自己在交换以后能得到更大利益或者至少不比以前差，交换才能真正产生。

交易（Transaction）是交换活动的基本单元，是由双方之间的价值交换所构成的行为。交易的形式通常包括货币交易和以物易物、以服务易服务等非货币交易形式。一次交易涉及的实质内容有：①至少有两件有价值的东西；②买卖双方所同意的条件；③协议时间和地点；④有法律制度来维护和强制交易双方执行承诺。

建立在交易基础上的营销称为交易营销。为了使企业获得比交易营销更多的利益，就需要关系营销。关系营销是指企业与其关键成员，包括顾客、分销商、供应商等建立、保持并加强关系，通过互利交换及共同履行诺言，使有关各方实现各自目的的活动过程（详细内容请参阅本书第十五章第一节）。与顾客建立长期的合作关系是关系营销的核心内容。关系营销的最终结果将为企业带来一种独特的资产，即市场营销网络。市场营销网络就是企业及与之建立起牢固的互相信赖的商业伙伴关系的其他关联性单位，包括顾客、供应商、中间商、广告代理商、金融机构等。

资料链接 1-3：现代营销学之父科特勒：6 把钥匙解锁营销的本质

（1）营销是应用经济学的延伸。第一把钥匙是对营销学的起源的界定，“现代营销学之父”科特勒多次提到——营销是应用经济学的延伸。科特勒认为，经济学是社会科学中最接近理性结构的学科，因为经济学背后存在系统的前提假设和基于原理的演算。市场营销属于应用经济学的范畴，研究货物从生产者、批发者到零售商的运输过程中，每个不同的阶段如何创造价值和定价。

（2）使营销与管理学融合。科特勒曾说过，数据不是目的，而是手段，而营销更要在理性结构的基础上理解人性。所以营销应无时无刻不关注人、关注价值观、关注组织愿景。随着研究深入，科特勒越来越促使营销与管理学融合，从理性走向人性和社会性，以萨缪尔森经济学理性作为根基，融合德鲁克管理的社会与人性洞察，让营销真正建立在实践性上。

（3）为营销建立框架与原理。科特勒曾说，在他之前并非没有营销理论，他之前有哈佛的李维特（Theodore Levitt）提出来的“营销近视症”，也有麦卡锡（Jerry McCarth）提出的营销 4P 组合，但是他率先把营销架构出一套可以进行企业实践的系统，并上升到管理者和战略家的高度。另外，科特勒致力于把营销还原到“原理”的级别。所谓原理，就是能够透析本质、形成系统，重复指导实践的理念，从而构建了现代营销的底座。

(4) 使营销理论拥有随时代演进的特质。理论是灰色的，而生命之树常青，科特勒赋予理论时代的生命。近些年，科特勒在全球各地给500强的高管授课时，开头和结尾总是使用同样的两张幻灯片：第一张为“市场变得比市场营销更快”，最后一张是“如果五年内你还做一成不变的生意，你将要关门大吉”。营销不能固守旧有的理论，固守只能自我僵化，营销在每个时代都应该开出新花。

(5) 把营销从职能上升为战略。在科特勒之前，营销学更多讨论交易、渠道、广告这些战术性行为，而科特勒的被誉为“营销圣经”的《营销管理》的出版，把营销抬到了一个新的高度——企业应以客户为核心，理解他们的需求，研究他们的偏好，再去发展自己的营销组合。科特勒把营销的CEO分成有四种完全不一样的格局的CEO：1P型CEO（把营销作为一种传播），4P型CEO（营销4P融合），STP+4P型（市场细分、目标市场选择、定位+4P），ME（Marketing Everywhere，营销的思维无所不在）型CEO。

(6) 让营销进行无边界扩展。不同于对原有领域的固守，科特勒坚持认为营销是可以无边界扩展的，例如城市营销、人的营销、理念的营销，甚至是政治营销。这种扩展，使营销变成各项组织进行价值创造的一种底层智慧。为了让横向延伸更具纵深度，科特勒与全球各个领域的顶级研究者合作，促使了营销在各行业中的开花与深化，取得了巨大的社会反响。

（资料来源：1. 科特勒. 我的营销人生［M］. 陶鹏，译. 北京：中信出版社，2019. 2. http://www.360doc.com/content/19/0711/08/982189_847991564.shtml.）

第二节 市场营销学的产生和发展

一、市场营销学的产生背景

市场营销学作为一门学科产生于19世纪末20世纪初的美国。20世纪初，美国工业的专业化程度和生产效率有了极大提高，市场交易范围扩大，个人可自由支配的收入上升，人们对市场的态度和行为发生了根本性变化，这些变化催生了市场营销理论的产生。

(1) 市场规模迅速扩大。随着工业革命的产生，美国资本主义迅速成长，20世纪初美国的市场规模较之19世纪60年代翻了一番还多。市场规模的急剧扩大为大规模生产提供了机会，同时也带来了新的竞争因素，分销、信息、沟通等变得越来越重要。

(2) 买方市场初步形成。市场规模的扩大极大地刺激了企业的扩张欲望，科学技术的进步使大规模生产成为可能，从而使产品大为丰富，市场供给超过了市场需求，卖方市场开始向买方市场转化。供求关系的变化使市场营销活动日益成为影响企业效益的重要因素，需要一种新的理论对此做出解释和指导。

(3) 分销系统的变化。随着生产规模和市场的扩大，原有商品流通体系发生了改变，中间商体系开始形成。中间商通过自身独特的功能有效地帮助企业扩大了市场，降低了成本，提高了流通效率，同时也产生了中间商与消费者之间的信用等问题。如何有效利用和管理中间商成为一项新的课题。

在此大背景下，市场营销学作为一门指导企业如何在市场条件下从事经营活动，并能在企业、中间商与消费者之间建立有效沟通的学科应运而生。

二、市场营销理论的发展轨迹

（一）市场营销理论在美国的发展历程

市场营销理论在美国的发展，大致经历了以下五个阶段：

1. 萌芽阶段

1900年—1920年是市场营销学有关理论的萌芽时期。在此期间，一些企业重视对市场的研究，并着手开展调查、广告、分销等营销实践，市场调查和分析成为企业生产经营活动的前提，市场营销学赖以产生和发展的环境逐步形成。与此相适应，一些学者也从理论上开展研究。1902年，密歇根大学开设了一门名为“Distributive and Regulative industries of the United States”涉及了现代营销学有关内容的课程，被认为是市场营销学的里程碑。1905年，克罗西（W. E. Kreusi）在宾夕法尼亚大学开设了“The marketing of products”课程；1910年，拉尔夫·斯达·巴特勒（L. S. Butler）在威斯康星大学开设了“Marketing Method”课程；巴特勒和约翰·斯威尼（John B. Swinney）被认为在美国最早使用了“市场营销”术语。1912年，美国哈佛大学出版了赫杰特齐（J. E. Hegerty）的《市场营销学》教科书，被视为市场营销学作为一门独立学科诞生的标志。1912年阿切·肖（Arch W. Shaw）在《经济学杂志》上发表了题为《关于营销分配的若干问题》的论文。三年之后，肖对此论文进行修改并补充出版了一本同名书籍。尽管肖当时没有使用“营销”这一词语，而是把“分销”和“营销”视为同一个意思，但在书中他把商业分配活动从生产活动中分离出来，单独地加以考察，系统地论及原料、中间商、广告、市场、价格政策以及其他有关问题，这在当时是一个创举。

这一阶段的市场营销理论大多以生产观念为导向，其依据仍然是以供给为中心的传统经济学，尚未形成理论体系，也没有成为广大企业营销活动的指南，表现出初创时期的特点，称为市场营销学的萌芽阶段。

2. 职能研究阶段

1921年—1945年，市场营销主要集中在职能研究上。在这一时期，主要研究如何对产品进行宣传和推销，但现代营销观念的雏形可以窥见，主要代表人物有克拉克（F. E. Clerk）、韦尔达（L. D. H. Weld）、亚历山大（Alexander）、瑟菲斯（Sarface）、埃尔德（Elder）和奥尔德逊（Wroe Alderson）。1932年，克拉克和韦尔达出版了一本全面阐述农产品营销的书籍——《美国农产品营销》。他们认为，农产品营销的目的是“使产品从种植者那里顺利地转移到使用者手中”。这一过程包括三个内容和七种营销功能，即集中（购买剩余农产品）、平衡（调节供需）和分散（把农产品化整为零）三个重要而相互关联的内容；集中、储藏、财务、承担风险、标准化、推销和运输七种营销功能。1940年，亚历山大、瑟菲斯、埃尔德和奥尔德逊合著出版了《市场营销》。他们指出，营销包括自商品离开农田或机器以后转移到用户手中这一过程中所发生的每项活动，继续强调功能研究的重要性。1942年，克拉克在《营销原理》一书中把功能归纳为三类：①交换功能——销售（创造需求）和收集（购买）；②实体分配功能——运输和储藏；③辅助功能——金融、风险承担、市场情报沟通和标准化，并提出推销是创造需求的观点，在功能研究方面有所创新。

3. 形成阶段

1946 年—1955 年，功能研究依然占据着重要位置，但是其重要性已经开始下降；营销已被明确为一种满足人们需要的行为，学术界开始从不同视角探讨研究市场营销学的方法，市场营销理论逐步形成。

1952 年，范利（Vaile）、格雷特（Crether）和考克思（Cox）合作撰写了《美国经济中的市场营销》一书，详细论述了市场营销如何分配资源、如何指导资源的使用、如何影响个人收入的分配以及哪些因素影响人们的需求和购买等。同年，梅纳德（Maynard）和贝克曼（Beekmen）的《市场营销原理》问世。他们分析了营销、商品化、分配和经济学等概念的区别，定义了“市场营销”，提出了研究市场营销学的方法；认为“影响商品交换或商品所有权转移以及为商品实体分配服务是必要的企业活动”，指出通过商品研究法、机构研究法、历史研究法、成本研究法和职能研究法开展营销学研究富有成效，“营销原理”则是对一般规律的阐述，当各个营销原理组合在一起时，便构成了营销理论。

此外，这一时期营销的重要工具——市场调研也在现实经济生活中得到了越来越广泛的关注。从上面的分析中可以看出，市场营销理论在这一时期开始形成。

4. 管理导向阶段

1956 年—1965 年属于市场营销管理导向阶段。在此期间出现了一批对市场营销学说的发展具有重要贡献的营销学者，他们主张从市场营销管理的角度论述市场营销理论并进行应用。1957 年，奥尔德逊在《市场营销活动和经济活动》一书中提出了“职能主义”，认为职能是发展市场营销理论最有效的途径。霍华德（John A. Howard）从企业环境和市场营销战略两者的关系来讨论市场营销管理问题，强调企业必须适应外部条件。

杰罗姆·麦卡锡（Eugene J. McCarthy）对营销理论提出了新的见解。他认为消费者是一个特殊的群体，应该以消费者为中心，全面考虑企业的内外部条件，制定市场营销组合，以促成企业各项目标的实现。1960 年，麦卡锡和普利沃特合著的《基础市场营销》第一次将企业的营销要素归结为四个基本策略的组合——4P’s，这一理论已经成为现代市场营销理论的基础。

5. 协同和发展阶段

1966 年以来属于市场营销理论的协同和发展阶段。在此期间，市场营销学逐渐从经济学中独立出来，吸收了行为科学、管理科学以及心理学、社会学等学科的若干理论，理论体系进一步成熟。尤其是著名学者乔治·道宁（George S. Downing）和科特勒等人为市场营销理论的发展做出了重大贡献。道宁提出了系统研究法，指出市场营销是一个贯穿始终的过程，而并不仅仅是一种职能。1971 年，他在专著《基础市场营销：系统研究法》中指出，企业内部是一个系统，而企业又存在于一个更大的系统之中。他还指出，市场营销是企业活动的总体系统，通过定价、促销、分销活动及各种渠道把产品与服务提供给现实和潜在的顾客。

科特勒提出“市场营销管理体系”的观点，认为营销管理就是通过创造、建立和保持与目标市场的有益交换和联系，以实现组织各种目标而进行的分析、计划、执行与控制的过程。市场营销理论既适用于营利组织，也适用于非营利组织。这一观点扩大了市场营销学的研究和应用领域。1967 年，科特勒出版了《营销管理：分析、计划、执行与控制》一书，从企业管理和决策的角度，系统地论述了分析营销环境与机会、开发营销战略、制订营销策略方案和管理营销过程的完整理论体系，成为当代市场营销学的经典名著，使市场营销理论日益完善和成熟。

（二）市场营销理论的新思想和新概念

第二次世界大战结束以来，随着市场营销实践的发展，市场营销理论不断创新，出现了大量的新概念（见表 1-1），内容越来越丰富，逐步建立起以“满足需求”“顾客满意”为核心内容的框架和体系。

表 1-1 市场营销理论新概念举例

年代	新概念	提出者
20 世纪 50 年代	市场营销组合 产品生命周期 品牌形象 市场细分 市场营销观念 营销审计	尼尔·鲍顿 乔尔·迪安 西德尼·莱维 温德尔·史密斯 约翰·麦克金特立克 艾贝·肖克曼
20 世纪 60 年代	“4P’s”组合 营销近视 生活方式 买方行为理论 扩大营销概念	杰罗姆·麦卡锡 西奥多·莱维特 威廉·莱泽 约翰·霍华德 杰迪什·谢斯 西德尼·莱维 菲利普·科特勒
20 世纪 70 年代	社会营销 低营销 定位 战略营销 服务营销	杰拉尔德·泽尔曼 菲利普·科特勒 西德尼·莱维 菲利普·科特勒 阿尔·赖斯 波士顿咨询公司 林恩·休斯塔克
20 世纪 80 年代	营销战 大市场营销 内部营销 全球营销 关系营销	雷维·辛格 菲利普·科特勒 克里斯琴·格罗路斯 西德尼·莱维 巴巴拉·本德·杰克
20 世纪 90 年代	网络营销 差异性营销 绿色营销 5R 营销	葛斯·哈泊 唐·E. 舒尔茨

上海财经大学晁钢令教授在谈到营销新概念和新观念时指出，市场营销理论作为一种应用性很强的理论，其形成和发展在很大程度上受到各种环境因素的影响。社会和经济环境在不断发展，市场营销理论也会不断地变化和发展。然而，市场营销理论的变化比较大，并不意味着其缺乏稳定的科学规律。事实上，“以市场为导向”“以顾客需求为中心”“以竞争为

动力”“以实现潜在的交换为目标”的基本经营思想，以及与此相关的各种经营规律，并不会因环境的变化而改变，而是随着环境的变化以各种新的形式表现出来。

资料链接 1-4：市场营销在疫情影响下的十大变化

新冠肺炎疫情不可避免地对经济社会的方方面面造成了较大冲击，市场营销在疫情的影响下也发生了以下十大重要变化：

（1）变化一。以前：营销始于了解顾客；现在：营销始于了解顾客细分情况。新冠肺炎疫情强化了如下营销实践：品牌必须针对特定消费者群体，准确运用贴近该群体的术语，结合其所处环境和切身相关的问题。这意味着要真正理解每个国家、每个地区的实际情况。银行、餐饮和零售等行业甚至需要根据每个门店的不同情况调整品牌传播。同时，根据消费者的生活方式等心理特征进行市场细分更为重要。

（2）变化二。以前：你与竞争对手竞争；现在：你与顾客的上一次美好体验竞争。新冠肺炎疫情来袭，品牌的数字化转型一夜加速。消费者期望急剧上升，期待公司可以带给他们更多的数字化体验。顾客期望的远远不止是平滑无缝的数字化业务。既然公司掌握着顾客的个人数据，顾客就希望在整个过程中获得符合自己预期的个人化体验。

（3）变化三。以前：顾客希望你有他们想要的东西；现在：顾客觉得你必须有他们想要的东西。今天的消费者期望一切体验无障碍、可预期、对自己有意义且与自身相关。换言之，他们只关心在想要的时候获得自己想要的东西，而且希望没有阻碍。随着消费者对个性化的要求越来越高，公司必须运用更多数据和情报，改进决策，提升顾客交互的相关性，建立更为密切、稳固的品牌关系。

（4）变化四。以前：讨好顾客就像约会；现在：讨好顾客就像网上约会。现在市场营销变成了网上约会和在手机软件上划来划去。要找到自己完美的“另一半”，机遇的成分更少，更多是靠数据和算法。市场营销正在从努力接触潜在顾客的品牌营销向挖掘销售机遇的效果营销不断进化。疫情加速了数字营销渠道的发展，更是推动了这种趋势。

（5）变化五。以前：顾客必须是公司营销战略的中心；现在：顾客必须是公司顾客旅程的中心。营销只是与顾客建立关系的起点。例如，在 B2C 场景下，公司要吸引顾客，直接或间接地将他们的行为转化为销售，并希望能留住他们，让他们为品牌宣传，还有可能实现向上销售和交叉销售。营销必须放在这一整个旅程中，并尽量将分散的点连成线。

（6）变化六。以前：关系很重要；现在：关系就是一切，与顾客建立信赖关系至关重要。新冠肺炎疫情使关系更加重要，在 B2B 销售中尤其重要。在线上销售环境里，已有一定顾客关系的团队得以凭借既有关系保持营收增长。要获取新顾客，就需要新的技能，关注销售解决方案，而非产品本身。在 B2C 场景下，信赖也有着重要的作用。公司越来越依靠在消费者允许的前提下获取个人数据，因此不仅要遵守消费者隐私相关的法规，确保信息安全，还要考虑通过更透明的隐私控制来实现区分，赢得更多的忠诚顾客。

（7）变化七。以前：敏捷是一种技术开发流程；现在：敏捷是一种现代营销方法。新冠肺炎疫情促使营销不可逆转地转向类似的敏捷方法。随着危机的发展，采用敏捷方法的公司能够迅速发现由于传递的信息有误，或供应链没有准备好交付，从而可能引发的公关危机。敏捷营销包括持续倾听消费者的声音、了解其需求，不仅是为了营销，也是为了让整个公司把握当下的消费者需求。在实际操作方面，敏捷营销还意味着加快决策周期，并在创意、预算和媒体等关键领域更加灵活。

(8) 变化八。以前：品牌应当有优秀的产品做支撑；现在：品牌应当有伟大的价值观做支撑。疫情影响了品牌忠诚度，多达61%的消费者愿意考虑无品牌产品，更换品牌就更不在话下。虽然质量、便利性和价格依然是影响消费者选择的重大要素，但可持续性、信赖、道德采购和社会责任对消费者选择何种产品及服务的影响也越来越大。公司需要加倍关注自己传播的品牌价值观。

(9) 变化九。以前：要想成功营销，你需要合适的技术；现在：要想成功营销，你需要平衡多种要素（包括技术）。技术要想发挥作用，必须搭配足以作为燃料的大数据、合适的使用场景，以及对人工支持的正确认识。最后一项或许是最重要的。让技术辅助人工，需要理解组织上下如何使用数据和技术，确保员工具备相应的能力、可以有效应用技术，还要制定合适的评估标准，鼓励员工创新。如果技术、数据、人工支持和使用场景之间没有通过相互配合达到微妙的平衡，那么对营销技术的投资就无法取得理想的回报。

(10) 变化十。以前：营销对于公司成长很重要；现在：营销是公司最高管理层开展议程的核心。在疫情中，营销在最高管理层得到重视——营销是驱动数字化转型的要素、顾客旅程的关键主导，并且能够传达消费者的声音，这些对其他职能领导者而言都至关重要。无论市场景气与否，若不了解市场现状，最高管理层就无法应对眼前的威胁和机遇，无法把握未来。新冠肺炎疫情促成了一种即时合作的领导文化，关注对适应力的迫切需求。

（资料来源：《哈佛商业评论》文章，https://mp.weixin.qq.com/s/tlW-r9hoIH0fgPxLs1uVZg.）

三、市场营销学的传播与应用

市场营销学于20世纪初在美国创立，并广泛用于各个领域，后来逐渐传播到世界许多国家，受到推崇和应用。科特勒的名著《营销管理：分析、计划、执行与控制》于1967年出版后，以20种语言在58个国家和地区出版发行，这足以说明市场营销学的传播与应用概貌。

日本于20世纪30年代引进市场营销学，被世界公认为是学习和应用市场营销学最成功的国家之一。1957年日本市场营销协会成立，为市场营销学在日本的传播与应用做出了不可磨灭的贡献。到了20世纪60年代，随着日本经济的迅速发展，市场营销观念日益被广大企业接受，日本企业注重采用整体营销手段来创造和刺激市场需求。20世纪70年代以后，因企业多元化经营和国际化发展的需要，美国的社会营销理论受到许多日本企业的青睐。

法国在20世纪50年代初引进市场营销学，先后在消费品、工业产品部门、社会服务、国有铁路等领域进行推广和应用。法国的市场营销研究机构多是在20世纪70年代建立起来的，许多大企业内也设有这类研究机构。

市场营销学在20世纪30年代传入我国。1933年，丁馨伯编译出版了我国第一本市场营销学著作《市场学原理》，但在当时未能受到应有的重视。

20世纪70年代末期，党的十一届三中全会以后，中央制定了一系列搞活经济的政策，为我国引进和研究市场营销学提供了良好的机会，创造了有利的环境。1984年1月，“全国高等财经院校、综合大学市场学教学研究会”在长沙成立，这标志着市场营销学在我国的正式学术地位的确立。经过20世纪70年代末期至80年代初期的引进、20世纪80年代初期至80年代末期的传播以及20世纪80年代末期至今的应用，市场营销学在我国得以广泛传播和应用。随着国内外市场营销环境的发展变化，我国市场营销学正全面走向创新时代。

第三节　市场营销学的性质及研究对象、主要内容和研究方法

一、市场营销学的性质及研究对象

市场营销学与经济学、哲学等学科有着密切的联系，但它属于管理学的范畴。科特勒指出，市场营销学是一门建立在经济科学、行为科学、现代管理理论基础上的应用科学。

每一门学科都有自己的研究对象。那么，市场营销学的研究对象是什么呢？根据市场营销的定义，市场营销学的研究对象可表述为“以满足消费者需求为中心的企业营销活动过程及其规律”。

二、市场营销学的主要内容

一门学科的研究内容是其研究对象的具体化。随着市场营销学的发展，其研究内容也在不断丰富。科特勒的《营销管理：分析、计划、执行与控制》一书的副标题：分析、计划、执行和控制，从实质上揭示了现代市场营销学研究的主要内容。

“分析”即分析影响企业营销活动的宏观和微观环境、各类市场需求及购买者行为，为制定战略和营销策略提供依据。

“计划”即研究企业的战略规划，包括企业对投资的取舍与安排，事业发展的谋划、新业务计划，企业的定位与目标市场的确定等内容。

“执行”即研究企业如何综合运用各种营销手段实现企业目标。1960 年，美国学者麦卡锡提出将市场营销学的内容概括为 4P’s；1984 年，科特勒首次提出了大市场营销理论，在原来 4P’s 的基础上加上政治权力（Political Power）和公共关系（Public Relations），成为 6P’s。

“控制”即营销组织与营销控制研究，也就是对企业营销活动进行策划和审计，以保证营销活动的成功有效。

1986 年，科特勒进一步提出了 10P’s 理论，即在 6P’s 的基础上再加上探查（Probing）、分割（Partitioning）、优先（Prioritizing）和产品定位（Positioning），从而全面概括了市场营销学的研究内容。后来，由于现代市场竞争的需要，科特勒将企业内部管理也纳入市场营销理论的视野，增加了人（People）为第 11 个“P”。科特勒对市场营销学研究内容的拓展，是市场营销理论的重大突破和发展，对营销实践具有重要的指导意义。

三、市场营销学的研究方法

市场营销学的研究方法正在不断创新和发展。主要方法有以下五种：

1. 商品研究法

在市场营销学发展的过程中，农学院、水产学院等一些专业性较强的院校采用商品研究法（Commodity Approach）研究特定的商品或产品大类的生产问题，以及如何分销到中间商和最终消费者的问题。这种方法具有能对各类商品的市场营销分别进行详细分析研究的优点，但也存在重复研究的缺点。

2. 机构研究法

批发市场营销学、零售学等课程一般采用机构研究法（Institutional Approach），对营销渠道系统中各种机构（如制造商、代理商、批发商、零售商等）的特性、变革和功能进行研究。

3. 职能研究法

市场营销具有交换、供给和便利三种职能，通过执行这些职能可以产生时间效用、地点效用和占有效用。在国外，许多大学很重视采用职能研究法（Functional Approach）分析研究各种营销职能（如购买、推销、运输、装卸、仓储等），以及企业在执行其职能过程中遇到的问题，以加深对市场营销问题的认识。

4. 管理研究法

管理研究法（Managerial Approach）也称决策研究法（Decision Approach），即广泛采用现代决策论的有关理论，从管理决策的角度研究市场营销问题。20 世纪 60 年代以后，国外许多学者和企业管理人员采用这一方法研究市场营销问题。这种方法将企业营销决策分为目标市场和营销组合两大部分，通过分析不可控制的环境因素，并考虑企业自身的资源条件及目标进行合理决策，对市场营销学科的发展和企业营销管理水平的提高起到了重要作用。

5. 系统研究法

系统研究法是一种将现代系统理论和方法运用于市场营销学研究的方法。它把企业的市场营销管理过程视为一个复杂系统。在这个系统中，包含着许多相互影响、相互作用的因素，企业统筹兼顾“外部系统”和“内部系统”，通过系统优化产生增效作用，提高企业的经济效益。

第四节　市场营销管理哲学的演进

一、市场营销管理的概念

市场营销管理是指为了实现企业目标，创造、建立和保持与目标市场的互利交换关系，计划和实施关于产品和服务的构思、定价、分销和促销的过程。市场营销管理包括分析、计划、执行和控制等过程，涵盖了理念、产品和服务等领域，以交换为基础，以满足交换各方的需要为目标。

二、市场营销管理的任务

市场营销管理的基本任务是为了达到企业目标，通过营销调研、计划、执行与控制来管理目标市场的需求水平和时机。

市场营销管理的任务会随着目标市场的不同需求状况而有所不同。市场营销者应当了解不同的需求状况，从而开展相应的营销活动，以实现组织的预期目标。需求状况与营销任务可分为以下八种：

（1）负需求（Negative Demand），即绝大多数顾客不喜欢某种产品或服务，甚至愿意花钱回避这种产品。针对这种需求状况，市场营销管理的任务是实行扭转性营销，即了解负需求产生的原因，通过重新设计产品、降低价格或更积极的促销方案改变市场对这些产品的信念和态度，将负需求转变为正需求。

小案例 1-2：赠送菜谱，扭转动物内脏需求

欧美人不喜欢吃动物内脏。如何把这个负需求变为正需求？专家做了一个试验：他们找来了40个家庭主妇，将其分为两个小组。专家告诉第一小组的20个家庭主妇，怎样运用传统的方式把动物的内脏做成菜、怎样做才好吃；而专家和第二小组的20个家庭主妇围坐在一起座谈，在聊天中告诉她们动物内脏含有哪些矿物质、对人体有哪些好处，并赠送了相应的菜谱。一个月后，第一小组只有3%的家庭主妇开始食用动物内脏，而第二小组有30%的家庭主妇开始食用动物内脏。

（2）无需求（No Demand），即目标市场对某种产品或服务漠不关心或不感兴趣。对此，市场营销管理的任务是实行刺激性营销，即把产品的核心利益与顾客的自然需要联系起来，刺激需求，使无需求变为肯定需求，最后达到企业预期的需求水平。

（3）潜在需求（Latent Demand），即顾客对某种产品或服务有强烈的需求，但现有产品或服务又不能满足的需求状况。为满足市场需求，市场营销管理的任务是实行开发性营销，即分析潜在需求及其发展趋势，努力开发新产品，设法提供能满足潜在需求的产品或服务，将潜在需求变成现实需求。

（4）下降需求（Falling Demand），即某种产品和服务的需求呈下降趋势的状况。针对下降需求，市场营销管理的任务是实行恢复性营销，即分析需求下降的原因，通过改变产品特色，采用更有效的沟通手段或寻找新的目标市场，扭转下降趋势。

（5）不规则需求（Irregular Demand），即市场对某些产品或服务的需求因季、月、日甚至一天的不同时段而呈现较大波动的状况。与不规则需求相对应的营销任务是同步性营销，即通过灵活定价、推销和其他刺激手段来改变需求的时间模式。

（6）充分需求（Full Demand），即市场对某种产品的需求达到或接近饱和，潜在需求已开发得比较充分的状况。在需求饱和的情况下，应实行维持性营销，维持目前的需求水平，保持市场优势地位。

（7）超饱和需求（Overfull Demand），即市场对某种产品或服务的需求超过了企业所能提供的水平的需求状况。解决过度需求问题，需要实行“逆营销”（Demarketing），即设法暂时或长期降低需求水平。

（8）有害需求（Unwholesome Demand），即对某些产品或服务的需求会有损顾客或供给者的利益。例如，对烟、酒、毒品等的需求。针对有害需求，市场营销管理的任务是实行反市场营销，即劝说顾客放弃有害需求或说明产品的危害，提高价格，限制或抵制这种产品或服务的生产和经营，减少可购买到的机会。

三、市场营销管理哲学

任何企业的营销活动都是在特定观念的指导下进行的。市场营销管理哲学是指企业在开展市场营销管理过程中，处理企业、顾客和社会三者利益关系时所持的态度、思想与观念。一般将市场营销管理哲学的演变与发展归纳为生产观念、产品观念、推销观念、市场营销观念、社会市场营销观念和全方位市场营销观念六个阶段。

1. 生产观念

生产观念（Production Concept）是指导企业营销活动最古老的观念。生产观念认为，消费者喜欢那些可以随处买到而且价格低廉的产品。因此，企业应致力于提高生产效率和增加分销覆盖面。

生产观念是卖方市场的产物，从工业革命至19世纪20年代主导了西方企业的策略思想。当时生产力水平较低，物质短缺，市场供不应求，企业的中心任务是提高产量，降低成本，而不是重视消费者需要和欲望的满足，其主要表现就是“我们能生产什么，就卖什么”。美国福特汽车公司的创始人亨利·福特被认为是这种观念的创始人。福特汽车公司于1914年开始生产T型轿车，由于采用流水线生产，极大地提高了生产效率，成本大幅度降低，使更多的普通人能买得起。在“生产导向”经营哲学指导下，福特创造了经济奇迹。到1921年，福特T型轿车占有了美国汽车市场55%的市场份额。福特曾说过：“不管顾客需要什么颜色的汽车，我只生产黑色T型车。”可口可乐公司原董事长伍德鲁福也曾说过：“可口可乐就是可口可乐，只有这种味道。”显然，生产观念是一种重生产、轻营销的经营哲学。

2. 产品观念

在生产观念阶段的末期，供不应求的市场现象在西方市场经济国家得到了缓和，产品观念（Product Concept）应运而生。产品观念的核心思想是消费者喜欢高质量、多功能和具有某种创新特色的产品。在以产品观念为导向的企业里，总是致力于生产优质产品，并不断加以改进完善。

从本质上讲，产品观念与生产观念相同，仍然属于卖方导向的经营思想，仍然是以生产者为核心。如果说生产观念强调“以量取胜，以廉取胜”，那么产品观念强调的则是“以质取胜，以优取胜”。美国著名教授西奥多·莱维特（Theodore Levitt）认为，产品观念容易导致“营销近视症”（Marketing Myopia）。他指出，如果在市场营销管理中缺乏远见，不适当地把注意力放在产品上，而不注重市场需求的变化，企业经营就会陷于困境甚至失败。

3. 推销观念

推销观念（Selling Concept）也称销售观念。该观念认为，消费者通常有一种购买惰性或对卖主的抗衡心理，如果顺其自然，他们一般不会足量购买某一企业的产品。因此，企业必须积极推销和大力促销，以刺激消费者大量购买本企业的产品。其表现形式是“我销售什么，顾客就购买什么”。

推销观念产生于资本主义国家由“卖方市场”向“买方市场”过渡的阶段。这一时期由于科技进步、科学管理和大规模生产技术的推广，商品供给迅速增加，导致供过于求。特别是1929年发生的历时五年的严重经济危机，使商品相对过剩，竞争日益激烈。此时，企业担心的已不是生产问题，而是产品的销路问题，于是推销与促销的方式和力度在这样的企业组织里被看作决定经营成败的关键。

由生产观念、产品观念转变为推销观念，是企业经营哲学从重视产量和质量到重视推销的进步，但仍然属于以企业为中心、忽视消费者需求的传统经营观念。

必须严格区别推销观念和推销活动，两者不应混为一谈。当产品不被顾客所了解、熟悉时（如某种新产品刚上市），企业的推销工作是十分必要的，但这并不等同于奉行推销观念。

4. 市场营销观念

市场营销观念（Marketing Concept）是一种以顾客需要和欲望为导向的经营哲学，它把企业的生产经营活动看作一个不断满足顾客需要的过程，而不仅仅是制造或销售某种产品的过程。该观念认为，实现企业各项目标的关键，在于正确确定目标市场的需要和欲望，并且比竞争者更有效地传送目标市场所期望满足的产品或服务。

市场营销观念产生于20世纪50年代中期，是作为对上述诸观念的挑战而出现的一种全新的企业经营哲学。第二次世界大战后，随着科学技术革命的兴起，企业更加重视研发，新技术、新产品不断涌现；同时，大量的军工企业转向生产民品，社会产品供给迅速增加。另一方面，经济的发展和居民收入的增加使消费需求呈现多样化发展，于是市场迅速转化为买方市场，市场竞争日趋激烈。营销观念正是在这种环境下应运而生的。

推销观念与市场营销观念的区别表现在起点、中心、手段和目标四个方面，如图1-3所示。推销观念注重卖方的需要，将卖方的需要作为活动的出发点，考虑如何通过大量的推销和促销活动把产品变成现金，通过销售获得利润；而市场营销观念则注重买方的需要，从目标市场出发，以顾客的需要和欲望为中心，协调及整合所有影响顾客的活动，并通过创造性的顾客满足来获取利润。从两者的比较可知，市场营销观念作为企业的指导思想基于四个支柱：目标市场（Target Market）、顾客需要（Customer Needs）、整合营销（Integrated Marketing）和盈利能力（Profitability）。

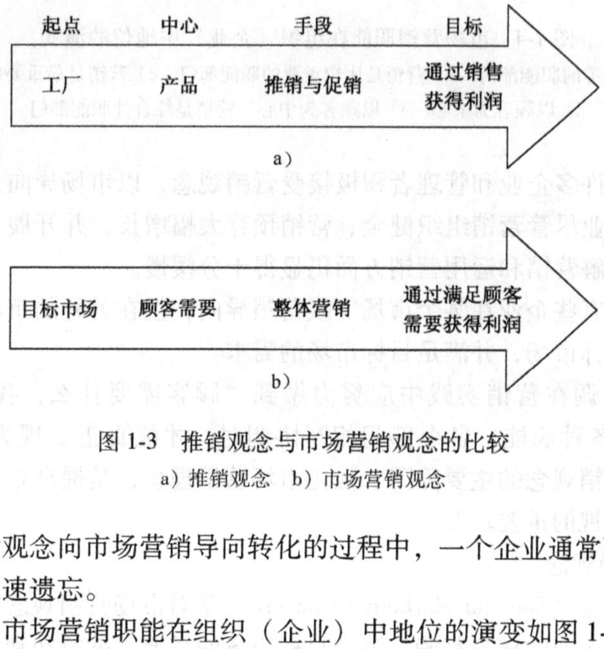

图1-3　推销观念与市场营销观念的比较

a）推销观念　b）市场营销观念

在从传统的经营观念向市场营销导向转化的过程中，一个企业通常面临三种障碍：组织抵抗、学习缓慢和迅速遗忘。

（1）组织抵抗。市场营销职能在组织（企业）中地位的演变如图1-4所示。在传统经营观念指导下，营销被视为与生产、财务和人事同等重要的一般职能。当需求不足时，营销职能的地位相对于其他职能而言得以提升，成为一个比较重要的职能，甚至成为企业的主要功能；一些企业开始奉行以顾客为中心的营销观念，所有职能开始围着顾客转，营销职能成为企业的核心功能；有些企业更深刻地认识到，营销是与顾客接触最多、与顾客关系最密切的职能，在制定企业战略、应对市场竞争、达成企业经营目标等方面有着不可替代的重要作用。要正确地判断和有效地满足顾客需求，营销应处在企业的中心位置。但是，营销地位的提高和营销经费的增加无疑受到企业内部其他职能部门的不满和抵制，这影响了企业营销方案的整体实施。

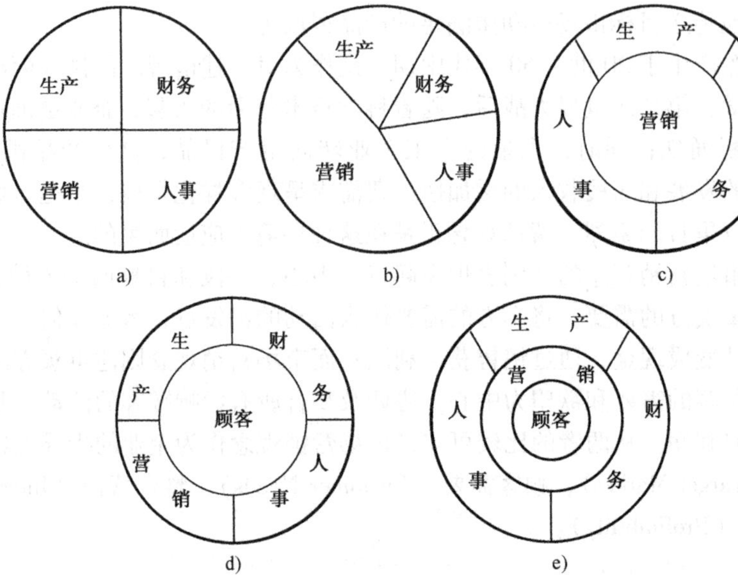

图 1-4 市场营销职能在组织（企业）中地位的演变

a）营销是平等的职能部门 b）营销是比较重要的职能部门 c）营销是最重要的职能部门

d）以顾客为中心 e）以顾客为中心，营销是综合性职能部门

（2）学习缓慢。许多企业和管理者积极接受营销观念，以市场导向开展营销工作并获得了一些经验。不少企业尽管营销组织健全、营销预算大幅增长，并开展了各种形式的营销知识普及，但在真正了解营销和运用营销方面仍显得十分缓慢。

（3）迅速遗忘。有些企业在某个市场实践营销导向，但在另外的市场却逐渐遗忘了营销的基本准则：了解目标市场，并满足目标市场的需求。

市场营销观念强调在营销实践中应努力做到“顾客需要什么，我们就生产和销售什么”。只有当企业的各种职能、各个部门相互协调时，才能真正实现为顾客提供满意的服务。分析接受市场营销观念的主要障碍、强化市场营销理念，是提高企业自觉、正确地实践市场营销观念不可忽视的重要环节。

5. 社会市场营销观念

社会市场营销观念（Societal Marketing Concept）是对市场营销观念的修改和补充。社会市场营销观念认为，企业的任务是确定各个目标市场的需要、欲望和利益，并以保护或提高消费者和社会福利的方式，比竞争者更有效、更有利地向目标市场提供所期待的满足物。社会市场营销观念要求市场营销者在市场营销活动中要统筹兼顾企业利润、消费者需要的满足和社会利益三个方面。

20 世纪 70 年代以来，市场营销环境发生了一系列重大变化，如生态环境恶化、资源短缺、人口爆炸性增长、全球性通货膨胀和忽视社会利益。在这样的背景下，如果企业单纯奉行市场营销观念，尽管可以满足消费者的需要和欲望，但回避了消费者需要、企业利益和社会长远福利之间隐含的冲突。例如，快餐业提供的汉堡包虽然可口，满足了消费者便捷进餐的需要，但缺乏营养，长期食用不利于健康，而且采用方便包装出售导致了过多的包装废弃物；香烟虽满足了烟民的需要，却损害了他们的健康……大量类似的案例警醒了人类。于是，西方学者提出用“人性观念”“明智的消费观念”“生态准则观念”等新观念来修正或取代市场营销观念。科特勒和杰拉尔德·扎特曼（Gerald Zaltman）认为上述新观念都是从不同的角度来探讨同一个问题，可以统称为社会市场营销观念。这一提法已被多数人接受。

20 世纪 90 年代以来，“绿色营销”在许多国家受到推崇。绿色营销观念要求企业在开展营销活动的同时，努力减少和消除生产经营对生态环境的破坏和不利影响，尽量保持人与自然的和谐统一，维护人类的长远利益。

6. 全方位市场营销观念

营销观念在一百多年的历史演进中经历了多个阶段，然而没有哪种营销观念能够涵盖所有的观念并用以指导营销实践。或许，融合现有的各种观念是一种更现实的选择。因此，科特勒在 21 世纪提出了全方位市场营销观念（Holistic Marketing Concept）。全方位市场营销观念包括四个方面：关系营销、整合营销、内部营销和绩效营销。

关系营销（Relationship Marketing）致力于与主要顾客建立相互满意且长期的关系以获得和维持企业业务。关系营销的四大主要成员是：顾客、雇员、合作伙伴（渠道、供应商、分销商、经销商、代理商）和财务圈成员（股东、投资者、分析师）。

当营销人员设计营销活动并整合营销项目（产品与服务、价格、渠道、传播）以为顾客创造、传播和传递价值时，就出现了整合营销（Integrated Marketing）。

内部营销（Internal Marketing）是全方位营销的构成要素之一，是指雇用、培训和激励那些想要很好地服务于顾客的有能力的员工。内部营销要求企业的高管、营销部门和其他部门都树立以顾客为中心的观念，让每个人都理解、认同和支持营销努力。

绩效营销（Performance Marketing）要求理解营销活动与项目给企业和社会带来的财务及非财务回报。

关键词

市场 Market
市场营销 Marketing
需要 Needs
欲望 Wants
需求 Demands
供应品 Offering
价值 Value
交换 Exchange
交易 Transactions
生产观念 Production Concept
产品观念 Product Concept
推销观念 Selling Concept
市场营销观念 Marketing Concept
社会市场营销观念 Societal Marketing Concept
全方位市场营销观念 Holistic Marketing Concept

思考题

1. 如何从营销者的角度理解市场？
2. 本章所讨论的市场营销和你以前所了解的有何不同？
3. 市场营销管理哲学演进过程中各种观念的核心思想是什么？
4. 你赞同“顾客是上帝”的提法吗？请阐明理由。

5. 市场营销观念与推销观念有何区别?
6. 生产观念是不是一种不考虑消费者需要的营销管理哲学?
7. 试举例说明需要、欲望和需求的差别，并说明为什么营销不能创造需要。

案例分析讨论

市场营销如何将乐高打造成全世界最受欢迎的玩具品牌

乐高（LEGO）在1932年创立于丹麦，是一家主要开发、生产、营销和销售游戏积木的公司。乐高积木的发明者是克里斯第森（Ole Kirk Christiansen），1934年，他为其积木玩具设计了“乐高”商标，其语来自丹麦语“LEg GOdt”，意为“play well”（玩得快乐）。

据全球著名品牌咨询公司Interbrand发布的2020年“全球品牌100强”排行榜，乐高的品牌价值为75.35亿美元，排名第72位，是全球最具价值的玩具品牌。这背后是什么力量在推动着乐高？市场营销功不可没。

2018年3月，在乐高的业绩发布会上，乐高的首席营销官朱莉娅·戈尔丁（Julia Goldin）说：“市场营销是我们的核心……这就是为什么我们希望它成为业绩发布会的一部分。”戈尔丁指出：“在许多公司，首席营销官只是市场销售人员。我不只是做市场销售。你知道这实际上只是工作的一小部分。我的团队所做的工作包括整个产品组合、产品体验、沟通、内容和社交渠道。所以我们是市场上推出的产品的核心，这就是为什么我们希望它成为业绩报告的一部分。”乐高的首席执行官倪志伟（Niels. B Christiansen）在该发布会上也表示，乐高没有快速的解决方案，所以更加有效的市场营销将是公司的优先事项之一。

乐高的公司使命是“激励和培养未来的建设者”，但这不仅仅是向更多的孩子销售更多的积木。乐高表示，玩乐高玩具不仅是为了教育，也是为了创造。

戈尔丁提出：“在玩乐高的过程中涉及解决问题、建立合作。这是为了帮助孩子们获得变得更强大、更成功的技能……我们相信，在孩子的成长过程中，我们可以发挥巨大的作用。”2018年3月，乐高公司负责数字消费者参与的副总裁彼得·金（Peter Kim）在伦敦举行的广告周上表示，这种使命创造了一种强大的内部文化和外部信息。金说道：“这种文化相当浓厚，任何一位员工都可以告诉你公司的任务和愿景是什么。我们的目标是到2032年惠及3亿儿童，这些都是来到乐高工作的人们理解和知道的事情。”

2004年，乐高任命了新的首席执行官。此后，乐高超越了积木本身，创造了一系列电影（《乐高电影》《乐高星球大战》《蝙蝠侠》《乐高忍者》）和视频游戏，加上乐高的YouTube频道——这个网站最受欢迎的品牌频道——有500万关注者，还有无数粉丝网站。这种顾客生成的内容无论是对乐高、对内容创作者还是对消费者来说，都是极具价值的。顾客参与和品牌的价值共创使顾客与乐高实现了双赢。

除了儿童之外，成年人也是乐高的目标顾客。2017年8月，电视节目《乐高大师》（*Lego Masters*）在英国的第四频道播出，这是一场寻找英国最佳乐高建筑者的竞赛，每集吸引了200多万名观众。顾客不仅在Twitter上发表评论，还会去购买乐高，建造自己的建筑。

乐高还想让顾客沉浸在现实世界中。2017年9月，乐高与8个乐高主题公园一起在丹麦开设了乐高屋，这是一个拥有2500万块积木的游乐场。它由多种颜色的区域组成，旨在向儿童传授“核心能力”，包括社交发展、解决问题、情感发展和创造方面的能力。除了和孩之宝（Hasbro）或美泰（Mattel）这样明显的竞争对手竞争之外，乐高还在与孩子们及其父母选择的生活方式竞争，正如金所言：“游戏的本质也随着数字化的兴起而演变。竞争有多种形式，不仅是产品，还包括孩子决定如何花时间，生活方式会如何改变。”“也许这是一个与 YouTube 有影响力的人争夺注意力的问题，所以诀窍是，我们如何进入这个流程，真正创造合作，让游戏成为生活的一部分。”

金继续指出：“如果只是让每个人都知道这个品牌，我们就只是在继续做我们正在做的事情而已，我们已经做得很好了，但问题是，消费者想要什么，我们该如何满足他们，我们该如何交付产品？”为了适应未来，乐高也在寻找新的市场。在 2018 年 1 月，乐高宣布与腾讯合作，推出乐高游戏，在中国人的生活中增加乐高的存在感。

弄清孩子和他们的父母想要什么，是乐高成功的秘诀。戈尔丁给出的答案是新奇：每年 25%~30%的销售额来自新产品。戈尔丁说：“作为一名首席营销官，真正需要了解整个过程是如何运作的，如何加速这个过程，如何更快地将东西推向市场，如何解决围绕着它的问题，以及如何激励创新。”

根据 2020 年乐高集团发布的年报，2020 年乐高的收入为 437 亿丹麦克朗（约 69 亿美元），同比增长 13%；营业利润 129 亿丹麦克朗（约 20 亿美元），同比增长 19%；2020 年年终乐高的员工数量为 20468 人。2020 年，乐高在全球新开设了 134 家零售店，其中有 91 家位于中国；目前，乐高在全球有 678 家乐高品牌店，其中在中国 35 座城市拥有 140 家零售店。

（资料来源：1. https://www.cnbc.com/2018/04/27/lego-marketing-strategy-made-it-world-favorite-toy-brand.html. 2. https://baijiahao.baidu.com/s? id=1602405277836054326&wfr=spider&for=pc.）

案例思考题：

1. 市场营销与销售有什么区别？除了销售之外，市场营销还包括哪些工作？
2. 在乐高的发展过程中体现了哪些营销观念？
3. 市场营销在乐高的成功中发挥了哪些重要作用？

第二章

顾客满意与顾客价值

本章要点

1. 顾客满意、顾客忠诚和顾客价值以及三者间的关系
2. 顾客满意的重要性
3. 价值链与价值让渡系统

导入案例

海底捞：火锅店卖的是服务

海底捞成立于1994年，是一家以经营川味火锅为主、融合各地火锅特色的大型跨省直营餐饮品牌火锅店。

海底捞虽然是一家火锅店，它的核心业务却不是餐饮而是服务，竭尽所能让顾客感到满意。消费者想在海底捞吃一顿晚饭，通常需要提前订座。如果消费者需要包间，那么订座的时间还要提前1天。是什么造就了海底捞如此大的魅力？答案是极高的顾客满意度。

每一家海底捞门店都有专门的泊车服务生，主动代客泊车，停放妥当后将钥匙交还给顾客。等到顾客结账时，泊车服务生还会主动询问是否需要帮忙提车，如果顾客需要，立即提车到店门前，顾客只需要在店前稍作等待即可。

如果没有事先预订，在海底捞，消费者很可能会面临漫长的排队等待，不过过程也许不像消费者想象得那么糟糕。例如，在晚饭时间，很多海底捞店的等候区都可以看到如下的景象：大屏幕上不断打出最新的座位信息；几十位排号的顾客吃着水果、喝着饮料；很多顾客享受着店内提供的免费上网、擦皮鞋和美甲服务；如果是一群朋友在等待，服务员还会拿出扑克牌和跳棋供顾客打发时间，减轻等待的焦躁。

大堂里，女服务员会为长发的女士扎起头发，并提供小发夹夹住前面的刘海，防止头发垂到食物里；戴眼镜的顾客可以得到擦镜布；放在桌上的手机会被小塑料袋装起以防油腻；每隔15分钟，就会有服务员主动更换顾客的热毛巾；如果顾客带了小孩子，服务员还会帮顾客喂孩子吃饭，陪顾客的孩子在儿童天地做游戏；帮老人找座位，扶老人上厕所等。

入座后，服务员笑容可掬地发放毛巾后，微笑着帮你点菜，还不时地给你提供建议，点得太多，服务员会提醒你少点，别浪费。抻面是很多海底捞老顾客必点的食物，有的顾客不

是为了吃，而是为了看。年轻的师傅会把4元一根的神面舞得像艺术体操的缎带，还不时抛向某位顾客，表演欲极强。餐后，服务员马上送上口香糖，一路遇到的所有服务员都会向你微笑道别。

从上述海底捞的特色服务可以看出，海底捞始终从顾客体验出发，创新性地为顾客提供愉悦的用餐服务。门店全部的个性化服务都来自服务员的创意。这些充满温度的个性化服务也真正让顾客的每一次用餐都成为一场欢乐时光。好的顾客体验带来高的顾客满意度，从而可能最终提升顾客忠诚度。

海底捞从来不考核利润，只考核顾客对员工的满意度，正是这些细致入微的服务使海底捞赢得顾客忠诚，使海底捞日渐成为消费者心中良好服务的代名词。例如，北京的三伏天温度经常高达30多摄氏度，这是火锅生意最淡的季节，很多火锅店这时要么提供别的菜式，要么让部分员工回家休假。可是海底捞依旧生意火热，门庭若市。

正如海底捞火锅创始人张勇所言："考核利润没用，利润只是做事的结果，事做不好，利润不可能高；事做好了，顾客满意了，利润不可能低。另外，利润是很多部门工作的综合结果，每个部门的作用不一样，很难合理地分清楚。不仅如此，利润还有偶然因素，比如一个店如果选址不好，不论店长和员工怎么努力，也做不过一个管理一般、位置好的店。可是店长和员工对选址根本没有发言权，你硬要考核分店的利润，不仅不科学，也不合理。"

海底捞于2018年9月26日在港交所上市，截至2021年8月初，市值接近1590亿港元。据海底捞官网公布的2020年年报，海底捞2020年收入286亿元，全年净利润3.09亿元；海底捞餐厅总数1298家，聘用员工超过13万人；平均翻台率为3.5次/天，顾客人均消费为110.1元。2020年全年，海底捞餐厅服务超过2.5亿人次，海底捞会员超过7100万人。

（资料来源：1. 海底捞官站 https://www.haidilao.com/. 2. https://www.sohu.com/a/194392582_433517. 3. https://industry.zbj.com/detail/2116.）

案例表明，顾客满意度对企业非常重要。那么，什么是顾客满意？什么是顾客忠诚？顾客满意和顾客忠诚对企业具有怎样的意义？顾客满意和顾客忠诚的根本原因是什么？本章将就顾客满意及相关的一系列问题展开讨论。

第一节　顾客满意

全球企业从未像现在这样重视顾客满意。在科技高速发展、互联网迅速普及和消费者地位日益提高的今天，顾客已经成为企业的稀缺资源。现代企业之间的竞争实质上是争夺顾客的竞争。企业"以顾客为中心"意识的兴起，引发了对顾客满意的关注。通过令顾客满意获得顾客对企业的忠诚，成为当今企业谋求市场生存与发展的基本理念和核心战略。

一、顾客满意的定义

顾客满意的概念由美国学者卡多佐（Cardozo）于1965年首次提出，当时并没有引起学术界和企业界的广泛关注。20世纪70年代初，国外学术界开始关注顾客满意理论研究，到70年代末，顾客满意逐渐成为企业管理理论研究的一个热点问题。如今，对顾客满意的研究已进行了数十年，企业应用顾客满意测量改善企业经营的活动也日趋盛行，但是，对于顾客满意的定义仍然存在着多种认识，并没有形成一个公认、统一的定义。

资料链接 2-1：2021 年中国顾客满意度指数 C-CSI

中国顾客满意度指数（China Customer Satisfaction Index，C-CSI）是由中国领先的品牌评级与品牌顾问机构 Chnbrand 实施的中国首个全品类顾客满意度评价体系，2015 年首次推出并获得了工业和信息化部品牌政策专项资金的扶持。C-CSI 是在全国范围内消费者调查的基础上，研究我国消费者对使用或拥有过的产品或服务的整体满意程度，是衡量和管理顾客满意度的基础性参考指标。作为一个连续的年度调查项目，C-CSI 每年向全社会发布最新调查结果，这些完全来自消费者反馈、真实传递消费者心声的独立、科学、即时的评价结果是我国的消费风向标，为我国消费者做出明智的品牌选择提供极具价值的指导。同时，C-CSI 的研究成果对于帮助企业建立与完善顾客满意评价体系有重要的价值。

Chnbrand 推出的中国顾客满意度指数（C-CSI）同时考虑了顾客满意度和忠诚度水平，通过要素满意度、总体满意度、忠诚度三个指标综合计算得出。2021 年 C-CSI 的调查区域覆盖全国 100 个城市，调查对象为 15~64 岁的常住居民，并根据性别、年龄、收入进行随机抽样，品类样本量总计超过 304 万个，调查覆盖 202 个细分行业，涉及被评价主流品牌 11010 余个。

2021 年 C-CSI 的核心发现为：第一，整体 C-CSI 得分稳定，满意度进入稳定发展期；第二，满意度管理进入精细化管理时代；第三，满意不是终点，“惊喜”用户将为企业带来更高的用户忠诚和更多的口碑推荐，从而帮助企业持续发展；第四，满意度管理必然需要强大的管理体系的支持。

2021 年 C-CSI 给企业的启示为：第一，品牌精细化管理已经成为必然趋势；第二，精细化管理是以理解用户需求为前提的；第三，企业执行力的高低必将造成满意度管理结果的不同。

2021 年各行各业主要品类 C-CSI 排名第一的品牌及其得分见表 2-1。

表 2-1　2021 年主要品类 C-CSI 排名第一的品牌及其得分

品类	第一品牌	品类	第一品牌	品类	第一品牌
口香糖	益达（82.6 分）	巧克力	费列罗（82.8 分）	方便面	五谷道场（85.7 分）
果冻	亲亲（84.1 分）	膨化食品	妙脆角（86.5 分）	饼干/威化	奥利奥（84.6 分）
派	达利园（81.3 分）	食用油	鲁花（84.1 分）	奶酪棒/条	妙可蓝多（82.4 分）
瓶装水	农夫山泉（83.2 分）	100%纯果汁	都乐（88.0 分）	功能饮料	红牛（81.8 分）
茶饮料	茶 π（82.0 分）	凉茶	王老吉（80.8 分）	苏打水	屈臣氏（80.2 分）
碳酸饮料	可口可乐（82.1 分）	乳酸菌饮料	优益 C（84.4 分）	液态奶	蒙牛（82.3 分）
啤酒	雪花（83.1 分）	高档白酒	茅台（82.9 分）	国产葡萄酒	张裕（78.9 分）
碗碟洗洁精	安利（83.1 分）	电动剃须刀	飞科（81.4 分）	电动自行车	爱玛（81.0 分）
洗手液	蓝月亮（81.8 分）	沐浴露	力士（81.5 分）	洗发水	沙宣（82.8 分）
电动牙刷	松下（85.0 分）	洗衣液	蓝月亮（83.9 分）	插线板	公牛（84.4 分）
女鞋	他她（86.2 分）	男士皮鞋	百丽（80.4 分）	运动鞋	耐克（84.2 分）
男式衬衫	雅戈尔（84.1 分）	快时尚服装	C&A（83.8 分）	手表	劳力士（84.1 分）
维生素补品	汤臣倍健（80.9 分）	阿胶	东阿阿胶（81.9 分）	感冒药	三九（83.4 分）

（续）

品类	第一品牌	品类	第一品牌	品类	第一品牌
机油/润滑油	壳牌（82.1 分）	隐形眼镜	安视优（85.5 分）	主流香烟	长白山（85.8 分）
彩电	索尼（84.8 分）	抽油烟机	老板（84.2 分）	数码照相机	佳能（81.9 分）
平板电脑	苹果（85.7 分）	汽车轮胎	米其林（84.1 分）	墙面漆	立邦（81.1 分）
智能手环	华为（83.3 分）	体感车	米家（81.2 分）	航拍无人机	大疆（84.3 分）
中式连锁餐饮	海底捞（84.5 分）	咖啡连锁店	星巴克（83.6 分）	酒业连锁店	华龙酒行（81.5 分）
大型家居卖场	宜家（83.4 分）	第三方支付平台	支付宝（86.7 分）	招聘平台	前程无忧（81.1 分）
外卖平台	美团外卖（80.5 分）	地图类 App	高德地图（83.5 分）	青少儿篮球培训机构	东方启明星（81.1 分）
线下青少儿英语培训机构	新东方（81.5 分）	大型主题乐园	迪士尼乐园（84.2 分）	通信服务	中国电信（75.6 分）
共享单车	美团（81.3 分）	旅游城市	成都（84.0 分）	机场服务	广州白云国际机场（85.5 分）

总而言之，满意度经营和管理非一时之功，对于用户需求的把握、精细化的管理都需要企业基于长期的战略和视角来进行思考和布局。只有基于企业可持续发展原则，才能为满意度发展提供充足的动力，为用户创造更大的价值，为品牌带来更强大的生命力。

（资料来源：2021 年中国顾客满意度指数 C-CSI 研究成果，http://www.chn-brand.org/c-csi/news2021.htm.）

尽管不同的学者给出的顾客满意的定义存在较大的差异，但是总体上可以归纳为比较观点和情感观点两种。

1. 顾客满意的比较观点

顾客满意的比较观点体现的是顾客满意的认知层面。这种观点认为，顾客满意是顾客通过对产品或服务的实际感知绩效与某种比较标准进行比较之后而产生的结果。在理论研究和企业实践中，许多学者和企业采用了比较观点的定义。

在这种观点中，最具有代表性的是奥立佛（Oliver）的“期望-实绩”比较说。1980 年，美国学者奥立佛提出“期望-实绩”比较说，其模型如图 2-1 所示。他认为，顾客在消费过程中或在消费之后，会根据自己在消费之前形成的期望对产品或服务的实际绩效进行评估。如果实绩低于期望，顾客就会不满意；如果实绩符合或者超过期望，顾客就会满意。

必须明确的是，产品的实际表现，或者说供应商认为的产品的实际表现对顾客满意并没有直接的影响，而与顾客对产品实际绩效的感知有关。以“汽车驾驶的舒适程度”为例，供应商可以宣传自己的产品“驾驶舒适”，但是，是否舒适，判断的标准只有一个，那就是顾客通过驾驶实际感受到的舒适性及其程度。另外，顾客的期望也直接影响顾客的满意程度。在同样的感知实绩条件下，期望低的顾客比期望高的顾客更容易满足；当顾客的期望较低时，与期望较高的顾客相比，其所感知的产品或服务的实绩也较高。顾客过去的消费经验、亲戚朋友的介绍、竞争者产品的表现、供应商的营销承诺等，都可能

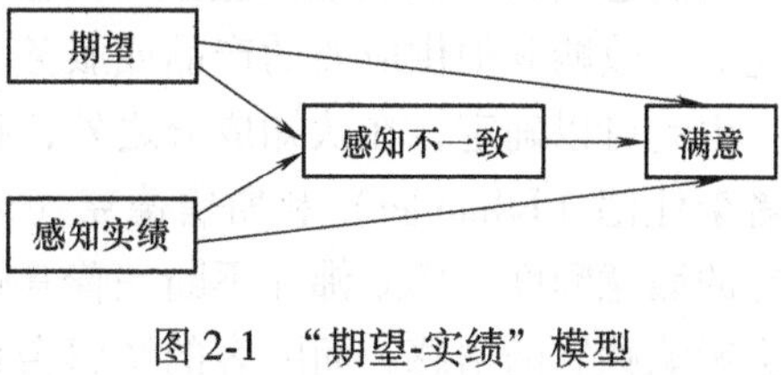

图 2-1　“期望-实绩”模型

成为期望的来源。

在后续的研究中，有不少学者提出了期望以外的更多的比较标准。图 2-2 所示为奥立佛于 1997 年在其著作中对各种比较标准进行的总结。不同的顾客会有不同的比较标准，不同的比较标准会导致不同的满意程度；有时，即使是同一顾客在同一消费过程（购买前、购买中、使用中）的不同阶段，也会采用不同的比较标准。由此可见，企业面对的顾客满意评价活动具有复杂性。

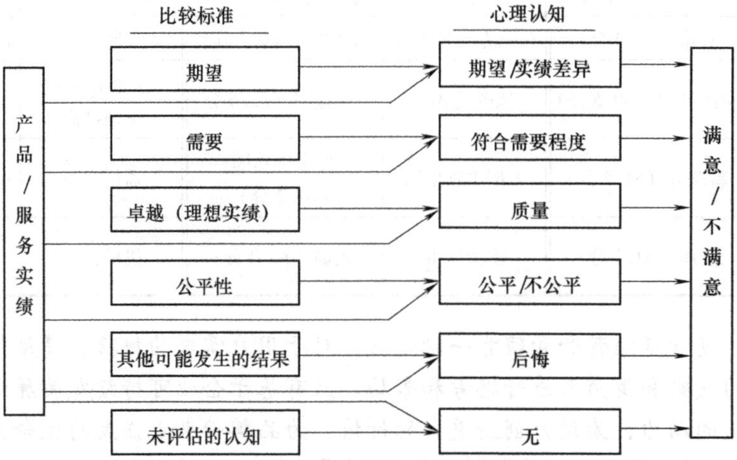

图 2-2 顾客满意的比较标准

（资料来源：OLIVER R L. Satisfaction：a behavioral perspective on the consumer［M］. New York：Irwin McGraw-Hill，1997：24.）

2. 顾客满意的情感观点

近年来，将顾客满意作为一种情感加以研究得到了越来越多的关注。美国学者杰亚特（Jayanti）和杰克逊（Jackson）通过对服务企业的研究发现，顾客很难根据某些具体的属性评价服务的实绩，做出满意的判断，因此，他们认为“期望-实绩”模型并不能全面解释顾客满意的形成过程。在企业的顾客满意管理中，越来越多的管理者发现，仅仅依靠产品或服务属性层次上的改善，如增加或改进产品的功能、提供更多的服务项目或增派更多的服务人员等，对于改进企业绩效的作用不大。在顾客满意度调查中，尽管很多顾客表示他们对供应商满意（传统的满意测量主要关注产品或服务属性层次上的满意），但是他们却更换了供应商，改购其他供应商的产品或服务。

由此可以确定，在认知成分之外，存在着其他对顾客满意的形成产生影响的因素。芬兰学者李佳德（Liljander）和斯詹德克（Strandvik）发现，顾客在消费过程中的情感直接影响顾客的满意程度。奥立佛在不断完善其顾客满意研究的过程中也认为，顾客对实绩的评估结果会影响顾客的情感，而顾客的情感会直接影响顾客的满意程度。

因此，顾客满意既包括认知成分也包括情感成分。在定义顾客满意时，应该结合比较观点和情感观点。本书采用科特勒的顾客满意定义，即满意是指一个人通过对一种产品的可感知的效果（或结果）与他（或她）的期望值相比较后，所形成的愉悦或失望的感觉状态。这一定义较好地结合了比较观点和情感观点。

二、顾客满意的重要性

分析顾客满意对企业的重要性，可以从顾客不满意对企业的危害以及顾客满意对提高企业绩效的影响两个方面来进行。

（一）顾客不满意对企业的危害

导致顾客不满意的最根本原因是顾客感知到的产品或服务的实际绩效没有达到顾客的期望。不满意的顾客通常会产生抱怨行为，对企业及其产品或服务进行负面宣传，甚至停止购买，或者改购其他品牌的产品或服务。顾客不满意对企业的危害主要表现在以下几个方面：

1. 营销成本上涨

（1）顾客不满意会增加企业管理不满意顾客的费用。顾客不满意则意味着顾客可能离开企业。为了挽留不满意的顾客，企业需要付出额外的、更多的努力，如销售人员更多的工作、价格让步或提供更多的服务等，这些都会增加企业的营销成本。

（2）在多数情况下，顾客不满意会导致顾客流失，即顾客不会再次购买企业的产品或服务。为了弥补不满意顾客的流失造成的市场份额下降，企业必须吸引新顾客。然而研究证明，吸引一个新顾客的成本是保持一个老顾客成本的五倍。因此，随着不满意顾客的离开，企业的营销成本会大幅上升。

2. 企业利润损失

顾客不满意造成的企业利润损失主要来自不满意的顾客流失。

企业失去一位顾客并不仅仅意味着企业损失了一次交易的收益，它失去的是这一顾客所能为企业带来的终身价值。顾客终身价值（Customer Lifetime Value，CLV）又称为顾客生命周期价值，是指顾客每次消费的平均购买额与顾客的购买频次（按年计算）以及顾客作为本企业固定顾客的年限的乘积。举例来说，如果一个顾客能够在一个地区居住10年，在这10年当中，他（或她）每周在超市花费100元，那么10年中他（或她）在超市的总花费就是5.2万元。因此，这家超市流失一名顾客造成的损失并不是100元，而是5.2万元。如果企业不能很好地满足顾客，造成大量不满意顾客离开企业，那么企业的利润损失将是巨大的。

小案例2-1：沃尔玛：挖掘顾客的终身价值

很多时候顾客购买产品只是企业与顾客关系的起点：顾客购买产品，使顾客在使用产品的过程中感到满意，满意的顾客再次回头购买，为你推荐新顾客。这样，企业的顾客队伍越来越大，销量的提升也就水到渠成。营销工作不能只着眼于这一笔交易的达成，更要努力挖掘顾客的终身价值。

沃尔玛（Walmart）有一个非常重要的理论，就是每一位员工必须把任何一个走进沃尔玛购物的消费者当成其终身顾客来看待。例如，你住在沃尔玛附近。一天，你去沃尔玛花10元钱买了1支牙膏。如果你认为沃尔玛的员工会想你只花了10元钱，而并没把你放在眼里，那你就错了。其实，沃尔玛的员工会想，你花了10元钱买1支牙膏，说明你就住在这附近。你今天买1支牙膏，两个月用1支，一年要用6支，一年光是买牙膏就要花60元。假如你在这里一住就是50年，牙膏钱就要花3000元，其他商品花费应该是牙膏钱的50倍，所以3000元×50就变成了15万元，所以沃尔玛不认为你只是买10元牙膏的顾客，而是将要创造 15 万元价值的重要顾客。

（资料来源：1. 科特勒，凯勒. 营销管理［M］. 何佳讯，于洪彦. 牛永革，等译，上海：格致出版社，2016. 2. 吴坚. 餐饮企业经营策略第一书［M］. 北京：中华工商联合出版社，2014.）

3. 阻碍吸引新顾客

研究表明，不满意的顾客通常不会向企业抱怨（只有 4%的不满意顾客会将自己的不满意告诉企业），但是他们会将自己的不满意经历告诉亲戚、朋友、同事，甚至是不认识的陌生人，从而对企业吸引新顾客造成很大的障碍。每一个不满意的顾客会将其不满意经历告诉 8~10 个人；而这还仅限于口头传播，如果顾客将自己的不满意经历发布在互联网上，那么所带来的负面影响将是不可估量的，甚至会威胁企业生存。

一项研究显示，在那些遇到过产品问题但是得到满意解决的顾客中，有高达 90%的顾客会再次购买企业的产品；相对而言，在那些从未遇到过产品问题的顾客中，却只有 83%的顾客会再次购买。这说明，产品问题得到圆满解决的顾客比那些从未遇到过产品问题的顾客的满意水平还要高。因此，及时、有效地解决顾客抱怨不仅会为企业挽回损失，还能带来更大收益。

资料链接 2-2：如何处理顾客抱怨

无论营销项目设计和执行得如何好，错误总是会发生的。假设有一个潜在的不开心的顾客情绪低落，如何恰当地处理好这位顾客的消极情绪就尤为重要。如同处理任何大的或者小的营销危机一样，迅速和真诚是解决问题的关键。必须立即让顾客有一种得到公司重视的感觉。除此以外，下列措施也可以帮助修复公司对顾客的信誉：

（1）建立一个 1 周 7 天，1 天 24 小时的免费热线来接受和处理顾客的抱怨。

（2）尽快联系有抱怨的顾客。公司的反应速度越慢，顾客的不满情绪就越会滋长，并且会导致消极的口碑。

（3）承担顾客失望的责任，而不要责怪顾客。

（4）雇用感情投入的顾客服务人员。

（5）迅速解决顾客抱怨并让顾客满意（实际上，企业没有必要过分担心，因为有些抱怨的顾客并不一定要求得到企业的赔偿）。

（6）鼓励一线员工提供角色外的行为，以向顾客宣传公司的利益和形象；同时，鼓励员工在为顾客提供服务时采取主动和尽责的行为，这些都是解决顾客抱怨的关键。

（资料来源：科特勒，凯勒，洪瑞云，等. 营销管理：亚洲版［M］. 王永贵，金夏芳，王帅，译. 北京：中国人民大学出版社，2020.）

（二）顾客满意对提高企业绩效的影响

1. 顾客满意是企业未来绩效的指示器

PIMS（Profit Impact of Market Share）即营销战略对利润的影响，该理论自 20 世纪 70 年代形成以来，一直被企业界奉为圭臬，直到今天，多数企业仍然习惯利用销售额和市场占有率等指标来衡量企业的绩效。然而作为财务指标，销售额和市场占有率反映的是企业过去的表现，是结果性指标，只能说明企业过去做得多么好，却不能说明企业未来将表现如何；相比较而言，顾客满意是反映企业运营绩效的一个前瞻性指标。通过对顾客满意的测量，企业可以及时掌握顾客信息，探察顾客未来可能采取的行动。顾客满意度的降低表明企业运营出现了问题，向企业发出早期预警，为企业提供一个在真正危害发生前更正错误的机会；反之，企业如果不跟踪顾客满意，就放弃了在销售额和利润下降前更正错误的机会。因此，顾客满意是企业未来绩效的一个出色的指示器，是衡量企业运营绩效的主要指标，如图 2-3 所示。

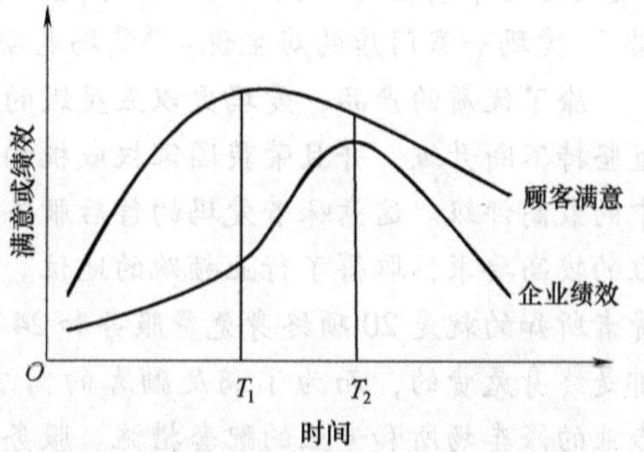

图 2-3　顾客满意是企业未来绩效的指示器

2. "非常满意"顾客决定企业平均利润水平

一般来说，满意的顾客倾向于在下次产生需求时再次购买同一品牌的产品或服务，并且在别人询问该品牌时倾向于做出积极的评价，从而直接或间接提高企业的盈利。但是，同样是满意的顾客，其满意的水平是不同的，对企业盈利的影响也不同。从图 2-4 中可以看出，企业的利润主要是由"非常满意"的顾客带来的；而"有些满意"和"满意"的顾客为企业带来利润的数额很小，远远低于平均顾客利润水平。原因是"有些满意"和"满意"的顾客很容易被竞争企业的产品及促销活动所吸引，而频繁转换供应商。一项研究显示，65%～85%宣称"满意"的顾客经常转换其所购买的品牌，而那些"非常满意"的顾客很少改变购买。因此，企业的平均利润水平主要取决于"非常满意"的顾客。

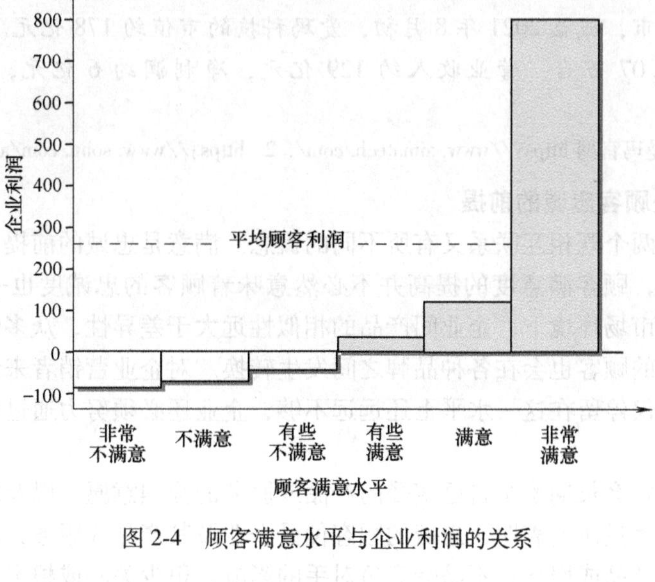

图 2-4　顾客满意水平与企业利润的关系

小案例 2-2：爱玛电动车，优胜在于顾客满意

爱玛电动车于 1999 年在天津市成立。据中国权威品牌评级机构 Chnbrand 发布的 2021 年中国电动自行车行业顾客满意度指数品牌排名（详见资料链接 2-1），爱玛名列第一，自 2017 年起连续五年排名第一。

爱玛，作为电动自行车行业的领跑者之一，全球累计销量超过 4100 万辆，连续 13 年销量领先，连续 3 年入选"CCTV 国家品牌计划"。爱玛的企业战略是："最合理的价格提供最优产品，让全球顾客满意”。爱玛电动车让消费者与经销商都十分满意。一位消费者说：“爱玛电动车质量好，我买的车除非发生事故，不然基本上不用去维修，而且售后服务也不错。”爱玛一家门店的店主说：“爱玛电动车品牌可靠，我做得放心。”

除了优质的产品，爱玛更以五星级的服务赢得很高的顾客满意度。爱玛在售后服务上一直坚持不断升级，并且荣获国家权威机构授予的五星级售后服务证书。五星是售后服务认证中的最高评级。这意味着爱玛的售后服务获得了售后领域专家的认可和肯定，达到了国家标准的较高要求，取得了行业领跑的地位。除了国家权威机构认证的五星级售后，爱玛最为消费者所知的就是20项终身免费服务和24小时全天服务。在成为爱玛用户的那天，很多服务都是终身免费的，而为了满足顾客的需求，爱玛还有专业的App报修，专业的维修车队，专业的修车场所和专业的配套措施。服务好，解决顾客的后顾之忧，让爱玛售后服务的知名度迅速提升。除了多项免费服务，更有多重活动。每年的3月15日，都有爱玛品质和服务的印记，每年冬季的“暖冬行动”，致力于用实际行动为用户传递温暖。为爱玛用户提供免费洗车、免费车辆点检保养等服务，并向到店顾客赠送精美礼物，还有多重满额赠好礼、换购优惠等，实实在在帮顾客省钱。

顾客满意对提升爱玛的绩效起到了重要作用。爱玛河北区销售总监说：“2006年的爱玛电动车才刚起步，彼时各大电动车品牌正风生水起，爱玛想要分一杯羹并逐步发展壮大，只能设身处地地为消费者着想，让消费者满意。幸好走过的这十年，我们赢了。做让消费者满意的车，是爱玛一直的追求。从麦、雪豹、极客、追梦等的销量上，可以看到爱玛的执着；也可以从其他的新旧款式上，看到爱玛一直的坚持！”2021年6月15日，爱玛科技正式在上交所主板挂牌上市，截至2021年8月初，爱玛科技的市值约178亿元。2020年，爱玛电动车的销量为754.07万台，营业收入约129亿元，净利润约6亿元，经销商数量超过2000家。

（资料来源：1. 爱玛官网 https://www.aimatech.com/. 2. https://www.sohu.com/a/114827490_114771.）

3. 顾客满意是顾客忠诚的前提

满意与忠诚是两个既相互联系又有所不同的概念。满意是忠诚的前提，不满意的顾客一定不会忠诚；但是，顾客满意度的提高并不必然意味着顾客的忠诚度也一定会提高。事实上，在竞争激烈的市场环境下，企业间产品的相似性远大于差异性，众多的品牌都能令顾客满意，结果是满意的顾客也会在各种品牌之间发生转换。对企业营销者来说，达到顾客满意是必须的，但是仅仅停留在这一水平上还远远不够，企业还必须努力通过顾客满意达到顾客忠诚。

顾客忠诚是指顾客长期购买自己偏爱的产品或服务的强烈意愿，以及顾客实际的重复购买行为。国内外的大量研究表明，忠诚的顾客偏爱企业及其产品或服务，持续地、排他性地重复购买本企业的产品或服务；不易受竞争对手的影响，很少关心或根本不关注其他企业或品牌的信息；对产品的价格不敏感，愿意为企业高质量的产品或服务支付高价格；信任企业及其产品，对企业产品偶尔出现的质量事故持宽容的态度；对企业有归属感，主动向企业提出产品或服务改进的建议；为企业及其产品做积极的宣传（积极的口碑）。

国外的实证研究表明，顾客保留率提高5%，企业的利润将增加25%~85%。显然，顾客忠诚是企业获得长期利润的重要源泉，是企业建立和保持长期市场竞争优势的重要决定因素。顾客满意度与顾客忠诚度的关系如图2-5所示。

在图 2-5 中，“破坏者”是那些低满意度和低忠诚度的顾客，这些顾客会利用每一个机会来表达其对产品或服务的不满；“囚禁者”的满意度虽然很低，但是忠诚度却很高，这种情况主要出现在垄断行业中，顾客由于缺乏选择性，虽然很不满意，但是被迫留在企业中，其表现出来的忠诚是一种虚假忠诚；“传道者”是那些高满意度和高忠诚度的顾客，这些顾客不仅持续购买本企业的产品或服务，并且致力于向他人推荐；“图利者”是那些关注价格，为谋求低价格频繁转换供应商的顾客。显然，顾客不满对企业具有破坏性；通过垄断获得的顾客忠诚只能是虚假忠诚；对于“图利者”，企业无论怎样努力也无法获得其忠诚；只有“传道者”才是企业追逐的顾客忠诚目标。

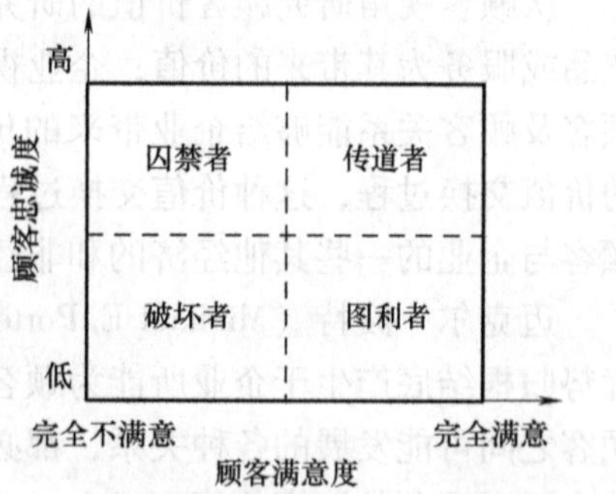

图 2-5　顾客满意度与顾客忠诚度的关系

4. 顾客满意是一个持续改进的过程

施乐公司前首席执行官柯恩斯（Kearns）曾说：“每当我们有进步时，竞争者同样也会进步，而每当我们表现好时，顾客的期望也会跟着提高，所以不管我们有多好，我们都必须要更好。”

顾客满意是一个连续的、持续改进的过程。今天顾客表达的对企业及其产品或服务的满意，并不意味着明天仍然满意。因此，企业必须不断地巩固其顾客满意的成果。顾客的期望是会发生改变的，从这个意义上来说，企业应该尽量避免夸大或不实际的广告宣传。因为过高的企业承诺会导致顾客期望水平的上升，最终导致顾客不满意。此外，企业还需要时刻关注竞争者的情况。一方面，竞争者产品的表现和竞争性行动会影响顾客的期望；另一方面，企业还要将自己的顾客满意状况与竞争者的顾客满意状况进行对比，从而找出差距。当企业的顾客有 85% 对企业满意时，企业并不能盲目乐观，因为也许竞争对手的顾客满意度是 95%。

第二节　顾客价值与满意

一、顾客价值的定义

同顾客满意一样，对于顾客价值的定义，学者们也尚未达成共识。从研究的角度来看，可以分为三种情况：顾客视角、企业视角和顾客-企业视角，如图 2-6 所示。

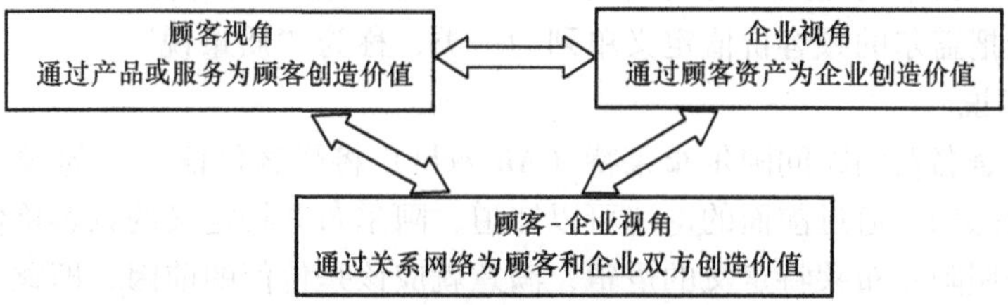

图 2-6　顾客价值研究的三种视角

从顾客视角研究顾客价值的研究者认为，顾客价值是顾客在消费过程中期望或感知到的产品或服务为其带来的价值；企业视角的研究者把顾客看作一种企业资产，侧重研究不同的顾客及顾客关系能够给企业带来的价值；顾客-企业视角的研究者则把营销看作企业与顾客的价值交换过程，这种价值交换过程不仅实现了顾客与企业各取所需的交易，而且还会形成顾客与企业的一些其他经济的和非经济的关系。

迈克尔·波特（Michael E. Porter）在其《竞争优势》一书的前言中即开宗明义："竞争优势归根结底产生于企业所能为顾客创造的价值。"由于顾客为企业创造的价值以及企业与顾客之间可能发展的各种关系，都必须以企业为顾客创造价值为前提，因此本章讨论的重点放在顾客视角的顾客价值定义上。

从顾客角度定义顾客价值在实际中也存在较大分歧，大致可以划分为以下五类：

1. 得失说

最早的顾客价值定义是由美国学者杰克逊（Jackson）于1985年提出的。他认为，价值是感知到的利益与价格的比率，这里的价格包括购买价格以及诸如获得、运输、安装、订购、失败的风险等。虽然杰克逊并未使用"顾客价值"一词，但是其含义就是顾客价值。杰克逊之后，许多学者采用了相同或近似的顾客价值定义。莫里斯（Morris，1994）认为，顾客价值是顾客感知到的质量与价格之间的函数；希金斯（Higgins，1998）认为，顾客价值是顾客获得的利益与付出的成本的差额。这类顾客价值定义将顾客价值理解为顾客对自身"投入"与"产出"进行比较的结果，因此将其称为得失说。

2. 总体评价说

在20世纪80年代兴起的全面质量管理（TQM）运动中，美国学者泽瑟摩尔（Zeithaml）等人在对服务质量的研究中，提出了"顾客感知价值"的概念，并将其定义为顾客依据感知到的所得和感知到的所失形成的对产品效用的总体评价。这一定义从逻辑上看与杰克逊等人的定义相似，但是二者在本质上有较大差异。泽瑟摩尔的定义强调对所得和所失结果的总体评价，而杰克逊的定义则强调对所得和所失的个别评价。泽瑟摩尔认为，顾客不能够准确地感知其某项消费的所得与所失，而只是对所得与所失的总体情况进行大致的、模糊的判断。

3. 质量说

顾客价值质量说由美国学者盖尔（Gale）提出，其顾客价值定义与泽瑟摩尔的顾客价值定义一样，均源于对质量管理的研究。盖尔将顾客价值定义为顾客相对于产品价格而获得的市场感知质量。他认为，如果质量不与价格联系起来，那么质量是没有意义的，因为谁都想获得尽可能高质量的产品或服务。但正是因为价格的约束，人们才不得不放弃部分质量要求。从本质上看，盖尔的定义与得失说是非常接近的。但是，因为盖尔把顾客价值看作一种质量，因此人们把盖尔的顾客价值定义单列为一类，称为"质量说"。

4. 满足感知说

美国学者、著名营销顾问阿尔布莱特（Albrecht）将顾客价值定义为顾客对某一特定需求被满足程度的感知。通过前面的论述可以知道，阿尔布莱特定义的顾客价值其实就是顾客满意。由此，按照阿尔布莱特定义的逻辑，满意就应该是价值的前因，即顾客感知到的满意水平越高，顾客价值就越大。事实上，价值是满意的前因，即顾客是因为获得了价值而感到满意。关于这一点，在后续关于满意与价值关系的讨论中，还将具体说明。

5. 多层次多因素偏好评价说

美国田纳西大学教授伍德拉夫（Woodruff）将顾客价值定义为顾客在一定的使用情境中对产品属性、功效以及使用结果达成（或阻碍）其目的和意图的感知的偏好和评价。在特定的使用情境下，如果顾客对产品从属性、功效和使用结果三个方面都做出了达成其目的和意图的评价，就认为企业为顾客提供了价值。

伍德拉夫的定义强调了使用情境对顾客感知价值的影响。例如，在一个人借酒消愁和与朋友欢聚两种情境下，他对一瓶红酒所感知到的价值是不同的。此外，伍德拉夫将顾客价值分成三个层级：属性层次的价值、结果层次的价值和目的层次的价值，并认为目的层次的价值对顾客的选择具有决定作用。例如，奔驰汽车提供给顾客的目的层次的价值是身份、地位和成功的象征。伍德拉夫的顾客价值定义考虑了更多的因素，被称为多层次多因素偏好评价说。

尽管对顾客价值并没有形成一个统一的定义，但是无论是在理论研究中，还是在企业实践中，人们都认识到顾客价值是顾客选择供应商的唯一判断标准，顾客总是选择那些能够为其提供最大价值的供应商。企业是否具有竞争优势，关键取决于企业能否持续为顾客提供优于竞争者的顾客价值。

二、顾客价值与顾客满意的关系

顾客价值与顾客满意是两个既相互联系又有区别的概念。无论是顾客价值还是顾客满意，反映的都是顾客与企业产品或服务之间的关系。其中，顾客价值反映的是顾客与企业及其产品或服务之间关系的本质，即顾客消费企业的产品或服务就是为了获得由此带来的价值以满足自身的需求；而顾客满意则反映了顾客对价值是否满足需求以及满足的程度的一种认知，以及由此引起的情感上的变化。

在顾客价值理论出现以前，人们对顾客满意概念中的“比较标准”的认识始终是模糊的。从单一的“期望标准”，到包括“理想标准”“经验标准”“竞争者标准”等多种比较标准的发展，反映了这种认识的模糊性。但是，当顾客价值理论出现以后，对顾客价值的研究揭示出，无论是“期望”还是“理想”“经验”等标准，本质上都是一个东西，那就是“价值”——期望的价值、理想的价值、竞争者能够或可能提供的价值。顾客满意其实是顾客感知的企业实际提供的价值与顾客在消费之前就已在头脑中形成的对不同层次价值的期望的比较。

关于顾客价值与顾客满意的区别，伍德拉夫进行了深入的探讨，见表2-2。

表 2-2　顾客价值与顾客满意的区别

顾客价值	顾客满意
1. 顾客希望从产品或服务中得到的	1. 顾客对其所得的反应或感受，即产品的实际绩效与标准的比较
2. 表现出未来导向：与产品的使用或服务消费的时间无关	2. 倾向于过去导向：是在产品或服务消费过程中或使用后形成的判断
3. 不依赖任何特定产品或服务的供应商而存在	3. 是对特定产品或服务或供应商的评价
4. 为企业指明方向：应该通过做哪些事来创造价值	4. 向企业提供一份报告：企业在价值创造过程中已经做得怎样

三、顾客让渡价值的构成与分析

（一）顾客让渡价值的构成

顾客让渡价值（Customer Delivered Value）是科特勒在定义顾客价值时采用的一个概念。顾客让渡价值是顾客得到的总价值与顾客付出的总成本之差，如图 2-7 所示。其中，顾客总价值是指顾客从某一特定产品或服务中获得的一系列利益，包括产品价值、服务价值、人员价值和形象价值四个子项；顾客总成本是指顾客在评估、获得和使用产品或服务时所引起的各项成本支出，包括货币成本、时间成本、精力成本和体力成本四个子项。

（二）顾客让渡价值的分析

顾客在购买产品或服务时，总是希望以尽可能小的成本获得尽可能大的收益，即从成本和收益两方面进行比较和分析，选择能够为其提供最大让渡价值的供应商为其提供产品或服务，以最大限度地满足其需要。企业让渡给顾客的价值越大，顾客的满意水平就越高。顾客让渡价值的概念对顾客在与企业的交换中获得的价值和需支付的成本进行了构成子项的划分，为企业在现实中提高顾客价值和降低顾客成本提供了具有可操作性的方法和途径。

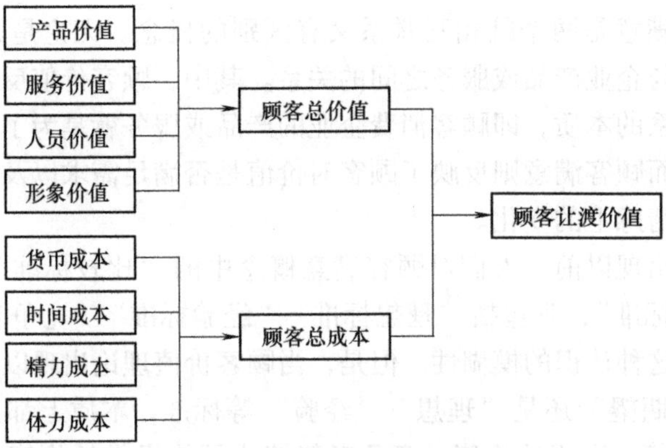

图 2-7　顾客让渡价值

根据顾客让渡价值的构成，企业可以从两个方面来改进其价值提供：

1. 提高顾客总价值

顾客总价值由产品价值、服务价值、人员价值和形象价值四个子项构成，提高顾客总价值可以通过提高这四个方面的价值来实现。

（1）产品价值。产品价值是顾客购买决策的首要决定因素，也是企业一直以来最为关注的方面。企业通常会在产品的功能、特性、品质、外观等方面投入大量的资金和精力，以期通过优异的产品质量和竞争对手所不具备的产品特性为顾客提供更多的产品价值来赢得顾客。

（2）服务价值。随着产品选择性的提高和消费者消费观念的变化，服务在购买决策中的影响日益增加，有时甚至超过产品本身的价值，在购买决策中起决定作用。因此，许多企业在出售产品的同时，向顾客提供送货、安装、维修、技术培训和产品保证等服务。

小案例 2-3：玫琳凯的个性化服务

玫琳凯是美国销售量最大的皮肤保养品和彩妆公司之一，在全球拥有100多万人的美容顾问队伍与2000多万的忠实顾客。玫琳凯公司的成功源于其个性化的服务。公司将每一位顾客的资料都录入数据库中，美容顾问定期用电话、网络等方式跟踪服务，即通过对话了解顾客的皮肤状况、产品使用效果，传授最新护肤知识及产品使用方法等，以使顾客得到最大收益。与其他同类产品相比，玫琳凯匠心独运的品牌传播与市场开拓，以及值得称道的"顾问式"营销模式，是其生存与发展的制胜法宝。

（资料来源：金春梅. 顾客终身价值获取理论案例剖析 [J]. 商业时代，2005（29）：34，36.）

（3）人员价值。人员价值是指顾客从与之接触或为之服务的企业人员身上感受到的价值。知识丰富、业务能力强、有责任心的企业员工比良好的硬件设施更能够创造顾客满意。特别是对服务企业来说，人员价值更具有特殊的重要意义。企业应该高度重视员工素质和能力的培养，使员工的一言一行都体现出"顾客为本"的企业文化和经营思想。

（4）形象价值。形象价值是企业及其产品在社会公众中形成的总体形象所产生的价值。形象价值与产品价值、服务价值和人员价值密切相关，在很大程度上是上述三方面价值的综合反映和结果。良好的企业形象有利于增进顾客对企业及其产品的信任感以及消费企业产品时的心理满足感，从而增加顾客的总价值。形象价值主要通过品牌形象和企业的公共关系活动来体现。随着消费者价值取向的变化，那些遵守行业道德、具有公益思想、勇于承担社会责任的企业越来越得到消费者的肯定。

2. 降低顾客总成本

顾客总成本包括货币成本，以及时间、体力、精力等非货币成本。

（1）货币成本。货币成本主要是指为购买产品或服务而支付的价格。通常，货币成本是决定顾客总成本大小的主要因素，因而也是顾客在购买决策中首要考虑的成本因素。如果企业能够降低产品或服务的价格，那么就能够降低顾客总成本，从而增加顾客让渡价值。企业所定的价格距离产品成本越近，企业让渡给顾客的价值就越高，对顾客做出购买决策的刺激作用就越大，但是企业的获利也就越小。

（2）非货币成本。随着人们生活节奏的加快，时间成本对人们购买决策的影响越来越大。在超市的收银台前、银行的窗口外，甚至餐馆的大厅里，人们支付着时间成本，同时也耗费了大量的体力。越来越多的顾客不满意来自对时间、精力和体力的耗费。如果哪家企业能够减少顾客的等待时间，降低其精力和体力的支出，那么它就更容易获得顾客的满意和忠诚，哪怕需要支付更高的货币成本，顾客也愿意更多地购买该企业的产品或服务。

顾客让渡价值受顾客总价值和顾客总成本两方面因素的共同影响。但是，顾客总价值和顾客总成本的变化及其对顾客让渡价值的作用并不是相互独立的，而是相互影响的。比如，产品价值和服务价值的提高通常也同时意味着货币成本的增加。因此，企业应综合考虑顾客总价值与顾客总成本各子项之间的相互关系，在真正提高顾客价值、降低顾客成本的情况下，向顾客让渡更多的价值。

四、价值链与价值让渡系统

（一）价值链

通过前面的论述，我们已经充分认识到顾客价值与顾客满意对企业赢得和保持顾客的重要性。那么，企业应该怎样创造价值并将价值传递给顾客以满足顾客需求呢？价值链作为一种分析工具，可以帮助企业确定各种创造顾客价值的途径。

1985 年，波特在其《竞争优势》一书中首次提出价值链（Value Chain）的概念，并将价值链定义为"每一个企业都是在设计、生产、销售、发送和辅助其产品的过程中进行活动的集合体。所有这些活动可以用一个价值链来表明"。

波特将价值链划分为企业的九种活动，包括运入物流等五项基本活动和采购等四项支持性活动，如图 2-8 所示。支持性活动发生在所有基本活动的全过程中。

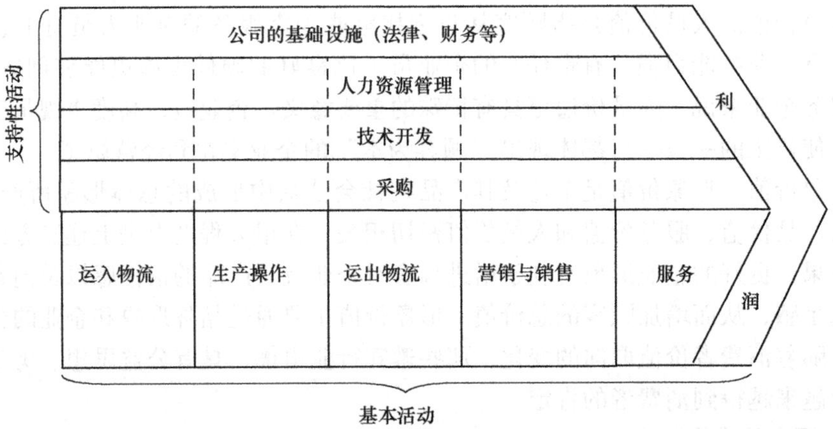

图 2-8　价值链

波特最初定义的价值链其实是企业内部的价值链，即企业在设计产品、投入原材料、生产产品、销售产品并向顾客提供服务以取得利润的过程中，所经历的一系列既相互独立又相互联系的、连续的价值创造活动。传统上，这些价值创造活动分别由企业的不同部门来承担，各个部门对部门利益最大化的追求，容易造成整个价值链的低效率和低效益。因此，企业必须对企业内部价值链进行管理。管理企业内部价值链，就是要检查每个价值创造活动的成本投入和绩效状况，并对其不断改进，在企业各个部门协调运作的情况下，使整个价值链创造最大的附加价值。在这里，企业各部门的协作非常重要，企业最终为顾客提供的价值大小、好坏以及企业自身所取得的利润如何，都主要取决于企业各部门之间的协作程度。

波特价值链中的基本活动是按照制造企业的业务流程设置的。但是，如果把这些基本活动抽象为资源获得、资源转化、销售和交付等活动，价值链就可以用于任何类型企业价值创造过程的分析了。

（二）价值让渡系统

企业要获得竞争优势，要比竞争对手向顾客让渡更多、更好的价值，仅仅关注企业内部价值链是不够的。企业内部价值链向外延伸，与外部价值链连接，就会形成一个由企业价值链、供应商价值链、分销商价值链和顾客价值链共同组成的价值让渡系统，如图 2-9 所示。

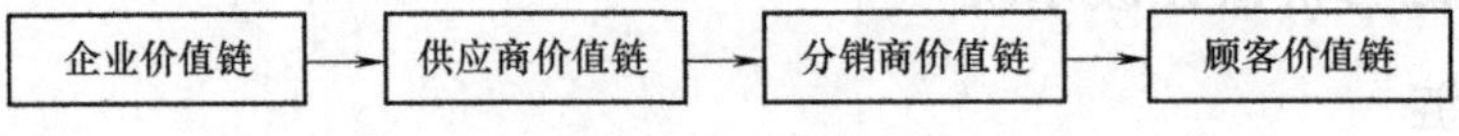

图 2-9　价值让渡系统

传统上，企业外部价值链主要包括供应商价值链、分销商价值链及其与企业价值链之间的连接，并不包括顾客价值链。但是，越来越多的企业开始认识到顾客在价值让渡系统中的重要地位和关键作用。顾客是企业价值让渡的对象，企业要为顾客创造价值，首先必须发现顾客到底需要什么价值，因此顾客是企业价值让渡系统的真正起点。更为重要的是，不能把价值让渡看作顾客无所作为的价值接受过程。

在图 2-9 中，价值让渡系统表现为由企业内外部价值链相互联结而共同组成的一条价值链条。但是实际上，企业的价值让渡系统远比图 2-9 所反映的复杂得多。此外，有时企业还会与自己的竞争对手结盟，进入竞争对手的价值链和价值让渡系统。因此，由企业内外部价值链一起构成的企业价值让渡系统实际上并不是一根链条，而是一张以企业为中心形成的价值创造网络。

随着市场竞争环境的变化，企业价值让渡网络的结构也在发生变化，出现了分解和再整合的趋势。企业将原本属于企业内部价值链上的某些链环拆下来，将其交给比企业自身更具有专业优势的合作伙伴并与其结成战略联盟，而企业只保留那些在所在行业最具有竞争优势的链环。比如，耐克公司并不从事产品的生产，而是将产品生产转入更具优势的发展中国家，自己只专注于产品设计和品牌塑造。分解和重新整合后的企业价值让渡网络变得更加错综复杂，某个特定企业价值让渡网络中的一个链环可能同时也是另一个企业价值让渡网络中的一个链环，企业的竞争者可能与企业同处于一个价值让渡网络中。这样的价值让渡网络对网络中各个链环企业间的协作程度提出了更高的要求，企业竞争的成败取决于企业的价值让渡网络结构相对于其竞争对手的价值让渡网络结构的合理程度及其协调运作的能力。

关键词

顾客满意 Customer Satisfaction　　顾客忠诚 Customer Loyalty
顾客价值 Customer Value　　顾客让渡价值 Customer Delivered Value
价值链 Value Chain　　价值让渡系统 Value Delivery System

思考题

1. 什么是顾客满意、顾客忠诚和顾客价值？三者的关系如何？
2. 顾客不满意对企业具有怎样的负面影响？
3. 顾客满意对企业具有怎样的重要意义？
4. 什么是顾客让渡价值？如何提高顾客让渡价值？
5. 什么是价值链？企业应如何进行价值链管理以创造价值？
6. 什么是价值让渡系统？企业的价值让渡系统发生了怎样的变化？

案例分析讨论

名创优品（MINISO）：让消费者成为回头客

名创优品（MINISO）由我国企业家叶国富于 2013 年创立于广州。截至 2020 年 12 月底，名创优品在全球构建了 4514 家门店的零售网络，进驻包括美国、加拿大、俄罗斯、澳大利亚等近 90 个国家和地区。凭借着高颜值、高品质、高性价比的特质，名创优品已成为生活日用品消费领域深入人心的品牌之一。

叶国富认为，我国物美价廉的时代才刚刚开始。在这个时代里，一个品牌真正的价值，应在于它造福了千千万万的普通人，而不是装饰了凤毛麟角的贵族与富豪，名创优品由此应运而生。叶国富还认为，想要消费者进店消费不是难事，难点在于怎么让消费者成为回头客。交易达成的那一刻，并不意味着交易的结束，而是下一次交易的开始，或者可能是更长远连接关系的起点。这种关系能否持续下去，购物体验显得异常关键。

叶国富很早之前就认识到“线上线下之间最大的变化是购物体验”，他表示，品牌不仅希望为消费者把好产品质量关，还希望为消费者提供舒适周到的服务，让消费者享受极致优越的购物体验。消费者对名创优品的第一印象，就是门店的整个环境氛围良好，给人轻松自在的感觉。名创优品的门店已经经过四次升级换代，整体以乳白色为店铺主调，辅以暖黄色的灯光，再加上大红色 Logo 的衬托，为消费者营造出一种温馨舒适的感觉。

如果说门店装修奠定了名创优品的底色，那么陈列则构成其内涵。名创优品在陈列方面除了运用常规的先进先出、丰富饱满等基本原则，还根据自身的产品特征和店铺定位，制定了一系列独特的标准。比如，品牌考虑到自身产品以小商品为主，客流量较大，顾客频繁挑选商品等特征，制定了“二指原则”，即商品之间的缝隙必须容得下两根手指。这样一来，既便于顾客拿取商品，也使陈列不会显得太过空旷。再比如，名创优品的顾客多以女性为主，我国女性的平均身高为 1.55m。经过几轮调整，最终名创优品的货架确定为 1.5m 平衡点，1.7m 的货架高度超过大多数女性消费者的身高，给她们带来购物不便，还会影响空气流通与光照，间接影响了购物体验。低于 1.5m 将会导致上层视野过于空旷，空间利用率低。

提供人性化服务，尊重每位顾客，名创优品站在消费者的角度思考问题，让消费者享受到幸福的购物体验。名创优品的门店内不设导购，倡导“自助式”消费，坚决杜绝强买强卖。消费者可以在店内任意闲逛，毫无压力。相比传统服务模式，品牌的这一创新举措让不少消费者为之点赞。众所周知，等待很容易降低消费体验的满意度，而名创优品每天的客流量都特别大，排队是常有的事。因此，品牌规定店内收银员必须在最后一名消费者失去耐心之前结完账。经统计，在高峰时期收银员最快的速度是每 22s 完成一次收银服务，这个强度甚至超过当地商场收银机的负荷。

名创优品的服务从消费者进店之前就开始，但不会结完账就马上结束。为了衡量消费者满意度，名创优品总结出一套“顾客表情指数理论”。消费者结账后，从收银台到店门口的几步之内，面部表情说明了这次购物的一切。如果消费者是开开心心地离开，表明这是一次满意的购物；如果面无表情或者闷闷不乐，那么一定有某个环节出了差错。品牌将围绕顾客不满意的地方，在经营和店铺的一些细节方面做最大可能的改善。

良好的购物环境和服务缔造了极致的购物体验。消费者无压力购物成为名创优品树立品牌形象、铺就与消费者沟通桥梁的重要组成部分之一。通过极致的购物体验赢得很高的顾客满意度，也使很多顾客成为回头客。

截至 2020 年 6 月 30 日，名创优品总计提供约 8000 个核心产品，涵盖生活家居、电子电器、纺织品、包袋配饰、美妆工具等 11 个不同类别。名创优品每月新推出约 600 个产品，以满足消费者不断变化的需求。名创优品于 2020 年 10 月 15 日在纽交所上市，截至 2021 年 8 月初，市值约为 48 亿美元。2020 财年（截至 2020 年 6 月 30 日），名创优品营业收入为

89.79 亿元人民币，受疫情影响同比下降 4.4%；毛利为 27.32 亿元，同比增长 8.8%，毛利率达 30.4%。

（资料来源：1. 名创优品官网 https://www.miniso.cn/. 2. 杜博奇. 名创优品没有秘密：通向未来的商业秘密［M］. 北京：中信出版社，2017. 3. https://www.sohu.com/a/345335662_120197211.）

案例思考题：

1. 什么是顾客让渡价值？名创优品是如何提升顾客让渡价值的？
2. 名创优品是如何提升顾客满意度的？
3. 名创优品是如何让顾客成为回头客的？

第三章

战略规划与市场营销管理

本章要点

1. 企业战略的概念与特征
2. 战略规划的含义与企业战略规划过程
3. 战略业务单位的概念与规划投资组合的方法
4. 新业务成长的三种主要战略分析
5. SWOT 分析
6. 业务单位的常用战略分析
7. 企业的市场营销管理过程

导入案例

元气森林：清晰准确的战略部署

元气森林成立于2016年，创始人是做游戏公司出身的唐彬森。元气森林是一家“互联网+”饮料公司，专门生产无糖、低热量的产品。目前，主要产品为燃茶和气泡水。目前，元气森林系列产品已覆盖全国，并出口美国、新西兰、新加坡等40多个国家和地区。

“无糖”食品作为发展已久的概念，在2020年达到了空前的高度。现代年轻人渴求通过更健康、更自律的生活方式改变现状：在运动App上打卡健身、保持早睡早起的良好作息习惯。但相比这些，控制一杯饮料的甜度、从食物中减少明确的卡路里摄入、拥有健康的饮食习惯，执行成本要低很多。元气森林正是牢牢抓住了这些年轻消费者的健康需求，锚定细分人群和细分品类发力，以独特的故事和理念推出0糖健康的饮料，在饮料行业掀起一阵减糖风潮。

元气森林诞生之初在战略上就决定要抢占“无糖饮料”的领导者地位。找到了一种既能保证甜味口感，又能避免热量产生的蔗糖替代品——“赤藓糖醇”，代替“蔗糖”，更低脂健康。在品类上，元气森林最初仅聚焦两大细分市场：一是无糖茶饮领域，推出燃茶，主打“无糖解腻喝燃茶”；二是气泡水领域，推出苏打气泡水，主打“0糖0脂0卡”。

在战略上，元气森林选择对的赛道和正确的价值。确定了“0糖0脂0卡”的产品定位，并成功将“无糖饮料”这一细分市场带火。在大健康趋势推动下，作为饮料主力消费群的年轻人也加入了“养生大军”，因而其设的每款产品无论是口味、包装还是功能，都会根据年轻消费者的喜好进行调整。

元气森林已经把自建工厂与产能扩张列为接下来的战略发力点，除了加速产能扩张，元气森林的另一个野心也逐渐暴露——延伸产品线，实现产品多元化。据了解，目前元气森林产品线涵盖了气泡水、茶饮料、能量饮料、乳茶、酸奶和果汁等系列，正在丰富产品线，向其他品类扩充。除了气泡水、茶饮料等常温产品，元气森林在冷链产品方面也进行了相应的布局，其100%持股的“北海牧场”酸奶品牌旗下产品已经上市，同样主打“无糖”卖点。可以说，元气森林的多元化战略正在如火如茶地开展。

元气森林凭借它清晰准确的战略部署，成功在市场上占领了一席之地。不仅自建工厂成熟，而且产品线和品类扩充现在也一步步走向正轨。2020 年，元气森林全年销售额达 30 亿元，业绩同比增长约 270%，估值达到 60 亿美元，成为近几年我国饮料界的一个现象级品牌。

（资料来源：1. https://zhuanlan. zhihu. com/p/252781191. 2. https://www. sohu. com/a/462609165_618348. 3. https://www. jiemian. com/article/5326100. html.）

元气森林的案例表明，战略规划与市场营销管理对企业的迅速成长与持续成功是非常重要的。那么，什么是企业战略与战略规划？企业如何进行总体与业务战略规划？市场营销管理的过程又是怎样的？本章将围绕这些主题展开。

第一节 企业战略与战略规划

一、企业战略的概念与特征

在现代社会，战略是企业管理中最重要的概念之一，它存在于任何组织，也存在于组织的任何层级中。关于其概念，学者们众说纷纭。例如，魁因（J. B. Quinn）认为，战略是一种模式或计划，它将一个组织的主要目的、政策与活动，按照一定的顺序结合成一个紧密的整体；霍佛（Hofer）和山德尔（Schendel）认为，战略应该包括范围、资源配置、竞争优势和协同等一些共同的构成要素。科特勒说：“当一个组织清楚其目的和目标时，它就知道今后要往何处去，问题是如何通过最好的路线到达那里。公司需要有一个达到其目标的、全盘的、总的计划，这就叫作战略。”综合学者们的观点，我们认为企业战略是用来指出企业在竞争环境中所应遵循的方向，以及如何将有限的资源及力量做最佳调配，进而达成所要追求的目标的计划。一个没有战略的企业，就如同一只没有舵的小船，在茫茫大海中只能随风漂泊。

企业战略的本质是为了维持组织的长期竞争优势而做的定位与资源配置，应具备以下特征：

（1）全局性。企业战略是企业对其资源与任务的全局性安排。无论是企业的总体战略还是层级战略，都是企业或部门根据其整体发展需要而制定的，规定的是企业或部门的整体行动，追求的也是其整体效果。可以说，全局性是企业战略最基本的特征。

（2）长远性。制定企业战略的基础是企业的外部环境与内部条件，最主要的目的是获得一种持续性的竞争优势，保障企业长期稳定发展，战略必须反映企业谋求长远发展的要求。

（3）纲领性。企业战略包含的是企业的整体发展和长远目标，以及为此应当奉行的基本方针和采取的行动方案，所以企业战略具有行动纲领的作用，企业的所有策略性任务都必须在此基础上才能制定并分解落实。

（4）抗争性。企业间激烈而复杂多变的竞争是现代市场的主要特点。企业要想在激烈的竞争中获得生存与发展，就必须站在战略的高度强化企业的竞争能力，企业战略本身也是针对来自各方的压力、威胁和挑战而做的基本安排，所以如何应对竞争及有效地与竞争对手抗衡，也是企业制定战略的目的之一。

二、企业战略的层次结构

根据现代企业管理的组织状况，企业战略一般包括以下三个基本层次：

1. 企业总体战略

企业总体战略也称公司战略，是企业最高层次的、全局性的战略，其任务主要是选择企业投资活动的领域。企业尤其是大型集团性企业，需要在分析企业外部环境与内在条件的基础上，根据企业使命选择企业经营活动的领域，合理配置企业资源，以保障企业稳定、持续、长期发展。因此，经营范围的选择与企业资源的合理配置是企业总体战略的重要内容，它通常由企业高层主管负责制定并监督落实。

2. 业务单位战略

在大企业，特别是多种经营的企业，往往从组织形态上把一些具有共同战略因素的二级单位（如事业部、子公司等）或其中的某些部分组合成一个战略业务单位；在一般的企业，也可以将产品和市场具有特殊性的二级单位看作独立的战略业务单位。所以，业务单位战略就是各个战略业务单位或事业部、子公司的战略，也可以叫作经营单位战略，它通常由战略经营单位的主管负责制定并落实。

3. 职能战略

职能战略也称职能部门战略或职能层战略，它是企业各个职能部门在企业总体战略和业务单位战略的基础上制定的本部门的发展战略，通常涉及市场营销部门、生产部门、物流部门、财务部门、人力资源部门与产品研发部门等，由各部门主管负责制定和实施。职能战略可以使各职能部门及其管理人员更加清楚地认识到本部门在实施总体战略和经营单位战略过程中的任务，更加有效地发挥本部门的管理职能，从而保证企业目标的实现。

三、企业的战略规划过程

战略规划是指企业在其目标、能力和不断变化的各种环境机会之间保持和发展某种战略适应性的管理过程。在此过程中，市场营销工作起着不可或缺的作用。

企业战略规划过程主要包括以下步骤：

1. 发现问题并评估其重要程度

企业在战略制定之前，必须充分了解企业的外部环境、内在条件和经济效益等因素的现状及其发展变化趋势，并在此基础上寻找和发现企业运行过程中即将发生的战略问题。在判定问题之后，企业还要对问题进行整理、分类和评估，依据其对企业整体发展产生影响的轻重缓急加以排序。

2. 分析问题

排序之后，应由企业高层主管对重要问题进行详尽分析。例如，从时间推移的层面分析问题的发展变化趋势，寻找较大问题的演变规律；从企业发展的层面研究企业各个层次的问题以及它们对企业总体战略的影响，深入系统地掌握问题；从相关利益群体的角度对战略问题进行各种假设，并评定其重要性和可靠程度，所有分析的内容与结果都将作为战略制定的参考。

比较重要的和一般的问题，由战略经营单位和部门进行研究分析并加以注意即可。

3. 制定相关战略

在问题分析的基础上，企业必须制订解决问题的方案，提出相关战略。一般而言，对于牵涉面较广的问题，如涉及投资问题、总部给每个业务部门提供的资源分配问题、开发和放弃哪些业务的问题等，就应制定总体战略和经营单位战略；对于仅仅涉及职能部门的问题，如资金的有效利用问题、人员的配置问题等，就应制定相应的职能部门战略。

4. 战略的发展与实施

企业还必须根据内外部环境的变化对已制定的战略进行必要的修正和补充，形成具体的行动方案，及时有效地付诸实施，并进行必要的监督与控制，以保证问题的解决和企业目标的实现。

第二节　企业战略总体规划

一、界定企业使命

企业使命是一个企业存在于社会或行业中的价值，它反映企业的目的、特征和性质。一般企业的使命在企业开始创立时是比较明确的，但随着时间的流逝，当出现新的市场机会或市场条件发生变化时，企业使命也会发生相应的变化。例如，亚马逊网络书店的使命，原来是“创办全球最大的网上书店”，现在则改变为“成为全球最大的网上商店”。

界定企业使命的方法通常是参考著名管理学家德鲁克的问题界定法，即回答如下问题：①我们的企业是做什么的？②我们的顾客是谁？③我们为顾客创造的价值是什么？④我们的业务现状及远景如何？成功的企业会经常向自己提出这些看似简单却对企业影响深远的问题，然后慎重地征求股东、主管部门、经销商和企业员工的意见，以全面地做出解答。

资料链接 3-1：界定企业的参考因素

(1) 历史特征。历史特征也就是企业存续过程中的历史和作为这种历史沉淀的企业文化，包括企业过去的目标、政策、市场运作和社会形象等。企业使命通常都是在这些历史与文化基础上的延续。

(2) 业主和高层管理者的意图。任何一家企业的总体发展战略，都是由其高层主管负责制定的。企业的上级主管部门和高层主管，都会对企业的发展和未来有一定的考虑，所以其所有者、管理者的意图，必然对企业使命的界定起着关键性的作用。

(3) 周围环境的变化。企业在发展过程中，不可避免地受到周围市场环境的影响。环境是在不断地发展变化的，这种变化必然会给企业带来新的机遇与挑战，所以企业使命的界定就必须顺应环境的发展与变化。

（4）企业的资源状况。企业业务与经营领域的确定，会受到企业自身资源条件的约束与限制。企业能够为顾客创造什么样的价值，自然也取决于企业所拥有的资源。

（5）企业的特有能力。在激烈的市场竞争中，企业只有拥有特有的优势与能力，并重点选择最能发挥这些优势与能力的业务，才有可能立于不败之地。因此，企业使命的界定必须结合企业的核心能力和优势才能够扬长避短，充分发挥自身所长。

企业使命界定之后，必须以文字的形式对其进行描述，形成使命说明书，并传示于企业所有员工。企业使命说明书的内容主要包括以下几个方面：

1. 主要竞争领域

该内容主要说明企业拟在哪些领域进行经营活动、参与竞争，包括企业将要从事的行业领域、能被企业掌握和支配的技术与其他核心能力的领域、想要服务的市场或顾客类型、想要加入的营销渠道领域、想要开拓的地理市场范围等。

2. 主要政策与价值观

该内容主要规定企业如何处理与各利益关系方，包括顾客、供应商、经销商、竞争者、公众等的关系，同时将管理者与员工个人的权力范围加以限制，使整个企业在重大问题或原则上步调一致，行动上有共同参照和遵循的标准，从而保证员工向着企业的目标前进。

3. 愿景与发展方向

该内容主要揭示企业在未来若干年的成就与发展方向。这一愿景与方向将吸引着员工为之不懈地努力与奋斗，引导着企业不断地向前迈进。

资料链接 3-2：华为的愿景与使命

华为创立于1987年，是全球领先的ICT（信息与通信）基础设施和智能终端提供商。目前，华为约有19.7万名员工，业务遍及170多个国家和地区，服务全球30多亿人口。

华为的愿景与使命为："华为致力于把数字世界带入每个人、每个家庭、每个组织，构建万物互联的智能世界：让无处不在的连接，成为人人平等的权利，成为智能世界的前提和基础；为世界提供最强算力，让云无处不在，让智能无所不及；所有的行业和组织，因强大的数字平台而变得敏捷、高效、生机勃勃；通过AI重新定义体验，让消费者在家居、出行、办公、影音娱乐、运动健康等全场景获得极致的个性化智慧体验。"

华为面向未来的五大战略举措是：

第一，优化产业组合，增强产业韧性，尤其是增强软件能力、加强先进工艺弱相关产业投资和智能汽车部件产业投资。

第二，推动5G价值全面发挥，定义5.5G，牵引5G持续演进。

第三，以用户为中心打造全场景无缝的智慧体验。

第四，通过技术创新降低能源消耗，实现低碳社会。

第五，努力解决供应连续问题。

根据华为2020年度财报，华为2020年的销售收入为8914亿元，净利润为646亿元。在2021年《财富》"世界500强"排行榜上，华为排名第44位。华为是唯一一个连续入选Interbrand"全球品牌100强"排行榜的中国品牌，在2020年的排行榜中位列第80位，品牌价值为63亿美元。

（资料来源：1. 华为官网 https://www.huawei.com/cn/. 2. https://baijiahao.baidu.com/s? id=1696831396116471436&wfr=spider&for=pc.）

二、建立战略业务单位

战略业务单位（Strategic Business Unit，SBU）是指在市场、技术等方面不同于其他业务，企业值得为其专门制定一套经营战略的业务项目。

建立战略业务单位是为了将企业使命具体化。为了适应竞争、扩大规模的需要，大多数企业在经营或准备经营几项业务，而且每项业务所面对的市场和环境也都各不相同，企业为了便于管理，有必要将企业的各项业务从性质上加以区分，划分并建立若干个战略业务单位。

区分战略业务单位的主要依据通常是各项业务之间是否存在共同的经营主线，也就是现有的产品和市场与未来的产品和市场是否存在关联性。传统的战略业务单位的划分与建立都是基于所经营的产品，而现代营销观念认为，企业的市场定义比企业的产品定义更重要，一项业务必须看作顾客需求被满足的过程，而不是一个产品的生产过程，所以在确定其业务范围时应该注意贯彻市场导向，坚持以顾客需求为出发点。

企业的战略业务单位无论如何区分，通常都具有以下特征：

1. 是单独的业务或一组相关业务的集合体

战略业务单位必须有自己的业务，这种业务可以是一项独立业务或相关业务的集合体，在计划工作中能与企业的其他业务分开，以保证企业的各个战略业务单位不会以相同的产品来竞争相同的顾客。同时，企业内的各个战略业务单位应该尽量避免重复，通常其差异越大越好，这样才能避免资源的重复投入。

2. 对企业负有不同的使命

一个战略业务单位必须对企业负有自己的使命，这种使命或许是吸引顾客、提高企业市场占有率，或许是增加企业利润，或许是提升企业的品牌形象，等等。不过为其战略发展的需要，这些业务单位必须有共同的性质、明确的任务和特定的目标市场。

3. 有自己的竞争者

无论是基于产品划分还是坚持以顾客为导向的战略业务单位，都有自己的生存与发展空间，所以也就必然有自己的竞争对手。

4. 有认真负责的经理

一个战略业务单位应该有相应的管理班子负责其经营战略的管理工作。这个管理班子中必须有一位专职经理负责其战略计划和利润业绩，并且还要有能力控制影响利润的大多数因素。否则，这个战略业务单位就会因缺乏计划能力和执行力而形同虚设。

5. 掌握一定的资源

一个战略业务单位只有事权集中，对达成目标所需要的各项资源与能力加以完整掌握，才能保证本业务单位实现良好的绩效。当然，这并不排斥该战略业务单位与其他业务单位共享资源来达成目标，这种资源的共享与否通常由业务单位的管理者自行决定。

6. 可以独立计划其他业务

一个战略业务单位能够依靠自己所掌握的资源，有效地制定自身的发展规划，相对独立或有区别地开展其业务活动。

三、规划投资组合

战略业务单位建立之后，企业高层主管还必须对各战略业务单位的经营效益加以分析和评价，以便确定各单位的发展潜力和投资结构。

比较常用的规划投资组合方法有以下四种：

（一）波士顿咨询集团法

波士顿咨询集团（Boston Consulting Group，BCG）是美国一家著名的管理咨询公司，该公司发明了一种名为“BCG 模型”的分析方法，即用市场增长率-相对市场占有率矩阵来分析企业的各战略业务单位的经营现状，从而为其战略规划提供相关依据。

BCG 模型以市场增长率作为纵坐标，以相对市场占有率作为横坐标，形成一个市场增长率-相对市场占有率矩阵，如图 3-1 所示。其中，市场增长率表示该业务单位在一定时期内销售业绩增长的百分比，相对市场占有率表示业务单位的市场占有率与市场同类产品中最大竞争者的市场占有率之比，圆圈数目则表示企业所有的业务经营单位，其大小代表业务单位相对营业额的大小，位置由业务单位实际的市场增长率和相对市场占有率决定。

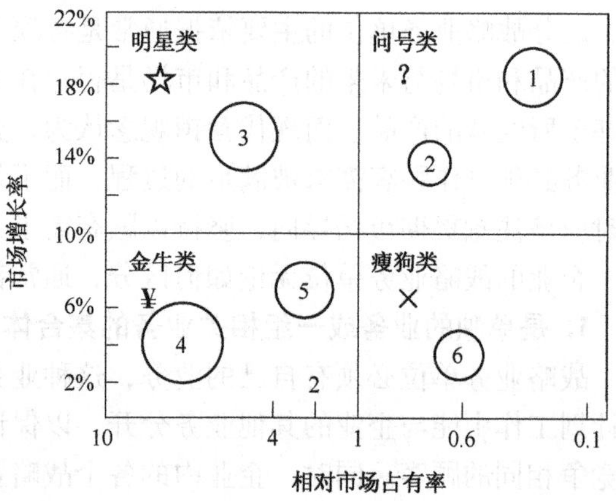

图 3-1　BCG 模型

市场增长率一般以年为考察周期，以 10%为分界线。一个市场的增长率若高于 10%，就被认为增长率比较高。不过这只是一个简单的参考基准，实际上可以以国家的实际经济增长率作为划分基准。相对市场占有率以 1 作为分界线，大于 1 表示企业本身就是市场上较大的竞争者。

由图 3-1 可见，根据市场增长率-相对市场占有率矩阵，可将企业的战略业务单位分为以下四类情况：

1. 明星类

明星类业务通常是处于高速增长和强有力市场竞争地位的业务，可以视为高速成长市场中的领导者。这类业务往往能为企业创造高额利润，但也需要大量的现金和相关资源保证其竞争力的提升，用来维持其高速增长。图 3-1 中所示的企业只有一个明星类业务，因此应仔细分析其发展成为金牛类业务的可能性，以决定是应该投资发展还是维持现状。

2. 金牛类

金牛类业务虽处于低市场增长率，但它是成熟市场中的领导者，是企业现金的来源。由于市场已经成熟，企业不必再大量投资来扩展市场规模；同时作为市场中的领导者，该业务享有规模经济和高边际利润的优势，因而能给企业带来大量财源。企业可以用此业务带来的现金支付账单、支援其他各类需要资金的业务部门等。对于这类业务，企业一般不会扩大生产线以求发展壮大。图 3-1 中所示的企业有两个金牛类业务，说明其财务状况比较好，基本可以应对市场环境和消费需求的变化。

3. 问号类

问号类业务是一类相对市场占有率较低而市场却在快速成长的业务。大多数业务单位在进入市场之初都可能处于这种情况。对于这类业务，企业一般要建立工厂、增加设备和人员，以便跟上迅速发展的市场，使其超过竞争对手。不过，是否投资发展还需要先行分析其市场增长率较高的原因，然后再对症下药，采取相应措施。若业务符合企业长远发展目标，能够增强核心竞争能力以赶超市场领导者，则企业可投资以促使其发展；否则企业就要慎重考虑是增加投资还是维持现状，甚至减少投资或放弃。图 3-1 中所示的企业有两项问题类业务，一般不可能全部投资，只能选择其中的一项，以集中投资发展。

4. 瘦狗类

很显然，瘦狗类业务的市场增长率和相对市场占有率都较低，给企业带来的收益很少，甚至是负利，而且也很难再有什么发展。其存在的原因多半是由于情感上的因素不忍放弃。其实，瘦狗类业务通常要占用很多资源，如资金、管理部门的时间等，多数是得不偿失的，所以企业一般不需要对其再进行投资，经常是慢慢减少甚至完全放弃。好在图 3-1 中的企业只有一项瘦狗类业务，也就是说，其负担还不算沉重，不过企业仍需早做打算。

上述四类业务单位对于一家企业而言，各有其存在的必要性。所以，企业在使用 BCG 模型进行业务分析、规划投资组合时，首先就要判断其业务单位的组合是否健全，结构是否合理。如果组合不健全，就可能导致业务断层或现金流量不足；如果结构不合理，就可能导致企业的投资组合失衡。任何一个拥有太多瘦狗类业务和问号类业务或拥有太少明星类业务和金牛类业务的企业，都会面临严重的发展不平衡问题。

在进行业务组合分析之后，企业就要结合实际情况与市场前景，为各业务单位进行合理的资源配置，并制定相应的战略规划。在这方面可供选择的战略有以下四种：

（1）发展。该战略的目标是提高业务单位的相对市场占有率，甚至不惜为此放弃短期收入。这种战略最适合问号类业务。

（2）保持。该战略的目标在于维持业务单位的相对市场占有率。最适合采用该战略的是金牛类业务。

（3）收割。该战略的目标是不考虑长期效果，只追求短期的现金收入。这种战略适用面较广，市场前景不看好的明星类业务和问号类业务、弱小的金牛类业务或是瘦狗类业务，皆可采用该战略。

（4）放弃。该战略的目标是出售或清算某些业务单位，以将企业有限的资源用在更有利的业务上。这种战略主要适用于完全没有前途的瘦狗类业务和失败的问号类业务。

（二）通用电气公司法

通用电气公司（GE）法也称多因素投资组合分析法，是由通用电气公司提出的，从市场吸引力和业务能力两个方面对其业务组合进行分析的方法。这种方法较波士顿咨询集团法有所发展。该方法认为，企业对其业务单位进行分析、评价时，必须考虑与业务单位发展密切相关的多种因素。这些因素可以概括为两大类：一是市场吸引力，主要由总体市场大小、年市场成长率、历史毛利率、竞争密集程度、技术要求、通货膨胀的脆弱性、能源要求、环境影响以及社会、政治、法律等一系列因素所决定；二是业务能力，主要包括市场份额、份额成长、产品质量、品牌知名度、分销网络、促销效率、生产能力、生产效率、单位成本、物资供应、开发研究绩效、管理人员等因素。

企业管理人员对构成市场吸引力和业务能力的各因素按照企业实际情况进行评分，最低为 1 分，最高为 5 分，然后根据各因素对业务单位的重要程度分配权数，进行加权累计，得出该业务单位市场吸引力和业务能力总分。这样，以市场吸引力为纵坐标，以业务能力为横坐标，就形成了通用电气公司法的多因素投资组合矩阵，如图 3-2 所示。图 3-2 中的圆圈代表企业所有的业务单位，圆圈中较小的扇形面积表示该业务的市场占有率。

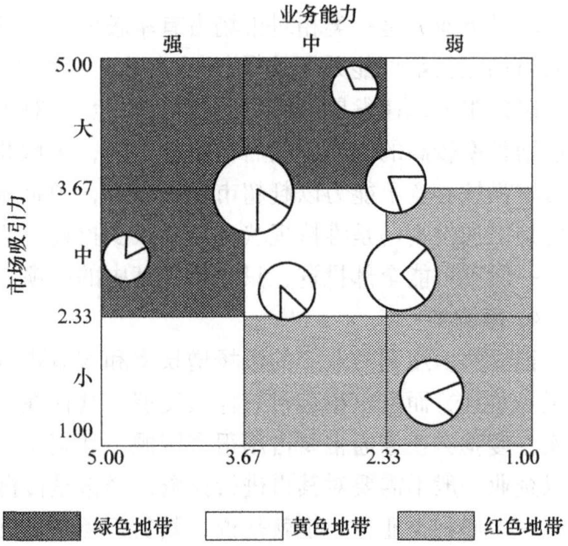

图 3-2　多因素投资组合矩阵

由图 3-2 可见，多因素投资组合矩阵依据市场吸引力的大、中、小和企业业务能力的强、中、弱，可以形成九个区域。这九个区域可分为以下三种战略地带：

1. 绿色地带

绿色地带由矩阵左上角的“大强”“大中”“中强”三个区域构成。由于该地带的市场吸引力和业务能力都对业务的发展有利，因此对此类业务应“开绿灯”，采取增加投资和发展壮大的战略。

2. 黄色地带

黄色地带由矩阵左下角到右上角的“小强”“中中”“大弱”三个区域构成。该地带的市场吸引力和业务能力都属于中等水平，因此对此类业务应“开黄灯”，慎重选择投资重点，通常采取维持原有投资水平和市场占有率的战略。

3. 红色地带

红色地带由矩阵右下角的“小中”“小弱”“中弱”三个区域构成。该地带普遍存在市场吸引力偏小、业务能力较弱的情况，因此应对其“开红灯”，采取收割或放弃的战略。

（三）指导性政策矩阵模型

指导性政策矩阵（DPM）模型是由荷兰皇家壳牌公司在 20 世纪 70 年代创立的，主要是对 BCG 法进行的补充和修改。它根据对业务单位的行业市场前景和业务单位的竞争能力进行具体分析，将行业市场前景分为高吸引力、中等吸引力和低吸引力三种情况，业务单位的竞争能力分为强、中、弱三种情况，综合构成“九宫图”，如图 3-3 所示。

在该矩阵模型中，行业市场前景的吸引力这一因素通常被视为外生变量，包括市场规模、市场增长率、周期性、竞争结构、进入壁垒、行业的利润率、通货膨胀、法律法规、可获得的员工队伍、社会问题、环境问题、政治问题等指标。对于这些指标，企业一般无法控制。业务单位的竞争能力可视为内生变量，包括市场份额、销售队伍、研发、制造、分销、财务资源、管理层能力等指标。企业对这些指标都可以加以控制。但不论可控与否，对于所有指标的具体数值，企业都是根据自身情况和市场环境的实际测量得出的，然后进行加权平均，计算出行业市场前景和业务单位的竞争能力两大因素的综合结果。其计算方法和分界与 GE 法基本相同。

指导性政策矩阵的作用在于帮助企业管理者识别各业务单位的相对竞争力，了解它们在矩阵中定位的形成原因、今后业务的走向以及成功的基础，以便在各业务单位之间做出投资选择，平衡企业的业务发展，进而制定出企业总的发展战略。

行业市场前景 \ 业务单位的竞争能力	强	中	弱
高	领先地位 投资发展	选择发展 不断强化	强化优势 发展或放弃
中	选择发展 保持优势	关注市场 选择发展	分期减少 或放弃
低	选择发展 回收资金	分期减少 或撤退	不再投资 尽早放弃

图 3-3　指导性政策矩阵

（四）阿瑟·D. 利特尔模型

阿瑟·D. 利特尔模型（简称 ADL 模型）是由著名的阿瑟·D. 利特尔管理咨询公司在 20 世纪 70 年代提出的。该模型认为，企业在分析其业务组合与投资规划时，应结合业务单位自身在市场上的竞争地位和该行业市场的生命周期阶段来考虑，所以也可以称为生命周期模型。

在 ADL 模型中，行业市场的生命周期阶段是指该行业从一个年轻并快速增长的业务市场到一个成熟和衰退的业务市场所经历的发展阶段，包括成长初期、成长期、成熟期和衰退期四个阶段。具体划分可根据该行业的增长率、增长潜力、产品线范围、竞争者数目、市场占有率的分布情况及稳定性、进入行业的难易程度和技术等因素来进行。企业的竞争地位主要由企业的优劣势决定，包括产品线宽度、市场占有率、品牌知名度、分销能力以及技术的先进性等。从占据市场主导地位并对市场起控制作用的业务到较弱、勉强能生存的业务，可分为绝对优势、强大、有利、有防御可能和弱小五种情况。

结合行业市场生命周期阶段和业务单位的市场竞争地位，即可形成阿瑟·D. 利特尔业务管理矩阵（简称 ADL 业务管理矩阵），如图 3-4 所示。由图 3-4 可以看出，ADL 模型主要有四种战略选择：发展、选择性发展、恢复或收割、放弃。

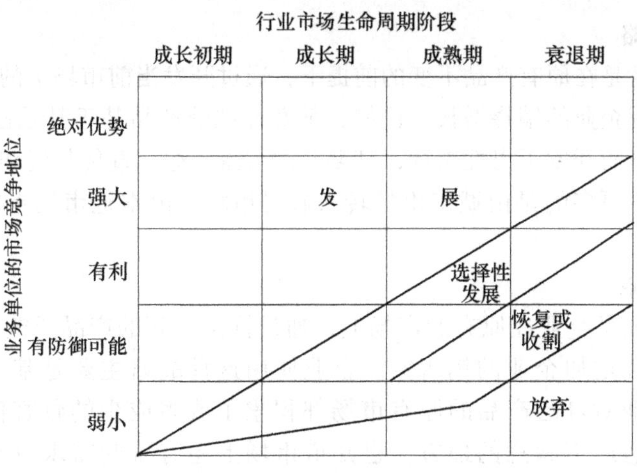

图 3-4　ADL 业务管理矩阵

投资组合的战略规划决定了企业的哪些业务需要发展或维持，哪些业务应当收割或放弃，但这些战略都是针对企业的原有业务而言的。企业要想在现有销售量的基础上得到较大幅度的提升，以达成期望的销售量，就需要发展新的业务来代替旧的、过时的业务，也就是进行新业务成长战略的规划。

四、规划新业务成长战略

规划新业务成长战略一般可以遵循这样一种思路：首先，在现有的业务领域寻找未来发展的机会；然后，分析与目前企业业务有关的业务，并进行联营或收购；最后，开发与企业业务无关的富有吸引力的新业务。这样就形成了以下三种可选战略：

（一）密集型增长战略

企业尚未完全开发潜伏在其现有产品或市场的机会时，可以采用保持原有产品或维持原有市场的战略形式来实现企业销售额和利润的增长，这就是密集型增长战略。

实施这种战略，企业的管理层首先要审视现有的业务是否有可以改进并继续发展的机会。安索夫的产品-市场扩展方格就为人们提供了这一战略构想，如图 3-5 所示。

	原有市场	新市场
新产品	产品开发	多元化
原有产品	市场渗透	市场开发

图 3-5　安索夫的产品-市场扩展方格

根据图 3-5 可以看出，密集型增长战略包括以下三种战略：

1. 市场渗透战略

市场渗透战略就是在原有市场上继续经营原有产品，并希望取得更大的市场占有率或获得更多的利润。在这种战略下，企业并没有改变其原有的产品和市场，只是通过积极的营销活动来鼓励顾客更多地购买。比如，企业可以通过开发产品新的使用方式，或增加现有顾客的使用次数，或增加产品的销售网络等，来增加顾客对现有产品的单次购买量或重复购买频率，从而提升现有产品在现有市场上的占有率。很明显，这是一种对现有经营业务进行进一步深耕的战略选择。

2. 市场开发战略

市场开发战略就是在原有产品不变的前提下，通过开发当前市场上的潜在客户或进入全新市场的方式来实现企业的销售增长。比如，某女性洗液产品基于其杀菌止痒的基本功能，通过改变其广告内容而开发了男性市场；某婴儿沐浴露，通过宣传其温和不刺激的形象，从而打开了成人市场；更多的是由城市市场转入农村市场、由本地市场走向外地甚至海外市场等。

3. 产品开发战略

产品开发战略就是企业在原有的市场上，通过推出全新的产品或改良的产品来满足市场的不同需求，进而增加企业的销售额。企业使用这种战略主要是基于对原有市场的了解。一般而言，企业对自己产品的原有市场都积累了或多或少的顾客信息，清楚地知道顾客对原有产品满意或不满意的地方，也知道市场上还有哪些需求没有被满足或没有被完全满足，所以企业比较容易开发新的产品来迎合顾客的需要并实现自己的利润增长。

众多日化企业在基本护肤产品的基础上，开发出美白、保湿、祛斑等系列产品，就是一个典型的例子。

至于图 3-5 中的多元化战略，由于其既没有保持原有产品，也没有维持原有市场，所以不能列入密集型增长战略的范围之内，而应该另当别论。

（二）一体化成长战略

一体化成长战略是指企业在关联的业务机构寻求可用资源为己所用，减少竞争，实现规模经济，从而提升其市场占有率或销售额的战略。

如果企业的基本产业尚有很大的发展机会，在供、产、销等方面实行整合能够提高效率、扩大销售，企业就可以实行一体化成长战略。

该战略主要包括以下三种具体战略：

1. 后向一体化战略

后向一体化战略是指企业通过收购或兼并其上游的若干原材料供应商，拥有和控制自己的供应系统，实行供产一体化的战略。企业实施后向一体化战略可以大大降低原材料短缺、成本受制于供应商等风险，因此对于那些竞争优势着眼于低成本和供应稳定的企业尤其适用。另外，如果供应商的数目较少，或所欲购并的上游企业具有相当高的利润等，企业采用该战略也会获得较高收益。

2. 前向一体化战略

前向一体化战略是指企业通过收购或兼并其下游的若干商业企业，或者拥有和控制自己的分销系统，实行产销一体化的战略。与后向一体化战略相似，如果企业的竞争处于一个成长且前景看好的产业之中，或企业目前的经销商成本特别高，或优异的经销商资源有限，或企业具有成功管理所欲购并的下游商业企业的资本和能力等，企业就应该实施该战略，以减少销售费用，扩大销售收益。

资料链接 3-3：特斯拉的直销模式

特斯拉汽车公司（Tesla）成立于 2003 年，创始人是被誉为“硅谷钢铁侠”的埃隆·马斯克（Elon Musk）。特斯拉的公司愿景是：“加速世界向可持续能源转变。”特斯拉致力于成为全球电动智能汽车领域的开拓者和领导者，是最早涉足电动汽车产业的品牌之一，现在大多数消费者一提到高端电动汽车品牌，第一想到的就是特斯拉。

特斯拉从诞生之日起便以创新和颠覆者的姿态受到业界瞩目，其“线上销售+线下体验和服务”的直销模式打破了汽车厂商主要通过 4S 店经销商来销售汽车的传统汽车经销模式。

特斯拉的直销模式的主要操作流程为：车型了解、意向购买→门店体验、预约试驾→官网预订、支付定金→工厂接单、定制生产→支付尾款、车辆交付。

特斯拉汽车销售渠道目前包括特斯拉官网和特斯拉拥有的全球各地的网络商店。在部分地区，特斯拉设有线下体验店。体验店的主要作用是向消费者介绍特斯拉，让消费者了解特斯拉的有关产品，但在体验店实际上并不直接交易汽车。特斯拉认为线下体验店可以更好地控制库存成本、管理保修服务和定价，提升消费者对电动汽车的认知，维护和加强特斯拉品牌形象，并获得快速的顾客反馈。

对消费者而言，特斯拉选择的直销模式与传统的 4S 店代理经销模式相比，因为取消了经销商，缩短了中间环节，简化了购买流程，有机会降低消费者的购买成本。自营的线下体验店可以提供标准化、专业化以及不以现场直接成交为目的的体验服务。线上购买明码标价，可以让消费者公平、透明消费。因为车辆采用定制化生产，为消费者提供了选择的多样性，凸显消费的差异化和个性化。

据特斯拉发布的2020年度财报，特斯拉2020年的全球销量为49.95万辆，其中中国销量为14.80万辆，中国市场销量占比为29.6%。特斯拉2020年总营收为315.36亿美元，同比增长28%；总毛利润为66.3亿美元，同比增长63%。截至2021年8月初，特斯拉的市值超过7000亿美元，是全球车企市值排名第一的企业。在2020年Interbrand“全球品牌100强”排行榜上，特斯拉排名第40位，品牌价值为127.85亿美元。

（资料来源：1. 特斯拉官网 https://ir.tesla.com/. 2. 中华全国工商业联合会汽车经销商商会，北方工业大学，北京易观智库网络科技有限公司. 中国汽车电子商务发展报告（2017）[M]. 北京：社会科学文献出版社，2017.）

3. 水平一体化战略

水平一体化战略是指企业收购或兼并同种类型的竞争企业，或者在国内外与其他同类企业实行各种形式的联合经营，从而减少竞争，扩大经营规模和实力的战略。由于实施水平一体化战略的企业所购并的是处于同一价值创造阶段的竞争者，有助于达成规模经济和强化资源与能力的转移，同时还可以取长补短，共同利用某些机会，所以该战略已成为较为常见的企业成长方式。

（三）多元化成长战略

多元化成长战略也称多角化或多样化成长战略，是指企业内外资源兼用，跨行业生产经营多种产品和业务，扩大其市场范围与行业范围，使企业的特长充分发挥，从而提高其经营效益的战略。

企业实行多元化成长战略的必要性主要有三点：①原有产品或服务需求规模与经营规模的有限性，使企业原有的经营领域已经前景渺茫；②外界环境与市场需求的变化性，使企业看到了现有经营领域之外更好的机会；③单一经营的风险性与多种经营的安全性，为企业提供了新的发展思路。

多元化成长的主要方式有以下几种：

1. 同心多元化

同心多元化就是企业利用原有的技术、特长、经验等开发新产品，增加产品种类，从同一圆心向外扩大经营范围。实施同心多元化的企业基于自身原有的技术、特长或经验，开发出与本企业现有产品的基本用途不同，但技术有协同关系的新产品，以吸引一批新的顾客。由于它并没有脱离原来的经营主线，因此有利于发挥原有优势，风险相对较小。

小案例3-1：小米的多元化战略

小米公司正式成立于2010年4月，创始人为雷军。小米是一家以智能手机、智能硬件和IoT平台为核心的消费电子及智能制造公司。创业仅7年，小米的年收入就突破了千亿元。截至2018年，小米的业务遍及全球80多个国家和地区。

现在，小米不仅拥有起初的手机业务，还有非常多的品类都逐渐形成了自己的生态链。小米多元化发展状况如下：

1. 相关多元化

（1）手机产品的多元化。小米拥有小米手机、红米手机等。小米手机以新产品红米手机杀入千元智能手机市场，在2012年出货量为719万台。2014年小米联合中国电信推出红米手机，小米3电信版也同时发售。2014年3月，小米顺势推出红米Note手机。2016年，小米推出高端MIX手机。

（2）手机周边产品的多元化。小米手机周边产品包括耳机、音响、自拍杆、存储卡等。2013年6月公司首款手机周边产品小米活塞耳机上市，引发网络抢购热潮，创下20s售罄2万条的销售纪录，2015年7月累计销量突破1300万条，并获2014年iF设计奖，为首个获奖国产耳机产品。

（3）进入智能可穿戴设备行业。小米智能可穿戴设备包括小米手环、VR眼镜等。小米手环自2014年正式推出以来，经历过小米手环1代、小米手环光感版和小米手环2代等产品，小米手环已经发展到第7代。据统计，2020年上半年华米科技打造的小米手环在中国区与全球的出货量分别为549万个与1340万个，实现国内全球智能手环排名双第一。

2. 非相关多元化

（1）进入智能生活电器行业。目前，小米智能生活电器包括净化器、净水器、小米路由器、小米盒子、电视、加湿器、空气净化器等。在2017人工智能电视行业大会上，小米电视斩获“人工智能电视行业贡献奖”。无论是小米电视，还是小米AI音箱，都是开启智能家庭的钥匙。截至2020年10月，小米智能家居联网设备总量已超过8500万台，并且还在高速增长。

（2）进入“箱包鞋服”行业。小米“箱包鞋服”包括箱包、枕头、智能鞋、沙发、毛巾等。“开润股份”作为小米生态链中第一家在A股上市的公司，借助小米手机的成功经验和小米平台的支持，致力于打造优质出行生活场景，是“出行场景化市场”（商务、旅游、户外等场景）的新零售、新电商品牌。

（3）进入生活周边行业。小米生活周边产品包括体重秤、血压计、插线板和手电筒等。

（4）极客酷玩类产品。极客酷玩类产品如无人机、平衡车、智能玩具和滑板车等。

小米是做手机起家的，经过多元化发展，其产品几乎涵盖了消费者生活的方方面面，但其发展一直没有脱离其愿景（和用户交朋友，做用户心中最酷的公司）、使命（始终坚持做“感动人心、价格厚道”的好产品，让全球每个人都能享受科技带来的美好生活）和定位（为发烧而生）的指导。目前，小米是全球第四大智能手机制造商，在30余个国家和地区的手机市场进入了前五名。2018年7月9日，小米成功在香港主板上市，成为香港证券交易所首个同股不同权上市公司，创造了香港史上最大规模科技股IPO，以及当时历史上全球第三大科技股IPO。截至2021年8月初，小米的市值约为6919亿港元。据小米集团2020年度财报，小米2020年的收入为2459亿元，净利润为130亿元。2019年，小米首次进入《财富》“世界500强”排行榜，只用了9年时间，成为历史上最年轻的世界500强，在2021年的榜单上，小米位列第338位，连续三年上榜。

（资料来源：1. 小米官网 https://www.mi.com/. 2. 范海涛. 一往无前［M］. 北京：中信出版集团，2020. 3. https://www.fx361.com/page/2018/0514/6368260.shtml.）

2. 水平多元化

水平多元化就是企业利用原有市场，采用不同的技术开发新产品，以增加产品种类。其特点是原有产品与新产品的基本用途和技术皆不相同，新的业务与企业的现有能力也没有多大关系，但存在较强的市场关联性，可以利用原来的分销渠道销售新产品。

3. 集团多元化

集团多元化就是企业收购或兼并其他行业的企业，或者把业务扩展到其他行业中去，新的产品和业务与企业原有的产品、技术和市场毫无关系。实施集团多元化的企业既不以原有技术也不以原有市场为依托，向技术和市场完全不同的产品或服务上发展，所以风险较大，企业在规划新的发展方向时必须十分慎重，最好结合已有的特长和优势加以考虑。

第三节　业务战略计划

一、确定业务单位任务

业务战略计划就是各个业务单位根据总体战略的要求，对自身的业务发展和相对优势的建立等所做的战略安排。这种安排首先要明确业务单位的任务，即明确战略业务单位的具体业务和发展方向。

由于业务单位的战略必须服从并服务于企业的总体战略，因此业务单位的具体任务必须在企业总任务的基础上加以确定。比如，本单位是企业的“金牛类”业务，则其任务就必须以“维持企业的市场占有率、为企业最大限度地创造利润”为核心，而不能另谋其他发展。

至于业务单位的活动范围与发展方向，可以从企业总体战略中企业使命界定的相关内容中引申，同时有重点地分析本业务单位的需求、顾客、产品（服务）或技术，这样就可以很明确地确定本业务单位的任务。

二、SWOT 分析

业务单位的任务一经确定，企业就必须对影响业务单位任务完成的相关环境因素进行充分分析，并在此基础上对公司的优势（Strength）、劣势（Weakness）、机会（Opportunity）和威胁（Threat）进行全面评估，即进行 SWOT 分析，从而把握环境的现状和发展趋势，充分寻找和利用机会，避开或减轻威胁，扬长避短、趋利避害，以保证企业业务单位任务的顺利实现。

1. 机会和威胁分析

市场营销机会是指市场上出现的对企业营销活动富有吸引力的环境动向和趋势。其实质是来自市场上人们尚未满足或未得到完全满足的需要和欲望。营销威胁则是指由于环境变化所形成的对企业现有经营活动的冲击和挑战。

很明显，营销机会和威胁都是在对影响企业营销活动的外部环境分析的基础上发现的。一般而言，影响企业营销活动的外部环境主要有宏观环境因素（包括人口因素、经济因素、政治法律因素、社会文化因素、自然因素和技术因素等）和微观环境因素（包括顾客、竞争者、渠道企业等）两大类。前者一般间接影响企业的营销活动，但有时在某种程度上也会直接决定企业的市场地位或发展方向；后者一般直接影响企业的营销活动，进而影响其在市场上的盈利能力。所以，企业业务单位必须建立营销情报系统，以研究这些因素的重大发展趋势或规律，然后从中辨明其明显的或隐蔽的机会和威胁。

有效把握市场营销机会，将会促进企业发展，提高企业的市场占有率和盈利能力，并可提高企业的市场竞争能力。企业业务单位一般可以采取三种措施来把握市场机会：①当某种产品供应短缺时，直接增加产品的供应；②当顾客的需要和欲望尚未得到很好满足时，使用新的或更好的方法向顾客供应现有的产品或服务；③对于人们尚未满足的需求或市场上出现的新的消费趋势，可以通过向顾客提供新的产品或服务来把握。

对于市场营销威胁，如果企业不能采取有效措施来应对，它将会侵蚀公司的销售或利润。对此，企业业务单位一般也可以采取三种措施进行规避：①对抗，即试图限制或扭转不利因素的发展；②减轻，即通过调整营销组合等来改善环境以减轻环境变化带来的威胁；③转移，即转移到其他盈利更多的行业或市场。

当然，面对的市场机会的吸引力不同和市场威胁的程度不同，企业所采取的措施也不同。这就需要企业业务单位对所面临的机会和威胁进行具体分析。通常可以采用“机会-威胁分析矩阵”进行综合把握，如图 3-6 所示。

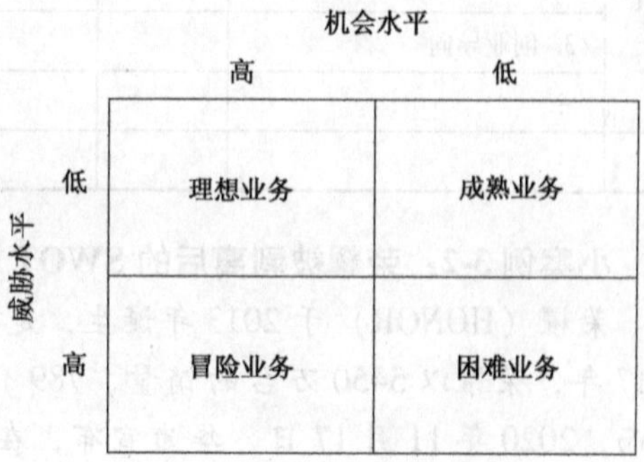

图 3-6 机会-威胁分析矩阵

对于图 3-6 中的不同业务情况，企业业务单位应分别采取不同的对策。对理想业务，应抓住机遇，迅速行动；对成熟业务，可作为常规业务，稳步发展；对冒险业务，应全面分析企业能力，扬长避短，趋利避害，争取不失良机；对困难业务，要么逐步减少，要么立即转移。

2. 优势和劣势分析

企业的优势和劣势主要是在分析企业内部环境因素的基础上得出的。这种内部环境主要是指构成企业经营能力的诸要素。具体分析见表 3-1。

表 3-1 企业经营能力构成要素分析

构成能力的要素		现有能力的绩效					重要程度		
		强	较强	一般	较弱	弱	高	一般	低
市场营销	1. 市场份额								
	2. 品牌知名度								
	3. 产品质量								
	⋮								
财务与资金	1. 资金来源								
	2. 现金流量								
	3. 资金稳定								
	⋮								
研究与开发	1. 研发人员								
	2. 创新能力								
	3. 开发成功率								
	⋮								

（续）

构成能力的要素		现有能力的绩效					重要程度		
		强	较强	一般	较弱	弱	高	一般	低
采购与制造	1. 物流管理								
	2. 生产能力								
	3. 制造工艺								
	⋮								
组织能力	1. 领导能力								
	2. 团队协调								
	3. 创业导向								
	⋮								
⋮	⋮								

小案例 3-2：荣耀被剥离后的 SWOT 分析

荣耀（HONOR）于 2013 年诞生，是全球领先的智能终端提供商。荣耀的总裁是赵明。2017 年，荣耀以 5450 万台的销量、789 亿元的销售额，登上我国互联网手机第一的宝座。然而，2020 年 11 月 17 日，华为宣布，在产业技术要素不可持续获得的艰难时刻，正式出售荣耀。对于交割后的荣耀，华为不再占有任何股份，也不再参与经营管理与决策。下面进行荣耀业务剥离之后的 SWOT 分析。

1. 优势

（1）虽然已遭剥离，但荣耀仍带有华为优秀的基因。

（2）荣耀一开始就由独立的团队运作，不会因为被剥离而茫然失措。

（3）荣耀的存量用户多，品牌忠诚度较高。

（4）荣耀在国内有独立的渠道基础。

（5）供应链、代工厂和渠道有一定的基础。

2. 劣势

（1）很多消费者购买荣耀产品其实是认同其背后的华为公司，被剥离后，消费者是否会完全接受荣耀品牌还存在疑问。

（2）海外渠道几乎消亡，初期可能只能聚焦于国内市场。

（3）被剥离前，华为与荣耀的技术是共享的，例如手机操作系统都是 EMUI；被剥离后，荣耀可能要走自己的独立路线。

（4）在高端市场缺乏产品力。

3. 机会

（1）被剥离后，荣耀可能能够避开技术封锁，得到想要的芯片等核心元件。

（2）我国消费者可能因为华为被迫剥离荣耀事件而更支持国产手机，更支持荣耀品牌。

（3）进一步减少荣耀品牌与华为品牌的交叉、重叠，自由度更高，或许有更好的发展机会。

（4）信息技术是我国的支柱产业，政府可能给予一定的支持。

4. 威胁

（1）美国可能不相信华为会真心剥离荣耀，美国可能不认可荣耀与华为是毫无关联的公司，从而可能再次对荣耀进行技术封锁。

（2）供应链与代工厂等是否会给荣耀和华为一样的待遇还存在疑问。

（3）利用华为被迫剥离荣耀的动荡期，其他手机品牌（如小米、OPPO和vivo等）已经迎头赶上，荣耀能否夺回失去的市场份额存在疑问。

根据国际四大权威市场调研机构（Canalys、IDC、Strategy Analytics和Counterpoint）先后发布的2021年第二季度全球智能手机市场统计报告，全球出货量前五品牌分别是三星、苹果、小米、OPPO、vivo，前五强中已经不见华为与荣耀的身影。但值得欣慰的是，据国际数据公司（IDC）的统计，在2021年第二季度，荣耀重新挤进我国智能手机市场出货量前五名，以690万台的出货量排名第五。

对构成企业经营能力的各要素进行分析之后，企业就要利用其优势，弥补其劣势，以适应企业业务单位的任务要求。当然，企业并不需要纠正所有的劣势，也不是要充分发挥所有的优势，而是本着企业发展和抓住环境机遇的需要，对较为重要的能力进行改进和利用；同时，企业还要研究是否需要获得和发展某些额外优势，以找到并抓住更好的机会。

三、目标制定

在SWOT分析完成后，战略业务单位就需要明确并制定所要达到的具体目标，这在业务战略计划的过程中叫作目标制定。业务单位的战略计划都是以这些特定目标为依据的。

大多数业务单位的目标是由多个子目标组成的，主要包括盈利能力、销售增长额、市场份额以及产品创新等。这些子目标从多角度、多侧面反映了业务单位的战略追求及其业务活动所要达到的目标。

为了保证业务单位的各个目标得以有效实现，所制定的目标必须具备以下条件：

1. 层次性

层次性就是目标必须按轻重缓急或主次级别有层次地安排。业务单位的各项目标反映的是不同角度和不同侧面，而且一个较大的目标通常又可分为若干个较小的目标。比如，“提高利润”这一目标就可以分为增加收入和减少费用两个目标，增加收入又可以分为提高市场份额和产品价格；减少费用也可以分为减少生产成本和减少营销费用等。因此，企业必须分析各个目标之间的因果或主次关系，明确各个目标项目的相对重要性，并分成若干层次顺序排列。这样也能把一些较为抽象的目标转化为各个部门和个人能够执行的具体目标。

2. 定量化

定量化就是目标尽可能用数量表示。企业的目标在开始制定时往往都是定性化的，这种概念性的目标很难有效管理和控制，在对结果进行考核时也很难把握一个明确的标准。所以，在可能的条件下，企业所制定的目标都应该用具体的指标来表示。比如，“提高销售增长额”这一目标，就不如“下一季度，销售增长额要提高20%”这一目标具体和明确。

3. 现实性

现实性就是企业在制定目标时，要结合市场情况和行业状况，充分分析行业内优秀企业的发展水平和本企业的优劣势，制定出合理可行的企业目标。当然，现实并不意味着保守，但也不能缺乏挑战，只有这样，才能够既保持自己的竞争力，又能够激发员工的积极性。

4. 协调一致性

协调一致性就是不能提出矛盾目标。企业的多个目标之间有时会相互冲突，甚至会出现此消彼长的矛盾，如高毛利率与高市场份额就不可能同时实现。又如高速增长与低风险、现有市场渗透与新产品开发、短期利润与长期增长等，虽然这些目标并非完全矛盾，但在制定时需要对其关系进行认真权衡，然后结合市场与企业的条件进行合理选择。

四、战略制定

目标指出了业务单位的发展方向，目标应该如何实现，就是战略制定与选择的问题了。迈克尔·波特提出了三种通用的战略可供业务单位在制定战略时进行选择：差异化战略、成本领先战略和集中化战略。

根据波特的理论，在相同市场上采用相同战略的企业形成了一个战略群体，在此群体中，只有战略运用效果最佳的企业才能获得最大限度的成功。值得注意的是，没有一个明确战略或者试图同时使用所有战略的企业必然会遭遇失败。

五、战略计划的执行与控制

战略计划的执行是企业营销目标得以实现、企业使命得以完成的基本前提。再高超的营销战略，如果不执行或执行不力，都不会收到良好效果。因此，企业必须通过相应的计划和具体的工作来支持其研发部门，以收集可能影响本企业的最新技术的相关信息，开发先进的尖端产品，同时有效控制生产过程，训练销售人员了解技术和市场，制订产品的广告宣传计划等。

在业务单位战略的执行过程中，企业还必须对整个战略的实施过程进行有效控制。因为市场环境处于不断变化的过程中，企业必须追踪战略执行结果和检测内外部环境的变化，并制定应对重大环境变化的措施，从而巩固企业的市场地位。

第四节　市场营销管理过程

市场营销管理过程是指企业为实现企业使命和目标而发现、分析、选择和利用市场机会的过程。该过程的步骤一般包括：分析市场机会、选择目标市场、设计营销组合和管理营销活动。

一、分析市场机会

市场营销管理人员通过对企业内外部环境进行有效的市场调研，往往可以发现一些有吸引力的市场机会。关键是这些市场机会能否为本企业所用，成为一种有利可图的企业机会，还需要营销管理人员对其进行分析和评价。

分析和评价某种市场机会能否为企业带来良好的市场收益，通常可以从三个方面来考虑：①看这种市场机会与企业的使命和目标是否相一致；②分析企业是否具有利用该市场机会的资源条件；③分析利用该机会是否有利于发挥企业的差别优势，也就是企业在利用这种机会、经营这种业务上，是否比其他竞争者有更大的优势。通过这三个方面的分析，基本上就可以决定这种市场机会对本企业是否具有吸引力。

不过，为了保证这种市场机会能盈利，有时营销管理人员还必须对其进行进一步的分析和评价。也就是说，营销管理人员还要分析研究影响企业营销活动的一般环境、消费者市场、产业市场和中间商市场等，以进一步明确：这些产品有哪些人或单位会购买？在什么地方购买？愿意花多少钱？购买量有多大？竞争状况如何？等等。借此确认此机会仅是个别需求，还是已经成为一个市场；确认这一市场是否有足够的顾客；确认在这一市场上，企业是否具有相应的分销能力。同时，企业的财务部门和制造部门还要估算出利用这种机会的成本，以得出这种机会的最终盈利水平。

二、选择目标市场

营销管理人员在分析和选择了有吸引力的市场机会之后，还要进一步确定最有利于企业发展的市场范围，即进行市场细分、选择目标市场和进行市场定位。

1. 进行市场细分

为了发现最好的市场机会，企业往往要依据一些影响企业产品购买的因素，如性别、职业、收入水平、地理位置、顾客规模等，将市场划分为若干个细分市场，然后通过深入的市场营销研究，了解不同细分市场上消费者的需求情况和目前的满足情况。在满足程度较低的细分市场上，就可能存在着较好的市场机会。这种市场细分对于资金短缺的小企业而言尤为重要。

2. 选择目标市场

进行市场细分之后，企业就要决定应该进入哪一个或哪几个细分市场。也就是说，企业的力量应该集中于哪些市场？企业应为哪些顾客服务？一般来说，任何一家企业都不可能很好地满足所有顾客群的不同需要，因此，企业应根据自己的使命、目标、资源、优势等，决定进入一个或少数几个细分市场，为该市场提供满足其需要的产品或服务，并为之制定营销策略。

3. 进行市场定位

为了在所选定的目标市场上获得较大的竞争优势，企业必须从各方面为自己的产品培养特色，树立起自己的独特形象，以求在顾客心目中形成一种特殊的偏爱，这就是市场定位。

进行市场定位的依据有很多，主要是顾客在购买产品时较为重视的一些因素，如产品的属性和利益、质量和价格、档次，甚至包括购买或使用者本身的特点等。只要能形成使自己的产品与竞争者的产品区分开来并被顾客认可和接受的特色，就是有效的市场定位。

三、设计营销组合

目标市场一经选定，企业就必须为满足该目标市场的需要而对企业的各种可以控制的变量进行组合，即设计营销组合。

（一）营销组合的内容

市场营销组合是现代市场营销理论中的一个重要概念，是企业为进入目标市场和满足顾客需要而加以协调使用的各种市场营销手段的整合。关于这些营销手段以及市场营销组合的概念，早在 20 世纪 50 年代就已经有相关理论进行过表述，到 1960 年，麦卡锡将其归纳为

“4P’s”，即产品（Product）、价格（Price）、地点（Place）和促销（Promotion）。

营销组合中的“产品”是指企业提供给目标市场的货物和服务的集合。它不仅包括产品本身的质量、效用、外观、品牌、包装和规格型号等，还包括服务、保证和退货等。

营销组合中的“价格”是指顾客购买产品或服务时的价格。其内容不仅包括价目表中所列举的价格，还包括顾客购买时的折扣、折让、支付方式、支付期限和信用条件等，因此在理论上常被称为“定价”。

营销组合中的“地点”表面上是指顾客购买商品的场所，实质上是指企业为使其产品进入和到达目标市场所经由的场所和路径。它包括中间商的选择和管理，以及仓储和运输等物流活动，因此又叫作“分销”或“营销渠道”。

营销组合中的“促销”是指企业利用各种信息载体，为宣传介绍其产品的优点并说服顾客来购买其产品所进行的各种活动。它主要包括广告、销售促进、人员推销和公共关系等。

（二）营销组合的特点

营销组合具有可控性、动态性、复合性和整体性等特点。

营销组合中的各种因素对企业而言都是可以控制的，也就是说，企业可以根据目标市场的情况，自主决定生产什么产品、制定什么价格、选择什么渠道、采用什么促销方式。但要注意的是，可以控制和自主安排并不意味着随心所欲。因为企业的营销活动不仅受本身资源和目标的制约，还受外部各种不可控制的微观和宏观环境的影响和制约。营销管理人员在设计营销组合时，必须使之与不可控制的环境因素相适应，只有这样，才能保证企业营销活动的成功；也正是因为如此，才使得营销组合不是固定不变的静态组合，而是随着环境条件的变化而不断变化的动态组合。

另外，营销组合诸因素之间的关系不是彼此分离的，而是相互依存、相互影响和相互制约的。企业要满足目标顾客的需要，实现经营目标，就必须根据市场环境的特点和企业的优劣势，整合运用各种市场营销手段，形成统一、配套的市场营销组合，争取整体效应。同时，由于营销组合各因素又各自包含若干个小的因素，因此企业营销组合是至少包括两个层次的复合结构。企业在设计营销组合时，不但应求得“4P’s”之间的最佳搭配，还要注意安排好各因素内部的搭配，使所有这些因素可以灵活运用和有效组合。

（三）大市场营销

营销组合的“4P’s”理论流传并应用已久，但在1984年，由于国际市场竞争的加剧，许多国家政府干预的加强和贸易保护主义的不断兴起，科特勒认为，要运用政治权力和公共关系来打破国际与国内市场上的贸易壁垒，为企业的市场营销开辟道路。所以，他在原有“4P’s”的基础上，又增加了“政治权力”（Political Power）和“公共关系”（Public Relation）两个因素，成为“6P’s”，并将其称为“大市场营销”。大市场营销观念很快被我国学者引入国内，并在国际营销实践中得以广泛应用。

小案例3-3：吉利汽车开拓俄罗斯等海外市场

浙江吉利控股集团始建于1986年，从生产电冰箱零件起步，发展到生产电冰箱、电冰柜、建筑装潢材料和摩托车，1997年进入汽车行业。其现资产总值超过4800亿元，员工总数超过12万人，连续十年进入《财富》世界500强。

2007年，受全球经济低迷、部分国家政局不稳、人民币升值等多重因素影响，风生水起的汽车出口业务踩下了急刹车。在此背景下，吉利汽车的出口却保持了强劲增长势头，成为国内海外出口增幅最大的车企。

缘何能在整体出口业务低迷的态势下异军突起，时任吉利国际公司总经理的张林总结为两点：一是产品过硬，二是采取了更多本地化生产和销售策略。凡是帝豪 EC7 导入的市场都很成功，销量能够迅速提升。例如，帝豪 EC7 在俄罗斯二三线城市，被出租车公司大量采购，2014 年在俄罗斯市场共销售 7789 辆。这印证了一个经验，只要产品品质过硬，造型好，销售体系和售后服务好，就容易成功，而且一旦国内市场形成一定规模，成本就能降下来，更利于拓展海外市场。

吉利汽车拓展海外市场的另一个优势是收购沃尔沃的潜在影响力。张林介绍，海外消费者对中国品牌的认知度很低，他们不知道奇瑞、比亚迪，都说是中国车。但是，如果说这是收购沃尔沃的车企，海外消费者都知道是吉利。消费者和经销商都认为吉利是一个与众不同的中国品牌，在一定程度上增加了好感度和信任度。收购国际知名品牌不失为中国品牌进军海外市场的一条成功之路。

吉利汽车的海外布局分为三个阶段。第一阶段是进入新兴市场，如俄罗斯、南美、南非、中东等市场，技术门槛与我国市场基本接近，增长率高于发达市场，更有拓展的机会，而且这些市场的消费者注重性价比，对品牌诉求较低，这都有利于我国汽车的拓展。第二阶段是欧盟。第三阶段是美国。除了产品力的提升外，吉利还要建立真正属于自己的海外营销能力。

吉利汽车品牌自 2007 年开始进入俄罗斯市场，至今已有十几年时间。2013 年，俄罗斯成为吉利汽车海外销售的最大市场。2018 年 2 月 27 日，Geely Atlas（博越）在莫斯科正式上市。此次上市 2.0L、2.4L 两个排量共 6 款车型，官方售价 1029990~1389990 卢布（约合人民币 11.57 万~15.62 万元）。Geely Atlas（博越）的上市，是吉利积极拓展海外市场、加快国际化发展的重要举措，开启了吉利汽车在海外市场发展的新篇章。此次在俄罗斯上市的 Geely Atlas 由吉利汽车“白俄吉”工厂生产。该工厂位于白俄罗斯鲍里索夫，是我国与白俄罗斯的首个汽车合资项目。2021 年 8 月，欧洲企业协会（AEB）的数据显示，我国汽车吉利酷瑞（Geely Coolray）成为进入俄罗斯最畅销汽车 TOP25 的中国汽车行业所有品牌中的第一名。

吉利汽车集团国际销售公司总经理南圣良表示：“吉利始终把俄罗斯市场当作全球战略市场的重要组成部分，我们将最优秀的产品带给俄罗斯的消费者。为了带来更好的用车体验，在研发过程中吉利充分考虑了俄罗斯人的用车习惯和综合工况，对博越配置、驾驶辅助系统等进行了优化设计。”为了给俄罗斯客户提供全新的购车体验，吉利全面重建海外渠道网络，优化创新服务管理，重置了 4S 店形象标准、销售和售后服务标准，并构建全新的国际营销体系，逐步完成吉利在海外市场的品牌形象与产品价值的升级。

当前全球汽车工业正在经历革命性的变革，吉利汽车勤练内功，积极走出一条以产品、技术、人才标准与资本共同输出的“走出去”路线。今后吉利汽车还将持续加大在白俄罗斯合资项目上的投入与效益产出，通过进一步扩大产能、丰富产品线，采取更加积极的市场营销策略，聚焦主力市场和主力产品，逐步拓展至整个“俄白哈”市场。总而言之，吉利汽车的国际化战略的较成功实施可以归功于两个方面：一是产品过硬，二是本土化的营销策略。

据吉利汽车官方发布的2020年销量成绩，全年累计销售汽车超过132万辆，连续4年蝉联我国自主品牌乘用车市场的销量冠军。2020年，吉利汽车海外销量近7.3万辆，同比增长25%，约占其总销量的5.5%，未来仍有较大的发展空间。AEB报告显示，2020年俄罗斯最畅销的中国品牌汽车是哈弗、吉利、奇瑞、长安和一汽。其中，吉利销售汽车15475辆，同比2019年增长61%。2020年，吉利收入为921亿元，净利润55.3亿元。2005年5月，吉利汽车在香港证券交易所成功上市，截至2021年8月初，吉利汽车的市值超过2690亿港元。

（资料来源：1. 吉利官网 https://www.geely.com/. 2. https://www.sohu.com/a/224647586_438283#autoComment. 3. http://zqb.cyol.com/html/2013-07/25/nw.D110000zgqnb_20130725_4-10.htm.）

（四）4C's 与 5R's

进入20世纪90年代后，随着市场竞争的更加激烈，企业只有全面地、最大限度地满足消费者的需求，才能赢得消费者的青睐。在这种背景下，以唐·舒尔茨为代表的西方学者进一步提出了"4C's"新的营销组合，即消费者的需求与欲望、获取满足的成本、购买的便利和沟通。4C's营销组合是对传统的4P's组合内容的深层次发展，是对以消费者为中心的市场营销观念的最新诠释。

（1）消费者的需求与欲望（Customer's Needs and Wants）。创造消费者需求比开发产品更重要。企业需要在研究消费者的需求与欲望的基础上，生产和销售消费者确定想要购买的产品，而不是企业所能制造的产品。

（2）获取满足的成本（Cost to Satisfy Needs and Wants）。重视成本比重视价格更重要。企业应暂时忘掉定价策略，了解消费者为满足其需求与欲望所愿意付出的成本，而不是急于研究"定价策略"。

（3）购买的便利（Convenience to Buy）。方便消费者购买和使用比设计分销渠道更重要。企业要了解不同消费者的生活方式与购买方式，实现消费者购买的便利性。

（4）沟通（Communication）。双向沟通比促销更重要。

唐·舒尔茨提出4C's营销组合，意图创立新的理论框架。后来，他又进一步提出了5R's理论，并以此作为整合营销的理论基础。5R's理论较4C's更突出顾客的核心地位，营销的核心从交易转向关系。5R's理论即与顾客建立关联（Relevancy）、注重顾客的感受（Receptivity）、提高市场反应速度（Response）、关系营销（Relationship）和赞赏回报（Recognition）。

四、管理营销活动

市场营销管理过程的最后一个步骤是管理营销活动，也就是对所设计的营销组合进行组织和控制。

1. 市场营销组织

企业要贯彻执行其营销组合计划，有效地进行各种营销工作，就必须建立和发展市场营销组织。这种组织在小企业里比较简单，一个人可能要兼管营销调研、推销、广告、客户服务等一切营销工作。但在一些大公司里，市场营销管理人员较多，分工较细，一般会设置几个营销专业人员，如销售经理、营销调研人员、广告人员、产品和品牌经理、细分市场经理、推销员和客户服务人员等，他们统一由一个市场营销副总裁领导和指挥。同时，这位副总裁还要与制造、财务、人事等部门的副总裁密切协作，集中公司各个部门的一切力量和资源，千方百计地满足顾客需要，以实现组织的预定目标。

2. 市场营销控制

在营销组织实施营销计划方案的过程中会出现许多意外情况，所以公司必须有一套反馈和控制措施，比较常见的有年度销售计划控制、盈利能力控制、效率控制和战略控制。

（1）年度销售计划控制。年度销售计划控制是为了保证公司在年度计划中所制定的销售、盈利和其他目标的实现而进行的控制。核对年度销售计划目标的实现程度有五种常用工具，即销售额分析、市场占有率分析、市场营销费用对销售额比率分析、财务分析和顾客态度追踪。为了有效使用这些工具，营销管理者必须明确地阐明年度计划中每月、每季的目标；在分析之后，必须确定执行过程中出现严重缺口的原因；还必须确定最佳修正行动，以填补目标和执行之间出现的缺口。

（2）盈利能力控制。盈利能力控制是对不同产品、客户群、销售渠道和订货量大小的实际盈利率进行测量与控制，它是衡量各种营销行动获利水平的工具。

（3）效率控制。效率控制是分析销售人员、广告、销售促进和分销等营销活动的效率并制定相关改进措施，它研究的是如何提高各种营销活动的效率。

（4）战略控制。战略控制用来评估公司的营销战略是否适合市场条件，因此它所注意的是未来的市场，是随时可能出现的新情况。由于营销环境的多变，企业可以运用市场营销审计定期对企业的营销效果进行评价。

关键词

战略 Strategy

指导性政策矩阵 Directional Policy Matrix

产品-市场扩展方格 Product-Market Expansion Grid

一体化成长战略 Integration Growth Strategy

多元化成长战略 Diversification Growth Strategy

水平多元化 Horizontal Diversification

同心多元化 Concentric Diversification

市场营销组合 Marketing Mix

集团多元化 Conglomerate Diversification

战略规划 Strategic Plan

战略业务单位 Strategic Business Unit

思考题

1. 什么是企业战略？其特征有哪些？
2. 如何科学地界定企业使命？
3. 如何制定企业的战略总体规划？
4. 如何区分企业的战略业务单位？
5. 比较企业业务组合分析的几种方法，并说明其各自的有效性。
6. 分析三种新业务成长战略，并说明其适用范围。
7. 如何进行有效的 SWOT 分析？
8. 有效的企业目标应该具备哪些条件？
9. 企业业务单位的可选战略有哪些？分析其各自的适用范围。

10. 试述市场营销管理过程。

11. 举例说明如何设计企业的营销组合。

案例分析讨论

宜家在中国的发展战略

1953年，英格瓦·坎普拉德（Ingvar Kamprad）在充满自然气息的瑞典小镇阿姆霍特创立宜家（IKEA），以目录邮购的形式开展业务。如今，宜家已成为一个全球家居品牌，为世界各地的人们提供价格实惠、设计出色和使用舒适的产品。宜家品牌始终和提高人们的生活质量联系在一起，并秉承“为尽可能多的顾客提供他们能够负担，设计精良，功能齐全，价格低廉的家居用品”的经营宗旨。相关资料显示，截至2020年10月，宜家的门店在全球范围内已经增加到了445个。1998年，宜家试水中国，在上海市开办了中国第一家宜家商场。2019财年（2018年9月1日至2019年8月31日）宜家在全球零售销售额达到367亿欧元，其中宜家中国销售额共计人民币157.7亿元。我国已成为宜家最大的采购市场和业务增长最重要的地区之一，在宜家的全球战略中具有举足轻重的地位。

宜家的成功得益于在激烈的市场竞争环境下从战略高度谋求长远发展。

一、实施一体化品牌战略

宜家实施的一体化有自身的特色。一般听到一体化战略都会想到钢厂收购铁矿采矿点或者是某制造商开了直销店。但宜家不一样，它首创了品牌一体化战略。在品牌一体化中涵盖了品牌的渠道和品牌的权益。例如，我们所熟知的零售商品牌家乐福，作为一个中间商品牌，家乐福无疑是成功的，该品牌举世皆知，但是家乐福牌的卫生用品可能就没人知道了，更谈不上有什么吸引力了。这实际上意味着零售商仅仅控制了品牌的渠道，却没有控制品牌的权益。然而，宜家并不满足于仅仅控制产品的销售渠道，更希望自己的品牌以及自己的专利产品能够最终覆盖全球。于是，宜家首创了“一体化品牌”的模式，实现了制造商品牌和零售商品牌完美融合。基于这种理念，宜家一直坚持由自己亲自设计所有产品并拥有其专利，每年有100多名设计师在夜以继日地疯狂工作，以保证“全部的产品、全部的专利”，以实现所有产品均标有“Design and Quality，IKEA of Sweden”（设计和质量，瑞典宜家）的目标。所以，宜家绝不会存在所谓的“上游制造商”压力，也没有任何一家制造商能对宜家进行“分销链管理”。宜家的“一体化品牌战略”在很大程度上实现了顺利整合产业链、提高控制能力的目标。

二、特别重视客流指标的成长

客流是零售行业的第一关键指标。2020财年，宜家共开设了33家新门店，线下门店总客流量达8.25亿。为了吸引客流，方便顾客到访，宜家商场选址一般都在交通枢纽处，并且停车位非常多。

与此同时，宜家特别重视线上与线下融合，以相互引流。60%的顾客在线上了解产品，进而线下购物，如果相对孤立的话，没办法融合。线上与线下结合是非常重要的，也是顾客需要的。在数字化方面，宜家致力于在各个渠道触点为消费者提供同样优质的购物体验，这包括运用数字化工具简化线下的购物体验，以及打造更生动便捷的线上购物体验。为了实现这一目标，宜家于2019年7月8日成立了宜家中国数字创新中心。作为一个全新的业务部门，该中心致力于提升宜家整体数字化能力。近几年，宜家的线上客流显著增加。宜家在2019年3月推出了宜家购物App和入驻天猫旗舰店。宜家天猫旗舰店上线第一天店铺粉丝数即超过34万人，开业一周达到100万人，而宜家购物App每日活跃用户量达到15万。2020财年宜家电商销售同比增长45%，已经占到零售总额的15%，宜家网页访问人次达创纪录的40亿。

三、注重差异化战略

宜家经营一门非常传统的生意，却将它包装成了一种生活方式（Life Style），这在中国市场表现尤为明显。生活方式听起来很玄，但非常实际地影响我们身边的每一种商业模式。宜家努力让人们相信，其不单单是一个购买家居用品的场所，而是代表了一种北欧生活方式。

四、关注顾客体验

宜家商场普遍采用蛇形走道，鼓励顾客体验商品。商品上往往写着“请躺下试试”，而不是我们本土零售店常写的“请不要坐在商品上”。宜家装修了各种各样的样板间，设计合理，而且都非常小，非常拥挤，却让顾客觉得放松，甚至找到自己家空间很大的优越感。宜家让顾客放松的另外一个技巧是非常宽松的退换货政策。如物品没有损坏，可在60天以内（会员180天）无条件退换，其实真正退货的顾客非常少。宜家给出这样的承诺并不会显著增加成本，却对提高客单价和转换率有显著帮助。总之，宜家刻意营造友好宽松的气氛。商品品类的丰富和变化也是改善顾客体验的重要措施。宜家的产品系列也在往两端扩展，上游开始卖水槽、水龙头等装修材料，下游开始卖越来越多的食品，甚至开始卖自己的电视、组合音响等。

五、持续“未来+”战略，侧重“可持续”与“可负担”

针对日新月异的中国市场和对便捷、服务等有更高要求的中国消费者，宜家中国于2019年8月底宣布了“未来+”战略，致力于通过渠道拓展、数字化、积极探索新的业务模式进一步深耕中国市场，创造更多价值，更好地服务中国消费者。在2021财年开启之际，宜家明确将继续推进“未来+”战略，通过形式多样的门店模式和线上与线下渠道的融合提升宜家的可触达性，通过更多的数字化解决方案赋予消费者更好的购物体验，并致力于在更多触点成为消费者的“家居生活服务专家”。

2021财年，宜家的线下渠道数量进一步增加，上海徐汇宜家商场作为宜家首个升级改造的“明日商场”项目也正式启动。宜家还会继续在上海和大湾区的广东市场探索更多的新型门店模式，通过全屋设计服务为消费者提供集审美、功能和可负担为一体的家装方案以及专业的点对点服务。

在“后疫情时代”，宜家的品牌重点将更关注可持续和可负担。宜家观察到，突如其来的新冠肺炎疫情让人们重新思考家居生活的意义，以及人类与自然和地球的关系。将“可持续”和“可负担”作为2021财年的品牌重点，宜家正是希望通过更可持续、低价且有意义的产品和解决方案，如以一物多用、旧物利用、循环利用等方式帮助消费者发现家居生活的无限价值可能。宜家将在健康、安全和可持续的生活，循环宜家，可再生能源，人与社区这四大关键领域推出更多举措。

目前，宜家的全球员工数量超过20万人。据全球著名品牌咨询公司Interbrand发布的2020年“全球品牌100强”排行榜，宜家的品牌价值为188.7亿美元，排名第25位。

（资料来源：1. 宜家官网 https://www.ikea.cn/cn/zh/. 2. https://baijiahao.baidu.com/s?id=1676568135073400828&wfr=spider&for=pc. 3. https://zhuanlan.zhihu.com/p/208216628. 4. https://baijiahao.baidu.com/s?id=1642557754501135325&wfr=spider&for=pc.）

案例思考题：

1. 简述一体化成长战略的内涵，并结合案例阐述实现一体化成长战略的作用。
2. 结合案例分析宜家成长战略的特色。
3. 请对宜家的“未来+”战略进行评价，你对宜家未来在中国的发展前景有何看法？

第四章

市场营销环境

本章要点

1. 营销环境的概念、特点及其影响
2. 企业宏观环境的构成
3. 企业微观环境的构成

导入案例

故宫文创产品在新的营销环境下“焕发青春”

成立于1925年的故宫博物院，建立在明清两朝皇宫——紫禁城的基础上。2007年，故宫文创团队为了迎接北京奥运，开始起步。近几年，故宫文创开始火爆。目前，故宫文创的销售收入已超过15亿元。

当前，我国文创产品的营销环境已经发生了改变。我国的“90后”“00后”人口近3亿，随着第一批“00后”已成年、“95后”走上工作岗位，消费接力棒逐渐转移到年轻人手中。和父辈追求实惠、便宜不同的是，新生代消费者喜欢不一样的东西，愿意尝新。一个品牌的产品、营销中任何一环打动了消费者，他们都可能会为之买单。整个消费市场趋于年轻化，品牌若想争夺更大的市场份额，必须向“年轻化”转型，迅速抢占年轻消费群体的心智。

年满600岁的故宫，可以说是一个非常有历史的老品牌了。近年来，故宫基于新的营销环境，不断进行品牌年轻化革新，打破高高在上的“皇家威严”，呈现给消费者一个既有厚重底蕴，又积极入世、接地气的潮流网红IP的品牌形象。从抢不到的“萌萌哒”胶带，到故宫淘宝和故宫文化创意的文创口红之争；从《我在故宫修文物》到《上新了，故宫》，600岁的故宫开启“神操作”，作为文博产业的创意榜样，故宫前所未有地打开暮气沉沉的宫门，强势杀入年轻消费者的视野，从而也引发一波又一波的热议。

一提到“故宫”，消费者就会想到我国传统文化。社会文化环境是动态变化的，如何让蕴含中国传统文化的故宫文创产品受到消费者的喜爱？故宫文创进行了很多有创意的尝试。

“清晨起床，先用四方罍样式的茶器泡了壶茶，随手撕下《故宫日历》上过去的一页；中午，你边用故宫筷子吃着饭，边用朝珠耳机听音乐；午后纳凉，你穿上如意凉拖，用

‘朕亦甚想你’的扇子扇来习习凉风……”这是故宫博物院“掌门人”单霁翔院长所描绘的故宫元素融入现代生活的愿景。事实上，这个场景正在慢慢成为现实。

故宫很善于挖掘其丰富的明清皇家文化元素，将故宫建筑、藏品、历史故事、形象、色彩、图案等传统元素融入现代化的设计品中，而人们对于传统文化关注度的回归、对传统审美的回归都让故宫这个大 IP 重新焕发生机。

故宫厚重的历史背景是其文创产品的底色，也赋予了其独特的内涵。这是故宫系列文创产品的“品牌之根”，传播了传承之念，也带给品牌从业者思考：老品牌在新营销环境中的年轻化，从来就不是舍本逐末的。

故宫的文创产品很多，主要有手机壳、冰箱贴、骨瓷杯、折扇、记事本、胶带、书签等生活和办公用品，这些贴近人们生活的文化衍生品主要通过电商渠道售卖，这在传承和宣扬传统文化的同时，实现了对超级品牌 IP 的变现和产业链的延伸。

在移动互联网时代，故宫文创通过“每日故宫”“紫禁城祥瑞”“皇帝的一天”等 App，借助移动互联网技术对不同的目标顾客进行营销。例如，“皇帝的一天”App 主要面向 9~11 岁的孩童，让孩子们通过体验皇帝一天 12 个时辰是如何度过的，学会更合理地规划时间。此外，故宫尝试拥抱互联网，先后与阿里巴巴、腾讯和凤凰等公司强强联手。在与腾讯的合作中，先后推出的故宫 QQ 表情上线不到两个月，累计被使用 4000 万次。

单霁翔认为，以往故宫文化产品注重历史性、知识性、艺术性，但缺少趣味性、实用性和互动性，与大量的社会民众消费群体特别是年轻人的购买诉求存在较大差距。故宫博物院借助移动互联网技术，在受众期望与文创产品的升级互动中，让消费者真实感受到故宫博物院要传递的文化内涵。这体现了品牌借助先进的移动互联网技术积极与消费者互动，提高消费者的参与感，与消费者共创价值的营销趋势。

（资料来源：1. 故宫文创官网 https://www.dpm.org.cn/Creative.html. 2. https://www.sohu.com/a/286877969_114819.）

故宫文创产品的成功综合考虑了人口、文化和技术等营销环境，使老品牌重新焕发了青春。营销活动是在一定条件下进行的，受宏观环境与微观环境的影响，为了实现营销目标，企业必须制定相应的策略，积极适应环境的变化。

第一节　市场营销环境的概念及特点

一、市场营销环境的概念

市场营销环境（Marketing Environment）是指影响企业营销活动和营销目标实现的各种因素及条件。市场环境包括宏观环境和微观环境。

市场营销宏观环境是指一个国家或地区的自然、政治法律、人口、经济、社会文化、科学技术等影响企业营销活动的宏观因素。

市场营销微观环境是指企业内部条件、顾客、竞争对手企业、市场营销渠道和有关公众等对企业营销活动有直接影响的微观因素。

宏观环境与微观环境属于市场环境系统中的不同层次，所有微观环境都受宏观环境的制约，而微观环境也对宏观环境产生影响。企业的营销活动就是在这种外界环境相互联系和作用的基础上进行的，如图 4-1 所示。

微观环境与宏观环境不是并列的关系，微观环境受制于宏观环境，微观环境中的所有因素都会受到宏观环境中各种力量的影响。

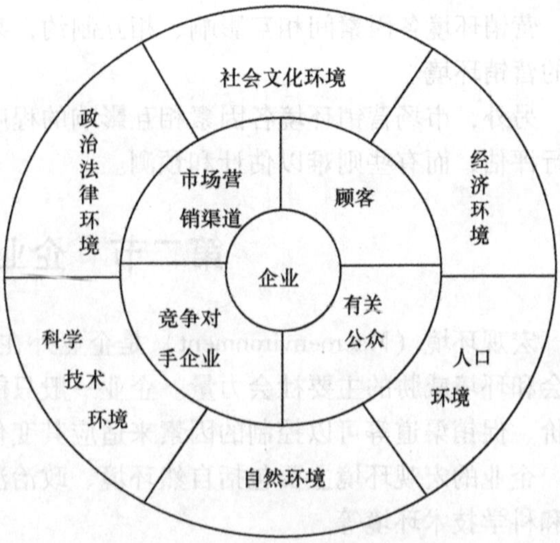

图 4-1　市场营销环境

二、市场营销环境的特点

市场营销环境是企业生存和发展的条件。市场营销环境的变化，既可以给企业带来市场机会，也可以给企业造成严重威胁。由于生产力水平的不断提高和科学技术的不断进步，当代企业外部环境的变化远远超过了企业内部因素变化的速度，企业的生存和发展越来越决定于其适应外界环境变化的能力。企业要在复杂多变的环境下驾驭市场，就必须认真研究市场环境的特征。

市场营销环境是一个多因素、多层次而且不断变化的综合体，对市场环境的研究是一项复杂的工作，要搞好市场研究，首先必须了解它的特点。总的来说，市场营销环境一般有以下特点：

1. 客观性

客观性是指环境作为营销部门外在的、不以营销者意志为转移的因素，对企业营销活动的影响具有强制性和不可控制性的特点。一般来说，营销部门无法摆脱和控制营销环境，特别是宏观环境，企业难以按自身的要求和意愿随意改变它。

企业研究环境就是为了适应不同的环境，从而求得生存和发展。对于所有影响企业营销活动的环境因素，企业不但要主动地去适应，还要不断地创造和开拓出对自己有利的环境。

2. 差异性

不同的国家与地区的宏观环境存在很大的差异；不同的企业，其微观环境也千差万别。

市场营销环境的差异性不仅表现在不同企业受不同环境的影响上，还表现为同一环境因素的变化对不同企业的影响也是不同的。

正是由于外界环境因素对企业作用的差异性，各个企业为应付环境变化而采取的营销策略也各不相同。

3. 多变性

构成企业市场营销环境的因素是多方面的，而每个因素都会受到诸多其他因素的影响，都会随着社会经济的发展而不断变化。因此，市场营销环境是一个动态的系统。

营销环境的变化既给企业提供机会，也为企业带来威胁，这要求企业必须追踪变化的环境因素和条件，不断调整其营销策略。

4. 相关性

营销环境各因素间相互影响、相互制约，某一因素的变化会带动其他因素的变化，形成新的营销环境。

另外，市场营销环境各因素相互影响的程度是不一样的，有些因素可以通过调查、分析进行评估，而有些则难以估计和预测。

第二节　企业的宏观环境

宏观环境（Macroenvironment）是企业外在的不可控因素，是对企业营销活动造成市场机会和环境威胁的主要社会力量。企业一般只能通过调整企业内部的人、财、物，以及产品定价、促销渠道等可以控制的因素来适应其变化。

企业的宏观环境主要包括自然环境、政治法律环境、人口环境、经济环境、社会文化环境和科学技术环境等。

一、自然环境

自然环境主要是指营销者所需要或受营销活动影响的自然资源因素。

在生态环境不断遭到破坏、自然资源日益枯竭、环境污染问题日趋严重的今天，自然环境已成为各个国家和地区、各个领域的重大问题，有关环保的呼声越来越高。

从营销学的角度看，自然环境的发展变化给企业带来了一定的威胁，同时也给企业创造了机会。

目前看来，自然环境有以下四个方面的发展趋势：

1. 原料的短缺或即将短缺

各种资源，特别是不可再生类资源已经出现供不应求的状况（如石油、矿藏等），对许多企业形成了较大威胁；但对致力于开发和勘探新资源、研究新材料及如何节约资源的企业又带来了巨大的市场机会。

2. 能源短缺导致的成本增加

能源的短缺给汽车及其他许多行业的发展造成了巨大困难；但无疑为开发研究如何利用风能、太阳能、原子能等新能源及研究如何节能的企业提供了有利的机会。

3. 污染日益严重

空气、水源、土壤及植物中有害物质的增加，随处可见的塑料等包装废弃物，以及污染层面日益升级的趋势，使那些造成污染的行业、企业成为众矢之的，面临着环境威胁；而那些致力于控制污染、研究开发不会造成污染的产品及其包装物的企业，以及能够最大限度降低环境污染程度的行业和企业，则有着很好的市场机会。

4. 政府对自然资源加大管理及干预力度

各国政府从长远利益及整体利益出发，对自然资源的管理逐步加强。许多限制性法律法规的出台，对企业造成了巨大的威胁及压力，但同时也给许多企业创造了发展良机。

作为营销者的营销活动，既受到自然环境的制约与影响，也要对自然环境的变化负起责任；既要保证企业获利发展，又要保护环境与资源。企业只有实施可持续发展战略，才能实现与社会、自然的协调。

资料链接 4-1：比尔·盖茨预言：气候变化是"灰犀牛"，影响甚于新冠

在2015年，比尔·盖茨在TED演讲中就曾预言：一场大流行病将可能带来4万亿美元的损失。可现实比盖茨的预言还要严重，据世界卫生组织报告，到2021年年底，新冠肺炎疫情会给世界带来10万亿美元的损失。

近日，盖茨指出，比起新冠肺炎疫情的"黑天鹅"（指非常难以预测，且不寻常的事件，通常会引起市场连锁负面反应甚至颠覆），气候变化将是未来10~20年内的"灰犀牛"（指太过于常见以至于人们习以为常的风险，比喻大概率且影响巨大的潜在危机），能够意识到并做出反应的永远是极少数。如果人们不采取行动，到21世纪中叶，气候变化对经济造成的破坏性或将更为致命。

自2000年从微软卸任后，盖茨的专职工作是经营"盖茨基金会"。盖茨基金会捐出的现金及股票、资产等，合计达到了630多亿美元。近年来，盖茨对现有能源产业的发展前景进行了深入评估，并对自己的投资方向做出了重大调整：一是减少个人碳足迹；二是从化石燃料公司撤资；三是投资超过60亿美元的"零碳"新项目；四是打造史上最豪华的"突破能源联盟"。

盖茨指出，"零碳"是一个巨大的经济机遇，那些建立起伟大的"零碳"企业和伟大的"零碳"产业的国家，无疑将在未来几十年里引领全球经济。盖茨投资的"零碳"领域主要有以下四个方面：一是投资清洁能源，二是投资人造肉产品，三是投资核电，四是投资离岸风电行业。

针对投资和投资者，盖茨提出了适应气候变化的四大要点和建议：一是城市需要改变发展方式；二是强化自然防御体系；三是全球饮用水的需求量将超过供应量；四是需要引入新的资金，用以资助适应气候变化项目。

（资料来源：1. 盖茨. 气候经济与人类未来［M］. 陈召强，译. 北京：中信出版集团，2021. 2. 哈佛商业评论案例研究，https://zhuanlan. zhihu. com/p/366019120.）

二、政治法律环境

从国内来说，政治法律环境主要是指国家的方针、政策、法令、法规及其调整变化对企业营销活动的影响。企业的营销活动作为社会生活的组成部分，总是要受到政治法律环境的影响和制约。国家的方针政策不仅规定了国民经济的发展方向和速度，也直接关系到社会购买力的提高与市场消费需求的增长状况。国家的法令法规，特别是与经济相关的立法，不仅规范着企业的行为，也会使消费需求的数量、质量和结构发生变化，这将直接鼓励或限制某些产品的生产与销售。

从国际上说，政治法律环境主要涉及政治权利和政治冲突问题。特别是在经济全球化的趋势下，企业认真了解、追踪这两者对企业营销活动的影响，随时准备应对相关国际政治法律环境的变化，及时调整自己的营销策略，显得更为重要。

资料链接 4-2：华为、腾讯和字节跳动等扬帆出海面临的新环境困境

目前，以5G、人工智能为代表，全球各国对未来技术主导权、未来产业主导权的争夺战愈演愈烈，同时叠加新冠肺炎疫情全球大流行带来的全球经济危机、贸易保护与逆全球化运动带来的全球治理危机等复杂局面，我国正处在一个全新的国际环境中。国际营销环境的变化也给中国品牌国际化带来了很多新的困难。

近几年，美国针对中兴、华为、腾讯和字节跳动等我国企业的频频打压，反映了我国企业扬帆出海时不得不面对的风浪。事实证明，这些企业之所以成为美国当局针对的目标，恰恰是因为自身发展得足够快、足够好。它们所遭遇的挫折，也给国人打了一针清醒剂：我国企业要走向世界，还有很长的路要走。近年来，我国经济快速发展特别是我国企业的发展，使之逐步替代了一些美国企业的在华业务，这是美国企业不得不面对的现实。同样，我国企业以比较快的速度进入国际市场包括美国市场，也要更加深入地了解美国的政治、法律、文化和监管的强度，否则就可能“水土不服”，甚至跌入陷阱。正如小米公司董事长雷军所言：“小米‘走出去’并非一帆风顺，企业国际化是一个坑一个坑摔出来的。”

（资料来源：1. https://new.qq.com/omn/20201017/20201017A0AKFN00.html. 2. https://new.qq.com/omn/20200921/20200921A020PJ00.html.）

三、人口环境

人口是构成市场的基本因素。在收入一定的情况下，一个国家总人口的多少，决定了市场容量的大小。

众所周知，任何一个企业的产品都不可能面向所有的人口，所以除了分析考察一国或地区的总人口之外，还要深入分析研究人口的地理分布、年龄结构、性别、家庭单位及人数等。

1. 人口总量

一个国家或地区总人口的多少是衡量市场容量的重要指标。通过统计分析一个国家或地区的总人口及国民收入，调查一个国家或地区总人口及居民的货币收入，都可以概括地了解该市场容量的大小及购买力水平的高低。2005 年 1 月 6 日是我国的 13 亿人口日，巨大的人口总量加上社会主义市场经济的发展，人民收入水平的不断提高，使我国成为 21 世纪最具潜力的市场之一。

2. 人口地理分布

人口在地理上的分布与市场消费需求有着密切关系。居住在不同地区的人群，受地理环境、气候条件、自然资源、风俗习惯的影响，消费需求的种类及数量、购买习惯及行为都会有较大的区别。最明显的是，不同地区的居民在服装、饮食上的爱好不尽相同。

3. 人口年龄结构

消费者的年龄差别使其对商品及服务产生不同的需要，形成各具特色的市场。随着社会经济的发展，生活条件与医疗条件的改善，人口死亡率普遍降低，人口寿命延长，人口老龄化趋势明显。

国家统计局公布的数据显示，截至 2021 年年底，我国 60 岁及以上老年人占总人口的 18.9%，达到了 2.67 亿。据预测，到 2050 年，全世界老年人口将达到 20.2 亿，其中我国老年人口将达到 4.8 亿，几乎占全球老年人口的 1/4。这意味着银色市场在日渐形成并逐渐扩大，工商企业应充分认识到这一点，关注银色市场的开发。

资料链接 4-3：联合国颁布的人口年龄类型划分新标准与中国第七次人口普查结果

人口老龄化是老年人口在总人口中所占的比重不断加大的过程。1956 年联合国发表

《人口老龄化及其经济社会含义》，提出了划分人口年龄类型的标准，见表4-1，将人口年龄类型分为年轻型、成年型和老年型三种。

表4-1　联合国颁布的人口年龄类型划分标准

类型	年轻型	成年型	老年型
65岁及以上老年人口比重	4%以下	4%～7%	7%及以上
0～14岁少年儿童比重	40%及以上	30%～40%	30%以下
老少比（老年人口/少年儿童人口）	5%以下	15%～30%	30%以上
年龄中位数	20岁以下	20～30岁	30岁及以上

（资料来源：熊必俊. 人口老龄化与可持续发展［M］. 北京：中国大百科全书出版社，2002：12.）

联合国世界卫生组织对年龄的划分标准做出了新的规定：44岁以下为青年；45～59岁为中年人；60～74岁为年轻的老年人；75～89岁为老年人；90岁及以上为长寿老年人。这五个年龄段的划分，将人类的衰老期推迟了10年，这对人们的心理健康和抗衰老意志将产生积极影响。

2018年，联合国世界卫生组织经过对全球人体素质和平均寿命进行测定，对年龄划分标准做出了新的规定。规定提出新的年龄段：0～17岁为未成年人；18～65岁为青年人；66～79岁为中年人；80～99岁为老年人；100岁及以上为长寿老人。又一次将人类的衰老期推迟了20年。

2021年5月，国家统计局公布第七次全国人口普查主要数据结果。数据显示，全国人口共141178万人，10年来继续保持低速增长态势。男性人口为72334万人，占51.24%；女性人口为68844万人，占48.76%。总人口性别比（以女性为100，男性对女性的比例）为105.07，性别结构持续改善。在年龄构成方面，0～14岁人口占17.95%，15～59岁人口占63.35%，60岁及以上人口占18.7%，65岁及以上人口占13.5%，少儿人口比重回升，人口老龄化程度进一步加深。居住在城镇的人口为90199万人，占63.89%；居住在乡村的人口为50979万人，占36.11%，10年来我国新型城镇化进程稳步推进。人户分离人口为49276万人，人口流动趋势更加明显。平均每个家庭户人口为2.62人，家庭户规模继续缩小。具有大学文化程度的人口为21836万人，人口素质不断提高。

（资料来源：1. 国家统计局“第七次全国人口普查”，http://www.stats.gov.cn/ztjc/zdtjgz/zgrkpc/dqcrkpc/. 2. https://baijiahao.baidu.com/s?id=1599547425850701837&wfr=spider&for=pc.）

4. 人口性别

人口性别也是带来市场消费需求显著差异的一大因素。性别差异，不仅需要不同，购买习惯及行为也会有极大差别。

5. 家庭单位及人数

家庭是社会的细胞，也是商品采购的基本单位。一个市场拥有多少家庭单位及家庭的平均成员数有多少，对市场营销活动有很大影响。

当家庭单位数量增加，厨房用具、家具和家用电器需求量将会增加；家庭人数减少，相应地会要求商品的功能及设计能够适应小家庭的需要。

四、经济环境

经济环境包括的因素很多，一般是指影响企业市场营销方式及规模的经济因素，主要有经济发展状况、经济收入水平、储蓄与信贷状况、支出方式等。

1. 经济发展状况

企业的市场营销活动受到一个国家或地区的整体经济发展状况的制约。经济发展阶段的高低将会直接或间接影响企业的市场营销。

对于消费品市场而言，经济发展阶段较高的国家和地区，在推销方面，重视产品基本功能的同时，更强调产品的款式、性能及特色，进行大量的广告宣传和营销推广活动，非价格竞争比价格竞争更占优势；而经济发展阶段低的国家和地区则比较侧重产品的基本功能及实用性，价格竞争占一定的优势。

在生产资料市场方面，经济发展阶段较高的国家和地区重视投资大而能节约劳动力的生产设备，对劳动力的教育及技术水平要求也较高；而经济发展阶段低的国家和地区生产设备多偏重于使用劳动力而节约资金，以符合国家和地区劳动力与资金的合理比例。

美国学者罗斯顿（W. W. Rostow）的经济成长阶段理论把世界各国的经济发展阶段归纳为五种类型：①传统经济社会阶段；②经济起飞前的准备阶段；③经济起飞阶段；④迈向经济成熟阶段；⑤大量消费阶段。处于前三个阶段的国家是发展中国家；而处于后两个阶段的国家是发达国家。

罗斯顿的理论最主要的是关于经济起飞的理论。所谓经济起飞，指的是一国经济已克服了种种经济发展的障碍，创造了使经济得以持续发展的力量。按其理论，经济起飞的条件有三个：投资率或资本形成率（净国民生产总值中的投资百分率）在10%以上，某些工业部门快速发展，有良好的政治社会结构来配合经济发展。

处于不同发展阶段的国家或地区在市场营销上采取的策略也不一样。以分销渠道为例，国外学者曾就对不同经济发展阶段与分销渠道的关系进行过研究，并得出以下结论：随着经济发展阶段的提高，分销途径越复杂和广泛，制造商、批发商与零售商的职能越独立，连锁网点数目及平均规模增加……并指出，随经济发展阶段的提高，分销路线的控制权逐渐从传统权势人物转移至中间商手中，再至制造商，最后大型零售商崛起，控制分销路线。

2. 经济收入水平

经济收入在市场上表现为实际购买力。同人口一样，经济收入也是构成市场的基本因素。因为市场容量的大小不仅取决于人口的多少，而且取决于购买力的大小。消费者的需求能否得到满足及怎样满足，也取决于其经济收入的水平。

经济收入的含义从不同角度有不同的理解：

经济收入可分为国民收入与消费者个人收入。国民收入是指一个国家物质生产部门的劳动者在一定时期内所创造的价值的总和（由此还可以进一步得到人均国民收入，这大体上反映了一个国家的经济发展水平）；消费者个人收入是指城乡居民来源于各种形式的收入，包括工资、退休金、红利、租金、赠予等各种收入。由于消费者购买力来自消费者收入，因此消费者的收入水平是影响社会购买力、市场规模、消费者支出能力和支出方式的重要因素。

从市场营销学角度考察消费者收入，必须区分名义收入和实际收入。名义收入是指消费者各种形式的收入总和；实际收入是指名义收入扣除失业、通货膨胀、税收、社会福利等影响实际购买力因素后的收入水平。

名义收入的增减并不一定意味着实际收入的增减，但通常企业能够获得的收入统计资料，都是按名义收入表示的。因此，对统计资料进行名义收入和实际收入的区分极为重要。

在现代经济生活中，名义收入会因社会政治法律及道德舆论力量的制约而保持不变或上升，但实际收入有可能受国家或地区经济状况及其他因素的影响而减少。经济学上，往往会按名义收入的增减幅度是否高于通货膨胀率或物价指数的上升率来判断实际收入是否增加。

还需要注意的是，即使是消费者的实际收入，也无法全部用于消费，还可以进一步分为个人可支配收入和个人可任意支配收入。个人可支配收入是指从个人收入中支付税款及非税性负担后剩下的收入（即个人可以用于消费及储蓄的部分）；个人可任意支配收入是指个人可支配收入中再减去维持生活所必需的支出（如食物、房租、水电费等固定费用）后的余额。因此，个人可任意支配收入才是影响消费者需求变化的最活跃的因素，也是消费者市场所要重点研究的收入。

3. 储蓄与信贷状况

消费者的储蓄与信贷状况直接影响消费者不同时期的货币持有量，从而直接影响了消费者某个时期内的现实购买力的大小。

（1）储蓄。储蓄是指人们将一部分可任意支配收入存储待用。消费者的储蓄形式一般有银行存款、债券、股票、保险、不动产等。

较高的储蓄率会推迟现实的消费支出。在其他条件不变的情况下，储蓄增加，当期支出减少，未来支出则有可能增加。对于日常用品及服务，购买力会因此下降；但对高档耐用品来说，却能够形成有现实意义的购买能力（尤其在我国消费信贷不发达的情况下，高档耐用品的购买力仍然主要源于储蓄，企业应当对此给予充分的关注）。

影响储蓄的原因多种多样，主要有消费者的收入水平、储蓄利率，消费者对物价的预期（物价信心指数）及消费心理和观念等。

（2）信贷。信贷在这里主要是指消费信贷，通常理解为金融或其他商业机构向有一定支付能力的消费者融通资金的行为。消费信贷使消费者可以先凭信用取得商品使用权，然后再按约定期限分期归还贷款。

消费信贷可以增加当期购买力，在西方国家应用广泛。其最常用的有三种形式：短期赊销（日常用品）、分期付款（住宅、汽车及其他高档耐用品）和消费贷款（信用卡）。

消费信贷受借贷利率、预期收入、信贷方便性、对物价上涨的估计以及生活消费观念、社会文化、风俗习惯等因素的影响。

4. 支出方式

消费者支出方式又称为消费者支出模式与消费结构，是指消费者的收入变化与需求结构之间的对应关系。随着消费者收入的变化，其支出模式及消费结构也会随之发生相应的变化。

研究消费者支出方式的一个重要理论是由著名的德国统计学家恩斯特·恩格尔（Ernst Engel）提出的恩格尔定律。恩格尔定律指出，随着家庭收入的增加，用于购买食物的支出占家庭收入的比重越来越小；用于住房及家庭日常支出的比重保持不变；而用于服装、娱乐、保健、教育、储蓄等方面的支出将会上升。其中，食物费用占总支出的比例称为恩格尔系数。一般地，恩格尔系数越大，生活水平越低；反之，生活水平越高。

还有研究表明，影响消费者支出方式的因素除了消费者收入水平外，还有以下几个主要方面：

（1）家庭所处的生命周期阶段。比如，家庭中有无孩子或孩子处在不同的年龄段上，都会带来家庭支出结构上的差异。

（2）家庭所在地及消费品生产供应状况。比如，居住在农村与城市或居住在城市的不同地段，在住宅、交通及食品上的支出情况也会有较大差异。

（3）城市化水平、商品化水平、劳务社会化水平、食物价格指数与消费品价格指数变动是否一致等，也都是影响消费者支出模式和消费结构的重要因素。

在观察历史情况的变化时要注意，恩格尔系数反映的是一种长期趋势，而不是逐年下降的绝对倾向。它是在熨平短期的波动中求得的长期趋势。

五、社会文化环境

市场营销学中所说的社会文化因素，一般泛指在一定社会形态下已经形成的信念、价值观念、宗教信仰、道德规范、审美观念以及世代相传的风俗习惯等被社会所公认的各种行为规范。

社会文化作为人们适合本民族、本地区、本阶层的一种是非观念，会强烈影响消费者的购买行为，使生活在同一社会文化范围内的成员的个性具有相同的方面，是购买行为的习惯性和相对稳定性的重要成因。所以，营销人员应当注意分析、研究和了解社会文化环境。

小案例 4-1：营销还需关注社会文化环境

龙形图案由于具有鲜明的民族特点，颇具东方特色，一直以来受外商欢迎。但经常遇到的问题是品牌、质量相同的龙毯却往往有一部分难以销售。原因何在？调查显示：在国外，尤其是华侨中，流行着一种说法：龙分吉祥龙和凶龙，其区别在于龙爪不同。吉龙生五爪，生三爪、四爪的是凶龙。凶龙入宅，合家不安，谁愿意花钱买个凶龙回家？经查看，果然未卖出的龙毯绝大部分是三爪、四爪的龙形图案。这说明在市场营销中对目标市场所在国或地区的社会文化环境因素的了解与掌握要细、要深入，不可仅仅满足于一般性的知道。

商品包装的颜色、标记等也要注意各国、各地区的社会文化环境。例如，红色在我国代表喜庆，而在有些国家则代表死亡；黑色在欧美国家是丧礼的颜色，而在有些国家却被认为是优雅和高贵。巴西人忌棕黄色，比利时人忌蓝色，日本人忌绿色，而土耳其人认为花色是凶兆。就标记形状来说，捷克和斯洛伐克将红色三角形用作“剧毒”的标记，土耳其则用绿色三角形表示“免费样品”；而带有六角星的包装向中东国家出口洽谈时是要碰壁的，因为六角星是以色列的标记。

1. 受教育程度

受教育程度不仅影响消费者的收入水平，还直接影响消费者对商品的鉴赏能力、购买的理性程度和其他方面。

2. 宗教信仰

纵观历史上各民族消费习惯的产生和发展，可以发现宗教是影响人们消费行为的重要因素之一。人们源于对幸福、安全的追求与向往而又受低下的生产力限制所形成的宗教行为，被后人沿袭下来，就逐渐形成了一种影响人们消费行为的模式。

宗教对人们的信仰及行为有极其复杂的影响，但营销人员也可以利用宗教为其服务。

3. 价值观念

在不同社会文化环境下生活的人们有不同的价值观念，这极大地影响了消费需求及购买行为。比如，崇尚节俭是我国传统民风及民族意识的一个方面，人们一向以节俭为荣，以挥霍奢华为耻。这种朴素的民风和节俭心理，表现在消费行为上就是精打细算，在购买商品时谨慎花钱，注重质量，讲究经久耐用。即使是收入水平较高的家庭，也会将其收入的相当部分用于储蓄，以备不时之需。这也是近年来我国银行储蓄存款余额一直不断攀升，除去人们的预期心理及制度性因素外的一个重要原因。

4. 消费习俗

消费习俗是人们世代相袭固化而成的消费风尚，是风俗习惯的重要内容。消费者往往在饮食、服饰、居住、婚丧、节日及人情往来等方面表现出独特的心理特征和行为方式。

此外，道德规范、审美观念、流行等也都是影响消费者购买行为的重要社会文化因素。

六、科学技术环境

科学技术是企业将自然资源转化为符合人们需要的产品的基本手段，是第一生产力，因而也是相当重要并具有长远影响的环境因素。

人类社会的文明与进步是科学技术发展的历史，是科技革命的直接结果。科学技术对企业市场营销的影响是多方面的。从人类历史来看，每一种新技术的出现，都会直接或间接地带来国民经济各部门的变化与发展，带来产业部门间的演变与交替，随之而来的则是新产业的出现、传统产业的改造、落后产业的淘汰，并使消费对象的品种不断增加、范围不断扩大，最终必然使消费结构发生变化。比如，在电子工业出现之前，消费结构中没有收音机、电视机、录音机之类的产品；正是由于合成化学技术的出现，合成纤维、合成橡胶、合成染料、合成药物工业形成，才使新产品源源不断地涌现，推动了消费结构的变化；而新技术革命（第四次产业革命），则出现了以电子、生物工程等新兴科学为代表的工业技术的迅速发展，同样带来了社会生产方式、人们思维方式及消费习惯、生活方式的历史性变化，最终必将给市场带来极其深刻的影响。

从目前来看，IT 技术的介入，已经使零售商业业态结构及消费者购物习惯发生了改变（比如，网络营销及网上购物的出现，从根本上改变了市场营销的方式），同时也对经营管理者提出了新的要求。

因此，企业在研究科学技术环境时，要特别注意新技术革命对市场营销的影响，密切关注新技术革命的发展变化，及时跟上新技术革命的大趋势，只有这样才能求得生存与发展。

资料链接 4-4：天堂电影院

“轰——”随着一声巨响，经营了 30 年的老牌电影院轰然倒下，爆炸产生的灰尘像蛇群一样向四周乱窜，赶到广场看热闹的人们一下被湮没在灰黄色的烟雾之中。层层的烟雾模糊了影院老板昏花的泪眼，也模糊了影院员工不再年轻的脸庞。几个好事的少年迅速冲进废墟之中，欢呼着追逐起来。一位穿着时髦的年轻人站在一旁，拍手跺脚发出一阵狂笑……看过意大利电影《天堂电影院》的人，大概都不会忘记这个画面。天堂电影院，这家小小的电影院曾经给那群战后生活在艰难困苦之中的西西里人带来过多少欢乐，他们跟着电影主角发笑，随着悲惨剧情落泪，在那里邂逅爱情，哺育小生命，甚至度过人生的最后一刻，然而，这一切热捧和宠爱都挡不住一项新技术的冲击。当电视机逐渐摆上小镇居民们的案头时，几乎所有影院的老主顾都背叛了这位“旧情人”。年久失修、门可罗雀的天堂电影院最终被夷为平地，政府把它改建成停车场。

第三节　企业的微观环境

企业的微观环境是市场营销学的重要研究领域。

通常的研究把市场营销环境分为不可控因素和可控因素。不可控因素是指政治、法律、人口、经济、科学技术、社会文化等宏观因素；可控因素是指影响企业营销的全部内部因素，其主要内容是产品、定价、渠道、促销。其实，还有一些介于这二者之间的其他诸如企业内部、竞争者等方面的环境因素。

微观环境（Microenvironment）是指企业内部环境、营销中介、竞争者、顾客和各种公众等因素。

微观环境与宏观环境对企业的影响不同：第一，微观环境对企业市场营销活动的影响比宏观环境更为直接；第二，微观环境中的一些因素在企业的努力下可以不同程度地得到控制。把市场营销环境区分为宏观环境与微观环境，有利于区别和掌握两类不同环境对市场营销活动的作用程度。

企业要进行有效的市场营销活动，实现既定的目标，不仅要考虑企业所处的宏观环境，同时还要对企业所处的微观环境进行分析。从某种意义上来说，企业的微观环境对企业产生的影响更为直接。

一、企业内部环境

这是微观环境中的首要因素。任何一个企业的营销活动都是整个企业的协同作业，而非某个部门的独立行动，是企业整体实力的体现。因为企业的市场营销活动实际上是企业的研发能力、制造能力、销售能力、融资能力及管理能力等诸多能力的综合发挥，是所有员工共同努力、密切合作的结果。企业的内部状态如何将对其营销活动产生重大影响，其他的宏微观环境因素都通过这一因素而起作用。

事实上，企业的经营观念、管理体制与方法、目标宗旨、企业精神与文化等因素都会影响企业的营销活动。但在分析市场环境时，人们更多地考虑营销部门与企业其他各个部门的协调及相互关系问题。

企业开展营销活动，必须设立一定形式的营销部门。营销部门不是孤立存在的，它还面对着各种不同的职能部门以及高层管理部门。营销部门与其他职能部门既有相当程度的合作，又在争取资源方面存在着矛盾。因此，与其他职能部门的相互关系是否协调，对营销决策的制定与实施影响极大。

可以说，所有的部门共同构成实现企业营销职能的企业内部微观环境，而这些部门与营销部门在实际工作中产生的或大或小的矛盾与冲突，需要在决策层的统一领导与指挥下进行必要的协调，使各职能部门相互配合，确保企业的营销活动高效进行。

二、营销中介

任何一家企业都不可能独自承担所有有关产品或服务的全部市场及营销活动，而必须与营销渠道中的其他企业合作，才能完成生产和营销任务。营销中介是指协助企业推广、销售和分配产品给最终购买者的组织及个人。其具体包括：

1. 供应商

供应商是指向企业及其竞争者提供生产经营所需原材料、能源、资金等生产资源的企业及个人。供应商对企业营销活动有实质性的影响，其提供的原材料数量及质量将直接影响产品的数量和质量，所提供的资源价格则直接影响企业的产品成本、价格和利润。

2. 中间商

中间商是指协助企业进行产品经销或销售，将产品最终销售给购买者的机构，包括中间商（Merchant Middlemen）和代理中间商（Agent Middlemen）。前者是转售商品的企业，对其经营的商品有所有权，如批发商、零售商；后者又称经纪商，主要替生产企业寻找买主，推销产品，对其经营的产品无所有权。

3. 实体分销商

实体分销商是指便利交换的或是商品的实体分销者，如运输公司、仓储业企业等。其基本功能是调解生产与消费矛盾，解决产销时空背离矛盾，提供商品的时间效用和空间效用，以适时、适地、适量地帮助完成商品由生产者到消费者的流转过程。

4. 营销服务机构

营销服务机构是指为厂商提供各种营销服务，协助生产企业开拓产品市场及销售推广的机构或企业，如营销调研公司、广告代理商、市场营销咨询企业等。

5. 金融中介机构

金融中介机构是指协助生产企业融资和保障货物购销储运风险的各种机构，如银行、保险公司等。金融中介服务机构不直接从事商业活动，但对工商企业的经营发展至关重要。随着市场经济的发展，企业与金融机构的关系越来越密切，企业的信贷资金来源、企业间的业务往来、企业财产和货物的风险保障等都会直接影响企业的生产经营活动。

三、竞争者

企业的竞争者是指在同一目标市场争夺同一顾客群的其他企业或类似组织。竞争是市场经济的普遍规律，现代企业都处于不同的竞争环境中。因此，企业应当加强对竞争者的研究，寻求增大企业产品吸引力、在竞争中立于不败之地的策略。对竞争者的深入分析见本书第七章。

四、顾客

顾客是企业服务的对象，是企业市场营销活动的出发点和归宿。因此，企业必须认真研究其顾客群的类别、需求特点、购买动机、购买习惯和规律，以及从事购买的人员和组织、购买方式等，以使企业的营销活动更有针对性，符合顾客的愿望。对顾客的深入分析请参阅本书第五章的相关内容。

五、公众

公众是指对企业实现营销目标及其经营活动有实际或潜在的影响和兴趣的团体及个人。企业与广大公众的关系将协助或妨碍企业营销活动的正常进行。企业面临的公众主要有以下几种：

1. 金融公众

金融公众（Financial Publics）又称融资公众，是指所有影响企业融资能力的组织及机构，如银行、投资公司、保险公司等。

2. 政府公众

政府公众（Government Publics）是指与企业业务经营活动有关的各类政府机构，如行业主管、财政、工商管理、税务、物价、商品检验等部门。

3. 媒介公众

媒介公众（Media Publics）是指报纸、杂志、电视、广播等大众传播媒体。

4. 社区公众

社区公众（Local Publics）即地方利益公众，是指企业所在地附近的居民及社区组织。

5. 社团公众

社团公众即市民行动公众（Citizen Action Publics），包括所有保护消费者权益的组织、环保组织及其他群众团体。

6. 一般公众

一般公众（General Publics）是指上述公众之外的社会公众。此类公众虽然不会有组织地对企业采取行动，但企业形象会影响他们对企业产品的购买选用。

7. 内部公众

内部公众（Internal Public）是指企业内部的全体员工。员工的责任感及满意度必然会传播并影响外部公众，从而对企业的整体形象产生直接影响。

企业的营销活动不仅要针对目标市场的顾客，还应当考虑有关各类公众，采取适当的措施，与周围的各类公众保持良好的关系，争取社会公众对企业的信赖和支持。

关键词

市场营销环境 Marketing Environment
微观环境 Microenvironment
宏观环境 Macroenvironment
竞争者 Competitors
营销中介 Marketing Intermediaries
经济环境 Economic Environment
人口环境 Demographic Environment
科学技术环境 Science and Technological Environment
自然环境 Natural Environment
政治法律环境 Political-legal Environment
社会文化环境 Social-cultural Environment

思考题

1. 简述企业分析市场营销环境的意义及市场营销环境的特征。

2. 有人说，“市场营销机会有时恰恰是营销陷阱”，而“环境威胁有时却可以采取有力措施加以规避”，请你在实际营销活动中摘取1~2个例子说明之。

3. 环保问题已逐渐成为举世瞩目的焦点问题，自然环境对企业的影响不容忽视，请结合实际，对目前自然环境发展趋势下企业的市场机会进行分析。

4. 结合中国市场的实际情况，选择一个方面就目前国内市场营销的环境特点谈谈你的看法。

案例分析讨论

蔚来汽车出海，第一站为什么选择挪威？

蔚来汽车（NIO）成立于2014年11月，是新能源汽车发展过程中涌现出的一批中国造车新势力的代表性企业。蔚来汽车创始人李斌提出，蔚来要成为一家“用户企业”。蔚来汽车一开始就选择主流高端汽车市场，以用户体验为核心，在成立短短几年时间内就打造出一个备受消费者青睐与各界瞩目的豪华汽车品牌，市值一度超过奔驰、宝马，成为中国车企市值第一、全球前十的汽车品牌，这在中国汽车品牌，甚至在所有中国品牌中都是罕见的。

2021年5月，蔚来汽车对外发布挪威战略，正式进入挪威市场。这是蔚来汽车进入中国以外市场的第一步，也是关键的一步。蔚来汽车从成立之初，就朝着全球化去打造，进入全球市场也一直是蔚来汽车计划中的事情。为什么蔚来汽车出海首站选择挪威？背后的原因可能是出于多方面的考虑。

李斌给出的解释是，因为挪威对电动汽车是最友好的国家，更因为挪威热爱环保，追求创新的文化与蔚来汽车的愿景（Blue Sky Coming，蔚来已来，是我们对美好未来和清朗天空的愿景，也是我们自公司创立伊始一直秉持的初心）有很多共同之处。

挪威公路联盟数据显示，2020年挪威销售的纯电动新能源车占北欧国家销量的54.3%，高于2019年的42.4%，而十年前的数据仅为1%。挪威方面计划，将在2025年停售燃油车。此外，挪威公路联盟曾预测，2021年挪威销售的纯电动新能源车将占北欧国家销量的65%。目前，蔚来汽车已发布的几款车型（es8、es6、ec6和et7）均为纯电动新能源汽车。可以看出，作为大力拥抱新能源汽车的欧洲主要国家之一，从2020年开始，挪威市场的纯电动新能源汽车的销量数据将会在接下来持续超过汽油、柴油和混合动力车型的总和，不断打破纪录。基于这样的市场现状，正如李斌在媒体沟通会上所言，“挪威在电动车的体量规模上比较合适，不是很小，也不是那么大。”这说明挪威在电动车方面已经有了一定的基础，消费者对于纯电汽车也有了一定的认知。

除了宏观环境之外，从企业的微观环境来看，蔚来汽车选择进军挪威市场也有几个方面的原因。首先，经过近三年的各种布局，蔚来汽车目前在产品、用户运营体系等各个方面都已逐渐成熟，对于复制出海，也有了更大的底气。其次，早在2015年、2016年，蔚来汽车就在美国及欧洲国家建立了研发团队，在当地就有合作伙伴。

对于挪威市场，蔚来汽车依然采用的是直营的销售与服务网络，根据其规划，我国市场之外的首个蔚来中心（NIO House）于2021年三季度在挪威首都奥斯陆的商业、文化中心卡尔·约翰斯大道开业；2022年，蔚来汽车还将在挪威卑尔根、斯塔万格、特隆赫姆和克里斯蒂安桑建设四座蔚来空间（NIO Space）。届时，蔚来汽车的售后服务将覆盖挪威全国。同时，蔚来汽车在挪威市场也将提供移动服务车、上门取送车等服务。

对于加电体系方面，蔚来汽车表示，将在挪威构建完善的加电体系，2021年，蔚来汽车欧洲版充电地图和首批四座第二代换电站投入运营；2022年，蔚来汽车将在挪威五座城市建设换电站。

作为蔚来社区和用户服务的重要组成部分，NIO App欧洲版于2021年第三季度上线；蔚来原创设计生活方式品牌NIO Life也即将与挪威用户见面。

总而言之，李斌指出，蔚来汽车对挪威市场和对我国市场的态度，以及蔚来汽车的战略，没有本质的变化，在我国怎么做，怎么对待用户，怎么做服务，将来在不同国家的市场都会同样做（自建由车、服务、数字化和生活方式构成的完整运营体系，打造以车为起点的社区）。只不过会根据当地的市场法规，以及民情和文化影响做一定的修正（例如，在我国，蔚来汽车在服务方面有大量的人工服务；在欧洲，则可能会推出更多的自助服务）。2018年9月，蔚来汽车在美国纽交所成功上市，截至2021年7月底，蔚来汽车的市值约为700亿美元。2020年，蔚来汽车交付了43728辆汽车，总收入为162.6亿元。在有了一定“气候”之后，蔚来汽车带着自己的产品，走出了国门，未来还会走向更多的海外市场。挪威市场能否一炮走红，或将直接决定着蔚来下一个海外市场的战略走向。

（资料来源：1. 蔚来汽车官网：https://www.nio.cn/. 2. 蔚来汽车2020年年报. 3. 杨一翁，丁梦悦，纪雪洪. 用户体验因素和类型影响品牌资产机理探讨：来自“用户企业”蔚来汽车用户体验数据的实证研究［J］. 中央财经大学学报，2021（7）：116-128. 4. https://baijiahao.baidu.com/s? id=1699014253938812917&wfr=spider&for=pc.）

案例思考题：

1. 请分析蔚来汽车出海挪威的市场营销宏观环境。
2. 请分析蔚来汽车出海挪威的市场营销微观环境。
3. 除了挪威以外，蔚来汽车接下来还可以进军哪些海外市场？

第五章

市场购买行为分析

本章要点

1. 消费者市场的含义及特点
2. 影响消费者购买行为的因素
3. 消费者购买行为的主要类型
4. 消费者购买决策过程
5. 组织市场的主要类型
6. 产业市场的特点
7. 产业购买者购买行为的主要类型
8. 产业购买者的决策过程
9. 政府采购的主要方式

导入案例

"新国潮"助力李宁重新崛起

李宁公司是我国家喻户晓的"体操王子"李宁在1990年创立的专业体育品牌公司。

1990年刚成立时，"李宁牌"运动服就被选为第十一届亚运会圣火传递指定服装、中国国家代表队亚运会领奖服以及中外记者指定服装。"李宁牌"伴随亚运圣火传遍全国，在北京亚运会期间拿下了1500万元的销售额。1992年，在巴塞罗那奥运会上，"李宁牌"作为中国体育代表团专用领奖服亮相，结束了中国运动员在奥运会上穿外国运动服的历史，并连续四届奥运会成为中国奥运代表团的领奖服赞助商。到1996年，李宁品牌年度营销收入6.5亿元，市场占有率超过了13%，而当时，国际运动品牌阿迪达斯、耐克在我国的合计年销售额约为4亿元，合计市场占有率仅为8%左右，李宁公司成为我国运动品市场的领导者。2002年，李宁公司提出了著名的品牌口号"一切皆有可能"，向消费者暗示了一种价值承诺：拥有李宁牌产品，不仅仅是拥有一种生活用品，更是拥有一种生活质量、一种人生境界。2004年，李宁公司成功赴港上市，是我国内地首家在香港上市的体育用品公司。当年，李宁公司的营业额超过12.7亿元，净利润达9400万元，远超其他国产运动品牌。2008年，在北京奥运会开幕仪式上，当李宁先生举着火炬以夸父追日般的形象去点燃圣火时，点燃了国人对体育的空前热情，而李宁公司的品牌价值及影响力也达到了前所未有的高度。2009年，李宁公司的营业收入为83.87亿元，开店超过1万家。

然而好景不长，2010年，李宁公司在国内运动品市场的领导者地位被耐克与阿迪达斯夺去，而安踏也有后来居上之势。面对前后夹击，时任李宁公司CEO的张志勇决定对品牌进行重塑，将目标顾客群体锁定为一二线城市的年轻消费者，走高端化、年轻化路线，打造“90后李宁”。与此同时，李宁更换了品牌标识，更多地使用英文LI-NING而非中文李宁，还把广告语改成“Make the Change”（做出改变）。为了提升形象，李宁把核心产品的价格从250元至300元提高到400元左右。然而，消费者并不买账。当时李宁的消费者以“70后”为主，超过一半的消费者年龄在35~45岁。年轻消费者认为李宁是一个年龄偏大的中低端品牌，并不认可“90后李宁”；而“80后”“70后”甚至年龄更大的消费者则感到遭到了李宁的背叛。在两头不讨好的情况下，李宁公司的业绩呈断崖式下滑，从2010年营收94.79亿元下降到2011年的89.29亿元，再下滑至2012年的66.76亿元。在2014年更惨遭连续亏损三年，被国内品牌安踏超越。

值此危急存亡之秋，创始人李宁先生重新出山，拿回管理的权杖，进行了一系列变革，并取得了成效。2018年，李宁品牌登上纽约时装周，成为首个亮相该时装周的中国运动品牌。李宁公司推出了一个新品牌，叫作“中国李宁”；并增加了很多中国元素，在纽约时装周上上演了主题为“悟道”的时装秀，“悟道”系列产品一炮走红。2018年，“中国李宁”系列服装年度销售量超过550万件，悟道鞋系列销售量超过5万件。

李宁品牌在纽约时装周崛起的2018年，又被国内经济学界称为“国潮元年”。“国潮”产品越来越受我国消费者特别是“Z世代”（“95后”“00后”）消费者欢迎。“Z世代”消费者在消费行为上与“70后”“80后”甚至“90后”消费者都有很大不同，毕竟这些群体的出生背景与成长环境都各不相同，不仅有时代差异，而且有不同的人生观和价值观，他们的经济实力也各不一样（另见本章“案例分析讨论”）。首先，越来越多的“Z世代”消费者在制定自己的消费选择时，不再片面追求高价格带来的炫耀和展示属性，“只买对的不买贵的”成为消费潮流；其次，随着我国国力的崛起，越来越多的年轻人逐渐了解西方的审美和文化之后，转过头发现其实我国的传统文化更有魅力。在很多消费者的潜意识中，红黄相间的体育运动服就等于中国，等于爱国的形象，也等于李宁品牌。因此，当李宁公司在纽约时装周推出带有明确中国文化的复古运动衫时，瞬间点燃了年轻人那颗向往强盛国家形象的心。

伴随着“国潮崛起”，李宁集团也重新焕发了青春。2020财年，李宁集团收入达144.57亿元，较2019年同比上升4.2%；毛利较2019年的68.05亿元上升4.2%，为70.94亿元。截至2020年6月30日，在我国，李宁销售点数量（不包括李宁YOUNG）共计5973个，并持续在东南亚、印度、中亚、日韩、北美和欧洲等地区开拓业务。

（资料来源：1. 李宁官网 https://store.lining.com/. 2. https://baijiahao.baidu.com/s?id=1696172306815663129&wfr=spider&for=pc. 3. https://baike.baidu.com/item/%E6%9D%8E%E5%AE%81/4581186?fr=aladdin.）

案例表明，不仅年龄、收入等人口统计特征影响消费者行为；生活方式、爱国热情等心理特征也会影响消费者行为；此外，消费潮流、文化等外部环境同样影响消费者行为。企业应全面地分析影响消费者行为的内外部因素，并掌握消费者决策的规律，才能科学地制定营销战略与策略。

第一节　消费者市场购买行为分析

消费者购买行为是感情、认知、行为以及环境因素之间的动态互动过程，是人类履行生活中交换职能的行为基础。因此，把握消费者的行为可以为企业赢得消费者，提升企业的竞争力。消费者市场研究的核心问题是市场购买行为的规律，即购买行为模式、购买影响因素和购买决策过程等。

一、消费者市场与消费者购买行为模式

（一）消费者市场的含义和特点

消费者市场也称消费品市场，是指消费者为了个人或家庭生活需要而购买产品和服务的由个人与家庭所构成的市场。它是组织市场乃至整个经济活动服务的最终市场，是企业顺利实现其营销计划过程，并最终实现商品价值和使用价值的市场。

消费者市场通常具有以下特点：

（1）多样性。消费者作为商品经济下的个体，都不可避免地会购买必要或非必要的消费品。多样性一方面说明消费者市场人数众多，对产品种类需求多样，范围广泛；另一方面，即使是对同一类产品，消费者对其需求也有所不同。例如，对鞋的需求，有的消费者需要的是皮鞋，有的消费者则需要运动鞋或布鞋；即使都需要皮鞋，有的消费者看重品牌，有的消费者看重质量，有的消费者看重价格。消费者受年龄、性别、身体状况、性格、习惯、文化、事业、收入、民族、宗教、受教育程度和市场环境等多种因素的影响而具有不同的消费需求与消费心理，所以消费商品的品种、规格、质量和价格千差万别。消费者需求的多样性使消费品市场成为一个五色斑斓的世界。

（2）分散性。分散性是指消费者每次购买商品的品种多，而购买数量少。消费者的购买单位是个人和家庭。一般而言，受家庭储存地点和设备的限制，购买大量商品进行储存也不现实；同时，家庭人口较少，商品消费量不大，生鲜食品易腐烂变质，再加上商品供应丰富、购买方便，家庭没有必要大量储存，从而导致消费者每次购买商品的数量少，购买频率高。

（3）易变性。易变性也可以称为流行性。消费需求具有求新求异的特性，要求商品的品种、款式不断翻新。许多消费者对某个新品种、新款式商品的共同爱好就形成了消费时尚。它反映了某一段时间消费心理的集中趋势。商品的更新并不一定表示其质量和性能有所改进，在大多数情况下只反映结构和款式等形式上的变化。随着商品供应的丰富和企业竞争的加剧，消费者对商品的选择性增强，商品的流行周期缩短，消费风潮的变化速度加快。

（4）发展性。人类社会的生产力和科学技术总是在不断进步，促使新产品不断出现，消费者收入水平不断提高，消费需求也呈现出由少到多、由粗到精、由低级到高级的发展趋势。比如，奢侈品的概念在不同时期包含的内容不同，一个时期的奢侈品在另一个时期可能就变成了普通消费品或生活必需品，如彩电、手机、家庭轿车的普及和发展就是很好的证明。

（5）情感性。消费者对所购商品大多缺乏专门的甚至是必要的知识，对质量、性能、

使用、维修、保管、价格乃至市场行情都不太了解，加之多数消费者集需求、使用、支付和决策于一身，而他们往往只能根据个人的好恶和感觉做出购买决策，受个人情感因素、企业促销活动和购买环境的影响较大。

（6）伸缩性。伸缩性在经济学上也称为需求弹性，是指消费需求由于价格的变化而引起购买数量的变化。需求量受消费者收入、商品价格和储蓄利率的影响较大。一般情况下，需求量与价格成反比。但是消费者的心理变化，即“买涨不买跌”的心理预期，也会使某种商品的价格与需求量成正比。

（7）替代性。替代性在经济学上称为需求的交叉弹性，是指相互关联的商品之间由于价格的变化引起需求品种上的变动。如果一种商品的支出占消费者支出的比重较大，消费者就会花大力气寻求替代品。除了消费者收入、替代品价格等因素，消费者的心理偏好也会影响需求的替代性。这种情形下的替代主要表现在不同品牌之间。由于消费品具有替代性，在有限购买力的约束下，消费者会对需求进行排序，在同一需求中对具体的品种和品牌进行决策，且经常发生变化，从而导致购买力在不同产品、品牌和企业之间流动。

（8）地区性。同一地区的消费者在购买习惯、收入水平、购买特点和商品需求等方面有较大的相似之处，而不同地区的消费者购买行为则表现出较大的差异。例如，华南地区与东北地区、江浙一带与西北、平原地区与高山地区、城市与乡村等，消费需求就表现出较大的差异性。消费的地区性既受消费习惯的影响，又受地区经济发展不平衡的影响，还受地貌或气候的影响。

（9）季节性。季节性消费可以分为三种情况：一是季节性气候变化引起季节性消费，如冬季穿棉衣，夏季穿单衣；二是季节性生产引起季节性消费，如夏季是西瓜集中生产的季节，也是集中消费的季节；三是风俗习惯和传统节日引起季节性消费，如中秋节吃月饼，春节互赠礼品等。

资料链接 5-1：移动互联网时代下消费者行为的新特点

在当前移动互联网时代下，市场营销呈现出社交化、本地化和移动化（So-Lo-Mo）的新趋势，消费者行为也随之出现新的特点。

第一，随时随地。相比于传统 PC 端的网络购物，消费者在移动端进行购物基本上不受时间与空间的限制。同时，基于位置的服务还能让消费者进行更精准的搜索。例如，消费者使用大众点评 App 可以便捷地搜索当前所在位置附近的美食等。

第二，更个性化。像淘宝、京东和亚马逊这样的网购平台会根据消费者之前的浏览、购买和评价等信息向消费者推荐个性化商品，每位消费者打开相关 App 时看到的主页都是独一无二的。

第三，更碎片化。消费者可能随时随地、即兴地进行消费决策。例如，在上下班搭乘地铁时、在排队时、在睡觉之前的碎片时间进行浏览、比价、下单、评价和分享等消费行为。

第四，更多样化。消费者能够随时随地购买，购买的商品与渠道空前丰富，同时不断接收到各类推荐信息，看到各种信息流广告，可以快速比较，在不同平台之间自由切换，其购买选择更加多样化。

第五，更社交化。消费者更愿意随时随地分享自己的消费体验。例如，在大众点评上写用餐体验、在网红店打卡并分享到微信朋友圈、随手拍摄短视频秀消费体验并发布抖音短视频等。

（二）消费者购买行为模式

消费者因其个性、经历、需求等不同而呈现出不同的购买行为，分析起来较为困难。对此，营销学家归纳出七个主要问题用来描述市场。也就是说，如果企业能够正确回答关于目标市场的这七个问题，就可以描述出消费者购买行为的内容，并据此制定相应的营销组合。这七个问题分别是：

消费者市场由谁构成？（Who）　　购买者（Occupants）

消费者在市场购买什么？（What）　　购买对象（Objects）

消费者为什么购买？（Why）　　购买目的（Objectives）

哪些人参与了购买过程？（Who）　　购买组织（Organizations）

消费者怎样购买？（How）　　购买方式（Operations）

消费者什么时间购买？（When）　　购买时间（Occasions）

消费者在哪里购买？（Where）　　购买地点（Outlets）

由于以上七个英文单词的首字母都是 O，所以又称“7O”研究法。“7O”研究法能够使企业在市场调查中较为准确地分析消费者的行为。但是消费者的行为是内隐心理到外显行为的连续过程，因此只有通过对消费者心理的分析，才能找到消费者的行为模式。

广泛运用的“认识—刺激—反应”心理模式揭示了消费者购买活动的基本特征。该模式认为，消费者的购买行为是经济变量、心理变量和社会变量交互作用的产物。在各种不同营销因素和环境因素的刺激下，消费者的外显行为发生相应变化，这种变化是消费者对不同刺激因素产生的效用进行内在的衡量和取舍，然后做出的相应反应。通过这种反应，企业就可以寻找消费者行为的规律和变动原因。消费者的营销刺激—消费者反应模式如图 5-1 所示。

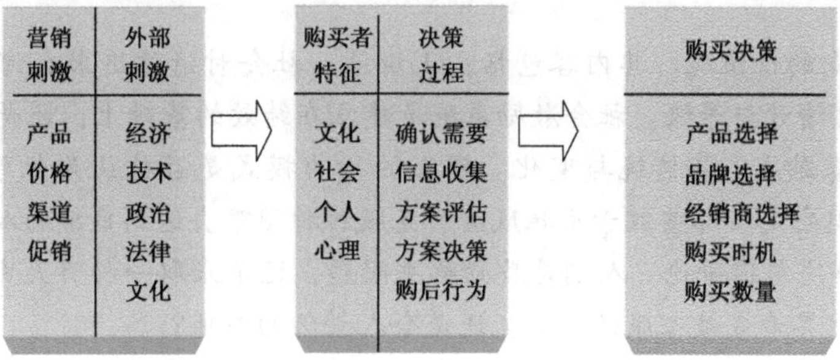

图 5-1　消费者的营销刺激—消费者反应模式

营销刺激包括营销组合的四种因素，即产品、价格、渠道和促销；外部刺激包括营销的宏观环境因素，即经济、技术、政治、法律、文化等。虽然消费者在经过不同刺激的输入后如何进行判断和决策无法观察到，但消费者的选择结果是可以考察的。消费者行为分析就是要设法了解消费者的购买决策过程以及影响决策过程的各种因素，从而帮助企业得到消费者对不同刺激的稳定反应，即产品、品牌、经销商、购买时机、购买数量等因素的决策规律。

二、影响消费者购买行为的主要因素

影响消费者购买行为的因素主要有文化因素、社会因素、个人因素和心理因素四类。

(一) 文化因素

1. 文化

广义的文化是指人类社会在发展过程中所创造的物质财富和精神财富的总称；狭义的文化是指某一特定社会生活方式的总和，包括语言、法律、宗教、风俗习惯、价值观、信仰等构成的复合体。文化是决定人类欲望和行为的最基本因素，文化的差异会引起消费观念和消费行为的差异。企业营销活动必须尊重不同的文化传统，使其产品或服务符合特定社会的文化价值观。

资料链接 5-2：德尔·L. 霍金斯的文化价值观

在构成文化的所有因素中，价值观占据着重要地位。德尔·L. 霍金斯认为，要了解消费者行为中体现的文化差异，首先应该了解不同文化背景下人们价值观的差异。所谓价值观，是指同一文化下被大多数人信奉和倡导的信念，它代表着一个社会或者群体对某一类事物总的看法和评价，是人们用于指导自身行为、态度和判断的标准。

德尔·L. 霍金斯把影响消费者行为的价值观分为三种形式，即他人导向的价值观、环境导向的价值观和自我导向的价值观。

(1) 他人导向的价值观。其内容包括：①个人与集体。社会是重个人活动和个人意见，还是重集体活动与群体依从？②年轻与年长。家庭生活是更多地满足小孩还是大人的需求与欲望？是年轻人还是年长的人被视为领导或者楷模？③扩充家庭与有限家庭。在多大程度上一个人应对家庭成员承担义务和责任？④男性与女性。在多大程度上社会权利的天平自动偏向男性一方？⑤多样性与统一性。对宗教信仰、族群、政治观点和其他重要的行为和态度是否具有包容性？⑥竞争与合作。一个人的成功是更多地依赖超越别人，还是更多地依赖与他人合作？

(2) 环境导向的价值观。其内容包括：①清洁。社会对清洁追求在何种程度上超过健康要求的限度？②绩效与等级。社会激励系统是建立在绩效的基础上，还是建立在世袭因素如家庭出身等的基础上？③传统与变化。现在的行为模式是否被认为优于新的行为模式？④承担风险与重视安定。那些敢于承担风险、克服种种困难去达到目标的人是否更受尊敬和被羡慕？⑤问题解决与宿命论。人们是鼓励解决问题，还是采取一种听天由命的态度？⑥自然界。人们把自然界看成被征服的对象，还是令人景仰的圣地？

(3) 自我导向的价值观。其内容包括：①主动与被动。更积极主动的生活取向是否更被社会看重？②纵欲与禁欲。感官愉悦地享受如吃、喝、玩、乐在多大程度上被接受？③物质性与非物质性。获取物质财富的重要性到底有多强烈？④勤奋工作与休闲。拼命工作是否更为社会倡导？⑤延迟满足与即时满足。人们是被鼓励去即时享受还是愿意为获得“长远利益”而牺牲“眼前享受”？⑥宗教与世俗。在多大程度上人们的行为和态度是由宗教戒律支配的？

（资料来源：MOTHERSBAUGH D L，HAWKINS D I. Consumer behavior：building marketing strategy [M]. 3rd ed. New York：McGraw-Hill Education，2016.）

资料链接5-3：社会主义核心价值观

社会主义核心价值观见表5-1。

表5-1 社会主义核心价值观

社会主义核心价值观	相关的消费行为
富强、民主、文明、和谐	消费升级、消费者参与价值共创、文明消费、减少购后冲突
自由、平等、公正、法制	多样化寻求行为、频繁比价、依法维权
爱国、敬业、诚信、友善	偏爱国货、喜爱体现工匠精神的产品、偏爱诚信品牌、看重友善的服务

2. 亚文化

亚文化是指某一文化群体所属次级群体的成员共有的独特信念、价值观和生活习惯。每种文化都由一些更小的文化组成，它既包含主流文化，又包含自己的独特文化，它们往往构成重要的细分市场。亚文化主要包括以下几类：

（1）民族亚文化。同一国家或地区往往存在众多不同的民族，每个民族在其自身发展过程中形成了独特的文化，如文字、语言、风俗习惯和传统等。

（2）宗教亚文化。世界上存在各种不同的宗教，每种宗教都有自己的教规戒律和风俗习惯。宗教的文化禁忌和习惯会影响人们的购买行为和消费方式。

（3）种族亚文化。不同的种族也有不同的生活习惯和传统。例如，在美国，拉美人主要购买食品、饮料和家庭护理品；而黑人则比白人购买更多的衣服、个人用品、家具和香水，消费的食品、旅游和娱乐等产品相对较少。

（4）地理亚文化。不同地理位置的气候、生产力水平和地形都有很大的不同，风俗习惯也有较大的差异。例如，我国南方人的饮食多偏好清淡细致；而北方人的饮食多偏好味咸粗糙。

小案例5-1：我国传统文化对消费者行为的影响

中华民族具有悠久的历史，经过几千年的发展积淀下来的传统文化对我国消费者的影响根深蒂固。我国传统文化的基本精神主要体现在以下几个方面：

（1）讲究中庸。所谓中庸，就是“不偏之谓中，不倚之谓庸”。意思是说，对于实现一定的目标来说，都有一定的标准，达到标准就可以实现目标，没有达到标准叫“不及”，超过标准叫“过”。所谓“中庸之为德”，就是要经常遵守一定的标准，既不“过”，也不“不及”，做到不偏不倚。中庸是中国人的重要价值观，几千年来深刻地影响着中华民族的思想和行为。它一方面保证了民族文化发展的稳定性，同时也反对根本性的变革。

（2）注重人伦。我国传统文化的核心就是以伦理道德为核心的儒家文化。儒家文化的伦理观念就是从最基本的血缘关系发展而来的。所以，我国传统社会的人际关系都是从夫妇、父子这些核心关系派生出来的。中国人非常看重家庭成员的依存关系，以及在此基础上的家族关系、亲戚关系、朋友关系、同事关系等。

（3）看重面子。中国人对自己的形象和“脸面”特别关注，尤其重视通过印象和角色扮演在他人心目中留下一个好的印象，以期获得“好名声”。因此，中国人一般比较注重给别人、给自己“留面子”，害怕“丢人现眼”。

(4) 重义轻利。在情义与物质利益对比中，我国传统文化更注重情义，特别是在两者发生冲突的时候，一般追求舍利而取义。中国人痛恨“忘恩负义”的人，讲究“滴水之恩当涌泉相报”。这种特点使人在正常的人际交往和工作中容易感情用事，讲究“礼尚往来”。

因为我国文化具有上述几个基本特点，相应地，中国人的消费心理和消费行为主要表现在以下几个方面：

(1) 消费行为上的大众化。儒家文化的核心是中庸、忍让、谦和，导致很多人认为“出头的椽子先烂”“枪打出头鸟”。这种心理反映在消费行为中就是大众化的商品有一定的市场，消费行为具有明显的“社会取向”和“他人取向”，以社会上大多数人的一般消费观念来规范自己的消费行为，喜欢随大流、赶潮流。

(2)“人情”消费比重大。中国人比较注重人情，强调良好人际关系的重要性，这种特点对消费行为最直接的影响就是比较重视人情消费。比如在婚丧嫁娶时的相互攀比和送礼，有的人为了面子，甚至不惜举债也要操办或“随礼”。因此，常常听到这样的抱怨：“这个月光‘随礼’就花了我半个月的工资。”

(3) 消费支出中的重积累和计划性。长久以来，中国人一直崇尚勤俭持家的消费观念，而不主张奢侈和挥霍，对超前消费也是抱着观望和小心谨慎的态度。因此，我国消费者花钱时较为谨慎，对西方人习惯的贷款买东西不太感兴趣。在购买商品的种类和功能方面，注重商品的实用性和使用价值，而较少购买用于享受方面的奢侈品。而且，一般都是按计划购买，特别是中老年人，很少发生冲动性购买和计划外购买。中国人消费行为中的这种重积累和计划性的特点，固然和消费水平有关，但更重要的还是受到传统文化的影响。需要指出的是，现今青少年消费者的消费观念已经有了很大变化。比如，他们敢于超前消费，敢于标新立异等。这也是我国消费行为的一个新动向。

(4) 以家庭为主的购买准则。中国人的家庭观念比较强，因而在消费行为中往往以家庭为单位来购买商品，无论在购买决策上，还是在购买商品的内容与种类上，都与整个家庭息息相关。一般来说，特别是在大件商品的购买上，我国消费者都要与家人一起决策并实施购买行为；而且所买的商品都要尽可能地满足全家的需要（儿童用品除外）。这种以家庭为主的购买准则，反映了家庭在中国人心目中的地位，而且中国人也比较重视自己在家庭中应负的责任和应尽的义务。

3. 社会阶层

社会阶层是社会学家根据职业、收入来源、教育水平、价值观和居住区域对人们进行的一种社会分类。生活在同一阶层的成员具有类似的价值观、兴趣爱好和行为，在消费行为上相互影响并趋于一致。居于不同社会阶层的消费者其消费行为有较大的差异。心理学研究表明，不同社会阶层在以下几个方面表现出较大的差异：①在产品选择和使用上，大多数消费者根据自己所属阶层的知觉来选择。研究表明，尽管各阶层的妇女对时装都感兴趣，但中上层的妇女在这方面的购买行为卷入的程度更深，表现为更多地阅读时装杂志、参观时装表演，并与朋友讨论等；在住宅、汽车、家具等能显示地位和身份的产品购买上，不同阶层的消费差异明显。②在休闲活动上，如打网球、高尔夫球、欣赏歌剧等活动在中上层社会成员中流行，而下层社会成员主要从事团体性体育活动。③在信息获取上，高层消费者主要通过看报纸杂志和网络，而下层消费者主要通过看电视及与内部人群交流来获得信息。

④不同社会阶层在审美趣味上也存在偏差。美国社会学家将美国社会分为七个阶层，其主要特征见表 5-2。

表 5-2 美国主要社会阶层的特征

层次	占人口百分比（%）	年收入（美元）	教育程度	成员构成	购买商品的种类
上上层	0.3	1300000	硕士学位	继承大量遗产的贵族、高级官员、巨商	珠宝、古玩、豪华住宅、度假用品、社交等
上层	1.2	990000	硕士学位	社会精英及暴发户	豪华住宅、汽车、珠宝、游艇
中上层	12.5	330000	医学学位	自由职业者、私营企业家、公司经理	高档家具、服装、住宅
中间层	32.0	61000	大学学位	中等收入的白领、灰领、蓝领贵族	住在城市较好的一侧、追求时尚、进口汽车、子女教育
劳动阶层	38.0	33000	高中	蓝领工人	中低档商品
下层	9.0	19700	某些是高中	贫困线上的无技能劳动者	低档商品
下下层	7.0	10900	小学	经常失业者	依靠社会救济

（资料来源：1. 科特勒. 营销管理［M］. 梅清豪，译. 上海：上海人民出版社，2003. 2. MOTHERSBAUGH D L, HAWKINS D I. Consumer behavior: building marketing strategy［M］. 3rd ed. New York: McGraw-Hill Education, 2016.）

（二）社会因素

1. 参照群体

参照群体是指一种实际存在或想象存在的，可作为个体判断事物的依据和楷模的群体。

参照群体可以分为直接参照群体和间接参照群体。直接参照群体是指直接接触到人们生活的面对面的成员群体。直接参照群体分为首要参照群体和次要参照群体。首要参照群体是指与消费者个人直接、经常接触的一群人，一般都是非正式群体，如家庭、亲朋好友、同事、邻居等。次要参照群体是指对其成员有影响而并不经常接触，但一般都较为正式的群体，如宗教组织、俱乐部、职业协会等。

消费者日常消费还受到间接参照群体的影响。间接参照群体是指个人的非成员群体，消费者不属于群体中的成员，但又受群体的影响。间接参照群体包括向往群体（或渴望参照群体）和厌恶群体（否定参照群体）。向往群体是指个人推崇或希望加入的群体，如体育明星、影视明星甚至公务员都可能成为消费者的向往群体。一个崇拜体育明星的人可能会模仿他们的着装（运动服和休闲服）、发型和头发的颜色。厌恶群体是指个人厌恶或反对的一群人。一个人总是不愿意与厌恶群体发生任何联系，在各方面都希望与其保持一定距离甚至经常反其道而行之。比如，消费者为避免与某一特定群体有关，而不购买某类服装或汽车，不去某些酒店或商店消费，甚至不在某一居住区买房子。

资料链接 5-4：当明星代言人身陷丑闻，公司该做什么？

明星是消费者的向往群体，受价值表现影响，消费者热衷于购买明星代言的产品。然而，明星时常曝出丑闻，甚至“人设崩塌”“城门失火，殃及池鱼”，其代言的品牌也受到牵连。如“吴亦凡事件”发生后，其代言的韩束、保时捷和康师傅冰红茶等 10 多个品牌纷纷与其解约。当明星身陷丑闻时，企业除了解约之外，还能做什么呢？

研究者指出，有四个因素可能影响公众对名人不当行为的反应。第一，当事人是否真的做了错事？比如，比起电脑被黑的人，家暴的人显然更应当受到谴责；前者是受害者而非加害者。第二，丑闻是与当事人的职业直接相关，还是毫无关系？第三，当事人的职业与代言产品是紧密联系，还是关系不大？第四，当事人是否公开致歉？

研究发现：第一，在所有事件中，做出回应而非保持沉默的公司，股价都有增长，消息曝光三天内采取行动的效果更好。第二，如果代言人的不当行为与职业紧密相关，并且职业与品牌关系不大，那么公司终止合作比较好。第三，放弃不道歉的代言人，比放弃表示要痛改前非的代言人更能让投资者高兴。

总而言之，请明星代言的公司应该意识到，出现丑闻是有可能的。公司必须做好准备，即使无法预料到具体的不当行为，也可以设想一些场景，并预先设计出几套回应方案，以备不时之需。

（资料来源：1. HOCK S J，SASCHA R. Managing negative celebrity endorser publicity：how announcements of firm（non）responses affect stock returns［J］. Management science，2020，66（3）：1473-1495. 2. https://www. sohu. com/a/446175352_139023.）

参照群体的活动、价值观以及目标直接影响消费者的行为。对营销人员来说，参照群体有三个重要的影响：①参照群体对消费者的消费心理产生影响。参照群体为消费者展示出新的生活方式和行为模式，从而引起消费者效仿，或对某些产品的态度发生改变。效仿使消费者的消费行为与相关群体趋于一致。②参照群体对消费者信息判断的影响。当消费者已经产生对某种商品的购买动机时，参照群体对其在品牌选择、购买场所、购买时间方面会产生影响。一般而言，参照群体提供的信息权威性越高，消费者对此信息的依赖程度就越高。③参照群体对消费者行为规范的影响，主要是指对消费者购买或不购买某种产品的影响。由于消费者不想让自己的行为与群体相悖而使自己疏远于这个群体，为了保持与群体的一致性，从而采取购买行为。研究表明，参照群体对汽车、摩托车、服装、啤酒、食品和药品等产品的购买行为影响较大，而对家具、冰箱、杂志的影响较小，对洗衣粉、收音机几乎没有影响。

资料链接 5-5：从众消费行为

从众（Conformity）是指根据他人的行为而做出的行为或信念的改变。研究表明，在强大的群体压力面前，消费者会自觉或不自觉地以其他消费者的行为作为参照，做出与多数消费者一致的消费行为或产生类似的反应倾向，这就是从众消费行为。

消费者之所以从众，主要受三种影响：规范性影响、信息性影响和价值表现性影响。

规范性影响（Normative Influence）是指消费者在选择产品时迎合他人的偏好、期望或规范，以获得他人的赞赏，或避免他人的惩罚。例如，我国消费者在去日本旅游之前，或在购买日系车之前，经常会谨慎地考虑这种消费决策对自己社会形象的影响。

信息性影响（Informational Influence）是指消费者在消费情境中遇到不确定性时，会积极地从他人那里获得重要信息，以推断产品质量，从而降低购买风险。例如，消费者在网购时经常查看评价信息，并倾向于购买那些销量排名靠前的大热门产品。

价值表现性影响（Value-Expressive Influence）是指消费者真诚地、发自内心地认同他人的选择，从而产生从众消费行为。例如，很多消费者虽然觉得某个品牌与产品一般，但仍然热衷于购买明星同款产品。

总而言之，企业应把握好从众消费行为，进行适当引导，从而提高营销效果。

（资料来源：迈尔斯. 社会心理学［M］. 侯玉波，乐国安，张智勇，等译. 北京：人民邮电出版社，2014.）

2. 家庭中的角色

当消费者以家庭为单位购买产品时，家庭就是消费者市场的“采购”组织。抓住“采购组织”中的关键人物，有利于提高营销效率。家庭采购决策权的分配受各地生活习惯、妇女就业状况、双方工资和受教育程度、家庭分工和产品类别等影响。家庭决策类型不同，其购买行为就不同。根据夫妻在购买决策过程中的相互关系，可以分为自主决策型、丈夫主导型、妻子主导型和共同决策型。

（三）个人因素

1. 经济状况

消费者的经济状况是指个人或家庭的可支配收入、储蓄、资产和信贷能力。经济状况在很大程度上决定了消费者的购买规模和品种。一般而言，收入较低的消费者往往比收入较高的消费者更关心价格的高低，特别是生活必需品的价格。企业如果经营与消费者购买力密切相关的产品，就应注意消费者的收入、储蓄和消费倾向，并据此开发和定位产品的种类，必要时需对产品进行重新定位和重新定价，以吸引和保留目标顾客。

2. 年龄和家庭生命周期

处于不同年龄阶段的消费者，其欲望、兴趣和爱好都会有所不同，他们对企业广告信息的反应和消费商品的种类、方式也有差异。例如，儿童关心玩具和游戏，年轻人关心服装、学习和就业，中年人关注家庭用品，而老年人则关心保健用品等。年龄和家庭生命周期有较强的相关性。家庭生命周期是指消费者从年轻时离开父母独立生活，到年老的家庭生活的全过程。消费者处于家庭生命周期的不同阶段，其欲望和行为有明显差别。企业可以制订符合特定阶段家庭财务状况、需求和结构的营销计划来满足消费者的需求。

3. 性别、职业和受教育程度

男性和女性在生理与心理上存在差异，因而在消费方面有明显不同。多数男性消费者购买商品时目标明确，行动果断、迅速，理性购买居多。女性消费者则无十分明确的目标，购买行为常常是环境、价格、同伴言语刺激的结果；她们在购买时挑选仔细、货比三家，感性购买居多。男性和女性的消费差异还表现在购买对象上，男性相对偏重于书籍、烟酒、运动器械等，女性相对偏重于食品、服装、家庭用品等。在消费购买中，受教育程度高的消费者比受教育程度低的消费者理性程度高，受外界信息干扰程度小，决策能力较强。此外，不同职业的消费者因其所处的工作环境、收入、职业特点不同，消费构成和消费习惯也有区别。

4. 生活方式

生活方式是指消费者个体在与环境互动中所形成和表现出来的有别于他人的活动、兴趣和观念结构。生活方式受个性、社会、经济等环境因素的影响，涵盖人们的一切生活领域，如工作、闲暇、消费、交往和家庭生活等。不同生活方式的人常常被贴上不同的标签，如“成功人士”“素食主义者”“时尚人士”“关心社会人士”等。

营销人员应分析企业产品和各种生活方式之间存在的关系，运用不同的标准对生活方式进行分类，找出与企业产品相关性强的生活方式群体，制定出相应的营销战略。

小案例 5-2：蔚来汽车：致力于为用户创造愉悦的生活方式

蔚来汽车（同时参见第四章的“案例分析讨论”）的企业使命是：蔚来致力于通过提供高性能的智能电动汽车与极致用户体验，为用户创造愉悦的生活方式。蔚来汽车创始人李斌说：“用户购买了蔚来汽车，就像购买了加入一个由价值观相近的人群组成的愉快俱乐部的门票。”蔚来设有专门的生活方式部门（NIO Life），该部门负责人刘婕说：“我们的价值观是，给用户创造很好的东西，大家都是愉悦的。”蔚来 App、NIO Life 和积分体系构成属于蔚来的“超越汽车的生活方式”。例如，在蔚来 App 与 NIO Life 小程序中，用户可以购买与蔚来所倡导的生活方式相关的、由蔚来原创设计的商品，可以说是蔚来版的“网易严选”。目前 NIO Life 品牌销量已超过 200 万件，已独立实现盈利。正如蔚来汽车总裁秦力洪所言：“数字触点、车以外的生活方式，才是蔚来品牌真正的软实力。”

（资料来源：1. 蔚来汽车官网：https://www.nio.cn/. 2. 杨一翁，丁梦悦，纪雪洪. 用户体验因素和类型影响品牌资产机理探讨：来自“用户企业”蔚来汽车用户体验数据的实证研究［J］. 中央财经大学学报，2021（7）：116-128.）

5. 个性和自我观念

个性是指个人带有倾向性的、本质的、比较稳定的心理特征的总和，包括兴趣、爱好、能力、性格、气质和行为方式等。个性对购买行为的影响是明显的。例如，具有胆汁型气质的消费者，其购买可能易于冲动；而抑郁质的消费者可能表现得优柔寡断。对性格和能力的分析也能帮助营销者掌握消费者的购买行为规律。与个性相关的一个概念是自我形象，即自己对自己的看法，这种看法既包括自己对理想形象的追求，又包括从别人对自己言行态度中得到的实际自我形象。不同自我形象的消费者有不同的购买行为，并认为购买行为是表现自我形象的一种重要方式。企业应评估目标顾客理想的和实际的自我形象，有针对性地进行诉求，赢得消费者的青睐。

个性对人们的生活方式和消费支持方式有很大的影响。企业往往通过对消费者生活方式的了解来研究消费者的主要特征和个性。日本东京 R&D 调查公司根据调查结果，将人们的个性分为四个不同的类型，并分析了与其对应的欲望特征和生活方式，见表 5-3。

表 5-3 个性和生活方式的关系

个性特征	欲望特征	生活方式
活跃好动	改变现状 获得信息 积极创意	不断追求新的生活方式 渴望了解更多的知识和信息 总想做些事情来充实自己
喜欢分享	和睦相处 有归属感 广泛社交	愿与亲朋好友共度好时光 希望像他人一样生活 不放弃任何与他人交往的机会
追求自由	自我中心 追求个性 甘于寂寞	按自己的意愿生活而不顾及他人 努力与他人有所区别 拥有自己的世界而不愿他人涉足

（续）

个性特征	欲望特征	生活方式
稳健保守	休闲消遣 注意安全 重视健康	喜欢轻松自在，不求刺激 重视对既得利益的保护 注重健康投资

（资料来源：晁钢令，楼尊. 市场营销学［M］. 5版. 上海：上海财经大学出版社，2019.）

（四）心理因素

1. 需要和动机

消费者的需要是指消费者生理和心理上没有得到满足的感受状态。需要是人类活动的原动力，但并不总是处在唤醒状态，只有达到某种迫切程度时，需要才会被唤起，并促使行为的发生。但它并不对具体的行为起定向作用。在需要和行为之间还存在动机、诱因等中间变量。根据需要的性质分类，可以分为生理需要和社会性需要；根据需要的对象分类，可以分为物质需要和精神需要。

动机是指引起个人行为，维持该行为，并将该行为导向某一目标（个人满足需要）的过程。动机和需要是有区别的。人们从事任何活动都是由一定的动机所引起的。引起动机需要有内外两个条件。内在条件是需要，外在条件是诱因。但是，需要只有处在唤醒状态，才会驱使个体采取行动，而且需要只为行为指明大致方向，而不规定具体的满足需要的方式和途径。满足同一需要的方式或途径有很多种，消费者为什么选择这一方式而不是另外一种方式，只有动机可以对行为进行解释。有时候不存在内在需要，但由于外在的刺激也能引起动机和行为的产生。如商场现场的购物气氛导致人们的即兴购买就是一例。

心理学家已提出多种有关人类动机的理论，最著名的有三种，即西格蒙德·弗洛伊德的精神分析论、美国人本主义心理学家亚伯拉罕·马斯洛的需求层次理论和弗雷德里克·赫茨伯格的双因素理论。

（1）弗洛伊德的动机理论。弗洛伊德认为，在人类行为形成的过程中，大部分心理活动是无意识的，意识领域只是冰山的一角。无意识动机由冲动、热情、被压抑的愿望和情感构成。无意识动机由本我、自我和超我三个体系构成。本我是心理体系中最原始、与生俱来、无意识的结构部分，是所有心理动力的来源，当人体受到内外部刺激时，本我会按照快乐原则运转，以求释放心理能量和降低紧张程度。快乐原则就是寻求快乐、避免痛苦，是无意识的、不受价值和伦理道德制约的行为；自我是从本我中分化并发展起来的部分，它可以实现本我的意图，遵循现实原则，找到实现本我的条件，即有条件时实现本我；超我是道德化的人格，它控制本我，使人的行为符合社会各项准则。超我追求的是至善至美，不考虑现实原则和快乐原则。

根据弗洛伊德的动机理论，当一个消费者面对具体产品或品牌时，不仅会对产品显示的功能做出反应，而且还会对其他一些暗示做出反应；产品的形状、大小、重量、材料、颜色和品牌名称等都可能引发消费者一定的联想或情感。因此，营销人员对消费者的研究应深入无意识领域，研究产品对消费者动机的满足层次，从而确定产品的诉求点。

（2）马斯洛的需求层次论。马斯洛认为，人是有欲望的动物，只有尚未满足的需要才会影响人的行为。人的需要按重要程度不同可以分为五个层次，一般是由低级需要向高级需要发展，依次为生理需要、安全需要、社会需要、尊重需要和自我实现需要。人通常只有在低层次需要得到满足后，才会去追求高层次的需要。

（3）赫茨伯格的动机理论。该理论又称双因素理论，最先应用于行为科学。双因素是指激励因素和保健因素。激励因素包括员工获得的挑战性工作、成就、晋升等，这些因素可使员工产生满意或尚未达到满意，但没有激励因素员工也不会产生不满；保健因素是指工作条件、薪水、职业安全等，这些因素的存在不会使员工感到满意，但没有保健因素员工会产生不满。

双因素理论要求营销人员在满足消费者时，应注意引起消费者满意的因素和不满意的因素。营销人员仅仅避免不满意的因素是不够的，还必须提供刺激引起购买行为的满意因素或激励因素。营销人员要正确分析消费者对产品不同属性的重视程度，以提高营销效果。

根据动机理论，营销学常常将顾客购买行为动机分为生理性购买动机和心理性购买动机。生理性购买动机是人类本能的需要，是对衣食住行的基本需要；心理性购买动机又可以分为情感类（因高兴、愉快、好奇等而产生的）动机、理智类（经过分析判断而形成的）动机和惠顾类（因经验和情感而产生的）动机。消费者在购买过程中所呈现的动机是复杂的、多重性的，大致有以下分类：

（1）求实动机。在这种动机的驱动下，消费者在购买商品时，注重商品的使用价值，讲究实惠、使用方便，而不太看重商品的外观、花色和款式。具有这种购买动机的人大多是收入较低、支付能力有限或注重传统习惯和有购买经验的消费者。

（2）求美动机。具有这种动机的消费者在购买商品时，注重商品的式样、色调、造型等形式美，重视商品对环境的装饰作用和对人体的美化作用。这类消费者多为年轻人和妇女；而易被消费者从美的角度加以审视的商品多为家具、服装等。

（3）求廉动机。具有这种动机的消费者在选购商品时，特别注重商品的价格，对便宜、降价、处理的商品具有浓厚的兴趣，而对商品的花色、款式等外在形象不太注意。

（4）求名动机。具有这种动机的消费者，对名牌产品具有特殊的偏好，而对非名牌产品缺乏信任感。他们在选购商品时，很注重商品的名称、产地、销售地点等。

（5）求新动机。具有这种动机的消费者在购买商品时，不太计较商品的价格，而把注意力集中在商品的外在形式上。他们总是期望自己能够领导消费新潮流。

（6）求安全动机。具有这种动机的消费者在购买商品时，十分注意商品的安全可靠、干净卫生，不损害人体健康，在购买医药、食品、卫生用品和煤气用具等时尤为突出。

（7）求奇动机。具有这种动机的消费者在购买商品时，追求商品的与众不同和出奇制胜。这类消费者主要是年轻人或收入较高者。

因此，营销人员应分析不同动机的购买行为，尤其要分析占主导地位的动机，为消费者提供相应的商品，升级相应的传播策略，使营销效果达到最好。

2. 感觉和知觉

资料链接 5-6：感官营销

感官营销（Sensory Marketing）是指调动消费者的感官并影响他们的感知、判断和行为的营销。由于感官营销能几乎不增加成本或用相对较少的成本来显著地改善营销效果，目前感官营销已经成为消费者行为乃至市场营销研究的一个重要流派。

(1) 视觉营销。人类超过80%的信息是通过视觉获得的，因此视觉营销在感官营销中占据最重要的地位。研究表明，当核心产品图片位于包装的右下角时，消费者感觉产品更重；而当核心产品图片位于包装的左上角时，消费者则感觉产品更轻。在实践中，同样分量的曲奇饼干，当饼干图片位于包装的左下角时，消费者感觉分量更重，当其他条件相同时，消费者自然更乐意选择这种包装的曲奇饼干。

(2) 听觉营销。人类约有10%的信息是通过听觉获得的，因此听觉营销在感官营销中的重要性仅次于视觉营销。研究发现，如果消费者听到某款汽车的关门声厚重悦耳，那么会觉得这是一款质量好、安全性高的车；反之亦然。

(3) 嗅觉营销。研究表明，在五种感觉中，嗅觉对记忆的影响最大。例如，新加坡航空公司的空姐身上的香水味道已经成为新加坡航空的专利香味。“闻香识女人”，一闻到这种香味，消费者就会联想到新加坡航空美丽、热情的空姐，自然也会想起新加坡航空优质宜人的服务。

(4) 触觉营销。触觉会影响消费者对产品的体验与评价。例如，苹果数码产品的包装盒的设计与触感类似于首饰盒，让消费者体验到一种奢华感，从而为其产品的高质量打下基调。

(5) 味觉营销。味觉并不是一种纯粹的单一感觉，味觉体验的形成除了依赖味蕾捕获到的刺激，还依赖嗅觉、触觉和视觉等其他感官的感觉。例如，当铁板牛肉带着“嘶嘶”声，热气腾腾地被端上桌时，消费者禁不住就要流口水了。研究表明，消费者感觉装在高脚玻璃杯中的红酒比装在一次性纸杯子中的红酒口味更好。

值得注意的是，消费者的整体体验是由多种感觉交互决定的。企业掌握消费者的感觉规律，科学地进行感官营销就能不提高成本或用相对较少的成本来显著地改善营销效果。

（资料来源：1. 克里希娜. 感官营销力［M］. 钟科，译. 上海：格致出版社，2016. 2. 钟科，王海忠，杨晨. 感官营销研究综述与展望［J］. 外国经济与管理，2016，38（5）：68-79. 3. KRISHNA A. An integrative review of sensory marketing: engaging the senses to affect perception, judgment and behavior［J］. Journal of Consumer Psychology, 2012, 22（3）：332-351.）

消费者的感官直接接触商品、广告等营销刺激物所获得的关于其外观形状、背景等属性的直观反应，构成消费者的感觉。对刺激物的感觉能力称为感受性。不同强度的刺激物所引起的感受性不同，如对价格进行变动，变动太小引不起消费者的注意，太大又会引起消费者的怀疑。刺激过度也不能引起感觉。因此，营销人员要研究不同的刺激强度引起的消费者的反应。

知觉是对感觉到的材料经过大脑的综合分析，形成对刺激物或情境的整体反应。知觉具有两个重要特性：一是消费者对刺激物的注意和记忆具有选择性；二是消费者往往会根据原有的印象和信息来解释新获取的信息。因此，对同一刺激物，不同的消费者会有不同的知觉，即对同一产品，不同消费者有不同的看法。人们会对同一刺激物产生以下三种认知过程：

(1) 选择性注意。在众多信息中，人们可能对许多信息视而不见，但是易于注意与自己关系密切的信息，以及与正常信息有明显差别的信息，这与刺激物的刺激强度有关。例如，打算购买冰箱的消费者，对冰箱促销活动投入的注意力会明显高于对其他家用电器的注意力。因此，营销人员在营销沟通中要注意消费者的需要和兴趣，以调整刺激物的刺激强度和方式。

（2）选择性扭曲。人们在接受信息的过程中，总是有意识地把信息朝着有利于自己或自己喜欢的一面进行理解，然后再按自己的意图将信息传递出去。例如，某消费者自己使用的是某品牌冰箱，他在口传中就可能夸大某品牌冰箱的优点，而无视其他品牌冰箱的长处。

（3）选择性保留。人们会忘记许多信息，但易于记住与自己态度和信念相一致的信息以及印象极其深刻的信息。因此，营销人员在营销沟通过程中要选择戏剧性的促销手段和不断重复的手段，以强化消费者的记忆。

3. 态度和信念

态度是指个人对某一对象所持有的评价与行为倾向。信念是指在态度得到不断强化的基础上所产生的对客观事物的稳定认识和倾向性评价。消费者对品牌的信念就是顾客对品牌的总体看法，它的形成可以基于消费者的消费经历，也可以基于信仰和情感。例如，消费者想到海尔，就可能觉得质量可靠、服务到位。消费者行为的产生受到消费者个人信念强度的影响。只有对对象有了显著信念，才能形成对对象的态度，进而产生相应的行为。营销人员可以通过测量消费者对品牌的信念来预测人们的态度和行为。例如，佳洁士牙膏可以“防止蛀牙”，七喜饮料“不含咖啡因”等。人们对品牌的信念越强，对该产品的态度就会越积极，从而采取购买行为；如果对产品产生负面的信念，就会消极对待。

三、消费者购买决策过程

影响消费者购买的因素众多，每种因素的影响力又因人而异，所以消费者行为研究特别关注对消费者反应心理过程的研究，包括参与购买决策的角色、购买行为的类型和购买的决策过程三部分。

（一）参与购买决策的角色

对于消费者市场而言，确定最终购买者往往很容易。除了购买者本身的因素外，相关群体对购买者决策也有影响，特别是在一个家庭内部，对于某一项购买决策，家庭成员的意见、态度往往会左右购买者的行为。当然，并不是所有的购买行为都是这样，在复杂性购买行为中，通常可以区分出对购买决策产生影响的五种角色：

（1）倡议者，即首先提出购买某产品或服务的人。

（2）影响者，即其观点和建议对购买决策有影响的人。

（3）决策者，即对购买决策的某个方面（包括是否买、买什么、何时何地买）做出决策的人。

（4）购买者，即实际发生购买行为的人。

（5）使用者，即实际消费和使用产品或服务的人。

这五种角色有时集中于某个消费者一身，有时分散到相关群体成员身上。例如，某大学生要去找工作，想买一部手机作为联系工具，倡议者、购买者和使用者是他自己，而影响者则可能是老师和同学，决策者可能是他的父母。企业营销人员对五种角色都要适当地关注，针对企业产品、购买者特征和地域文化，分析各角色的影响力。其中要特别关注决策者，这个角色支配着购买行为的发生与否。但实际购买者对买什么、在什么地点和时间购买享有部分决策权。企业在广告诉求、商品陈列和展示等方面要充分考虑各角色的作用。

（二）购买行为的类型

对不同商品的购买，消费者的决策过程和行为有较大的差异。买一个冰激凌和买一台计算机，消费者的购买决策过程会有很大的不同。前者可能是随意性购买，而后者需要消费者花费很多的精力反复比较才能决定。根据消费者在购买过程中投入精力的大小和对品牌的熟悉程度，可以将购买行为划分为以下四个类型：

1. 复杂的购买行为

复杂的购买行为（Complex Buying Behavior）是指消费者购买品牌差异很大、单位价格昂贵且重复购买率低的商品时所产生的购买行为。大多数消费者是非专家购买行为，一般不知道产品的属性，更不知道产品的特征和各品牌之间的重要差别，并且缺少购买、鉴别和使用这类产品的知识和经验，需要花费大量时间和精力。因此，消费者一般要经过收集信息、产品评估、购买决策和购后评价等阶段。营销人员必须注意高度介入的消费者的信息渠道和评估行为，制定各种策略帮助消费者认识企业产品属性及其重要性，以及产品属性的功能效用，影响最终购买决定，简化购买决策过程。

2. 减少失调感的购买行为

减少失调感的购买行为（Dissonance-Reducing Buying Behavior）也称和谐型购买行为。当消费者购买需要高度介入但是品牌差异并不大的商品时，则会产生减少失调感的购买行为。由于品牌差异不大，消费者在购买前一般不进行仔细评估，购买过程简单迅速；但在购买某商品后，心理上容易觉得自己所购买的商品有缺陷或其他商品拥有更多的优点，又由于对购买结果很在乎，所以极易产生失调感。产生失调感的消费者总是努力降低失调感，所以营销人员应经常通过各种途径宣传企业的优点，提供有利于企业的信息，使顾客相信自己的购买是正确的。

3. 习惯性的购买行为

习惯性的购买行为（Habitual Buying Behavior）是指品牌差异较小，同时消费者介入程度不高的购买行为。消费者经常根据习惯去购买自己熟悉的品牌。对于已是企业产品的习惯购买者，企业应尽可能将他们转化成品牌的忠诚者。对于尚不是企业产品的习惯购买者，企业主要的营销策略有：①以价格与销售促进作为诱因，促使消费者试用产品；②做大量重复广告，加深顾客对企业品牌的印象，从而增加顾客选择的可能性。

4. 寻求多样化的购买行为

如果消费者了解各品牌之间存在显著差异，而产品价值较小、购买风险较小时，就会产生寻求多样化购买行为（Variety-Seeking Buying Behavior）。如不同品牌的牙膏，功能、口味差异较大，消费者就会经常更换品牌使用。寻求多样化的购买行为具有很大的随意性，消费者不停地在各品牌之间转换，其目的是想尝试新口味，而不一定是对所消费品牌存在不满意。市场领先者应力图通过占有货架、避免脱销和提醒广告来鼓励消费者形成习惯性购买行为；其他类型的企业则可以以较低的价格、折扣、赠券、免费试用和强调试用新产品的广告来鼓励消费者购买不同种类的产品，增加企业产品被选择的机会。

（三）购买的决策过程

从理论上说，消费者购买的决策过程或对营销刺激的心理反应过程历经五个阶段，即确认需要、收集信息、备选产品评估、购买决策和购后行为，如图 5-2 所示。

这只是一个完整的理论过程，并不是所有的购买行为都要遵循这种模式。根据上面的分析，只有复杂的购买行为大多符合这一过程，而其他购买行为不一定经历完整的五个阶段，如习惯使用某一品牌洗发水的消费者，在购买时就不会进行信息收集和评估而直接产生购买行为。

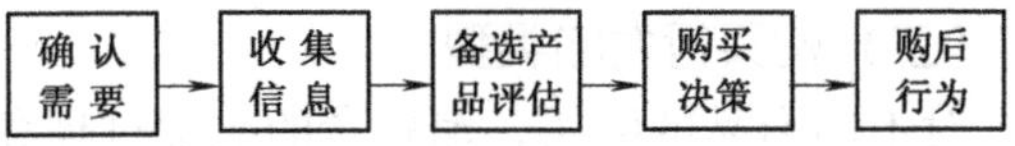

图 5-2　消费者的决策过程

1. 确认需要

购买过程开始于消费者对某种需要的确认。需要是在内外部刺激的基础上产生的。内部刺激产生人的本能需求，如饿了就会想到食物，渴了就会想到补充水分。外部刺激则是把潜于内部的需要激活，从而触发需求，如一个人本来并不感到饥饿，但如果闻到邻居家飘来的菜香味，其食欲就可能被激活，产生进食的需要。在这一阶段，营销人员有两个主要任务：①了解与本企业产品有关的现实的和潜在的需求，产品只有能够满足某种需求，才有市场；②了解消费者的需求强度随时间推移及外界刺激而波动的情况，并据此波动规律设计传播策略，加强或激活消费者现实的或潜在的需求。

2. 收集信息

在复杂的购买行为中，大多数购买不是立即进行的，而是经过“需要积累”过程后才得到满足的。当消费者需求产生积累效果时，消费者对商品信息的敏感程度会增加，其表现形式有两种：一是选择性注意，即消费者对关于购买对象的信息有“高亢的注意力”，包括广告、邻居和同事的言论、新闻报道等。二是积极收集信息。因为消费者希望充分占有信息，为产品评估奠定基础，如消费者在购买计算机硬盘时，可能会到各商店收集相关产品的价格、质量、服务等方面的信息。

消费者的信息来源通常有四种渠道：①经验来源，是指根据个人消费经历得到的信息；②个人来源，是指家庭成员、邻居、朋友和同事等所提供的信息；③公共来源，是指社会公众所传播的信息，如新闻报道、消费者权益协会的公告、政府的抽检报告等；④商业来源，是指企业广告、推销员、产品展览会和店堂海报所提供的信息。通常情况下，各信息来源对消费者的影响程度是不同的，由高到低依次是经验来源、个人来源、公共来源和商业来源。但越有价值的信息，消费者所能得到的数量和渠道越有限。商业来源一般起通知的作用，个人来源起着评价做出的购买决定是否合理的作用。消费者通常通过下列途径获得信息：走访店铺，与朋友进行讨论，查阅购买指南，与销售人员交谈，看过或听到的与购买有关的广告。

消费者收集信息的主要关注点为：①获得市场上有哪些可供选择的品牌，应当从哪些方面对这些品牌进行比较；②希望获得关于产品的评价标准以及各种不同标准的相对重要性。

3. 备选产品评估

在充分占有信息后，消费者会对各种品牌进行评价和比较，并将评价和比较的结果作为选择的依据。一般情况下，消费者对产品评估会涉及以下几个问题：

（1）产品属性。产品属性是指产品能够满足消费者需要的特性。任何一项产品都可以视为一系列属性的集合，而消费者所选择的一组属性是这个集合的一个子集合。例如，购买计算机，就会考虑到 CPU、显卡、主板、硬盘容量、整机价格和是否为主流机型等方面的属性。不同的消费者因其购买目的和认识程度不同，对不同属性的关心程度也不同。

（2）消费者对某一属性功能效用的认识。功能属性是指消费者对某产品某一属性应达到何种水平的要求。例如，电脑游戏和动画设计对显卡的要求与一般的办公计算机对显卡的要求有显著差异。消费者对某一属性功能效用有最低水准要求，只有某属性达到一定水准时，消费者才会接受。

（3）消费者的品牌信念。品牌信念是指消费者对某品牌优劣的总体看法。人们对一些熟悉的品牌拥有某种品牌信念，这种“先入为主”的信念往往对消费者的决策产生巨大影响。当消费者对各品牌的每种属性进行逐一评价后，会产生对各种品牌的品牌信念，这种信念既可能加强原有的品牌信念，也可能对原有品牌信念进行修正。

（4）消费者的选择模式。消费者的选择模式多种多样，但总是与其对产品属性的评价结果有关。选择模式主要有以下几种：①支配模式。消费者如认为产品各属性都是最优的，则会购买；反之则不买。②连接性模式。消费者规定了各属性的最低水准，如被评估产品能够达到，就被列入购买对象；否则就被淘汰。③不连接模式。与连接性模式不同的是，消费者只规定其中一种或几种属性的最低水准，如产品能够达到就购买；达不到则不买。④编纂式模式。消费者首先根据偏好将属性进行排序，再对各品牌的属性进行评分，按顺序比较属性的优劣，找到满意的产品。若第一重要属性的最优产品只有一个，则该产品是购买对象；如第一重要属性的最优产品有两个或两个以上，则比较第二重要属性，依次类推下去，不断汰劣存优。⑤期望值模式。这种模式即消费者对产品不同属性评分，并赋予不同的重要性权数，然后计算出各产品的属性价值，从中选择最有价值的产品。在这一阶段，营销人员应对以上各问题采用不同的策略，如改变产品属性、帮助消费者认识产品、改变消费者的品牌信念、改变重要性的加权值、提示消费者忽视的属性等。

4. 购买决策

消费者对产品进行全面评估和选择后，就会形成购买决策。购买决策的内容主要包括：产品种类、属性、品牌、购买时间、购买地点、购买数量和付款方式等。不同的消费者有着不同的决策内容；同一个消费者的决策内容还涉及其内容的排序问题，如在购买房产时，除了开发商品牌、交房时间等因素以外，消费者可能会十分关注付款方式和入住后的物业管理等。

消费者在形成购买意向后，能否发生实际购买行为，还受到以下两个因素的影响：①他人的态度。他人的态度对购买行为的影响取决于他人的可靠性、专长、真挚度，以及他人与消费者关系的密切程度。比如某人经过评估比较后，准备购买某一品牌的汽车，当从新闻报道中得知该品牌的汽车质量有问题时，他就会暂停购买行为。②非预期因素。当消费者面临非预期因素时，其购买计划就会搁浅或修改。影响消费者购买的非预期因素有很多，从收入、价格到质量和服务，甚至购买现场营业人员的不适当语言，都可能导致消费者修改购买计划。

5. 购后行为

根据心理学的学习模式，购后感受会形成消费者对产品的印象，并决定着以后类似的消费行为是否会重复发生。因此，营销人员必须重视消费者的购后行为，以建立消费者对品牌的忠诚度。

（1）购后评价。消费者在实际使用产品后，会产生一定的消费感受。根据顾客满意度理论，消费者会将消费感受与实际消费前的心理预期进行比较。如果实际效用大于预期效用，则会使消费者满意，其再次购买这种产品的动机就得到强化，消费者也会向周围的人介绍该产品的优点；如果实际效用小于预期效用，消费者就会产生不满意感，其再次购买这种产品的动机就会削弱，且消费者会向别人诉说对该产品的不满。此外，消费者的不满意感还会来自失调感和听到有关产品的不利信息。

（2）使用和处置。对于满意的产品，消费者可能会一直使用。对此，企业应加强与消费者的联系，给消费者写信或打电话询问其关于产品的意见和建议，这样既可使消费者得到“上帝”般的感觉，又能使企业得到关于产品使用的反馈信息。对不满意的产品，消费者可能的处理方式有丢弃、转让、闲置，或要求企业调换产品，甚至退货。如果发生质量问题，消费者可能会向有关部门投诉，因此企业要注意消费者不满意感的泛化，及时研究消费者不满意的原因。如果是消费者本身的问题，应及时帮助其认识产品，为其提供正确使用产品的指导；如果是企业产品的原因，应及时对消费者采取补救措施，改进产品，赢得消费者的合作。

第二节　组织市场购买行为分析

一、组织市场的构成

（一）组织市场的概念

组织市场（Organizational Market）是指以生产企业、中间商和政府机构等正规组织为购买者所构成的市场。

组织市场和消费者市场的区别主要表现在：①构成主体不同。组织市场的购买者主要是企业或社会团体等正规组织，也称法人市场；消费者市场由个人或家庭消费者组成，也称个人市场。②购买目的不同。组织市场的购买目的是用于生产或转卖以获取利润，以及为履行某种职责；消费者市场的购买目的是满足个人或家庭的生活需要。③决策方式不同。组织市场购买决策过程的参与者往往不只是一个人，而是由很多人组成决策中心，甚至连采购经理也很少独立决策而不受他人影响；消费者市场购买决策的参与者是个人或家庭。

（二）组织市场的类型

组织市场按照是否以营利为目的可分为营利性组织市场和非营利性组织市场。产业市场属于营利性组织市场；机构市场和政府市场属于非营利性组织市场。

1. 产业市场

产业市场（Industrial Market）也称企业市场（Business Market）、生产者市场（Producer Market），是指由所有购买商品和服务用于生产其他商品或服务，然后销售、出租或供应他人以获取利润的组织所构成的市场。组成产业市场的主要行业包括农业、林业、渔业、采矿业、制造业、建筑业、运输业、通信业、公共事业、金融业以及服务业。

2. 政府市场

政府市场（Government Market）是指为履行政府职能而购买或租用产品或服务的各级政府及下属各部门所构成的市场。它属于非营利组织市场的一个特殊部分。

由于各国政府通过税收、财政预算等掌握了相当大一部分国民收入，为了开展政务活动，政府机构经常需要采购物资和服务，因而形成了一个很大的采购市场。

二、产业市场及其购买行为分析

（一）产业市场的特征

1. 购买者数量较少，但购买量大

消费者市场的购买者是个人或家庭，而产业市场的购买者绝大多数是企事业单位。因此，产业市场上的购买者比消费者市场上的购买者要少得多。但由于资本和生产的集中，一家或少数几家大企业买主的购买量往往占某些行业产业市场的大部分或全部销售量。

2. 购买者的地理位置相对集中

由于产业集群效应以及自然资源、气候、运输条件的限制，产业市场购买者的地理分布相对集中。在美国，石油化工企业云集在得克萨斯州和路易斯安那州，保险业集中在康涅狄格州，而许多联邦购买机构设于哥伦比亚、马里兰或弗吉尼亚州附近。在我国，重工业主要集中在东北地区，小商品和纺织业主要集中在江浙一带，而汽车生产相对集中于长春、上海和湖北等地。

3. 衍生需求

衍生需求也称引申需求或派生需求。产业市场对产业用品的需求，归根到底是从消费者对消费品的需求引申出来的。一旦最终消费者的需求发生变化，产业需求也会随之发生变化。

4. 需求缺乏弹性

由于产业市场的需求是衍生需求，产业主要根据最终消费者的需求状况来确定自己的采购品种和数量，供应品的价格变化对其购买量的影响较小。在多数情况下，需求品的价格波动都可以转移到最终消费品中，因此产业市场具有需求缺乏弹性的特征。

5. 需求波动大

产业市场需求的波动幅度大于消费者市场需求的波动幅度。有时消费品需求仅上升10%，就可导致生产这些消费品的企业对有关生产资料的需求增长200%；若需求下降10%，则可能导致有关生产资料需求的全面暴跌。这种现象在经济学上被称为“加速原理”（Acceleration Principle）。一般来说，衍生需求的层次越多，需求链条越长，其波动幅度也就越大。生产企业可实行多元化经营，尽量增加产品品种、扩大企业的经营范围，以降低风险。

6. 供需双方关系密切

由于产业市场的购买者数量较少且购买量较大，一旦建立业务关系，供需双方的转换成本就较高，相互依赖性也较强；另外，有些购买者在产品的花色品种、技术规格、质量、交货期和服务项目等方面提出特殊要求，并希望介入设计和生产环节，供需双方常常需要相互沟通、通力合作。因此，经过一段时间的磨合后，产业市场供需双方通常会建立起一种长期的、互信的合作关系。

7. 专业性采购

产业市场的购买业务通常由经过专门培训、具有丰富专业知识和技能的采购人员完成。专业性采购人员对所采购产品的性能、质量、规格以及技术细节上的要求都较为明了，其购买行为是建立在对产品价格、质量、售后服务及交货期的逻辑分析基础之上的。因此，供应商需要向他们提供详细的技术资料和特殊的服务，从技术的角度说明本企业产品和服务的优点，以获得订单。

8. 直接采购

直接采购的成本低，有利于降低产业市场的采购成本；同时，产业市场的购买活动在售前、售后都需要由产业提供技术服务。因此，产业购买往往是直接向产业采购所需用品，而不通过中间商。特别是那些技术复杂、价格高昂的产品，或需按照特定规格制造的产品尤其如此。

（二）产业市场购买行为的主要类型

企业购买决策过程的复杂程度取决于购买类型。

1. 直接重购

直接重购（Straight Rebuy）是指企业的采购部门按照过去的订货目录、购买方式和条件，再次向原供应商订购产品的购买方式。在这种情况下，原供应商将尽最大努力保持产品和服务的质量，提高采购者的满意度。新供应商则试图提供新的产品或新的服务吸引企业采购，从零星交易开始，逐渐获得作为直接重购供货商的地位，然后再逐步扩大市场份额。

2. 修正重购

修正重购（Modified Rebuy）是指根据企业的需要调整采购方案，修改所购产品的规格、数量、价格等条款，或重新选择更合适的供应商。这种购买方式比较复杂，通常需要较多的人员参与和决策。

3. 新购

新购（New Tast）即新任务采购的简称，是指企业第一次购买某种产品或服务。新购是最复杂的购买类型。新购时，采购者必须决定拟购产品的规格、价格上限、交货条件及时间、服务条件、付款条件、订购数量以及选定供应商。新购的成本费用越高、风险越大，决策的参加者就越多，需要的信息量也就越多，制定决策花费的时间也就越长。一项成功的新购可能会引起企业的直接重购。但更多的情况是企业在进行一项新购后，会对购买条款不断修正，最终形成较佳的直接购买条款。

（三）产业购买决策的参与者

购买类型不同，参与决策的人员也不同。所有参与决策的人员一起组成采购中心或决策单元。所谓采购中心，是指所有参与购买决策过程的个人和集体，他们具有某种共同目标并一起承担由决策所引发的各种风险。采购中心的人员在购买决策中扮演以下角色中的一种或几种：

（1）发起者（Initiator），即提出购买要求的人。他们可能是企业内的使用者或其他人。

（2）使用者（Users），即企业内将直接使用所采购产品或服务的人员。使用者通常是采购方案的倡议者，并协助确定产品的规格。

（3）影响者（Influencers），即企业内能够直接或间接影响购买决策的人，如技术员、工程师等专业技术人员。他们协助明确采购产品的规格，从技术角度提供方案选择的有关信息。

（4）决策者（Deciders），即有权决定产品规格、购买数量和供应商的人员。在常规的采购工作中，采购者通常就是决策者；而在较复杂的情况下，特别是在新购中，决策者通常是企业的主管而非采购者。

（5）批准者（Approvers），即有权批准采购决定或采购者所提采购方案的人员。

（6）采购者（Buyers），即企业中被赋予职权，按照方案选择供应商及商定采购条款的人员。在较复杂的采购中，采购者还包括采购单位的高层主管。

（7）信息控制者（Gatekeepers），即企业内能够控制信息流入采购中心的人员。如采购代表、技术人员、接待员等，都有权阻止推销人员与本企业的使用者或决策者接触，或控制信息流入。

（四）影响产业市场购买决策的主要因素

影响产业购买决策的主要因素有很多，包括环境因素、组织因素、人际因素以及个人因素，见表 5-4。

表 5-4 影响产业购买决策的主要因素

环境因素	组织因素	人际因素	个人因素
需求水平	目标	地位	年龄
经济前景	政策	职权	收入
利率	程序	态度	受教育程度
技术变化率	组织结构	说服力	职位
政治与规章制度	制度		个性
竞争发展			风险意识
社会责任关注			

1. 环境因素

环境因素包括需求水平、经济前景、利率、技术变化率、政治与规章制度、竞争发展和社会责任关注等。如果经济不景气，生产企业就会压缩和减少投资，减少生产资料的采购；技术的进步会使企业增加投资，而工艺的改进将节省材料，使企业减少生产资料的采购。环境因素是企业无法控制的，但企业必须重视环境因素的作用，测定这些因素将如何影响采购的有效性和经济性，并将问题转化为机会。

2. 组织因素

组织因素是指与企业自身有关的因素，如企业的目标、政策、程序、组织结构和制度等。营销人员必须尽量了解有关方面的问题，以便做出最有利的购买决策。近年来，在经济发达国家采购领域有以下趋势值得注意：采购部门升级、集中采购、长期合同、网上购物、小额项目权力下放、零库存生产系统。

3. 人际因素

人际因素是指企业参与购买决策的各种角色的地位、职权、态度、说服力以及他们之间的关系对购买行为的影响。供应企业的营销人员需要了解用户购买决策人员的决策风格、评价标准、相互关系等，有针对性地促成交易，获得订单。

4. 个人因素

个人因素是指购买决策过程中，各个参与者的年龄、收入、受教育程度、职位、个性及风险意识等个人因素。这些因素的差异会影响最终的购买决策和购买行为。

（五）产业购买的决策过程

不同类型产业购买行为其决策过程不同，见表 5-5。新购相对复杂，其购买决策过程分为八个阶段；直接重购最简单，只需经过两个阶段；而修正重购介于两者之间，只需部分阶段即可完成购买决策过程。

表 5-5 不同类型产业购买行为所经历的购买阶段

购买阶段	新购	修正重购	直接重购
提出需求	是	可能	否
确认需求	是	可能	否
说明需求	是	是	是
寻找供应商	是	可能	否
征求建议	是	可能	否
选择供应商	是	可能	否
正式订购	是	可能	否
绩效评估	是	是	是

1. 提出需求

与消费者市场相同，产业市场的购买过程是从企业的各级人员认识到企业对某种产品的需要开始的。需求识别同样是由企业内部因素或外部因素的刺激而引起的。内部因素主要源于对企业内部资源的有效使用，如生产新产品所需的设备和原料，企业设备报废后所需的新设备，提高质量和改进工艺所需的新原料与新设备等；外部因素主要源于竞争和市场需求，如广告促销、顾客关系管理、为提高营销和销售效率进行的流程再造等。

2. 确认需求

企业在提出自身的某种需求之后，接下来的工作就是确认所需产品的需求要项，即对购买数量、可靠性、耐用性、价格等因素及其重要程度做出恰当的描述。需求要项的描述要切合企业的实际需要和财务能力。一般而言，简单项目的需求要项较易确定；某些复杂项目就需要企业决策、采购、管理、技术和客户等各方人员共同研究，以求对需求要项做出科学、满意的描述。

3. 说明需求

需求要项确认后，采购组织应对所购产品的品种、性能、数量、价格和服务要求做出详细说明，形成产品采购说明书，并以此作为采购人员的采购依据。同时，产品采购说明书应对采购人员的技术选择权和供应商的技术责任加以规范。作为供应商，也应运用价值分析突出自身产品的优势、强化自身的竞争力。

4. 寻找供应商

企业制定了购买对象和相应的产品采购说明书后，就可以通过各种途径寻找供应商或发布采购招标书。寻找的途径有内部采购档案、咨询、工商企业名录、网络搜索、电话、广告、博览会和展览会等。在接触供应商后，企业应对各供应商提供的产品质量、价格、售后服务等进行全面、系统的分析比较，最终筛选出一些较好的供应商。

5. 征求建议

供应商名单确立后，购买者就应邀请名单中各供应商提交供应建议书。供应建议书应对企业的产品采购说明书的各项采购条款做出回答，供应商也可以提出其他交易条件。企业可以进行数次征求报价、筛选和淘汰，并要求候选供应商提交正式的交易条件。采购中心必须及时掌握市场行情，了解供应商的财务和资信情况。

6. 选择供应商

采购中心通过对备选供应商的正式交易条件进行细致评估，并结合实际需要，最后确定供应商的名单。正式交易条件一般包括产品、价格、信誉、交货条件、技术服务、供应商灵活性等因素。在产业市场的采购过程中，购买者往往采用各种手段来取得更有利的交易条件，如让供应商相互竞争。采购中心一般会同时选择几个供应商，这样既可以拥有若干供应渠道，以免受制于人，又可以对交易条件保持动态比较，使供应商保持相互竞争的态势。

7. 正式订购

企业采购中心与被选定的供应商经过协议签订采购合同，也就是企业向供应商下订单。其主要内容应包括需求量、交货期、退货条件、价格、运输、维修、保养和担保等方面。目前，越来越多的企业乐于采用“无存货采购计划”，即与某些优秀的供应商签订长期有效的采购合同，这样企业不仅可以节省因签订新订单而发生的交易费用，而且可以要求供应商在较长时期内以合同中的交易条件向企业随时供货，从而节约大量的库存费用。

8. 绩效评估

绩效评估就是企业对各供应商履行合同的绩效进行评价。这种评价一般可通过三种方法进行：①了解最终用户的看法；②用几个指标对供应商进行加权评价；③对绩效较差的购买进行成本汇总，以此作为修正企业采购成本和重新选择供应商的依据。

三、非营利性组织市场及其购买行为分析

（一）非营利性组织的类型

非营利性组织是指为了履行职能和维持组织正常运转、不以营利为目的并向社会提供服务的机构、组织和团体。

1. 按照非营利性组织的性质分类

（1）履行国家职能的非营利性组织。履行国家职能的非营利性组织是指履行国家职能，服务于国家和社会，以实现社会整体利益为目标的有关组织，包括各级政府及下属部门、军队、警察、监狱等。

（2）促进群体交流的非营利性组织。促进群体交流的非营利性组织是指由民间发起，自我管理、自我发展，旨在促进思想交流，宣传普及某种知识，推动某项事业的发展，维护群体利益的各种非营利性组织，包括各种业余团体、宗教组织、专业学会和行业协会等。

（3）提供社会服务的非营利性组织。提供社会服务的非营利性组织是指为满足某些公众的特定需要而提供服务的有关组织，包括学校、医院、红十字会、卫生保健组织、新闻机构、图书馆、博物馆、基金会、福利和慈善机构等。

2. 按照收入的来源方式和管理方式分类

（1）自理型组织。自理型组织是指由自己的服务对象来进行管理的非营利性组织。

（2）企业型组织。企业型组织是指成立专门的董事会，聘请总经理进行管理的非营利性组织。

（3）赞助型组织。赞助型组织是指收入的大部分来自外界捐赠的非营利性组织，如红十字会、敬老院等。

（4）商业型组织。商业型组织是指通过销售产品或服务为本组织筹集绝大部分资金的

非营利性组织，如医院。

（二）非营利性组织的购买特点

1. 不能突破采购经费预算

非营利性组织不以追求利润为目标，其正常运转所需经费主要来自政府拨款或者社会捐赠，经费的预算与支出受到严格的控制。因此，非营利性组织的采购必须量入而出，不能突破预算总额。

2. 采购程序复杂，缺乏自主性

非营利性组织的购买过程要经过许多部门的审核，参与者众多，程序也较为复杂；同时，采购人员只能严格按照规定的程序和条件购买，缺乏自主性。

3. 注重价廉物美

由于受到经费预算的限制和维持组织运行、履行组织职能的需要，保证质量和价格低廉是影响购买决策的最关键因素。因此，非营利性组织在采购时往往更倾向于选择报价较低且质量符合要求的供应商。

（三）非营利性组织的购买方式

1. 公开招标

通过公开招标方式公开选择供货商是非营利性组织的采购部门常用的购买方式之一。这种购买方式有利于控制预算，保证质量。采用这种购买方式时，非营利性组织处于主动地位，而供应商之间会产生激烈竞争。各供应商要想从中胜出，必须仔细研究招标单位对产品品种、规格的具体要求，结合自身条件和长远利益，合理确定报价。

2. 议价合约

在复杂的采购项目中，经常涉及巨大的研究与开发费用，且风险较高。此时，非营利性组织的采购部门可以采用议价合约方式，同时和初选出来的若干供应商就某一采购项目的价格及有关交易条件进行谈判，从中选择符合要求的供应商签订采购合同。

3. 例行采购

为了维持组织的正常运转，非营利性组织通过例行采购方式购买办公桌椅、文具纸张、小型办公设备等。这类采购所需资金少，购买者对产品也比较熟悉，类似于产业市场的“直接重购”。

（四）政府市场及其购买行为分析

资料链接 5-7：政府采购制度

政府采购制度是指有关政府采购的一系列法规、政策和制度的总称。政府采购制度最早形成于 18 世纪末的西方自由资本主义国家。1782 年，英国政府首先设立文具公用局，作为特别负责政府部门所需办公用品采购的机构。美国政府的采购历史可以追溯到 1792 年，但直到 1949 年，美国才逐步完善了政府采购法律体系，确立了集中采购的管理体制，建立了较完善的政府采购制度。完整意义上的政府采购制度是现代市场经济发展的产物。在近代市场经济阶段，由于市场经济国家奉行“看不见的手”的理论，政府基本上不参与、不干预国民经济活动，政府直接承担的公共工程和物资采购十分有限，因而政府采购市场不发达、不完善。到了现代市场经济阶段，市场经济国家的政府广泛运用经济手段和法律手段干预国民经济活动，其重要手段之一就是利用财政支出兴办公用事业，这才促使政府采购制度得到不断完善和发展。

经过40多年的改革开放，具有中国特色的市场经济体系已基本建立，市场供应越来越丰富，政府采购的规模也越来越大。我国的经济早已打破计划经济的封锁，并逐步和国际经济体系接轨并融合，因此我国已经完全具备实行政府采购制度的条件。1995年，上海市财政局首先开始进行政府采购试点，取得了较好的社会效益和经济效益。1998年，扩大试点以来，我国政府采购市场迅速发展。1998年政府采购规模为31亿元，1999年为130亿元，2000年为328亿元，2001年为653亿元，2002年为1009.4亿元，2003年为1659.4亿元。据财政部数据，2019年全国政府采购规模为33067.0亿元。

政府采购的范围也由单纯的货物类扩大到工程类和服务类。货物采购由车辆、计算机设备、医疗设备等标准商品逐步扩大到电梯、取暖用煤、建材等非标准商品。工程采购项目由办公楼建造、房屋装修维修扩大到道路修建、市政设施等大型建设项目。服务项目由会议接待、车辆加油扩大到网络开发、项目设计等技术含量较高的领域。

2019年，中国政府采购呈现出以下特点：一是地方政府采购规模下降明显；二是工程、服务类采购规模降幅明显；三是分散采购规模占比持续上升；四是公开招标采购仍占主导地位；五是政府采购政策功能持续显现。

在法制建设方面，全国人大于2002年6月29日正式通过了《中华人民共和国政府采购法》，初步形成了我国政府采购的规范体系。2002年10月，国务院办公厅正式印发了《中央国家机关全面推行政府采购制度的实施方案》，明确了中央国家机关全面推行政府采购制度的总体目标和原则、管理与组织实施、集中采购工作程序、实行政府采购制度的范围和实施步骤等。这标志着我国政府采购进入规范发展的阶段。

2014年12月31日国务院第75次常务会议通过了《中华人民共和国政府采购法实施条例》，自2015年3月1日起施行。

（资料来源：1. 涟漪. 市场营销管理：理论、方法与实务［M］. 北京：国防工业出版社，2004. 2. 中华人民共和国财政部网站：http://gks. mof. gov. cn/gongzuodongtai/202008/t20200826_3575224. htm.）

1. 政府市场的特点

政府市场属于非营利性组织市场。由于政府采购者的特殊身份，其购买行为既具有组织购买的某些共性，又呈现出以下特点：

（1）购买目的的非营利性和多重性。消费者购买是为了满足生活需要，工商企业购买是为了营利；而政府采购为非商业性采购，不以营利为目的。政府通过购买为政府部门提供消费品或向社会提供公共利益，从而履行职能及维持自身的正常运转。政府在购买时不仅要考虑经济性因素，还要考虑其他政治性、军事性及社会性目标。

（2）遵循国家利益原则，倾向于照顾本国的公司。尽管价格和质量是政府部门选择供应商的重要标准，但是有时非经济标准的作用也很大。政府购买决策过程中往往优先选择本国产品，保护中小企业发展、保护环境等，以刺激国内需求，保护和支持民族工业的发展。

（3）资金来源的公共性。政府采购的资金来源为财政拨款和需要由财政偿还的公共借款，其购买行为受到社会公众的监督。因此，政府采购必须遵循公开透明原则、公平竞争原则、公正原则和诚实信用原则，严格按照批准的预算执行，提高政府采购资金的使用效益，维护国家利益和社会公共利益。

2. 政府采购的方式

一般的政府采购方式与非营利性组织的采购方式是一样的，即公开招标、议价合约和例行采购三种。在我国，2002年通过的《中华人民共和国政府采购法》中明确指出，政府采购主要通过公开招标、邀请招标、竞争性谈判、询价采购和单一来源采购等方式来选择合适的供应商，并对每种方式的适用情况做出了相应的规定。

（1）公开招标。公开招标是政府采购的主要方式。其具体做法是：向社会发布招标公告，公布拟采购商品的具体要求，在规定的期限内进行投标和开标，择优选择供应商。公开招标时不限定投标企业，要求至少有三家符合投标资格的供应商参加投标。

（2）邀请招标。邀请招标是指政府采购部门主动邀请事先预选的符合条件的供应商参加投标的购买方式。邀请招标应当向三家以上的供应商发出投标邀请书，并至少有三家供应商参加投标。符合下列情形之一的货物或者服务，可采用邀请招标的方式采购：①具有特殊性，即只能从有限范围的供应商处采购的；②采用公开招标方式的费用占政府采购项目总价值的比例过大的。

（3）竞争性谈判。竞争性谈判是指政府采购部门组成谈判小组与多家供应商同时进行谈判，从中确定最优供应商的采购方式。竞争性谈判采购要求谈判小组由采购人的代表和有关专家共三人以上的单数组成，其中专家的人数不得少于成员总数的2/3。符合下列情形之一的货物或者服务，可以采用竞争性谈判的方式采购：①招标后没有供应商投标或者没有合格标的或者重新招标未能成立的；②技术复杂或者性质特殊，不能确定详细规格或者具体要求的；③采用招标所需时间不能满足用户紧急需要的；④不能事先计算出价格总额的。

（4）询价采购。询价采购是指由询价小组根据采购需求，从符合相应资格条件的供应商名单中确定不少于三家的供应商，并向其发出询价通知书让其报价，在报价的基础上进行比较，从而确定供应商的采购方式。询价采购一般适用于货物规格标准统一、现货货源充足且价格变化幅度较小的政府采购项目。对于某些急需采购项目或招标谈判成本过高的项目，也可采用询价采购的方式。

（5）单一来源采购。单一来源采购也称定向采购，是指政府采购部门与供应商在保证采购项目质量和双方商定合理价格的基础上进行的采购。符合下列情形之一的货物或者服务，可以采用单一来源采购方式：①只能从唯一供应商处采购的；②发生了不可预见的紧急情况，不能从其他供应商处采购的；③必须保证原有采购项目一致性或者服务配套的要求，需要继续从原供应商处添购，且添购资金总额不超过原合同采购金额10%的。

关键词

消费者市场 Consumer Market
购买行为模式 Customers' Purchasing Behavior
亚文化 Sub-Cultures
信念 Beliefs
社会阶层 Social Strata
态度 Attitude
相关群体 Reference Groups
组织市场 Organization Market
产业市场 Industrial Market /Business Market

政府市场 Government Market　　机构市场 Institutional Market
直接重购 Straight Rebuy　　修正重购 Modified Rebuy
新购 New Task　　政府采购 Government Purchase

思考题

1. 什么是消费者市场？它有什么特点？举例说明。
2. 影响消费者购买行为的主要因素有哪些？
3. 参照群体是如何影响消费者购买行为的？举例说明。
4. 社会阶层是如何影响消费者购买行为的？举例说明。
5. 消费者的一般购买过程是怎样的？
6. 假定消费者要购买一款数码相机，他应如何收集信息？不同信息来源对他会产生何种影响？
7. 如果购买的产品使用后相当满意，你会有哪些做法？
8. 与消费者市场相比，产业市场有什么特点？
9. 什么是政府市场？什么是非营利性组织？

案例分析讨论

"Z世代"洞察报告

"Z世代"一词源于欧美，是指在1995年—2009年出生，受到互联网、即时通信设备等科技产物影响很大的一代人。二次元、有个性、随时在线、追求新潮等是"Z世代"的独特标签。与此相对应，"X世代"出生于1965年—1979年；"Y世代"（也被称为"千禧一代"）则出生于1980年—1994年。在当前的汽车消费群体中，主力消费人群为"Y世代"。2020年，"Y世代"对我国车市的销量贡献高达1000万辆，占比超过55%；而"Z世代"的销量贡献大约为150万辆，仅占比8%，预计到2025年有望升至四五百万辆，占比将超过20%。随着"Z世代"逐渐成为汽车消费者的中坚力量，如何抓住"Z世代"的心是各大汽车品牌的重点营销工作之一。

当前，我国乘用车销量增长放缓，在2017年达到历史巅峰2471.8万辆之后连续三年下滑，2020年我国乘用车销量为2017.8万辆，同比下滑6.0%。"Z世代"的以下特征成为我国新车消费的部分阻碍因素：一是出生人口数量大幅下滑；二是更聚集于限购大城市；三是二手车的替代效应持续显著；四是阶层分化显著。由于以上特征，"Z世代"恐怕很难复制之前十多年"Y世代"对我国车市增长的强劲推动作用。

虽然存在以上阻碍因素，但利好的是，"Z世代"的个人收入持续提升，为提升车市附加值创造了更多可能性。具体表现为：一是收入提升推动消费升级，二是汽车金融渗透率持续提升，三是汽车软件升级、改造、维修、保养、装饰和美容等汽车衍生业务持续发展，四是智能（如自动驾驶）引领车市新消费。

"Z世代"的特征使我国汽车消费呈现高学历化、大城市化、单身化和女性化的"新四化"趋势。一是高校毕业生成为"Z世代"新主体，助推我国汽车消费"高学历化"；二是大城市成为"Z世代"新场景，助推我国汽车消费"大城市化"；三是单身成为"Z世代"

新趋势，助推我国汽车消费“单身化”；四是女性成为“Z世代”新力量，助推我国汽车消费“女性化”。

总而言之，“Z世代”呈现的“新四化”趋势，将促使汽车制造商、经销商转型升级。

（资料来源：1. 易车研究院发布的《如何拿捏Z世代：Z世代洞察报告（2021版）》，https://www.sohu.com/a/479996032_120953732. 2. 中国汽车工业协会的公开数据。）

案例思考题：

1. 什么是“Z世代”消费者？相比于“X世代”与“Y世代”，“Z世代”的汽车消费出现了哪些新趋势？

2. “Z世代”消费者的特征对我国汽车消费有哪些正面影响？又有哪些负面影响？

3. 面对这些影响，汽车制造商与经销商应该采取哪些营销战略与策略？

第六章

市场营销信息系统与市场需求测量

本章要点

1. 市场营销信息系统的含义与构成
2. 市场营销调研的作用与方法
3. 市场需求的含义及相关概念
4. 估计目前市场需求的方法
5. 未来市场需求的预测方法

导入案例

2015年—2020年麦肯锡中国消费者报告

麦肯锡公司（McKinsey & Company）是世界领先的全球管理咨询公司，由美国芝加哥大学商学院教授詹姆斯·麦肯锡（James O'McKinsey）于1926年在美国创建。当前，在全球65个国家和地区的130多个城市设有办事处。2019年，麦肯锡的收入为105亿美元，员工数量约为3万人。至2005年起，麦肯锡开始对中国消费者开展深入调研。现汇总2015年—2020年麦肯锡关于中国消费者调查报告的要点如下。

麦肯锡发布的《2015年中国数字消费者调查报告》覆盖了我国不同级别城市以及广大农村地区共计约6.3亿的互联网用户，对其行为和意愿进行了深入的调查和挖掘。调查结果揭示了若干发展趋势，包括：社交商务的快速崛起——社交网络大大促进了消费者使用网络购物；线下实体零售店向“展示厅”转型——消费者会在店内浏览的同时用手机进行研究，最终只有16%的消费者选择在门店购买；消费者对线上与线下融合（O2O）服务的热情增加；食品网购需求的大幅增长——常温和生鲜食品是中国数字消费者网购最频繁的品类；农村居民始料未及的线上参与程度。这些发现表明，已处于全球最进阶消费者之列的我国数字消费者越来越欢迎并需要更多的创新网购体验。

2016年，麦肯锡发布了题为《加速前行：中国消费者的现代化之路》的调查报告。麦肯锡访谈了我国44座城市的1万名18~65岁的消费者，这些城市占到我国GDP的75%以及总人口的一半。研究显示，消费形态正从购买产品到购买服务，从大众产品到高端产品转变；消费者开始寻求更为均衡的生活方式——健康、家庭和体验成为主要关注点。研究表明，对消费品公司而言，赢得中国市场将更为艰难，然而一旦胜出，经济回报将是相当可观的。

2017年，麦肯锡发布了题为《“双击”中国消费者：健康新热潮、“90后”的崛起和其他值得关注的趋势》的调查报告。麦肯锡访谈了近1万名18~65岁的我国消费者，他们来自44个城市和7个农村乡镇。2017年，麦肯锡发现中国消费者出现了一个非常突出的特点，即“中国消费者”作为一个整齐划一的群体已经不存在，而是形成了鲜明的多样性。具体而言有四大关键趋势：一是中国消费者信心达到10年来新高，但风险仍存；二是中国消费者重视健康，但对健康的理解并不一致；三是中国“90后”正在成为消费新引擎，他们具有鲜明的多样性；四是中国消费者对全球品牌和本土品牌的认知更为细致。研究表明，跨国公司和本土公司必须理解和把握消费者的细微差别，才能打造有吸引力的品牌和产品特性。

2019年，麦肯锡发布了题为《2019年中国数字消费者趋势》的调查报告。麦肯锡对我国4300名数字消费者进行了深入调查，样本来自一、二、三、四线城市及农村地区，他们的年龄和收入水平各异。麦肯锡还针对各行业细分领域的情况展开了专家访谈，同时基于与一些最具创新力和增速迅猛的国内外消费品公司的合作经验，总结出品牌商面临的五大机会领域：一是实体零售的数字化创新：有效服务全渠道消费者；二是社交电商：实现流量经营和变现，并直达消费者；三是小镇青年：激活下一个消费增长引擎；四是关键意见领袖/关键意见消费者（KOL/KOC）：制定营销策略，提升消费者影响力；五是大促活动和折扣：实现数据驱动的定价和促销。在此基础上，麦肯锡提出了对品牌商的五点启示：一是打破线上渠道与实体渠道的壁垒；二是建立社交媒体营销的组织能力；三是打造符合低线城市消费者需求的购物体验；四是采用主动和精细的方式培养KOL和KOC；五是制定数据驱动的定价和促销策略。

2020年，麦肯锡发布了题为《2020中国消费者调查报告：中国消费者多样化“脸谱”》的调查报告。麦肯锡访谈了我国44座城市的5400名消费者，这些城市占到我国GDP的90%以及总人口的一半。研究发现了五大关键趋势：一是中低线城市消费新生代成为增长新引擎；二是多数消费者出现消费分级，在升级的同时有的更关注品质、有的更关注性价比等；三是健康生活理念继续升温；四是旅游消费更注重体验；五是本土高端品牌崛起。基于此，麦肯锡提出了对品牌商的五点启示：一是加倍关注中低线城市消费新生代；二是关注“消费分级”群体，尤其是高线城市；三是善于利用健康消费趋势；四是创造独特而令人难忘的体验，为更成熟的中国消费者带来惊喜和愉悦；五是把中国元素巧妙融入产品。

（资料来源：1. 麦肯锡. 2015年中国数字消费者调查报告. 2. 麦肯锡. 加速前行：中国消费者的现代化之路. 3. 麦肯锡.“双击”中国消费者：健康新热潮、“90后”的崛起和其他值得关注的趋势. 4. 麦肯锡. 2019年中国数字消费者趋势. 5. 麦肯锡. 2020中国消费者调查报告：中国消费者多样化“脸谱”.）

市场营销信息是企业进行正确决策的前提与依据。多年来，麦肯锡运用了问卷调查、消费者访谈和专家访谈等多种方法进行市场营销调研，获得了大量市场营销信息。从麦肯锡多年的调查报告中可以发现近年来我国消费需求趋势的变化，这对各大品牌的市场营销决策具有很高的参考价值。本章将围绕市场营销信息系统及其构成、市场营销调研方法、市场需求的测量与预测等主题展开讨论。

第一节　市场营销信息系统

一、市场营销信息

（一）市场营销信息的含义与作用

信息（Information）一词源于拉丁文 informatio，其含义包括情报、消息、通知、报告、知识、资料、陈述、解释等。

信息是事物的存在方式、运动状态及其对接收者效用的综合反映。它由数据、文本、声音和图像等形态组成，具有可扩散性、可共享性、可存储性、可扩充性和可转换性等特征。信息大体可以分为自然信息和社会信息两类，其中社会信息包括经济信息（如市场信息等）、军事信息等。

市场营销信息属于经济信息范畴，是指一定时间和条件下，与企业的市场营销有关的各种内部和外部环境的状态、特征以及发展变化的各种消息、情况、资料、数据的总称。它一般通过语言、文字、数据、符号等形式表现出来。市场营销信息除了具有一般信息的特征外，还具有目的性、系统性和社会性等特征。

市场营销信息是企业的重要资源，有利于企业开展营销活动、制订计划和策略以及实施营销控制，有利于企业获取市场竞争优势，而且对企业的未来发展具有重要的作用。

（二）市场营销信息的类型

市场营销信息所包含的内容很广，各种与企业的营销有关系或可能对企业的营销产生影响的因素及其变化，都属于市场营销信息的范畴。依据不同的标准，对市场营销信息可以进行以下分类：

1. 依据决策的层级与用途划分

依据决策的层级与用途划分，市场营销信息可分为战略信息、管理信息和作业信息。战略信息是指用于企业最高层领导对经营方针、目标等方面决策的有关信息；管理信息是指企业一般管理人员在决策中所需要的信息；作业信息是指企业日常业务活动的信息，主要包括商品的生产和供应信息、商品的需求和销售信息、竞争者动态信息等。

2. 依据信息来源划分

依据信息来源划分，市场营销信息可分为外部信息和内部信息。

（1）外部信息。外部信息是指来源于企业外部，与企业的市场营销有关的信息。外部信息涉及的内容广泛，但对于不同的企业，影响其营销活动的外部信息又有所不同。因此，不同企业应根据自身的特点，收集与自己相关的外部信息。

外部信息主要有以下几种：

1）市场环境信息。市场环境信息主要包括人口信息、经济信息、政治法律信息、社会文化信息、科学技术信息和自然环境信息等。其中，人口信息方面应重点注意对企业的营销活动有影响的或决定企业目标市场大小的各种人口因素的变化；在经济信息方面，除了考虑各种反映经济发展和经济水平的有关指标外，对企业的营销来说，还必须认真研究消费倾向、消费模式等的变化；在科学技术信息方面，对新技术、新材料，特别是与企业的产品和生产条件相关的新技术的发展趋势的信息必须予以密切关注，以使企业不致因技术落后而遭到淘汰。

2）市场需求信息。市场需求信息主要包括顾客购买动机信息、购买行为信息、需求特征信息、现实需求信息、潜在需求信息、需求趋势信息、需求总量和结构信息等。研究市场需求是企业市场营销活动的首要任务，同时，市场需求方面的变化也对企业产品的市场需求有决定性影响。因此，企业应该尽可能多地了解与掌握有关市场需求的信息。

3）市场竞争信息。企业在市场营销活动中，相互竞争是不可避免的，但在竞争中谁胜谁败，很大程度上取决于对竞争对手信息的了解程度。在竞争信息中，竞争者的努力程度、优势与劣势、市场营销策略等，都是市场竞争信息中的重点内容。

4）其他方面的信息。除了以上信息外，关联企业的信息、其他的突发性有关信息等，对企业的营销活动都可能产生不同程度的影响，企业对这些方面的信息也应加以注意。

（2）内部信息。内部信息源于企业内部，可以帮助企业及时取得有关部门积累的资料，从中可以发现问题和机会，是获取营销信息的重要来源。

内部信息主要有以下几种：

1）企业资源信息。企业资源信息主要包括人力资源信息、财力资源信息、物质资源信息等，它们是企业开展市场营销活动的条件。通过对这些信息的收集和分析，使企业的营销活动不致因资源供应条件而受到影响，同时也可能降低企业资源供给的成本。

2）企业运营信息。企业运营信息主要包括自身的生产能力、产品能够达到的质量和技术水平、生产技术装备的运行情况、企业的技术开发能力与状况、生产技术人员的素质等。

3）企业成果信息。企业成果信息主要包括销售额、销售量、产品成本、利润、资金周转率、资金回收和订货情况等。

此外，市场营销信息还可以根据信息的表示方式的不同，分为文字信息与数据信息；根据信息的处理程度，分为原始信息与加工信息；根据其稳定性，分为固定信息和流动信息。

市场营销信息可以通过多种途径获得。企业应建立自己的市场营销信息系统，根据条件和需要收集有用信息。

二、市场营销信息系统

市场营销信息系统（Marketing Information System，MIS）由人、设备和程序组成，它为营销决策者收集、挑选、分析、评价和分配需要的、及时的和准确的信息，如图 6-1 所示。

企业的市场营销信息系统由内部报告系统、市场营销情报系统、市场营销调研系统和市场营销分析系统等四个子系统组成。其基本功能与任务是及时、准确地对有关信息进行收集、整理、分析、评价和传递，以便企业根据所掌握的信息制定或调整企业的营销策略。

1. 内部报告系统

内部报告系统（Internal Records System）主要提供有关企业各类产品的开发及其销售额、存货量、现金流动、应收账款和应付账款等方面的数据资料，是反映企业内部目前营销活动状况的信息源。通过该系统，企业的决策人员可以了解企业的经营效果和企业各方面条件的变化，从而发现新的问题和机会。

内部报告系统的核心是订货—收款循环。订货—收款循环涉及企业的销售、财务等不同

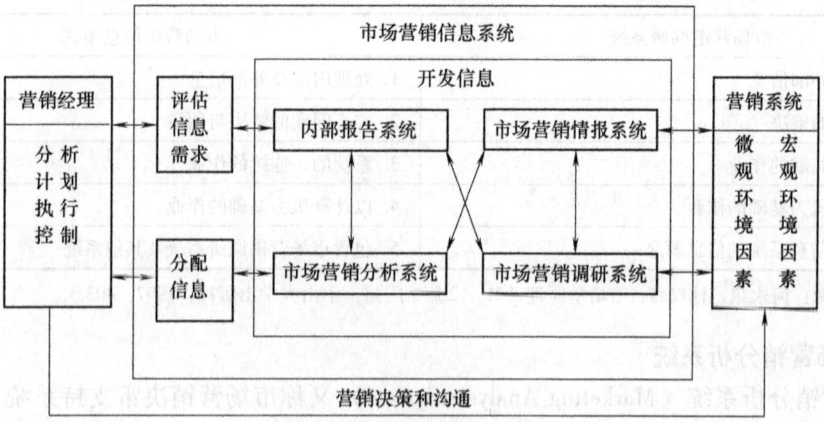

图 6-1　市场营销信息系统

的部门和环节。负责管理订单的部门要及时处理销售人员、经销商和顾客提交的订单；仓库管理部门应尽快发货，各种账单要及时分送到有关部门。

内部报告系统还包括及时、全面、准确的销售报告。企业应该开发计算机辅助的销售系统和报告系统，通过销售报告系统，决策者可以把握最佳时机，更好地处理进销存运等环节的问题，以获得竞争优势。

2. 市场营销情报系统

从营销决策的角度来看，内部报告系统提供的是有关企业经营效果的信息，属于“结果资料”；而市场营销情报系统（Marketing Intelligence System）提供的是外部环境已经发生或正在发生的有关事件的信息，属于“变化资料”。

所谓市场营销情报系统，是指企业的管理人员为获得营销环境中有关环境发展变化的信息而使用的一整套程序和信息来源渠道。

企业的市场营销情报系统可以通过查阅有关资料，也可以通过与有关企业内部和外部人员进行交谈获取有关的信息。但为了更系统、更及时地得到有关外部环境变化的信息，企业还常常使用以下渠道或方式：

1）训练和鼓励企业的推销人员发现和报告有关环境的发展变化信息。

2）鼓励企业的中间商为企业提供有关信息。

3）向专业的信息供应机构购买所需信息。

4）由企业建立专门的机构收集和传递有关信息。

3. 市场营销调研系统

在企业的营销决策中，除了要充分利用内部报告系统和营销情报系统提供的信息和情报资料外，同时还常常要针对企业特定的决策问题进行更全面深入的专门研究，如市场调查、产品偏好测试、地区销售预测、动机研究或广告效果研究等。这些专门研究要借助市场营销调研系统（Marketing Research System）来进行。

市场营销调研系统是系统地设计、收集、分析和报告与特定营销环境有关的资料和研究结果的系统。有关市场营销调研的程序和方法将在下一节专门介绍。

W. Stanton 对市场营销调研系统与市场营销信息系统进行了比较，见表 6-1。

表 6-1　W. Stanton 对市场营销调研系统与市场营销信息系统的比较

市场营销调研系统	市场营销信息系统
1. 着重处理外部信息	1. 处理内部及外部信息
2. 关心问题的解决	2. 关心问题的解决与预防
3. 零碎的、间歇的作业	3. 系统的、连续的作业
4. 不以计算机为基础的作业	4. 以计算机为基础的作业
5. 市场营销信息系统的信息源之一	5. 包含市场营销调研系统及其他系统

（资料来源：何永祺，傅汉章. 市场学原理［M］. 2 版. 广州：中山大学出版社，1997：403.）

4. 市场营销分析系统

市场营销分析系统（Marketing Analysis System）又称市场营销决策支持系统，是指利用先进的技术对营销信息资料进行科学分析，为决策者提供量化分析结论，进而提出多种决策建议，供决策者参考、选择的系统。市场营销分析系统通常由统计库和模型库组成，如图 6-2 所示。统计库（Statistical Bank）是指一组有意义的、随时可以用于汇总分析的特定资料统计程序；模型库（Model Bank）是指由高级营销管理人员运用科学方法，针对特定营销决策问题建立的包括描述性模型和决策模型的一组数学模型。

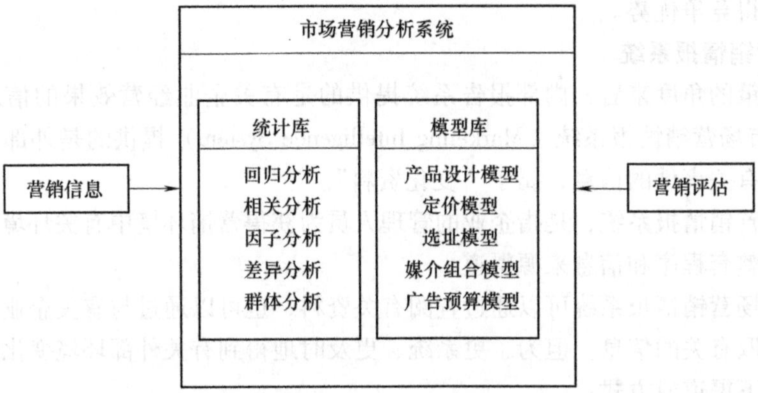

图 6-2　市场营销分析系统

资料链接 6-1：环球时装公司的营销信息中心

日本服装业之首的环球时装公司，从 20 世纪 60 年代创业时的小企业发展成日本有代表性的大企业，靠的是掌握第一手“活情报”。该公司在全国 81 个城市顾客集中的车站、繁华街道开设侦探性专营店，陈列公司所有产品，给顾客以综合印象。售货员的主要任务是观察顾客的采购动向；事业部每周安排一天时间全员出动，3 个人一组、5 个人一群分散到各地调查，有的甚至到竞争对手的商店观察顾客情绪，向售货员了解情况，找店主聊天。调查结束后，当晚回到公司进行讨论，分析顾客的消费动向，提出改进工作的新措施。全国经销该公司时装的专营店和兼营店均制有顾客登记卡，详细地记载每一个顾客的年龄、性别、体重、身高、体型、肤色、发色、使用的化妆品品牌、常去哪家理发店以及兴趣、嗜好、健康状况、家庭成员、家庭收入、现时穿着及家中存衣的详细情况。这些卡片通过信息网储存在公司信息中心，只要根据卡片就能判断顾客想买什么时装，今后可能添置什么时装。营销信息中心为环球时装公司进行营销活动提供了完备的数据和资料，使环球时装公司业务迅速扩张。

第二节　市场营销调研

一、市场营销调研的含义和作用

（一）市场营销调研的含义

市场营销调研（Marketing Research）又称市场调研、市场调查、市场研究、市场营销调查和营销调研等，在调研实践中有时简称“市调”。随着社会经济的发展，市场营销始终处于不断发展之中，市场营销调研也在不断发展，加之研究角度不同和认识上存在差异，不同的人、不同的机构对市场营销调研有不同的理解。

樊志育认为，市场营销调研有狭义和广义之分。狭义的市场营销调研主要是针对顾客所做的调查，即以购买商品、消费商品的个人或工厂为对象，以探讨商品的购买、消费等各种事实、意见及动机；广义的市场营销调研包括市场运营或营销（Marketing）的每一阶段，而以市场运营所有的功能、作用为调查研究的对象。

科特勒认为，营销调研是系统地设计、收集、分析和提出数据资料以及提出跟公司所面临的特定的营销状况有关的调查研究结果。

根据美国市场营销协会（AMA）的定义（1988 年），市场营销调研是通过信息的运用，把消费者、公众和营销人员联系在一起的一种职能，是为了提高决策质量以发现和解决营销中的机遇和问题而系统地、客观地识别、收集、分析和传播信息的工作。

国际商会（ICC）与欧洲民意和市场营销调研协会（ESOMAR）在《市场营销和社会调查业务国际准则》中对市场营销调研进行了界定，认为市场营销调研是指个人和组织（工商企业、公共团体等）对有关其经济、社会、政治和日常活动范围内的行为、需要、态度、意见、动机等情况的系统收集、客观记录、分类、分析和提出的数据资料。

综合以上观点，我们认为，所谓市场营销调研，是指个人和组织为了给市场营销决策提供依据，针对某一特定的市场营销问题，运用科学的方法和手段，系统地判断、收集、整理和分析有关市场的各种资料，反映市场的客观状况和发展趋势的活动。

市场营销调研作为一项职能活动，具有系统性、科学性、不确定性、时效性和应用性等基本特征。

（1）系统性。市场营销调研对市场营销活动、市场状况进行的分析和研究是全过程性的活动，包括调研立题、调研设计、资料收集、资料分析、调研报告等阶段。这一过程的每一环节密切联系，形成一个有机的系统。在各个阶段，如果不按照这一系统的要求周密计划、精心组织和科学实施，就难以得出正确的调研结果。因此，在进行决策时，一定要系统地进行市场营销调研，否则根据不完全的调研信息进行决策，将会使企业遭受难以挽回的损失。

（2）科学性。在进行市场营销调研时，调研的目标确定、方案设计、收集资料的方法、资料整理的方法和数据信息分析的方法都必须以经济学、市场营销学、统计学、消费者行为学、组织行为学等相关学科的理论和方法为指导，依据抽样推断、误差控制等理论以及统计整理、统计分析等方法，并体现该领域工作的逻辑性。特别要指出的是，在进行方案设计时要先提出一定的假设，然后在以后的资料收集和资料分析中进一步去验证假设，不要受到感情因素的影响，应极大地克服个人偏见和主观影响。

（3）不确定性。市场是不断变化的，政府政策的改变、竞争力量的改变、供应条件的改变等多种因素的影响，使市场营销调研的结果具有不确定性的特点。这种不确定性在产业用品市场营销调研中并不明显，但在日用消费品市场调研中有时会表现得很明显。因此，基于调研结果做出的判断或决策存在着风险。市场营销调研就是要通过努力，将误差控制在一个允许的范围内，获取尽可能接近市场事实或反映市场状况的信息，以减少信息的不确定性，降低营销决策的失误率。

（4）时效性。市场营销调研是在一定时间范围内进行的，它所反映的只是特定时间内的信息和情况，因此在一定时期内调研结果是有效的。但随着新情况和新问题的出现，以前的调研结果就会滞后于形势的发展，从而变为无效。此时，企业如果仍沿用过去的结论，就会延误时机，甚至陷入困境。

（5）应用性。市场营销调研可以分为基础性调研和应用性调研，两者的不同之处在于研究目的不同。基础性调研旨在拓展新的知识领域，或者扩大一个学科的知识体系，而不是以某个具体问题为目标。通常，基础性调研的结果在短期内不能直接应用于实践。应用性研究则是为了解决企业面临的特定问题而进行的调研，如更好地了解市场、为决策提供依据、减少决策的盲目性等。在实践中，企业进行的市场营销研究大多数是应用性的。

（二）市场营销调研的作用

国际知名的市场调研专家、美国得克萨斯大学阿灵顿分校市场营销系主任小卡尔·迈克丹尼尔（Carl McDaniel，Jr.）博士在其著作《当代市场调研》中指出："市场调研具有三种功能：描述、诊断和预测。"描述功能是指收集并陈述事实。例如，某个行业的历史销售趋势是什么样的？消费者对某产品及其广告的态度如何？诊断功能是指解释信息或活动。例如，改变包装对销售会产生什么影响？换句话说，为了更好地服务顾客和潜在顾客，应该如何对产品或服务进行调整？市场调研的最后一种功能是预测功能。例如，企业如何更好地预测并利用持续变化的市场中出现的机会？正是由于具有这三种功能，市场营销调研被视为企业的"雷达"或"眼睛"，其重要作用主要表现在以下几个方面：

1. 有利于为企业决策或调整策略提供客观依据

经营决策决定了企业的经营方向和目标。它的正确与否，直接关系到企业的成败。企业在进行经营决策时，必须了解和掌握市场及其营销环境的基本状况及发展趋势，了解和掌握企业自身的经营资源和条件，使企业的资源、活动范围和营销目标在可以接受的风险限度内与市场环境提供的各种机会相协调。进行系统、周密的市场调查和研究，为决策提供可靠的依据，才能保证企业的经营战略方向是正确的，企业的战略目标是可行的，企业营销活动的中心和重点是符合市场要求的，企业的发展模式同外部环境是相适应的。

企业针对某些问题进行决策或修正原有策略，如产品策略、定价策略、分销策略、促销策略等，通常需要坚持不懈地进行市场调研。只有不断收集和反馈消费者及竞争者的信息，才能正确制定和调整营销策略，从而在市场上站稳脚跟，立于不败之地。显然，科学决策或调整策略必须以市场调研为基本前提。

2. 有利于企业发现市场机会，开拓新市场

市场机会与市场营销环境的变化密切相关。通过市场营销调研，企业可以随时掌握市场营销环境的变化，并从中寻找到新的市场机会，发现新的发展机遇和新的经济增长点。随着科学技术的进步，新技术、新工艺不断涌现，企业只有通过市场调研，了解国际、国内市场的需求情况，分析产品处于市场生命周期的哪个阶段，并分析市场空缺，才能确定在什么时候开发研制、生产和销售新产品，以满足消费者的需求，把握市场机会，使企业不断开拓新市场。

3. 有利于准确地进行市场定位，更好地满足顾客需要，增强竞争力

企业要在竞争中求得生存和发展，关键是要比竞争者更好地满足目标顾客的需要。顾客的需求多种多样，而且经常发生变化。企业只有通过市场调查，才能了解和掌握顾客的需求变化情况并进行准确的市场定位，按其需求提供其需要的产品和服务，才能提高顾客的忠诚度，从而确立竞争优势，使企业在激烈的市场竞争中立于不败之地。例如，在经过详细的市场调研后，英国航空公司（British Airways）改变了它在横跨大西洋航线上头等舱的服务。对跨大西洋航线头等舱，大多数航空公司强调的是高档服务。英国航空公司通过调研发现，大多数头等舱的乘客希望的仅仅是能够睡安稳觉。现在，该公司头等舱的乘客可以在飞机起飞前，在头等舱休息室就餐。登机后，他们就可以穿上英国航空公司提供的睡衣，枕在枕头上，盖上毯子，享受一次免受打扰的旅行。到达目的地后，头等舱的乘客可以吃早餐，进行梳妆和洗浴，并且可以在离开前穿上熨烫平整的衣服。这些变化是在严格的市场调研推动下产生的。

4. 有利于企业建立和完善市场营销信息系统，提高企业的经营管理水平

市场营销信息系统是指由人、设备和程序组成的一个持续的、彼此关联的结构，包括内部报告系统、市场营销情报系统、市场营销调研系统和市场决策支持系统四个子系统。其任务是准确、及时地为营销决策者收集、挑选、分析、评估和分配有关信息。其中，市场营销调研系统对特定的问题和机会进行研究，是非常重要的子系统，缺少它必然会影响整个市场营销信息系统的运行，影响企业的生产经营正常进行。通过持续、系统的市场营销调研，企业可以加深对市场机制作用及方式的了解，提高对影响市场变化诸因素及其相互联系的认识，增强把握市场运行规律的能力，从而增强参与市场活动的主动性和自觉性，减少盲目性；同时，可以把握行业发展态势，了解消费者的需求、竞争产品的市场表现，评估和监测市场运营情况，从而提高企业的经营管理水平。

二、市场营销调研的类型及内容

（一）市场营销调研的类型

区分不同的市场营销调研类型，是为了正确设计市场营销调研方案和保证市场营销调研的顺利实施。按照不同的标准，可将市场营销调研分为不同的类型。

1. 按市场营销调研的功能分类

按市场营销调研的功能，可将市场营销调研分为探索性调研、描述性调研和因果性调研。其中，探索性调研的重点是“问题在哪里”，描述性调研回答“是什么”，因果性调研重点回答“为什么”。

（1）探索性调研。探索性调研是指对所研究的问题在不确定的情况下进行的试探性调研，以掌握和识别所研究问题的基本特征和与之相关的各种影响因素。其目的在于发现问题，找出关键所在，明确调查对象，确定调查重点，为深入研究做必要的准备。探索性调研一般采用简便易行的方法，如第二手资料的收集、小规模的试点调研、案例分析法、定性调研、专家或相关人员的意见集合等。

（2）描述性调研。描述性调研是指对所研究的问题做出结论性的或准确的描述，使人们了解问题是什么样的。其目的是客观地反映研究对象的实际情况。按描述的时空角度分类，描述性调研又可分为时序描述和概观描述两类。时序描述又称时序分析或纵向分析，是指通过对一组固定样本的连续调研，分析和描述市场因素的变化趋势。概观描述也称横断面设计或横断面分析，是指通过对市场样本的时点调研或横断面调研，概观地描述市场的特征。常见的描述性调研有市场分析研究、销售分析研究、产品分析研究、销售渠道研究、价格分析研究、形象分析研究、广告分析研究等。

资料链接 6-2：中国网约车用户画像

从我国网约车用户的地域分布来看，东部地区网民使用率为 54.0%、中部地区使用率为 43.4%、西部地区使用率为 44.8%、东北地区使用率为 34.6%。从年龄结构来看，网约车用户在 20~29 岁、30~39 岁年龄段网民中的使用率分别为 74%、57%，高于其他年龄段。可见，东部经济发达地区、年轻人使用率更高。

超过 54.6%的用户每月使用网约车，有 33.9%的用户每周使用，每天使用的用户占 8.2%，每月使用不足一次的用户占 3.4%。可见，用户使用网约车的频率较高。

用户使用网约车的出行目的排序，依次是上下班（29%）、购买日常生活用品（24.8%）、休闲娱乐和逛街购物（23.5%）、商务（8.8%）、走亲访友（7.0%）和其他（6.9%）。可见，用户使用网约车出行的主要目的是上下班、购物和娱乐。

用户选择出行平台的主要因素排序，依次为便捷快速（27.1%）、最先接触（22.9%）、服务好（13.7%）、价格便宜（13.1%）、安全卫生（12.4%）、车况好（10.3%）及其他（0.5%）。可见，便捷快速是用户选择网约车平台的最主要因素。此外，用户对第一次使用的网约车平台的忠诚度较高。

在调查对象中，认为当前网约车收费水平偏高的比例为 28.1%，69.6%的被调查者认为收费处于一般水平，2.3%的被调查者认为收费偏低。可见，用户认为网约车收费较为合理。

对网约车价格的评价与收入密切相关，在家庭月收入低于 5000 元的用户中，有 33.8%的用户认为价格偏高，这类用户更可能选择快车、拼车等价格较低的网约车形式，而不太可能选择价格较高的专车。

如果不使用网约车，调查对象依次会选择公交/地铁（48.9%）、私家车（21.7%）、共享单车（16.9%）、电单车/摩托车（6.4%）、巡游出租车（4.5%）和步行（1.6%）。可见，网约车主要替代的是公交/地铁，其次是私家车。

（资料来源：中华环境保护基金会绿色出行专项基金，北方工业大学，中国汽车技术研究中心战略与策略研究中心. 中国共享出行发展报告（2020—2021）［M］. 北京：社会科学文献出版社，2021.）

（3）因果性调研。因果性调研是指为了研究某种市场现象与各种影响因素之间客观存在的关系而进行的市场调研。因果性调研在探索性调研和描述性调研之后，即在探索性调研和描述性调研的基础上进一步研究产生某种结果的原因，是对事物的更深入的认识，它要回答“为什么”的问题。

探索性调研、描述性调研与因果性调研的比较见表6-2。

表6-2　探索性调研、描述性调研与因果性调研的比较

	探索性调研	描述性调研	因果性调研
目的	发现新的思想、观念、问题等	描述事物总体的特征、功能、性质	确定变量之间的因果关系
特征	灵活性、多样性；小样本、代表性小；处于调查研究过程的开始阶段；研究过程有伸缩性且无结构；事先设计好的、有结构的	提出假设，说明问题；大样本；研究过程是事先设计好的、有结构的；定量分析	大样本且具有代表性；所需信息清楚地定义；研究自变量和因变量的关系；研究过程是正规有结构的；结果说明决策原因
方法	专家研究 试点研究 个案研究 二手资料调查 定性研究 ……	实地调查 抽样调查 小组座谈会法 观察法 二手资料调查 ……	实验法 定量研究 抽样调查 一手或二手资料调查 ……

2. 按市场营销调研的主体分类

按市场营销调研的主体不同，市场营销调研可以分为委托调研和自行调研两种类型。

（1）委托调研。委托调研即委托专业调研机构代理调研。专业调研机构长期从事研究活动，专业技能强，专业程度较深，经验丰富，可以不受委托企业固有看法的影响客观地进行调研；但企业需要与委托单位进行协调才能达到预期效果。

（2）自行调研。自行调研是指企业自己设置调研部门专门负责企业的市场调研工作。自行调研成本低，便于积累经验；不足之处是缺乏客观性和使用调研方法的局限性。

3. 按市场调研的范围分类

（1）专题性市场营销调研。专题性市场营销调研主要是指为解决某个具体问题而进行的有针对性的市场营销调研。它所涉及的范围较小，研究目的明确，所需投入的资源较少，时间也较短。企业所做的大多数市场营销调研都是专题性的，如改变包装对产品销售的影响，对广告效果的评价，影响消费者购买某种产品的最主要的因素等。

（2）综合性市场营销调研。综合性市场营销调研一般是指企业为全面了解市场进行的全面调研。企业为开发某个新产品或为进入一个新的市场领域进行的市场营销调研属于这类调研。综合性市场营销研究涉及的问题比较多、时间长、费用高、决策难度大，风险也高。

4. 按调研时间不同分类

（1）一次性调研。一次性调研又称临时性市场调研。市场范围、规模、交通条件等市场基本情况在一定时间内具有相对稳定性，又是企业进行经营活动的前提，针对其开展的市场调研属于一次性调研。例如，企业开拓新市场、建立新的经营机构或根据市场的特殊情况而需要开展的临时市场调研活动。

(2) 定期调研。定期调研是指企业针对市场情况和经营决策的要求，按时间定期所做的市场调研。其形式有月末调研、季末调研和年终调研等。

(3) 经常性调研。经常性调研又称不定期市场调研，是指根据企业管理和决策的需要，随时开展的调研活动，每次调研的时间和内容不固定。

此外，对市场营销调研还可以从其他角度进行分类。例如，按空间层次，市场营销调研可以区分为全国性市场调研、区域性市场调研和地区性市场调研；按照调研的对象，市场营销调研可分为消费者市场调研和生产者市场调研；按产品层次，市场营销调研可以分成服装、百货、鞋帽、五金、交电、食品等各类产品的市场调研等。

(二) 市场营销调研的内容

市场营销调研的内容十分广泛，涵盖营销管理活动涉及的全部领域，企业可根据确定的市场调研目标进行取舍。国外的统计资料表明，在对美国 798 家公司日常市场调研活动所做的研究中，最普遍的 10 种市场调研活动是：市场特性的确认、市场潜量的衡量、市场份额的分析、销售分析、企业趋势分析、长期预测、短期预测、竞争产品研究、新产品的接受和潜量研究、价格研究。

1. 市场营销环境调研

市场营销环境是企业生存和发展的基础。市场营销环境调研的主要目的是发现市场机会和可能产生的威胁，以便把握环境变化带来的机会，避免或减轻环境变化造成的不利影响。营销环境调研的具体内容包括经济环境、人口环境、技术和自然环境、政治和法律环境、社会和文化环境调研以及各种微观环境因素。一般来说，制订长期战略发展计划时，或经营方向发生重大变化或者发生战略性转移时，或对业务进行整合和重组时，或发展和开拓新的区域性市场和国际市场时，都必须对市场营销环境进行调研，通过对环境的分析，把握环境的变化趋势，增强企业对环境的适应能力。

2. 市场需求调研

对市场需求进行调研能够最大限度地满足消费者的需求，从而获得丰厚的利润。主要调研内容包括市场潜力、市场总需求规模、市场特征、市场发展趋势分析以及市场细分和目标市场调研；消费结构调研、消费者购买行为调研以及消费者满意度调研等。

资料链接 6-3：宝洁公司的消费者购买行为研究

在消费者购买行为的研究上，宝洁公司无疑是最为重视也是投入最大的公司之一。这家公司每年都会把销售额的5%用来做消费者购买行为的研究。例如：

1973 年，宝洁公司实施了关于“父母在给儿童购买生活必需品时，内心最关心的因素是什么”的市场调研。

1976 年，宝洁公司实施了关于“儿童接受一个全新概念的过程，以及影响认知过程建立的最有效的因素有哪些”的市场调研。

1978 年，宝洁公司实施了关于“生活用品的特征与大众心中的权威人物的关系，以及各种权威人物的潜在影响力”的市场调研。

1980 年，宝洁公司实施了关于“男性护肤行为倾向，以及对气味的敏感指数如何影响他们的选购行为”的市场调研。

1983 年，宝洁公司实施了关于“亚洲人的文化背景对日用品的购买因素体现在哪些日常行为中”的市场调研。

（资料来源：圣路可商务顾问咨询公司．举手投足之间的必然［J］．销售与市场，2006（1）上旬刊．）

3. 产品调研

产品调研的目的主要是支持企业的产品发展战略决策。产品决策是企业最重要的决策之一，正确的产品决策是企业占领市场的“武器”。现代产品概念是多层次的，所以产品调研也是多方面和全方位的。产品调研的内容主要包括产品生命周期调研、新产品开发调研、产品实体调研、品牌价值和品牌忠诚度调研、产品包装调研等。

4. 价格调研

价格调研的目的主要是支持企业的价格决策和价格战略。价格调研的内容主要包括：需求弹性调查与分析，竞争产品的定价水平，对各种替代品、互补品价格的调研，消费者对产品价值的认知调研，消费者对价格变化的理解或反应调研等。

5. 分销渠道调研

分销渠道调研的目的主要是支持企业的分销战略决策，使分销渠道达到最佳组合。渠道调研的内容主要包括渠道结构调研、批发商和零售商调研、分销渠道关系研究、分销绩效调研以及运输和仓储调研等。

6. 促销调研

促销调研的目的主要是支持企业的促销决策，使促销组合达到最佳，以最少的促销费用达到最好的促销效果，并及时就出现的问题对促销方式进行调整和改进。这方面的调研内容也比较丰富，主要包括广告、人员销售、销售促进、公共关系等方面的调研。具体内容有：广告媒介、广告效果评价、广告策划等，优惠、赠品、有奖销售等促销方式对销售额的增加幅度和市场占有率变化的影响等。

7. 竞争者调研

市场竞争者调研的目的主要是支持企业营销的总体发展战略，做到知己知彼，发挥竞争优势，主要侧重于本企业与竞争对手的比较研究。其内容主要有：了解行业的竞争结构和变化趋势，了解竞争者的战略目标、核心能力、市场份额、产品策略、价格策略、销售渠道策略、促销策略等。通过调研，识别企业的优势和劣势，判断出本企业所具备的与竞争对手相抗衡的条件或可能性，确定企业的竞争策略，以达到以己之长、克他之短的功效。

三、市场营销调研的程序

为了使市场营销调研有节奏、高效率地进行，必须加强组织工作，合理安排调研程序。市场营销调研通常包括以下步骤：确定调研问题与研究目的、拟订调研计划、实施调研计划、提出调研报告，如图 6-3 所示。

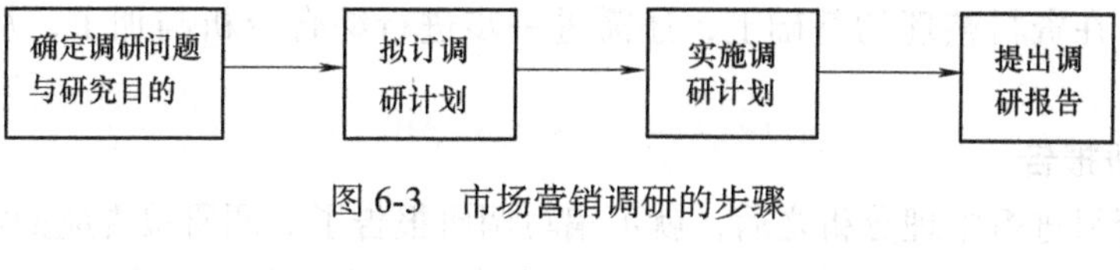

图 6-3　市场营销调研的步骤

1. 确定调研问题与研究目的

市场营销调研的首要任务是对营销过程中存在的问题以及营销调研所要达到的目的进行界定。在确定调研问题与研究目的时，必须保证所研究问题与研究目标相一致。首先，对问题的界定既不能过于宽泛，也不能太窄；其次，在界定问题的基础上提出特定的调研目标。有些调研目标可以具体详细，有些只是收集出版的资料提出假设或构想，有些要做定量描述，还有一些需要测试因果关系。

资料链接 6-4：界定营销调研问题常犯的两类错误

界定营销调研问题必须遵守的原则是：①能够使调研人员获得解决管理决策问题所必需的全部信息；②能够指导调研者完成调研项目。但是在调研实践中，调研者通常容易犯以下两类错误：

（1）将调研问题界定得过于宽泛。例如，品牌战略、提高公司的竞争地位、改善公司形象等。这种宽泛的问题界定，既无法为调研的设计提供明确的方法，又无法清楚地指导调研人员完成调研任务。

（2）将调研问题界定得过于狭窄。例如，在对某消费品公司进行的调研项目中，管理问题是如何对竞争对手的降价做出反应。公司的调研人员最初发现的行动方案有三种：①对公司的产品采取和竞争对手相当的降价；②维持价格不变，但大量增加广告；③小幅度地降价（降价幅度低于竞争对手），同时适量增加广告。鉴于问题的重要性，公司请来了营销调研专家。专家将营销问题界定为“提高产品份额和产品盈利性”。定性研究的结果表明，在被蒙住眼睛的测试中，消费者无法区别不同品牌的产品，而且消费者主要是依靠价格来判断产品质量。根据这一研究，该公司产生了一项具有创造性的行动方案，即提高公司现有品牌的产品价格，同时推出两种新的品牌，其中一种品牌在价格上和竞争对手相一致，另一种品牌的价格比竞争对手的更低。

（资料来源：张华，等. 市场调查与预测 110 方法和实测［M］. 北京：中国国际广播出版社，2000：41.）

2. 拟订调研计划

市场营销调研的第二个步骤是拟订调研计划。在设计一个调研计划时，主要涉及资料来源、收集资料的方法与工具、抽样计划和接触方法等。一般来说，市场调研从收集第二手资料开始，视具体情况决定收集原始资料。营销研究者在决定了调研方法与工具后，需要设计一个抽样计划，以便明确调查对象、调查人数和抽样程序。调研计划中的调研方法则回答的是如何与被调查对象进行接触的问题。

3. 实施调研计划

调研计划的实施包括收集、整理和分析信息等工作。其中，收集得到的信息必须尽可能接近事实。市场调研获得的资料大多是分散的、零星的，某些资料可能是片面的，甚至是错误的，因此必须对资料进行整理分析，通过审核、分类、制表和分析，以保证资料系统、完整和真实可靠。在资料整理的基础上，还需进一步进行综合分析与加工，从而得出明确的结果。

4. 提出调研报告

在对调研资料进行整理分析之后，就可编写调研报告了。调研报告应如实反映客观的实际情况，重点要突出，文字要简练。其主要内容为：调研目的、调研对象和调研方法的说明；调研结果的描述；调研分析的结果与建议，并附上必要的调研统计图表。此外，对调研报告的实效如何要进行跟踪了解，以便不断地总结调研经验，提高调研水平。

四、市场营销调研的方法

市场营销调研常用的方法有询问法、观察法、实验法等。具体选用何种方法，取决于市场营销调研的目的、内容和被调研对象的特点。

1. 询问法

询问法是指将所需调研的项目，通过面谈、电话和信函等方式向被调研者提出询问，从而获得所需资料的一种方法。根据调研人员与被调研者接触方式的不同，访问法有入户访问、拦截访问、邮寄调研、电话调研和留置调研等具体的询问形式。

（1）入户访问。入户访问是指调研人员进入被访者家中或单位进行调研，获得、收集信息资料的一种方法。入户访问的主要优点是：①在熟悉的环境中进行，问卷回答率高；②易于回访复核和质量控制；③可以进行较为复杂的调查项目。其不足之处是：①调查成本高；②拒访率高（特别是在中心大城市）；③对访问员的素质要求较高。

（2）拦截访问。拦截访问的特点是调查人员在某一特定人群相对集中的地点（如广场、购物中心、超市等公共场所现场）拦截被调查者进行访谈的一种方法。它主要有两种方式：一是街头拦截面访调查；二是中心地调查（Central Location Test）或厅堂测试（Hall Test）。拦截访问效率高、费用低；但事后回访较难实现，访问过程易被中止，样本代表性差而且现场控制难度大。

（3）邮寄调研。邮寄调研是指由调查人员将设计好的问卷通过邮寄的方式送达被调查者手中，请他们按照要求和规定时间填写问卷并寄回调查者，以此获取信息的一种方法。其主要特点是调查成本低，调查区域广，被访者自由度大和匿名性；最大的缺点是回收率低。

（4）电话调研。电话调研是指调查人员利用电话这种通信工具，同被调查者进行语言交流，从而获取信息，采集数据的一种调查方法。它具有速度快、成本较低等优点；但访问时间受到限制，不能进行有形产品的测试，不适合层级式问题。电话调查的类型有传统的电话调查、计算机辅助电话访谈（CATI）和全自动电话访谈。这种方法广泛运用于顾客满意度调查、健康调查、就业调查、对消费者商品的需求调查、民意测验等。

（5）留置调研。留置调研是指调研人员将调研表送到被调研者手中，并详细说明填写事项，由被调研者自行填写，再由调研人员定期回收的一种方法。它介于面谈调研和访问调研之间，较好地结合了两者的优势。

2. 观察法

观察法是指调研人员直接或利用仪器来观察、记录被调研对象的行为、活动、反应感受或现场事物，以获取资料的方法。它有两种形式：一是派调研人员直接到现场，从旁观察被调研者的行为和反应，如服装厂派人到商店当营业员，以了解顾客的购买习惯、购买行为和对替代用品的接受程度等，或派人到交通要道与市中心，直接记录行人衣着的式样、颜色、质量等；二是通过各种测录设备，如计数器、摄像机、照相机、质量探测器等将被调研者的购买习惯、态度和行为拍摄下来进行研究。常用的观察技术包括神秘购物者、购物者模式、单向镜观察和痕迹观察。观察法最大的优点是真实、自然、客观；但是观察法所需的调查时间较长、成本较高，只能观察表面现象，而无法通过观察了解人们的动机、态度、想法和情感等深层次的原因。

3. 实验法

实验法是指从若干影响因素中选出一个或几个因素作为实验因素，在其余诸因素均不发生变化的条件下，了解实验因素的变化对市场现象影响程度的一种方法。这种方法的应用范围较广，如新产品的试销和老产品在包装、设计、质量上的改进，以及价格、广告等因素的变动等都可通过实验法来获得用户的意见及市场的销售情况。实验法分为非正规设计与正规设计，前者又分为无控制组的事后设计、有控制组的事后设计、无控制组的事前事后设计和有控制组的事前事后设计；后者分为完全随机设计、分组随机设计、拉丁方格设计和复因素设计。

第三节　市场需求测量与预测

市场需求测量与预测是企业制订营销计划和营销决策的重要依据。在激烈的市场竞争中，企业只有正确估计当前的市场需求并把握未来需求的态势，才能够掌握市场变动的主动权，从而在竞争中求得生存和发展。

小案例 6-1：哈默的酒桶需求预测

美国大企业家哈默 1931 年从苏联回到美国时，正是富兰克林·罗斯福即将当选总统的时候。罗斯福提出解决美国经济危机的“新政”，但因“新政”尚未得势，故很多人持怀疑态度。一些企业家因怀疑“新政”，在经营决策中举棋不定。哈默深入研究了当时美国的国内形势，认为罗斯福掌握美国政权，“新政”定会成功。据此，他做出了一项生财的决策。

哈默认为，一旦罗斯福新政得势，1920 年公布的禁酒令就会废除，为了满足全国对啤酒和威士忌的需求，那时市场将需要空前数量的酒桶，特别是用经过处理的白橡木制成的酒桶，而当时市场上却没有酒桶供应。哈默在苏联住了多年，十分清楚苏联人有制作酒桶用的木板可以出口。于是，他毅然决定向苏联订购了几船木板，并在纽约码头附近设立一间临时性的酒桶加工厂，后来又在新泽西州的密尔敦建造了一个现代化的酒桶加工厂，名叫哈默酒桶厂。

当哈默的酒桶从生产线上滚滚而出的时候，正好是罗斯福初掌总统大权和废除禁酒令之时，人们对啤酒和威士忌的需求急剧上升，各酒厂生产量也随之直线上升。于是哈默的酒桶成为抢手货，获得了可观的利润。

一、市场需求测量

（一）市场需求

1. 不同层次的市场衡量

进行市场需求衡量，涉及一些与市场需求有关的市场概念，如潜在市场、有效市场、服务市场和渗透市场等。根据时间和空间两种因素可以对一种产品的市场范围进行界定，即一个市场就是一种产品在一定时间内于某一区域的全部现实和潜在购买者的集合。购买者身份的确认，需要具备购买欲望、支付能力和接触机会三个条件。对某种产品具有一定购买兴趣的购买者集合形成潜在市场（Potential Market）；在具有购买兴趣的购买者中，拥有足够的支付能力，并且具有接触该产品机会的购买者构成该产品市场的有效市场（Available Market）；在某些情况下，企业由于受到限制，只能向有效市场中的某一部分人出售产品，因而那些有购买欲望和支付能力，能够接触产品，同时还有资格购买的购买者就构成了该企业产品的合格有效市场（Qualified Available Market）；在合格有效市场中，企业进一步选定某一细分市场作为企业的目标市场（服务市场），并为之提供产品和服务。企业及其竞争者总会在目标市场上售出一定数量的产品。渗透市场（Penetrated Market）是指那些已经购买了这种企业产品的顾客群体。图 6-4 显示了不同含义的市场关系，其中图 6-4a 表示潜在市场在整体市场中的比例，图 6-4b 则进一步表明潜在市场中各种含义的市场所占的比例。

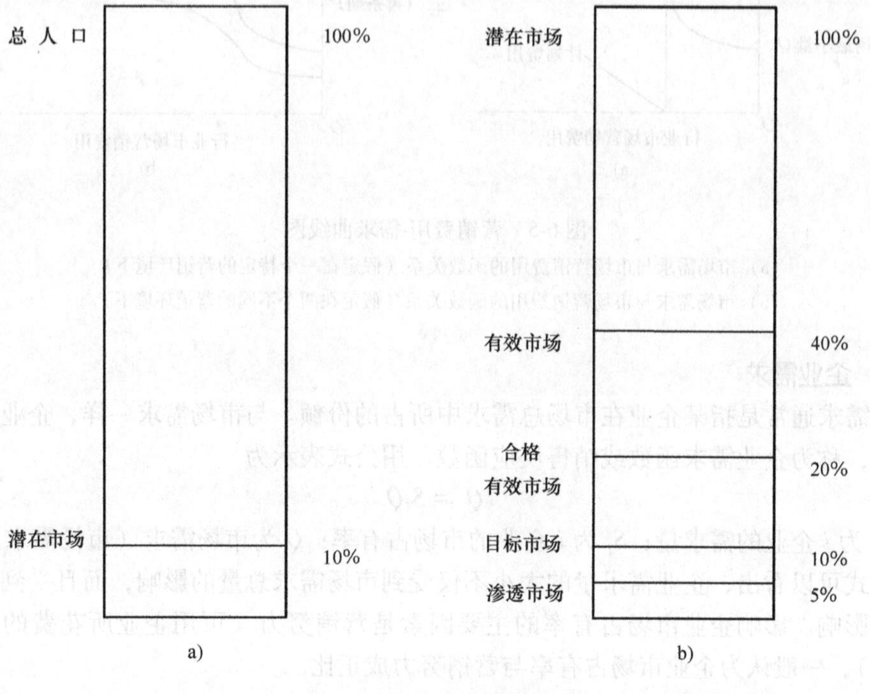

图 6-4 不同含义的市场关系
a）潜在市场在整体市场中的比例 b）潜在市场中各种含义的市场所占的比例

2. 市场需求与市场反应函数

市场需求是指对某种产品的市场需求，即一定的顾客在一定的地理区域、一定的时间、一定的市场营销环境和一定的市场营销方案（营销努力）下购买的总量。该定义包括产品、总量、购买、消费者群、时期、地理区域、市场营销环境和营销努力八个要素。

市场需求不是一个固定的数字，而是一个受时间、地理区域、营销环境和营销努力等因素影响的函数。因此，市场需求也被称为市场需求函数或市场反应函数。图 6-5 中，横坐标表示在一定时间内的行业市场营销费用，纵坐标表示受市场营销费用影响的市场需求的大小，曲线表示市场营销费用与市场需求的对应关系。

图 6-5a 表明，即使不支出任何刺激需求的营销费用，市场对某种产品的需求仍然存在，表现为一个基本销售量，称为市场最小量，用 Q_2 表示。随着行业营销费用的增加，市场需

求一般会随之增大；当市场营销费用超过一定的水平后，即使市场营销费用进一步增加，也不会激起需求的进一步上升。市场需求达到的上限，称为市场潜量，用 Q_1 表示。

当环境条件发生变化时，市场需求的规模、结构和时间等也会受到影响。营销环境对市场需求的影响如图 6-5b 所示。

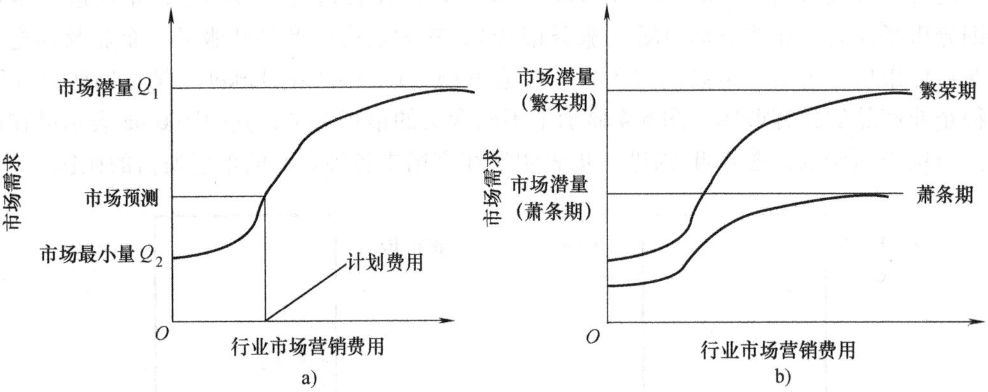

图 6-5　营销费用-需求曲线图

a）市场需求与市场营销费用的函数关系（假定在一个特定的营销环境下）

b）市场需求与市场营销费用的函数关系（假定在两个不同的营销环境下）

（二）企业需求

企业需求通常是指某企业在市场总需求中所占的份额。与市场需求一样，企业需求也是一个函数，称为企业需求函数或销售反应函数。用公式表示为

$$Q_i = S_i Q \tag{6-1}$$

式中，Q_i 为 i 企业的需求量；S_i 为 i 企业的市场占有率；Q 为市场需求（市场需求总量）。

从上式可以看出，企业需求量的大小不仅受到市场需求总量的影响，而且受到企业市场占有率的影响。影响企业市场占有率的主要因素是营销努力（可用企业所花费的有效营销费用表示），一般认为企业市场占有率与营销努力成正比。

（三）企业销售预测与企业潜量

企业销售预测是指以企业选定的市场营销计划和假定的市场营销环境为基础所确定的企业销售额的预期水平。这里必须明确企业销售预测与企业的市场营销计划的先后顺序关系。一般来说，预测是计划的基础和依据，但企业销售预测有所不同。在销售预测的基础上开发市场营销计划，如果预测是指对国民经济活动的估计，或企业需求几乎是不可扩张的，则此时的顺序应是从预测到计划；如果预测是对企业销售额的估计，或市场需求又是可扩张的，那么企业销售预测是以市场营销计划为基础的。

与企业销售预测相关的概念还有销售定额和销售预算。销售定额是指企业为产品线、事业部和销售代表确定的销售目标，是一种规范和激励销售队伍的管理手段。销售定额一般应略高于销售队伍所能完成的最大销售额（销售预测）。销售预算是对销售规模的保守估计，主要用于目前购买、生产和现金流量的决策。销售预算既要考虑销售预测，又要避免过高的风险，一般略低于企业预测值。

企业潜量即企业销售潜量，是指企业的营销努力相对于竞争者不断增加时，企业需求所

达到的极限。在特殊情况下（完全垄断市场），企业潜量可能等于市场潜量；但在绝大多数情况下，企业潜量是低于市场潜量的。

二、估计目前市场需求

（一）总市场潜量的估计方法

总市场潜量是指一定时期内，在一定的行业营销努力水平和一定的环境条件下，一个行业中所有企业可能达到的最大销售量。下面介绍总市场潜量常用的估算方法和连锁比率法。

（1）常用的估算方法。其公式为

$$Q = nqp \tag{6-2}$$

式中，Q 为总市场潜量；n 为假定条件下，在特定的产品/市场上的购买者数量；q 为每个购买者的平均购买量；p 为单位产品的平均价格。

（2）连锁比率法。此方法的特点是由一个基数乘以几个修正百分率。假设某手机制造商开发出了一款手机，估计其市场潜量时可用以下方法：

某款手机需求量=人口×人均可任意支配收入×人均可任意支配收入中用于通信支出的百分比×通信支出中用于通信工具购买的平均百分比×通信工具花费中用于购买手机的平均百分比×购买手机花费中用于某款手机的平均百分比

（二）地区市场潜量的估计方法

企业在测量市场潜量后有必要估计不同地区的市场潜量，以便选择较理想的区域并有效地在区域间分配市场营销费用。生产工业品的企业多采用市场累加法，而生产消费品的企业一般采用多因素指数法估计地区市场潜量。

1. 市场累加法

所谓市场累加法，是指先确认某产品在每一个市场的可能购买者并估计每个潜在顾客的购买量，然后加总得到该地区的市场潜量。此方法虽然简单，但所需的资料难以获得，而且费用较大。比较有效的方法是利用行业年鉴、工商企业名录以及其他公开统计资料。

2. 多因素指数法

多因素指数法是指根据与区域购买力有关的各种指数来计算某种产品的市场潜量占全国市场潜量的比例，从而估计其市场潜量。美国《销售与营销管理》杂志每年都公布全美各地和各大城市的购买力指数，并提出了计算市场潜量的公式

$$B_i = 0.5y_i + 0.3r_i + 0.2p_i \tag{6-3}$$

式中，B_i 为 i 地区购买力占全国购买力的百分比；y_i 为 i 地区个人可支配收入占全国的百分比；r_i 为 i 地区零售额占全国的百分比；p_i 为 i 地区人口占全国总人口的百分比。

式（6-3）中的0.5、0.3和0.2三个系数是个人可支配收入、零售额和居住人口三个因素对购买力的权数，权数的大小表明该因素对购买力影响的大小。权数大小的确定是依据一定时期美国的实际情况测算的，有一定的主观性，对我国仅仅是一种参考。

（三）估计行业销售额和市场占有率

企业不仅要估计总的市场潜量和区域市场潜量，还应了解本行业的实际销售状况和本企业的市场占有率，以便认识竞争对手，掌握市场竞争状况，正确估量自己的市场地位。

企业一般通过国家统计部门公布的统计数据、各种行业协会和学会收集和公布的数据，

了解本行业的总销售额。通过对比分析，可计算本企业的市场占有率和相对市场占有率，从而评估本企业的发展状况。

除了掌握本企业市场占有率的百分比外，企业还应研究分析市场占有率增减变化的原因。影响市场占有率的因素主要有：产品本身的原因，如产品质量、包装装潢、色彩、造型等；价格差别因素；营销努力和营销费用因素；营销组合策略差别因素；营销资金使用效率因素等。

三、未来市场需求的预测方法

企业对未来需求进行预测，一般要经过环境预测（经济形势预测）、行业预测和企业销售预测三个阶段。环境预测即经济形势预测，就是根据经济周期、通货膨胀率、失业率、利率、消费者支出与储蓄、企业投资、政府开支、净出口额以及其他一些重要环境因素的变动，得出对国民生产总值的预测。企业应在环境预测的基础上，结合其他环境指标预测全行业的销售额。最后，在既定的营销支出情况下，根据企业对未来市场占有率的估计，预测本企业的销售额。

对未来需求进行预测，可以采用购买者意向调查法、销售人员意见综合法、专家意见法、市场试验法、时间序列分析法、直线趋势法和需求统计分析法等。下面介绍几种常用方法：

（一）专家意见法

专家意见法是指以专家为索取信息的对象，并根据专家的经验和判断进行预测的方法。其主要形式有专家会议法（小组讨论法）、单独预测集中法和德尔菲法（Delphi Method）。应用较为普遍的方法是德尔菲法。

德尔菲法也称专家征询法或专家调查法，是指以匿名的方式，通过函询，轮番征询专家意见，最后得出统计预测值的方法。

资料链接 6-5：德尔菲法

德尔菲（Delphi）是古希腊地名。相传太阳神阿波罗在德尔菲杀死了一条巨蟒，成为德尔菲的主人。阿波罗对未来有极高的预测能力，因此当地建有一座阿波罗神殿，它是一个预卜未来的神谕之地，于是人们就借用此地名作为这种预测方法的名字。德尔菲法最早由美国的兰德公司（RAND）于20世纪50年代末首创并使用，此后便在西方国家盛行起来。

德尔菲法的基本过程是：先由各个专家针对所预测事物的未来发展趋势独立提出自己的估计和假设，经企业分析人员（调查主持者）审核、修改、提出意见，再发回到各位专家手中，这时专家们根据综合的预测结果，参考他人意见并修改自己的预测，即开始下一轮估计。如此往复，直到各位专家对未来的预测基本一致为止，如图 6-6 所示。

德尔菲法有三个突出的特点：①匿名性。在整个预测过程中，专家之间互不见面，也不发生任何联系。主持人与专家的联系采用信函方式，背靠背地分头征求意见。这种匿名性有助于开拓专家们的思维，使其畅所欲言，比较真实地反映自己的意见。②反馈性。反馈是德尔菲法的核心。专家调查法不是一次性作业，而是采取多次逐轮征求意见。预测组织者要对每一轮咨询的结果进行整理分析和综合，然后在下一轮咨询中反馈给每一位专家，便于专家们修正自己的想法，以便做出新的评价和推断。③统计性。该方法要求专家在咨询过程中对

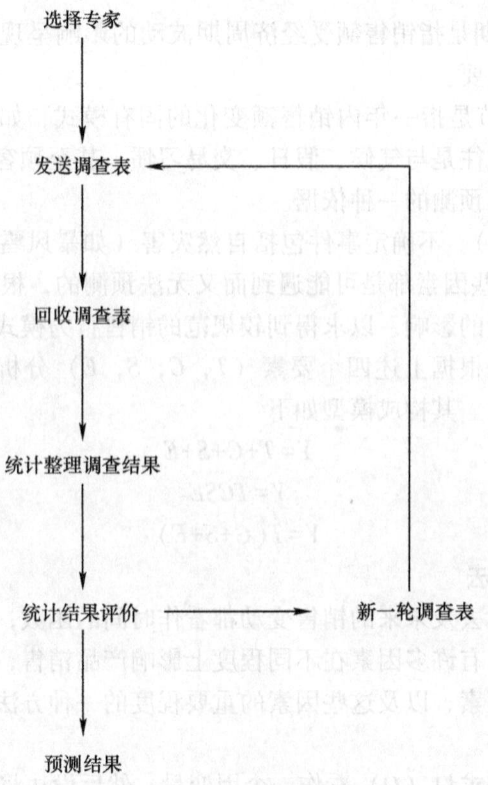

图 6-6　德尔菲法的预测过程

所研究的问题做出概率估计，经过对最后一轮专家意见的统计处理，以平均数作为预测结果。

德尔菲法也有一定的局限性。这种方法主要是凭专家的主观判断，缺乏客观标准；预测需要的时间较长；难以确定合适的专家人数与人选；专家能否充分认真地做预测也是一个问题；咨询表难以制定得简明；此外，这种方法还存在组织上的困难。因此，这种方法一般用于缺乏历史资料和数据的长期预测。

（二）时间序列分析法

时间序列分析法是指根据过去的资料，利用统计分析和数学方法预测未来需求的方法。

时间序列分析法的依据是：①过去的统计数据之间存在着一定的关系，而且这种关系利用统计方法可以揭示出来；②过去的销售状况对未来的销售趋势有决定性影响，销售额只是时间的函数。

时间序列分析法的特点是：以时间推移研究和预测市场需求趋势，不受其他外界因素的影响。

产品销售量（Y）的时间序列，可按趋势（T）、周期（C）、季节（S）和不确定事件（E）四个主要因素进行分析。

（1）趋势（T）。趋势是人口、资本积累（资金构成）和技术发展等要素共同作用的结果。这可以从过去的销售曲线的变化规律中推测出来，也可以看作过去销售曲线的自然延伸。

（2）周期（C）。周期是指销售额受经济周期波动的影响呈现出波动状。剔除周期性的影响，对中期预测相当重要。

（3）季节（S）。季节是指一年内销售额变化的固有模式，如与日、周、月或季相关的规律性变动。这种变动往往是与气候、假日、交易习惯，甚至顾客上下班时间相联系的。季节性模式常作为短期销售预测的一种依据。

（4）不确定事件（E）。不确定事件包括自然灾害（如暴风雪、火灾、水灾及其他偶然性的灾害）、战乱等。这些因素都是可能遇到而又无法预测的，根据历史资料进行销售预测时，应剔除这些偶然因素的影响，以求得到较规范的销售行为模式。

时间序列分析法就是根据上述四个要素（T，C，S，E）分析原始销售数列 Y，再结合这些要素预测未来的销售。其构成模型如下

加法模型：　$Y=T+C+S+E$

乘法模型：　$Y=TCSE$

混合模型：　$Y=T(C+S+E)$

（三）需求统计分析法

时间序列分析法将过去及未来的销售变动都看作时间的函数，而不是真正影响需求变化诸因素的函数。实际上，有许多因素在不同程度上影响产品销售，需求统计分析法就是用来发现影响销售的最重要因素，以及这些因素的重要程度的一种方法。最常见的影响因素有价格、收入、人口和促销等。

需求统计分析法将需求量（Q）看作一个因变量，然后设法将它分解为若干独立变量的函数，即 $Q=f(x_1,x_2,\cdots,x_n)$，运用多元回归分析的方法，可以找到最主要的影响因素和最好的预测方程式。

关键词

市场营销信息 Marketing Information　　市场营销信息系统 Marketing Information System

市场营销调研 Marketing Research　　潜在市场 Potential Market

有效市场 Available Market　　合格有效市场 Qualified Available Market

渗透市场 Penetrated Market　　市场需求 Market Demand

市场占有率 Market Share　　市场需求函数 Market Demand Function

企业需求 Company Demand　　销售反应函数 Sales-Response Function

企业销售预测 Company Sales Forecast　　销售定额 Sales Quota

销售预算 Sales Budget　　总市场潜量 Total Market Potential

思考题

1. 简述市场营销信息系统的含义与构成。
2. 简述市场营销调研的基本程序。
3. 怎样理解市场需求、市场潜量、企业需求和企业潜量的含义？
4. 估计地区市场潜量的方法有哪几种？
5. 常用的市场营销调研的方法有哪些？

案例分析讨论

我国某手机品牌在印度市场的调研提案实例

1. 背景资料和调研目的

据我国海关统计数据，2020年我国手机出口1254.5亿美元，同比略微增长0.9%；但从数量上看，出口9.66亿部，同比下降2.8%，连续第五年回落。在总体放缓的背景下，2020年我国对印度出口手机共计15.2亿美元，同比劲增99.1%。目前，三星、富士康、小米、OPPO和vivo等厂商均实现在印度设立工厂，或由代工厂在印度生产。假设你是我国某手机品牌的营销总监，你看到了印度手机市场的巨大机会，准备进军印度手机市场。你首先准备进行市场营销调研，制定的调研内容如下：

（1）识别主要的竞争对手。

（2）评估本品牌手机与竞争对手在性能、价格、外观和质量等方面的差异。

（3）研究印度消费者对手机的消费偏好和购买行为。

（4）判断不同类型的印度消费者对手机的不同态度和需求。

（5）确定对不同的印度消费人群各自具有吸引力的价格。

（6）确定有效的促销和分销策略。

2. 调研方案

（1）二手资料调研法。查阅印度有关部门公布的手机相关统计资料，查阅各种手机相关专业调研机构、经济信息中心、信息咨询机构、手机行业协会和联合会等提供的印度市场的信息和手机行业情报，查阅印度手机行业文献、竞争对手的年度报告与财务报告等，查阅互联网上提供的各种相关信息。

（2）问卷调查法。根据调研目标设计调查问卷，采用线上与线下相结合的方式进行资料收集。其中线上调查在亚马逊Mturk平台进行，要求调查对象必须是印度消费者；线下调查由公司调查人员在印度主要城市进行实地调查。

（3）访谈法。除了问卷调查之外，调查人员还将在印度主要城市对印度消费者进行访谈。使用事先设计好的访谈提纲，进行半结构化的访谈，每次访谈时间约为半小时。

3. 抽样方案

问卷调查的抽样样本约为2000人，其中线上样本约1000份；线下样本约1000份。深度访谈印度消费者约200人。线下调查在印度的主要城市进行，如孟买、新德里、加尔各答和班加罗尔。在调查过程中，注意保持样本的人口统计特征与印度消费者的整体人口统计特征大致一致。

4. 资料收集

如前所述，资料收集包括线上与线下调查，预计调查时间为6周。

5. 资料处理和分析

使用标准的编辑和编码程序处理资料，使用SPSS软件对问卷调查资料进行统计分析，使用ROST软件对访谈资料进行内容分析。

6. 调研报告

使用书面形式向公司的首席执行官等高管报告调研结果。

7. 成本预算

全部调查项目的成本预算为25万元人民币，浮动幅度为10%。

8. 时间安排

调研计划阶段	2周
二手资料调研	2周
线上与线下调研	6周
计算机处理资料	1周
资料分析	1周
撰写调研报告	2周

整个项目拟在2022年12月底之前完成

（资料来源：1. 中国海关总署统计数据；2. 孟韬，毕克贵. 营销策划：方法、技巧与文案［M］. 4版. 北京：机械工业出版社，2021.）

案例思考题：

1. 市场调查策划书包括哪些内容？

2. 该调查提案存在哪些问题？如何进行修改和完善？

第七章

竞争性市场营销战略

本章要点

1. 竞争者分析的基本步骤
2. 三种基本竞争战略的特点及适应性
3. 市场地位与竞争战略的选择

导入案例

长城汽车的营销战略

长城汽车公司是成立于1984年的中国汽车品牌，总部位于河北省保定市，1998年改制为长城汽车有限责任公司，2001年进一步改制为长城汽车股份有限公司，并于2003年在香港H股上市，2011年回归A股，在上交所上市。

2008年，长城汽车的销售额为80亿元。这一年，长城汽车开始实施集中战略。自此，长城汽车开始飞速发展，到2017年，十年间长城汽车的年销售额突破1000亿元。长城汽车旗下的哈弗品牌在我国SUV细分市场连续十多年销量领先。

2008年的长城汽车，年销量不足13万辆，在我国自主车企中排名倒数第二，却同时经营着皮卡、轿车、SUV和MPV等品类，拥有迪尔、赛铃和哈弗等9个品牌。然而，除了迪尔品牌在我国经济型皮卡市场处于领先地位外，其余品牌都表现较差。著名的里斯中国咨询公司在深入调研分析之后，建议长城汽车集中力量于SUV品类，理由如下：第一，虽然长城在皮卡品类具有国内领先地位，但当时我国皮卡细分市场容量小、增长缓慢，无法支撑长城汽车的未来发展；第二，轿车细分市场竞争激烈，长城汽车没有占据先发优势，且当时资源有限，难以撼动领导者的地位；第三，当时SUV细分市场竞争者少，但SUV由于外观更为高大大气、离地间隙更大、给人更高的安全感和车内空间更大等原因，正越来越受到我国消费者的青睐，未来增长潜力巨大。基于以上考虑，长城汽车决定聚焦于SUV细分市场，集中全力打造哈弗品牌。

从目标市场来看，哈弗的目标顾客确定为：已经成家、有小孩、事业正处于上升期的男性，他们购买哈弗汽车的主要目的是家用，如上下班、自驾游和接送小孩等。

在此基础上，长城汽车集中全力于15万元以下的经济型SUV市场，并提出“10万元至

15万元，紧凑型尺寸”，这是经济型SUV销量最大的市场定位，也是哈弗品牌产品布局的主航道。在这个主航道上，哈弗逐渐形成H6与H2两个大单品。其中哈弗H6迅速成为我国SUV市场上的明星产品，截至2021年2月，哈弗H6连续90个月雄踞我国SUV销量排行榜冠军，被誉为“国民神车”。

在集中战略的引领下，长城汽车逐渐发展壮大成为我国汽车自主品牌的领导品牌之一。随着市场地位的变化，长城汽车的竞争战略也随之演化。在保护领先的SUV与皮卡市场份额的基础上，长城汽车推出WEY品牌，进军高端汽车市场，同时还推出欧拉品牌，切入女性汽车市场。长城汽车未来的竞争战略是在正高速增长的新能源汽车市场上取得突破，并进一步开拓国际市场。

当前，长城汽车旗下拥有哈弗、WEY、欧拉、坦克和长城皮卡五个整车品牌，产品涵盖SUV、轿车、皮卡三大品类，具备发动机、变速器等核心零部件的自主配套能力，下属控股子公司80余家，员工近7万人，截至2020年年底总资产达1540.11亿元。2011年9月28日，长城汽车在上交所上市，截至2021年8月初，长城汽车的市值约为5280亿元。2020年，长城汽车实现销量超过111.59万辆，同比增长5.41%，连续第五年突破百万销量，长城汽车全年营业总收入达1033.08亿元，同比增长7.38%；净利润53.62亿元，同比增长18.36%。

（资料来源：1. 长城汽车官网：https://www.gwm.com.cn/. 2. 长城汽车股份有限公司2020年度报告. 3. 里斯·艾，里斯·劳拉，张云. 21世纪的定位［M］. 寿雯，译. 北京：机械工业出版社，2019.）

案例表明，在资源有限的情况下，企业可以使用集中战略，聚焦于某一个或某几个细分市场，争取局部竞争优势。当企业发展壮大之后，可根据市场地位与竞争角色的变化采取相应的竞争战略。那么，如何进行竞争者分析？有哪些基本竞争战略？不同市场地位的竞争者又可以使用哪些竞争战略？本章将围绕这些主题展开。

第一节　竞争者分析

分析和了解竞争者，是企业制定竞争战略和策略的基础。通过分析比较，企业可以弄清楚：谁是本企业的竞争者，竞争对手执行什么战略和策略，竞争对手的营销目标是什么，竞争对手的优势和弱点何在，竞争对手对竞争的反应模式是什么等问题，从而使企业在营销博弈中能够进行准确的攻击和恰当的防御与回避。

一、识别企业的竞争者

资料链接7-1：竞争者的种类

根据产品替代观念，有以下四个层次的竞争者：

（1）品牌竞争者。品牌竞争者是指把竞争者视为以相近价格向同类顾客出售相同产品与服务的其他企业。例如，本田公司可以把丰田、日产、三菱公司和其他生产中档汽车的制造商看作竞争对手，但不把生产其他类型轿车（高档或低档）的汽车公司看作自己的竞争者。

（2）行业竞争者。行业竞争者是指将所有提供同类产品的企业都作为竞争者。例如，本田公司的竞争者可以是所有生产轿车的公司。

（3）形式竞争者。形式竞争者是指在更广泛的意义上，将所有满足同一种需要的企业都看作竞争者。例如，本田公司不仅把所有轿车制造商作为竞争者，而且将摩托车、卡车制造商都看作竞争者。

（4）一般竞争（通常竞争）者。一般竞争者是指在最广泛的意义上，企业还可将所有与自己争夺同一市场购买力的企业作为竞争者。例如，本田公司将房地产、耐用消费品、旅游等公司都看作竞争者，因为顾客若购买了房子或其他耐用品，就可能无力购买汽车了。

分析竞争者，首先需要识别谁是企业的竞争者。企业的竞争者一般是指那些与本企业提供的产品或服务类似，并且具有相同目标顾客和相近价格的企业。例如，在彩电市场上，康佳、王牌、海尔等企业是长虹的竞争者；在饮料市场上，健力宝把可口可乐、百事可乐作为主要竞争者；在汽车市场上，通用汽车把福特汽车作为主要竞争者。对企业来说，有时更大的威胁可能来自潜在的竞争者。例如，白猫洗衣粉的最大威胁不是来自联合利华或宝洁公司，而是不需要洗衣粉的超声波洗衣机。

通常可以从行业观点和市场观点两个方面，来辨别企业的竞争者。

（一）从行业结构的角度识别竞争者

行业是指一组提供一种或一类相互密切替代产品的企业。相互密切替代产品是指具有高度需求交叉弹性的产品。如果某一种产品的价格升高会引起对另一种产品的需求增加，则这两种产品就是密切替代品。例如，甲品牌手机价格的降低使消费者对乙品牌手机的需求减少，则说明这两种产品可以完全替代。

市场的供求关系与行业结构影响行业的竞争结构与竞争行为。决定行业结构的因素主要有销售商数量、产品差异化程度、进入与流动障碍、退出与收缩障碍、成本结构、纵向一体化程度和全球性经营程度等。

1. 销售商数量与产品差异化程度

销售商数量与产品差异化程度这两个要素组合可以产生四种行业竞争结构类型。

（1）完全垄断。完全垄断（Pure Monopoly）是指在一定地理范围内（如一国或一个地区），只有一家企业提供一定的产品或服务。在完全垄断条件下，由于缺乏密切替代品，垄断者为追逐最大利润，甚至会通过改善产品和服务来阻止竞争者进入。

（2）寡头垄断。寡头垄断（Oligopoly）是指由少数卖方（寡头）主导市场，同时包含垄断因素和竞争因素的一种市场结构。寡头垄断有两种形式：完全寡头垄断和不完全寡头垄断。完全寡头垄断是指某行业由几家生产本质上属于同一类产品（如石油、钢铁等）的企业所构成，每家企业只能按现行价格水平定价，赢得竞争优势的手段主要是通过规模生产、降低成本和增加服务来实现差异化。不完全寡头垄断又称差别寡头垄断，是指一个行业由几家生产部分有差别的产品（如汽车、电冰箱、发电机）的企业组成。不完全寡头垄断企业竞争的焦点不是价格，而是在产品特色上寻求领先。它们往往在质量、特性、款式或服务等方面实现差异化，并且在竞争中寻求某一方面居领先地位，从而借助该属性来吸引顾客并索取溢价。

（3）垄断竞争。垄断竞争（Monopolistic Competition）是指某一行业内许多能从整体上或部分区别出所提供的产品或服务的差异性，并通过产品或服务的差异性来吸引顾客的企业开展的竞争。其竞争的焦点在于扩大本企业品牌与竞争者品牌的差异性，突出自己的特色，更好地满足目标顾客的需求。

（4）完全竞争。完全竞争（Pure Competition）是指某一行业内由许多提供相同产品或服务的企业所构成的竞争。由于企业众多且产品无差别，参与竞争的企业只能是“价格的接受者”而不是“价格的决定者”，它们按照市场供求关系确定的价格达成交易。其竞争战略的焦点是通过降低生产成本和分销成本来提高利润率。

2. 进入与流动障碍

各个行业进入的难易程度差别很大。进入某一行业可能会遇到很多障碍，如缺乏足够的资本、规模经济、专利和许可证条件、场地、原料或分销商、信誉条件等。其中有些障碍是行业本身所固有的，而另一些障碍则是先期进入行业的企业单独或联合设置的。身处行业内的企业，当它发现富有吸引力的市场机会向其目标市场流动时，也会遇到流动障碍。

3. 退出与收缩障碍

每个行业都有高潮期和低谷期。当某个行业的利润水平很低甚至亏损时，行业内的企业可能退出并转向。但退出一个行业也会遇到种种障碍，如对顾客、债权人或员工法律上和道义上的义务，由过分专业化或设备技术陈旧引起的资本利用价值低，缺少可选择的市场机会，高度纵向一体化，感情障碍等。即使选择不退出的企业，如果仅仅只是缩小经营规模，也会遇到收缩的障碍，如合同的约定与某些管理的限制。因此，打算仍然留在行业内继续经营的企业应设法减少其退出障碍，如买下退出者的资产、帮助承担顾客义务等。

4. 成本结构

各个行业从事经营活动所需成本大小及成本结构是不同的。例如，钢铁行业所需成本大，而服装行业所需成本小；钢铁行业需要高的制造和原材料成本，而服装行业需要分销和促销成本。企业应将注意力放在最大成本上，即在不影响经营业务发展的前提下减少这些成本。

5. 纵向一体化程度

在某些行业，企业发现实行前向或后向一体化有利于获得竞争优势，如对石油勘探、石油钻井、石油提炼、石油加工及石油产品的销售实行纵向一体化。纵向一体化可以降低成本，并能更好地控制增值流，还能在它们所经营业务的各个细分市场里控制其价格和成本。

6. 全球性经营程度

有些行业的地方性很强，如电影院、歌厅等服务业；而有些行业则适合全球性经营，如IT 业、航空运输业、石油工业等。全球性经营必须以全球竞争为基础，以便实现规模经济和赶上最先进的技术。

总之，企业要想在全行业中处于有利地位，就必须全面了解本行业的竞争模式，以确定自己的竞争者范围。

（二）从市场的角度识别竞争者

除了从行业的角度识别竞争者外，还可以从市场角度来识别，即把其他竞争者看成力求满足相同顾客需求或服务于同一顾客群的企业。如从顾客需求的观点看，文字处理软件是为了获取书写能力。这种需要可由铅笔、钢笔、计算机等予以满足，因而铅笔制造商、钢笔制造商、计算机制造商等就成为文字处理软件商的竞争者。

以市场的观点分析竞争者，可以拓宽企业的视野，使其更清楚地看到自己的现实竞争者和潜在竞争者，有利于企业制定竞争性营销战略和策略。

辨别竞争对手的关键在于通过绘制产品/市场竞争形势图将行业和市场分析结合起来综合考虑。如果企业要进入其他细分市场，就要了解其他竞争者的市场份额、各细分市场的规模、竞争者的目标以及战略与能力等。

二、判定竞争者的战略和目标

确定了企业的竞争对手之后，还要进一步了解每个竞争者在市场上的战略及其追求的目标。

（一）判定竞争者的战略

企业最直接的竞争者是那些在相同的目标市场实施相同战略的企业。一组在某个特定行业中推行相同战略的企业就组成了一个战略群体。

识别行业内的战略群体，不仅要从质量形象与纵向一体化方面进行，还应从技术先进水平、地区范围、制造方法等方面了解每个竞争者更为详细的信息。具体内容包括：竞争者的研究与开发、制造、营销、财务与人力资源管理，产品质量、特色及产品组合，顾客服务，定价策略，分销，广告、人员推销等。

区分战略群体可以发现以下两点：一是进入各个战略群体的难易程度不同。一般小型企业适合进入投资和声誉都较低的群体，因为这类群体较易打入；而实力雄厚的大型企业，则可考虑进入竞争性强的群体。二是当企业决定进入某一战略群体时，该群体的成员就成为它的主要竞争对手。因而它在进入时就必须具有一定的竞争优势，否则很难吸引相同的目标顾客。

除了在同一战略群体内存在激烈竞争外，在不同战略群体之间也存在竞争。这是因为：①某些不同战略群体可能具有相同的目标顾客，即目标顾客交叉；②顾客可能看不出不同战略群体的产品有何差异，如分不清高档货与中档货的区别；③当群体间流动障碍较小时，其他战略群体内规模和实力相当的企业试图扩展业务而进入本战略群体的细分市场。

由于市场环境在不断变化，企业应该不断审视竞争者的战略，并相应调整自己的战略，做到以万变应不变。

（二）判定竞争者追求的目标

竞争者追求的目标是由多种因素共同确定的，如企业规模、历史、目前的经营管理状况和财务状况等。每个竞争企业都有侧重点不同的目标组合，如获利能力、市场占有率、现金流量、技术领先和服务领先等。企业只有了解了每个竞争者的重点目标，才能正确估计竞争者对不同竞争行为的反应。例如，所有竞争者都努力追逐利润，并据此采取行动。但是各个企业对短期利润和长期利润的重视程度不同，对利润满意水平的看法也各不相同。有些企业追求的是“满意”的利润，而不是“最大”的利润，即只要达到既定的利润目标就满足了，即使通过其他战略和努力能赢得更多的利润也不愿考虑。

三、竞争者的优势和劣势分析

竞争者的目标能否实现，取决于其资源和能力，因而企业在分析竞争者时，还需要估计竞争者的优势及弱点，了解竞争者执行各种既定策略的情况，看它是否达到了预期目标。具体做法如下：

首先，收集竞争者业务上的近期关键数据，包括销售额、市场占有率、边际利润、投资收益率、现金流量、发展战略等。但这不是一件容易的事，有时要通过间接方式取得，如通过二手资料、他人介绍等；也可以对中间商和顾客进行调查，如以问卷调查的形式请顾客给本企业和竞争者在一些重要方面分别打分，通过分数了解竞争者的长处和弱点以及自己所处的竞争地位。

其次，分析评估竞争者。在收集信息的基础上，企业可以应用属性分等排列和重点变量监测来分析评价竞争者。属性分等排列通过列出诸如顾客知晓度、产品质量、产品利用率、技术服务和推销人员等主要成功因素，请顾客按照优秀、良好、中等和差四个等级对竞争者进行评价。对重点变量进行监测时，一是监测“市场份额”，即竞争者在目标市场上的销售份额；二是监测“心理份额”，即当回答“列举出该行业中你首先想到的企业”时，提名竞争企业的顾客在全部顾客中所占的百分比；三是监测“情感份额”，即当回答“列举出你喜欢购买其产品的企业”时，提名竞争企业的顾客在全部顾客中所占的百分比。国外的实际情况表明，在心理份额和情感份额方面稳步进取的企业最终将获得市场份额和利润。

最后，在分析竞争者弱点时，要注意发现竞争者对市场或对自身判断上的错误。例如，有些竞争者自以为自己的产品是第一流的，而实际上并非如此；有些竞争者误认为“顾客偏爱产品线齐全的企业”“人员促销是唯一的主要促销方式”“顾客认为服务比价格更重要”等，都会导致决策错误。发现竞争对手的弱点并加以利用，可以取得意想不到的竞争效果。

四、竞争者的反应模式

在判定竞争者的战略与目标、分析其优劣势之后，还需要深入了解竞争者的经营哲学、内在文化、主导信念和心理状态，以期预见其可能采取的竞争行为和对市场竞争的反应。在竞争中，常见的反应类型有以下四种：

1. 从容型竞争

从容型竞争是指竞争者对某一特定的攻击行为没有做出迅速反应或反应不强烈。其原因可能是竞争者认为顾客忠诚度高，不会转移购买，或者认为该攻击行为不会产生大的效果，或者他们的业务需要收割榨取，或者反应迟钝，或者缺乏做出反应所必需的条件等。对此，企业应清楚竞争者从容不迫的原因。

2. 选择型竞争

选择型竞争是指竞争者只对某些类型的攻击做出反应，而对其他类型的攻击无动于衷。例如，竞争者对降价行为做出针锋相对的回击，而对增加广告费用没有反应。了解竞争者在哪些方面做出反应，有利于企业选择最为可行的攻击类型。

3. 凶狠型竞争

凶狠型竞争是指竞争者对其所在领域的任何攻击都做出迅速而强烈的反应。这类竞争者意在警告其他企业最好不要发起任何攻击。

4. 随机型竞争

随机型竞争是指竞争者并不表露可预知的反应模式。这类竞争者在任何特定情况下的反应都具有随机性，而且无法根据其以往的情况加以预测。许多小企业属于此类竞争者。

五、选择进攻或回避的竞争者

企业辨明主要竞争者并分析其优势、劣势和反应模式之后，就要决定自己的对策：进攻谁，回避谁。其选择的根据有以下几个方面：

1. 竞争者的强弱

企业以较弱的竞争者为进攻目标，在提高市场占有率的每个百分点方面所耗费的资金和时间较少，可以节省时间和资源，事半功倍，但是获利较少；以较强的竞争者为进攻目标，可提高自己的竞争能力并且获利较大。

2. 竞争者与本企业的相似程度

多数企业主张和与本企业近似的竞争者展开竞争，但同时又认为应避免摧毁近似的竞争者，因为竞争获胜可能招来更难对付的竞争者。例如，美国博士伦眼镜公司在20世纪70年代末与其他同样生产隐形眼镜的公司竞争，大获全胜，导致竞争者完全失败而相继并入竞争力更强的大公司，使博士伦公司面对更强大的竞争者。

3. 竞争者表现的好坏

迈克尔·波特认为，每个行业都包含“良性”和“恶性”的竞争者。表现良好的竞争者遵守行业规则，按合理的成本定价，有利于行业的稳定和健康发展。他们把自己限制在行业的某一部分或某一细分市场中；激励他人降低成本，提高差异化；保持合理的市场份额与利润水平。具有破坏性的恶性竞争者则不遵守行业规则，他们常常不顾一切地冒险投资，或用不正当手段（如收买贿赂买方采购人员等）扩大市场份额等，从而扰乱行业的均衡。企业应支持良性竞争者，打击恶性竞争者。

第二节　基本竞争战略

企业在分析了竞争者之后，还需要制定多方面的竞争性营销战略和策略，以取得竞争优势。迈克尔·波特在《竞争战略》和《竞争策略》两本书中提出了三种基本竞争战略：总成本领先战略、差别化战略和集中战略。

一、总成本领先战略

总成本领先战略又称全面成本领先战略或低成本战略，是指通过降低产品的生产和分销成本，在努力保证产品和服务质量的前提下，使自己的产品价格低于竞争者的价格，以迅速扩大销售量，提高市场份额，成为市场主导者。钢铁冶炼业、石油化工业、汽车业以及一般机械加工业企业常用此种竞争战略。

采用总成本领先战略需要的基本条件包括：持续的资本投资和良好的融资能力；较高的工艺加工能力；对工人的严格监督与管理；产品的制造工艺设计领先，从而易于用经济的方法制造；有低成本的分销系统。需要的基本组织条件有：结构分明的组织结构与责任，能满足以严格的定量目标为基础的激励，严格的成本控制体系与制度，经常而又详细的成本控制报告。

当然，总成本领先战略也存在一定的风险，具体表现在以下几个方面：①新技术的出现可能使经过多年积累得到的降低成本的投资与方法、制度、技术等丧失优势，并给竞争对手以更低的成本进入的机会；②竞争对手可能通过模仿或其他的学习途径掌握了降低成本的方法，而抵消率先实行这种战略的企业的竞争优势；③过于注重成本往往会导致企业对市场需求变化反应迟钝；④因为定价处于成本的最低界限边缘，当竞争对手发动进攻时，缺少回旋余地。

二、差别化战略

差别化战略是指大力发展别具一格的产品线或营销项目，以争取在产品或服务等方面比竞争者更具独到之处，以差异优势产生竞争力的一种战略。德国西门子公司是推行差别化战略的代表，举世闻名的劳力士手表、奔驰汽车也是运用这种战略的典范。

差别化战略的竞争特点主要有：①构筑企业在市场竞争中特定的进入障碍，有效地抵御其他竞争对手的攻击；②削弱购买者讨价还价的能力；③增强企业对付供应商议价的能力。

小案例 7-1：洋河蓝色经典的差别化战略

“洋河”是我国江苏洋河酒厂股份有限公司的品牌。洋河酒历史悠久，起源于隋唐，隆盛于明清，曾入选皇室贡酒，素有“福泉酒海清香美，味占江淮第一家”的美誉。

2003 年，当时我国白酒市场还是“一片红”。红色在我国文化中象征着吉祥、喜庆，人们一般在逢年过节与好友聚会等场合饮用白酒，所以大多数白酒品牌喜欢使用红色作为主色调。此时，洋河独出心裁地推出了洋河蓝色经典高端白酒品牌。

洋河蓝色经典一反常态，打破白酒以红色、黄色为主色调的老传统，将蓝色作为产品标志色，实现了产品差异化，突显了产品个性。蓝色象征稳重、理智。与很多白酒喝完后头痛、口干舌燥、容易醉不同，洋河蓝色经典口感绵柔，低而不淡、高而不烈、绵长而尾净、丰满而协调、饮后特别舒适，不容易醉。

洋河蓝色经典系列有三种：海之蓝、天之蓝、梦之蓝，档次与价格从低到高。其广告语为：“世界上最宽广的是海，比海更高远的是天空，比天空更博大的是男人的情怀。”这一广告语既反映了洋河蓝色经典的差异化主色调——蓝色，又契合了其三个档次，同时还注入了文化意味，有力地提升了品牌形象。自此，我国消费者又有了一个干杯的理由：“为男人的情怀而干杯!”

洋河蓝色经典的差别化战略取得了很好的成效。2008 年 1—6 月，洋河蓝色经典单个品牌销售同比增长幅度达到 85.6%，占整个销售的 63%。梦之蓝更是达到了 220% 的增长率。2020 年，洋河股份实现营业总收入达到 211.01 亿元，净利润为 74.82 亿元。洋河股份于 2009 年 11 月在深交所上市，截至 2021 年 8 月，洋河股份的市值超过 2500 亿元。洋河现有员工 3 万人。中国酒类流通协会和中华品牌战略研究院发布“2020 年中国酒类品牌价值 200 强”，洋河以 1994.99 亿元的品牌价值排名第四。

（资料来源：1. 洋河官网 https://www.chinayanghe.com/. 2. https://baijiahao.baidu.com/s?id=1678539273471836226&wfr=spider&for=pc. 3. https://baike.baidu.com/item/%E6%B4%8B%E6%B2%B3%E8%93%9D%E8%89%B2%E7%BB%8F%E5%85%B8/6033485?fr=aladdin.）

差别化战略成功的基础是不断通过技术突破，保持技术领先。采用差别化竞争战略需要的一般条件包括：①企业拥有强大的生产经营能力；②有独特的且具有明显优势的产品加工技术；③具备鉴别和敏感的接受创新与创造的能力；④基础研究能力很强；⑤企业在质量与技术领先方面的声誉较高；⑥拥有独特的资源优势；⑦能得到渠道成员的高度合作。需要的基本组织条件包括：①营销部门、研究开发部门、生产部门之间能进行密切协作；②用主观评价与激励代替制度式的定量指标进行评价与激励；③组织内具有轻松愉快的气氛，能够吸引高技能的员工、技术人员或科技人才大量加入并努力工作。

差别化战略的主要风险有：①与竞争对手比较，可能成本太高，以至于差异对顾客丧失吸引力；②顾客偏好变化，导致差异不再对顾客有吸引力；③竞争对手对顾客特别喜欢的差异的模仿。

三、集中战略

集中战略是指通过集中力量为某一个或几个细分市场提供服务，充分满足一定顾客的特殊需要，从而争取局部竞争优势的竞争战略。“不在大海与人抢大鱼，而在小河里捉大鱼”就是这种战略的通俗表达。

企业可以着眼于目标市场上的成本优势，从某些细分市场上成本行为的差别中争取竞争优势；也可以着眼于从企业目标市场上取得差别化优势，以满足特定市场中消费者的需求来获取竞争优势。例如，美国 AFG 玻璃公司将钢化玻璃和彩色玻璃瞄准了微波炉门和淋浴室玻璃门两个子市场，营销绩效显著，市场占有率均达到 70%以上。

集中战略主要面临来自三个方面的威胁：①以广泛市场为目标市场的竞争对手，已经或者很可能将该目标市场纳入其竞争范围，构成对企业的威胁；②企业所在行业的其他企业也采用集中战略或者以更小的细分市场为目标市场，构成对企业的威胁；③宏观环境的变化、技术的突破和创新等多方面的原因导致市场结构发生变化，集中战略的优势不再存在。集中战略需要的市场条件与组织条件，随集中的目标不同而变化。

上述三种战略，哪一种最适用于某个企业或某种产品呢？许多成功的企业有一个共同的特点，就是在确定企业竞争战略时，要根据企业内外环境条件以及在目标市场上的地位来制定可行的战略和策略，即使在同一企业中，不同的业务、不同的产品也有不同的要求，不可强求一律。因此，企业应当先确定自己在目标市场上的竞争地位，然后根据自己的市场定位选择适当的营销战略和策略。

第三节　市场地位与竞争战略

竞争战略的核心问题是企业在市场上的相对地位。按照阿瑟·D. 利特尔咨询公司的六分模型，每个企业在目标市场上都占据着下述六种竞争地位中的一种：①主宰地位。处于这种地位的企业控制着其他竞争者的行为，有广泛选择战略的余地。②强壮地位。处于这种地位的企业可以采取不会危及其长期地位的独立行动，无论竞争者如何行动都能保持其长期地位。③优势地位。处于这种地位的企业在特定战略中拥有较多可以利用的力量，有较多机会改善其战略地位。④防守地位。处于这种地位的企业经营状况尚佳，但它在主宰型企业的控制下生存，改善其地位的机会较少。⑤弱小地位。处于这种地位的企业经营状况不佳，但仍然有改善的机会，必须改变或另谋生路。⑥难以生存的地位。处于这种地位的企业经营状况很差且无改善机会。科特勒根据企业在行业市场上所处的地位，将其进一步划分为市场领导者、市场挑战者、市场跟随者和市场利基者四种类型。本节将分别讨论这四种类型企业的竞争战略。

一、市场领导者的竞争战略

市场领导者是指在相关产品的市场上占有最大市场份额，在价格变动、新产品开发、分销覆盖面和促销强度等方面对行业内其他企业起着领导作用的企业。

市场领导者既是市场竞争的导向者，也是其他企业挑战、效法或回避的对象。为了维护自己的优势，保住自己的主导地位，市场领导者必须保持高度警惕并采取适当的战略和策略。一般有三种战略可供选择：一是扩大市场需求总量；二是保护市场现有份额；三是提高市场占有率。

（一）扩大市场需求总量

一般来说，在同行业产品结构基本不变的情况下，当一种产品的市场需求总量扩大时，受益最大的往往是处于主导地位的企业。因此，市场领导者总是首先考虑扩大现有市场需求总量。

市场领导者扩大市场需求量的有效途径有发掘新的使用者、发现产品的新用途和促进使用者增加使用量三种方式。

1. 发掘新的使用者

当产品具有吸引新购买者的潜力时，发掘和寻找新的使用者是扩大市场需求量行之有效的途径。

企业可以从三个方面找到新的使用者：①新市场策略，即说服那些尚未使用产品的用户群体开始使用，把潜在顾客转变为现实顾客。例如，电器公司通过宣传电淋浴器有多重保护装置，不会发生意外，使原本担心电淋浴器存在安全问题而不愿意购买的消费者开始购买。②市场渗透策略，即对现有细分市场中还没有使用该产品或只是偶尔使用的顾客，说服他们采用产品或增加使用量。例如，说服不用香水的妇女使用香水。③地理扩展策略，即将产品销售到国外或其他地区的细分市场。例如，德国大众把“桑塔纳”小轿车的销售业务向发展中国家或地区转移。

2. 发现产品的新用途

现有产品可以通过发现其新用途并加以推广来扩大需求量，从而使产品常销不衰。例如，碳酸氢钠（小苏打）的销售在100多年间没有起色，它虽有多种用途，但没有一种是需要大量使用的。后来，一家厂商发现有些消费者将该产品作为冰箱除臭剂，于是开发宣传这一新用途，使碳酸氢钠销量大增。

3. 促进使用者增加使用量

促进使用者增加使用量是扩大需求的另一种重要手段，这包括两个方面的内容：一是提高产品的使用频率；二是增加每次的使用量。例如，洗发剂生产企业提示顾客每天洗发可以增强自信心，提高工作效率。又如，日本铃木公司曾将味精的小瓶盖打了许多小孔，既方便了消费者，又使其在不知不觉中增加了消费量。

（二）保护市场现有份额

在努力扩大总市场规模的同时，处于市场领导地位的企业还必须时刻注意保护自己的现行业务免受竞争对手的侵犯。例如，可口可乐公司要防备百事可乐的进攻；麦当劳要提防肯德基的攻势等。

对于市场领导者来说，最有建设性的防御办法是不断创新。市场领导者在任何时候都不能满足于现状，必须在产品创新、提高服务水平和分销渠道的有效性、降低成本等方面真正处于该行业的领先地位，持续增加竞争效益和对顾客的价值；此外，还应该在不断提高服务质量的同时，抓住对手的弱点主动出击。即使不发动进攻，市场领导者至少也要保持警惕、堵塞漏洞，以防进攻者进入。

市场领导者的防御战略主要有阵地防御、侧翼防御、先发防御、反击防御、运动防御和收缩防御六种。

1. 阵地防御

阵地防御（Position Defense）是指在企业现有市场阵地周围建立防线。这是一种静态的防御，也是最基本的防御形式。例如，可口可乐公司在碳酸饮料的基础上，积极开发酷儿、美汁源等果汁饮料，"原叶""雀巢冰爽茶"等茶饮料，以及"天与地"等矿物质水，而且公司还购并数家水果饮料公司，从事塑料和海水淡化事业，通过不断开发新产品，有效地强化了自己的品牌力量，建立了强大的品牌威力。

2. 侧翼防御

侧翼防御（Flanking Defense）是指市场领导者除保卫自己的主阵地外，还应建立辅助阵地以保卫自己较弱的侧翼，并在必要时作为反攻的基地。例如，20 世纪 70 年代，美国的几大汽车公司就是因为没有注意侧翼防御，而遭到了日本小型汽车的进攻，失去了大片阵地。

3. 先发防御

先发防御（Preemptive Defense）是一种"先发制人"式的防御，即在竞争者尚无足够能力进攻之前，先主动发起攻击。具体做法是：当竞争者的市场占有率达到某一危险的高度时，就对它发动攻击；或者对市场上的所有竞争者进行全面攻击，使人人自危。

企业先发制人的方式多种多样，可以运用游击战各个击破，也可以展开全面进攻；可以持续地打价格战，也可以采用心理攻势，通过"市场信号"威慑竞争对手放弃进攻。

4. 反击防御

反击防御（Counteroffensive Defense）是指当市场领导者受到竞争者的攻击时，采取主动反攻，通过正面反击、侧翼反攻，或发动钳形攻势以切断进攻者的后路。例如，日本的松下公司每当发现竞争者意欲采取新促销措施或降价销售时，总是采取增强广告力度或更大幅度降价的方式回击竞争者，结果迫使该竞争者停止进攻，从而保持自己在电视等家电市场的领导地位。当然，企业如果对自己的技术或品牌声誉充满信心，自信足以承受某些攻击，也可以沉着应战，不轻易发动进攻。例如，美国亨氏公司对汉斯公司在番茄酱市场上的进攻就选择置之不理，结果是后者得不偿失，以败阵告终。

5. 运动防御

运动防御（Mobile Defense）要求市场领导者不仅要固守现有的产品和业务，而且要向一些有潜力的新市场扩展，以作为未来防御和进攻的基地。市场扩展可通过市场拓宽（市场扩大化）和市场多样化两种方式实现。①市场拓宽（Market Broadening）是指企业将其注意力从目前的产品转到有关该产品的根本需要上，并全面研究与开发有关该项需要的科学技术。例如，把"石油"公司变成"能源"公司就意味着市场范围要扩大到覆盖整个能源市场。但是，市场扩大化必须有适当的限度；否则，就会违背目标原则和集中原则，产生"营销远视症"。②市场多样化（Market Diversification），即向彼此无关的其他市场扩展，实行多样化经营。

6. 收缩防御

收缩防御（Contraction Defense）是指企业主动从实力较弱的业务领域撤出，而将资源集中于优势领域发展。由于资源有限，市场领导者不可能保持在整个市场上的所有业务，此时，必须善于准确地辨认哪些是值得耗资防守的主要阵地，以便集中使用防御力量，确保主要阵地。收缩防御的目标是减少企业受攻击的可能性，把攻击转移到危害较小的领域，并削弱其攻势。

（三）提高市场占有率

市场领导者设法提高市场占有率，也是增加收益、保持主导地位的一个重要途径。在美国许多市场上，市场份额每提高一个百分点，就意味着几千万美元的收益。美国一项称为“营销战略对利润的影响”（PIMS）的研究表明，市场占有率是与投资收益率有关的最重要的变量之一，市场占有率越高，投资收益率越大，如图 7-1 所示。市场占有率高于 40%的企业，其平均投资收益率相当于市场占有率低于 10%者的 3 倍。例如，美国通用电气公司要求其产品在每个市场上都占据第一位或第二位，否则便撤出该市场。因此，许多企业以提高市场占有率为目标。

另一项研究表明，有些行业，企业的利润率与销售额的关系呈 V 形曲线，如图 7-2 所示。在 V 形曲线中，大企业倾向于面向整个市场，并通过实现规模经济达到降低成本、占有较高市场份额的目的；有些小企业，依靠专业化经营，也能获得很高的收益率；只有那些中等规模的企业，由于既不能获得规模经济效益，也无专业化竞争优势，所以获益最低。

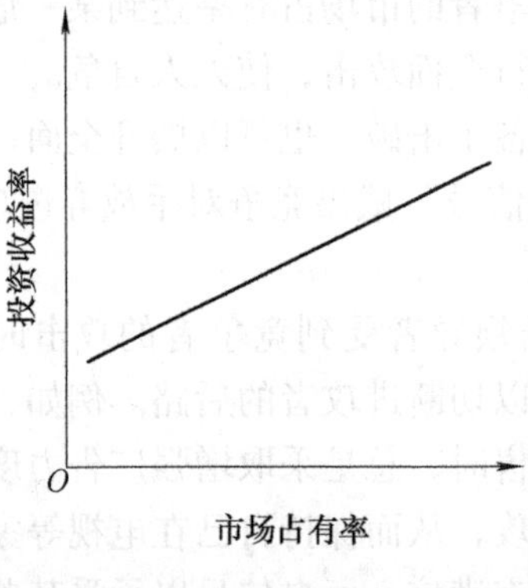

图 7-1　市场占有率与投资收益率的关系

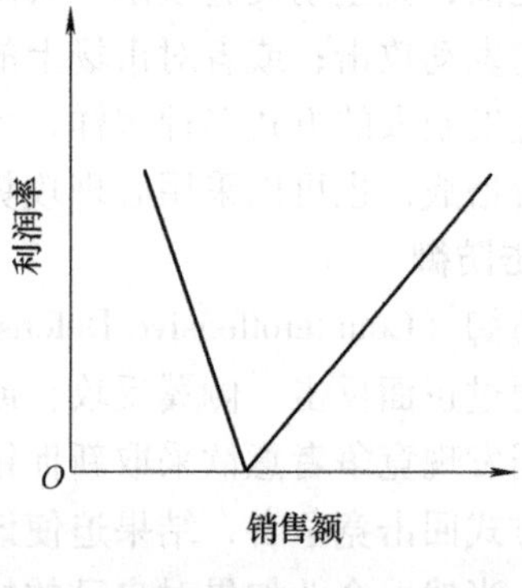

图 7-2　利润率与销售额的关系

PIMS 的进一步研究表明，当企业在其所服务的市场上获得的市场份额超过了其竞争对手时，盈利便会增加。V 形曲线不考虑细分市场问题，只注重企业就其规模而言在整个市场上的获利情况。

不过，市场份额的提高不会自动增加利润。企业能否通过市场占有率的提高获得收益率的增长，还取决于其为提高市场占有率所采取的策略。因此，企业在提高市场占有率时，还应考虑是否存在引起反垄断诉讼的可能、经营成本的大小和营销组合策略三个方面的因素。

（1）引起反垄断诉讼的可能。为了保护市场有序竞争，阻止市场垄断，许多国家的法律规定，如果某一企业的市场份额超出一定界限，就会受到制裁。

（2）经营成本的大小。科特勒指出，公司最佳的市场份额是 50%，此后获得更大市场份额的经营成本会大于其价值。也就是说，市场份额超出 50%后，由于经营成本的增长速度大于利润的增加长速度，利润反而会随着市场份额的增长而降低。图 7-3 显示，一旦市场份额超过某一水平，公司的盈利能力下降，收益率将会随着市场份额的增长而降低。因此，一些市场领导者通过有选择地减少弱势领域的市场份额来提高企业的盈利能力。

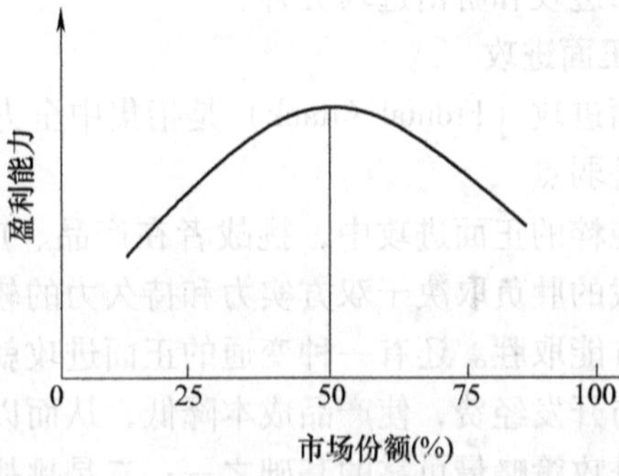

图 7-3　盈利能力与市场份额的关系

（3）营销组合策略。企业在争夺市场份额时，有些营销手段对提高市场占有率很有效，却不一定能增加收益。只有在以下两种情况下，市场占有率与收益率成正比：一是单位成本随市场占有率的提高而下降；二是在提供优质产品时，销售价格的提高大大超过为提高质量所投入的成本。美国管理学家克劳斯贝指出，质量是免费的，因为质量好的产品可减少废品损失和售后服务的开支，所以保持产品的高质量并不会花费太多的成本，而且高质量的产品会受到顾客的欢迎，顾客愿意为之支付较高的价格。

总之，市场领导者必须善于扩大市场需求总量，保卫自己的市场阵地，防御挑战者的进攻，并在保证收益增加的前提下提高市场占有率。这样才能持久地占据市场主导地位。

二、市场挑战者的竞争战略

市场挑战者是指在行业中占据第二位及以后位次，有能力对市场领导者和其他竞争者采取攻击行动，希望夺取市场领导者地位的企业。

在市场上居于次要地位的市场挑战者，如果要向市场领导者和其他竞争者进行挑战，首先必须确定自己的战略目标和挑战对象；然后还要选择适当的进攻策略。

（一）确定战略目标和挑战对象

无论在何种情况下，发动挑战必须遵循“每一项军事行动都必须指向一个明确的和可以达到的目标”的军事原则。如果以市场领导者为进攻对象，其目标可以是夺取某些市场份额，或者是取代市场领导者的地位；如果以小企业为进攻对象，其目标可以是将其逐出市场。

市场挑战者常常针对三种竞争者发起进攻：

（1）进攻市场领导者。虽然进攻市场领导者风险很大，但潜在的利润吸引力也很大。挑战者必须确保有高于领导者的竞争实力，同时能将领导者的反攻限制在最小范围内，否则所获得的利益不会长久。

（2）进攻实力相当但经营不佳、财力不足的企业。挑战者可在那些与自己势均力敌的企业中，选择经营不善者作为进攻对象，设法夺取其市场阵地。

（3）进攻规模较小、经营不善、资金缺乏的区域性小企业。对一些地方性小企业，如经营不善、财务困难者，可夺取它们的顾客，甚至兼并小企业以扩大自己的规模。

（二）选择进攻策略

在确定了战略目标和进攻对象之后，挑战者的进攻策略有正面进攻、侧翼进攻、围堵进攻、迂回进攻和游击进攻五种。

1. 正面进攻

正面进攻（Frontal Attack）是指集中全力向对手的主要市场发动进攻，打击竞争者的强项而不是弱点。

在纯粹的正面进攻中，挑战者在产品、广告、价格和分销渠道等方面与竞争者展开竞争，决战的胜负取决于双方实力和持久力的较量。挑战者必须凭借较多的资源和超出竞争者的实力方能取胜。还有一种变通的正面进攻就是价格战。价格战常用两种措施：一是投入大量研究与开发经费，使产品成本降低，从而以降低价格的手段向对手发动进攻，它是持续实行正面进攻策略最可靠的基础之一；二是挑战者让顾客相信自己的产品与竞争者相当，但售价更低。如果先于市场领导者削价，这种进攻就会奏效。

2. 侧翼进攻

侧翼进攻（Flanking Attack）是指集中优势力量攻击对手的弱点。有时也可采取“声东击西”的策略，佯攻正面，实际攻击侧面或背面，从而出奇制胜。侧翼进攻可以从地理市场和细分市场两个方面展开。在全国或全球寻找并进攻对手力量薄弱的地区就是地理性侧翼进攻；而选择本行业尚未被市场领导者重视和占领的细分市场，填充并设法扩展这个市场空隙，使之成为一个较大的子市场便是细分性侧翼进攻。侧翼进攻体现了“发现需求并满足之”的现代营销观念，既避免了攻守双方为争夺同一市场导致两败俱伤的局面，又能在整个市场上更广泛地满足不同的需求，并且成功的概率高于正面进攻。

3. 围堵进攻

围堵进攻（Encirclement Attack）是一种全方位的进攻战略。挑战者在对方市场领域内，同时在两个或两个以上的战线发动进攻，迫使对手同时保护其前方、后方和侧翼以夺取其市场。采用这一战略要求挑战者拥有优于对手的资源，并确保可以迅速彻底地打垮对手。

4. 迂回进攻

迂回进攻（Bypass Attack）是指完全避开对手的现有市场，进攻其尚未涉足的领域或市场，以壮大自己的实力。这是一种间接进攻战略，有三种具体方法：①实施产品多元化，发展与竞争对手无关的产品；②实行市场多元化，以现有产品进入新地区的市场；③通过技术创新和新产品开发取代现有产品。

5. 游击进攻

游击进攻（Guerrilla Attack）是向竞争者的有关领域发动小规模的、断断续续的进攻，逐渐削弱对手，最终获取永久性的市场领域。它主要适用于规模较小、力量较弱的市场挑战者。企业开展游击进攻常用的方法包括有选择性地降价、开展密集促销以及向竞争对手采取相应的法律行动等。

综上所述，企业挑战市场领导者时有多种进攻战略可供选择，但是很难单靠某一种战略取得成功，也不可能同时运用所有这些战略。通常是设计出一套适应环境和时间变化的整体战略，借以改变自己的市场地位。

三、市场跟随者的竞争战略

市场跟随者是指在产品、技术、价格、渠道和促销等大多数营销战略上模仿或跟随市场领导者的企业。

在市场竞争中，产品的创新及商业化需要大量投资。市场领导者要想取得成功并获得市场主导地位，需要承担很大的风险；而其他企业从事仿造或改良，虽然不能取代市场领导者，但可以减少支出和风险，坐享其成，所获利润很高，甚至可能超过全行业的平均水平。正如美国营销学专家李维特在《有创新的模仿》一文中指出：“产品模仿”（Product Imitation）有时像“产品创新”（Product Innovation）一样有利。因此，许多在市场中居第二位及以后位次的企业往往选择追随而不是挑战。它们不是向市场领导者发动进攻并图谋取而代之，而是跟随在领导者之后自觉地维持和平共处的局面。这种“自觉共处”（Conscious Parallelism）的状态在资本密集且产品同质性很高的行业（钢铁、化工等）中普遍存在。在这些行业中，产品及服务差异性很小，价格敏感度很高，因此极易引发价格战，结果导致两败俱伤。为了行业市场占有率的相对稳定，避免引起对手的报复，大多数企业不以短期市场占有率为目标，不互相争夺客户，而是采取市场跟随战略仿效领导者为市场提供类似的产品。

但是，市场跟随者不能被动地单纯追随领导者，而应设法保持现有顾客，并争取新顾客，发现和确定一个不至于引起竞争性报复的跟随战略。具体来说，有以下三种战略可供市场跟随者挑选：

1. 紧密跟随

紧密跟随（Following Closely）是指在各个细分市场和营销组合方面完全不进行创新，尽可能地仿效市场领导者。这种跟随者以借助先行者的优势开拓市场并寄生获利。值得注意的是，紧密跟随只要不从根本上危及市场领导者的地位，就不会发生直接冲突；如果发展为仿造者，生产冒牌产品危害市场领导者的名誉，就将遭受制裁。

2. 有距离的跟随

有距离的跟随（Following at a Distance）是指在产品、目标市场等主要方面模仿领导者，而在包装、广告和价格等方面又有所不同。这类跟随者如果不对领导者发起挑战，市场领导者是不会介意的。

3. 有选择的跟随

有选择的跟随（Following Selectively）是指对市场领导者的产品先接受，再加以改进，并选择其他市场进行销售，以避免与市场领导者发生直接冲突。这类跟随者通过改进并在别的市场发展壮大后，可能成长为挑战者。

尽管跟随战略不冒风险，但也存在明显缺陷。有关研究显示，只有市场份额排在第一位和第二位的企业能够获得投资回报，而且市场份额排在第二位及以后的企业与第一位的企业在投资报酬率上差距较大。

四、市场利基者的竞争战略

每个行业中都存在着规模较小的或者被大企业忽略的某些细分市场，这种有利的市场位置在西方称为“Niche”，通常译为“利基”。市场利基者是专门为规模较小的细分市场或者被大企业忽略的某些细分市场提供产品和服务的企业。

美国战略计划研究所通过研究发现，小市场（利基市场）的投资报酬率平均为27%，而大市场为11%。市场利基者能够获得高利润和快速增长的主要原因在于它们比其他企业更充分地了解和满足了某一细分市场的需求，并通过专业化经营提高了产品的附加值获得高毛利。作为市场补缺者，在竞争中的关键是设法寻找一个或几个这种既安全又有利的利基。一个理想的利基市场应具有以下特征：①有足够的规模和购买力，能保证一定的利润，并有增长潜力；②企业具备可为之提供有效的产品或服务所需的资源和能力；③对主要竞争者不具有吸引力；④企业在顾客中建立了良好的信誉，足以对抗竞争者的攻击。

市场利基者的战略方针是见缝插针，采用专业化营销获得生存和发展空间，一般在市场、顾客、产品或渠道等方面可以找到专业化的竞争方向。

（1）最终用户专业化。企业专门致力于为某类最终用户提供服务或配套产品。例如，瑞星公司专门提供防病毒软件。

（2）垂直层面专业化。企业专门致力于为处于生产与分销循环周期的某些层面提供服务，也称纵向专业化。例如，铝制品厂可专门生产铝锭、铝制品或铝质零部件。

（3）客户规模专业化。企业集中力量专门为某一种规模（大、中、小）的客户服务，如有些市场利基者专门为那些被大企业忽视的小客户服务。

（4）特定客户专业化。企业只为某一个或几个主要客户销售产品或提供服务。例如，美国有些厂商专门为通用汽车公司供货。

（5）地理区域专业化。企业只将经营业务集中在国内外某一地区、地点或范围内。

（6）产品或产品线专业化。企业只生产一种产品或某一大类产品。例如，美国的Wrigley公司专门生产口香糖这一种产品；日本的YKK公司只生产拉链这一类产品。

（7）产品特色专业化。企业只生产某一种特色产品。

（8）客户订单专业化。企业只按客户的订单生产预订的产品。

（9）质量和价格专业化。企业专门生产经营高质高档或低档产品。例如，惠普公司在微型计算机市场上专门生产高质高价产品。

（10）服务专业化。企业专门提供一种或几种其他企业没有的服务项目，如搬家服务公司等。

（11）分销渠道专业化。企业只为一种分销渠道服务。例如，某公司只向加油站生产供应大容量包装的软饮料。

在选择市场利基时，市场利基者必须面对本身会资源耗竭或受到进攻的风险。为了提高保险系数，企业通常选择两个或两个以上的利基，以确保企业的生存和发展。

资料链接7-2：隐形冠军

世界级管理大师、哈佛商学院访问教授、隐形冠军企业研究专家赫尔曼·西蒙历经十多年的研究，向全球发布“隐形冠军”这一概念。他认为在可口可乐、微软、宝洁、GE等知名大企业之外，全球更大量的优秀企业是一些默默无闻却盈利颇丰的行业冠军企业。在许多不知名行业中，这些中小企业在全球范围或某一区域市场占领了其所属市场50%的份额甚至更多，尤其突出的是，这些公司无论是在经营水准、产品技术和创新能力等方面，都丝毫不弱于500强企业，甚至在某些方面更是独树一帜，建立了大企业无法奢求的竞争优势。具体而言，隐形冠军需要满足三个标准条件：①世界前三强的公司或者某一大陆上名列第一的公司；②年营业额低于50亿欧元；③不为外界所知。

隐形冠军之所以成功，是因为这些企业蕴藏着八大特质：目标远大、高度专业化、攥紧客户关系、成为卓越者的伙伴、创新、跻身顶级竞技场、独一无二的市场地位和强大的企业文化。

隐形冠军最富野心的目标是实现持续增长和获得世界范围内的市场领导者地位。聚焦与全球化是隐形冠军不可或缺的两大支柱性战略。在全球化的过程中，隐形冠军倾向于将价值创造链最大限度地掌握在自己手中。隐形冠军始终保持与客户的紧密联系，它们贴近客户的程度比大企业高出5倍。隐形冠军对研发的投入是一般工业企业的两倍多。隐形冠军的产品质量等竞争优势明显，为竞争者进入市场设置了很高的门槛。隐形冠军是高绩效的组织。一般来说，隐形冠军的利润比同行要高得多。典型的隐形冠军是为单一市场提供单一产品并拥有一个简单组织架构的企业。隐形冠军的领导人的特征是对领导者和企业使命具有高度认同感，也具有实现目标的决心、勇气、毅力、能力以及激励和鼓舞他人的魅力；隐形冠军的领导人的任期平均为20年，是大公司的三倍。

（资料来源：西蒙，杨一安. 隐形冠军：未来全球化的先锋［M］. 张帆. 吴君，刘惠宇，等译. 北京：机械工业出版社，2019.）

关键词

总成本领先战略 Overall Cost Leadership Strategic

战略群体 Strategic Group

集中战略 Focus Strategic

市场挑战者 Market Challenger

市场利基者 Market Nicher

差别化战略 Differentiation Strategic

市场领导者 Market Leader

市场跟随者 Market Follower

思考题

1. 解释以下概念：

总成本领先战略、差别化战略、集中战略、从容型竞争、选择型竞争、凶狠型竞争、随机型竞争、市场挑战者、市场跟随者、市场利基者。

2. 论述对竞争者进行分析的步骤与内容。
3. 简述竞争者的一般竞争战略。
4. 简述市场领导者可采取的防御战略。
5. 简述市场挑战者可选择的进攻战略。
6. 简述市场跟随者可选择的专业化战略。
7. 简述一个理想的“利基”应具备的特征。
8. 简述如何根据销售商数量及产品差异程度划分行业结构类型。
9. 根据市场竞争地位的不同，可将企业分为哪几种类型？它们各有什么特征？
10. 市场领导者提高市场占有率的途径有哪些？市场占有率是否越高越有利？

案例分析讨论

腾讯与阿里巴巴的竞合

2021年7月，多家媒体发出中国互联网两大巨头阿里巴巴和腾讯将“世纪和解”的消息：阿里巴巴和腾讯考虑互相开放生态系统，阿里巴巴的初步举措可能包括将腾讯控股的微信支付引入淘宝和天猫；而腾讯可能将允许阿里巴巴的电商信息在微信分享，或者允许微信用户通过小程序使用阿里巴巴的一些服务。

之前，阿里巴巴和腾讯的竞争如火如荼，几乎覆盖了整个互联网主流业务，电商、社交媒体、大文娱、新零售、在线支付、外卖、云业务、网约车、共享单车等，均被波及。

两者的激烈竞争可以追溯到2013年7月，阿里巴巴集团突然宣布暂停与微信相关的第三方应用服务，断掉一切微信数据接口。淘宝所有卖家随后都收到一则禁令，禁止卖家张贴微信二维码，甚至“微信”两个字也成为违禁词。这被视为淘宝正式屏蔽微信发出的第一枪。面对阿里巴巴的进攻，腾讯开始反击。2013年11月，微信用户发现，朋友之间分享的淘宝店铺链接码，不再能直接打开店铺，相应地都被强行导向手机淘宝的下载页。腾讯直接在微信窗口后台新增了一项设置，阻断了淘宝下载链接的跳转，代之页面显示为：您访问的淘宝网址“已经被淘宝屏蔽”，如需浏览，可长按网址复制并使用浏览器访问。腾讯、阿里巴巴两大巨头的王牌产品之间，自此完成了屏蔽的闭环，开始了多年的“多重阻隔”。

除了两大平台在流量端口上的正面交锋，在支付体系上，双方也是剑拔弩张。每年的春节，支付宝被微信全面封锁了“新春红包”的分享接口。2020年春节，微信甚至被曝出，凡是涉及“支付宝”“五福”等关键词的朋友圈，都只能出现在本人的首页，其他好友是无法看到的。两大金融支付平台走出了不同的路，微信支付在交易笔数上远超支付宝；但相应地，支付宝的交易金额也远超微信支付。

如今，阿里巴巴和腾讯的长期全面竞争，已进入了稳态，双方的“势力范围”（阿里巴巴仍然为电商，腾讯依旧是社交）十分清晰，再继续投入大量资源争得你死我活，几乎没有现实意义。因此，从双方业务分布的角度看，双方和解是大势所趋，利大于弊。此外，面对全球性的反垄断压力，阿里巴巴和腾讯重新审视自身的竞争战略。加强核心业务，收缩部分战线，是更合适的战略选择。放眼更广泛的全球范围，当前中美互联网产业和科技巨头的竞争十分激烈，中国互联网企业要加强合作，而不是无谓的内耗。阿里巴巴和腾讯的和解，将起到正面的示范效应。

阿里巴巴集团董事会主席兼首席执行官张勇表示，“互联是互联网的初心，开放是数字生态的基础，平台之间的大循环能产生的社会价值，一定远远大过在单一平台内的小循环。平台之间如果能够互联互通，肯定会带来新的改革红利。张勇称，平台之间互联开放，结果会是多赢。对中小企业，解除外链屏蔽能降低流量费用，有利于降低经营成本，带来更好的经营便利；对消费者而言，则有助于提升生活便利度。从我们了解到的声音来看，这些都是他们的关切”。

总而言之，即使是竞争对手也能通过合作达到共赢，这种状态叫作竞合（Co-Opetition）。腾讯与阿里巴巴完美地诠释了什么叫“竞合”。互联网的底层精神就是开放，两大巨头互相开放生态这一动作，不仅打破了长达八年明争暗斗的局面，让双方都受益，也为整个互联网行业带来新的机会，创造出新的价值。

（资料来源：1.《哈佛商业评论》文章《腾讯阿里“和解”，一心只想着竞争的企业没前途》，https://www.163.com/dy/article/GF4O2VLG0512D8L6.html. 2. https://baijiahao.baidu.com/s? id = 1705361778963402436&wfr = spider&for=pc. 3. https：//baijiahao.baidu.com/s？id=1705339342289619853&wfr=spider&for=pc.）

案例思考题：

1. 请分析我国在线支付市场与社交媒体市场各自的竞争格局。为什么当初阿里巴巴与腾讯相互进攻对方？

2. 阿里巴巴与腾讯的过度竞争有什么弊端与风险？两者为什么选择竞合？竞合又能带来什么好处？

3. 在竞合中，企业需要注意哪些问题？

第八章

目标市场战略

本章要点

1. 市场细分的概念
2. 市场细分的依据与使市场细分有效的原则
3. 选择目标市场的步骤与选择模式
4. 选择目标市场的战略
5. 市场定位的含义与定位步骤
6. 市场定位策略

导入案例

是什么促成了“三只松鼠”今日的成就?

“三只松鼠”是在2012年推出的第一个互联网森林食品品牌，产品代表着天然、新鲜以及非过度加工。上线仅仅65天，“三只松鼠”的销售就跃居淘宝天猫坚果行业的第一名。近年来，在天猫“双11”的大促销中，“三只松鼠”都夺得了坚果类目的冠军宝座，创造了我国互联网食品的一个奇迹。是什么促成了“三只松鼠”今日的成就?与传统产品的营销相比，“三只松鼠”有哪些特别之处?

做营销，首先就要确定目标消费者，紧接着满足其需求。三只松鼠的目标人群定位非常明确，它的客户群体定位是80后、90后互联网用户群体。80后、90后个性张扬，有自己的主见和行为准则，他们追求时尚、享受生活、善待自己，对细节挑剔，习惯网购，注重全方位的消费体验。“三只松鼠”从命名开始，就很注重契合目标消费者的特点。“三只松鼠”的CEO章燎原介绍，互联网的主流群体是85后，非常年轻，所以互联网化的品牌名称，除了要能很好记忆，也要更加有趣。当这两者合为一体时，就很容易联想到动物，于是“三只松鼠”的名字就产生了。此外，“三只松鼠”的形象和包装也是根据消费者的需求定位出来的。三只小松鼠色彩鲜丽、活泼可爱，而且每个松鼠还有自己的名字，代表着不同的典型性格。如今，这三只松鼠正逐步笼络80后、90后互联网用户群体，尤其是针对女性，设有品茶、赏花、看书、写作等专区，极大地吸引了年轻一代女性的注意力，拉动产品消费。不仅如此，“三只松鼠”还基于80后、90后互联网用户群体的定位，适应顾客的各种口味，特意将位于销售链前端的售前客服进行分组，分组的标准则是根据客服的性格与个人偏好决定的。这些定位于目标消费群体的营销方式，极大地满足了顾客的消费体验，增加了很多回头客，二次购买率不断提升。

（资料来源：http://www.zhenzi.cc/news.asp? id=745.）

“三只松鼠”取得了极大的成功，给大家的营销启示在于营销要对目标消费群进行精准的定位，明确产品与消费者之间的关系，分析、挖掘他们内在的爱好、需求和兴趣点，并抓住目标人群的某些特点元素与之结合，从而增加消费者对品牌的认可度。本章将详细介绍企业如何进行市场细分、如何选择目标市场和进行独特的市场定位。

第一节　市场细分

一、市场细分的概念及意义

（一）市场细分的概念

市场细分就是企业的管理者按照细分变数，即影响市场购买者的需求特点、购买行为和购买习惯等因素，把某一产品的市场整体划分为若干个顾客群的过程。其中每一个细分市场都是由具有相似购买欲望和需要的购买者组成，是一个亚市场，也称为子市场或分市场。

市场细分的概念是美国市场营销学家温德尔·斯密于20世纪50年代中期提出的。在此之前，市场以卖方为主导，企业很少考虑顾客的需求。随着生产力水平的不断提高和生产与消费的矛盾日益尖锐，迫使企业必须转变经营观念和经营方式，寻找对企业产品有吸引力的、适合企业发展的市场作为自己营销活动的主要对象。于是，市场细分理论就应运而生了。

（二）市场细分的意义

市场细分理论的产生，使传统营销观念发生了根本性变革，在理论和实践中都产生了极大影响。随着该理论的不断完善和发展，它已成为判断企业是否真正树立“以消费者为中心”的市场营销观念的标志，对企业的营销实践具有指导意义。

具体而言，市场细分的意义表现为：

1. 有利于发现市场机会

企业通过市场营销研究和市场细分，可以了解各个不同顾客群的需求情况和目前满足的程度，从而发现哪些顾客群的需要还没有得到满足或没有充分满足。在满足水平较低的细分市场，就可能存在着很多的市场机会。所以，市场细分是企业发现良机、提高市场占有率的有力手段，尤其适用于资金较少、资源薄弱的中小企业。中小企业通过市场细分，可以发现某些未被满足的需求，找到力所能及的良机，从而见缝插针、拾遗补阙，在日益激烈的竞争中获得生存和发展的空间。

2. 有利于准确地选择目标市场

进行了市场细分，企业就可以认真鉴别各个细分市场的需求特点，从而选择出适合企业发展的市场，进而开展有针对性的营销活动。企业通过市场细分，一方面，可以发现被竞争对手忽视的市场，而将该市场作为自己的目标市场，抓住时机投入产品；另一方面，企业也可以选择竞争密度相对较低，或顾客的某些需求没有被完全满足的市场作为目标市场，从而针对顾客需求开展有效的营销活动，夺取市场先机。

小案例 8-1：美国钟表公司的市场细分

美国钟表公司通过市场营销研究和市场细分，把美国手表市场细分为三类不同的购买群体：第一类购买者想以最低的价格购买能计时的手表，他们约占整体市场的23%；第二类购买者想以较高的价格购买计时更准、更耐用或式样更好的手表，他们约占整体市场的46%；第三类购买者想购买名贵手表作为礼物，他们往往追求手表象征性或感情性的价值，这类购买者约占整体市场的31%。而且当时著名的钟表公司几乎都是以第三类购买者作为目标市场，并为之制造名贵手表，广告宣传和推销活动也主要集中在礼品购买季节进行，推销也主要通过大百货商场和珠宝商店。于是，美国钟表公司根据企业自身情况，决定选择第一、二类购买者为其目标市场，这样不仅市场空间巨大、营销手段易于大众化，而且避开了激烈的竞争，对企业的发展自然非常有利。

3. 使企业的营销策略更具有针对性

企业通过市场细分选择了目标市场，就可以针对目标市场的特点，有的放矢地制定适当的市场营销策略。例如，企业可以按照目标市场的需求变化，及时、准确地调整产品结构，使其产品适销对路；可以相应及时地调整和安排分销渠道、广告宣传等，使产品能顺利、迅速地送达目标市场：还可以集中使用人力、物力、财力，使有限的资源集中使用在“刀刃”上，从而以最少的经营费用取得最大的经营效益。

小案例 8-2：新加坡电信公司成功的市场细分

作为新加坡最大的移动运营商和亚洲最主要的通信集团公司之一，新加坡电信公司在电信界是一个值得信赖的品牌名称。它成立于1879年，掌握着本地44%的市场份额。究其成功的原因，最主要的就是其不断的市场调查和有效的市场细分。

新加坡电信公司将其用户大致划分为两大类型：顾客（个人）和企业（公司）。因为这两个笼统的区段具有几乎完全不同的需求、特征和行为，因此，他们规定了各自不同的营销组合。为了能够有针对性地销售产品和服务，更有效地实施促销手段并挖掘促销渠道，新加坡电信公司将市场进一步分割为更小的区段。“用户”被进一步地分解，细分为移动、商铺、电话和传呼、国际电话和网络电话。其与众不同之处在于，新加坡电信公司的“业务”也被再细分为数据和互联网、话音、移动或无线、电子商业运营管理服务、卫星和运营商解决方案。这样的细分使新加坡电信公司得以对其产品、服务、价格和项目加以精心调整，从而充分满足仔细选定的每个子区段的需要。与此同时，新加坡电信公司也能够以较小的竞争代价，从分割为更小的市场区段中获取较大的收益。

（改编自：科特勒，等. 反思：可持续营销［M］. 李宪一，译. 北京：中国市场出版社，2008：68-69.）

二、市场细分的模式与理论依据

（一）市场需求的差异性是市场细分的内在依据

市场需求一般有同质偏好、扩散偏好和集群偏好三种模式。以冰激凌市场购买者对冰激凌的甜度和奶油度的偏好程度为例，这三种市场需求的模式如图 8-1 所示。

1. 同质偏好

同质偏好是指市场上所有消费者的偏好都大致相同，如图 8-1a 所示。对于这类市场，消费者的需求偏好较为集中，企业一般无须细分，进入市场的品牌基本上都会不约而同地定位在同一个市场上。

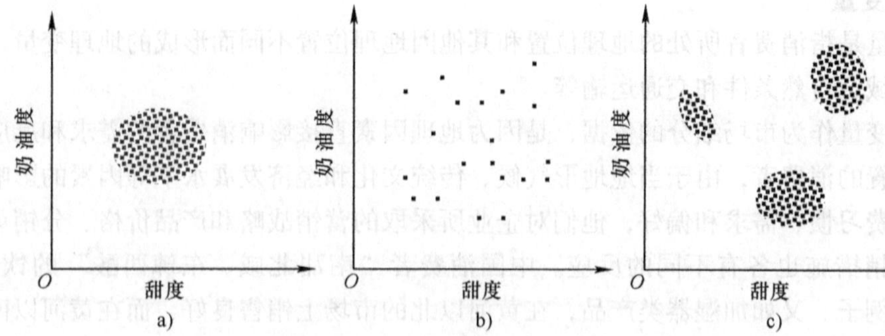

图 8-1　市场需求的三种模式
a）同质偏好　b）扩散偏好　c）集群偏好

2. 扩散偏好

扩散偏好如图 8-1b 所示，是指消费者的偏好在市场上呈发散状态分布，这种分布表示消费者对于产品的需求存在较大差异。企业在这类市场上进行营销活动时，一般都希望定位于市场的中心，以最大限度地吸引消费者。但也要考虑市场竞争状况，与竞争对手保持一定的差异性，以迎合消费者偏好的差异。

3. 集群偏好

集群偏好如图 8-1c 所示，是指市场上出现了几个具有独特偏好的较为密集的群体，这些密集群体就形成了自然的细分市场。企业在进入这类市场时，可以将品牌定位于市场中心，以吸引所有的消费者；也可以定位于较大的细分市场内；还可以推出多个品牌，分别定位于不同的细分市场。显而易见，这种细分市场的选择模式对于先进入市场者是最有利的；后进入者只能根据先进入者的市场位置来合理选择对自己最为有利的细分市场。

由此可见，顾客的需求千差万别，这种需求的差异性使得市场细分成为企业进行营销活动的必然选择。需要注意的是，即便处于同一个细分市场的消费者，其需求的相同或相似性也有部分的假设成分，因为并不存在两个需求是完全一样的购买者。所以，营销者应提供灵活的市场供应品来代替向同一细分市场的所有消费者提供一种标准的产品。

（二）产品供应的多元化是市场细分的外在基础

市场上的任何一家企业都不可能提供同一个消费者所需要的所有产品，也不可能满足市场上所有消费者的同一需求。所以，为了满足市场需求，各个企业都竞相推出不同的产品以吸引不同的消费者，这种产品供应的多元化使得企业要想在激烈的市场竞争中求得生存和发展，就必须进行市场需求分析，企业通过市场细分和目标市场选择，以求产品适销对路，力争获取最大的竞争优势。

三、市场细分的依据

市场细分需要依据一定的细分变量来进行。市场细分的变量很多，而且不同类型的市场，细分变量也有所不同。下面就消费者市场和产业市场的细分依据分别加以论述。

（一）消费者市场细分的依据

对消费者市场进行细分的依据很多，综合起来可分为四大变量：

1. 地理变量

地理变量是指消费者所处的地理位置和其他因地理位置不同而形成的地理变量，包括气候、城乡区域、自然条件和交通运输等。

以地理变量作为市场细分的依据，是因为地理因素直接影响消费者的需求和反应。处于不同地理位置的消费者，由于当地地形气候、传统文化和经济发展水平等因素的影响，形成了不同的消费习惯、需求和偏好，他们对企业所采取的营销战略和产品价格、分销渠道、广告宣传等营销措施也各有不同的反应。中国消费者“南甜北咸、东辣西酸”的饮食习惯，就是典型的例子。又如加湿器类产品，在黄河以北的市场上销售良好，而在黄河以南的市场上则鲜有人问津。

另外，由于地理位置的不同，市场的需求潜量和企业所花费的成本费用也会有所不同，企业应选择那些本企业能最好地为之服务的、效益较高的地理市场为目标市场。例如诸多啤酒企业和饮料企业以当地作为主要市场。

2. 人口变量

人口变量是指人口的各种构成及其变化情况，包括年龄、性别、家庭生命周期、代系、家庭规模、收入、教育、职业、民族、种族、国籍、宗教等。该变量长久以来一直是消费者市场细分的最主要依据。因为人口是构成市场的最根本因素，其所包含的各种因素对消费者的价值观念、生活情趣、审美观念和生活方式等都产生直接的影响，而且它比其他因素更容易测量。

即使企业有时不是以人口变量进行市场细分的，但为了测量目标市场的大小和有效到达目标市场，也会考虑人口变量的有关因素。比如，性别通常被服装、化妆品、美容美发等行业作为市场细分的依据。因为在这些行业中，女性和男性的基本需求有着明显的区别：女性一般富于感性，对色彩比较敏感，有较强的公共倾向，且有很强的购买欲；男性则在自我表现和目标导向性方面更强一些。再如，家具、家电等行业常常用家庭规模和收入两个因素作为其市场细分的依据，这些商品的消费情况与家庭的人口数量、居住环境及其消费能力密不可分。

不过，大多数企业在采用人口变量作为细分依据时，都会使用多变量细分。例如，某日化企业在进行市场细分时，就同时使用了性别、年龄、受教育程度、职业等多个变量，将市场细分为数十个子市场，然后对其中比较符合企业发展目标的十几个市场进行购买潜量、购买频率、竞争程度等方面的研究，最后才选定自己的目标市场。

需要注意的是，有时使用人口变量进行市场细分并不可靠。因为人口变量中的大多数因素在对消费者的购买行为产生影响时，这些因素本身还要受到相关人口的心理或行为变量的影响。比如，一些玩具生产企业所生产的儿童益智类玩具，通常都是按照购买者年龄来细分市场，有适合 2~4 岁儿童的，有适合 5~7 岁儿童的，有适合 8~11 岁儿童的。可令人惊讶的是，企业偶然发现购买并消费玩具的并不都是儿童，还有很多成年人。经过了解才发现，很多成年人基于一颗童心，或对童年的追忆，或对童年生活不足的弥补等，也对玩具有着很大需求。所以说，企业在使用人口变量进行市场细分时，还要结合其他因素综合考虑。

资料链接 8-1：代系细分

每一代人都会受到其所处时代的深远影响，包括当时的音乐、运动、政策和各种事件等。人口统计学家把这些代系群体称为同龄群（Cohorts）。同龄群出生在同一时期并一起度过生命岁月，拥有相同的文化、政治和经济经历，具有相似的世界观和价值取向。

Schewe 和 Meredith 基于关键年龄的概念，发展出一种时代细分方案，认为一个人在关键年龄（17~24 岁）时所形成的核心价值观在一生中大部分都保持不变。因此，有效的营销活动可以采用那些在同龄群中共同体验过的标志和图片进行细分。美国人的各代系划分为：G1 世代（1901 年—1924 年）、沉默的一代（1925 年—1945 年）、婴儿潮世代（1946 年—1964 年）、X 世代（1965 年—1977 年）、Y 世代（1978 年—1994 年）、千禧年世代（1995 年—2002 年）。

中国学者在 Helmut Schütte 的基础上将中国消费者细分为五个代系：偏传统的一代（1921 年—1945 年）、失落的一代（1945 年—1960 年）、幸运一代（1960 年—1970 年）、转型一代（1970 年—1980 年）和独生的一代（1980 年以后）。

（资料来源：1. 科特勒，凯勒. 营销管理［M］. 王永贵，等译. 上海：格致出版社，上海人民出版社，2009. 2. 卢泰宏，杨晓燕，张红明. 消费者行为学［M］. 北京：高等教育出版社，2005.）

3. 心理变量

心理变量主要是指消费者的生活方式、生活态度、个性特点和动机等因素。上面已经提过，处于同一人口变量或地理变量的群体，可能会表现出较大的心理差异，所以，心理变量就成为一个较为重要的细分变量。

比较常用的心理细分因素有：

（1）生活方式，即一个人或团体对消费、工作和娱乐的特定习惯和倾向性。生活方式不同的人，对商品的需求和喜好也有所不同。近年来，西方国家的企业越来越重视生活方式对细分市场的作用，很多企业都把追求某种生活方式的消费者群作为自己的目标市场，并为其专门设计产品。同时，这方面的研究也较为深入细致。

（2）个性特征。目前的消费经济常常被称为“体验经济”时代，可见消费者的个性特征在营销中的重要性。国内外的许多企业都将个性特征作为细分标准，从产品的设计到产品的生产、品牌定位与设计、广告宣传等环节，无一不迎合消费者的个性需要。从我国时装市场每年的流行趋势，到轿车生产厂家不断推出的彰显个性的新款车型，便可见一斑。

（3）购买动机。消费者购买商品时的动机是一个内隐的、较难捉摸的因素，但也是决定其购买决策的主要因素。所以，许多企业开始使用该因素进行市场细分，以利用某一动机吸引对产品具有相同或相似偏好的消费者。比如一些商家常用的“赔本大甩卖”，就是针对具有求廉动机的消费者；相反，另一些商家不断抬高物价，努力宣传产品的品牌和质量，则是以具有求质或求声望动机的消费者作为自己的目标对象。

4. 行为变量

行为变量是指消费者购买或消费某种产品的时机、场合，追求的利益，使用频率和对品牌的忠诚度等因素。许多营销人员坚信，行为变量是进行市场细分至关重要的出发点。

（1）购买和使用时机。时机可以被定义为一天、一周、一月或一年的某个时间，也可以被定义为消费者生命中的某一阶段，当消费者在这一时间或阶段产生需求，购买或使用产品，即可按这一时机来区分顾客。比如牛奶生产企业经过调查发现，人们喝牛奶的时间要么在早晨，要么在晚上，所以，企业就生产出早餐奶和晚餐奶，将人们一天只喝一次牛奶变为每天至少喝两次。当然，营销人员是不会忘记各种节假日和消费者本身的喜庆日子的，这些日子都会成为营销人员扩大销售的最有利时机。

（2）追求的利益。根据消费者购买和消费商品时所追求的利益进行市场细分。例如，我国的牙膏市场由原来的普通牙膏，发展到现在的保健型、固齿型、清新口气型、美白型等，就是对根据消费者所追求利益的不同进行市场细分的很好诠释。运用该因素进行市场细分时，首先要了解消费者购买某种产品所追求的利益有哪些，然后研究追求某种利益的是哪些人，最后还要调查哪些利益已经被满足，哪些利益尚未满足或未完全满足。只有如此，利用这一因素进行市场细分才能事半功倍。

（3）使用者状况。根据消费者的使用状况，可以将其分为从未使用者、曾经使用者、潜在使用者、首次使用者和经常使用者。从未使用者和曾经使用者并不意味着不会使用或再次使用，所以，企业营销人员的任务就是将他们变为现实购买者。一般较大的企业都会注重这一类使用者和潜在使用者，而实力较弱的企业则更加关注经常使用者。

（4）使用率。根据消费者对产品的使用率，可以将其分为大量使用者、中量使用者和少量使用者。一般企业大多数的收益都是由占市场比重较少的大量使用者所提供，所以大多数企业也都将其力量集中于市场上的大量使用者。

（5）品牌忠诚状况。根据消费者对品牌的忠诚状况，可以将其分为坚定忠诚者、弹性忠诚者、转移忠诚者和随机者四类。坚定忠诚者总是始终不渝地购买一种品牌；弹性忠诚者往往忠于两三种品牌，所以也叫中度忠诚者或多品牌忠诚者；转移忠诚者就是从忠于一个品牌转移到忠于另一个品牌的消费者；随机者也叫非忠诚者，就是对任何一个品牌都不忠诚。通过对品牌忠诚状况的研究，企业就可以发现竞争者的优势和自己的不足，从而制定有针对性的营销策略。

（二）产业市场细分的依据

由于产业市场的需求基本上都属于引申需求，所以其市场细分的依据可以参照使用消费者市场细分的某些依据，比如客户的地理位置、所处的行业、客户规模、使用者状况等。具体而言，常用的产业市场细分的依据主要有以下几种：

1. 人文变量

细分产业市场的人文变量主要包括客户所属的行业、客户规模和地址等。其中，客户规模是产业市场细分较为重要的一个变量，多数企业都会将自己的客户划分为大客户、中型客户和小客户，然后再确定自己营销的重点对象。

2. 经营变量

经营变量主要包括客户所重视的技术、使用者/非使用者情况、客户能力等因素。与消费者市场相似，产业用品企业必须考虑其使用者是大量使用者、中量使用者、少量使用者还是非使用者；同时，还要考虑应该把重点放在需要很多服务的客户身上，还是只需要很少服务的客户身上。

3. 采购方法

这一细分变量主要包括客户的组织结构、权力结构、与本企业的关系性质、总采购政策和购买标准等因素。客户的组织结构主要是指客户采购组织的集中程度，一般可分为高度集中、中度集中、高度分散等情况；权力结构是指客户企业的权力导向，一般可分为以生产工程为导向、以财务为导向、以经营为导向等；与本企业的关系性质是指客户现在与企业是有着牢固的关系，还是追求理想的状态，毕竟产业用品的市场购买者有潜在购买者、首次购买者、重复购买者和有经验的购买者等；总采购政策是指客户在购买时是乐于采用租赁方式、签订服务合同方式、系统采购方式，还是密封投标方式；购买标准则是指客户购买时主要追求的利益，可以分为追求质量的企业、重视服务的企业和注重价格的企业等。

4. 情景因素

情景因素主要包括客户企业对交货或服务要求的紧急程度、对产品特别用途的要求、购买时的利益导向以及订货量等。有一种细分研究根据客户购买时的利益导向，将其购买者分为三种类型：①价格导向型，即购买时追求最低价格；②方案导向型，即购买时希望获得更多的利益和建议；③战略导向型，即购买时希望供应商参与到企业以后的业务之中。不论选择在购买过程中对企业及其产品有什么样要求的客户，企业都必须对其所追求的利益进行充分了解，只有如此，才不会造成营销管理上的失误。

5. 个性特征

个性特征主要是指购销双方的相似点、客户对待风险的态度及其忠诚度等。企业的营销重点应该放在人员和价值观念与本公司相似的企业还是相异的企业，选择敢于冒险的客户还是避免风险的客户，是那些对供应商忠诚的公司还是不忠诚的公司等，都有待于企业仔细分析、慎重决策。

实际上，产业市场和消费者市场一样，通常都是按照多个变量来进行市场细分的。不过对于产业市场而言，市场细分并不是必须的，毕竟产业市场的数量相对于消费者而言是较少的，而且细分市场还可能增加生产成本和销售费用。所以，只有在必要的时候才进行市场细分，同时要避免“多数谬误”；有时甚至还要根据实际情况适当减少细分市场的数目，实施“反细分策略”。

四、使市场细分有效的原则

并不是所有的市场细分都是有效的。要使市场细分有效，必须遵循以下原则：

1. 可衡量性

可衡量性是指用于市场细分的标准和所细分市场的大小、购买力等必须是能够加以衡量的。也就是说，市场细分不仅能够将整个市场划分为若干个小市场，而且还要能够具体测定各个细分市场的特征和规模大小，这样才有利于企业正确地制定市场营销策略。

2. 可区分性

可区分性也可称为差异性，是指不同细分市场的需求特征差异明显而且可以清楚地加以区分。无论企业使用什么标准进行市场细分，所细分出的市场都必须在概念上能够被区别，并且对不同的营销组合因素和方案有不同的反映，否则该细分就没有任何意义。

3. 可进入性

可进入性是指市场一旦被细分，必须有一个或几个细分市场的需求与企业资源相吻合，企业能够有效地进入这些细分市场并为之服务。换言之，就是企业为吸引和服务于某些细分市场的营销计划能够被系统地表述，企业根据目前的人、财、物和技术资源条件，能够通过适当的营销组合策略进入这些市场。

4. 可营利性

可营利性是指细分市场应有足够的现实需求规模和一定的发展潜力，使企业能够赢得长期稳定的利润。也就是说，一个细分市场应该是值得为之设计一套营销方案的尽可能大的同质群体，这样才能使其经营有利可图。

第二节　目标市场选择

一、选择目标市场

目标市场是指企业打算进入并实施相应营销组合以满足其需求的顾客群体，也就是企业营销活动的主要对象。企业的目标市场选择就是企业在所细分的众多市场中选择一个或几个细分市场作为自己的目标市场，并为之制定相应的营销策略的过程。实质上，市场营销就是企业针对目标市场运用营销策略的过程，所以选择目标市场在企业的整个营销过程中起着至关重要的作用。

（一）选择目标市场的步骤

1. 按照一定标准对市场进行细分

首先，企业要依据需求选定产品市场范围。因为每一个企业都有自己的任务和追求的目标，一旦决定要进入哪一个行业，就要考虑选定产品可能的市场范围。需要注意的是，产品的市场范围应以市场的需求而不是产品特性来确定。

其次，企业要列举并分析影响顾客需求的基本因素。也就是说，营销人员应从地理变数、行为和心理变数等方面大致估计一下顾客需求会受到哪些因素的影响，然后根据估计结果对现实及潜在的顾客进行较为深入的调查，分析其需求产生的实际原因以及购买与消费产品的兴趣所在。

再次，去掉影响顾客需求的共同因素，保留有差异性的因素。因为这些共同的影响因素虽然很重要，但不能形成有差异性的市场，所以它们只能作为设计市场营销组合的重要依据，而不能作为市场细分的基础。

最后，进行市场分割。就是按照所保留的差异性因素对整体市场进行分割，并结合各细分市场的顾客特点或相关特征，为该市场确定一个名称。

2. 对细分市场进行评估

市场细分完成以后，企业还要对每一个细分市场的顾客需求及其行为特点进行更深入的考察，看看各细分市场的特点掌握了哪些，还要补充哪些，以便进一步明确各细分市场有没有必要再做细分，或重新合并。然后，企业应对每个细分市场的人口变数，包括人口总量或家庭数量、收入、某一需求人数占人口总量的比重等进行分析，以测量各细分市场的市场需求与市场潜量。在此基础上，只要确定了企业的市场占有率目标，就可以计算出该细分市场上企业产品的需求量和营销潜力。

3. 选择和确定目标市场

对各细分市场进行综合评价之后，企业还必须分析各细分市场上的竞争状况以及与企业的目标、能力相吻合的情况，然后再结合企业自身的发展实际，就可以选择一个或几个甚至所有的细分市场作为自己的目标市场。不过，企业所选择的细分市场一定要有适当的需求规模和发展潜力。通常情况下，对于一个竞争已经十分激烈的市场，企业就没有考虑的必要了；对于某些虽有较大吸引力，但不符合企业的发展目标，或不适合企业发挥自身优势的细分市场，企业原则上也应考虑放弃。

需要注意的是，目标市场并非一经确定就永远不变。因为企业的外部环境和内部条件都是动态的、不断变化的，随着技术的变化、顾客需求的变化、自然条件的变化、企业资源的变化等，企业必须重新分析和认识市场，甚至还可能重新进行市场细分。所以，必要时企业要重新确定目标市场，放弃某些原有的细分市场，或选择某些新的细分市场。

（二）目标市场的选择模式

可供企业选择的目标市场覆盖模式一般有五种：密集单一市场、有选择的专业化、产品专门化、市场专门化和全面覆盖市场，如图 8-2 所示。

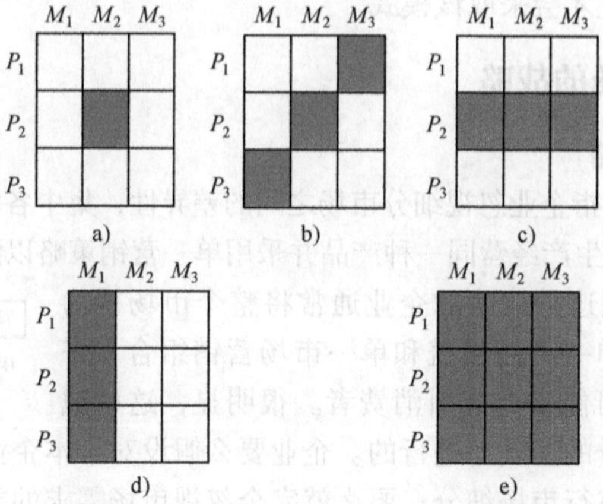

图 8-2　可供企业选择的目标市场覆盖模式

a）密集单一市场　b）有选择的专业化　c）产品专门化　d）市场专门化　e）全面覆盖市场

P—产品　*M*—市场

1. 密集单一市场

如图 8-2a 所示，密集单一市场是一种最为简单的市场选择与覆盖模式。在这种模式下，企业只生产一种产品，供应给某一类顾客群，在单一的细分市场上开展集中化营销。这种模式可以让企业更加深入地了解市场需求，在所选择的细分市场上建立牢固的市场地位。不过，这种模式一般风险比较大，一旦该细分市场的需求下降或竞争加剧，企业就可能收入下滑，甚至面临生存危机。

2. 有选择的专业化

如图 8-2b 所示，有选择的专业化是指企业同时进入若干个互不相关的、能提供有吸引力的市场机会的细分市场。这种模式明显优于单一集中市场，因为企业选择的市场都具有良好的盈利能力，又与企业的目标和资源条件相符合，而且彼此互不干扰，所以能有效地分散风险。不过，由于需要制定不同的营销组合策略以适应不同的细分市场，所以采用该模式的企业必须具有丰富的资源和较强的实力。

3. 产品专门化

如图 8-2c 所示，产品专门化是指企业只生产一种产品并供应给所有不同的顾客群。若企业在其他营销手段上也没有区别，则这种模式实质上就是一种非市场细分的战略。采用这种模式，有利于企业在所供应的产品生产上形成技术优势，从而树立良好的声誉和形象。不过，若市场对该产品的需求下降，或出现一种全新的技术时，就会给企业带来危机。

4. 市场专门化

如图 8-2d 所示，市场专门化是指企业专门为满足某一顾客群而生产销售该顾客群所需要的各种产品。例如某儿童用品企业，为满足儿童市场的需要，就生产并销售从奶粉、玩具到服装等儿童需要的各种商品。这种模式在一定程度上能有效地分散风险，并能在顾客群中建立一定的忠诚度。但由于顾客过于集中，一旦这类顾客的需求量下降，企业就必然会产生危机。

5. 全面覆盖市场

如图 8-2e 所示，全面覆盖市场是指企业生产销售多种产品以满足各种不同顾客群的需要。很明显，实施这种模式需要相当大的财力、物力和人力，所以通常只有实力雄厚的大型企业为谋求市场领导地位才会采取该模式。

二、选择目标市场的战略

1. 无差异性营销战略

无差异性营销战略是指企业忽视细分市场之间的差异性，集中各消费者的需求共性，把整个市场视为一个大市场，生产经营同一种产品并采用单一营销策略以满足整个市场的需要。

图 8-3　无差异性营销战略

如图 8-3 所示，实施这种战略的企业通常将整个市场视为自己的目标市场，采取单一产品覆盖和单一市场营销组合，采用大量营销方式，以尽可能多地吸引消费者。很明显，这种战略实质上是在非市场细分的基础上进行的。企业要么假设对于本企业的产品而言，市场需求是没有差异性的，无须进行市场细分；要么就完全忽视市场需求的差异性，只生产消费者普遍需要的产品。

无论基于哪种考虑，企业采用无差异性营销战略都可以获得成本的经济性，这也是该战略的最大优点。无差异性营销是“制造业中的标准化生产和大规模生产在营销方面的化身”。产品线的狭窄可以降低生产、储存和运输的成本，无差异的广告宣传计划可以降低促销费用，无须进行市场细分也必然降低了市场营销调研、产品研发和营销管理的成本。

但是，消费者市场毕竟是复杂多样的，如果一种产品完全忽视市场需求的差异性，而想长期被所有消费者接受，几乎是不可能的。而且，这种大规模营销的方式极易形成产品普通化的印象，导致顾客的满意度降低；也很容易吸引竞争者的效仿而造成激烈竞争，致使企业被动应战而丧失其他市场机会。所以，这一战略仅适用于产品本身没有太大的差异，消费者对产品的需求也确实无明显差异，或企业在产品生命周期的投入期先行进入市场而独家经营等情况。

2. 差异性营销战略

差异性营销战略是指企业在众多的细分市场中选择两个以上的细分市场，并在这些细分市场上开展营销活动，推出多种产品并分别制定相应的营销组合策略以满足每一个细分市场的需要，如图 8-4 所示。

差异性营销战略有针对性地满足具有不同特征的消费者的需求，往往可以比无差异性营销赢得更大的销售额。而且该战略重视不同顾客的差异性特点，极易提高消费者对企业的信任感，进而提升企业的声誉和产品形象。同时，该战略还能有效地分散市场风险，增加经营的安全性，提高企业的市场竞争力。

不过，由于企业要生产经营多种产品并设置多种营销组合，必然导致生产、研发和管理等成本过高，营销费用过大。毋庸置疑，将10种产品各制造10件，肯定要比生产100件单一产品需要更高的成本；为了满足各个细分市场的不同需要而改进产品，必然要增加研发、工程或特殊模具的成本；企业为每个细分市场分别制订不同的营销计划，必然需要额外的市场营销调研、销售分析、促销规划和销售渠道管理等费用；用不同的广告宣传形式传达到不同的细分市场，也必然会增加促销成本；等等。

也正是基于此，实施差异性营销战略即使扩大了销售额，却难以事先预料企业的总效益究竟如何；再加上同时经营多种产品并采用不同的营销组合，一般的中小型企业几乎难以胜任。所以，有些企业发现将市场分得过细，提供的产品种类太多，对自己也是一种过重的负担。为了减轻这种负担，降低经营成本，往往需要合并一些市场，减少或合并一些产品，从而使每种产品适应更多顾客群的需要，以扩大该种产品的销售量。

3. 集中性营销战略

集中性营销战略也叫密集化营销战略，是指企业根据其经营实力和竞争状况，选择一个或少数几个消费者群体作为企业的营销对象，有针对性地开展营销活动，如图8-5所示。

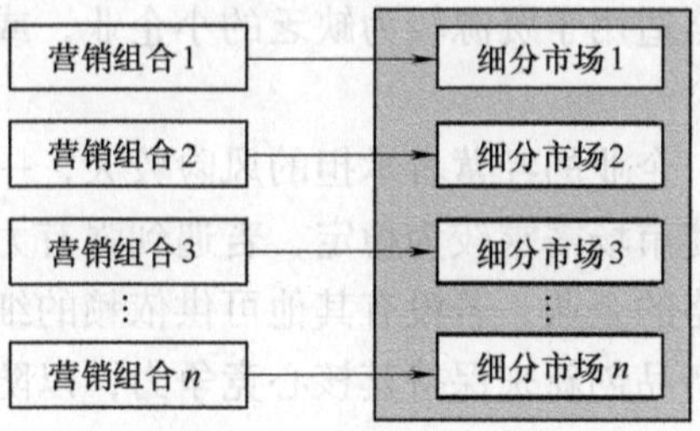

图8-4　差异性营销战略

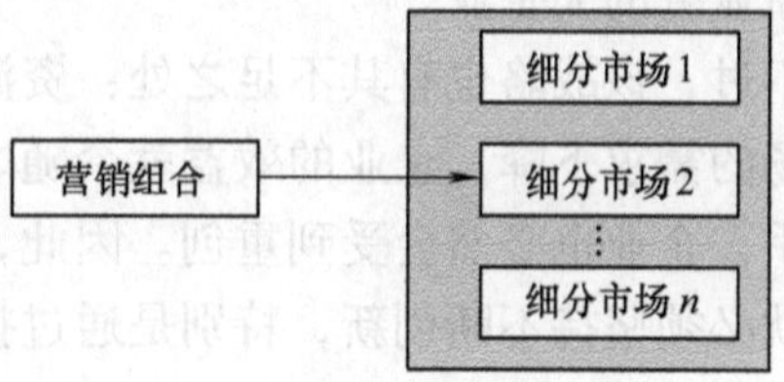

图8-5　集中性营销战略

小案例8-3：屈臣氏的目标市场战略

在日益同质化竞争的零售行业，只有为消费者提供合适的产品选择和优质的购物体验才能赢得市场。实现这一切的首要基础就是正确锁定目标消费群。屈臣氏将我国的目标消费群锁定在18~35岁，月收入在2500元以上的时尚女性。它为何偏爱这一人群呢？原来年龄更长一些的女性大多早已有了自己固定的品牌和生活方式，很难做出改变。40岁以下的这个群体则富有挑战精神，比较注重个性，喜欢体验优质新奇的产品。同时，又是女性中收入增长最快的一个群体，有较强的消费能力，但通常又时间紧张，不太喜欢去大卖场或大超市购物，追求舒适的购物环境。这些消费者特征都与屈臣氏的商品定位非常吻合。

精准锁定目标消费群后，屈臣氏进而提出了"个人护理"的专业化服务和营销概念。店里不仅针对个人护理提供完备的产品线，而且在商品的陈列方面，按化妆品—护肤品—美容用品—护发用品—时尚用品—药品的顺序分类摆放，方便顾客挑选。同时，屈臣氏成立了一支强大的健康顾问队伍，包括全职药剂师和供给商驻店促销代表，免费提供各种皮肤护理等专业咨询，并且在店内设资料展架，陈列个人护理、保健营养分配和疾病预防治疗方法等各类资料手册。消费者很轻易地就被店内的氛围、营业职员的素质、商品的陈列、资料的发放等一系列专业化营销手段感动，这样屈臣氏个人护理专家的品牌形象也因此深得人心。屈臣氏拥有包括沐浴露、洗发水等1200多种自有品牌的单品，其销售占比已达到15%。当零售卖场自己可控产品体系的销售量和种类达到一定比例时，商家在渠道中的话语权就会增强。那么，屈臣氏是如何稳打稳扎发展自有品牌的呢？原来在自有产品开发的时候它就进行了深入的市场调研，以确保生产出适销对路的产品，并特别建立了“模拟店铺”，用于了解各分店的销售趋势和顾客需求，确定发展的产品种类。这包括统计出店铺内每月最热销的代理商品，然后复制出与该热销代理商品近似的自有产品，也包括满足消费者的特定需求，推出具有特色的独家产品。例如，屈臣氏针对不少女性消费者因穿高跟鞋脚被磨这个问题困扰，而开发出脚掌贴、脚后跟贴。尽管这些小物件在很多人眼里微不足道，但在业界打出了名气。屈臣氏自有产品不仅定位好，而且配有好的促销和优惠价格。相对市场上其他品牌，屈臣氏自有产品以低至二到四折的价格和新潮时尚的包装吸引顾客，而且在推入市场之前先要由员工试用，再让员工向消费者宣传。这样员工就成了最好的代言人，能够进行有效营销和口碑传播。

集中性营销战略的优点有：目标市场集中，有利于企业对市场信息和消费者需求的把握；产品和服务专业化，易于从各方面最好地满足特定顾客的需求，有利于企业在目标市场上获得较高的市场地位和良好的信誉；集中资源进行专业化生产和经营，可以大大降低生产成本，节省营销费用，增加企业利润。所以，该战略适用于资源较为缺乏的小企业，或初次涉足新业务的大企业。

不过，该战略也有其不足之处：资源过于集中，企业的经营者承担的风险较大，一旦目标市场的需求下降，企业的效益就会随之降低；即使市场需求较为稳定，若遇到强有力的竞争对手，企业也必然会受到重创。因此，实施该战略的企业，若没有其他可供依赖的细分市场，就必须坚持不断创新，特别是通过技术创新和产品创新来保持其核心竞争力，以防范和化解风险。

三、选择目标市场战略应考虑的因素

进入目标市场的战略各有利弊。选择不同的战略可能给企业带来巨大的发展机遇，也可能使企业很快陷入营销困境。而且，随着企业的发展或市场条件的变化，企业需要重新制定或选择目标市场营销战略。但每一次重新选择都会耗费企业一定的资源或减少企业收益，所以企业在进行目标市场战略选择时需要慎重考虑。

在企业的营销实践中，影响企业选择目标市场战略的因素主要有：

1. 企业实力

企业实力主要是指企业的生产、营销、资金、人事和技术等方面的综合能力。企业实力的差异必然导致目标市场战略选择上的差异：企业的实力雄厚、生产供应能力强，对市场的管理和控制能力也较强，通常可以选择无差异性营销战略或差异性营销战略；企业的实力较弱、资源有限，则最好选择集中性营销战略。

2. 市场同质性

市场同质性是指目标市场上消费者的需求、兴趣、爱好等特征的相同或相似程度。如果这种相同或相似程度高，就说明市场同质性高，也就可以采用无差异性营销战略来满足其需要；反之，市场需求差别大，市场同质性低，就应该采用差异性营销战略，或寻找其中一部分具有共性的消费者，实施集中性营销战略。

3. 产品同质性

产品同质性是指产品本身特征的相似程度。对于同质性较高的产品，消费者不会有太强的挑选性，可以采用无差异性营销战略；对于同质性较低的产品，消费者的需求也会表现出明显的不同，就应该采用差异性或集中性营销战略。

4. 产品生命周期

产品生命周期一般要经过投入期、成长期、成熟期和衰退期四个阶段。各阶段的特点有明显的差别，因此企业也应采用不同的市场营销战略。在产品的投入期，企业的产品较为单一，产品价格和销售渠道也较单一，可采用无差异性营销战略，以探测市场需求与潜在顾客数量，或者采用集中性营销战略，针对某一特定市场，全力开拓该市场以求发展。当产品进入成长期和成熟期，同类产品增加，市场竞争激烈，就应采用差异性或集中性营销战略以求获取较为有利的市场竞争地位。当产品进入衰退期，市场需求发生变化，产品销量降低，企业应该采用差异性营销战略开拓新的市场，或者采用无差异性营销战略，尽可能多地吸引消费者购买，以便及早收回投资、退出市场。当然，也可以采用集中性营销战略强化品牌优势，以吸引某一特定市场，延长产品的寿命，减少企业的损失。

5. 竞争者状况

竞争者状况主要有两个方面的因素：一是竞争密集程度，二是竞争对手所采用的战略。对于竞争密集程度而言，竞争者越多，市场竞争越激烈，消费者的可选择性就越大，这时产品在消费者心目中的形象就越重要，企业应该采用差异性或集中性营销战略，以培养顾客的忠诚度，建立强有力的品牌地位；当目标市场竞争者较少时，企业就可以根据其他因素进行选择。对于竞争对手所采用的战略而言，若竞争对手采用无差异性营销战略，企业就应采用差异性或集中性营销战略，以挤占竞争对手的市场，获取较为有利的市场地位；若竞争对手采用的是差异性或集中性营销战略，企业就应采用对等的营销战略，或进行更深层次的市场细分，以区别于竞争对手。

小案例 8-4：QQ 儿童智能定位鞋的目标市场选择

父母对孩子安全的担忧几乎是与生俱来的，所以在智能设备兴起之后，市场上有不少以安全为卖点的儿童智能手环、智能鞋等产品。2016 年，QQ 联合李宁、达芙妮、ABC Kids 三家厂商推出了 QQ 儿童智能定位鞋。与同类产品相比，QQ 儿童智能定位鞋最大的特点或许就是它的续航时长可以达到半年以上。无论是智能手环还是智能鞋，父母为了应对小概率的孩子走丢事件而需要频繁地给这些智能设备充电，这肯定让人不省心。相比之下，内置在 QQ 儿童智能定位鞋中的芯片因为拥有大量的 QQ 用户基数而得以避开 GPS 这个耗电方案，转而用低功耗蓝牙功能达到了定位目的。

在 QQ 儿童智能定位鞋中，芯片被密封在鞋底内部，所以它看上去和普通的鞋子并没有什么不同。购买了鞋子的父母可以通过上面的二维码和手机 QQ 绑定，这样就可以在发现孩子走丢的情况下通过提交自己的相关资料让工作人员帮忙向 QQ 用户发送信息，进而找回丢失的儿童。具体来说，每一双 QQ 儿童智能定位鞋都会向周围传播独特的蓝牙信号，而在手机 QQ 中打开“加入寻找丢失儿童项目”，开启蓝牙选项的用户可以在接近这些智能鞋时感受到这些信号。这样，如果某个鞋子的信号类型被系统标记为丢失状态，那么系统自然也就能通过 QQ 用户的位置追踪丢失儿童所在的大概位置了。

不难看出，这个方案其实是通过定位手机QQ用户的位置进而间接得到丢失儿童所在的大致位置的。与GPS方案相比，它的优点就是能大幅度节省电量，所以QQ儿童智能定位鞋才可以在实现定位功能的前提下保持半年以上的续航时长。

第三节　市场定位

一、市场定位的概念

自从1972年美国的两位广告经理艾尔·里斯（Al Ries）和杰克·特劳特（Jack Trout）在《广告时代》上发表了一系列名为《定位时代》的文章之后，定位一词便广为流传，日益受到营销管理者的关注和重视。

里斯和特劳特认为：“定位并不是你对一件产品本身做什么，而是你在有可能成为你的顾客的人的心目中做些什么。也就是说，你要给产品在有可能成为你顾客的人的心目中确定一个适当的位置。”在他们看来，定位就是使产品在顾客心目中留下某种印象。营销大师科特勒也说过，“定位就是公司设计出自己的产品和形象，从而在目标顾客心目中确定与众不同的有价值的地位”，“定位是为了适应消费者心目中的某一特定地位而设计公司产品、设置营销组合的一种行为”。

不过，不论认可哪种说法，人们都不能忽视，市场并不是简单的只有顾客的存在，同时还存在着竞争者这一影响巨大的因素。虽然最后的胜负是由顾客决定的，但是否与竞争者存在差异则是决定胜负的砝码。所以，市场定位的完整概念应该是：企业根据顾客对产品各种属性的重视程度和竞争者同类产品的市场地位，设计出自己独特的产品和形象并取得目标顾客认同的活动过程。一个企业可以有多种定位，可以谋求“低价定位”“优质定位”“优质服务定位”“先进技术定位”等，至关重要的是要建立自己所希望的、能被目标顾客认同并对其产生吸引力的竞争优势。

二、市场定位的作用

有效的市场定位具有如下作用：

1. 有利于树立企业和产品的鲜明个性

在现代商品大潮中，顾客接收的商品信息纷繁复杂，他们不可能一一记住，而只能记住那些富有鲜明个性的、自己比较感兴趣的商品信息。市场定位就是针对目标顾客的心灵诉求，塑造产品有别于竞争者产品的鲜明个性，为产品在潜在顾客心目中确定一个合适的位置，以求形成强烈的第一印象。

2. 有利于企业满足顾客特殊的需求偏好

“营销人员的终极战场是消费者的心灵，你对顾客了解得越多，定位战略就越有效”。定位似乎就是将企业置于某一选定的细分市场内的一个次细分市场之中，在这里实现与顾客心灵的双向沟通，以促成顾客对企业产品的高度认同。因此，追求“优质服务定位”的企业将会吸引广阔细分市场的“注重优质服务的次细分市场”，必能满足顾客的特殊偏好。

3. 有利于企业制定更有效的营销组合

市场定位是企业的一种战略行为，是企业制定营销组合策略的前提和依据。企业的市场营销组合，如产品、价格、分销和促销等，从本质上讲是市场定位战略的具体分解和体现。企业生产的产品，必须反映产品定位在消费者心目中的独特个性；企业制定的价格，必须体现市场定位塑造的独特市场形象；广告宣传计划既要以定位的独特形象为内容，又要选择相应的传播媒介，这也是树立持久而令人信服的产品形象的基本办法。

4. 有利于企业取得目标市场的竞争优势

在定位日益重要的今天，企业都很清楚，单凭上乘的质量或低廉的价格已经很难获得竞争优势，许多成功品牌的竞争优势主要来自其有效的定位。在很多情况下，会有两个或更多的其他企业也会采取同样的定位策略。所以，每个企业都不得不寻求进一步的差异化，也就是必须具备一些能吸引细分市场内大量顾客需求的独特的竞争优势。定位的出发点和终极目标，就是寻求并造就差别优势以赢得市场竞争。

三、市场定位的步骤

（一）识别潜在的竞争优势

迈克尔·波特认为，“竞争优势产生于公司能为顾客创造的价值……以比竞争者低的价格销售，却获得等值效益，或者提供足以抵消较高价格的独特效益，这就是超值。”也就是说，竞争优势有两种基本类型：成本优势和产品差异化优势。成本优势就是以比竞争者低的价格销售同类产品；产品差异化优势就是在与顾客需求相适应的基础上，能够向顾客提供不同于竞争者的独具特色的产品。

但是，并非每个企业在低成本和产品差异化方面都有获得竞争优势的机会。所以，企业要么通过各种努力降低成本，进而降低产品价格；要么切实了解目标市场的需求特点以及这些需求被满足的程度，在产品特色上下足功夫，以使自己的产品别具一格。无论如何，企业都必须把握和确定自己的潜在竞争优势之所在。

（二）选择合适的竞争优势

1. 比较选择企业合适的竞争优势

选择合适的竞争优势就是企业将自己的各方面实力与竞争者的实力相比较，选择自己合适的竞争优势的过程。可比较的指标包括采购、生产、技术开发、经营管理、市场营销、财务、产品属性等。企业一般并不需要将所有指标都拿来与竞争者相比，只要比较某些重要的、有一定发展空间的潜在竞争优势即可。

假设一家公司通过分析，发现了自身的若干潜在竞争优势，经过筛选，还剩下四个比较重要的优势可供利用。在此情况下，公司将这些优势与竞争对手相比较，就可以选出最有开发价值的优势，如表 8-1 所示。

表 8-1　竞争优势的比较与选择

竞争优势	公司分值（10 分制）/分	竞争者分值/分	重要程度	企业提高分值的能力	竞争者提高分值的能力	建议采取的行动
技术	8	8	低	弱	中等	保持
成本	6	8	高	中等	中等	监控
质量	8	6	中等	弱	强	监控
服务	4	3	高	强	弱	发展提高

由表 8-1 可见，该公司将其技术、成本、质量和服务四种优势与主要竞争者比较后，打出了相应的分数，并做出了分析。其中，技术方面二者势均力敌且无太多改善的可能；质量方面，该公司稍强于竞争者且提高的可能性也不大；而在顾客关注度较高的成本方面，该公司明显不足，且降低成本以提高竞争力的可能性也一般；二者在服务方面都处于平均水平之下，而该公司改善服务的能力远高于竞争者。所以，对于该公司来说，最有意义的是进行投资以提高服务质量，如能尽快投资提高服务质量，就足以形成产品的独特优势而弥补成本方面不足带来的危害。经过这种比较分析，企业能够较容易地选出自己最佳的竞争优势，市场定位也就水到渠成了。

2. 绘制定位图并确定竞争者的市场位置

企业选择了自己的竞争优势后，就要按照自身优势所包含的某些变量绘制定位图。定位图是一种最为简洁、直观的定位工具，它可以直观地反映目标市场上各竞争者的竞争地位，以便于企业准确地分析市场竞争状况，找出适合自己的市场位置。定位图一般都使用二维结构图，选择两个能代表顾客选择偏好的最主要的变量，分别作为纵横坐标。市场上比较常见的定位图是以价格、质量为二维变量的结构图，现在越来越多的企业开始将消费者的个人特征作为建立定位图的衡量指标。

定位图绘制完成后，企业就要对市场上的竞争状况进行较为深入的了解，并将各竞争对手的市场地位在定位图上明确标出，以明确目标市场的竞争状况，分析市场空白点或薄弱区域。

以某饰品企业为例，该企业的目标顾客主要是 18 岁以上的女性。在市场定位时，企业选择了“年龄”和“个性”两个变量作为定位标准，绘制出定位图，如图 8-6 所示。图中的圆圈个数表示竞争者个数，圆圈大小表示竞争者的实力大小。

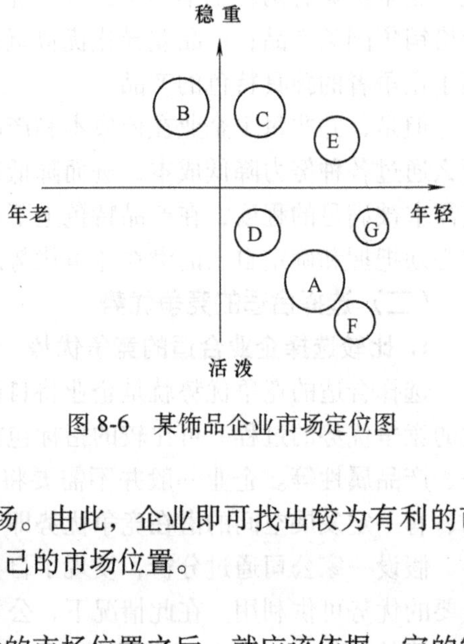

图 8-6　某饰品企业市场定位图

由图 8-6 可以看出，该企业的主要竞争对手有七家企业，其中实力较为雄厚的有两家，分别占据“年轻活泼”和“年老稳重”两个市场；从竞争密集程度来看，主要集中区域是“年轻活泼”这一市场。由此，企业即可找出较为有利的市场发展机会，然后结合企业自身的竞争优势，确定自己的市场位置。

3. 确定企业的市场定位

企业选择了适合自身的竞争优势并明确了竞争者的市场位置之后，就应该依据一定的定位标准和定位战略确定企业的市场定位。

企业的定位标准和定位战略在一定程度上具有一致性。它们可以是商品本身的特性，如产品的形状、成分、构造、用途、利益、档次等；可以是消费者特性，如相关人口变量、使用者类型、消费心理、购买行为等；可以是企业特性，如企业专有技术、企业文化、企业人员构成等；还可以是竞争者的市场位置。无论企业选择何种定位标准和定位战略，都要以目标市场的主要需求以及影响目标市场顾客购买决策的主要因素为基础。

（三）传播企业的定位概念

企业所建立的竞争优势与独特的市场形象不会自动地在市场上显示出来，目标市场的顾客也不会主动去了解并接受企业的定位，所以企业在进行市场定位以后还必须对定位概念进行有效的传播，将自己的竞争优势传递给目标顾客，并在其心目中留下深刻的印象，取得他们的认同。

为此，首先，企业要选择适当的媒体进行广告宣传，向目标市场的顾客传播企业的定位理念与独特形象，以使其了解、熟悉企业的市场定位；其次，企业必须通过实际的产品和营销过程中的一言一行来诠释和证明自己的竞争优势，以强化目标市场顾客的感情，使其认同、信任、喜欢和偏爱企业的市场定位；最后，企业还要避免目标顾客对其市场定位的理解出现偏差，纠正和消除由于企业宣传不当而造成的目标顾客对企业定位理解上的模糊、混乱和误会。

四、市场定位战略

（一）基于定位依据考虑的市场定位战略

针对目标市场顾客的心理诉求，建立产品在其心目中的独特形象，是市场定位的出发点。所以，市场定位战略首先可以从影响消费者购买的相关因素，即定位依据来考虑。常见的定位战略有以下几种：

1. 质量/价格定位

质量/价格定位是企业最普遍采用的一种定位战略。主要原因是消费者对质量的重视和对价格的敏感，而且低成本是企业所应拥有的最主要竞争优势之一。采用该战略通常可以有三种定位：一是同等质量下的低价定位，主要满足消费者追求实惠和廉价的心理诉求；二是同等价位下的高质量定位，主要满足消费者物美价廉的心理诉求；三是高质高价定位，众多名牌产品采用的都是这种定位战略，它满足的是消费者追求高档次产品以体现自己的自尊和优越感等心理诉求。

2. 特色/利益定位

产品特色与产品利益是形成产品差异化的有效工具，自然也就成为市场定位经常使用的依据。产品特色是指产品自身所拥有的各种属性，如在形状、款式、成分、构造、用途等方面所形成的独特风格；产品利益是消费者在消费产品时所追求的利益。一般在服装、汽车、玩具、医药、家电等行业企业常常利用独特的卖点定位，按照消费者的各种偏好或对某一利益的重视程度，设计并塑造出产品不同的卖点，以形成独有的竞争优势。

3. 品牌定位

品牌定位主要是在产品名称或产品类别上建立一定的品牌联想，以使消费者在产生某种需要时自然而然地想到该产品。例如，想要购买儿童饮品，许多人就会想到“娃哈哈”；一有送礼的需求，就会想到“脑白金”；举行高标准宴会，就会想到“茅台”等。这种定位战略就是力图在目标市场顾客的心目中造成该品牌等同于某类产品的印象，以使其成为某类产品的代名词或领导品牌。

4. 使用者定位

使用者定位主要是针对使用者类型进行的，包括根据使用者的性格特点、生活形态和生活方式、使用时机以及某些特殊需求等进行定位。例如，“浪漫一身”时装将其产品定位为热情、浪漫者的服饰；劳斯莱斯将其产品定位为“帝王之相”，专为具有显赫社会地位的政界要人和富豪阶层设计生产；“八点以后”巧克力薄饼将其产品定位于喜欢在八点以后吃甜点的人。实施这种定位战略可以使品牌及产品更富人情味和人性化，从而树立起该产品独特的品牌形象和产品个性。

5. 竞争定位

竞争定位就是以较为强大的竞争对手作为参照体而凸显本企业竞争优势的市场定位战略。其目的就是“借势”，即希望通过竞争者的市场声誉提升自己品牌的知名度和市场地位。例如，内蒙古某白酒品牌在广告中反复强调，某年某月与五粮液一起荣获国家金奖，使该品牌白酒的市场销售量迅速提升；美国艾维斯汽车租赁公司在广告中声称，汽车租赁行业它当属第二，使该公司的市场份额很快上升了 28 个百分点等，都是对该定位战略的极好诠释。

6. 文化定位

文化定位就是在产品或品牌中注入某种文化内涵，以获得消费者的心理认同和情感共鸣，从而提升产品的品牌价值。文化定位的典型案例很多，如“孔府家酒，叫人想家”，“雕牌洗衣粉，献给妈妈的爱”，“水井坊”所追溯并依托的中国数千年的酿酒文化等。由于文化的根深蒂固和深入人心，这种定位受到众多企业的青睐。像“恒源祥”等一些知名品牌斥巨资拍摄相关历史题材的电视剧、可口可乐公司近年在中国的宣传以合家团圆作为基本格调等就是明证。尤为典型的当属“石头记”一类的企业，与其说它们卖的是产品，不如说它们卖的是文化。

（二）基于竞争对手考虑的市场定位战略

1. 避强定位战略

避强定位战略也叫补缺定位战略，就是企业将产品定位在目标市场的空缺部分，以避免与竞争者产生激烈竞争。当企业发现市场上存在着被人遗忘的“空白”地带或市场缺口时，就可以长驱直入迅速占领该细分市场。例如，在图 8-6 中，“年老而活泼”这一市场就是一个空白地带，而且现实市场上不再年轻的人也并非就没有活泼的个性，所以只要企业具有服务于该市场的一定的竞争优势，就可以定位于此以求占据先机。

避强定位战略风险较小，企业比较容易先入为主，迅速占领市场，并在消费者心目中树立起一定的形象，所以被许多企业采用。不过要注意的是，企业所定位的空白市场必须与其他市场有明显区别；该市场要有一定的吸引力，并且能提升企业的盈利能力；企业要有进占该市场的相对竞争优势，还必须有一定的抵御竞争的能力等。缺少这些条件的任何一项，都很难保证企业实施该定位战略的成功。

2. 并存定位战略

并存定位战略也叫侧翼定位战略，就是企业将产品定位在现有竞争对手的市场附近，服务于其相近的顾客群体。实施这种战略的关键是要把握竞争的“度”。也就是说，“近”不是“同”，而是有一定距离的，这种距离既要对相近的顾客形成一定的吸引力，又要避免与强大竞争对手的正面竞争。所以，采用并存定位战略的企业要与竞争对手拉开适当的距离，在产品和市场策略上与竞争对手保持差异，同时适时学习并吸取竞争对手的优势与特长，为自己赢得更大的生存和发展空间。

3. 迎头定位战略

迎头定位战略是指直接定位在竞争者的市场上，和竞争者争夺同一目标市场，并力图赶走竞争者。很明显，这是一种与竞争对手正面交锋的战略，典型案例就是百事可乐与可口可乐之间旷日持久的市场竞争。企业采用这种战略，通常是基于一种考虑，就是“借势”或“造势”，希望借竞争对手之“势”让消费者认可企业的实力，同时也能激发自己的斗志，促使企业不断壮大。不过，正面相抗，要么获得双赢、共同发展，要么两败俱伤、得不偿失，终归是有很大风险的。所以，企业在实施这种战略时，一定要清醒地评估自己的实力，最好本着“双赢”的原则去实施对抗。

（三）重新定位战略

小案例 8-5：重新定位，造就万宝路的辉煌

万宝路（Marlboro）是由英国菲利浦·莫理斯烟草公司出品的一个香烟品牌。在世界品牌实验室（World Brand Lab）编制的2008年度《世界品牌500强》排行榜中，万宝路更是力压惠普、百事等品牌，名列第14位，当时的品牌价值为500亿美元。世界上每抽掉的四支烟中，就有一支是万宝路；全球平均每分钟消费的万宝路香烟就达100万支之多。不论消费者是否吸烟，万宝路的世界形象和魅力都会给他留下深刻的印象。万宝路的成功正是源自它的重新定位。

万宝路的名称源自其伦敦香烟厂所处的大万宝路街（Great Marlborough Street）。1902年，总部设在伦敦的菲利浦·莫理斯公司在纽约开设了分公司，销售包括万宝路在内的品牌。

在万宝路创业的早期，其定位是女士烟，消费者绝大多数是女性。万宝路之所以选择女性作为主要的消费对象，是因为当时经历过第一次世界大战的西方青年大多是纸醉金迷的“迷惘的一代”。他们及时行乐、醉生梦死在香槟酒和爵士乐之间，无论男女、无论什么场合，嘴上总是衔着一支香烟已成为当时的流行时尚。当时欧洲男性香烟市场已经被骆驼、好彩和Chesterfield（切斯特菲尔德）三大品牌完全控制，但女性香烟市场还处于一片空白。

万宝路注意到当时的女性烟民，绝大多数是精神空虚或受过感情创伤的妇女。她们非常注重外表，试图通过浓妆艳抹来吸引异性的目光；她们追求与一个又一个男人“伤心欲绝”地恋爱的感觉；她们没由来地感慨易老的红颜，自怜匆匆的时光；她们用烟卷和颓废来标榜自己与众不同的异样和另类……为了满足和迎合这部分女性烟民的特殊需求和爱好，万宝路“Man Always Remember Love Because of Romantic Only——Marlboro”（男人会因为浪漫记住爱情——万宝路）的品牌定位和品牌口号就这样横空出世了。

1924年，万宝路又为它的目标客户精心打造了一条新的广告语：“Mild As May”（像五月天气一样温柔）。第二次世界大战之后，万宝路再次针对女性烟民推出了“与你的嘴唇和指尖相配”的广告宣传，其目的仍然是获得女性的青睐和满足女性烟民的心理需求。可是事与愿违，尽管当时美国吸烟人数年年都在上升，但万宝路香烟的销路却始终平平。因为这种定位虽然突出了自己的品牌个性，也提出了对某一类消费者（这里是女性）的特殊偏爱，但同时为其未来的发展设置了障碍，使它的消费群难以扩大。

香烟是一种特殊商品，它必须形成固定的消费群，重复消费的次数越多，消费群给制造商带来的利润就越大。女性对香烟的嗜好远不及对服装的热情，而且母亲们也都不鼓励自己的女儿抽烟。同时，女性往往由于爱美之心，担心过度抽烟会使牙齿变黄、皮肤受到影响，在抽烟方面较男性烟民要节制得多，故很少有“瘾君子”出现。这样，其重复消费的次数很少，而且难以形成固定的消费群，所以香烟生产者在女性烟民那里赚钱的设想总是无疾而终，万宝路也未能幸免。20世纪40年代初，菲利普·莫里斯公司被迫停止生产“万宝路”香烟。

1954年莫里斯接受李奥·贝纳的建议，将万宝路以性别为类别重新定位为男子汉香烟，并将它与最具男子汉气概的西部牛仔形象联系起来，吸引所有喜爱、欣赏和追求这种气概的消费者。

通过重新定位，伤心欲绝的女性万宝路不见了，粗犷豪放的牛仔万宝路诞生了：一个目光深沉、皮肤粗糙，浑身散发着粗犷、豪放气质的西部牛仔，袖管高高卷起，露出结实的手臂，手指总是夹着一支冉冉冒烟的万宝路香烟。无拘无束的野性与豪迈奔放的自由，牛仔的形象和男性的情怀完美地结合，诠释了男人的内心世界，也造就了一个关于烟草的品牌传奇。它给万宝路带来巨大的财富。仅1954年—1955年，万宝路销售量提高了3倍，一跃成为全美十大香烟品牌。1968年，其市场占有率上升到全美同行业第二位。1975年，万宝路摘得美国卷烟销量的桂冠。20世纪80年代中期，万宝路成为世界烟草业的领导品牌。1989年，万宝路在全世界售出3180亿支，比瓶装可口可乐或罐装金宝汤（Campbell soup）销量还大。1995年，美国“金融世界”评定万宝路为全球第一品牌，其价值高达446亿美元。在全球“反烟”呼声高涨时，1996年，万宝路在全球十大品牌中仍稳在了第10位。

重新定位战略就是当原来的市场定位不再适合市场环境和条件时，对定位的重新谋划。也就是企业改变产品特色或市场竞争位置，改变目标市场顾客对企业产品或地位的原有印象，使顾客对企业新的市场定位有一个重新认识和接受的过程。

一般而言，市场定位战略应该保持稳定性和持久性，不能轻易或随意改变。一旦改变定位战略进行重新定位，必然会引起企业的整个营销组合策略的相应改变，导致企业成本费用的增加，同时还会导致部分顾客的流失。可以说，对于任何一家企业来说，重新定位都不是一件轻而易举的事。

但是，市场环境是动态的，消费者的需求和偏好也是不断变化的，尤其是产品技术的创新，常常会带动整个产业结构的调整和市场竞争格局的改变，使一些企业原有的竞争优势迅速丧失殆尽，导致企业不得不考虑重新定位。具体而言，当出现以下几种情况时，企业就必须实施重新定位战略：①企业的原有定位本身有问题，不能达到预期效果；②消费者的需求发生变化，或出现了新的市场机会，而企业原有的定位不能满足消费者的新需求，无法适应新机会的需要；③企业的竞争优势丧失，或者竞争对手采取了与企业一样的定位，侵占了企业的市场份额。

总之，目标市场不是一成不变的，市场定位也并不是一成不变的。企业在选择市场定位战略时，一定要认真研究目标顾客、竞争者和企业自身三者之间的战略关系，以满足顾客需求、建立顾客偏好为出发点，充分发挥企业自身的优势，进行准确定位。

关键词

市场细分 Market Segmentation　　地理细分 Geographic Segmentation
人口细分 Demographic Segmentation　　心理细分 Psychographic Segmentation
行为细分 Behavioral Segmentation　　生活方式结构 Value and Lifestyles
目标市场 Target Market　　无差异性营销 Undifferentiated Marketing

差异性营销 Differentiated Marketing 市场定位 Market Positioning
竞争优势 Competitive Advantage

思考题

1. 简述市场细分的概念与作用。
2. 消费者市场细分的依据有哪些?
3. 细分产业市场有哪些可依据的变量?
4. 目标市场的选择模式有哪些?
5. 企业进入目标市场可选用的策略有哪些?
6. 简述差异性营销策略的优缺点及其适用性。
7. 企业选择目标市场时需要考虑哪些因素?
8. 什么是市场定位? 企业为何要进行市场定位?
9. 企业如何有效地实施市场定位?
10. 企业的市场定位战略有哪些?

案例分析讨论

全民健康刮来的“轻食消费”

近年来，随着全民健康、消费升级浪潮的兴起，在人们对健康理念的追求下，轻食被越来越多的人熟知。轻食并非某种特定食物，而是一种食物形态，无论荤素都主要以凉拌、水煮、蒸烤等方法烹饪，具备低脂肪、低热量、低糖分且高纤维、高饱腹感的特征。《2020中国成年人健康管理白皮书》数据统计显示，2020年，有84%的消费者“明显比以前更关注健康”。在中国营养学会轻食研究工作抽样的6207份调查中，94.9%的人至少每周消费一次轻食。从吃轻食的好看、精致到吃掉对减肥的欲望，再到追求健康的生活理念，轻食的三大消费主力还在不断壮大，轻食产业也进行得如火如荼。美团数据显示，2018年，美团外卖轻食订单量突破2662万单，同比2017年轻食订单量增长157.9%，消费金额增长159%，商户和用户数均增长128%。2019年，轻食市场仍继续增长。从“健康中国”相关政策措施到人们对营养均衡的健康饮食需求，消费者从思想上对饮食的关注已经落在了实处。

因为消费者对代餐轻食的主要诉求是减肥，所以代餐轻食的主要消费群体以女性为主。其中，85后、90后女性，占40%的消费贡献，而95后则是极具消费潜力的群体。例如，WonderLab就将自己的消费群体定位为90后、95后的女性。这类目标群体非常认同轻食理念，并且这类消费群体很成熟，对绿色健康的生活方式很喜欢。据饿了么数据，在全国范围内，一线与新一线城市构成了轻食沙拉消费的“主舞台”。在消费金额排名前10的城市中，上海、北京、杭州位列前三。在新一线城市中，杭州、成都、武汉、南京四个城市入选。轻食已经从小众潮流逐渐走向大众选择，并成为一种健康饮食生活方式，随着二三线城市居民生活水平的进一步提高，对健康饮食的需求增加，轻食沙拉消费将从一线城市、新一线城市向二三线城市发展，其开发空间巨大。现代生活的快速发展促进了轻食沙拉的快速发展。它运用线下与线上相结合的运营方式，顾客线上点餐，门店现场制作，准时送餐上门，更符合年轻人的消费支付习惯。要做出满意的美味沙拉可不是简单的事情，除了产品的食材很重要外，轻食沙拉的工艺和配料也少不了。轻食沙拉严格选用新鲜、低脂的食材，用简捷的制作手法，少量的附加料，更大限度地保留食材的原味和新鲜，所以其兴起并不是偶然的。

在轻食消费潮中，科学食用轻食食品，才能起到良好的保健作用，我们需要注意以下几点：一是要区分人群，并非所有的人都适合经常吃轻食。在轻食食品中，很多是生冷食物，有慢性胃肠炎，胃酸过少，容易腹泻、腹胀的人应少吃轻食，以免刺激本就脆弱的肠胃。二是要保障食品安全。很多轻食不加热，而是用凉拌的方式加工。如果食材和加工用具、厨房的卫生条件差，那么轻食食品中会存留大量的细菌、霉菌等微生物，这种卫生不合格的食品吃进肚子里之后，会引发头晕、腹泻等健康问题。三是要注意营养均衡。轻食食品的特点是低脂、低盐。食盐是钠元素的主要来源，而脂肪、钠都是人体必需的营养素，如果长期吃低盐、低脂的轻食食品，容易导致这两方面的营养素摄入不足、营养失衡的问题，影响健康。所以，吃轻食食品要适度，并且要坚持膳食平衡的原则。

（资料来源：1. https://mp. weixin. qq. com/s/0qxoAF-CAH3Qhj570G3hkg. 2. https://mp. weixin. qq. com/s/AffEV3cwjuWvajbtJPFUUg.）

案例思考题：

1. 你认为轻食行业的细分市场是什么？

2. 如果你是轻食的销售总监，结合现状，你会对当前的市场定位做出怎样的调整？

第九章

产品策略

本章要点

1. 产品的概念以及产品整体概念的五个层次
2. 产品生命周期的概念及各阶段的营销对策
3. 新产品的内涵、新产品开发的原则及科学程序、新产品的市场扩散
4. 产品组合的相关概念以及产品组合策略
5. 品牌的相关概念、品牌资产及品牌策略
6. 包装的概念及包装策略

导入案例

小米产品，遍布生活的各个角落

小米这家公司成立的时间并不长，但是它的产品线布局非常广泛。小米以手机和平板作为主要产品，对外扩展了很多人们日常生活中经常用到的产品。对一家正在成长的企业来说，眼界是非常重要的，因此小米汇集了各方的资源来为自己的下一步发展奠定坚实的基础。从官网上看，小米的产品线非常丰富，其中包括手机电话卡、电视盒子、笔记本、显示器、平板、家电、插线板、出行穿戴用品、智能路由器、电源配件，以及健康类、儿童用品类、耳机、音箱、箱包等各种各样的产品。在手机方面，小米有小米系列以及红米系列，并且与相应的服务移动商签订了协议，推出了电话卡。在电视和机顶盒方面，小米有小米电视、红米电视、全面屏电视等。在笔记本、显示器和平板方面，小米推出了小米的笔记本、红米的笔记本、小米平板 4，以及各种各样的周边产品，包含键鼠套件、鼠标、连接器、平板配件等。音箱方面的产品包含小爱触屏音箱、小爱音箱以及各种各样的星空耳机、蓝牙耳机、头戴耳机、品牌耳机、蓝牙音箱、AI 音箱和 k 歌耳机。还有电暖气、电压力锅以及料理机、电煮壶。在出行穿戴方面小米产品都更接近人们的日常生活，有小米手表及 VR 设备、平衡车、滑板车、自行车、车载充电器、平衡车配件，以及智能后视镜、智能记录仪、无线车充、智能钥匙、视频门铃、红米路由器、小爱音箱。电源后配件方面的产品包含移动电源数据线、车充充电器、电池自拍杆、手机壳、手机贴膜、无线充电器、平板配件、黑鲨配件及其他配件等。健康类、儿童方面的产品包含洗手机、修剪器、剃须刀、牙刷、吹风

机、儿童滑板车、婴儿推车、儿童书包、婴儿理发器、儿童保温杯、健身车、走步机、点读机和点读笔。

成功不是一蹴而就的，小米公司的资源准备、团队协作以及清晰完整的产品线规划，每一个环节都是其发展的关键点。对于我国的工业界而言，提供好的资源，政府有非常好的政策支持，这是一个企业能够健康发展的前提。

（资料来源：https://baijiahao.baidu.com/s? id=1665177039331291276&wfr=spider&for=pc.）

小米的成功离不开企业清晰的产品线规划，产品策略始终是企业间竞争的核心手段之一。本章将主要介绍产品的整体概念、产品组合策略、新产品开发、品牌和包装策略。

第一节　产品整体概念

一、产品整体概念的五个层次

按人们的通常理解，产品是指某种具有特定物质形状及用途的劳动生产物。这仅仅是产品的狭义概念。市场营销学是从满足消费者需求出发来研究产品的，从而使产品具有了极其宽泛的外延及深刻丰富的内涵。市场营销学认为，产品不仅是指具有物质形态的、有形的物品，还包括非物质形态的服务、事件、人员、地点、观念、组织、体验、经历，或者这些因素的组合。按照科特勒的定义：“产品是指能够提供给市场并足以引起人们关注，获得使用或消费，从而满足某种欲望或需要的任何东西。”简而言之，营销学上的产品是指通过交换而满足人们需要及欲望的各种因素和手段。准确把握市场营销学中关于产品定义的深刻内涵，对企业全面认识和了解消费者的需要、研制开发同时能够满足消费者多层次需求的产品具有十分重要的意义。

产品整体概念是指一切能够满足顾客某种需要和利益的物质产品和非物质形态的服务。最早人们对产品整体概念常常会用三个层次来表述：核心（实质）产品、形式产品、延伸产品。现在业界更倾向于使用五个层次的产品整体概念，如图 9-1 所示。

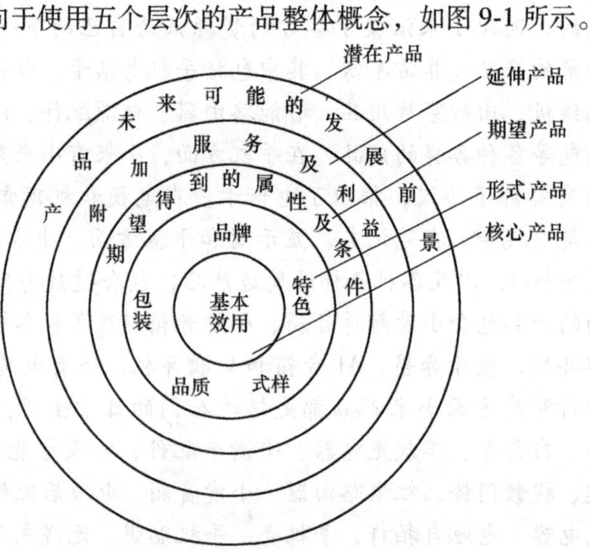

图 9-1　产品整体概念的五个层次

1. 核心产品

核心产品（Core Product）是指企业通过形式产品提供给消费者的基本效用及利益。

总的来看，消费者购买某种商品，不是为了产品本身，而是为了获得某种需要的满足。例如，顾客购买床垫，不是对其中的布料、弹簧及其他构件感兴趣，而是为了获得睡眠时的舒适感受。

2. 形式产品

形式产品（Actual Product）是指企业向市场提供的产品实体及服务的外观。

任何产品都具有特定的外观。产品的外观主要是指产品在市场出现时的面貌。一般由质量（品质）、特征（特色）、形态（式样）、商标（品牌）及包装等组成。产品出现在市场上的面貌，实际上就是产品存在的形式，也是购买者选购时的依据。具有相同效用的产品在实体及表现形式上可能会有较大的差异，但只有在恰如其分地反映产品实质时，形式才是有意义的。因此，企业只有在重视消费者所追求的核心利益的同时，注重将形式产品的各个要素精心地进行设计和组合，才能将核心利益有效地传达给目标顾客。

3. 期望产品

期望产品（Expected Product）是指消费者在购买产品时期望得到的与产品密切相关的一系列属性及条件。例如，旅客对旅店的服务产品的期望是干净整洁的房间、毛巾、卧具、衣橱，方便的交通、饮食、通信等；购买冰箱的顾客对产品的期望包括送货上门、质量及安装维修保证等。消费者对期望产品的评价往往以行业的平均质量水平为依据。当普遍公认的期望产品得不到满足时，将直接影响消费者对产品的满意度、购后评价及重购率。

4. 延伸产品

延伸产品（Augmented Product）是指消费者购买产品和使用产品过程中所能得到的除产品基本效用及功能之外的一切附加服务及利益，主要包括运送、安装、调试、维修、产品保证、零配件供应、技术人员与操作人员培训等。例如，产品使用保养知识介绍、提供信贷、售前售后服务保证等。

延伸产品的概念源于对消费者需求更深入的认识——消费者购买的根本动机是需求的满足，而这种需求是综合性、多层次的。消费者购买产品时，总是希望得到所有一切与产品相关的东西。因此，消费者的需要实际上构成了一个复杂的系统，它要求企业出售产品时也应该系统地、综合性地提供所有相关的产品及服务。

随着科学技术水平的飞速发展，企业的生产及经营管理水平日益接近，而延伸产品所提供的附加价值（利益）的大小已经成为企业通过差异化赢得市场竞争优势的关键性因素。

5. 潜在产品

潜在产品（Potential Product）是指产品最终会实现的全部附加价值和新转换的价值，即包括现有产品的所有延伸及演进部分在内，最终可能发展成为未来实质性的产品。

潜在产品指明了产品可能的演变会给顾客带来的价值和利益，也指示了现有产品的可能发展前景。

应该说，产品整体概念的提出是对市场营销理论的重大发展。随着科学技术和生产力水平的提高，人们的消费需求日益多样化，企业不但要提供适应消费者需要的形式产品及实质产品，还应当提供更多的延伸产品。正如美国营销学家西奥多·莱维特（Theodore Levit）所说："未来的竞争关键，不在于企业能够生产什么产品，而在于其产品所提供的延伸价值（如服务、广告、用户咨询、融资、送货等）。"企业只有从产品整体概念出发来制定产品策略，才能在市场竞争中立于不败之地。

二、产品的分类

可以从不同的角度对产品进行分类。在市场营销学中，与营销策略有关的产品分类方法通常有以下两种：

1. 根据产品的有形性和耐用性分类

根据有形性和耐用性，产品可分为耐用品、非耐用品和服务。

（1）耐用品（Durable Goods）。它是指基本功能消失较慢、使用时间较长的有形产品。通常，耐用品单位价值较高，购买频率较低，需要较多的人员推销和服务。

（2）非耐用品（Nondurable Goods）。它是指基本功能消失较快、使用时间较短的有形产品。这类产品单位价值较低，消费快，购买频率较高。非耐用品的销售需要广泛设置分销网点，便利消费者及时购买，就近购买；需要大力做广告，以吸引消费者做一番尝试，并促其建立偏好。

（3）服务（Services）。它是指供出售的活动、利益或享受。服务是无形的非耐用品，作为结果，一般要求更多的质量控制、供应者的信用能力和适用性。

2. 根据使用者的类型分类

根据使用者的类型，产品可分为消费品和产业用品。

（1）消费品。消费品（Consumer Goods）是指消费者购买的用于个人消费的产品和服务。根据消费者的购买特征，可以对这类产品和服务做进一步分类。

1）便利品（Convenience Goods）。它是指消费者经常或即时购买，并进行最小的比较和购买努力的产品。例如，香皂、零食及快餐等。便利品通常定价较低，营销人员会进行密集性销售，使消费者在需要时可以方便地得到。

2）选购品（Shopping Goods）。它是指消费者在购买过程中会对产品的适用性、质量、价格及式样等基本方面做针对性比较的产品。例如，家具、时装、宾馆和航班服务等。

3）特殊品（Specialty Goods）。它是指具有独特个性及品牌识别的产品及服务。消费者在进行购买时往往会为其付出特殊的努力。

4）非渴求品（Unsought Goods）。它是指消费者尚不知道或知道但不曾想过要购买的商品及服务。大多数革新产品属于非渴求品。我国市场上传统的非渴求品有人寿保险、墓地、百科全书等。非渴求品的本质属性决定了其销售需要付出大量的营销努力才能获得成功。应当说，最复杂的技术性推销技巧都是在非渴求品的推销过程中形成并发展起来的。

（2）产业用品。产业用品（Industrial Goods）是指用于进一步加工或用于商业运营的产品。按照产品进入生产过程及其与产品成本的关系，产业用品可分为原材料和零部件、资本项目以及供应品及服务。

1）原材料和零部件（Materials and Parts）。它是指完全转化为制造商产成品的一类产品，包括原材料以及制成品及零部件。原材料包括农产品（Farm Products）以及天然产品（Natural Products）。制成品及部件包括构成材料（铁、棉纱、水泥等）和构成部件（小发动机、轮胎、铸件等）。

2）资本项目（Capital Items）。它是指部分进入产成品中的产品。这类产品是在购买者的生产和运作过程中起辅助作用的工业产品，包括装置（Installations）和附属设备（Equipment）。装置包括大宗采购物，如建筑物（厂房、办公室等）和固定设备（发电机、大型计算机系统、电梯等）。附属设备包括轻型制造工具设备（手动工具、起重机）和办公设备（计算机、传真机等）。

3）供应品及服务（Supplies and Services）。它是指不构成最终产品的一类项目。供应品包括操作工业品（润滑油、煤、打字机、铅笔等）以及维修和维护物品（油漆、图钉、扫帚等）。供应品可以说是工业领域的便利品，购买时一般只进行最小的努力及产品比较。服务主要包括维护和维修（清洗、清洁、计算机维修等）以及业务咨询服务（法律、管理、广告等）。这些服务往往以签订合同的方式提供。

第二节 产品生命周期与市场演进过程分析

一、产品生命周期原理

1. 产品生命周期的内涵

产品生命周期（Product Life Cycle，PLC）是指产品从进入市场开始到被淘汰退出市场为止的全部运动过程。产品生命周期是产品的市场新陈代谢的过程，主要受社会生产力的发展水平、产品更新换代的速度、消费者的需求状况和市场经营者之间的竞争状况等市场因素影响。由于科学技术发展速度加快，市场竞争激烈，产品市场生命周期普遍呈现缩短的趋势。通过对产品市场生命周期的研究，企业可以了解应当经营哪些产品，以及采取什么策略来经营这些产品等。

2. 产品生命周期的形态

在产品生命周期的各个阶段，销售额随产品推进市场的时间不同而发生变化，通常表现为如图 9-2 所示的曲线，称为产品生命周期曲线。

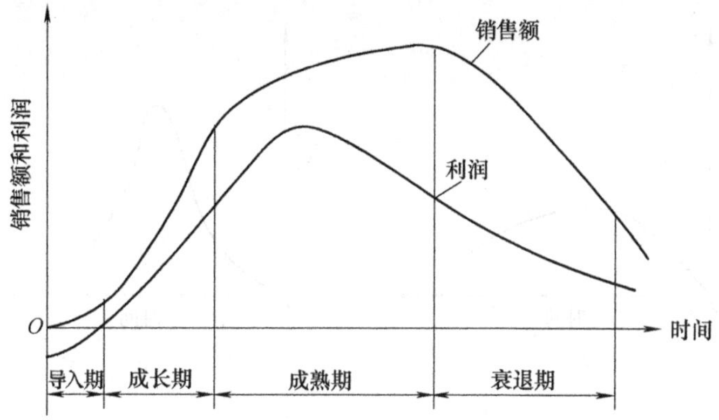

图 9-2 产品生命周期曲线

图 9-2 所示产品生命周期曲线，适用于对一般产品的生命周期的描述，是最典型的表现形态。但并非所有产品的生命周期曲线都是标准型。西方市场营销学者通过研究，确认有6~17 种产品生命周期形态。以下简要介绍几种较为常见的不规则的产品生命周期形态：

（1）再循环形态。它又称“风格型”曲线，是指产品到达成熟期后，并未顺次进入衰退期，而是又进入第二个成长期，如图 9-3a 所示。这种再循环生命周期形态往往是厂商成功地进行了产品的多功能开发或投入了更多促销费用的结果。

（2）多循环形态。它又称“扇贝型”曲线，或波浪形循环形态，是指产品在市场上的销售量由一个高峰又达到另一个高峰，不断向上攀升，其生命周期持续向前，如图 9-3b 所示。具有这种生命周期形态的产品，往往是发现了产品的新特征、新用途或新用户。例如，纸的销售就具有这种扇贝型特征，随着人们要求的多样化和科学技术的发展，纸的用途越来越广泛，更多地用于日常生活，纸杯、纸桌布、纸鞋垫、纸服装等相继出现。

（3）流行形态。它又有“时尚/流行型”和“时髦/热潮型”两种曲线，主要是指各种流行、潮流产品，一经投放市场便立刻掀起热销高潮，很快进入成熟期，并迅速退出市场，如图 9-3c 和图 9-3d 所示。

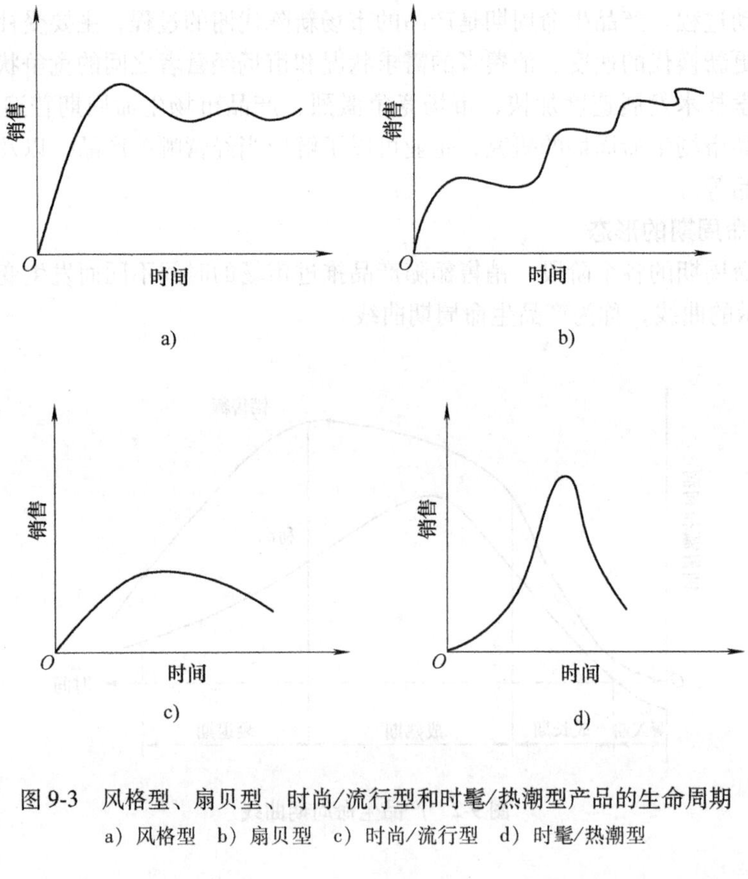

图 9-3　风格型、扇贝型、时尚/流行型和时髦/热潮型产品的生命周期

a）风格型　b）扇贝型　c）时尚/流行型　d）时髦/热潮型

二、产品生命周期各阶段的特点与营销策略

根据产品生命周期理论，企业营销策略的总要求是：①使企业的产品尽可能快地被目标市场接受，缩短产品导入期；②使企业的产品尽可能保持畅销势头，延长产品的成熟期；③使企业的产品尽可能缓慢地被市场淘汰，推迟产品的衰退期。基于此，在产品生命周期的不同阶段要采取不同的策略。

1. 导入期的特点及营销策略

导入期是新产品进入市场的最初阶段。其主要特点是：①生产成本高。新产品刚开始生产，数量不大，技术不稳定，废品、次品率较高，因而制造成本高。②营销费用大。新产品刚引进市场，尚未被人们了解，为迅速打开销路，提高知名度，需进行大量的广告宣传及其他促销活动，促销费用大。③销售数量少，销售增长率低。因新产品还未赢得消费者的信赖，未被市场广泛接受，所以购买者较少，销售量小。④竞争不激烈。新产品刚进入市场，市场前景不明确，生产者较少，竞争尚未真正开始。

在导入期，企业主要的经营目标是在尽可能短的时间内扩大产品销量。具体策略有：

（1）积极开展卓有成效的广告宣传，采用特殊的促销方式，广泛传播产品信息，帮助消费者了解产品，提高认知程度，培育市场。

（2）积极攻克生产中出现的问题，稳定产品质量，及时根据市场反馈对产品进行改进。

（3）采取行之有效的价格与促销组合策略。如表9-1所示，导入期可选择的价格与促销组合策略有以下四种：

1）快速掠取策略，即企业以高价格和高促销费用推出新产品。采用这一策略有一定的适用环境条件：产品有独特的功能或利益；目标顾客的求新心理强，并愿意付出高价；市场需求潜力较大；企业面临潜在竞争对手的威胁，须尽早建立产品的市场地位。

2）缓慢掠取策略，即企业以高价格和低促销费用将新产品推向市场。高价格和低促销费用的结合有利于企业减少流通费用，降低成本，获取较大的利润。该策略适用于市场规模有限、产品需求弹性较小、潜在竞争威胁不大、消费者不了解或是了解产品但需求迫切的情况。

3）快速渗透策略，即企业以低价格和高促销费用将新产品推向市场。该策略适用于市场容量颇大、潜在竞争较为激烈、潜在消费者对价格十分敏感、单位制造成本可随生产规模的扩大而迅速下降的产品。

4）缓慢渗透策略，即企业以低价格和低促销费用将新产品推向市场。该策略适用面较广，适用于市场容量大、促销效果不明显、需求的价格弹性较大、消费者对价格敏感度较高的产品。

表9-1 导入期的价格-促销组合策略

价格水平	促销费用	
	高	低
高	快速掠取策略	缓慢掠取策略
低	快速渗透策略	缓慢渗透策略

2. 成长期的特点及营销策略

成长期是产品在市场上已经打开销路，销售量稳步上升的阶段。其主要特点有：①购买者对产品已比较熟悉，市场需求扩大，销售量迅速增加。早期购买者继续购买该产品，其他消费者也开始追随购买。②生产和销售成本大幅度下降，大批量生产和大批量销售使单位产品成本减少。③企业的利润增加。④竞争者相继进入市场，分销网点数量增加，竞争趋向激烈。

成长期的营销目标是提高市场占有率，实现市场占有率的最大化，可采用的策略有以下几种：①进一步提高产品质量，增加花色、品种、式样、规格，改进产品包装；②广告促销要突出产品特色，促使顾客对产品产生偏好，提高忠诚度等；③开辟新分销渠道，扩大商业网点，进一步向市场渗透，拓展市场空间；④在大量生产的基础上，适时适度降价或采用其他有效的定价策略，以吸引更多的购买者。

3. 成熟期的特点及营销策略

成熟期是产品在市场上普及、销售量达到高峰的饱和阶段。其主要特点有：①产品已被绝大多数的消费者认识与购买，销售量增长缓慢，处于相对稳定状态；②行业生产能力过剩，企业利润逐步下降；③竞争激烈；④产品销售价格开始下降；⑤分销渠道密集。

成熟期的主要营销目标是维持市场占有率，防止与抵制竞争对手的蚕食进攻，争取获得最大的利润。其具体策略有：①从广度和深度上拓展市场，争取新顾客，并刺激老顾客增加购买，以增加现有产品的使用频率和消费数量；②进一步提高产品质量，开发产品功能，增强产品的安全性、便利性及使用价值；③改进营销组合并强化各种服务等。

4. 衰退期的特点及营销策略

衰退期是产品销售量持续下降，即将退出市场的阶段。其主要特点如下：①消费者对产品的兴趣减退，改进或换代产品出现，市场需求减少，销量下降；②行业生产能力过剩，企业为减少存货损失竞相降价销售，竞争异常激烈；③利润持续下降。

衰退期的营销目标是压缩开支，榨取品牌价值。其具体策略有：①淘汰策略，即淘汰衰退产品，上马新产品或转产其他高盈利产品；②持续营销策略，即继续生产衰退产品，利用其他竞争者的退出，通过提高服务质量、降低价格等方法维持销售；③收割策略，即在尽量减少各方面开支的同时继续维持产品销售，只要短期内销售量不出现急剧减少，企业就可以从该产品上获得更多的收益，增加现金流量，回收利润。

上述关于产品生命周期各阶段的特点及企业相应的营销策略归纳见表 9-2。

表 9-2　产品生命周期各阶段的特点和营销策略归纳

特点及策略		导入期	成长期	成熟期	衰退期
特点	销售	低	快速增长	缓慢增长	衰退
	成本	单位成本高	成本有所降低	成本进一步降低	单位成本低
	利润	无利或亏损	增长快速	高且出现下降趋势	持续下降
	顾客	创新采用者	早期采用者	品牌偏好者	滞后者
	现金流	负数	适度	高	低
	竞争者	稀少	增多	多且稳定	减少

（续）

特点及策略		导入期	成长期	成熟期	衰退期
策略	目标	提高产品知名度及产品试用	追求最大市场占有率	维持市场占有率，追求最大利润	减少支出，最大限度地回收利润
	产品	提供基本产品	扩大服务保证	品牌及产品多样化	缩减衰退产品
	价格	成本加成法	渗透定价	竞争性定价	降价
	分销	选择性分销	密集分销	更密集分销	剔除无利润渠道
	广告	在早期使用者和分销商中建立知名度	在大众市场建立知名度，并引起兴趣	强调品牌差异和利益	维持品牌忠诚度
	促销	加强促销，引导试用	减少促销，利用消费者需求	加强促销，鼓励转换品牌	降低促销开支至最低标准

三、市场演进过程分析

现代市场竞争激烈，仅关注某一个特定产品和品牌的演变历程是远远不够的，必须用更开阔的视野审视整体市场。特别是当企业受到新需求、新竞争者、新技术、新渠道等影响时，更需要一种方法对市场的发展演进进行分析。成功的营销来自对整体市场发展趋势的创造性预测和潜在市场的具体化。因此，产品生命周期理论需要用市场演进理论加以补充与完善。市场演进包括四个阶段：出现阶段、成长阶段、成熟阶段和衰退阶段。

1. 出现阶段

在某个具体市场清晰地出现以前，先存在一个潜在市场。潜在市场是指对某一尚未存在的东西具有类似的需要或欲望的人群。例如，在品种繁多、琳琅满目的洗发水产品市场上，人们的需要并未得到完全满足。假设一位企业家认识到这种需求并设想用一种新型洗发水来满足消费者需求，在具体开发之前，必须首先确定产品的属性，即洗发水的功效。通过对潜在市场的调查，发现人们对洗发水产品属性的偏好不同：有的人希望使用后能够有定型效果；有的人希望具有黑发、防脱发的药用功效；还有人要求有特殊香味等。为这个潜在市场设计一种最合适的产品，有以下三种策略可供选择：

（1）单一补缺策略。设计出一种新型洗发水满足市场上某一个潜在购买群体的需求偏好。

（2）多重补缺策略。同时推出两种或多种新型洗发水，满足两个或多个潜在购买群体的需求偏好。

（3）大众市场策略。设计一种新型洗发水满足大多数潜在消费者的需求偏好。

对于上述三种策略，企业可以根据自身的资源条件加以选择。假定上述企业家所在企业采纳了第三种策略，新型洗发水产品已经设计推出且销售量开始上升，市场演进的出现阶段就开始了。

对于小企业，单一补缺策略最有现实意义；而对于大规模的企业，设计一种在各种要求上都较为适中的产品来争取大众市场则更具现实意义。

2. 成长阶段

仍以前文的洗发水为例，如果洗发水销售良好，许多企业相继进入这个市场，则市场进入成长阶段。在市场成长阶段，新进入的企业可以根据自己的条件来选择上述三种策略进行市场竞争。假如原有企业已经在市场上居于领导者地位，新进入的企业又属于小企业，则适合选择单一补缺策略；倘若新进入企业属于大规模的企业，则可能采取与原有企业相对抗的策略，以均分大众市场，也有可能推行多重补缺策略，以包围或打击市场领导者。

3. 成熟阶段

在竞争中，所有进入市场的企业都谋求在市场中占有一席之地。有的企业定位于与竞争者毗邻，有的企业定位于寻找某个尚未占领的空当，有的企业定位于蚕食竞争对手已占领的市场。这样，竞争加剧，企业利润减少，市场增长放慢，市场全部的主要细分市场都被竞争者占领（分裂），并接受其服务，市场便进入成熟阶段。

市场进入成熟阶段，并不意味着立即走向终点。当某种令人信服的更具吸引力的新产品出现后，市场会重新由分裂走向统一。例如，宝洁公司首次推出新型的有效防蛀的含氟牙膏——佳洁士后，牙膏市场出现了统一现象。那些宣称增白、洁齿、香味型的牙膏品牌都被挤到了角落，佳洁士在市场上一枝独秀。

必须注意的是，即使这时形成了统一市场，也难以持久，仍不是市场演进的最后阶段。其他企业仿制成功的品牌，会使市场再度分裂。成熟阶段的市场就是这样在竞争下分裂，在创新中统一，周而复始，反复循环。

4. 衰退阶段

由于新技术的出现，性能有较大改进的产品开发以及替代产品的出现，使现行产品的市场需求量逐渐下降，现行产品的生产技术也因老化而停止使用。新一轮的需求与技术生命周期再次出现，新的市场演进过程随之再次拉开序幕。

第三节　新产品开发

一、新产品的概念及种类

市场营销学认为，产品只要在功能或形态上得到改进，与原有产品产生差异，不论哪一部分创新或变革，只要为顾客带来了新的利益，或者企业向市场提供了过去未生产的产品或采用新的品牌的产品，都可以称为新产品。

按产品创新程度的不同，可以将新产品分为以下几类：

1. 全新产品

全新产品是指应用新技术、新原理、新工艺、新结构、新材料研制而成的前所未有的产品，是企业率先发明创造出来的。在这种新产品问世之前，市场上没有相同或类似的产品。全新产品的研制生产，往往是重大科学技术取得突破的成果，能适应人们的新需求，并且会对人类的生产和生活产生深远的影响。

2. 换代新产品

换代新产品是指在原有产品的基础上，部分采用新技术、新材料、新结构制成，在性能上有显著提高的产品。

3. 改进新产品

改进新产品是指采用各种改进技术，对原有产品的品质、特点、花色、式样及包装等做一定改变与更新的产品。改进后的产品或者性能更佳，或者结构更合理，或者精度更高，或者特征更加突出，或者功能更加齐全。

4. 仿制新产品

仿制新产品是指企业模仿市场上已有的产品而自己首次生产的产品，又称为企业新产品。开发生产仿制新产品可以有效利用其他企业的成功经验和技术，风险较小。

二、新产品开发的程序

开发新产品对企业满足消费者需求，赢得市场竞争并不断发展壮大至关重要。同时，新产品开发又是一项艰巨复杂、风险大、成功率较低的工作。为了提高新产品开发的成功率，为企业创造较大的经济利益，企业开发新产品必须遵循科学的程序，严格执行和管理。

新产品开发的程序是指从寻求产品创意开始，到最后将新产品的创意转化为现实的新产品并成功投放市场，实现商业化的全过程。一般可以具体划分为产生构思、构思筛选、产品概念的形成与测试、初拟营销规划、商业分析、新产品研制、市场试销和商业化八个阶段，如图 9-4 所示。

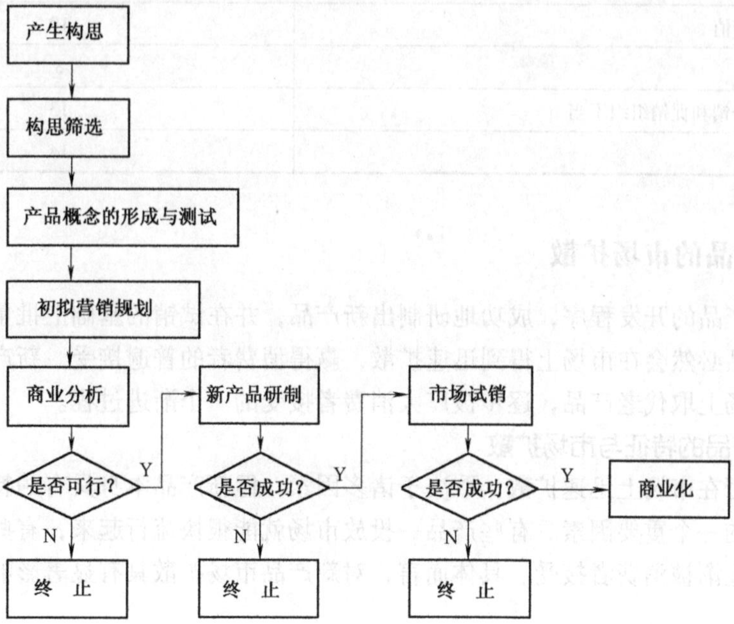

图 9-4　新产品开发的程序

资料链接 9-1：新产品开发失败的原因

新产品开发会因种种内、外部原因而导致失败。科特勒曾从企业管理职能运用的角度，对新产品失败的原因进行了研究。他认为导致开发失败的原因主要有八个：

（1）高层管理者对自己欣赏的设想，不顾一切地投入力量进行开发。

（2）不善于对新产品开发过程进行组织和实施管理。

（3）没有对新产品市场的规模进行认真的调研和预测。

（4）缺乏完备有效的产品计划，如产品定位不当、市场细分差、开发预算不足、新产品定价过高等。

(5) 新产品与现有同类产品的差异小，因而新产品本身包含的消费利益不大。

(6) 未达到开发目标要求。

(7) 新产品制造成本过高。

(8) 对新产品市场竞争的激烈程度估计不足。

1983 年，美国工业会议对新产品开发的失败原因进行分类，结果见表 9-3。

表 9-3 中 1、4、5、6 四项可以归结为市场营销方面的原因，占 67%。也就是说，新产品开发失败，半数以上不是由技术性方面的原因造成的，而是由市场方面的原因造成的。由此可见，了解市场，把握消费者（用户）的需求，在新产品销售方面下功夫，对新产品开发是至关重要的。

表 9-3 新产品开发失败原因分类

新产品开发失败的原因	比重（%）
1. 市场分析不当	32
2. 产品本身不好	23
3. 成本超过预期值	10
4. 竞争的阻碍	8
5. 销售力量、分销和促销组织不当	13
6. 其他市场因素	14

三、新产品的市场扩散

企业遵循产品的开发程序，成功地研制出新产品，并在试销的基础上批量投放市场，并不意味着新产品必然会在市场上得到迅速扩散，赢得消费者的普遍接受。新产品的市场扩散是新产品在市场上取代老产品，逐步被广大消费者接受的一个渐进过程。

（一）新产品的特征与市场扩散

新产品能否在市场上迅速扩散，取决于诸多因素。但新产品本身具有的特征显然是影响市场扩散程度的一个重要因素。有些产品一投放市场就能很快流行起来，有些产品则要经过较长时间才能逐渐被消费者接受。具体而言，对新产品市场扩散具有显著影响的产品特征有以下几点：

（1）新产品的相对优点。和现有的产品相比，新产品的相对优点越多，在功能、效用、便利性、可靠性、新颖性等方面越具有优越性，市场扩散就越快。例如，手机在 20 世纪 90 年代刚进入我国市场时，虽然价格高达 3 万~4 万元人民币，但由于其独特的功能，仍然受到很多人的青睐。

（2）新产品的适用性。新产品与目标顾客的消费习惯、经验和价值观越一致，就越易于被广泛采用。

（3）新产品的简易性。新产品在设计、整体结构、使用维修、保养等方面与目标顾客的认知程度越相适应，就越易于被消费者接受。因此，结构简单、使用便利的新产品容易打开销路，消费品尤其如此。

（4）新产品的可传播性。当新产品的属性、优点、使用效果等较为明显时，能够被人们观察和认知，并易于向他人说明、描述、示范和传播，其扩散速度就较快；反之则较慢。例如，洗衣机的属性和功能十分明显，一经投放我国市场就受到人们的普遍欢迎，在很短的时间内就经历了单缸洗衣机→双缸洗衣机→全自动洗衣机的更新换代。现在市场上各式各样的洗衣机仍然畅销不衰。

影响新产品市场扩散程度的产品特征还有购买成本、使用成本、风险性、不确定性、技术上的可靠性及社会对新产品的认可程度等。例如，汽车高额的购买成本、使用成本以及较大的风险性等，使其进入我国家庭的道路较为漫长。因此，企业在研制新产品和制订新产品的营销推广方案时，也要综合考虑这些因素。

（二）消费者采用新产品的基本模式

消费者对新产品的接受和采用过程，客观上存在一定的规律性，有其基本模式。美国市场营销学者罗吉斯（Rogers）在20世纪30年代调查了数万人接受新产品的情况，总结归纳出消费者接受和采用新产品依次经过知晓、兴趣、评价、试用、采用这五个阶段，形成消费者采用新产品的基本模式，如图9-5所示。

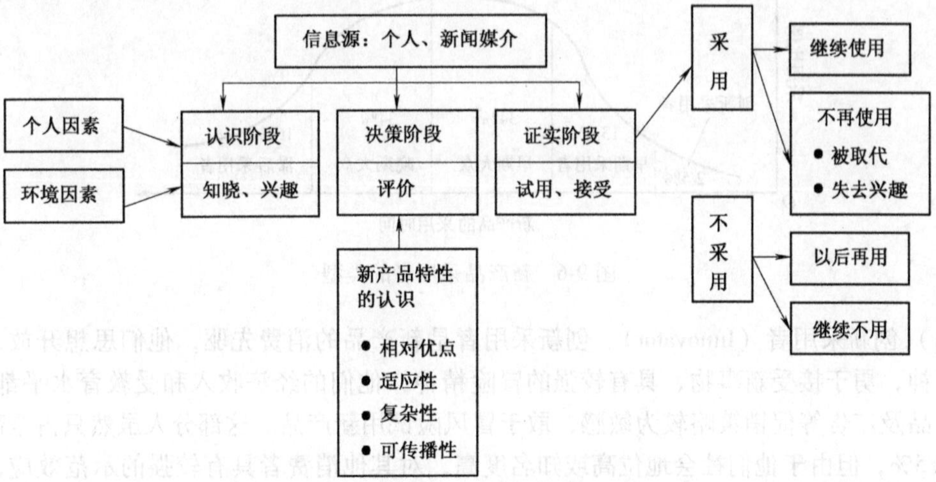

图9-5 消费者采用新产品的基本模式

（1）知晓。知晓是消费者个人获得新产品信息的初始阶段。信息的来源主要是广告、公共关系宣传、新闻报道、商品说明书、技术资料、他人的议论等。在此阶段消费者得到的有关新产品的宣传信息较为肤浅、零散，对新产品缺乏了解。

（2）兴趣。消费者知道了新产品，并且在某种刺激的作用下对新产品产生了兴趣，开始积极努力地搜索新产品的有关信息，并进行对比分析，研究新产品的功效、特点、使用方法等。

（3）评价。消费者权衡、评估采用新产品可能获得的利益及承担的风险，判断其吸引力，具体考虑这种新产品对其是否有用、购买是否值得等。

（4）试用。消费者开始少量试用新产品，并根据使用的感受以及效果重新评估和修正自己对新产品的认识与购买决策，决定是否继续购买该产品。

（5）采用。消费者通过试用，对新产品感到满意，完全接受新产品，并重复购买，继续使用。

消费者对新产品采用的过程，理论上存在以上五个阶段。但在实践中，消费者对不同新产品的接受和采用速度差别很大。企业营销人员应努力促使消费者顺利地从上一个阶段进入下一个阶段，最后接受新产品。特别要注意的是，不能使消费者长期停滞在前三个阶段，只有当消费者试用新产品后，才能更好地了解新产品，产生信任感，成为采用者。因此，当企业发现大量消费者对新产品反应徘徊在评价阶段，而久久不愿意试用时，就应该采用有效策略促使消费者尽快进入试用阶段。例如，格兰士微波炉在投放我国市场时，就耗费了大量的资源教育消费者，培育市场，促成消费者的首次购买行为。

（三）新产品采用者的类型

在实际生活中，由于受社会地位、收入状况、价值导向、性别、职业及性格等多种因素的影响和制约，不同消费者对新产品的接受在时间和态度上具有很大差异，可以划分为创新采用者、早期采用者、早期大众、晚期大众及滞后采用者五种类型，如图 9-6 所示。

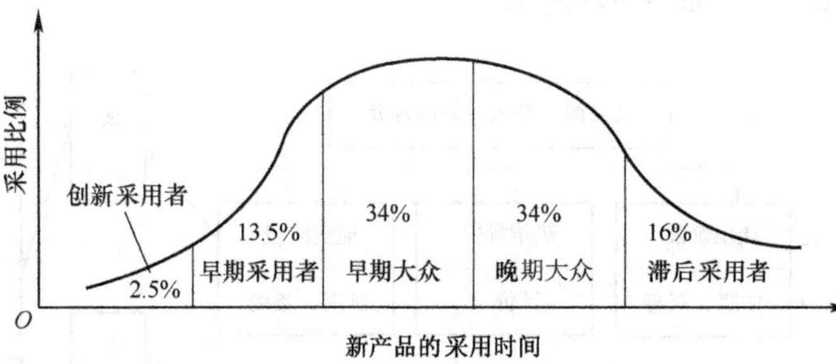

图 9-6　新产品采用者的类型

（1）创新采用者（Innovator）。创新采用者是新产品的消费先驱，他们思想开放，富有创新精神，勇于接受新事物，具有较强的冒险精神，他们的经济收入和受教育水平都较高，对新产品及广告等促销策略较为敏感，敢于冒风险试用新产品。这部分人虽然只占全部采用者的 2.5%，但由于他们社会地位高或知名度高，对其他消费者具有较强的示范效应，对加快产品的市场扩散具有重要意义。

（2）早期采用者（Early Adapter）。早期采用者大多比较年轻，富有探索精神，对新事物有浓厚的兴趣，经济状况良好，信息灵通，容易受到促销宣传的影响，看重他人对自己是否尊重，对较早使用新产品有自豪感，往往在新产品的导入期和成长期就开始购买。这部分人通常被称为“舆论领袖”，对其他人的意见和购买行为有较强的引导作用。

（3）早期大众（Early Majority）。这部分消费者一般保守思想较少，接受过一定程度的教育，有较好的工作条件和较为可观的固定收入，对社会中“舆论领袖”的消费行为具有较强的模仿心理，是能顺应社会潮流但又比较谨慎的“追求时尚者”。他们对新产品的采用经常是在早期采用者购买并且感到满意的行为影响下的结果。

（4）晚期大众（Later Majority）。这部分消费者对新事物心存疑虑，多持观望态度，工作环境、受教育水平和收入状况一般。他们不主动采用新产品，只有到新产品已经进入成熟期、大多数人使用并且反映良好时，才加以购买。

(5) 滞后采用者（Lager）。滞后采用者思想保守固执，深受传统观念束缚，对新事物、新潮流多持反对意见，恪守已有的消费模式，不愿意接受新产品。只有在新产品已经进入成熟后期或衰退期，绝大多数人已经采用时才会接受。

上述分析表明，企业在制定新产品的营销策略时，应重点研究创新采用者和早期采用者在人文统计、心理及媒体等方面的特征，将他们作为新产品投入市场时的主要目标顾客，充分利用他们“开拓者”和“舆论领袖”的示范效应，促进新产品的市场扩散。同时，企业也要根据其他类型采用者的特征，采取各种有效措施，帮助消费者接受新产品。

第四节　产 品 组 合

一、产品组合及其相关概念

产品组合（Product Mix or Product Assortment）是指企业生产或经营的全部产品线和产品项目的有机组合，又称产品结构。

产品线（Product Line）是指一组密切相关的产品，又称产品系列或产品品类。所谓密切相关，是指这些产品或者能够满足同种需求，或者必须配套使用，销售给同类顾客，或者经由相同的渠道销售，或者在同一价格范围内出售。

产品项目（Product Items）是指在同一产品线或产品系列下不同型号、规格、款式、质地、颜色或品牌的产品。例如，百货公司经营金银首饰、化妆品、服装鞋帽、家用电器、食品、文教用品等，各大类就是产品线；每一大类里包括的不同款式、品种为产品项目。

企业产品组合可以从广度、长度、深度和关联度四个维度进行分析。

1. 产品组合的广度

产品组合的广度（Product Mix Width）又称产品组合的宽度，是指企业生产经营的产品线的数量。大中型多元化经营的企业集团产品组合的广度较宽，而专业化的企业和专营性商店生产和经营的产品品类较少，产品组合的广度较窄。表 9-4 为某百货公司的产品组合情况。

表 9-4　某百货公司的产品组合情况

	产品组合的宽度			
产品线的长度	服装	皮鞋	帽子	针织品
	休闲装	男凉鞋	制服帽	卫生衣
	女西装	女凉鞋	鸭舌帽	卫生裤
	男休闲装	男皮鞋	礼帽	汗衫背心
	女休闲装	女皮鞋	女帽	
	风雨衣		童帽	
	儿童服装			

2. 产品组合的长度

产品组合的长度（Product Mix Length）是指企业生产经营的全部产品线中所包含的产品项目总数，即产品线的总长度。企业全部产品项目数除以产品线数量，即为每条产品线的平均长度。表 9-4 所示的产品项目总数是 18，则产品线的总长度是 18，每条产品线平均长度为 4.5。

3. 产品组合的深度

产品组合的深度（Product Mix Depth）是指产品线中的每一产品有多少品种。例如，某牙膏有三种规格、两种配方，那么其产品组合的深度就是 $2\times3=6$。通过统计每一品牌的不同花色、规格、功能等产品的总数目除以品牌总数，即为企业产品组合的平均深度。

4. 产品组合的关联度

产品组合的关联度（Product Mix Consistency）又称产品组合的密度或相关性，是指企业生产和经营的各条产品线的产品在最终用途、生产条件、销售渠道及其他方面相互联系的密切程度。表 9-4 中某百货公司的四条产品线都是人们的穿着用品，产品的最终用途相同，可以通过相同的分销渠道销售，其关联度较为密切。

一般而言，实行多元化经营的企业，因同时涉及几个不相关联的行业，各产品之间相互关联的程度较为松散；而实行专业化经营的企业，各产品之间相互关联的程度则较为密切。

企业产品组合的广度、长度、深度和关联度不同，将构成不同的产品组合。分析企业的产品组合，具体而言就是分析产品组合的广度、长度、深度和关联度的现状、相互结合运作及发展的态势。在一般情况下，扩大产品组合的广度有利于拓展企业的生产和经营范围，实行多元化经营战略，更好地发挥企业潜在的技术、资源及信息等各方面的优势，提高经济效益，分散企业的投资风险；延伸产品线的长度，可以使产品线充裕丰满，使企业拥有更完全的产品线，有助于扩大市场覆盖面；加强产品组合的深度，可以使企业的产品更加丰富多彩，满足更广泛的市场需求，占领同类产品更多的细分市场，增强行业竞争力；加强产品组合的关联度，可以强化企业各条产品线之间的相互支持，协同满足消费者需求，有利于资源共享，降低成本，使企业在某一特定的市场领域内增强竞争力，赢得良好的企业声誉。因此，产品组合策略也就是企业根据市场需求、营销环境及自身能力和资源条件，对自己生产和经营的产品从广度、长度、深度和关联度四个维度进行综合选择和调整的决策。

二、产品组合策略及选择

（一）产品组合策略类型

产品组合策略是制定其他各项决策的基础。产品组合确定之后，企业的投资组合、定价、分销渠道、促销以及各项资源的配置也就基本确定了。企业对产品组合进行选择，既不是一味地追求宽、深、长，也不是越专业化越好，而是立足于准确的市场调研，全面考虑市场需求、竞争态势、外部环境以及企业自身实力和营销目标，遵循有利于促进销售、提高总利润的原则，正确决策，慎重行动。常见的产品组合策略有以下六种：

1. 全线全面型组合

全线全面型组合即企业生产经营多条产品线，每一条产品线中又有多个产品项目，产品项目的宽度和深度都较大，各条产品线之间的关联度可松可紧。该策略的特点是力争向尽可能多的顾客提供他们所需要的多种产品，满足他们尽可能多的需求，以占领较为广阔的市场。该策略只有规模巨大、实力雄厚、资源丰富的企业才能做到。

2. 市场专业型组合

市场专业型组合即企业以某一特定市场为目标市场，为该市场的消费者群体提供多条产品线和多个产品项目，以满足他们多方面的需求。这种组合策略的特点是宽度和深度大而关联度较小，并且能全面了解本企业目标顾客的各类需求，以全面、牢固地占领本企业的目标市场为目的。这种组合策略仍是规模较大的企业才适用。

3. 产品系列专业型组合

产品系列专业型组合即企业生产相互之间关联度较强的少数几条产品线中的几个产品项目，以满足不同消费者对这几类产品的差异需求。这种组合策略的特点是宽度和深度小而关联度密切，产品的技术要求接近，生产专业化程度高，有利于企业延伸技术优势，提高生产效率。

4. 产品系列集中型组合

产品系列集中型组合即企业集中各种资源，生产单一产品线中的几个产品项目，以便更有效地满足某一部分消费者对这一类产品的需求。该组合策略的特点是宽度最小、深度略大而关联度密切，并且产品和目标市场都比较集中，有利于企业占领市场。这是中小企业经常采用的组合策略。

5. 特殊产品专业型组合

特殊产品专业型组合即企业凭借自己所拥有的特殊技术和生产条件，生产能满足某些顾客特殊需求的产品。这一组合策略的特点是宽度、深度、长度都很小，目标顾客具有特殊需求，生产的针对性、目标性都很强，很多情况下根据顾客特殊的个性化需求定制产品。

6. 单一产品组合

单一产品组合即企业只生产一种或数目有限的几种产品，以适应和满足单一的市场需求。这一组合策略的特点是产品线简化，生产过程单纯，能大批量生产，有利于提高劳动效率，降低成本；技术上也易于精益求精，有利于提高产品的质量和档次。但是由于生产经营的产品单一，企业对产品的依赖性太强，因而对市场需求的适应性差，风险较大。

上述六种产品组合策略为企业制定决策提供了多种选择。企业在实际决策时，要综合考虑以下几个制约因素：

（1）企业资源的制约。企业资源是指企业的人、财、物及生产经营能力。无论企业规模多大，其资源总是有限的，要根据自身的资源状况决定生产什么产品和生产多少。

（2）市场需求的制约。市场需求处在不断的变化之中，企业只能根据市场需求的发展变化趋势，以及本企业在人、财、物等方面的优势，拓宽或加强具有良好前景和获利潜力的产品系列。市场需求在诸制约因素中起决定性作用。

（3）竞争条件的制约。如果新增加的产品系列遇到强大的竞争对手，利润的不确定性和风险性较大，与其加宽产品系列，不如增加产品项目，加深原有的产品系列更为有利。如果关联度较为密切的产品系列竞争激烈，不如选择既有市场需求，企业又有实力进入的其他行业，朝多元化经营方向发展。

（二）产品组合分析

产品组合状况直接关系到企业的销售额和利润水平，企业必须在产品组合形成以后，对产品组合及其对未来销售额、利润水平的发展和影响进行系统客观的分析与评估，并对是否增加或剔除某些产品线或产品项目做出决策，以实现产品组合的优化。常用的产品组合分析方法主要有以下几种：

1. 产品处境分析法

产品处境分析法由美国学者德鲁克首先提出。他将企业现有产品分为六个层次，然后分析研究各个层次产品在未来销售成长中的潜力，以此来决定对现行产品组合的调整。

德鲁克划分的六个层次的产品和相关策略如下：

（1）目前的主要产品。其策略是稳定市场地位，以增加企业的利润和收入。

（2）未来的主要产品。其策略是把它作为企业投资和保护的重点，促使其发展和壮大。

（3）过去的主要产品。由于目前市场需求下降，销售萎缩，可以考虑对产品进行改进，如多功能开发以求东山再起，或者予以淘汰。

（4）需改进的产品。企业应根据市场需求和竞争对手产品的变化，对自己的产品加紧改进和提高，力促成为今天或明天的主要产品。

（5）需维持的产品。对这一层次的产品，企业应继续经营，保持市场，争取创造更多的利润。

（6）失去销路的产品。对这一层次的产品，企业应立即转产或淘汰，以便集中资源生产经营盈利丰厚的产品或者有发展前途的产品。

2. 产品线销售额和利润分析法

产品线销售额和利润分析法是指对现行产品线上的不同产品项目所提供的销售额和利润水平进行分析和评价，以此为依据制定产品线的调整决策。

例如，某公司拥有一条五个产品项目的产品线，如图 9-7 所示，按各项目的销售额和利润的比例排列。可以看出，产品项目 A 的销售额和利润分别占整条产品线销售额与利润的 50% 和 30%，产品项目 B 的销售额和利润均占整条产品线销售额和利润的 30%。这两个产品项目占了整条产品线销售额的 80% 和利润的 60%，显然是这条产品线中的主要产品。如果这两个产品项目突然受到竞争者的打击或遇市场疲软，产品线的销售额和利润就会迅速下降。因此，该产品线比较脆弱。如果市场调研和预测显示这两个产品进入了成熟期，同行竞争极为激烈，未来的销售额和利润呈下降趋势，企业就必须制定有效的竞争对策，以巩固 A、B 两个产品项目的市场份额和获利水平。同时，还应根据市场需求的发展态势，加强产品项目 C、产品项目 D 的营销力度。产品项目 E 只占整条产品线销售额和利润的 5%，如无大的市场潜力，可考虑淘汰。

3. 利润增长目标分析法

利润增长目标分析法是结合利润增长目标对企业现有产品组合的利润增长结构进行分析和评价的一种方法。

在实践中，随着产品生命周期各阶段在市场上的推移演变，以及市场需求和竞争态势的变化，企业各条产品线的获利能力是不断变化的。如图 9-8 所示，某企业的产品组合由 A、B、C 三条产品线构成，在计划年度中，各产品线的利润实现情况有较大变化。在计划期的第一年，由于 C、B、A 三类产品分别处于导入期、成长期和成熟期，预计 A 类产品获利最多，占企业利润总额的 60%，B 类产品占 30%，C 类产品占 10%。随着产品生命周期的变化，A 类产品的利润水平逐年降低；B 类产品前三年利润逐年增加，后三年逐年减少；C 类产品利润逐年增加。到第六年，C 类产品成为企业主要的盈利产品，其利润在企业利润总额中所占的比重最大，其余依次为 B 类产品和 A 类产品；但 A、B、C 三类产品的利润总额与企业制定的利润目标之间还存在较大的差距。这就表明，企业现行的产品组合尚不能有效地达到企业的利润目标，必须科学地进行调整，实现产品组合的优化，以确保企业利润目标的实现。

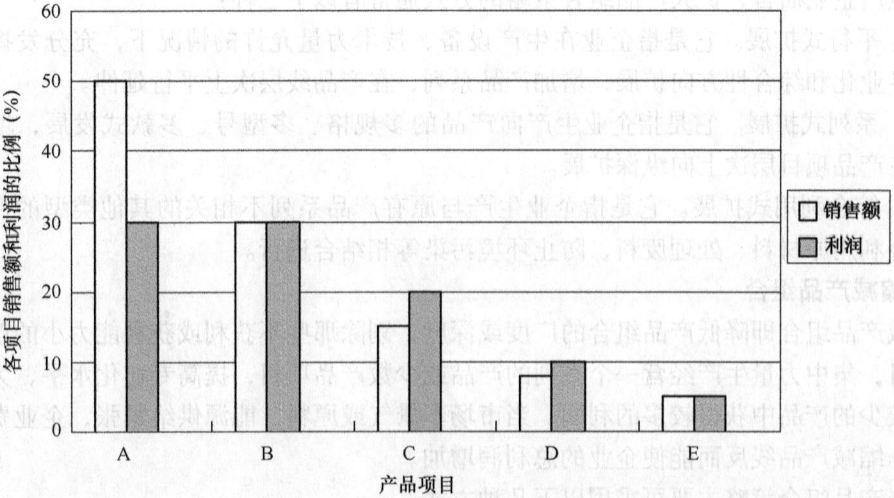

图 9-7　某产品线的产品项目分析

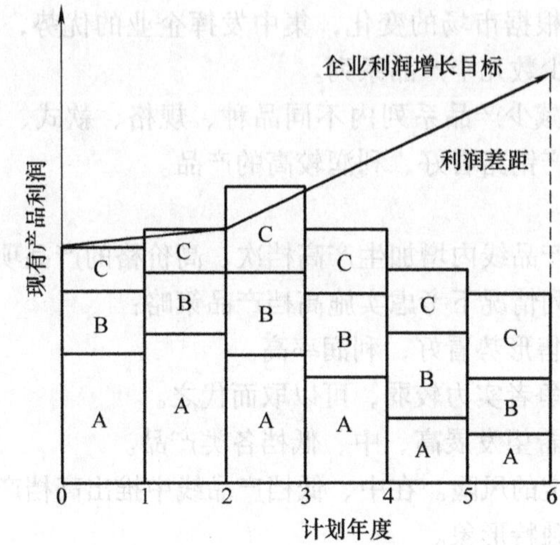

图 9-8　某企业预期利润

三、产品组合调整策略

对企业现行产品组合进行分析和评估之后，找出存在的问题，就要采取相应措施，调整产品组合，以求达到最佳组合。产品组合的调整策略主要有以下几种：

1. 扩大产品组合

扩大产品组合即扩展产品组合的广度或深度，增加产品系列或项目，扩大经营范围，生产经营更多的产品以满足市场的需要。当市场需求不断扩大、营销环境有利、企业资源条件优化时，企业就需要扩大产品组合，以争取更大发展。当企业预测到现行产品线的销售额和利润率在未来可能下降时，就必须及时考虑在现行产品组合中增加新的产品线，或加强其中有发展潜力的产品线。

对生产企业而言，扩大产品组合策略的方式通常有以下三种：

（1）平行式扩展。它是指企业在生产设备、技术力量允许的情况下，充分发挥生产潜能，向专业化和综合性方向扩展，增加产品系列，在产品线层次上平行延伸。

（2）系列式扩展。它是指企业生产向产品的多规格、多型号、多款式发展，增加产品项目，在产品项目层次上向纵深扩展。

（3）综合利用式扩展。它是指企业生产与原有产品系列不相关的其他类型的产品，通常与综合利用原材料、处理废料、防止环境污染等相结合进行。

2. 缩减产品组合

缩减产品组合即降低产品组合的广度或深度，剔除那些不获利或获利能力小的产品线或产品项目，集中力量生产经营一个系列的产品或少数产品项目，提高专业化水平，力争从生产经营较少的产品中获得较多的利润。当市场不景气或原料、能源供给紧张，企业费用水平太高时，缩减产品线反而能使企业的总利润增加。

缩减产品组合策略主要可采用以下几种方式：

（1）保持原有产品的广度和深度，增加产品产量，降低成本，改革营销方式，加强促销工作。

（2）缩减产品系列，即根据市场的变化，集中发挥企业的优势，减少生产经营的产品类别，只生产经营某一个或少数几个产品系列。

（3）减少产品项目，即减少产品系列内不同品种、规格、款式、花色产品的生产和经营，淘汰薄利产品，尽量生产销路看好、利润较高的产品。

3. 高档产品策略

高档产品策略即在同一产品线内增加生产高档次、高价格的产品项目，以提高企业现有产品的声望。企业可以在下列情况下考虑实施高档产品策略：

（1）高档产品的市场销售形势看好，利润率高。

（2）高档产品市场上竞争者实力较弱，可以取而代之。

（3）企业的实力增加，希望发展高、中、低档各类产品。

实施高档产品策略有一定的风险。在中、低档产品线中推出高档产品，容易引起购买者混淆，难以树立高档产品的独特形象。

4. 低档产品策略

低档产品策略即在同一产品线内增加生产中、低档次且价格低廉的产品项目，以利用高档名牌产品的声誉，吸引因经济条件所限而购买不起高档产品，但又羡慕和向往高档名牌的顾客。

低档产品策略适用于企业的下列情况：

（1）企业高档产品成长发展较慢，为了维持销售，占领和开拓市场，扩展产品线，增加产品项目，增加中、低档产品。

（2）企业的高档产品遇到了强硬的竞争对手，进入中、低档产品市场可以获得回旋余地。

（3）企业进入高档产品市场，建立高品质名牌形象、扩大声誉的目的已经达到，生产中、低档产品可以丰富产品品种，增加花色，扩大市场。

（4）填补市场空缺，抵制竞争者进入中、低档产品市场同企业抗衡。

低档产品策略对企业也同样存在风险。因为在高档产品线中推出低档产品，容易影响和损害企业及原有品牌产品的形象，降低原有产品的档次；还可能刺激本来生产低档产品的企业进入高档产品市场，促使竞争加剧。

第五节 品牌策略

一、基本概念

（一）品牌的概念

1. 品牌的含义

品牌是指消费者对产品及产品系列的认知程度，它包括名称、标志、图案、符号、设计以及它们的组合运用。其目的是借以辨别某个或某群销售者的产品或服务，并使之与竞争对手的产品或服务区别开来。

品牌是一个集合概念，它包括品牌名称和品牌标志。

（1）品牌名称（Brand Name）是指品牌中能够发音、能够被读出的那一部分。如"可口可乐""长虹""联想"等。

（2）品牌标志（Brand Mark）是指品牌中可以通过视觉辨别，能用语言描述，但不能用语言直接称呼的部分，包括品牌的符号、图像、图案、色彩等。例如，著名品牌的家电品牌"海尔"的那两个互相拥抱的儿童形象就是其品牌标志。

资料链接 9-2：柯林斯和科特勒等学者的品牌命名标准

关于品牌如何命名的问题，已经成为品牌化研究的一个重要领域。其研究的问题涉及品牌名字的长短、发音的容易程度、能否符合包装的需要、与媒体的相互协调程度、无意义音节的意义性、名字的字母和字母排列特征等方方面面。研究者仁者见仁、智者见智。比较具有代表性的观点包括：

柯林斯（Collins）的6条标准：①独特的；②提醒产品类别；③在所有品牌推广国家容易阅读；④容易发音；⑤有语义联想或象征性联想，即传递感情；⑥改变环境仍可用。

麦克尼尔（McNeal）和泽林（Zeren）的13条标准：①描述产品利益；②容易记忆；③适合公司形象和其他产品形象；④可注册；⑤可推广和可做广告；⑥独特性和竞争性；⑦长度适中；⑧易发音；⑨对潜在使用者有肯定含义；⑩适合包装；⑪有现代性；⑫可理解；⑬有说服性。

麦卡锡（McCarthy）和佩里劳尔特（Perreault）的12条标准：①简短；②容易拼写和阅读；③容易再认和记忆；④读或听起来愉悦，并容易发音；⑤只能用一种方式发音；⑥在所有语言中都能够发音；⑦总能符合时代（不过时）；⑧适应包装和标签的需要；⑨合法使用（不被另一公司使用）；⑩不会冒犯、淫猥或不是否定的；⑪涉及产品利益；⑫适合任何广告媒体。

科特勒（Kotler）和阿姆斯特朗（Armstrong）的5条标准：①应该涉及某些产品利益和

优点；②应该容易发音；③容易再认和记忆；④应该有特色；⑤应该能够注册和受法律保护。

2. 品牌的层次

在营销活动中，品牌并不是符号、标记等的简单组合，而是产品的一个复杂的识别系统。它包括以下六个层次：

（1）属性。属性是指品牌能够带来的、符合消费者需要的产品特征。例如，“奔驰”代表了高贵、精湛、耐用；“海尔”代表了适用、质量及服务；等等。属性是消费者判断品牌接受性的第一要素。因此，品牌带来的属性应当能够符合消费者的需要。

（2）利益。消费者购买某一品牌产品时，购买的并不是该品牌所提供的属性，而是该属性所能转化而来的功能或利益。例如，购买“耐用”这一属性，是因为产品在同等成本下可以使用更长时间；“昂贵”带给消费者的是受人羡慕的情感利益；“技术先进”带来的是超凡的舒适及便利性；等等。因而，营销人员应当注意，品牌带来的产品属性是否能够提供消费者需要的利益。

（3）价值。品牌提供的价值包括营销价值和顾客价值。营销价值就是通常所说的“品牌效应”，即品牌若在市场上被广泛接受，则可以为企业节省更多的广告促销费用，带来更多的利润。顾客价值主要是指品牌的声誉及形象能够满足消费者的情感需求。

（4）文化。品牌中蕴含的文化是使品牌得到市场高度认可的深层次因素。市场对品牌的偏好反映的恰恰是消费者对品牌中蕴含的文化的认同。每个品牌都会从产品中提炼自己的文化：“奔驰”代表的是严谨、追求卓越的德国文化；“海尔”则代表的是包容、亲和的中国文化。

（5）个性。品牌个性的塑造是为了使消费者产生一种认同感和归属感。不同的品牌有不同的个性，如“可口可乐”追求的“尽情享乐”的个性，就迎合了许多青年消费者追求自由和快乐的需要；“奔驰”追求的是“雍容华贵、沉稳”的个性。

（6）使用者。上述五个品牌层次的综合已经基本界定了购买该品牌产品的消费者的类型。例如，“奔驰”的使用者大多是事业成功人士；“娃哈哈”的使用者则界定在少年儿童，不过现在该品牌的内涵有所扩展。不管怎样，使用者对品牌的选用，也恰恰反映出其对品牌文化、价值和个性的认同。

以上各个层次都说明了品牌是复杂的产品识别系统。产品品牌化就是要使品牌的六个层次都能够被消费者识别，成为一个深度品牌。品牌的属性及利益是表层性的，容易被模仿，不足以区别其他品牌。品牌中最持久的内涵是价值、个性及文化，这些层次内涵构成了品牌的实质，是不容易被模仿、最能深入人心的东西。因此，营销人员不仅要提供符合消费者需要的产品属性及利益，还要注意品牌文化及个性的培育。

（二）品牌的作用

1. 品牌给企业带来的利益

科特勒在其著作《营销管理》（第 9 版）中强调，品牌暗示着特定的消费者，暗示了购买或者使用产品的消费者类型，也即品牌背后的顾客。这就需要品牌具有个性鲜明的特征。他还对品牌功能做了论述，认为拥有高品牌资产的公司具有如下竞争优势：

（1）由于其高水平的品牌知晓和忠诚度，公司营销成本降低。

（2）由于顾客希望分销商与零售商经营这些品牌，加强了公司对他们的讨价还价能力。

（3）由于该品牌有更高的感知质量，公司可比竞争者卖出更高的价格。

（4）由于该品牌有高信誉，公司可以较容易地开展品牌拓展。

（5）在激烈的价格竞争中，品牌给公司提供了某些保护作用。

以上这些优势说明，成功的品牌管理在企业创造竞争优势的过程中发挥着重要的作用。

2. 品牌给消费者带来的利益

现代品牌理论特别重视和强调品牌是一个以消费者为中心的概念，没有消费者，就没有品牌。品牌的价值体现在品牌与消费者的关系之中。因此，企业创建品牌，必须重视消费者，强化两者之间的关系。

品牌不仅可以帮助消费者处理与产品有关的信息，降低购物风险，使购物决策更容易，还可以帮助消费者表现个性，体现生活品位。生活中人们都在寻找使自己感觉良好并能够在社会交往中表现出独具一格的东西。例如，一位母亲会通过购买某个品牌的生活用品使自己确信她在为家庭选择最好的东西，并且要使家里人和朋友看到这一点；一位成功的职场人士可能会通过驾驶一辆宝马轿车来给自己和别人展示他的成功；一位成功的商业人士会在某个高级住宅小区选购别墅，用以显示自己的富有和生活品位。概括地说，品牌给消费者带来的利益表现为八项功能，见表 9-5，这同时也指出了品牌价值的最终来源。

表 9-5　品牌给消费者带来的利益

功能	消费者利益
识别	识别产品
切实可行	节省时间和精力，帮助选择
保证	无论何时何地购买同一种商品，都确保质量
优化	购买该类产品中的最佳品牌
特色	代表特定的形象
连续性	多年使用同一品牌，熟悉并提高产品满意度
愉快感觉	感受产品的魅力
伦理	生态平衡、就业、公益广告

（三）品牌、商标及相关概念辨析

在对品牌及其相关概念的理解及实际应用中，往往会出现将品牌等同于商标、产品名称、名牌的错误认识，因此对相关概念进行区分，弄清这些概念之间的区别和联系十分必要。

1. 产品与品牌

产品与品牌的一个重要区别是，产品通过自身的利益及功能属性，直接满足消费者的需求；品牌则是通过产品本身体现的功能利益来引发消费者对其用户（购买者或使用者类型）、个性、文化等方面的联想，实现企业对消费者的价值承诺。

产品与品牌的关系如下：

（1）品牌与产品名称是两个完全不同的概念。产品名称体现的主要是辨别功能，即将产品与产品区别开来；而品牌则传递了更广泛、更丰富的内容，价值、个性、文化都能通过品牌得到表现。

一个品牌可以用于一种产品，也可以用于多种产品。当品牌具有足够的影响力时，还可以进行品牌延伸，借势推出新产品。

（2）产品是具体的存在，品牌存在于消费者的认知之中。品牌是消费者心中被唤起的某种感受、情感、偏好和信赖的总和。同样功能的产品被冠以不同的品牌之后，在消费者心目中可能产生截然不同的看法，从而导致大相径庭的市场占有率。

（3）品牌依据产品而设计，并形成于整个营销组合环节中。营销组合的每一个环节都需要传达相同的品牌信息，才能使消费者形成对品牌的认同感。一个定位于高档品牌的产品，必然是高价位的，并辅之以精美的包装，在高档店或专卖店里出售，而商业传播与品牌的关系也极为密切。

（4）产品重在质量与服务，品牌贵在传播。品牌的“质量”在于传播。品牌的传播包括品牌与消费者沟通的所有环节和活动，传播的效用既形成和加强消费者对品牌的认知，又将传播费用转化为品牌资产的一部分。

2. 商标与品牌

（1）商标。多数国家和地区采用自愿与强制注册相结合的方式，使商标有了注册与非注册之分。注册商标是指由某个经营者/服务者提出，并经一国或地区政府相应机关核准注册的商品或服务的标志。非注册商标是指经营者或服务者自己提出并使用的，但未经政府相应机关核准注册的标志。非注册商标因此而失去了法律上的保护和发展成为名牌的可能性。

资料链接 9-3:《商标法》中关于商标标志和名称的使用规定

《中华人民共和国商标法》（简称《商标法》）规定，任何能够将自然人、法人或者其他组织的商品与他人的商品区别开的标志，包括文字、图形、字母、数字、三维标志、颜色组合和声音等，以及上述要素的组合，均可以作为商标申请注册。同时规定了以下标志不得作为本商标注册：①仅有本商品的通用名称、图形、型号的；②仅直接表示商品的质量、主要原料、功能、用途、重量、数量及其他特点的；③其他缺乏显著特征的。但若上述标志经过使用取得显著特征，并便于识别的，可以作为商标注册。

我国《商标法》规定下列标志不得作为商标使用：①同中华人民共和国的国家名称、国旗、国徽、国歌、军旗、军徽、军歌、勋章等相同或者近似的，以及同中央国家机关的名称、标志、所在地特定地点的名称或者标志性建筑物的名称、图形相同的；②同外国的国家名称、国旗、国徽、军旗等相同或者近似的，但经该国政府同意的除外；③同政府间国际组织的名称、旗帜、徽记等相同或者近似的，但经该组织同意或者不易误导公众的除外；④与表明实施控制、予以保证的官方标志、检验印记相同或者近似的，但经授权的除外；⑤同“红十字”“红新月”的名称、标志相同或者近似的；⑥带有民族歧视性的；⑦带有欺骗性，容易使公众对商品的质量等特点或者产地产生误认的；⑧有害于社会主义道德风尚或者有其他不良影响的。县级以上行政区划的地名或者公众知晓的外国地名，不得作为商标。但是，地名具有其他含义或者作为集体商标、证明商标组成部分的除外；已经注册的使用地名的商标继续有效。

（2）商标与品牌的关系。从品牌与商标的定义内容上看，两者是从不同的角度描述同一个问题。虽然在现实经济中，人们往往将它们等同使用，但品牌概念的内涵和外延大于商标概念的内涵和外延。

很显然，受自愿与强制注册的因素影响，品牌与商标是有区别的：首先，商标是一个法律概念，一般是指经政府机关认定、核准注册，受法律保护的注册商标；而品牌则未必，其含义要广泛得多，不仅包括了商标，还包括商品的通用名称、非注册的标志及一些地理标志等。

3. 名牌、品牌与商标

名牌，通俗地讲是知名的、著名的、驰名的牌子，是指消费者对某一享有较高声誉、在较大范围内拥有一定知名度及市场销售率的品牌或商标的习惯性称呼。

名牌由品牌或商标发展而来，所以它除了具备品牌和商标的所有性质、构成及特征外，还标志着悠久的历史、雄厚的实力，体现着上乘的品质、良好的信誉，表现出精湛的工艺及典雅的文化风格，具有广泛的市场知名度及公众普遍的认同感，拥有较高的市场占有率和消费率及其由上述内容形成的高效益。

需要注意的是：①名牌不是严格意义上的法律概念，人们往往将有一定经营业绩的商品牌子、服务牌子都称为名牌，并在实践中广泛地应用；②名牌是现代企业经营商标、品牌并使其经营业绩达到相当高度后的产物；③每个企业都有自己的商标及品牌，但不是每个商标和品牌都能发展成为名牌，大多数商标或品牌都会在激烈的市场竞争中被淘汰、废止或更新。

4. 驰名商标与名牌

（1）驰名商标。驰名商标是国际社会通用的法律概念，是指经一国政府主管机关依法定程序加以确认的名牌。

我国2014年7月颁布的《驰名商标认定和保护规定》第二条指出：驰名商标是在中国为相关公众所熟知的商标。所以，驰名商标是一个法律概念，必须取得法定程序的认可。

由此可知，名牌不一定是驰名商标，而驰名商标则是无可争议的名牌。名牌是驰名商标确立的基础，而驰名商标是名牌发展的最终目标。

（2）驰名商标的法律特征。根据《保护工业产权巴黎公约》及世界贸易组织（WTO）的《与贸易有关的知识产权协议》（TRIPs）中的规定，驰名商标经法定机关依法定程序认定后，可以在世界范围内享有比一般商标更多的经营使用及法律保护特权。

1）跨越国界的商标专用权。驰名商标的专用权不同于一般法律意义的有严格地域性的商标专用权，而是超越了本国界限、在《保护工业产权巴黎公约》成员方范围内得到保护的商标权。按该公约的相关规定，若有商标构成对该商标的仿造、复制或翻译且使用于相同或类似的商品上，则应当禁止使用（拒绝或取消其注册）。

2）超越优先申请原则的注册权。这是指驰名商标不受“注册在先”原则及各国法律中的某些条款的约束而享有的商标注册权。世界上大多数国家的商标法里都采用了商标品牌的注册及优先注册（同一商标品牌，给予先申请者优先注册）的原则，我国也不例外。但是依照《保护工业产权巴黎公约》的规定，即使驰名商标未注册，也在公约成员方范围内受到法律保护。对驰名商标而言，他人虽然申请注册在先，只要其申请注册的商标是对驰名商标的复制、仿造或翻译且用于相同或类似的商品上，就不得给予注册；另外，驰名商标注册的优先权还表现在即使他人已经申请并获准注册，驰名商标所有人也有权在五年内请求撤销该注册商标。

（四）品牌资产

根据全球著名管理咨询公司麦肯锡公司的分析报告，《财富》杂志排名前250名的大公司有近50%的市场价值源于无形资产，对于某些著名的公司，该比例更高。品牌资产无疑是企业无形资产的重要组成部分。

资料链接 9-4

戴维·阿克是著名的品牌资产管理之父，提出了品牌资产管理的概念。他指出品牌资产主要包括品牌知名度、品牌忠诚度、认知质量和品牌联想度。他还提出了著名的品牌架构理论（Brand Architecture），以及著名的品牌关系谱（Brand Relationship Spectrum），将品牌关系策略分成品牌化策略（Branded House）、背书品牌策略（Endorsed Brands）、副品牌（Subbrands）策略和品牌屋（House of Brands 子品牌）策略。

1. 品牌资产的含义

品牌资产（Brand Equity）有时也译为品牌权益，其概念提出于20世纪80年代。目前，是西方营销学中最受关注的研究领域之一。

关于品牌资产的定义，目前众多学者及研究机构都提出了自己的看法和见解。

美国营销科学研究委员会认为，品牌资产是关于该品牌的顾客、渠道成员和拥有该品牌的公司的一整套联想和行为。这些联想和行为能为该品牌比其他品牌的产品赢得更多的订单和额外利润，并使该品牌比竞争品牌具有更牢固、持续的竞争优势。

戴维·阿克教授认为，品牌资产是一系列与品牌名称、标志物相联系的资产和负债，它能增加或减少产品或服务提供给公司或其顾客的价值。

美国品牌资产委员会的定义是，拥有品牌资产可以为顾客提供一个能够拥有的、值得信赖的、相应和特有的承诺。

综观目前具有代表性的品牌资产的定义，对品牌资产的概念还没有达成一致的观点。有的定义从企业角度、有的定义从消费者角度说明品牌资产的作用，但都未很好地解释品牌资产形成的原因。基于顾客的品牌资产（Customer-Based Brand Equity）这一新的理论观点，融合了近期在研究消费者行为方面的理论进展和管理实践。

2. 基于顾客的品牌资产

美国杜克大学富卡商学院教授凯文·莱恩·凯勒（Kevin Lane Keller）将基于顾客的品牌资产定义为：由于品牌的营销活动而使顾客对该品牌的品牌知识（Brand Knowledge）产生的差异性效果。

换言之，从本质上看，基于顾客的品牌资产就是指由于顾客头脑中已有的品牌知识而导致的顾客对品牌营销反应的差别化效应。这里包括了三层含义：①品牌资产来自顾客的差异化反应。如果不存在顾客反应方面的差异，有品牌产品与无品牌产品就没有什么区别了。②顾客反应方面的差异是顾客已有的品牌知识发生作用的结果。品牌的作用根本上取决于顾客头脑中已经存在的品牌知识。③顾客的反应体现在与品牌营销有关的感知、偏好和行为等方面。顾客的品牌知识是靠企业以往长期的营销努力积累起来的，这是建立品牌资产的关键。

从一些产品比较实验的典型结果中，可以看到基于顾客的品牌资产的存在。

研究人员曾经对英国的可乐消费者进行过一次盲饮实验。当将被试者的眼睛蒙起来实验时，喜欢可口可乐和喜欢百事可乐的消费者比例基本相同，前者为49%，后者为51%。当消费者在知道品牌名称的情况下饮用时，喜欢可口可乐的有65%，而喜欢百事可乐的仅有23%（其余的认为两个品牌没有差别）。对同一种产品，在知道品牌和不知道品牌时所表现出的不同感知，就是对品牌认知的结果。

基于顾客的品牌资产这一理论观点，解释了品牌资产形成的根本原因，是营销理论的一个重要成果。该观点的重要启示是，企业要积累品牌资产，有效地实施品牌战略，就必须从消费者的品牌知识的形成入手。

3. 品牌资产的特征

品牌资产是一种超过商品或服务本身利益以外的价值。它通过为消费者和企业提供附加利益来体现其价值，并与某一特定的品牌紧密联系。某个品牌提供给消费者的超过商品及服务本身以外的附加利益越多，该品牌对消费者的吸引力就越大，从而品牌资产价值就越高；该品牌的名称及标志发生变更，附着在该品牌上的财产也将部分或全部丧失。

品牌给企业带来的附加利益，最终源于品牌对消费者的吸引力及感召力。另外，品牌资产还是企业与顾客关系的反映，也是与顾客长期动态关系的反映。

作为企业财产的重要组成部分，品牌资产主要有以下特征：

（1）无形性。品牌资产与厂房、设备等有形资产不同，它不能使人凭借眼（看）、手（摸）等感官直接感受到它的存在及大小。品牌资产是一种特殊的无形资产。一方面，品牌资产的无形性增加了人们对它予以直观把握的难度；另一方面，由无形性所决定的品牌资产的所有权获得和所有权转移也与有形资产存在差异。有形资产通常是通过市场交换的方式取得其所有权，而品牌资产一般是经由品牌或商标使用者申请注册，由注册机关依照法律程序确立其所有权。

（2）应用的增值性。就一般有形资产而言，其投资与利用往往是泾渭分明，存在明显的界线，投资会增加资产存量，利用则会减少资产存量；而品牌资产则不同，它作为一种无形资产，其投资与利用常常是交织在一起、难以截然分开的。品牌资产的利用并不必然是品牌资产减少的过程，如果管理利用得当，品牌资产不但不会因利用而减少，反而会在利用中增值。

（3）准确计量的困难性。品牌的重要价值已广泛为人们所认知，如何计量品牌资产是企业非常关心的一个问题。然而，品牌资产的计量却难于一般有形资产，甚至难以准确计量。一方面，品牌资产的特殊构成决定了品牌资产难以准确计量。品牌反映的是企业与顾客的关系，这种关系的深度与广度需要通过品牌知名度、品牌联想、品牌忠诚和品牌质量形象等多方面予以透视；而且品牌资产的这些组成部分又是相互联系、相互影响、彼此交错而难以截然分开的。另一方面，反映品牌资产价值的品牌获利性（品牌未来获利能力）受许多不易计量的因素影响，如消费者对品牌的认知、品牌投资强度、品牌策略、产品市场容量、产品所处行业及其结构、市场竞争的强烈程度等，都增加了准确计量品牌资产的难度。

（4）资产价值的波动性。品牌从无到有，从消费者感到陌生到熟知并产生好感，是品牌运营者长期不懈努力的结果。尽管品牌资产是企业以往投入的沉淀与结晶，但这并不表明品牌资产只增不减。事实上，企业品牌决策的失误或竞争者品牌运营的成功，都有可能使企业的品牌资产发生波动，甚至是大幅度下降。

（5）指示性。由于品牌资产的实质是销售者（卖者）对交付给购买者的产品特征、利益和服务等方面的一贯性承诺，为了维系和发展企业与消费者互惠互利的长期交换关系，保证品牌获得增值，企业需要不断进行营销投入，综合运用各种营销手段，并使之有机协调与配合。奔驰、可口可乐等品牌之所以能够长盛不衰，与品牌运营者拥有的丰富营销经验和娴熟营销技巧是密不可分的。如此来说，品牌资产的大小是各种营销技术和营销手段综合作用的结果，它在很大程度上体现了企业营销的总体水平，是营销绩效的主要衡量指标。

4. 品牌资产的功能

品牌资产的功能可以从消费者和企业等不同角度来研究。有的学者认为，品牌资产通常会为消费者增加或减少价值，驰名商标有助于增强消费者做出购买决策的信心和增加使用时的满意程度。从企业角度来看，品牌资产的功能可以归纳为以下几点：

（1）提高消费者的品牌忠诚度。同非名牌相比，名牌的一个特点是消费者对其更信赖，因为品牌本身是左右消费者购买欲望的一大因素。

一些强势品牌之所以能够领导市场，是因为消费者对这些品牌是什么以及代表什么早有认识，而顾客对品牌的忠诚度往往是通过重复购买的次数来衡量的。顾客对于其忠诚的品牌可以不加考虑地、习惯性地购买，这就增加了竞争者争夺顾客的难度和成本，并使该品牌的所有者获得稳定的收入来源。

（2）使企业获得超额利润。具有高度稳定性的知名品牌能够获得溢价利润。美国 Intelliquest 市场研究公司曾对美国计算机产品的品牌和价格的关系进行调查。调查的问题是：“一个知名品牌与一个仿制的不知名品牌相比，你愿意多付多少钱?”调查结果表明，各家计算机公司借助它们各自的品牌获得的溢价利润依次是：IBM 339 美元、Compaq 318 美元、Hewlett Packard 260 美元、Dell 230 美元……从这个例子可以看到，IBM 公司获得的溢价利润最高，而一些无名品牌的企业显然不可能达到行业的平均利润水平。

（3）降低危机时的易损性。研究表明，如果顾客忠诚于某一品牌，他们在该品牌涨价时转向其他品牌的可能性不大，而很有可能在降价时增加购买数量。所以，好的品牌能降低企业在危机时的易损性。美国强生公司以泰诺（Tylenol）为品牌的一种消痛剂在 1982 年占有 37%的市场份额，当年的广告投入达 4000 万美元。后来发生了因为超量服用而死亡的病例，其市场份额在一夜之间降到零。《纽约时报》刊登了一位著名广告人的文章，认为一年内将不会看到泰诺的名字。然而不可思议的是，强生公司通过处理营销危机的高明技巧，并借以著名品牌的影响力，到 1983 年 2 月就成功恢复了失去的市场份额。

（4）增加商业合作机会。麦当劳通过以品质、服务、清洁和价值为代表的经营特色与营销技巧建立起品牌资产，同时又充分利用建立在品牌资产基础上的特许经营权扩展其规模，从而发展成为世界上最大的快餐公司之一。2021 年，麦当劳的品牌价值高达 458 亿美元。

此外，一个强势品牌经常可以得到批发商、零售商等中间商的支持。这些营销渠道成员既有助于品牌的成功，又可以从强势品牌中得到好处，从而使强势品牌更容易扩展市场和得到交易中的优惠，其拥有者可以得到更多的商业机会。

（5）提供品牌延伸的条件。许多企业最实在、最市场化的资产就是逐渐创造和发展起来的品牌。将知名品牌延伸，进入新的市场，这已是一种常见的企业发展策略。美国的可口可乐公司和我国的海尔、TCL 等公司都成功地运用了品牌延伸策略。但是，品牌延伸策略运用不当，也有可能稀释品牌资产而导致品牌价值下降。

(6) 为企业提供其他利益。著名品牌还能够为企业带来其他利益，帮助企业形成相对优势，例如帮助企业吸引更多的雇员，使投资者产生更大的兴趣，获得股东更多的支持。

在资本日趋国际化、竞争越来越激烈的环境里，企业只有深刻认识品牌的价值和功能，才能有效地经营和管理品牌资产。许多企业高层决策者已经认识到，过去创造和发展起来的品牌资产是公司资产中最有价值的资产。一些著名跨国公司已经将品牌资产列入公司的资产负债表，并利用品牌并购策略进入新的市场。一个品牌从无到有、从弱到强是一个循序渐进的成长过程，企业只有扎扎实实地从质量、服务、技术及营销等基本方面做起，注重品牌资产的积累，善于经营品牌资产，才能创造出世界级的著名品牌。

二、常用的品牌策略

(一) 品牌建立策略

虽然品牌使用已经成为一种趋势，但是任何事物都不能一概而论。新成立的企业或新的产品首先遇到的品牌决策问题，就是企业是否要给产品标上品牌名称。

1. 企业在决定是否使用品牌时的考虑因素

(1) 产品所在的行业领域是新兴的还是成熟的。行业领域的成熟度是一个很重要的因素。在已经成熟的市场领域中创品牌的难度肯定大于在新兴的市场领域中创品牌，而且不同情况下选择 OEM (Original Equipment Manufacturer，原始设备制造) 或创造品牌的利润空间也是不一样的。

(2) 目标顾客的消费习惯与消费行为。使用品牌必然要增加广告、包装及其他成本费用，“非品牌化”的目的就是要节省广告和包装费用，降低成本与价格，增加企业的竞争力。

(3) 产品特性。有些产品由于生产过程的普遍性，不具备因制造商差异带来的质量差异，还有一些产品的质量难以统一保证或难以统一衡量，或是消费者不需要、不容易有效地辨认，这些产品原则上宜采用无品牌策略。

(4) 企业的研发能力。品牌产品需要有自己的特点，还必须能不断地完善提高，或不断推出新品，而所有这些都依赖于企业的研发能力。

(5) 企业在市场上的相对地位及自身实力。品牌建设需要企业有强大的管理能力和经济实力，否则在品牌建立起来之前就很有可能因为管理混乱或财务困难而出现危机甚至倒闭。

(6) 企业的品牌营销能力。要使品牌成功，品牌定位、品牌战略制定、品牌形象推广和传播、品牌维护等每一个营销环节，都需要强大的品牌营销能力做支撑。

资料链接 9-5：OEM、ODM 与 OBM

1. OEM

Original Equipment Manufacture，简称 OEM，通常翻译成“原始设备制造”或者“自有设备制造”，是指一种“代工生产”方式。其含义是品牌拥有者不直接生产产品，而是利用自己掌握的“关键的核心技术”，负责设计和开发、控制销售渠道，具体的加工任务则交给其他企业去做，承接这一加工任务的制造商就被称为 OEM 厂商 (Original Equipment Manufacturer)，其生产的产品就是 OEM 产品。

目前，OEM已经成为一种潮流，几乎所有的国际著名跨国公司，都在利用这一形式推进其全球化战略。例如，运动服装业的经营巨头耐克、阿迪达斯等公司经销的产品，几乎都属于OEM产品；在零售行业，全球最大的零售商Walmart所销售的标有Walmart商标的产品，几乎全部由其在全球范围内的OEM厂商生产。

2. ODM

Original Design Manufacture，简称ODM，即原始设计制造，是指按照委托企业的要求，由公司设计并生产，但是不使用本公司的品牌，也不负责产品销售。

OEM和ODM的不同点，核心就在于产品究竟是谁享有知识产权。如果是委托方享有产品的知识产权，那就是OEM，也就是俗称的“代工”；而如果是生产者所进行的整体设计，那就是ODM，俗称“贴牌”。

3. OBM

Original Brand Manufacture，简称OBM，即自主品牌制造，是指受托代工企业形成自己的独立品牌并参与国际竞争。这要求企业不仅要具备生产和研发能力，还要拥有自己的品牌。

2. 建立品牌的作用

采用无品牌策略可以节约成本，企业建立品牌需要付出成本，当某个品牌被证明不受市场欢迎时，还需要再行追加投资，改弦易辙。但是众多的企业仍然选择了创建并使用品牌，这是因为：①品牌名称可以促使销售者更容易处理订单，并发现销售问题；②品牌名称和商标为产品的独特特征提供法律保护，避免竞争者模仿；③品牌给产品供应者提供了吸引忠实顾客的机会；④品牌有助于销售者细分市场；⑤强有力的品牌有助于企业形象的建立。

（二）品牌使用者策略

品牌使用者在如何使用品牌上面临着以下几种策略选择，如图9-9所示。

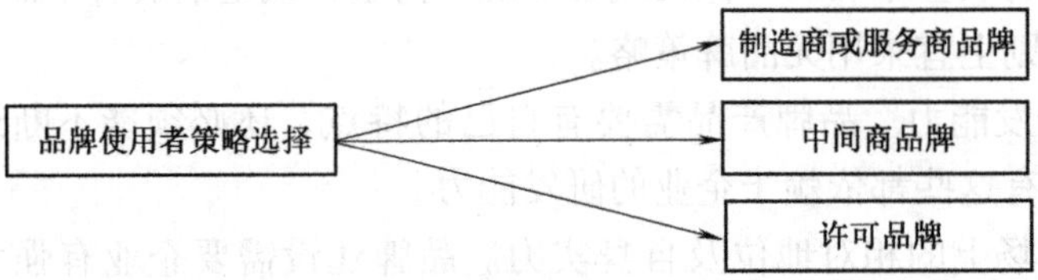

图9-9 品牌使用者策略选择

1. 使用制造商或服务商品牌

产品可以使用制造商或服务商品牌。目前，大部分生产企业使用制造商品牌，这样有利于树立企业形象，建立长期的影响力，从而有利于企业发展以及新产品推广。

2. 使用中间商品牌

中间商品牌又称商店品牌、自有品牌（Private Brand，PB），泛指流通业者通过收集、整理、分析消费者对某类商品的需求特征信息，寻找国内外厂商进行合作，以制造商销售联盟的方式或者OEM方式生产，最终使用自己的商标，并在该渠道上出售的商品品牌。这是零售商企业走向大型连锁经营的产物。如果自有品牌以商店的名称命名，则成为商店品牌（Store Brand）或零售商品牌（Retailer Brand）。

自有品牌最先出现在20世纪50年代的一些欧美发达国家。20世纪50年代中期之后，随着电视机的普及和电视广告的流行，大量制造商品牌被消费者普遍接受，成为购买的首选，自有品牌进入衰退时期。20世纪70年代，全球经济落入低谷，欧美零售商开始提供一种称为“普通品”（Generic）的产品，并以自有标签（Private Label）的形式操作。它与自有品牌的最大区别在于前者纯粹是价格导向，不对品牌进行营销的“价值创造”；而后者则强调品牌化的作业。20世纪80年代世界经济开始复苏，消费者的购买又回到制造商品牌上。为迎合消费者，一些零售业者开始销售超质（Premium Quality）的自有品牌产品，这些产品在品质和价格上，甚至优于制造商品牌。进入20世纪90年代，零售业的连锁和大型化趋势强烈，自有品牌在欧美的发展逐渐成熟。

相关资料显示，一些国家自有品牌占零售业者销售的产品的比例：瑞士约为41.2%，英国约为37.1%，比利时、德国、法国及美国为16%~20%，日本为5%左右。

总的看来，中间商品牌的优势表现在：①中间商拥有独特的渠道资源；②在消费者看来，中间商品牌出售的产品相对可靠，因为中间商要维护自己的品牌形象，会建立严格的质量检测系统对品质加以控制；③中间商品牌产品价格相对较低，迎合了许多价格敏感型消费者的需要。

然而，企业究竟选择制造商品牌还是自有品牌，需要权衡各种因素，综合分析利益得失，关键要看制造商和中间商谁在该产品的供应链上居优势地位、谁拥有更好的市场信誉和市场拓展潜能。

一般地，当制造商市场信誉好、实力强、产品市场占有率高时，宜采用制造商品牌；相反，制造商资金拮据，市场营销力量薄弱的情况下，应以中间商品牌为主或全部使用中间商品牌；倘若中间商在某个目标市场拥有较高的品牌忠诚度及完善的销售网络，即使制造商有强大的品牌自营能力，也可以考虑采用中间商品牌。

3. 使用许可品牌

许可品牌也称特许品牌（Licensed Brand），是指通过付费形式，使（租）用其他人（企业）许可使用的品牌作为自己产品的品牌。供特许使用的品牌常见于由其他制造商创建的名称符号、知名人士的姓名、流行影片及书籍中的人物等。例如，“迪士尼”就是一个著名的特许品牌。制造商产品可以使用一个许可品牌名称，也可以在使用许可品牌的同时使用制造商自己的品牌名称，以便在产品被广泛接受时改用自己的品牌。很多著名品牌是采用既使用许可品牌又使用制造商品牌的方式发展起来的。另外，除了获得品牌的特许使用权外，越来越多的企业还倾向于购买或并购品牌，这也是快捷占领市场的一种好方法。从现实的运作来看，购买品牌进行经营的情况将大行其道。

（三）品牌归属策略

企业决定了使用品牌后，就要决定选择使用什么样的品牌名称。不同品牌名称的使用，需要企业对诸多影响因素进行细致的考虑和分析。常见的品牌名称策略模式如图9-10所示。

品牌资源统一化的优点十分突出：有利于消费者、公众尽快地识别企业；降低创建品牌的成本，最快、最集中地创造出知名品牌；减少企业运作中的品牌印刷费用；有利于无形资产载体聚集和新产品销售。但品牌资源统一化的使用风险大，任何一起恶性事故或不利事件都会集中到该品牌上，企业及品牌形象易损性高；不同品质的产品共用一个品牌，会混淆品牌定位，引起消费者的心理冲突。

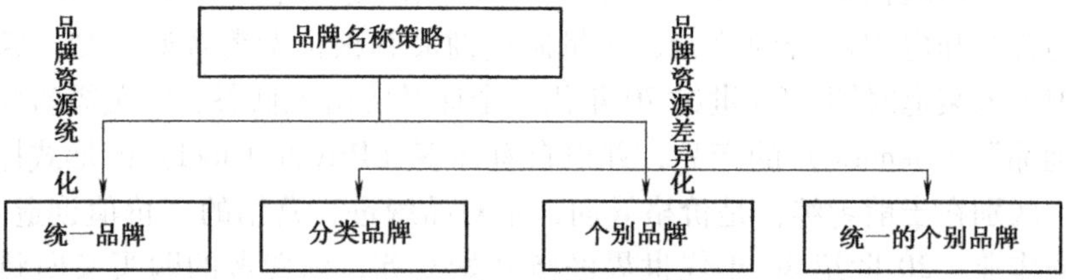

图 9-10　常见的品牌名称策略模式

品牌资源差异化也具有相当明显的优点：首先，分散经营风险；其次，每一个或每一类产品选用符合其特性的名称和商标，有利于识别，有助于促销和提升、优化品牌组合结构。其缺点包括：各类品牌资源太多，消费者容易混淆而难以迅速识别；品牌的内部管理工作量大，导致成本上升等。

1. 统一品牌名称策略

统一品牌（Consolidate Brand）又称家族品牌（Blanket Family Brand）。统一品牌名称策略是指企业为自己的产品建立一个统一的品牌名称，即多种不同门类的产品共用一个品牌，如图 9-11 所示。

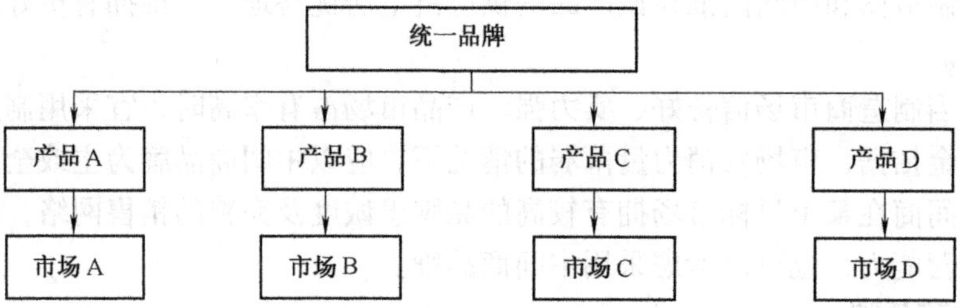

图 9-11　统一品牌名称策略

日本 SONY 公司是成功使用统一品牌名称策略的企业之一。SONY 的各种产品都打上“SONY”的商标，对外传播也围绕“SONY”这个品牌进行。

统一品牌名称策略多见于“品牌名=企业名”的操作方式。使用统一品牌，必须保证各种产品在质量、产品形象等方面都基本一致，以免相互混淆，影响品牌形象。

采用统一品牌名称策略的优点是：大批产品采用同一品牌，既显示了企业实力，又可以提高企业声誉；企业可以通过各种促销手段，集中力量突出一个品牌形象，节省大量的广告、公共关系等品牌建设成本；统一品牌下的各种产品可以互相支持，有利于市场推广。其缺点是：一个品牌旗下产品太多，会模糊品牌的个性；统一品牌旗下不同产品各自宣传自己的优势时，要找到一种能够兼顾所有产品特点的共性的东西进行整合，难度较大。另外，使用统一品牌的营销风险较大，当某一个或某几个产品项目出现问题时，往往会波及其他产品项目。这种策略适用于新老产品关联度较高、企业的财力不太雄厚或品牌管理能力较弱、企业处于推广品牌成本较高的市场环境，以及企业产品的市场容量不大的情况。

2. 个别品牌名称策略

个别品牌名称策略是指给每一种产品都冠以一个或多个独立的品牌名称的做法，如

图 9-12所示。

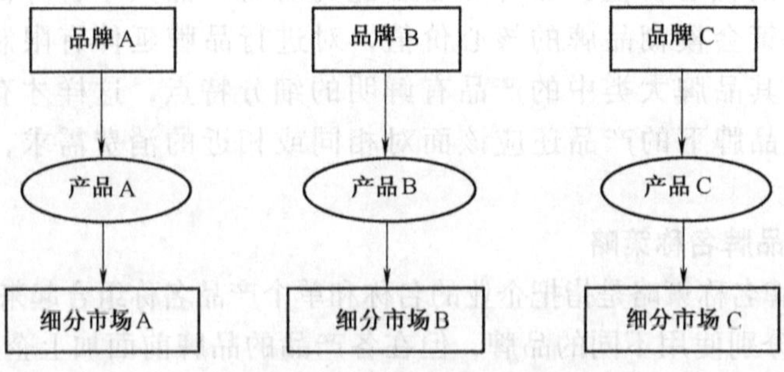

图 9-12 个别品牌名称策略

联合利华模式是使用个别品牌名称策略的典型。联合利华的每个产品线都设有独立的品牌。例如，洗发水就有力士和夏士莲，各自有特定的品牌诉求，以针对不同的细分市场；洗衣粉使用的品牌名称是奥妙；冰激凌使用的品牌名称是和路雪；红茶使用的品牌名称是立顿。

个别品牌名称策略的优点是：占据更多的商场货架面积，增加企业产品被消费者选中的概率；给低品牌忠诚者提供更多的选择；起到隔离品牌的作用，以降低企业风险；为每一种产品找到最合适的、有针对性的品牌名称。其缺点是：增加了品牌设计、制作、宣传推广及其他营销费用，营销成本增加；不利于统一的企业形象的建立；对企业品牌经营管理能力要求较高。

个别品牌名称策略适用于产品或行业的特性要求利用品牌的个性形象来帮助抢占市场，各品牌面对的细分市场具有规模性，或者有足以支撑品牌生存和发展的利润的情况。

3. 分类品牌名称策略

分类品牌名称策略是指对所有产品使用不同类别的家族品牌名称，给一个具有相同功能水平的产品群以一个单独的名称和承诺。也就是说，针对同一类消费者需求的产品使用同一个品牌，而不属于该类消费需求的产品则使用其他品牌名称，如图 9-13 所示。

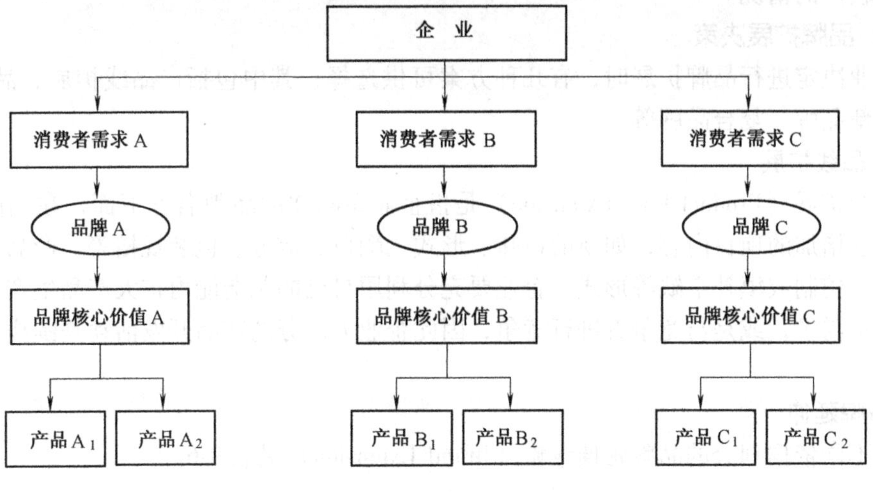

图 9-13 分类品牌名称策略

分类品牌名称策略的优点是：众多的产品分担品牌建设成本，有利于做大品牌；有利于整合传播品牌的核心价值；品牌知名度能为所有产品共享，降低营销费用。其缺点是：分类品牌决策会模糊品牌的核心价值，对进行品牌延伸有限制。使用分类品牌名称决策首先要求其品牌大类中的产品有鲜明的细分特点，这样才有利于利用分类品牌突出其差异性；品牌下的产品还应该面对相同或相近的消费需求，不能盲目地进行品牌延伸。

4. 统一的个别品牌名称策略

统一的个别品牌名称策略是指把企业的名称和单个产品名称组合起来。其做法是对企业的各种不同的产品分别使用不同的品牌，但在各产品的品牌前面加上企业名称，如图 9-14 所示。

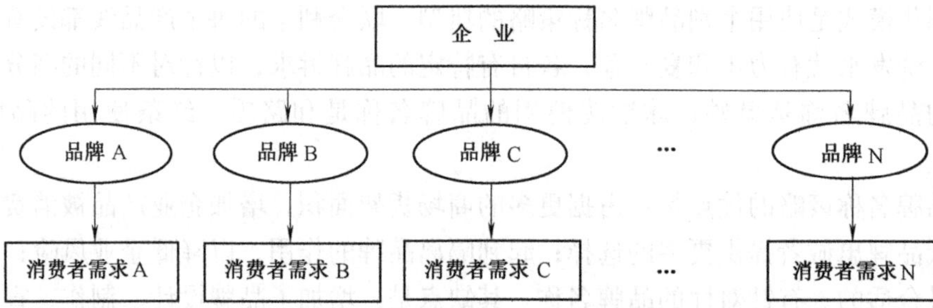

图 9-14 统一的个别品牌名称策略

个别名称与企业名称并用策略的优点是：使新老产品统一化，共享企业声誉，有利于销售；企业统一品牌后加上个别品牌，使产品更富有个性化；有利于分散品牌风险。这种名称策略兼备了统一品牌和个别品牌的优点，在品牌名称策略中经常使用。其缺点是：协调个别品牌核心价值与企业品牌核心价值需要较高的专业性思考和高超的管理智慧，对企业品牌经营者的管理及决策水平要求较高。统一的个别品牌名称策略适用于企业规模比较大、产品涉及领域比较广的情况。

（四）品牌扩展决策

当企业决定进行品牌扩展时，有几种方案可供选择，其中包括产品线扩展、品牌延伸、多品牌、新品牌、复合品牌等。

1. 产品线扩展

产品线扩展（Product Line Extension）是指企业在同样的品牌名称下面，在相同的产品名称中引进增加的项目内容，如新的口味、形式、颜色、成分、包装规格等。产品线扩展可以是创新、仿制或填补空缺等形式。企业要充分利用自己的制造能力扩大产品生产，或是满足新的消费需求，或是与竞争者进行竞争，因此企业大部分的产品开发活动是围绕产品线扩展进行的。

2. 品牌延伸

按照不同依据划分的品牌延伸策略（Brand Extension）见表 9-6。

表 9-6 按照不同依据划分的品牌延伸策略

划分依据	策略模式
依据行业的不同	同行业品牌延伸策略
	跨行业品牌延伸策略
依据品牌延伸的方向不同	水平品牌延伸策略
	垂直品牌延伸策略
依据品牌延伸前后内涵是否变化	内涵不变式延伸策略
	内涵渐变式延伸策略
依据延伸前后品牌名称的变化	直接冠名策略
	间接冠名策略
	副品牌式延伸策略

（1）同行业与跨行业品牌延伸策略。按品牌涵盖的产品是否处于同一行业，品牌延伸策略可分为同行业品牌延伸与跨行业品牌延伸策略两类。其中，同行业品牌延伸策略是最为常见的延伸策略。

按它们涵盖的产品满足消费者需求的种类是否相同，又可细分为满足共同需求的品牌延伸与满足不同需求的品牌延伸两种模式。

1）同行业品牌延伸策略。同行业品牌延伸策略有两种情况：一种是原产品和延伸产品处于同一行业，满足相同需求。这种延伸方式十分常见，一般是指主品牌所涵盖的产品是配套产品或者是关联度非常高的产品，原产品和延伸产品处于同一行业，满足的是相同需求。另一种是主品牌涵盖同一行业不同种类的产品，满足不同需求。这种策略也较常见。它是指主品牌下的产品处于同一行业，产品满足的是同一大类的需求，但不同产品满足的具体需求种类有差别。

2）跨行业品牌延伸策略。这种策略是指主品牌涵盖不同行业、不同种类的产品，满足多种需求。这是一种较为少见的策略模式，在很大程度上是由于历史原因形成的。从目前和今后的发展趋势来看，一个品牌能延伸并横跨几个差异较大的行业的情况将会越来越少。

（2）水平品牌延伸与垂直品牌延伸策略。按照品牌延伸的方向不同，可以将其分为水平品牌延伸策略和垂直品牌延伸策略。

1）水平品牌延伸策略。水平品牌延伸即原品牌产品与延伸产品仍处于同一档次。由于产品处于同一档次，品牌形象和个性定位容易统一，原产品的影响很容易泛化到新产品上去，产品的信息传播容易整合，是一种容易实施并容易获得成功的品牌延伸方式。

2）垂直品牌延伸策略。垂直品牌延伸即原品牌产品与新产品处于不同的档次。垂直延伸又可以具体分为高档品牌向下延伸、低档品牌向上延伸、中档品牌向高档和低档两个方向延伸的双向延伸三种方式。

高档品牌向下延伸是指许多企业的品牌最初定位于目标市场的高端，为了反击对手，或者向下扩展以占据整个目标市场，而将品牌线向下延伸，在市场的低端增加新产品。此策略有利于企业适时发展中低档产品，可以填补自身中低档产品的空缺，吸引更多的消费者，提高市场占有率。

低档品牌向上延伸通常是指定位于市场低端的经营者，由于受到高端市场高利润的吸引，或者为了给消费者更完整的品牌选择，以新产品进入高端市场，获得较高的销售增长率和边际贡献率，逐渐提升企业的品牌形象。

双向延伸适用于那些原来定位于中端的品牌，品牌经营者可以选择向高端和低端两个方向发展，以使品牌系统更加完整。双向延伸的主要风险来自原有品牌定位的模糊。

综合以上策略可以看出，品牌的垂直延伸要比水平延伸更困难。

（3）内涵不变式与内涵渐变式延伸策略。按照延伸前后品牌的内涵是否变化，可以将其划分为内涵不变式延伸策略与内涵渐变式延伸策略两种类型。

1）内涵不变式延伸策略。此模式下新老产品的主要属性基本相同，品牌延伸前后主品牌的内涵基本保持不变，一般在同行业、同档次品牌延伸，或是在企业发展相对成熟平稳、发展跨度不大的时期广泛采用。

2）内涵渐变式延伸策略。此模式一般在跨行业、跨档次品牌延伸，或是在企业发展速度较快、发展跨度很大的时期采用，使原有品牌的内涵在发展中得以变化和提升。

对于这种品牌延伸策略模式，企业既要注意可能带来的负面影响，也要看到它所蕴藏的巨大潜力和机遇。

（4）直接冠名、间接冠名和副品牌式延伸策略。不管新产品是直接使用原品牌名称，还是部分地、间接地使用原品牌名称，只要直接或间接利用了原品牌的影响，就可以看作品牌延伸。按新产品直接使用原品牌名还是间接或部分使用原品牌名划分，可分为直接冠名、间接冠名和副品牌式延伸三种策略。

1）直接冠名策略。直接对新产品冠以原品牌名是最常见的品牌延伸策略，这种策略又称为统一品牌策略。该策略能节省营销成本，产品导入市场速度最快，容易形成品牌声势，但也容易形成株连效应或品牌稀释。

2）间接冠名策略。这种策略在企业进行垂直品牌延伸时使用较多。具体方式为利用CIS中的BI、VI或MI等要素进行品牌信息的传递和泛化。该策略极大地拓展了品牌延伸的幅度和空间，对原品牌和产品的负面影响较小，但原品牌对新产品的市场支持力度也相对较小。

3）副品牌式延伸策略。这种策略是指新产品的品牌名称由原品牌加上一个副品牌名组成。其最大优点是既利用了原品牌的影响，又突出了新产品的独特优势（它实质上是一种发展式的延伸，缓冲了定位理论和品牌延伸理论的一些矛盾）；同时，在产品更新换代极快的今天，副品牌式延伸策略为品牌策略提供了更多的变动空间。

3. 多品牌

多品牌（Multi Brand）是指企业在相同的产品目录中引进多个品牌。使用多品牌策略不但可以为不同质量的产品确定不同的品牌，还可以为不同类型的顾客和细分市场确立不同的品牌，具有较强的营销针对性。

小案例 9-1：宝洁公司洗衣粉的多品牌策略

宝洁公司在洗衣粉市场上通过市场细分，划分出 11 个不同的细分市场，并运用自身的技术优势研制出若干种适应不同细分市场的产品配方。其采用多品牌策略，形成了对洗衣粉市场的全面控制，在美国的市场份额一度达到 50% 以上。宝洁洗衣粉各品牌的名称及其功能如下：

(1)“汰渍”。它是针对洗衣格外费力的使用环境的全能家庭洗衣粉，功能强效，能洗净纤维内层的污渍。

(2)“护色快乐”。它具有卓越的清洁和保护功能，适用于热水、温水和凉水。它不含刺激性香味，不具有染色作用。

(3)“波德”。它是带有织物柔顺剂的洗衣粉，具有清洁、柔顺和控制静电三大功能。液态“波德”还能使柔软后的衣物带有怡人清香。

(4)“索罗”。它是带有织物柔顺剂的液态洗衣剂。

(5)“时代”。它是“天生去污手”，能去除顽固污渍。

(6)“达诗”。它可洗去顽固污渍，并且“只要很低的价格”。

(7)“奥克多”。它含有漂白剂，使衬衫更加洁白。

(8)“卓夫特”。它含有天然的清洁剂，适于洗涤内衣、婴儿尿片和其他衣物。

(9)“象牙雪”。它是高纯度的中性肥皂，洗涤后不会产生任何不良化学反应，尤其适用于洗涤尿片和婴儿衣物。

(10)“碧浪”。它是针对西班牙裔消费者的高效清洁剂。

(11)“甘原”。它是含酶洗衣粉，洗后衣物不但干净，还带有怡人清香。

4. 新品牌

当企业在新产品目录中推出新产品时，可能会发现原有的品牌名称不太适合新产品，而且有可能损害原有的品牌形象，还会给新产品的推广带来一定的困难。这时就有可能为新产品进行新品牌名称的命名。

5. 复合品牌

复合品牌（Complex Brand）是指对同种产品赋予两个或两个以上的品牌，也即一种产品同时使用两个或两个以上的品牌。根据品牌间的关系，复合品牌可以细分为注释品牌和合作品牌。

（1）注释品牌。注释品牌又称副品牌（Auxiliary Brand），是指一种产品同时出现两个或两个以上的品牌，其中一个是注释品牌，另外一个是主导品牌。主导品牌说明产品功能、价值及购买对象，注释品牌则为主导品牌提供支持和信用（或者是用一个主导品牌涵盖企业的产品系列，同时给各产品打一个副品牌以突出不同产品的个性形象）。一般地，注释品牌通常是企业品牌，在企业众多产品中均有出现。注释品牌策略可以将具体的产品与企业组织联系在一起，从而用企业品牌增强产品信誉。例如，吉列公司生产的刀片品牌名称为“Gillette，Sensor”，其中“Gillette”是注释品牌，表明由吉列公司出品，为该产品提供吉列公司的信用及品质支持；而“Sensor”则是主导品牌，显示该产品的特点。注释品牌策略可以集中广告预算用于主副品牌的联合宣传，节约广告费用，有利于新产品的推广。

（2）合作品牌。合作品牌（Cobrand）也称双品牌（Dual Brand），是指两个或两个以上企业品牌出现在同一个产品上。合作品牌的具体形式有组成的（制造企业与中间商的）合作品牌（Ingredient Cobrand）、同一企业的合作品牌（Same-Company Cobrand）、合资合作品牌（Joint Venture Cobrand）、多持有人合作品牌（Multiple-Sponsor Cobrand）等多种。

（五）品牌再定位策略

品牌再定位策略（Brand Repositioning Decision）又称品牌重新定位策略。消费者的需求是不断变化的，市场形势也变幻莫测。因此，每经过一段时间之后，企业就有必要重新检查自己的品牌运作情况是否符合目标市场的要求，是否需要对品牌进行重新定位。

1. 品牌再定位的原因

品牌再定位不仅有企业自身的原因，还有外部环境的原因。主要有以下几个方面的原因：

（1）原有品牌定位失误。企业的产品，特别是新产品投放市场后，常常会遇到市场反应冷淡、销售情况与预期差距极大的情况。这时，企业就应该进行市场分析，对品牌进行诊断，分析是否品牌定位失误。如果是因为品牌定位失误所致，就应当进行品牌再定位。

（2）原有定位已成为开拓新市场的障碍。在企业的发展过程中，原有定位可能成为制约因素，阻碍企业开拓新市场；或者由于外界环境的变化，企业有可能获得新的市场机会，但原来的定位与外界环境难以融合，因此出于发展及扩张的目的，需要调整和改变原有的品牌定位。例如，《广东妇女》杂志由于受到定位限制，目标顾客群狭小，仅限于省内妇女，发行量极低。1983 年其更名为《家庭》，面向更广阔的目标市场，覆盖了全国几乎所有的家庭成员，从而成为一种大众化的通俗读物，更加贴近百姓生活。新的定位，使其一跃成为全国销量最高的杂志之一，曾经创下月销量 350 万份的纪录。

（3）原定位削弱品牌竞争力。企业在竞争中可能会丧失原来的竞争优势，建立在此基础上的定位也会削弱企业后续的竞争力，甚至出现竞争者利用其定位缺陷来塑造自己的优势的情况。如果企业仍然死守原来的定位不放，就会在竞争中处于被动，直至最终丧失市场。所以，企业应当及时对品牌进行再定位。

（4）消费者偏好和需求发生改变。品牌的原定位是正确的，只是目标顾客的偏好及消费习惯发生了改变；或者由于款式、价格等方面的原因，转而喜欢竞争对手的品牌；或者是随着时代的变迁，消费者的消费观念发生了改变，这时也应当进行再定位。例如，宝洁公司刚刚进入我国市场时，旗下的品牌“飘柔”最早定位为“二合一”，带给人们方便以及具有使头发柔顺的独特功效。随着市场的发展，宝洁公司经深入调研后发现，在竞争激烈的环境下，消费者迫切需要的是自信心的建立。于是，从 2000 年起，“飘柔”以“自信”为诉求点对品牌进行了再定位。

2. 品牌再定位的步骤

企业品牌再定位时，不能盲目地进行，必须按照一定的程序及步骤来操作。一般来说，品牌再定位的基本步骤如图 9-15 所示。

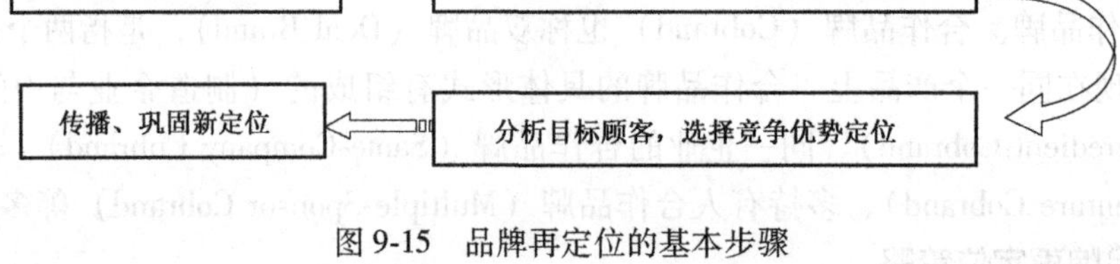

图 9-15　品牌再定位的基本步骤

第六节　包装策略

一、包装的概念及分类

（一）包装的概念

产品包装有两层含义：一是指产品的容器和外部包扎，即包装器材；二是指采用不同形式的容器或物品对产品进行包装的操作过程，即包装方法。在实际工作中，二者往往难以分开，故统称为产品包装。

（二）包装的分类

包装是产品生产过程在流通领域的延续。产品包装按其在流通过程中的作用不同，一般可以分为运输包装和销售包装两种类型。

1. 运输包装

运输包装又称外包装或大包装，主要用于保护产品的品质和数量完整。运输包装可细分为单件运输包装和集合运输包装。

（1）单件运输包装。单件运输包装是指商品在运输过程中以箱、桶、袋、包、坛、罐、篓、笼、筐等单件容器对商品进行的包装。按其使用的包装材料，又可分为纸、木、金属、塑料、化学纤维、棉麻织物等制成的容器和绳索；按其包装造型又可细分为箱、桶、袋、包、捆、瓶、罐、篓等。

（2）集合运输包装。集合运输包装是指将一定数量的单件包装组合在一件大包装容器内而合成的包装。这种包装方法适应了运输、装卸现代化的要求，可以实现货物整批包装，有利于降低成本，提高工作效率。

目前常用的集合运输包装有集装包（或集装袋）、托盘和集装箱等。

2. 销售包装

销售包装又称内包装或小包装，它随同产品进入零售环节，与消费者直接接触。销售包装实际上是零售包装，因此销售包装不仅要保护产品，更重要的是美化和宣传商品，便于陈列展销，吸引消费者，方便消费者认识、选购、携带和使用。

二、包装的作用

产品的包装最初是为了在运输、销售和使用过程中保护产品。随着市场经济的发展，在现代市场营销活动中，包装作为产品整体的一部分，对产品陈列展示和销售的作用日益重要。包装是产品的“无声推销员”，除了保护产品之外，还有助于产品的美化和宣传，激发消费者的购买欲望，增强产品在市场上的竞争力。

1. 保护产品

包装是直接影响产品完整性的重要手段，保证产品的内在质量和外部形状，使其从生产过程结束到转移至消费者手中，直至被消费前的整个过程中，产品不致损坏、散失和变质。

2. 便于储运

产品的包装要便于产品的储存、运输和装卸。例如，液体、气体、危险品，如果没有合适的包装，产品储运就无法进行。此外，产品的包装还要方便消费者携带。

3. 促进销售

包装是产品“无声的推销员”。通过包装，可以介绍产品的特性和使用方法，便于消费者识别，能够起到指导消费的作用；美观大方、漂亮得体的包装，还可以极大地改善产品的外观形象，从而吸引消费者购买。

4. 增加利润

产品的包装是整体产品的一个重要组成部分。所以，高档产品必须配以同样高档次的包装。精美的包装不仅能美化产品，还可以提高产品的身价。同时，由于包装可以降低产品的损耗，提高储存运输装卸的效率，从而可以增加企业利润。

小案例 9-2：榨菜凭包装增值

在国外，有两种有名的中国食品：一是青岛啤酒，二是四川涪陵榨菜。其中，涪陵榨菜以其脆、嫩、鲜、香的独特风味与德国的甜酸甘蓝、法国的酸黄瓜齐名，为世界三大名腌菜。

四川人在销售榨菜时，一开始时用大坛子、大篓子将产品卖给上海人；精明的上海人把榨菜倒装在小坛子后，出口日本；在销路不畅的情况下，日本商人又将从上海进口的榨菜原封不动地卖给了中国香港商人；而爱动脑、富于创新的中国香港商人，以块、片、丝的形式把榨菜分成小袋子包装后，再返销日本。从榨菜的“旅行”中不难看出各方商人都赚了钱，但是靠包装赚“大钱”的还是中国香港商人。

小案例 9-3：偷偷换了包装的江小白

以“文案鬼才”著称的江小白成为年轻人饭桌上的谈资和常客，江小白凭借其包装走进年轻人的视野，同时不断改进包装形象。新形象的色调提取了饱和度更高的蓝色，整体视觉更加明亮、轻快一些，而该色调也被官方命名为“愉悦蓝”，高度符合江小白自身“创享愉悦”的企业文化。江小白 LOGO 上也做了细微的优化调整，字体部分笔画变换了倾斜角度，整体上变得更平整、耐看；字体间距则变得更加紧凑厚实，拉拢了大家的视觉中心；字体旁边的酒瓶图形尺寸相对更小，使字体更加突出和更有厚重感，整体的视觉层次感更深；同时，还应用了无衬线的英文字体，显得年轻和国际化，并且结合了与中文字体一致的“斜切”形式，省略了之前“单纯高粱酒”的产品定位语，着重凸显品牌的标志性名称。除了 LOGO 和色调，江小白还低调地更换了新包装，瓶身采用了“德国工艺防伪浮雕”，瓶盖由原来的白色变成“蓝白棋盘格”，并添加了“江记酒庄出品”印记，再搭配上明亮且高饱和度的“愉悦蓝”色系，让其整体更活泼年轻，传递出江小白更具有煽动性的愉悦情绪。比起旧包装复杂的酒瓶、人物图像，以及产品信息，新包装不仅在视觉上简洁明了，少了一丝江湖多愁的气息，更多的是积极愉悦的年轻朝气，而且更加突出了纯饮系列的纯净与纯粹，匹配单纯高粱酒的品牌定位和品质感。在新时代文化背景下，江小白也与时俱进，提出了“创享愉悦”的全新品牌理念，既实现了品牌整体发展战略的转型，也满足了年轻消费者的口味以及对美的需求。

（资料来源：https://mp.weixin.qq.com/s/ygF12x4BieK_Y612AHvPFg.）

三、包装设计的原则

1. 合法

申请专利的包装设计，是作为知识产权受法律保护的。企业的包装应尽早申请专利，以避免被侵权。

2. 美观大方，突出特色

美观大方的包装能够给人以美的感受，有艺术感染力，从而成为激发消费者购买欲望的主要诱因。因此，包装设计要体现艺术性和产品个性，这有助于实现产品的差异化，满足消费者的心理需求。

3. 保护生态环境

随着消费者环保意识的增强，在包装材料的运用以及包装设计上要注意保护生态环境，努力减轻消费者的负担，节约社会资源，禁止使用有害包装材料，实施绿色包装战略。

4. 心理、文化的适应性

销往不同地区的产品，要注意使包装与当地的文化相适应。尤其在国际市场营销中要特别注意，切忌出现有损消费者宗教情感，或容易引起消费者反感的颜色、图案和文字。消费者对产品包装的不同偏好，直接影响其购买行为，久而久之还会形成习惯性的购买心理。因此，在产品包装的造型、体积、重量、色彩、图案等方面，应力求与消费者的个性心理相吻合，以取得包装与产品在情调上的协调，使消费者从某种意象上去认识产品的特质。

5. 包装与产品相适宜

包装要力求经济适用，不同档次的产品应配以不同的包装。产品包装要做到表里如一，既要防止“金玉其中，败絮其外”，更应防止“金玉其外，败絮其中”，避免过度包装。

四、可供企业选择的包装策略

产品包装在市场营销中是一个强有力的竞争武器。良好的包装只有同科学的包装策略结合起来，才能发挥其应有的作用。因此，企业必须选择适当的包装策略。可供企业选择的包装策略主要有以下几种：

1. 类似包装策略

类似包装策略是指企业所生产经营的各种产品在包装上采用相同的图案、色彩或其他共有特征，从而使整个包装外形相类似，使公众容易认识到这是同一家企业生产的产品的策略。

这种策略的主要优点是：①便于宣传和塑造企业的产品形象，节省包装设计成本和促销费用。②提高企业声誉。一系列格调统一的产品包装势必会使消费者受到反复的视觉冲击而形成深刻的印象。③有利于推出新产品。通过类似包装可以利用企业已有的声誉，使新产品能够迅速在市场上占有一席之地，即借助已成功的产品带动其他产品的销售。

类似包装策略适用于质量水平档次类同的产品，不适于质量等级相差悬殊的产品，否则，会对高档优质产品产生不利影响，并危及企业声誉。

2. 分类包装策略

分类包装策略是指企业依据产品的不同档次、用途、营销对象等采用不同的包装的策略。比如把高档、中档、低档产品区别开来，对高档产品配以名贵精致的包装，使包装与产品的品质相适应；对儿童使用的产品可配以彩色和卡通形象等来增加吸引力。

3. 综合包装策略

综合包装又称多种包装、配套包装。综合包装策略是指企业把相互关联的多种产品置入同一个包装容器之内，一起出售的策略。比如工具配套箱、家庭用各式药箱、百宝箱、化妆盒等。但要注意，在同一个包装物内必须是关联产品，如牙膏和牙刷组合包装、一组化妆品组合包装等。

这种策略为消费者购买、携带、使用和保管提供了方便，又有利于企业带动多种产品的销售，尤其有利于新产品的推销。

4. 再利用包装策略

再利用包装又称多用途包装。再利用包装策略是指在包装容器内的产品使用完毕后，其包装还可以继续利用的策略。比如饼干盒、糖果盒可用来装文具杂物，药瓶可当水杯用等。

这种策略增加了包装物的用途，刺激了消费者的消费欲望，扩大了产品的销售量，同时，带有企业标志的包装物在被使用的过程中可起到广告载体的作用。这种产品的包装不仅与产品的身价相适应，有的还可作为艺术品收藏。

5. 附赠品包装策略

附赠品包装策略是目前国际市场上比较流行的一种包装策略，在我国市场上的运用也很广泛。采用这种包装策略的企业在某产品的包装容器中附加一些赠品，以吸引消费者购买，且能诱发其重复购买。比如儿童食品的包装中附赠玩具、连环画、卡通图片等，化妆品包装中附有美容赠券等。

6. 更新包装策略

更新包装策略是指企业为克服现有包装的缺点，适应市场需求，而采用新的包装材料、包装技术、包装形式的策略。

在现代市场营销中，产品的改进也包括产品包装的改进，这对产品的销售起着重要作用。有的产品与同类产品的内在质量近似，销路却不畅，可能就是包装设计不受欢迎导致的，此时应考虑变换包装。

推出富有新意的包装，可能会创造优良的销售业绩。例如把饮料的瓶装改为易拉罐装，把普通纸的包装改为锡纸包装，采用真空包装等。

7. 容量不同的包装策略

容量不同的包装策略是指根据产品的性质和消费者的使用习惯，设计不同形式、不同重量、不同体积的包装，使产品的包装能够适应消费者的习惯，给消费者带来方便，进而刺激消费者购买的策略。

关键词

产品 Product	服务 Service
产品线 Product Line	产品项目 Product Item
产品组合 Product Mix	产品生命周期 Product Life Cycle
品牌 Brand	品牌资产 Brand Equity
品牌设计 Brand Designing	品牌延伸 Brand Extension
包装 Package	包装策略 Packaging Strategy

思考题

1. 如何理解市场营销学中产品的内涵？整体产品概念包括哪几个层次？
2. 为什么要研究产品的生命周期？产品生命周期各阶段应采用何种营销策略？
3. 新产品的市场推广受哪些因素的影响？
4. 什么是产品组合？产品组合可以从哪几个方面进行分析？

5. 什么是品牌？品牌有哪几个层次的内涵？
6. 品牌、商标、名牌和驰名商标之间有何区别？
7. 影响采用品牌与否的因素有哪些？采用与不采用品牌各有什么利弊？
8. 举例说明统一品牌、个别品牌、分类品牌及统一的个别品牌几种策略的特点及适用条件。
9. 企业为什么要进行品牌延伸？品牌延伸策略有哪些？运用这些策略时要注意什么问题？
10. 什么是产品包装？包装策略有哪些？

案例分析讨论

伊利乳业的产品策略

内蒙古伊利实业集团股份有限公司（简称伊利集团）一直为消费者提供健康、营养的乳制品，是目前我国规模最大、产品线最全的乳制品企业，也是国内唯一一家同时符合奥运及世博标准，先后为奥运会及世博会提供乳制品的企业。伊利集团由液态奶、冷饮、奶粉、酸奶和原奶五大事业部组成，所属企业近百个，旗下拥有金典有机奶、营养舒化奶、QQ星儿童成长奶、味可滋、巧乐兹、伊利牧场、冰工厂、金领冠、托菲尔、每益添、安慕希等1000多个产品品种。伊利雪糕、冰淇淋连续十年产销量居全国第一；超高温灭菌奶连续七年产销量居全国第一；伊利奶粉、奶粉茶产销量一直稳居全国前三位；从伊利利乐枕牛奶市场占有率来看，也名列前茅。伊利集团通过对产品工艺、原料、产品特性进行挖掘，找出产品与竞争品的与众不同之处，从而让原产品凸显新的个性，实现产品对消费者利益点新的价值体现。例如，伊利集团推出了早餐奶，通过在牛奶中添加乳钙研制出高钙牛奶，添加富铁原料研制了富铁补血牛奶；通过包装的更换形成产品的差异化，伊利集团推出了“利乐枕”；通过对产品内容进行有效组合，催生一个新产品，伊利集团推出了蓝莓加桑葚酸奶等产品；在已有或已形成的产品基础上，通过对产品口味进行延伸，伊利集团在原味乳酸菌饮料的基础上开发出甜橙味、草莓味、菠萝味产品；根据消费人群的特殊需要，对产品进行重新设计，伊利集团根据糖尿病人的特殊需求开发了无糖酸牛奶，根据消费人群的乳糖不耐症开发了低乳糖牛奶；为了有效地解决部分消费者饮奶不适的难题，使喜欢喝牛奶的消费者能够更好、更全面地吸收牛奶中的营养，伊利集团推出了“营养舒化奶”；根据国人体质的需求，伊利集团运用先进的科学技术，通过广泛的研究和实验推出了“金典有机奶”。伊利集团推行产品差异化，通过不断地推出新产品来获取竞争优势。

伊利集团利用较强的研发能力，不断开发新产品，扩大产品线来拓展市场。伊利集团根据消费者的不同需求，不断研发新产品。对于伊利集团这样的大型企业来说，产品的组合状况，直接影响着企业的综合竞争力，产品线的完整和丰富意味着企业的综合研发实力和技术都将占有一定的优势。伊利集团拥有科学均衡的产品结构，明星产品遍布液态奶、冷饮、奶粉和酸奶四大产品线。立体化的产品布局形成了一张立体大网，牢牢锁定了各类消费者对乳制品的需求。

（资料来源：http://max.book118.com/html/2017/0406/98924733.shtm.）

案例思考题：

1. 应用产品策略知识，谈一谈伊利乳业取得竞争优势的原因。
2. 你认为在当前的市场环境中，伊利集团的产品策略还有哪些需要改进的地方？

第十章

定价策略

本章要点

1. 进行定价决策必须考虑的因素
2. 成本导向定价法包括的几种主要方法及其优缺点
3. 竞争导向定价法的常用方法
4. 需求导向定价法的特点与具体方式
5. 常见的定价策略及其适用条件
6. 企业的价格调整及顾客和竞争者的反应

导入案例

景区的高物价该如何解释？

人们外出旅游时会发现景区的东西一般都卖得非常贵，远远超出正常的价格。有的景区一碗小面可以卖到七八十元，一瓶水可以卖到十元，那么为什么景区的东西会卖得这么贵呢？

景区的东西卖得非常贵的原因可归为以下几点。第一，远离市中心，交通运输不便。很多景区离市中心的距离非常远，并且在这些景区周围没有固定的餐厅。游客一到景区就会待很长的时间。在商铺较少、竞争弱的情况下，商铺会提高商品的价格。第二，经营成本比较高，景区的人流量比较大，所以店铺的租金也是比较高的，而且对外交流不方便，每次进货都需要耗费大量的时间和财力，这些都大大地提高了经营的成本。所以，为了提高自身的经济收入，很多人会从这些贩卖的东西上出发，大大提高它们的价格。第三，受消费者消费心理的影响。旅游景区的消费主体是游客，他们对旅游纪念品有着独特的消费心理需求，而常常忽视纪念品本身的价值。同时，从众消费心理也影响其对一些商品的消费，以至于不顾及价格偏高的影响。大多数游客认为，出来玩就是要花点儿钱。所以，景区商品价格高也不会对其产生巨大影响，并且每个人在景区内的消费次数不多。这样，景区内的商店卖方就会利用游客的消费心理，适当提高商品价格从而获得更大的利润。

（资料来源：https://zhidao.baidu.com/question/1824931257044082748.html.）

景区的物价受到了三个方面的影响，那么如何恰当地制定出产品的价格呢？本章将介绍影响企业定价的因素、定价的一般方法、定价的基本策略和价格变动分析及价格调整等内容。

第一节　影响企业定价的因素

一、定价目标

定价目标是指企业通过制定一定水平的价格所要达到的预期目的。企业定价的目标取决于企业的内部资源能力和外部环境以及建立在两者基础上的总体战略，企业拥有的资源、所处的环境、采取战略的差异等决定了企业定价目标的差异。企业作为一个由众多机构和部门构成的系统，它的目标很大程度上体现为各个利益相关者目标的折中与整合，所以其定价目标通常也不会只有一个。常见的有利润最大化目标、最高市场占有率目标和稳定价格目标等。

1. 利润最大化目标

获取利润是企业生存和发展的必要条件，是企业经营的直接动力和最终目的。因此，利润是企业定价目标的重要组成部分，利润最大化目标被大多数企业所采用。

以利润最大化为定价目标需要注意以下三点：①利润最大化并不必然导致高价。因为价格太高，就会导致销售量下降，利润总额可能反而减少。②选择短期利润最大化还是长期利润最大化。有些企业在当时的需求水平和竞争状况下完全可以制定较高的价格以获得更高的当期利润，但它却采用适中价格，因为这样可以阻止更多的竞争者加入，从而避免激烈的市场竞争，获得长期最大利润。③选择单一产品最大利润还是企业全部产品整体最大利润。企业可以对部分产品定低价，招徕顾客，带动其他产品的销售，进而谋取最大的整体效益。例如，超市销售的部分商品可能低于成本价，就是选择从整体利润着眼；奔驰公司推出性价比较高的“小奔驰”和更便宜的A型车，目的就是降低入门价格，从而提高整个产品线的利润。一般而言，企业追求的应该是长期的、全部产品的整体最大利润，但还要考虑企业的具体条件和经营战略；对于一些小型企业或产品生命周期较短的企业，也可以选择谋求短期最大利润。

2. 最高市场占有率目标

资料链接10-1：市场占有率与企业投资收益率的关系

美国市场的研究表明：当市场占有率在10%以下时，企业的投资收益率大约为8%；市场占有率为10%~20%时，投资收益率在14%以上；市场占有率为20%~30%时，投资收益率约为22%；市场占有率为30%~40%时，投资收益率约为24%；市场占有率在40%以上时，投资收益率约为29%。

市场占有率是指企业的销售额占整个行业销售额的百分比，或者是指企业的产品在某市场上的销售量占同类产品在该市场销售总量的比重。以最高市场占有率为定价目标具有获取长期较好利润的可能性，在实践中被很多企业采用。但是，这一目标的顺利实现至少应具备三个条件：①企业拥有雄厚的经济实力，可以承受一段时间的亏损，或者具有高效的运营能力而保持比竞争对手更低的成本。②企业影响市场反应的可能性较大。当市场需求具有充分的广告弹性或价格反应弹性时，企业才能通过定价策略或品牌策略获得较大的市场份额。③在企业的宏观营销环境中，政府未对市场占有率做出政策和法律上的限制，比如美国的反垄断法。

小案例 10-1：吉利集团的 5 年规划

根据乘联会公布的信息，2020 年吉利汽车全年销量为 132 万辆，份额占比 6.7%，位居我国品牌第一，并且吉利汽车已经连续 4 年蝉联我国自主品牌乘用车市场的销量冠军。吉利计划，将持续优化产品，拓展海外市场，进一步提升纯电动车和插电混动车型销量，维持全年 153 万辆销量目标不变。2021 年 3 月，吉利根据全球汽车产业变革及应用环境变化，形成两个蓝色吉利行动计划。根据官方介绍，蓝色行动计划一，将主攻智能化节能和小排量新能源汽车，包括混合动力、增程式插电混合动力。吉利汽车计划年内推出全新动力品牌，着力打造吉利 GHS2.0 智混系统，这一系统将在 3 年内陆续搭载吉利 10 余款新车型；蓝色行动计划二，则主攻高端智能化纯电动汽车市场，由极氪智能科技公司正面参与。除蓝色吉利计划之外，吉利集团也发布了业务发展的 5 年规划：计划到 2025 年，市场占有率位居中国品牌第一，销量达到 365 万辆（含极氪汽车），其中智能电动汽车占比超过 30%。此外，在吉利集团的未来规划中，极氪的地位显而易见。吉利方面表示，极氪汽车首款车型极氪 001 预定超出预期，2021 年可交付订单此前已经售罄，未来除 2021 年的极氪 001 外，极氪目标每年至少发布两款新车。也正是如此，吉利才有信心宣布极氪销量要达到 65 万辆，高端电动车市场占有率居全球前三。

3. 质量最优化目标

质量最优化目标就是企业力图通过所制定的产品价格，树立自己在市场上的质量领先地位。一些定位于高端的产品，为了树立自身的质量领先地位，往往会集质量、奢侈和高价于一体，努力创造出“价格可以被接受的奢侈品”。例如，劳斯莱斯轿车、维多利亚的秘密内衣等，都是在目标市场上以高价位赢得消费者的青睐，成为拥有高质量的独一无二的品牌。当然，这种表示高质量的高价格也要高得适度，以目标顾客能够接受为宜。

4. 维持生存目标

企业应该具有放眼全局、洞察未来的眼光。但毕竟还有很多企业陷入当下紧迫的危机中：竞争惨烈、消费者需求发生变化、产品积压、现金流断裂等。在这些情况下，企业为了应对眼前的困境，等待转机，生存目标就比利润更加重要。企业可以通过大幅度的折扣把积压的存货变成现金，用于支付工资维持运营，或者用于新的营销活动、产品开发项目，以期扭转局面。当然，这一目标要求目标市场是价格敏感型的，而且一般都是短期采用。

5. 稳定价格目标

市场价格越稳定，经营风险也就越小。但随着竞争状况和需求水平的变化，产品的价格会经常发生波动。有远见的企业应该制定一个合理的价格来促进市场的稳定，这样不仅可以使价格稳定在一定的水平上，保证企业在经营中获取稳定的利润，同时也避免了竞争中的价格战给企业带来的经营风险和财务风险。为达到稳定价格的目的，通常都是由那些拥有较高市场占有率、经营实力较强，或具有竞争力和影响力的领导者先制定一个价格，其他企业的价格则与之保持一定的距离或比例关系。在钢铁、采矿业、石油化工等行业内，稳定价格目标得到了最广泛的应用。

6. 维持形象目标

企业形象是企业极有价值的资产，是企业长期获利能力的基础。企业的定价策略对企业形象有重要影响。如果企业在市场供应紧张的时候抬高价格，那么往往会给顾客留下唯利是图的印象；给没有替代产品的新产品定过高的价格，也会给顾客一种不公平感。这些定价行为虽然可以增加当期利润，但也可能损害企业形象。当然，较高的价格对维持企业形象有时也是必要的。例如，当企业定位于高端产品的时候，降价可能会因为销量的上升而增加利润，但对品牌形象的负面影响则可能更大。

小案例 10-2：疫情下众多企业硬核造口罩

新冠肺炎疫情这样的“黑天鹅”事件对生产生活的方方面面都产生了巨大影响。对一些可能导致人群聚集的行业，如餐饮、旅游、影院等，持续的疫情使之面临巨大挑战。同时，也有一些企业因提供的产品或服务正好为疫情控制所需要，如口罩、医药等一时产品供不应求，销量和价格暴涨。疫情初期“一罩难求”，全国众多智能制造领域的科技企业纷纷赶制自动化口罩生产设备，面对汹涌的疫情，纷纷依据自身实力与专长或转产口罩，或创新推出口罩生产线，加速疫情防控的口罩供应，为疫情防控贡献科技力量。例如，上汽通用五菱充分发挥汽车制造业龙头企业的整合作用，在支持供应商成功转产口罩外，为进一步扩充口罩产能，上汽通用五菱自身也通过抢时间、抢设备，自建口罩生产线的方式，实现了医用口罩全产业链本地化。“人民需要什么，五菱就造什么！”的声音传播在大街小巷。政府对上汽通用五菱发挥工业柳州自强不息精神的实干行为给予了高度评价，提高了企业的形象。全市各级各部门和企业要同心同德、众志成城，坚决打赢疫情防控战。上汽通用五菱要在按质按量的基础上，全力以赴发展生产，树立了良好的企业形象。

（资料整理：https://mp.weixin.qq.com/s/m2OOa3y451ItGe5tonVwXA.）

7. 其他目标

现代企业越来越强调其社会责任，而企业追求利润最大化的合法自利行为通常会导致企业利润最大化目标和社会利益目标的冲突，这在高新产品、专利产品的定价中体现得更为明显。

二、产品成本

产品成本对产品定价的影响是显而易见的，因为售价应该定在成本之上。但这种直观的感觉有时也并不完全正确。

（一）成本结构对定价决策的影响

从一般意义上讲，产品的成本一般包括固定成本和变动成本，它们共同构成产品的总成本。在企业的实际定价中，对产品成本的研究需要了解以下成本概念：

1. 固定成本

固定成本是指在产品的生产经营过程中所支付的固定因素的成本，它不随产品产销量的变化而变化。例如，房产费用、设备费用、产品设计费用等。

2. 变动成本

变动成本是指随产品产销量的变化而变化的成本，也就是每生产和销售一个单位的产品就要支付一定的费用，如果不生产或销售产品，该费用就不需要支付。例如，原材料成本、运输费用、销售税金等。

3. 总成本

总成本就是固定成本和变动成本之和。若没有产品的生产和销售，固定成本也就成为总成本。

4. 平均固定成本

平均固定成本是指总固定成本相对于产品产量的平均数。总的固定成本不随产品产量的变化而变化，但平均固定成本则会随着产品产量的增加而减少。这也是企业实现规模经济、获取成本优势的主要原因。

5. 平均变动成本

平均变动成本就是总变动成本相对于产品产量的平均数。在劳动生产率一定的情况下，总的变动成本一般会随着产品产量的增加而增加，平均变动成本则会保持不变；当劳动生产率提高时，平均变动成本则会随着产品产量的增加而呈现递减趋势；但达到一定程度以后，由于设备的维修费、累进计件工资等费用的增加，它又可能转为上升趋势。

6. 平均总成本

平均总成本就是平均固定成本和平均变动成本之和，也就是总成本相对于产品产量的平均数。由于平均固定成本随着产品产量的增加而递减，加上平均变动成本在劳动生产率提高的情况下也会呈递减趋势，所以平均总成本一般都会随着产量的增加而逐渐减少。

7. 边际成本

边际成本是指每增加或减少一个单位的产量所造成的产品成本的变动数额。一般将增加一个单位产量所形成的边际成本称为新增成本。这种新增成本是企业管理者较为重视的成本要素，因为这种成本与固定成本无关，在初期会低于平均总成本，导致平均总成本下降；但超过一定限度后，就会高于平均总成本，导致平均总成本上升。所以，企业的管理者总希望通过这种新增成本找到一个能获取最大利润的产量标准。

8. 使用成本

使用成本就是消费者在使用产品的过程中所支付的成本，如电费、维修费、汽油费等。这些都是影响价格和消费者需求的重要因素。现代市场上消费者常说的一句话“买得起，用不起”，就是对使用成本的最好诠释。

9. 机会成本

企业常常会为了从事某一项经营活动而放弃从事另外一些经营活动，因此也就会失去从事另外一些活动所带来的收益，这些失去的收益就是企业从事经营活动的机会成本。因为有了机会成本的存在，企业在选择投资机会时，就必须慎重考虑，要尽可能在所从事的领域内，通过产品价格的制定以及其他相关策略来减少这种成本。

（二）成本水平对定价决策的影响

成本水平的高低决定了定价可选择范围的下限。但成本水平的高低因成本概念的不同而不同，与定价相关的成本概念可能比会计成本概念更有效。对于定价决策来说，首先要识别出那些随着价格变动而影响利润水平的相关成本。这些相关成本从理论上讲就是增量成本（而不是平均成本）和可避免成本（而不是沉没成本）。

例如，一家印刷厂，每本书印 2000 册，书价是 20 元，每本利润 4 元。若第一年售出不到一半，其余存于库房，那么以前还可以维持盈利，后来利率提高了，利润就已经不足以支付库存占用的流动资金的利息了。这时，生产成本事实上已经成为沉没成本而无法改变，能做的只能是尽快出售以减少利息成本。

航空公司在定价时考虑的最重要成本就是机会成本而不是产能成本。其折价票的机会成本是一个购买全价票旅客所带来的可能收益。航空公司的产能管理系统可以根据历史数据估计某航班空座卖出的可能性，如一个月前航班座位全部空闲，根据历史数据就可以估计出飞机起飞前至少有一个空座的可能性为70%，若全价为500元，则此时折扣票的机会成本就是150元（30%×500元），之后公司就可以随着空座的情况和距离起飞时间的变化随时调整折扣票价。

（三）未来成本变化对定价决策的影响

科学的定价决策不仅要考虑当前的成本，还要考虑未来的成本变化以及定价决策对未来成本可能造成的影响。一般认为，随着销售量的大幅度增加，产品的成本会有明显的下降，这也是有些企业在还不具备明显成本优势的情况下敢于制定较低价格的原因。它们希望通过低价格赢得更大的销售量，从而显著降低成本并获得足够的利润空间。更大的销售量之所以能够降低成本，主要有以下三个原因：一是范围经济（Economies of Scope），其来源有管理成本、渠道和营销成本的节约，如加油站开商场；二是规模经济（Economies of Scale），其来源有人员专业化效率、固定成本分摊和流水线优化；三是经验经济（Economies of Experience），即随着产量的累积，劳动力成本、管理、研发和营销成本等会因经验增加而降低，例如，生产第一架飞机需要4000h，而生产第八架飞机可能只需要2600h。

需要注意的是，产量的增加并不一定必然带来成本的降低，因为与规模经济相对应的还有规模不经济。例如，波音公司曾经为了和对手竞争，低价接下了一大批订单，结果生产任务超过了产能，为了履行合同，不得不大幅追加投资，造成了巨额亏损。

三、市场需求

产品价格除受成本影响外，还受市场需求的影响。当商品的市场需求大于供给时，价格可以高一些；当商品的市场需求小于供给时，价格就应低一些。反过来，价格变动也会影响市场需求总量，进而影响销售量，影响企业目标的实现。因此，企业制定价格时就必须了解与市场需求密切相关的因素，包括顾客价值和与顾客成本相关的价格敏感性以及价格需求弹性。

1. 顾客经济价值

一般意义上，价值反映了消费者从产品中获得的全部利益或满足，经济学上称之为使用价值（Use Value）或效用（Utility）。有效定价的关键是价值，但不是使用价值，而是交换价值（Exchange Value），即顾客经济价值。顾客经济价值可分解为参考价值和差异价值。参考价值（Reference Value）是指顾客认为该产品最有替代性产品的可选择价格；差异价值（Differentiation Value）是指公司提供的产品与参考产品给顾客带来的价值之间的任何差异（可以为正，也可以为负）。需要强调的是，这里的价值以顾客能够感知到为前提。

2. 价格敏感性

价格敏感性就是顾客对某种产品价格的敏感程度。不同的产品、不同的顾客、不同的消费情境，其价格敏感性都是不同的。一般而言，在以下情况下顾客的价格敏感性会降低：①产品独特性强；②替代品少或信息不充分；③对比困难；④该产品的支出只占顾客收入的很小一部分；⑤与该产品配合使用的终端产品成本很大或利害攸关；⑥有较高的转换成本。

3. 价格需求弹性

价格需求弹性就是需求量变动百分比与价格变动百分比的比值。它反映的是价格变动对市场需求变化的影响程度，通常可以用下面的公式来表示

$$需求弹性系数=\frac{需求量变动百分比}{价格变动百分比}$$

从图 10-1 可以看出：同样的价格变动幅度给需求弹性小的产品带来的需求量变动很小，但给需求弹性大的产品带来的需求量变动很大。

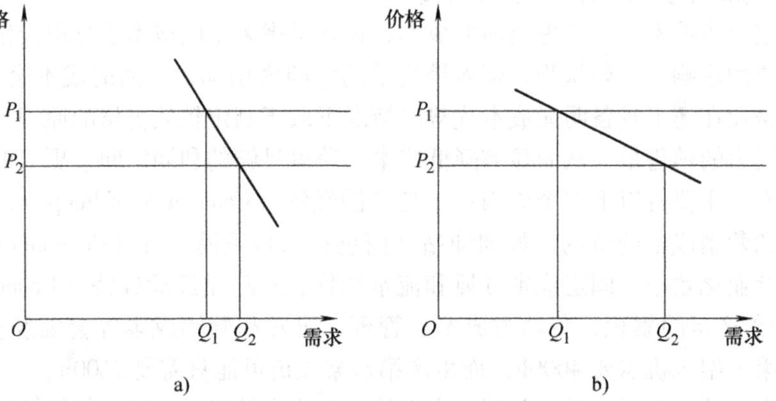

图 10-1　价格需求弹性的差异

a）需求弹性小　b）需求弹性大

四、竞争者的价格与反应

如果说顾客认知价值是企业定价的上限，那么竞争者的价格就会不停地把这个上限往下挤压。竞争者的价格对企业定价决策的影响程度又因竞争激烈程度、竞争距离、竞争者反应方式的差异等而有所不同。

1. 市场竞争程度的影响

在完全竞争条件下，买者和卖者都大量存在，产品在某种程度上都是同质的，企业可以自由地选择产品进行生产，买卖双方能够充分地获得市场信息。在这种情况下，无论是买方还是卖方，都不能左右市场上的产品价格，只能在市场既定价格下从事生产和交易。

完全垄断与完全竞争正好相反，是指一种商品的供应完全由某一家企业控制，形成独占市场。在这种情况下，交易的数量和价格基本上由垄断者单方面决定，价格的高低也就由垄断者控制。不过，这种市场在现实中已经很少见了。

不完全竞争介于完全竞争与完全垄断之间，它是现实中存在的典型的市场竞争状况，又可分为寡头竞争和垄断竞争两种情况。寡头竞争就是市场上只有两三家企业控制着某种商品的买卖，竞争只在它们之间展开；垄断竞争则是几家较大的企业在市场上起领导作用，还有一些小企业也在参与竞争。不管是寡头竞争还是垄断竞争，都是由少数买者或卖者对价格和交易数量起着较大的影响作用，买卖双方获得的市场信息是不充分的，它们的活动受到一定

的限制，而且它们提供的同类商品也有差异，因此它们之间存在着一定程度的竞争。在这种情况下，企业的定价既要考虑竞争对手的价格策略，又要考虑本企业定价策略对竞争态势的影响，但相对而言，价格的回旋余地还是比较大的。

2. 不同距离竞争者的影响

一类产品市场往往按其价值与价格组合的不同可以区分为经济型市场、中档市场和高档市场。不同档次市场间的竞争距离不同，彼此在价格上的相互影响程度也是不同的，如图10-2所示。同一价格档次内的竞争比不同价格档次之间的竞争激烈，如 P_1 与 P_2 的竞争要比 P_1 与 E_1 的竞争激烈；各档次间的竞争不对等：高档产品降价能够吸引较多低档产品的顾客，而低档产品降价对高档产品的顾客基本上无吸引力；中档产品的交叉价格弹性（平均超过5）通常大于高、低档（平均1.5）。

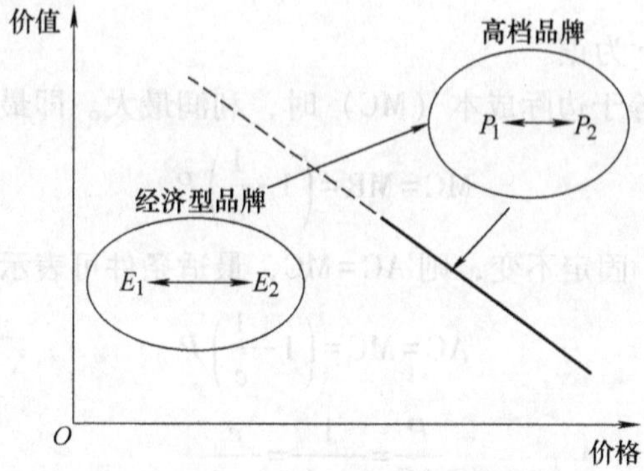

图10-2　不同距离竞争者的影响

3. 不同反应类型竞争者的影响

参与同一市场竞争的厂商从其应对竞争的方式上，可以分为从容型竞争者、凶猛型竞争者、选择型竞争者等。不同反应类型的竞争者对对手价格制定和变动的反应方式是不同的，因此企业定价时还必须考虑竞争者的反应方式。

企业的定价策略除受企业目标、产品成本、需求以及竞争状况的影响外，还受到其他多种因素的影响。例如，政府为了维护经济秩序，或为了其他目的，可能通过立法或者其他途径对企业的价格策略进行干预。

第二节　定价的一般方法

大家已经知道产品的价格受成本、顾客需求和竞争状况等多方面因素的影响，企业进行定价决策时应该综合考虑各种因素的影响，企业的实际做法可以总结为成本导向、竞争导向和需求导向三种类型。

一、成本导向定价法

成本导向定价法是指企业在进行定价决策时主要以成本为依据，是企业常用的定价方法。成本导向定价法又衍生出了总成本加成定价法、目标收益定价法、边际成本定价法、盈亏平衡定价法等几种具体的定价方法。下面详细介绍总成本加成定价法和目标收益定价法。

1. 总成本加成定价法

在总成本加成定价法下，把所有为生产某种产品而发生的耗费均计入成本的范围，计算单位产品的变动成本，合理分摊相应的固定成本，再按一定的目标利润率决定价格。其计算公式为

$$P=C(1+R)$$

式中，P 为单位产品价格；C 为单位产品总成本；R 为目标利润率。

将一个固定的加成加到成本上固然简单方便，但在实践中往往行不通。因为任何忽视市场反应、忽视价格需求弹性的定价方法，都难以实现利润最大化。

边际收益（MR）与价格（P）紧密相关，因为

$$\mathrm{MR}=\left(1-\frac{1}{e}\right)P$$

式中，e 为价格弹性，且 e 为正。

当边际收益（MR）等于边际成本（MC）时，利润最大。即最适条件为

$$\mathrm{MC}=\mathrm{MR}=\left(1-\frac{1}{e}\right)P$$

假设平均成本（AC）固定不变，则 AC=MC，最适条件可表示为

$$\mathrm{AC}=\mathrm{MC}=\left(1-\frac{1}{e}\right)P$$

$$\frac{P}{\mathrm{AC}}=\frac{1}{1-\frac{1}{e}}=\frac{e}{e-1}$$

两边减 1，化简得

$$\frac{P-\mathrm{AC}}{\mathrm{AC}}=\frac{e}{e-1}-1=\frac{1}{e-1}$$

即

$$\text{最适加成}=\frac{1}{e-1}$$

采用成本加成定价法的关键是确定合理的加成率，而成本加成率受市场环境、行业特点等多种因素影响。不同的产品、不同的行业、不同的市场、不同的时间、不同的地点，加成率是不同的，甚至同一行业中不同的企业也会有不同的加成率。①加成率应与单位产品成本成反比；②加成率应与资金周转率成反比；③加成率应与需求价格弹性成反比（需求价格弹性不变时，加成率也应保持相对稳定）；④零售商使用自己品牌的加成率应高于使用制造商品牌的加成率。

成本加成定价法在许多企业，尤其是租赁业、建筑业、服务业、科研项目投资以及批发零售企业中得到广泛的应用。因为这种方法有一些明显的优点：①简化了定价工作，便于企业开展经济核算；②若某个行业的所有企业都使用这种定价方法，它们的价格就会趋于相似，价格竞争就会减到最少；③在成本加成的基础上制定出来的价格对买方和卖方都比较公平，卖方能得到正常的利润，买方也不会觉得受到了额外的剥削。

需要注意的是，在计算成本加成定价时，对成本的确定是在假设销售量达到某一水平的

基础上进行的。但是，若产品销售出现困难，则预期利润很难实现，甚至成本补偿也变得不现实。因此，更为稳妥的做法是将用此法制定的价格作为一种参考价格。

2. 目标收益定价法

目标收益定价法又称投资收益率定价法，是指根据企业的投资总额、预期销量和投资回收期等因素来确定价格的定价方法。采用目标收益定价法确定价格的基本步骤为：

（1）确定目标收益率

$$目标收益率=\frac{1}{投资回收期}\times 100\%$$

（2）确定单位产品目标利润额

$$单位产品目标利润额=\frac{总投资额\times 目标收益率}{预期销量}$$

（3）计算单位产品价格

$$单位产品价格=\frac{企业固定成本}{预期销量}+单位变动成本+单位产品目标利润额$$

与成本加成定价法类似，目标收益定价法也是一种生产者导向的产物，很少考虑市场竞争和需求的实际情况。用这种方法制定出来的价格，无法保证销售量的必然实现，目标收益等也就只能成为一句空话。不过，对于需求比较稳定的大型制造业、供不应求且价格弹性小的商品、市场占有率高且具有垄断性的商品，以及大型的公用事业、劳务工程和服务项目等，在科学预测价格、销量、成本和利润四要素的基础上，目标收益定价法仍不失为一种有效的定价方法。

从本质上说，成本导向定价法是一种卖方定价导向，它忽视了市场需求和竞争的变化。此外，运用这一方法制定的价格建立在对销量主观预测的基础上，降低了价格制定的科学性。因此，在采用成本导向定价法时，还需要充分考虑实际的需求和竞争状况，从而确定最终的市场价格水平。

二、竞争导向定价法

资料链接 10-2：三种典型的拍卖方式

根据《中华人民共和国拍卖法》第三条，拍卖是指以公开竞价的形式，将特定物品或者财产权利转让给最高应价者的买卖方式。

比较典型的拍卖方式有以下三种：

（1）英格兰式拍卖，也称“正向模式拍卖”“增价拍卖”或“低估价拍卖”，是指在拍卖过程中，拍卖人宣布拍卖标的的起叫价及最低增幅，竞买人以起叫价为起点，由低至高竞相应价，最后最高竞价者三次报价无人应价后，响槌成交。但成交价不得低于保留价。

（2）荷兰式拍卖，也称“降价拍卖”或“高估价拍卖”，是指在拍卖过程中，拍卖人宣布拍卖标的的起叫价及降幅，并依次叫价，以第一位应价人响槌成交。但成交价不得低于保留价。

（3）英格兰式与荷兰式相结合的拍卖方式，是指在拍卖过程中，拍卖人宣布起叫价及最低增幅，由竞买人竞相应价，拍卖人依次升高叫价，以最高应价者竞得。若无人应价则转为拍卖人依次降低叫价及降幅，并依次叫价，以第一位应价者竞得。但成交价不得低于保留价。

企业通过研究竞争对手的生产条件、服务状况、价格水平等因素，依据自身的竞争实力，参考成本和供求状况来确定产品价格，这种定价方法就是通常所说的竞争导向定价法。其特点是：价格与产品成本和需求不发生直接关系；产品成本或市场需求发生变化，但竞争者的价格未变，就应维持原价；反之，虽然成本或需求都没有变动，但竞争者的价格发生变动，则相应地调整其产品价格。当然，为实现企业的定价目标和总体经营战略目标，谋求企业的生存或发展，企业可以在其他营销手段的配合下，将价格定得高于或低于竞争者的价格，并不一定要求和竞争对手的产品价格完全保持一致。竞争导向定价法主要有以下三种方法：

1. 随行就市定价法

随行就市定价法就是企业根据市场竞争的格局，跟随行业主要竞争者的价格，或按照行业的现行平均价格来确定自己的产品价格的定价方法。

在垄断竞争和完全竞争的市场结构条件下，任何一家企业都无法凭借自己的实力在市场上取得绝对优势。为了避免竞争，特别是价格竞争带来的损失，大多数企业采用随行就市定价法。此外，采用随行就市定价法，企业就不必去全面了解消费者对不同价差的反应，从而为营销人员和定价人员节约了很多时间。采用随行就市定价法，最重要的就是要确定目前的"行市"。在实践中，"行市"的形成有两种途径：一种是在完全竞争的环境里，各个企业都无权决定价格，通过对市场的无数次试探，相互之间取得一种默契而将价格保持在一定的水准上；另一种是在垄断竞争的市场条件下，某一部门或行业的少数几个大企业首先定价，其他企业参考定价或追随定价。

2. 产品差别定价法

随行就市定价法在避免价格竞争的同时，也抛弃了价格这一竞争的"利器"。产品差别定价法则是指企业通过不同的营销努力，使同种同质的产品在消费者心目中树立起不同的产品形象，进而根据自身特点，选取低于或高于竞争者的价格作为本企业产品的价格。因此，产品差别定价法是一种进攻性的定价方法。

产品差别定价法的运用，要求企业必须具备一定的实力，在某一行业或某一区域市场占有较大的市场份额，消费者能够将企业产品与企业本身联系起来；在质量大体相同的条件下实行差别定价是有限的，尤其对于定位为"质优价高"形象的企业来说，必须支付较多的广告、包装和售后服务方面的费用。因此，从长远来看，企业只有通过提高产品质量，才能真正赢得消费者的信任，在竞争中立于不败之地。

3. 密封投标定价法

许多大宗商品、原材料、成套设备和建筑工程项目的买卖和承包，出租、出售小型企业等，往往采用发包人招标、承包人投标的方式来选择承包者，确定最终承包价格。一般说来，招标方只有一个，处于相对垄断地位；而投标方有多个，处于相互竞争地位。标的物的价格由参与投标的各个企业在相互独立的条件下来确定。在买方招标的所有投标者中，报价最低的投标者通常容易中标。

在招标投标方式下，投标价格是企业能否中标的关键性因素。高价格固然能带来较高的利润，但中标机会相对减少；低价格，利润低，虽然中标机会大，但其机会成本可能大于其他投资方向。那么，企业应该怎样确定投标价格呢？

首先，企业根据自身的成本，确定几个备选的投标价格方案，并依据成本利润率计算出企业可能盈利的各个价格水平。其次，分析竞争对手的实力和可能报价，确定本企业各个备选方案的中标机会。竞争对手的实力主要包括产销量、市场占有率、信誉、声望、质量、服务水平等项目，其可能报价则在分析历史资料的基础上得出。再次，根据每个方案可能的盈利水平和中标机会，计算出每个方案的期望利润。

每个方案的期望利润=每个方案可能的盈利水平×中标概率（%）

中标概率的计算见表10-1。

最后，根据企业的投标目的来选择投标价格方案。

表 10-1　中标概率的计算

报价成本比	超过公司报价比率	中标概率		
		2 个对手	4 个对手	6 个对手
0.95	100	1	1	1
1.00	98	0.964	0.922	0.866
1.05	92	0.846	0.716	0.606
1.10	80	0.640	0.410	0.262
1.15	67	0.449	0.202	0.090
1.20	55	0.302	0.092	0.028
1.25	42	0.176	0.031	0.005

三、需求导向定价法

现代市场营销观念要求企业的一切生产经营必须以消费者需求为中心，并在产品、价格、分销和促销等方面予以充分体现。根据市场需求状况和消费者对产品的感觉差异来确定价格的方法，称为需求导向定价法，又称市场导向定价法、顾客导向定价法。其特点是灵活有效地运用价格差异，甚至对成本相同的同一产品，价格也是随市场需求的变化而变化，而不与成本因素发生直接关系。需求导向定价法主要包括顾客认知价值定价法、需求差异定价法和逆向定价法。

1. 顾客认知价值定价法

顾客认知价值是指消费者对某种商品价值的主观评判。顾客认知价值定价法就是企业以消费者对商品价值的理解度为定价依据，运用各种营销策略和手段，影响消费者对商品价值的认知，形成对企业有利的价值观念，再根据商品在消费者心目中的价值来制定价格。

顾客认知价值分析的步骤是：第一步，找出被消费者认为是最佳选择的竞争产品的成本；第二步，找出使自己的产品区别于竞争产品的因素，如性能、可靠性、功能的增减、维护费用、信誉、启动承包、服务的速度与效率；第三步，确定这些差异对消费者的价值（主观的和客观的），而不要假设价值的增加与效用的增加成比例；第四步，将差异值与参考价值相加得到总的经济价值，这就是信息充分、理智制定购买决策的消费者愿意支付的价格。

资料链接 10-3：顾客价值

顾客价值以产品和服务为载体，是被顾客认同、接受并可以获得的利益和效用。利益和效用既包括顾客所需的产品（服务）的实用性功能和作用，也包括顾客非实用性的心理、精神层面的收获。实用价值和心理价值是产品（服务）价值的两大支柱。不同的产品和服务，这两种价值的组合比例不同：有的以实用价值为主，有的以心理价值为主，有的两种价值兼而有之。在产品（服务）的价值构成中，只有实用或心理一种价值而无另一种价值的极端情形比较少见。总的来说，随着时代的发展，几乎所有产品（服务）的心理价值含量和比重都在增加。

顾客价值只有经过了顾客的认知过程，被顾客了解、理解和接受，才能真正成为顾客价值。因此，顾客价值既是客观的——它与产品（服务）本身所具有的客观属性（包括功能、作用、结构、材质、技术含量、劳动含量等）有关；也是主观的——它与顾客的主观评价有关。实用性的产品和服务，其价值主要取决于客观属性，它是可以衡量和测定的，存在客观的评价标准，不同评价主体得出的结论差异较小。非实用性的产品和服务，其价值主要取决于顾客的认知；这种认知更加个性化，评价主体之间的结论也会差异更大甚至截然相反。例如，对某个流行歌星，有些人极度迷恋和追捧，而另外一些人完全不感兴趣。

（资料来源：https://mp.weixin.qq.com/s/q7WTIfmtpjBRQwuofKh1qA.）

一家发行量只比竞争对手高 11%的杂志能够开出比竞争对手高出两倍的广告要价吗？经济价值分析或许能帮助其达到这个目的。表 10-2 具体地演示了顾客认知价值的计算过程。

表 10-2　杂志广告的顾客认知价值分析

项目	竞争对手的杂志	我们的杂志	优势
发行量/份	1400000	1550000	11%
每本的读者/人	1.8	2.1	
读者数/人	2520000	3255000	29%
看广告者的比例（%）	9.20	14.50	
受影响者/看广告者（%）	1.60	2.20	
购买产品者/受影响者（%）	20	20	
购买产品的读者/人	742	2077	180%
卖给顾客的售价/元	180	200	
总利润率（%）	30	30	
广告的价值/元	40062	124601	211%
广告的成本/元	29000	67400	
广告的回报/元	11062	57201	

2. 需求差异定价法

需求差异定价法是指依据消费者需求的不同特点而为差别不大甚至相同的产品确定不同的价格。此方法强调适应消费者需求的不同特性，对同一产品在同一市场上制定两个或两个以上的价格，或使不同产品价格之间的差额大于其成本之间的差额，而将成本补偿只放在次要的地位。其好处是可以使企业定价最大限度地符合市场需求，促进产品销售，有利于企业获取最佳的经济效益。可以作为差别定价的基础一般有：顾客身份特征、时间及地点、交易条件、渠道、产品等。由于需求差异定价法针对不同需求而采用不同的价格，以实现顾客的不同满足感，能够为企业谋取更多的利润，因此在实践中得到了广泛的运用。在后面的差别定价策略中将进行更具体的阐述。

3. 逆向定价法

逆向定价法重点不是考虑产品成本，而是考虑需求状况。它是依据消费者能够接受的最终销售价格，逆向推算出中间商的批发价和生产企业的出厂价格。逆向定价法的特点是：价格能够反映市场需求情况，有利于加强与中间商的良好关系，保证中间商的正常利润，使产品迅速向市场渗透，并可根据市场供求情况对价格进行及时调整，定价比较灵活。

小案例 10-3：逆向定价成就野马跑车

20 世纪 60 年代，美国的年轻人很喜爱跑车，而福特公司没有跑车产品。时任福特公司的总经理李·艾柯卡决心开发一款跑车。他发现，美国年轻人虽然喜爱跑车，但当时跑车的价格让大多数人望而却步，如果价格在 2500 美元以下，就会有很多年轻人购买。其实他们不在乎跑车上是否装有功率巨大的发动机和加长的车身，他们想要的是跑车的样子和开跑车带来的兴奋感觉。于是艾柯卡先给他的野马跑车定了 2500 美元以下的价格，然后给研发人员下达了设计成本不超过 2000 美元的跑车的任务。为了达到成本目标，艾柯卡决定利用一款福特现存的经济型车的主体结构作为“野马”的主体结构，很多福特公司的工程师认为这会导致“野马”的性能比通用汽车公司和欧洲厂商的跑车差许多，野马跑车一定会失败。然而，野马跑车上市后一炮打响，成为美国年轻人喜爱的车型，上市的第一年就成为福特公司销售量最高的车型。

第三节 定价的基本策略

一、新产品定价策略

新产品定价的难点在于无法确定消费者对新产品的理解价值。如果定价高了，难以被消费者接受，则会影响新产品顺利进入市场；如果定价低了，则会影响企业的效益。常见的新产品定价策略有三种截然不同的形式，即撇脂定价、渗透定价和适中定价。

1. 撇脂定价

撇脂定价就是新产品上市之初，将其价格定得很高，以求短期内获取厚利，尽快收回投资。一般而言，对于全新产品、受专利保护的产品、需求价格弹性小的产品、流行产品、未来市场形势难以测定的产品等，都可以采用撇脂定价策略。例如，圆珠笔在 1945 年被发明时，属于全新产品，成本为 0.5 美元一支，可是发明者却利用广告宣传和消费者的求新求异心理，以 20 美元一支的价格销售，仍然引起了人们的争相购买。

撇脂定价的优点有：①利用高价产生的厚利，使企业在新产品上市之初就能迅速收回投资，减少投资风险；②在全新产品或换代新产品上市之初，顾客对其尚无理性的认识，此时的购买动机多属于求新求异，企业利用这一心理，通过制定较高的价格，可以提高产品的身价，从而给顾客留下高价、优质、名牌的印象；③先制定较高的价格，在新产品进入成熟期后可以有较大的调价空间，不仅可以通过逐步降价保持企业的竞争力，而且可以从现有的目标市场上吸引潜在需求者，甚至可以争取到低收入阶层和对价格比较敏感的顾客；④在新产品开发之初，由于资金、技术、资源、人力等条件的限制，企业很难以现有规模满足所有的需求，利用高价可以限制需求的过快增长，缓解产品供不应求的状况，并且可以利用高价获取的高额利润进行投资，逐步扩大企业的生产规模，使之与需求状况相适应。

不过，撇脂定价策略也存在一些局限：①高价产品的需求规模毕竟有限，所以过高的价格不利于市场开拓、增加销售量，也不利于占领和稳定市场，容易导致新产品开发失败；②高价高利会导致竞争者的大量涌入，仿制品、替代品会迅速出现，从而迫使价格急剧下降，企业的形象和市场份额都可能遭受打击；③价格远远高于价值，在某种程度上损害了消费者的利益，容易招致公众的反对和消费者的抵制，甚至会诱发公共关系危机。因此，在信息传递日益便捷、消费者日趋成熟的今天，企业采用这一定价策略要谨慎。

值得注意的是，撇脂定价与消费者的心理定价有着本质的不同：撇脂定价是在新产品上市之初，利用顾客对新产品的无知和好奇而制定的尽可能高的产品价格；心理定价则是在产品销售过程中，利用顾客对产品价格的心理感受而制定的、对消费者心理产生不同刺激的产品价格，这种价格可能是高价，也可能是低价。

小案例 10-4：撇到“脂”了吗？

苹果公司的 iPod 产品是最成功的消费类数码产品之一，一推出就获得成功，第一款 iPod 零售价高达 399 美元，即使对于美国人来说，也是属于高价位产品，但是有很多“苹果迷”既有钱又愿意花钱，所以还是纷纷购买。苹果公司的撇脂定价取得了成功。但是苹果公司认为还可以“撇到更多的脂”，于是不到半年又推出了一款容量更大的 iPod，当然价格也更高，定价 499 美元，仍然卖得很好。苹果公司的撇脂定价大获成功。

作为对比，索尼公司的 MP3 也采用撇脂定价法，但是没有获得成功。索尼公司失败的第一个原因是产品的品质和上市速度。索尼公司在推出新产品时步履蹒跚，当 iPod mini 在市场上热卖两年之后，索尼公司才推出了针对这款产品的 A1000，可是此时苹果公司已经停止生产 iPod mini，推出了一款新产品 iPod nano。苹果公司保持了产品的差别化优势，而索尼公司则总是在产品上落后一大步。此外，苹果公司推出的产品马上就可以在市场上买到，而索尼公司还只是预告，新产品正式上市还要再等两个月。速度的差距，使苹果公司在长时间内享受到了撇脂定价的厚利，而索尼公司的产品虽然定价同样高，但是由于销量太小而只“撇”到了非常少的“脂”。

撇脂定价是一种追求短期利润最大化的定价策略，若处理不当，则会影响企业的长期发展。

（资料来源：https://mp.weixin.qq.com/s/O0j1sL6HmcyHePQxv8NRPw.）

试分析苹果公司和索尼公司采用了何种定价策略？为何要采用这种策略？若低价销售，是否能获得与高价同样多甚至更多的利润？

2. 渗透定价

渗透定价是与撇脂定价相反的一种定价策略，即在新产品上市之初将价格定得相对较低，以吸引大量的购买者，扩大市场占有率。如果新产品的需求价格弹性较大，并且存在着规模经济效益，就可以采用渗透定价。日本精工手表即是在具备这两个条件的基础上，以较低价格在国际市场与瑞士手表角逐，最终成功夺取瑞士手表的大部分市场份额。

采用渗透定价策略的企业无疑只能获取微利，这是渗透定价的薄弱之处。但是，由低价产生的好处是：可以使产品尽快被市场接受，并借助大批量销售降低成本，获得长期稳定的市场地位；同时，微利可以阻止竞争者进入，增强企业自身的市场竞争力。

3. 适中定价

适中定价既不是利用价格来获取高额利润，也不是让价格制约占领市场。当不存在适合于撇脂定价或渗透定价的环境时，企业一般就采取适中定价。有时，一个管理者可能无法采用撇脂定价，因为产品被市场看作是极其普通的产品，没有哪一个细分市场愿意为此支付高价；同样，他也无法采用渗透定价，因为产品刚刚进入市场，消费者在购买之前无法确定产品的质量，低价会让消费者认为代表低质量；管理者还有可能担心，如果破坏已有的价格结构，竞争者会做出强烈反应。所以，当消费者对价值极其敏感，不能采取撇脂定价时，或者竞争者对市场份额极其敏感，不能采用渗透定价时，企业一般都会采用适中定价策略。

以上三种策略并不是由相关的竞争产品价格定义的，而是由驱动消费者使用的产品价值定义的。撇脂定价不一定高于其他市场价格，渗透定价也不一定低于其他市场价格，如果可察觉的价值更高，高价格也可能是渗透定价。对于企业来说，撇脂策略和渗透策略何者为优，不能一概而论，需要综合考虑市场需求、竞争、供给、市场潜力、价格弹性、产品特性、企业发展战略等因素后才能确定。在企业的定价实务中，往往要突破许多理论上的限制，通过对选定的目标市场进行大量调研和科学分析，才能制定出最为合理的价格。

二、折扣定价

（一）折扣定价的原理与目的

折扣定价是指对基本价格做出一定的让步，以争取顾客、扩大销量。它在很大程度上可以理解为一种以数量为基础的细分定价。折扣定价有其内在原因：从需求上看，消费者的购买欲望通常会随购买量的增加而降低，即消费者愿意为第二个单位支付的价格往往低于第一个单位；大客户的价格弹性较大，询价对他们而言是值得的，而且他们也有能力做这件事。从成本上看，如果数量折扣能吸引大订单，就可以提高生产效率和运输效率；如果折扣能提高总体需求水平，那么规模经济和经验效应也能降低单位成本。从竞争的角度看，有效的折扣设计，如二重定价和多区段定价，可以有效地刺激消费者，从而起到排挤竞争者的作用。总之，折扣定价的目的就是鼓励消费者增加消费量或者按商家期望的方式去消费。

（二）折扣定价的形式

折扣定价的形式主要有数量折扣、现金折扣、功能折扣、季节折扣和折让等。

1. 数量折扣

数量折扣是指按购买数量的多少，分别给予不同的折扣，购买数量越多，折扣也就越大。数量折扣是折扣定价最基本的形式，其目的是鼓励大量购买或集中购买。数量折扣包括累计数量折扣和一次性数量折扣两种形式。累计数量折扣规定消费者在一定时间内购买商品若达到一定数量或金额，则按其总量给予一定折扣，其目的是鼓励消费者经常向本企业购买，成为可信赖的长期客户；一次性数量折扣规定一次购买某种产品若达到一定数量或购买多种产品达到一定金额，则给予折扣优惠，其目的是鼓励消费者大批量购买。数量折扣的促销作用非常明显，它可以直接促使产品的销售数量增加、销售速度加快，从而使企业资金周转次数增加，企业总盈利水平上升。

企业在实施数量折扣时，应结合产品特点、销售目标、成本水平、资金利润率、需求规模、购买频率、竞争者手段以及传统的商业惯例等因素来制定科学的折扣标准和比例。若享受折扣的数量标准定得太高，则只有很少的顾客获得优惠，而绝大多数顾客将感到失望；若购买数量标准过低，则起不到鼓励顾客购买和促进企业销售的作用；不当的折扣甚至会引起渠道的冲突和混乱。

2. 现金折扣

现金折扣是指企业对在规定的时间内提前付款或用现金付款者所给予的一种价格折扣。其目的是鼓励顾客尽早付款，以加速企业的资金周转，降低销售费用，减少利息支出与财务风险。现金折扣一般应在合同的付款条件上注明，以增加购销双方的信息透明度，避免一些麻烦。在西方国家的交易合同中，付款条件常有如此规定："5/10，Net/60"，意思就是：买方若在成交后10天内付款，则可得到所付款项5%的折扣；全部货款最迟也要在60天内付清，否则就是违约。

3. 功能折扣

企业根据中间商在产品分销过程中所处层次、重要性、购买批量、最终售价，及其所承担的功能、责任和风险的不同，而给予不同的折扣，这种折扣称为功能折扣。功能折扣既能够使中间商的成本和费用得到补偿，又有利于刺激其销售积极性，加速产品的流通和周转。所以，鼓励中间商认真履行预定的营销职责，并与生产企业建立长期稳定的合作关系，是功能折扣的主要目标。

4. 季节折扣

季节折扣是指对购买非本季节消费商品的顾客所给予的折扣。有些商品的生产是连续的，其消费却具有明显的季节性。为了调节供需矛盾，使企业的生产和销售在一年四季能保持相对稳定，企业便采用季节折扣的方式。例如，啤酒生产厂家对在冬季进货的商家给予大幅度让利，羽绒服生产企业则为夏季购买其产品的客户提供折扣等。

5. 折让

折让包括以旧换新、回扣和津贴等形式。以旧换新就是在顾客购买新产品时，以顾客所拥有的旧的同类商品抵扣一部分新产品的货款的价格折让形式。回扣是指购买者在按价格目录将货款全部付给销售者以后，销售者再按一定比例将货款的一部分返还给购买者。津贴是指企业为达到特殊目的而对特殊顾客以特定形式所给予的价格补贴或其他补贴。例如，当中间商为企业产品提供了包括刊登地方性广告、设置样品陈列窗等在内的各种促销活动时，生产企业给予中间商一定数额的资助或补贴。

（三）折扣定价的注意事项

价格折扣增强了企业定价的灵活性，对提高厂商收益和利润具有重要作用。但在使用折扣定价策略时，企业必须注意以下几点：①合法性。例如，美国1936年制定的罗宾逊-巴特曼法案规定，折扣率的计算应以卖方实现的成本节约数为基础，并且卖方必须对所有顾客提供同等的折扣优惠条件，不然就犯了价格歧视罪。②能够限制转售，避免渠道冲突。③产品不易储存或联合购买。例如，美国的加油站采用数量折扣定价鼓励消费者增加购买量，结果许多家庭联合购买再分开使用，使加油站降低了价格却未能达到增加销量的目的。④需求者对价格非常敏感或有足够的价格弹性，如冰箱、食盐等产品面向消费者采用数量折扣定价就不太合适。

三、心理定价策略

小案例 10-5：印度画家巧用心理定价策略交易

在比利时的一间画廊里，一位美国画商正在和一位印度画家讨价还价，争执得很激烈。其实，印度画家的每幅画底价仅为 10~100 美元，但当印度画家看出美国画商购画心切时，对其所看中的三幅画单价非要 258 美元不可。美国画商对印度画家漫天要价很不满意，吹胡子瞪眼睛要求降价成交。印度画家也毫不示弱，竟将其中的一幅画用火柴点燃，烧掉了。美国画商亲眼看着自己喜爱的画被焚烧，感到惋惜，随即又问剩下的两幅画卖多少钱。印度画家仍然坚持每幅画卖 258 元。从对方的表情中，印度画家看出美国画商还是不愿意接受这个价格。这时，印度画家气愤地点燃火柴，竟然又烧了另一幅画。至此，酷爱收藏的美国画商再也沉不住气了，态度和蔼多了，乞求说："请不要再烧最后一幅画了，我愿意出高价买下。"最后，竟以 800 美元的价格成交。

人们对价格的感受不仅取决于数量本身，还可能受数字的大小、颜色、形状、奇偶及其出现顺序和环境等周边信息的影响。同时，消费者心中还有一个用来判断商品价格高低的参考价格。这个参考价格是一个概括性的概念，它以经验为基础，同时被当前的情境所塑造，上下各有一个界限。企业将价格调整到界限之外易被顾客注意，而在界限之内的调价则往往被忽视；在价格上限之内一点点提价比一下子提升较高价格更易被接受，而一次性将价格下降到下限之下则要比多次小幅降价效果更好。另外，人们对价格信息的处理是理解的而非记忆的，是局部的而非全部的，是感性的而非理性的，是大概的而非具体的。

以上消费者对价格的感知规律为心理定价策略的运用提供了基础，使企业在定价时可以利用消费者的心理因素，有意识地将产品价格定得高些或低些，以满足消费者生理的和心理的、物质的和精神的多方面需求，从而扩大市场销售，获得最大效益。常用的心理定价策略包括声望定价、整数定价、尾数定价和招徕定价等。

1. 声望定价

根据产品在消费者心目中的声望地位，或者为了塑造这种声望地位而确定产品价格的策略就是声望定价策略。声望定价策略可以满足某些消费者的特殊欲望，如地位、身份、财富、名望和自我形象等，还可以通过高价格显示名贵优质。这一策略适用于一些传统的名优产品、具有历史地位的民族特色产品、影响广泛的知名品牌等。为了使声望价格得以维持，企业需要适当控制市场拥有量。英国名车劳斯莱斯的价格在所有汽车中雄踞榜首，除了其优越的性能、精细的做工，严格控制产销量也是一个很重要的因素。

2. 整数定价

与声望定价相似，整数定价也试图通过产品的价格来塑造产品形象。但是，在整数定价方法下，价格的高并不是绝对的高，而只是凭借整数价格给消费者造成高价的印象。整数定价常常以偶数，特别是"0"作为尾数。整数定价策略适用于需求的价格弹性小、价格高低不会对需求产生较大影响的商品，如流行品、时尚品、奢侈品、礼品、星级宾馆、高级文化娱乐城等。整数定价的主要优点有：省却了找零钱的麻烦，方便企业和顾客的价格结算；花色品种繁多、价格总体水平较高的商品，可以满足购买者显示地位、崇尚名牌、购买精品的心理需求，而且易在消费者心目中树立高档、优质的产品形象。

3. 尾数定价

尾数定价是指企业把价格定为非整数，而且常常以奇数作为尾数，所以有时也称作奇数定价。一般认为，尾数定价能够在消费者心中产生便宜和可信的特殊效应。例如，标价 99.9 元的商品和 100 元的商品虽然仅相差 0.1 元，但前者给购买者的感觉是还不到“100 元”，后者却使人认为“100 多元”；同时，带有尾数的定价会使消费者认为商品定价是非常认真、精确的，连几角几分都算得清清楚楚，进而会对商家产生一种信任感。

资料链接 10-4：不同地区、不同商品的尾数定价

心理学家的研究表明，价格尾数的微小差别，能够明显影响消费者的购买行为。一般认为，5 元以下的商品，末位数为 9 最受欢迎；5 元以上的商品，末位数为 95 效果最佳；百元以上的商品，末位数为 98 或 99 最为畅销。

在实践中，无论是整数定价还是尾数定价，都必须根据不同地域加以仔细斟酌。例如，美国、加拿大等国的消费者普遍认为单数比双数少，奇数比偶数显得便宜；但是日本企业却多以偶数，特别是“0”结尾，这是因为偶数在日本体现着对称、和谐、吉祥、平衡和圆满。

4. 招徕定价

招徕定价是指将某几种商品的价格定得非常高，或者非常低，在引起消费者的好奇心理和观望行为之后，带动其他商品的销售。这一定价策略常被综合性百货商店、超级市场，甚至高档商品专卖店采用。招徕定价运用得较多的是将少数商品价格定得较低，吸引顾客在购买“便宜货”的同时，购买其他价格比较正常的商品。在实践中，也有故意定高价以吸引顾客的做法。例如，珠海九洲城里有一种 3000 港元一只的打火机，这引起了人们的兴趣，许多人想看看这“高贵”的打火机是什么样子。其实，这种高价打火机外形极其平常，虽无人问津，但它旁边 3 元一只的打火机却销路大畅。

招徕定价能够起作用的原因主要在于：一般消费者不可能记住大多数商品在不同商店的价格，他们往往只能记住几种商品的价格，然后根据这些商品的价格推断出该商家的物价水平。顾客最可能记住的就是他们经常购买的商品的价格，因此企业就可以把人们经常购买的商品作为招徕定价的对象。另外，不同的细分市场不仅有不同的价格敏感性，而且购买的产品组合也不相同。所以，那些价格敏感的消费者所购买的商品往往就可以作为招徕定价的对象。

小案例 10-6：超市生鲜商品的招徕定价

据媒体报道，超市经营生鲜成本很高，冷库、冰柜等设备的前期投入非常大，加之商品损耗大等因素，生鲜商品利润很薄，个别商品（如活鸡、活鱼宰杀）根本不赚钱。业内人士则透露，蔬果类商品的毛利只有 3%~5%。但为什么超市不通过提价来增加利润呢？

家乐福生鲜部经理道出了真相：生鲜有聚集人气、稳定消费群体的作用。对于家庭来说，生鲜商品是每日必需的。主妇前往超市买菜时，肯定也会顺带买一些卫生纸、洗衣粉之类的商品，无形中带动了其他商品的销售。所以，超市还会定期对一些生鲜食品制定特别低的价格，以此招揽客户。

四、差别定价策略

（一）差别定价的原因

根据顾客让渡价值理论，产品给顾客带来的利益及顾客所付出的成本有不同的形式，而不同的顾客对它们的理解和重视程度是不同的，这就使为不同的顾客确定不同的货币成本具有了必要性。而且正确的定价决策取决于成本、价值感知和竞争等方面的综合分析。但在不同的市场，这些方面的情况又有很大的差异。因此，单一的定价策略可能会出现几种企业不希望出现的状况：①未能从愿意付高价的消费者身上获得应有的利润；②未能充分吸引消费者；③未能充分占领市场，为攻击者留下了市场空隙，也为企业留下了隐患。例如，施乐只在意高端市场，结果就为佳能留下了生存空间，使佳能把低端市场发展成为日后全线反攻的据点。基于以上原因，企业只有实施差别定价，才能充分满足顾客需要，实现企业的最佳盈利水平。

（二）差别定价的形式

根据顾客需求特性的不同，差别定价策略通常有以下几种形式：

1. 顾客差别定价

顾客差别定价是指同一产品针对不同身份、行为、心理的顾客制定不同的价格。例如，软件公司卖给新顾客的软件比卖给老顾客的升级版要贵得多；一些娱乐场所，如舞厅，可能对女性只收半价甚至免费；公园门票对儿童只收半价；哈佛案例卖给学术机构是 28 美元，向公司要价却是 50 美元等。

2. 时间差别定价

时间差别定价是指成本相同的产品，其价格随季节、日期，甚至钟点的不同而变化，也就是消费时间不同，要价也不一样。例如，影剧院、出租车的价格白天和晚上不一样；新型电子产品、软件、精装书、时装等产品的价格随上市时间的长短不同而有很大差别；电信、旅游、收费桥、停车场等专门为消费高峰定出忙时价格等。

3. 渠道差别定价

渠道差别定价就是在不同的销售场所制定不同的价格。最典型的例子当属各种酒水饮料，其超市价和酒店价有时要相差一倍甚至数倍。

4. 交易条件差别定价

交易条件主要是指交易量大小、交易方式、购买频率、支付手段等。例如，现金交易价格可适当降低，而支票交易、分期付款、以物易物的价格适当提高；预付定金、连续购买的价格一般要低于偶尔购买的价格等。

5. 产品差别定价

不同外观、花色、型号、规格、用途的产品，也许成本上有一点儿差异，但它们价格的差异与成本的差异是不成比例的，甚至是没有关系的。例如，某品牌笔记本电脑，同种型号、同样配置的产品，银灰色的售价是 9800 元，而玫瑰红的售价则是 10800 元；还有一些手机产品也是采用这种差别定价。

（三）差别定价的局限

虽然差别定价法采用不同的价格来满足更多样化的需求，能够为企业谋取更多的利润，但是有些产品对消费者的效用很难识别，而且消费者和经销商常常会破坏细分定价，需要支付较高价格的消费者总是试图得到较低价格的待遇。因此，要对实质上相同的产品进行差别定价，就必须采取一定的措施以保证差别定价的有效实施。企业可以通过改变产品，并运用相关的价格策略来隔离其相应的消费者，常见的隔离有时间、地点、对象、方式、数量等。

小案例 10-7：罗姆-哈斯公司的价格隔离方法

罗姆-哈斯公司生产塑料制模粉，工业企业需求量很大，价格为每磅 85 美分。但该产品经简单加工后能以每磅 22 美元的价格出售给牙科医院。所以，不少经销商也买进原产品进行加工，再以比罗姆-哈斯公司低的价格转售给医院。于是，罗姆-哈斯公司在卖给工业企业的塑料粉中加入微量有害成分，使其加工后也不能成为医用材料，从而实现了有效的隔离。

不过，很多情况下执行差别定价还是很困难的，必须正视它的局限性：①细分屏障不易建立或维持，支付较高价格的消费者会试图冲破细分屏障以得到低价格的待遇；②有时差别定价的执行成本很高，如维持产品差别的成本、筛选顾客的成本、维持交易条件的成本等；③易造成不公平感而遭到消费者抵制，如可口可乐公司设计了一种能够根据气温等天气状况调节可乐价格的售货机，这种似乎很高明的主意却因顾客的抵制而宣告失败；④过度的差别定价会给消费者留下唯利是图的印象。

五、产品组合定价策略

如果企业只经营一种产品，其定价决策就相对容易一些。然而，企业往往都是经营一系列相互影响的产品，每一种产品的价格或许都会与其他产品密切相关。所以，企业如果希望获取最大限度的利润，在制定每一种产品价格时，就必须考虑它对其他产品的影响，也就是实施产品组合定价策略。

常用的产品组合定价策略有：

1. 产品线定价

产品线定价就是根据企业所开发出的产品大类中的不同产品线，或不同的顾客需求和竞争者产品的情况，确定不同的产品价格。一般而言，企业首先要确定出产品线中最低价格的产品，使其充当吸引消费者购买的角色；然后再确定某种产品的价格为最高价格，使其代表品牌质量，并实现企业营利的目的；其他产品的价格就在最高价格和最低价格之间分别制定。当然，这种最高价格和最低价格并不是绝对的，也不一定只在企业的产品线内部进行比较，通常是与市场竞争者的同类产品相比较所得出的。例如，纳爱斯集团经济型包装的雕牌洗衣粉，零售价为每袋 9.8 元，比同类的汰渍、立白等洗衣粉要低 1~3 元，基本上属于无利产品；而其雕牌透明皂、肥皂粉等，则明显比同类产品的价格要高。

2. 选择品定价

许多企业在提供主要产品的同时，还会提供一些与主要产品密切相关的选择品。这些选择品的定价合理与否，可能会直接影响到主要产品的销售。企业可以对选择品制定高价，靠它盈利，也可以制定低价，以吸引顾客。例如，一般酒店对其酒水制定高价就是希望以此来增加酒店的盈利水平；而近几年各地旅游景点纷纷降低门票价格或实行联票，就是希望以此来吸引游客，增加景点其他设施的消费收入。

3. 互补产品定价

互补产品定价就是对一些需要配套使用的产品实行关联性定价的策略。市场上的互补产品有很多，例如打印机和墨盒、音响设备和音像制品，甚至主要产品与其零部件等。对于互补产品的定价，企业一般都是把主要产品的价格定得较低，而将补充品的价格定得较高，以希望通过补充品的连续销售获得利润。典型的例子是吉列公司，该公司将其剃须刀的价格定为 49 元，以低价吸引消费者购买，并带动其刀片的销售。需要注意的是，企业对补充品的较高定价也要有一个限度，否则可能导致市场上出现仿制品而影响企业的收益，甚至影响企业的形象。

4. 分部定价

分部定价是指企业在其产品组合内实行分段或分部分定价。这是服务业较常使用的一种产品组合定价方式，它们经常会先收取一定的固定费用，再定期收取可变的使用费。例如，移动电话收取的话费一般都有基本的月租费，再加上用户的通话费用；国外的一些拍卖行在举行拍卖时，通常也要先收取一部分入场费，然后再将实际成交价格一定的百分比作为拍卖费用。

5. 产品系列定价

产品系列定价就是企业将其所生产或经营的某些产品组合在一起，形成一个产品系列，然后再制定一个整体价格将这个产品系列成套出售，市场上通俗地称其为“打包价”。常见的有化妆品套装、学生用品组合、春节大礼包等。这种产品系列定价主要是为了吸引消费者购买某些其并不特别想买的商品，甚至可以以畅带滞，减少库存积压，所以其价格通常要比单个出售产品的价格低。不过，要想使其有效，企业最好还要有一些单件产品配合销售，能够让消费者进行比较，以增加价格的可信度和吸引力。

6. 副产品定价

某些产品在加工处理过程中，经常会产生一些副产品，如造纸、化工、石油等行业。这些副产品的加工处理要产生一定的费用，所以其价值的高低与处理费用的多少就直接影响主产品的定价。如果副产品价值较高、能为企业带来一定收入，那么其价格就可以按其价值来定，其主产品的价格就可以定得适当低一些；如果副产品本身的价值较低，处理费用还很昂贵，那么主产品的价格就要定得高一些，以弥补副产品的处理费用。

第四节　价格变动分析及价格调整

小案例 10-8：茅台酒的价格调整

茅台自出产以来价格总体上呈现波动上涨的趋势，特别值得一提的是，飞天茅台作为茅台酒厂的第一大单品，商场需求量巨大，所以导致其长时间处于缺货状态。2008 年—2012 年是我国酒业的黄金时期。这个时期，高端酒价格上升很快，飞天茅台从 2008 年的 600 多元一瓶，快速攀升到 2000 多元一瓶，而在行业调整期，又下降到了 900 元一瓶。从 2016 年之后，飞天茅台价格再次直线上升，高点出现在 2019 年 8 月，有地区的零售价格近 3000 元一瓶。贵州茅台酒销售公司还下发了提前执行 2020 年一季度计划的通知，提前投放 7500t 茅台酒，以“控价稳市”。茅台酒的价格调整变动总体稳定，因为茅台有两个“刚性”：第一是需求刚性。从产量来看，飞天茅台只能满足少部分人消费，这是很难改变的客观事实。第二是茅台价值认知的刚性。通过多年的积累，消费者对茅台的认知刚性非常强烈，未来也是如此，这个刚性不会变。所以，茅台价格的跌和升都是一个预期管理的问题。

（资料来源：https://mp.weixin.qq.com/s/SQDHiNyzpJlVAh7mJKiRnw.）

一、企业降价与提价

企业定价并不是一劳永逸的，随着需求状况和竞争环境的变化，企业必须对现行价格予以适当的调整。其调整的动力既可能来自内部，也可能来自外部。若企业利用自身的产品或成本优势，主动对价格予以调整，将价格作为竞争的利器，就是主动的价格调整；若价格的调整是出于应付竞争的需要，即竞争对手先行调整价格，企业不得不进行价格调整，就是被动的价格变动。无论是主动调整还是被动调整，其形式不外乎降价和提价两种。

（一）企业降价

1. 降价的时机

市场需求及竞争等因素的变化，企业的战略转变、成本变化，宏观法律制度的变更等，都可能促使企业做出降价决策。

（1）企业生产能力过剩、产量过多，库存积压严重，市场供过于求，就需要以降价来刺激市场需求。

（2）面对竞争者的“削价战”，企业不降价将会失去顾客或减少市场份额。

（3）企业急需回笼大量现金。企业对现金产生迫切需求的原因既可能是其他产品销售不畅，也可能是为了筹集资金进行某些新活动，而资金的借贷来源又被中断。

（4）开拓新的细分市场。一个市场由不同的价格敏感性消费者群体组成，当企业想把顾客群体从少数的革新者拓展到大众消费者群体时，降价是必须考虑的选择。

（5）驱逐现有市场的边际生产者。对于某些产品来说，各个企业的生产条件、生产成本不同，最低价格也会有所差异。那些以目前价格销售产品仅能保本的企业，在其他企业主动削价以后，会因为价格被迫降低而得不到利润，只能退出竞争。

（6）追求规模效应。企业决策者预期，削价会扩大销售，由此可以获得更大的生产规模，进而可以大幅度降低成本。特别是进入成熟期的产品，削价可以大幅度增进销售，从而在价格和生产规模之间形成良性循环。

（7）政策法律环境的要求。政府为了稳定物价水平，遏制垄断利润，保障社会稳定和谐，往往通过政策和法令限制企业的虚高价格。例如，我国政府对医药价格、房地产价格的相关政策法规的出台，对相关企业的定价行为有一定的约束作用。

2. 降价的方式

降价的方式可以分为直接和间接两种。直接降价就是将产品的目录价格或标价绝对下降。但企业更多的是采用各种折扣形式来间接降低价格，如本章第三节中提到的数量折扣、现金折扣、回扣和津贴等形式。此外，间接降价的形式还有：赠送样品和优惠券，实行有奖销售；给中间商提取推销奖金；允许顾客分期付款；赊销；免费或优惠送货上门、技术培训、维修咨询；提高产品质量，改进产品性能，增加产品用途等。由于这些方式具有较强的灵活性，在市场环境变化的时候，即使取消也不会引起消费者太大的反感，因此在现代经营活动中的运用越来越广泛。

（二）企业提价

1. 提价的条件与时机选择

提价一般会遭到消费者的反对和经销商的抵制，但在以下情况下还是要考虑提价：

（1）成本上升。原材料短缺、通货膨胀、汇率变动等因素都可能造成企业成本增加。当增加的幅度超过企业的承受范围时，就不得不通过提价将成本压力转嫁给中间商和消费者。

（2）遏制过度旺盛的消费需求。当市场需求旺盛而企业生产规模又不能及时扩大，以致出现供不应求的情况时，可以通过提价来遏制需求，同时还可以取得高额利润。这在企业缓解市场压力、使供求趋于平衡的同时，也为扩大生产准备了条件。

（3）塑造优质形象或制造紧缺预期。企业提价可以利用消费者的价高质优心理定势塑造产品形象。这种做法常用在革新产品和贵重产品的营销中。也可以利用消费者“买涨不买落”的心理制造供应紧缺的预期，生产规模受到限制而短期内又难以扩大的产品，如房地产行业就经常使用这种方式。

2. 提价的注意事项

提价策略的执行应注意以下几点：①选择产品进入成长期或其他产品的销售预期大幅增加的时机。②充分沟通信息。在提价前应采取各种渠道向顾客预告提价的时间并说明提价的原因，让顾客有一个心理适应过程，并寻找节约成本的可能途径，以减少顾客的不满。③提价方式的运用。企业应尽可能多地采用间接提价，把提价的不利因素减少到最低程度，使提价不影响产品销量和利润，而且能被潜在消费者普遍接受。

二、价格变动的博弈分析

（一）价格博弈

企业在进行定价决策时，除了要考虑现有的需求状况外，还会预期竞争对手的反应行为并作为定价决策的依据。参与竞争的企业在定价时都把对手的预期反应作为决策依据，这样彼此就形成了价格博弈，见表 10-3。

表 10-3 价格竞争中的厂商博弈

竞争对手的行为	厂商甲不降价	厂商甲降价
厂商乙不降价	甲利润中等 乙利润中等	甲利润丰厚 乙无利润
厂商乙降价	甲无利润 乙利润丰厚	甲微利 乙微利

从表 10-3 中可以看出，当厂商各自独立行动的时候，对于厂商甲而言，不管乙降价与否，它的最优选择都是降价；对于乙厂商而言，降价同样是最优选择。这也从一个方面揭示了价格战烽烟四起的内在原因。

（二）回避消极价格竞争的措施

1. 营造大竞争观和行业竞争意识

竞争一般可以分为四个层次，即品牌竞争、行业竞争、产品形式竞争和一般竞争。不少企业只盯住第一层次上的竞争，而忽视了行业整体利益。在一个利润很高的行业，获得平均利润绝对优于在利润率低的行业拥有较大的市场份额。但“宁做鸡头”的心理或狭窄的眼光使一些企业总是热衷于行业内的争斗。

2. 奠定实力基础

支撑企业价格竞争的实力有产品差异化程度、成本优势和参与市场的程度。顾客对差异化高的产品价格敏感性较低，拥有差异化产品的企业受对手价格变动的影响就小一些，能动性就高一些；拥有相对成本优势的企业在价格竞争中更为主动和从容一些。要获得成本优势，除了提高常规的运营管理效率外，还需要从成本结构、业务模式、产能管理等方面进行成本定位。广泛参与市场也能给企业带来在价格竞争中的主动权。如拥有较宽产品线的企业在定价上的自由选择空间就要大于单一产品的厂商。参与竞争区域较多也能给企业定价带来主动性。

3. 管理竞争信息

（1）收集评价竞争信息。企业要在价格变动中取得主动权，就要建立系统的竞争信息监控机构，及时、准确、全面地获得竞争者的信息。需要注意的是：顾客、代理商、销售人员可能会为了自己的利益扭曲信息，从而使其失去准确性，所以要注意对信息的鉴别。信息的全面性是指不仅要掌握价格本身，还要了解竞争者的处境、计划、意愿等。

（2）有选择地公开信息。有时信息公开能显示企业的防御愿望和能力，从而避免“擦枪走火”。

小案例 10-9：日本企业为何邀请竞争对手参观新生产线

一家日本企业邀请其美国竞争对手的两名高级经理参加其新工厂落成仪式，仪式结束后又带他们参观高度自动化的流水线，日本人告诉他们生产线可以排除故障根源，至少领先十年。两名美国经理对此感到很奇怪，他们为什么泄露如此详细的商业秘密。几个月后，他们知道了答案，因为日本人宣布其出口美国市场的产品降价 20%。

4. 理解竞争者的行为动机

企业对竞争者行为的反应主要在于对竞争者行为的感知和对其行为动机的理解，而不仅仅是针对竞争者行为自身。假如在竞争对手大幅降价之前，企业了解到竞争对手的情况分别是：两个月前媒体报道了他们的一项重大工艺发明，该发明不仅能提高产量，而且能大幅降低变动成本；不久前召开了高层会议，提出了有进取心的计划，派出了得力营销干将进入重点市场；半年前就有了某项业务业绩不良的消息，并且他们曾就该业务的剥离问题与几家公司进行了接触。那么，企业就应该仔细分析竞争者的以上种种行为，对其行为动机进行感知和理解，并在此基础上采取相应措施，及早应对竞争者可能采取的竞争行动。

三、消费者对企业调价的反应

（一）消费者对价格变动的敏感性

消费者对价格变动的反应主要取决于其对价格变化的感知和价格变动的预期。有很多价格变动被消费者忽略了，而变化只有被感知才可能引起人的反应。价格变动能否被消费者感知取决于消费者价格敏感性的强弱。判断消费者对价格变动的敏感性一般要考虑以下因素：

1. 对价值不同的产品，消费者的价格反应有所不同

对于价值高、经常购买的产品，消费者一般对价格变动较为敏感；而对于价值低、不经常购买的产品，即使单位价格高，消费者也不太在意。此外，消费者通常更关心取得、使用和维修产品的总费用。因此，卖方可以把产品的价格定得比竞争者高，以取得较多利润。

2. 不同的消费者群体对价格变动的敏感性不同

一般而言，消费者的收入越高，价格意识就越弱，价格的一般调整就不会对其需求产生较大的影响。

3. 不同范围的价格变动敏感性也不同

在一定范围内的价格变动是可以被消费者接受的；若产品提价幅度超过可接受价格的上

限，则会引起消费者的不满，产生抵触情绪而不愿购买该产品；若降价幅度低于下限，也会导致消费者的种种疑虑，从而对实际购买行为产生一定的抑制作用。

（二）消费者对价格变动的反应

消费者对企业的价格变动如何反应，不仅取决于他是否感知到了变化，还取决于他对这一变化的理解。不同的人对同一事物的理解可能有很大的差异，而且其理解在很大程度上是受外界影响的。

1. 对降价的反应

消费者对降价可能有以下看法：

（1）产品样式过时，将被新产品代替。

（2）产品有缺点，销售不畅。

（3）企业财务困难，难以继续经营。

（4）价格还要进一步下跌。

（5）产品质量下降。

2. 对提价的反应

消费者对提价的可能理解是：

（1）产品很畅销，不赶快购买就买不到了。

（2）产品很有价值。

（3）卖主想赚取更多利润。

综合以上消费者的反应可见，企业采取了一种定价决策后，在塑造消费者的理解方面还有很多工作需要做。

四、企业对竞争者调价的反应与对策

（一）企业对竞争者调价的反应

竞争者在实施价格调整策略之前，一般都要经过长时间的思考，仔细权衡调价的利害。但是，一旦决定调价，这个过程就相当迅速，并且在调价之前大多采取保密措施，以保证发动价格竞争的突然性。

所以，企业在做出应对策略之前，必须迅速地对以下问题做出判断：

（1）竞争者调价的目的是什么？调价是长期的还是短期的？能持续多久？

（2）竞争者调价将对本企业的市场占有率、销售量、利润、声誉等方面有何影响？

（3）同行业的其他企业对竞争者的调价行动有何反应？

（4）有使成本比可避免的销售损失更小的应对措施吗？需要注意有些损失无法挽回，如新商店的顾客、受伤害的顾客。

（5）有非价格竞争措施吗？如增加对手成本等。

（6）企业有几种反应方案？竞争者对企业每一种可能的反应会有何反应？

企业要做出迅速反应，最好事先制定反应程序，到时按程序处理，以提高反应的灵活性和有效性。图 10-3 描述了企业应对价格竞争者的一般反应程序。

（二）应对竞争者调价的对策

当企业遇到竞争者的价格变动时，若竞争者提价，通常对企业的威胁很小，企业可以根据自身情况或市场状况进行正常的价格变动或不变；若对手降价，则企业可以采取以下对策：

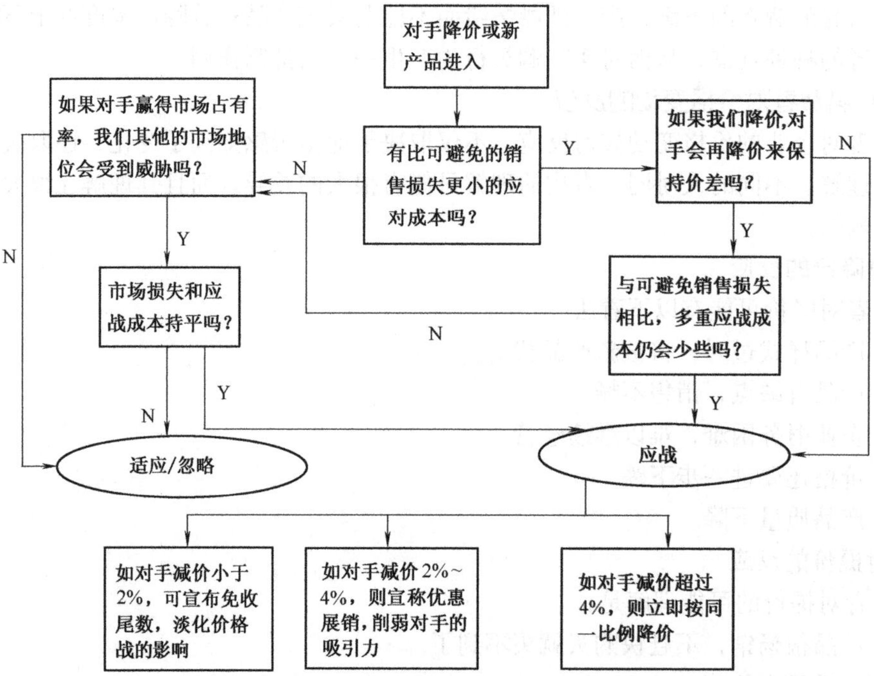

图 10-3　企业应对价格竞争者的一般反应程序

1. 降价

如果市场对价格的敏感性较强，竞争对手的降价会促使其销售量和产量增加，从而可能使其成本费用下降，市场占有率提高，这样就必然有损企业的市场份额，而且市场占有率一旦下降就很难恢复，因此企业必须降价应对。不过降价之后，产品的质量和服务水平绝对不能降低，否则就会破坏企业在消费者心目中的形象，损害企业的长期利益，这样就得不偿失了。

2. 维持价格不变

如果企业确定不降价所减少的市场份额在以后还能够夺回来，降价反而会减少利润，则企业可以以不变应万变，维持现有价格水平。不过企业仍需运用改进产品质量、提高服务水平、加强促销沟通等手段来吸引顾客，弥补竞争对手降价所带来的负面效应，以反击竞争对手。

企业在面对竞争对手的价格变动时，具体采用何种对策，必须根据具体情况综合而定。通常，企业要考虑到调价产品所处的生命周期阶段、在企业产品组合中的重要性、竞争者的意图和实力、市场对价格和价值的敏感性、成本费用随产销量的变化而变化的情况等因素。由于价格变动的突然性，企业一般很难有足够的时间来进行分析并采取对策，所以最有效的措施就是随时做好信息准备，预料竞争者可能的价格变动并准备好对策，最好能够把握价格变动的先机，成为价格变动的主动者。

关键词

定价目标 Pricing Objective　　顾客感知价值 Customer Perceived Value
差别定价 Price Discrimination　　目标收益定价法 Target-Return Pricing
随行就市定价法 Going-Rate Pricing

思考题

1. 影响定价决策的主要因素有哪些?
2. 折扣定价的主要形式有哪些?执行中需要注意哪些问题?
3. 差别定价的主要形式有哪些?执行中需要注意哪些问题?
4. 心理定价策略的作用机制有哪些?
5. 实践中常见的定价导向有哪些?它们各有什么优缺点?

案例分析讨论

蜜雪冰城逆袭爆火的秘密

面对日益成熟的消费市场,企业要想长远立足,必须找出自己独一无二的“卖点”。只有这样,才能真正地“杀出一条血路来”。面对喜茶等品牌“30 元一杯”的饮品消费现状,蜜雪冰城从成立之日起,就承诺将高品质、低价格融为一体,迅速打开了消费市场,开启了奶茶的“5 元时代”。新冠肺炎疫情期间,多个奶茶品牌价格进行了上调,但是蜜雪冰城依然坚持“价格不上涨,品质不打折”的策略,迅速锁定了一群“铁粉”,成为奶茶行业新崛起的一匹黑马。蜜雪冰城定位于消费欲望高、消费能力较低的人群,如学生和初入社会的年轻人。蜜雪冰城的门店大都分布在三四线及以下城市,基本承包了低消费人群。下沉市场消费者的显著特点是更加关注价格变化,他们对价格极其敏感。在同等口感下,蜜雪冰城无疑更具有价格吸引力,即与其他品牌相比,性价比更高,给消费者带来的满足感更强,满意度更高。在茶饮品牌中,性价比更高的蜜雪冰城无疑更具有竞争优势,通过价格吸引了一批消费者,抢占下沉市场,打造自己的品牌研发核心产品,拥有自己的忠诚粉丝,成功地在价格上避开了各大茶饮品牌在高消费市场的竞争,又通过下沉市场积累资本,扩大品牌知名度,使品牌经营规模不断扩大。

蜜雪冰城为什么能够做到价格如此低?原因在于蜜雪冰城自己建造工厂研发中心,从源头控制原料的成本,掌握议价权,建立完整的供应链。除了自建工厂外,还需要有高效的物流体系。蜜雪冰城在东南西北中五大方向建立物流分仓,尽可能地提高物流效率,减少中间商流通环节,大规模降低了成本。标准化、机械化的生产流程,实现了大规模批量生产,生产产品的产量越高,单个产品中分摊的固定成本就越低,单个产品的利润空间也就越大,自然就形成了规模经济,即产量越多,利润越大。规模进军效应有力地支撑蜜雪冰城的低价营销,为抢占下沉生产做出了功不可没的贡献。完整的产业链很大程度上降低了企业成本,从原料生产、加工到终端产品,中间环节全部自行加工,实现纵向一体化,从时间上压缩了成本。门店越多,密度越大,物流配送成本越低,从空间上压缩了成本。门店越多,规模效应越明显,利润也就越多。蜜雪冰城由点到面,形成了自身销售网络。

(资料来源:1. https://baijiahao.baidu.com/s?id=1684120209479692166&wfr=spider&for=pc. 2. https://www.sohu.com/a/408415825_99940588.)

案例思考题:

1. 结合材料,谈一谈蜜雪冰城实行低价策略的原因。
2. 结合实际,你认为定价会受到哪些因素的影响?

第十一章

分销策略

本章要点

1. 分销渠道的职能与基本类型
2. 分销渠道的设计与管理
3. 零售商的主要类型

导入案例

李宁的渠道策略

李宁公司，是“体操王子”李宁在1990年创立的专业体育品牌公司。该公司拥有完善的品牌营销、研发、设计、制造、经销及销售能力，以经营李宁品牌专业及休闲运动鞋、服装、器材和配件产品为主，已在我国建立起庞大的零售分销网络和供应链管理体系，并持续加码电商阵地、构建电商生态。该公司是以传统渠道为核心的企业，主要采取让利的办法来培养和形成全国的特许专卖销售网络，就是在价格、市场区隔上给专卖店以一定的保障与承诺，而作为受许人的专卖店经营者则要担负起选址、装修店面等方面的投资责任。公司向各专卖店提供自己的商标、商品和服务标志等在一定区域内的垄断使用权，并给予人员培训、商品供给、店面装饰、商品陈列、信息传播等指导和协助。采用特许经营分销方式，李宁公司可以通过其专卖店标准化的店铺形式、标准化的服务质量和规范化的管理加强“李宁牌”产品与众不同的，给人印象鲜明的个性和形象，并把这种现象直接传递给顾客，使“李宁”品牌形象提升。

（资料收集：http://jiaju.sina.cn/news/20200515/6666880185511772365.shtml.）

李宁以传统渠道为核心将企业的产品和服务传递给顾客，取得了很好的效果。如何构建有效的分销渠道？怎样对分销渠道进行合理的设计和管理？本章将对分销策略的有关知识进行介绍。

第一节 分销渠道的结构与类型

一、分销渠道的概念

关于分销渠道的定义，美国营销学者爱德华·肯迪夫（Edward W. Cundiff）和理查德·斯蒂尔（Richard R. Still）等主张“路径过程说”，认为分销渠道是指“当产品从生产者向最后消费者或产业用户移动时，直接或间接转移所有权所经过的路径”。因此，分销渠道是由渠道成员构成的通道，而非成员本身。

美国市场营销学会、科特勒、路易斯·W. 斯特恩（Louis W. Stern）等主张“组织机构说”。他们认为，分销渠道是指促使产品或服务顺利地被使用或消费的一整套相互依存的组织。因此，分销渠道只包括两部分：①发生交易关系，取得所有权的制造商、批发商、零售商和消费者；②未取得产品所有权，但协助转移所有权的代理商和经纪人，不包括供应商和辅助商。

在现代市场营销学和营销实践中，还存在“市场营销渠道”和“商品流通渠道”等概念。市场营销渠道是指那些配合起来生产、分销和消费某一生产者产品或服务的所有企业和个人，包括各种生产资源的供应商、生产企业、商人中间商、代理中间商、辅助商以及最终消费者和用户。由于市场营销渠道中供与产的关系也可以看成生产与销售的关系，因此在实践中，分销渠道与市场营销渠道常常被通用。

商品流通渠道与分销渠道、营销渠道本质上没有差别，只是所属学科和分析问题的角度略有不同，见表 11-1。

表 11-1 商品流通渠道与分销渠道、营销渠道的比较

项目	分销渠道	营销渠道	流通渠道
所属学科	营销学	营销学	经济学
分析角度	微观企业	微观企业	宏观社会
研究范围	销售领域	采购、生产和销售领域	采购、生产和销售领域
重点	商品所有权转移	商品所有权转移	商品所有权转移
关系	从微观看的流通渠道，是营销渠道的重要组成部分	从微观看的流通渠道，分销渠道是其重要内容之一	从宏观看的分销渠道和营销渠道

二、分销渠道的职能与流程

（一）分销渠道的职能

分销渠道的基本职能是把产品从生产者转移到消费者手中所必须完成的工作加以组织。其目的在于消除产品或服务与使用者在时间、地点和持有权等方面的差距。分销渠道承担了一系列的重要职能：

（1）收集信息。收集和传播市场中有关潜在与现行顾客、竞争对手和其他参与者及力量的营销调研信息。

（2）促销。发展和传播有关供应物的富有说服力的吸引顾客的沟通材料。

（3）谈判。达成有关产品的加工和其他条件的最终协议，以实现所有权或持有权的转移。

（4）配合。使所供应的物品符合购买者的需要，包括分类、分等、装配和包装等活动。

（5）融资。收集和分散资金，以负担渠道工作所需费用。

（6）承担风险。在执行渠道任务的过程中承担有关风险。

（7）物流。提供与产品实体有关的一系列运输和储存工作。

（8）付款。买方通过银行和其他金融机构向卖方付款。

（9）所有权转移。所有权从一个组织或个人转移到其他组织或个人。

（二）分销渠道的流程

在产品由生产领域向消费领域转移的过程中，各种渠道成员由许多不同种类的流程贯穿联结起来。所谓渠道流程，是指渠道成员一次执行的一系列功能，是描述各成员的活动或业务的概念。分销渠道一般包括实体流程、所有权流程、付款流程、信息流程及促销流程五种流程。

（1）实体流程。实体流程又称物流，是指实体原材料及成品从制造商转移到最终顾客的过程。其主要部分是产品运输与储存。持续有效的实体流程是提高分销渠道效率和效益的重要条件和实质保证。

（2）所有权流程。所有权流程是指货物所有权从一个渠道成员到另一个渠道成员的转移过程。

（3）付款流程。付款流程是指货款在各市场营销中间机构之间的流动过程。例如，顾客通过银行或其他金融机构向代理商支付账款，代理商扣除佣金后再付给制造商，再由制造商付给各供应商，还须付给运输企业及独立仓库。

（4）信息流程。信息流程是指在市场营销渠道中，各市场营销中间机构相互传递信息的过程。它既包括生产者向中间商及其顾客传递产品、价格、销售方式等方面的信息，也包括中间商及其顾客向生产者传递购买力、购买偏好、对产品及其销售状况的意见等信息。信息流的运动方向是双向的。

（5）促销流程。促销流程是指广告、人员推销、宣传、促销等活动由一单位对另一单位施加影响的过程。供应商向制造商推销其品牌及产品，以便影响制造商购买其零部件或原材料来装配产品。供应商还可能向最终顾客推销自己的品牌及产品。促销流程也可能从制造商流向代理商（称为贸易促销）或最终顾客（称为最终使用者促销）。

按照产品（服务）从制造商到消费者（用户）的流向，实体流程、所有权流程和促销流程是前向流程，在渠道中依次从制造商向批发商、零售商和消费者流动；付款流程是后向流程，由渠道中的后一成员流向前一成员；而信息流程则是双向流程，相互发生在渠道中每两个交易成员之间。

三、分销渠道的结构与类型

（一）分销渠道的长度

通常以渠道层级数确定分销渠道的长度。所谓渠道层级，是指在产品从生产者转移到消费者或用户的过程中，对产品拥有所有权或负有推销责任的中间机构的数目。零级渠道（Zero-level Channel）通常是指直接渠道，即不经过任何中间商转手的分销渠道；一级渠道含有一个销售中间机构；二级渠道含有两个销售中间机构；三级渠道含有三个销售中间机构。消费者市场和生产者市场分销渠道的层级如图 11-1 和图 11-2 所示。

Ⅰ. 零级渠道：生产者→消费者
Ⅱ. 一级渠道：生产者→零售商→消费者
Ⅲ. 二级渠道：生产者→批发商→零售商→消费者
Ⅳ. 三级渠道：生产者→代理商→批发商→零售商→消费者

图 11-1　消费者市场分销渠道的层次

Ⅰ. 零级渠道：生产者→产业用户
Ⅱ. 一级渠道：生产者→代理商→产业用户
Ⅲ. 二级渠道：生产者→代理商→批发商→产业用户
Ⅳ. 三级渠道：生产者→生产企业分销机构→批发商→产业用户

图 11-2　生产者市场分销渠道的层次

（二）分销渠道的宽度

分销渠道的宽度是指生产者在特定市场里直接利用同种类中间商数量的多少。

（三）分销渠道的类型

按照不同的标准，分销渠道一般可划分为直接渠道和间接渠道、长渠道和短渠道、宽渠道和窄渠道。

1. 直接渠道和间接渠道

根据生产者是否利用中间商，通常将分销渠道划分为直接渠道和间接渠道。

（1）直接渠道。直接渠道是指生产者不利用任何中间商，直接把产品销售给消费者或用户的渠道（参见图 11-1 之Ⅰ和图 11-2 之Ⅰ）。选择直接渠道，生产者通过与消费者的直接接触，能及时、全面地了解市场的需求变化，及时调整经营决策，更好地满足消费者的需要；同时销售环节少，可缩短流通时间，减少流通费用，降低产品价格，提高产品的竞争能力；还可以根据消费者或用户的特殊要求开展销售服务工作，指导消费，从而促进产品销售。但直接渠道也有缺点，主要表现在：生产者需要自设一套销售机构，增加设施和人员来销售产品，这样既增加了销售费用，影响企业资金的周转，又限制了规模经济，而且还要承担全部市场风险。

直接渠道是工业品分销的主要类型。例如，大型设备、专用工具以及技术复杂需要提供专门服务的产品，都采用直接分销。在消费品的销售中，直接渠道比较适合产量少、销售范围小或市场比较集中的生产企业。例如，时装、鲜活商品等采用直接渠道是有利的。企业直接营销的方式比较多，派推销员上门推销产品、订购分销，或开展邮购业务，或自设销售门市部等，都属于这种类型的渠道。

（2）间接渠道。间接渠道是指生产者借助中间商把产品销售给消费者或用户的渠道（参见图 11-1 之Ⅱ至Ⅳ和图 11-2 之Ⅱ至Ⅳ）。选择间接渠道，可以减少交易次数，节省流通费用，有助于产品广泛分销，有利于企业之间的专业化协作，有助于缓解生产者人、财、物等力量的不足，有利于间接促销。但间接渠道也有缺点，主要表现在：不便于产销直接沟通信息；流通环节的损失如果都转嫁到价格中，将加重消费者的负担；中间商服务工作欠佳可能导致抵触情绪，甚至引起购买的转移；一旦其多数中间商的销售受阻，可能形成需求在时间或空间上滞后于供给的“需求滞后差”，甚至导致市场疲软。

间接渠道在消费品的销售中采用得比较广泛，在工业品中的附属设备、工业易耗品，农用化肥、农药、小型农具等也多采用这种形式。

2. 长渠道和短渠道

在营销实践中，两级或两级以上的渠道通常称为长渠道（参见图11-1之Ⅲ至Ⅳ和图11-2之Ⅲ至Ⅳ）；短渠道是指一级渠道和零级渠道（参见图11-1之Ⅰ至Ⅱ和图11-2之Ⅰ至Ⅱ）。

（1）长渠道。长渠道的优点表现在：能有效地覆盖市场，扩大产品销售范围；有利于调节产销矛盾；同时，由于中间商行使涉及流通领域的营销职能，生产者可以节省流通费用，加快资金周转，还可以降低营销风险。长渠道的弊端主要有：流通环节多，不利于及时掌握市场行情和信息；流通费用增加，导致产品的价格提高，加重消费者的负担；由于渠道长，不利于产品迅速占领市场，不利于取得竞争的主动权，还增加了产品发生霉烂变质和毁损等风险概率，从而影响产品的信誉。一般来讲，大批量生产的日用消费品，工业品中生产批量大而用户分散、购买批量小，要利用批发商的储藏功能的产品多采用长渠道。

（2）短渠道。短渠道能从总体上节省流通时间和费用，增强产品的竞争力；有利于更好地开展销售服务，维护企业的信誉。其缺点是不利于产品的广泛分销覆盖和大量销售。

短渠道在消费品中的食品、服装、鞋帽以及高档消费品的营销中运用得比较广泛。工业品中的易耗品、小农具等，以及直接渠道适用的商品都可采用这一类型。

3. 宽渠道和窄渠道

根据在渠道的每个层次使用同种类型中间商数目的多少，可以把渠道分为宽渠道和窄渠道。如果生产者在特定市场里同时直接利用两个及以上的中间商来经销其产品，称为宽渠道；如果生产者在特定市场里只利用一个中间商销售其产品，实行独家经销，称为窄渠道。

（1）宽渠道。宽渠道的优点主要有：能够使产品迅速转入流通领域和消费领域；还能够通过多数中间商将产品迅速转移到消费者手中，更好地满足消费者的需要；有利于生产者择优选择中间商，不断提高销售效率。然而，宽渠道也有缺点，主要是：生产者与中间商的关系松散，不容易取得中间商的合作；中间商多，容易引发渠道冲突。

（2）窄渠道。窄渠道最大的特点是生产者与中间商关系非常密切，能够对产品渠道进行较好的控制；双方可通力合作，提高销售竞争能力。窄渠道的弊端是市场分销面受到限制，而且风险较大。因此，窄渠道适合于生产资料和少部分专业性较强或较贵重消费品的分销。

资料链接11-1：传统营销渠道、垂直营销系统、水平营销系统与多渠道营销系统

在瞬息万变的营销环境中，营销渠道不可能保持不变。新的批发和零售机构将不断出现，新的渠道系统也会不断演化。

1. 传统营销渠道

传统营销渠道（Conventional Marketing Channel）由一个独立的生产者与批发商（群体）和零售商（群体）组成，其中每个成员都是以利润最大化为目标的独立实体，每个独立实体目标的实现可能是以损害系统的整体利益为代价的。其中任何一个成员都不会对其他成员拥有全部或者足够的控制权。

2. 垂直营销系统

与传统营销渠道系统相反，垂直营销系统（Vertical Marketing System，VMS）是由生产商、批发商和零售商组成的统一系统。在垂直营销系统中，被称为渠道领头人的渠道成员或者拥有对其他成员的产权，或者是在特许经营模式中处于特许者的地位，或者对其他成员具有很大的影响力。渠道领头人可能是生产商，也可能是批发商或者零售商。垂直营销系统的产生，是由于处于强势地位的渠道成员力图控制渠道行为，消除独立的渠道成员为了实现各自的目标而导致的冲突。它们通过扩大规模、协商权力分配，以及消除重复服务获得经济利益。在美国消费者市场上，垂直营销系统已经成为主流形式，占据了70%~80%的市场。垂直营销系统有三种主要的类型：公司型垂直系统、管理型垂直系统和契约型垂直系统。

（1）公司型垂直系统。公司型垂直系统（Corporate VMS）是指一家公司拥有和统一管理若干工厂、批发机构、零售机构等，控制市场营销渠道的若干层次，甚至控制整个市场营销渠道，综合经营生产、批发、零售业务。

（2）管理型垂直系统。管理型垂直系统（Administered VMS）是指通过某个渠道成员的规模和影响力，实现对生产和分销的连续过程的协调和组织。一般情况下，主导品牌的生产商能够获得中间商的支持，实现成功的贸易合作。宝洁、金宝汤（Cambell Soup）等公司就是这样在商品展示、货架空间、促销和价格政策等方面获得分销商的合作的。

（3）契约型垂直系统。契约型垂直系统（Contractual VMS）又称合约系统，是指处于生产和分销的不同层次的独立公司，为了获得单独经营所达不到的经济利益，以契约为基础实现的经济联合体。约翰逊（Johoson）和劳伦斯（Lawrence）称其为“增加价值的伙伴关系”（VAP）。

契约型垂直系统具有以下三种形式：

1）批发商发起的自愿连锁组织（Wholesaler-Sponsored Voluntary Chains）。该组织把独立的零售商联合起来，更好地与大型连锁店抗衡。批发商将与其合作的零售商组织起来，使参与者的销售活动标准化，并且获得规模采购的好处，从而能够有效地与其他连锁组织竞争。

2）零售商合作社（Retailer Cooperatives）。它是指由零售商带头组成的一种业务实体，它开展批发业务并有可能从事一些生产活动。零售商合作社的成员进行联合采购，并且进行联合广告宣传，利润按成员购买量的比例进行分配。

3）特许经营组织（Franchise Organizations）。它是指被称为特许者的渠道成员将生产-分销过程的连续阶段联系起来形成的组织。特许经营组织包括生产商发起的零售商特许经营组织（如福特汽车公司及其特许经销商）、生产商发起的批发商特许经营组织（如可口可乐及其装瓶公司）和服务公司发起的零售商特许组织（如Ramada旅馆及其特许经营的汽车旅馆）。

3. 水平营销系统

水平营销系统（Horizontal Marketing Systems）是指由两家或两家以上的不相关的公司将资源和项目整合起来以开拓可能的市场机会的系统。

4. 多渠道营销系统

多渠道营销系统（Multi-Channel Marketing Systems）是指一个公司利用两个或多个营销渠道到达较多的顾客细分市场。通过更多的营销渠道，公司可以获得三种重要的收益：首先是市场覆盖率的增加；其次是可以降低渠道成本——公司可能增加新的营销渠道以降低对现有顾客群体销售的成本（如以电话销售作为上门推销的辅助形式）；最后一个收益是实现个性化销售——公司可能增加渠道以更好地迎合顾客的需求。但是，新渠道的引入往往会带来冲突和控制问题：不同的渠道可能会争夺同一批顾客；随着新渠道的独立性增强，公司将很难保证不同渠道之间的合作。

（资料来源：科特勒，凯勒. 营销管理：中国版［M］. 卢泰宏，高辉，译. 北京：中国人民大学出版社，2009.）

第二节　分销渠道的设计与管理

一、分销渠道的设计

分销渠道设计是指企业为实现分销目标，对各种备选渠道结构进行评估和选择，从而开发新型的营销渠道或改进现有营销渠道的过程。分销渠道设计主要是确定企业采取什么样的渠道来销售其产品。设计分销渠道时要求尽可能采取多种销售渠道，减少流通层次（环节），有利于及时有效地满足消费者或用户的需要，达到扩大销售、节约流通费用、加速物流和资金周转、提高经济效益的目的。

从决策的角度来看，设计一个有效的渠道系统包括以下四个步骤：

（一）分析顾客需要的服务产出水平

这是设计分销渠道的第一步，其目的是了解在其选择的目标市场中消费者需要的服务产出水平。影响渠道服务产出水平的因素有：

（1）批量的大小。批量是指在购买过程中分销渠道提供给典型消费者的单位数量。一般而言，批量越小，由渠道所提供的服务产出水平越高。

（2）消费者的等候时间。它是指渠道消费者等待收到货物的平均时间。消费者一般喜欢快速交货渠道，但是快速服务要求较高的服务产出水平。

（3）空间便利的程度。它是指分销渠道为消费者购买产品所提供的方便程度。如果消费者能够在有需要的时候不用花费很多精力和时间，就能获得想要的产品或服务，那么就认为这个渠道的空间便利程度是较高的。

（4）产品品种。它是指分销渠道提供的商品花式品种的宽度。一般来说，消费者喜欢较宽的花式品种，因为这使消费者满足需要的机会增多了。

（5）服务支持。它是指渠道提供给消费者的附加服务（如信贷、交货、安装、修理等）。服务支持越强，渠道提供的服务工作越多。

一般来说，服务产出水平影响着分销成本、产品的价格和销量。设计分销渠道时，必须了解目标顾客的服务产出需要，根据不同细分市场的服务产出需要设计合适的渠道。

（二）确定渠道目标和限制因素

影响分销渠道选择与设计的因素很多，一般要综合考虑以下因素：市场因素、产品因素、企业自身因素、中间商因素、竞争因素、环境因素等。每个企业都必须在这几种因素的限制中确定其渠道目标，即企业预期要达到的顾客服务水平及中间商应执行的职能等。

1. 市场因素

市场的性质和状况决定着分销的策略。如果市场范围大，消费者数量多而且是分散的，则应充分发挥中间商的作用；反之，则可由生产企业自行设点，派员推销。如果消费者订购量大，就宜采用层次少的短渠道，即由生产企业向其直接供货；反之，则宜采用层次多的长渠道，即要发挥中间商的作用。如果消费者习惯零星购买、经常购买，为方便消费者购买，可采取层次多的长渠道，并尽量扩大供应网点，组织销售；反之，若消费者只是为了满足一时的特殊需要而偶尔购买，或因慕名购买，购买方便与否无关紧要，则以层次少的渠道为宜，生产企业可自设门市部销售，或挑选名牌商家进行销售。

2. 产品因素

产品的特性不同，对分销渠道的要求也不一样。产品因素对分销渠道的影响主要表现在以下几个方面：

（1）产品的体积和重量。产品的体积和重量直接影响运输与储存的方式和费用，进而影响分销方式。一般而言，体积大、笨重的产品，宜采用层次少的短渠道，以利于减少中转环节，节省储运费用；反之，则采用层次多的长渠道。

（2）产品的耐腐性和易毁性。产品的耐腐性和易毁性在实体运输与储存中非常关键。对于易毁损、易变质或易腐烂的产品，储存条件要求较高，或者有效期短的产品，如鲜活产品、危险品等，宜采用较短的渠道结构，尽快送到消费者手中；反之，则宜采用较长的分销渠道。

（3）产品的标准化程度。对于非标准化产品，如定制品和专用品，企业通常派员直接销售；对于标准件，由于其规格、式样等的标准化，分销渠道可长可短。

（4）产品价格。一般来说，如果单位产品价格较低，需要选择长渠道，广泛利用中间商来进行销售，以降低销售成本，最大限度地覆盖整个市场；反之，如果单位产品价格较高，则选择短渠道最有利。

（5）产品的技术特性。对于技术性较强的产品，如大多数的工业品或消费品中的大型家电，宜采用较短的分销渠道，尽量减少中间环节，以确保能向消费者提供及时、良好的技术服务。例如，需要安装、维修的产品，通常由企业自己或授权独家专售特许商来负责销售和维修。

（6）新产品。许多新产品进入市场时，需要开展广泛而深入的宣传促销活动，而且需要随时掌握有关的市场信息。为了打开新产品的销路，企业一般重视组建自己的推销队伍，直接与消费者或用户见面。对于时尚性的新产品，也应采用较短的分销渠道，以减少或避免因中间环节的周转期过长而造成损失。

3. 企业自身因素

分销渠道的选择还受企业自身条件的影响。如果企业声誉高、规模大、资金雄厚、技术力量强，则可自由选择分销渠道，或直销或与中间商广泛合作；反之，则选择渠道的自由度小，要努力寻求中间商的支持与合作。如果企业营销管理水平较高，业务人员素质好、经验丰富，并且提供售前、售后服务的能力较强，则可考虑直接渠道；反之，则要选择间接渠道。

4. 中间商因素

设计分销渠道时，还必须考虑不同类型中间商的优缺点。一般来讲，中间商在执行运输、广告、储存及接纳顾客等职能方面，以及在信用条件、退货特权、人员训练和送货频率方面，都有不同的特点和要求，从而会对渠道设计产生影响。如果中间商在上述各方面的能力不能令企业感到放心，那么企业对渠道的选择就有可能偏向于减少中间商的数目，甚至不愿采用中间商，而是利用直接渠道来进行销售。

5. 竞争因素

生产者的渠道选择与设计还受到竞争者所使用的分销渠道的影响。企业可以利用竞争者已经成功使用的分销渠道，在同一种渠道与竞争者的产品抗衡，如许多食品生产企业经常采取这种渠道策略；企业也可以尽量避开竞争者已使用的分销渠道，开辟新的营销渠道。例如，美国安利公司在选择营销渠道时，采取上门推销的直接渠道，从而避开了渠道竞争，获得了较高的利润。

6. 环境因素

分销渠道的活动属于组织的运作，不可避免地受到经济、社会文化、法律、竞争、技术等环境因素的冲击。例如，当经济萧条时，企业不得不考虑尽量使用费用低廉的方式把产品送到消费者手中，这意味着要使用较短的分销渠道，减少或取消那些会提高产品最终售价但不必要的服务。科学技术的发展也对分销渠道的任务、性质产生重大影响。例如，计算机网络的发展使企业可以通过网络直接与异地消费者进行交易，然后通过当地的中间商送货上门，减少了在各个地区设立门市网点的成本。政府的法律法规限制着企业使用何种分销渠道。

（三）识别主要的渠道选择方案

通过对影响分销渠道选择因素的综合分析，企业可以据此选择适当的分销渠道。渠道方案的选择主要涉及如何选择渠道的类型和策略、如何规定渠道成员的条件及职责等。

1. 选择渠道的类型

渠道设计首先要决定采用什么类型的分销渠道，即确定渠道的长度。不管是选择直接渠道或短渠道，还是选择间接渠道或长渠道，都应综合分析制造商的特点、产品的特点、中间商的特点以及竞争者的特点，以利于降低渠道成本，便于控制分销渠道。

2. 选择渠道的策略

在确定了分销渠道的类型之后，就要确定选择分销渠道的策略，即决定每个渠道层次使用多少中间商。在利用中间商销售本企业的产品时，有以下三种策略可供选择：

（1）广泛分销，又称密集分销，是指生产企业尽可能地通过许多负有责任的、适当的批发商和零售商销售其产品。其优点是能扩大企业的经销网点，使产品在市场上得以广泛销售，同时也方便了广大的消费者。日用消费品、低值易耗品和一般原材料、标准件的销售多采用这种策略。

（2）选择性分销，是指生产企业从愿意经销的中间商中，仅选择有支付能力、经营经验、推销条件的少数几家来推销本企业的产品。例如，定点销售、特约经销或代销，就属这种策略。其优点是有利于企业与中间商建立良好的关系，获得足够的市场覆盖面。它适用于所有产品，但相对而言，消费品中的选购品和特殊品最适宜采取选择性分销；工业品中专业性强、用户对品牌商标比较重视的产品，也适宜采用这种策略。这样既能适应需求特点，又有利于维护产品的声誉。

（3）专营性分销，也称独家分销，即企业只选择一家中间商经营其商品。通常双方协商签订独家经销合同，在特定的市场范围内，规定中间商不得经营竞争者的产品，生产企业也不能再委托其他中间商经营自己的产品。这种策略的优点是生产企业与中间商关系密切，中间商积极性高，生产企业能有效地控制销售渠道。它主要适用于十分重视品牌的高档消费品以及工业品中技术性强、服务要求高的专用设备等的销售。

3. 规定渠道成员的条件和职责

制造商必须对渠道成员规定分销条件与责任，以便于各渠道成员有效地执行渠道功能。这种“交易关系”组合中，应规定的主要因素有价格政策、销售条件、区域销售权利、相互服务与职责等。

(1) 在交易关系组合中，价格政策是一项重要因素。它要求企业必须制定出合理的价格目录表和折扣表，以便能够据此刺激中间商努力为企业推销产品，扩大产品储备，更好地满足顾客的需求。

(2) 销售条件是交易关系组合的第二项重要因素。它要求企业制定出相应的付款条件和对中间商的保证范围。大多数生产者会对付款较早的分销商给予现金折扣。同时，还对中间商提供诸如不合格产品的退换、价格变动风险的分担等方面的保证。这样有利于中间商及早付款，加速企业的资金周转，同时可以引导中间商大量购买。

(3) 区域销售权利是中间商尤其是独家分销的中间商比较关心的一个问题。因此，企业必须把各个中间商所授权的销售区域划分清楚，以便于中间商拓展自己的业务，也有利于企业对中间商的业绩进行考核。

(4) 相互服务与职责是交易关系组合的第四个因素。企业必须制定相应的服务与职责范围，明确要为中间商提供哪些方面的服务，承担哪些方面的职责；中间商要为企业提供哪些方面的服务，承担哪些方面的职责。一般情况下，相互的服务与职责内容包括供货方式、促销的相互配合、产品的运输与储存、信息的相互沟通等。

(四) 评价备选渠道方案

为了选择有利于实现企业长远目标的最佳渠道方案，企业在设计分销渠道时，必须根据自身的条件和营销目标，从经济性、控制性和适应性三个方面的标准对可供选择的渠道方案进行评价。

(1) 使用经济标准对营销渠道进行评价时，一要评价不同渠道所能完成的销售额，二要评价不同渠道分销成本的变化。企业通过比较渠道的销售额与成本，找出适合一定销售水平的分销成本最低的分销渠道。一般来说，大企业在销售额较低的地区，或规模较小的企业，利用销售代理商较合算；当销售额达到一定水平后，则宜于设立自己的分销机构自销。

(2) 企业在进行渠道设计时，要根据自身驾驭不同结构分销渠道的能力，选择适合企业控制标准要求的渠道。对企业营销渠道控制能力的评价，既要注意企业与中间商利害关系处理的难易程度，又要注意同一层次中间商之间关系协调的难易程度。对企业来说，一般希望这些关系越容易处理越好。

(3) 适应性标准是指企业所选的分销渠道能否适应环境条件的变化，以及能否灵活地对其渠道进行调整。每个渠道方案都会因某些固定期间的权利和义务承诺而失去弹性，企业一旦选定某一中间商，其更换成本就很高。但随着环境条件的变化，不同类型渠道的效率或适应性会发生变化，过去有效的分销渠道在环境发生变化后效率可能会降低。因此，企业在进行渠道设计时，既要看到所选渠道的短期效率，也要着眼长远考虑，评价所选渠道对环境变化的适应性及企业对其调整的难易程度，寻求环境适应能力强的分销渠道。

二、分销渠道的管理

企业必须对渠道成员进行激励和评价，协调渠道冲突中各方的利益，还要对分销渠道进行一定的调整，以适应新的市场状况和环境变化，从而提高分销效率，实现分销目标和企业整体目标。

（一）选择渠道成员

生产者在招募中间商时，一种情况是生产者很容易找到特定的中间商，并使之加入渠道系统；另一种情况是生产者必须费尽心思才能找到期望数量的中间商。不论生产者遇到哪一种情况，都须明确中间商的优劣特性。一般来讲，生产者要评估中间商经营时间的长短及其成长记录、清偿能力、合作态度、声望等。如果中间商是销售代理商，生产者还须评估其经销的其他产品大类的数量与性质、推销人员的素质与数量等。如果中间商希望自己独家分销时，生产者还须评估商店的位置、发展潜力以及目标顾客的类型。

（二）激励渠道成员

生产者不仅要选择中间商，还要经常激励中间商使其尽职。对中间商的激励可以包括在交易条件之中，也可以另外补充一些激励措施，以便于生产者不断地监督、指导与鼓励中间商。

激励的措施可以是积极鼓励性的，也可以是消极惩罚性的。例如，提价、推迟交货、减少所提供的服务甚至中止合作关系等，都属于消极惩罚性的激励措施。但大多数情况下，生产者都采取积极鼓励性的激励措施，如提高中间商可得的毛利率、放宽信用条件、开展推销竞赛等。此外，对中间商进行培训也是一种积极的激励措施。

不论采取何种激励措施，生产者都必须尽量避免激励过分与激励不足两种倾向。当生产者给予中间商的优惠条件超过了其取得合作与努力水平所需的条件时，就会出现激励过分的情况，其结果是销售量提高，而利润下降；当生产者给予中间商的条件过于苛刻，以致不能激励中间商努力工作时，则会出现激励不足的情况，其结果是销售量降低，利润减少。一般来讲，对中间商的基本激励水平应以交易关系组合为基础。在处理与经销商的关系时，常常采取合作、合伙和分销规划等方法。

（三）渠道成员绩效评估

按照一定的标准衡量中间商的表现是生产者对中间商进行激励的依据。定期评估绩效的标准包括：①中间商的渠道营销能力指标，如销售额的多少、平均存货水平、向顾客交货的时间等；②中间商的参与程度指标，如对损坏和损失商品的处理、与企业促销和培训计划的合作程度以及中间商应向顾客提供的服务等。企业应根据对中间商的要求，定期检查他们对各项要求的执行情况，看是否达到了标准。如果中间商完成较好，就给予激励；如果某一渠道成员的绩效过分低于既定标准，则须找出主要原因，帮助其改进或者将其剔除。

（四）分销渠道的改进与调整

分销渠道的改进与调整是指为了适应市场环境的变化，对企业原有的整个渠道系统或部分渠道系统加以修正和改进。其主要涉及三个层次：增加或剔除某些渠道成员；增加或减少某些市场的渠道；改进整个分销系统，在所有市场创立全新的渠道销售其产品。通过改进或调整，企业的分销渠道结构层次变得更加合理，能够以最小的成本发挥最大的营销功能，提高企业的竞争力。

三、渠道冲突

由于渠道成员的目标不同、所追求的利益不同、对经济前景的感知也不一样，发生渠道冲突在所难免。所谓渠道冲突，是指在渠道内部或渠道之间，某一成员发现其他成员从事的活动阻碍或不利于本组织利益最大化或自身目标的实现，而出现矛盾和冲突的现象。

依照不同的划分标准，渠道冲突有不同的表现形式。按渠道成员的关系类型，渠道冲突一般分为渠道内冲突和渠道间冲突两大类。

(1) 渠道内冲突是指同一分销渠道内部各成员间的冲突。这种冲突又分为水平渠道冲突和垂直渠道冲突两种。水平渠道冲突是指同一渠道中同一层次的中间商之间的矛盾与冲突。这种冲突往往发生在划分区域分销的渠道结构中。垂直渠道冲突是指同一渠道中不同层次渠道成员之间的冲突，如制造商与批发商、批发商与零售商之间的冲突，主要表现为零售商与批发商之间的利益冲突。

(2) 渠道间冲突是指两种或两种以上的营销渠道之间发生的冲突。渠道间的冲突只有在使用多渠道组织形式时才会出现，因而又称为多渠道冲突。

除此之外，按显现程度，渠道冲突还可分为潜在冲突和现实冲突；按冲突性质不同，渠道冲突可分为功能性冲突和病态性冲突；按产生原因的不同，渠道冲突可分为竞争性冲突和非竞争性冲突。

渠道冲突管理的目标并不是避免所有的冲突。对良性冲突要加以合理利用，促进渠道发展；对恶性的渠道冲突要给予足够的重视，预防和化解冲突，确保渠道健康、高效运作。解决渠道冲突常用的方法有激励、沟通与说服、惩罚和分享管理权等。当冲突是长期性的或比较尖锐的时候，可以通过协商、调解或仲裁来解决。

第三节 分销渠道的主要成员（中间商）及营销决策

一、中间商的作用和分类

中间商泛指产品从生产者向消费者转移过程中参与交易活动、协助交易活动完成的一切中介机构。但在分销渠道的研究中，中间商是指直接参与交易活动的机构。

中间商作为社会分工的产物之一，是连接企业和市场的纽带，是沟通产品和消费者的桥梁，在产品分销中起着生产者难以替代的作用。其作用主要表现在四个方面：①能够减少交易次数，提高流通效率；②能够实现规模经济效益；③可以缩短产需之间的时间、空间距离；④有效地承担相应的营销职能。

中间商的种类很多。按产品在流动过程中有无所有权转移，中间商可以分为经销商和代理商。经销商是指从事产品买卖活动的批发商或零售商；代理商是指不取得产品的所有权，只是通过与买卖双方的洽商，促成产品的买卖活动得以实现的中间商。代理商的收益是以佣金或手续费等形式取得的。按销售对象分类，中间商可以分为批发商和零售商。

二、零售商

零售包括将商品和服务直接销售给最终消费者，以供其个人非商业性使用的过程中所涉及的一切活动。任何从事这种销售活动的机构，不论是制造商、批发商还是零售商，也不论这些产品和服务是如何销售（经由个人、网络、电话或自动售货机）或者是在何处（在商店、街上或消费者家中）销售的，都属于此范畴。零售商或者零售商店是指销售量主要来自零售的企业。

零售商的种类千变万化，新业态层出不穷。在此，主要介绍商店零售商、非商店零售商和零售组织三种类型及有关的新业态。

（一）商店零售商

零售商店的类型经过了从发展到衰退的零售生命周期阶段。老式的零售商店在不断蜕变，新式的零售商店在不断崛起。目前，最主要的零售商店包括专业商店、百货商店、超级市场和方便商店等类型。

1. 专业商店

专业商店（Specialty Store）经营的产品线较为狭窄，但产品的花色品种较为齐全。服装店、体育用品商店、家具店、花店和书店等均属于专业商店。根据产品线的狭窄程度，可以将专业商店分为单一产品线商店、有限产品线商店和超级专用品商店。

2. 百货商店

百货商店（Department Store）经营范围较广，包括几条产品线，每一条产品线都作为一个独立部门由专门人员负责采购和管理，主要销售服装、家具和家庭用品等。在不少国家和地区，百货商店已进入零售生命周期的衰退阶段，面临激烈的竞争，特别是来自折扣商店、专用品连锁商店、仓储零售商店的挑战，加上交通拥挤、停车困难和中心商业区的衰落，百货商店正逐渐失去往日的魅力。为了应对挑战，百货商店也采取了在郊区购物中心设立分店、增设廉价部、售货方式多样化等措施以延长其生命周期。

3. 超级市场

超级市场（Supermarket）是一种规模相当大、成本低、毛利低、销售量大的自我服务的经营机构，主要经营各种食品和家庭日常用品等。

4. 便利店

便利店（Convenience Store）是一种设在居民区附近的小型商店，主要销售品种范围有限、周转率高的方便产品，每天营业时间较长，销售价格相对要高一些。但是，它们满足了消费者的即时需要，所以人们愿意为这些方便产品付高价。

5. 折扣商店

折扣商店（Discount Store）是第二次世界大战之后兴起的有影响的零售企业，主要出售质量有保证的全国性商品，其价格低于一般商店，毛利较少，薄利多销，销售量较大。早期的折扣商店几乎都是从设在租金较低而交通集中地区的仓库发展起来的。近年来，折扣商店之间、折扣商店与百货商店之间的竞争非常激烈，从而导致许多折扣零售商开始经营品质高、价钱昂贵的商品。折扣零售逐步走向专业化，已经超越了一般商品而进入了特殊领域，如体育运动用品折扣商店、电子产品折扣商店和折扣书店等。

6. 仓储商店

仓储商店（Warehouse Store）是一种大批量、低成本、低售价和微利多销的连锁式零售企业。仓储商店又称量贩店，原指会员制仓储批售俱乐部，起源于1968年荷兰创办的“万客隆”货仓式批发服务中心。目前，世界上最大的会员制仓储批售俱乐部是隶属于美国沃尔玛公司的山姆会员店。

仓储商店的主要特点是：①价格低廉。一般仓储商店的销售价格低于市场价格20%以上，毛利率为10%左右。②会员制。仓储商店以会员制为基本的销售和服务方式，即向特定的消费者发放会员卡，持卡人缴纳一定的会费，可以享受信息、商品、价格等方面的优惠。凭借会员制，仓储商店可以稳定客源，为会员提供优质服务。这又是一种价格促销制度，因此国外的许多仓储商店又叫“价格俱乐部”。③精选正牌畅销商品。从所有商品门类中挑选出最畅销的商品大类，然后再从中精选出最畅销的商品品牌，并在经营中不断筛选，根据销售季节等具体情况随时调整，以使仓储式连锁商场内销售的商品占有较大的市场份额，同时保证商品的调整流转。④实行连锁经营。仓储商店兼有百货商店、超级市场和连锁商店的多重功能。通过连锁经营和规模化，可以降低成本，向消费者提供更多的价格优惠，从总体上保证薄利多销目标的实现。

7. 超级商店、综合商店和特级商场

这是三种与超级市场类似，但规模更大的商店。

（1）超级商店（Superstore）平均营业面积为3500ft^2㊀，主要销售各种食品和非食品类商品，以满足消费者的日常需要。有的超级市场还提供洗衣、干洗、修鞋、支票付现和代付账单等服务项目。

（2）综合商店（Combination Store）的面积比超级市场和超级商店更大，呈现出一种经营多元化的趋势。营业面积平均在55000ft^2。

（3）特级商场（Hypermarket）也叫巨型超级市场，一般营业面积为80000～220000ft^2。它的特点是综合了超级市场、折扣和仓储零售的经营方针，经营范围更宽，其花色品种超出了日常用品，包括家具、大型和小型家用器具、服装等许多类型。最早的特级商场是1963年在巴黎市郊开设的Carrefour（家乐福）。20世纪60年代末到70年代初特级商场在欧洲大量出现，随后被美国、日本等许多国家引进。

8. 产品陈列室推销店

这类商店将商品目录推销和折扣原则用于品种繁多、加成高、周转快和有品牌商品的销售。这些商品包括珠宝首饰、电动工具、提包、照相及摄影器材等。这些商店已经成为零售业的最热门形式之一，甚至对传统的折扣商店形成威胁。产品陈列室推销店向消费者散发彩色印刷的目录，每本长达500页以上，此外还增发季节性的小型增补版，上面标有每一项商品的定价和折扣价。消费者在陈列室开出订单后，店方送货上门，消费者支付运费。

9. 销品茂

Shopping Mall，简称Mall，意为大型购物中心，在我国多称为“销品茂”或“摩尔”。它是在一座大型建筑物或一个毗邻的建筑群中，由一个管理机构组织、协调和规划，把一系列的零售商店、服务机构组织在一起，提供购物、休闲、娱乐、饮食等各种服务的一站式消费中心。

销品茂在20世纪50年代发端于美国的零售业态，现已成为欧美等发达国家零售业的主流模式，销售额已占据其社会消费品总额的一半左右。

按照国外通行的理论，一个城市如果要建立销品茂，人均国民收入必须在2000美元以

㊀ $1ft^2=0.092903m^2$。

上，居民的汽车普及率超过 50%。有资料表明，美国是在人均 GDP 达到 1 万美元以上、家庭汽车化和住宅郊区化基本形成、社会进入休闲时代、人们对购物和休闲娱乐有了新的追求之后，销品茂才真正开始得到良性和快速发展的。目前，随着经济的发展、社会消费能力的提高以及消费的多元化，我国上海、北京、广州、深圳、青岛等城市已经引进这种新型的复合型商业业态。

资料链接 11-2：销品茂的特点与功能

美国国际购物中心协会曾规定了销品茂的五大特征：①规划、开发设立和经营都在统一的组织体系下运作；②适应统一管理的需要，产权要求统一，不可分割、不可出售；③尊重消费者的选择权，使其实现“一次购足”（One Stop Shopping）的目的；④拥有足够数量的停车场；⑤有更新地区或创造新商圈的贡献。

综观国外成功案例，销品茂需要具备“五大功能中心”设置和“八大要素”。“五大功能中心”是指商品购物中心、餐饮美食中心、休闲娱乐中心、服务特展中心和精神文化中心。“八大要素”是指：①选址；②建筑面积规模必须在 10 万 m^2 以上；③消费功能齐全；④专业划分精细；⑤2~3个主力店；⑥足够的泊车位，进出方便；⑦管理运营，只租不卖；⑧统一“游戏规则”。

销品茂作为目前商业零售业发展历程中的最高形式，在其发展过程中，经历了不同的阶段，也呈现出不同的经营风格。在美国，销品茂主要依托市郊高速公路建立封闭式大型购物中心，规模巨大、设计简洁是其显著的特征。在欧洲，在沿袭美国模式的基础上，不断以旧城市商业中心的改造和复古建筑、人文设计，赋予销品茂新的发展内容。在日本、东南亚地区自 20 世纪 70 年代大量出现的销品茂，有以“大型仓储式超市”替代百货商店作为主店的发展趋势，重点突出其休闲娱乐功能和商品成本优势。

（二）非商店零售商

虽然大多数货物和服务是由商店销售的，但是非商店零售却比商店零售发展得更快。下面介绍四种形式的非商店零售商：直复市场营销、直接销售、自动售货和购物服务公司。

1. 直复市场营销

直复市场营销（Direct Marketing）最初形态为邮购，始于 1872 年 8 月的美国。当时，第一家邮购商店蒙哥马利·华尔德在美国创立，它向美国中西部的农场主家庭邮寄商品目录。那时的目录只有一张纸，目录上所列的商品并不多，主要是服装和农具，而且价格很低，邮购服务的对象局限于分散居住于郊外的农场主。直到 20 世纪 80 年代，直复营销业才重整旗鼓，在营销方式和销售额上都得到了长足的进步和发展。

所谓直复市场营销，是一种为了在任何地方产生可度量的反应和达成交易，而使用一种或多种广告媒体的互相作用的市场营销系统（美国直复营销协会 ADMA 的定义）。

直复市场营销者利用广告介绍产品，消费者通过网络或打电话订货。订购的货物一般通过邮寄交货，用信用卡付款。直复市场营销者可在一定广告费用开支允许的情况下，选择可获得最大订货量的传播媒体。

以信息传送的主要载体为划分依据，常见的直复市场营销包括直接邮购营销、目录营销、电话营销、电视营销、网络营销及消费者订货机销售营销等形式。

（1）直接邮购营销是指营销人员将直接邮件广告以指名的方式传送给特定的潜在消费

者，以此宣传产品和企业，刺激消费者立即订购或者立即咨询。直接邮购可以用来销售新产品、礼品、服饰、精美食品和工业品等。

直接邮件广告的内容包括报价单、产品宣传、售后服务介绍等；从形式上看，可以是信件、传单、折叠广告或其他各种“长着翅膀的销售人员”，甚至向潜在消费者直接寄送录音带、录像带或电脑光盘，以此来传送有关产品性能和使用方法的信息。

直接邮购因为成本低、针对性强、形式灵活多样，并且还能及时对回复进行度量等优点而受到广泛的欢迎。

（2）目录营销是指销售商按照选好的顾客名单邮寄商品目录，或备有商品目录随时供消费者索取。直复市场销售人员也可以通过预先录制的录像带营销其产品，以求扩展其邮购目录业务。消费者往往必须购买录像带，但企业同时会向他们免费赠送礼物，以便使此项销售业务更有吸引力。在美国，使用目录营销的公司涉及各个领域，从日用百货公司到保险公司，从收藏品交易所到金融服务公司；经销的产品不仅包括体育用品、服装、书籍、珠宝、礼品、家具等各类消费品，而且还包括集团购买的 U 盘等。

由于直接邮购营销和目录营销在实际操作中有相似和重复之处，所以这两种方式通常被统称为“直邮营销”。

（3）电话营销是一种通过电话网络实现与消费者的双向沟通的直复营销方式。电话营销分为两大类：外向拨打电话（又称外向电话营销）和内向接收电话（又称内向电话营销）。在后一种类型中消费者主动打进电话，而在前一种类型中消费者则成为受话者。

通过电话营销能达到以下效果：电话推销、提供咨询、接受订货、收集信息、处理投诉、售后服务和催收账款。因此，电话营销有别于电话促销，后者仅是前者的一部分，而前者是一个系统的过程。整体的电话营销是营销的一种具体形式，同样要求营销者进行市场调查、市场分析、目标消费者的确定、市场定位、营销策略组合及营销活动的执行与控制等步骤。

（4）电视营销。电视营销是指使用电视直接向消费者销售产品的方式。它主要通过三种途径进行：①直复广告，即营销者购买 30~120s 的电视广告时段，展示和介绍商品，消费者可以打免费电话或写信订购或进一步咨询广告宣传的商品；②家庭购物频道，这种频道提供全天 24h 的电视购物服务，经营的范围较广，主要商品有珠宝、灯具、服装、电动工具等；③视频信息系统，即消费者通过有线电视网或电话线把自己的电视机和销售方的计算机数据库存连接成一个系统，只需通过操作一个特制的键盘装置即可同系统进行双向交流。只有为数不多的零售商、银行和旅游代理公司等采用这一途径。

资料链接 11-3：网络营销的特点

随着互联网技术发展的成熟以及联网成本的低廉，互联网就像一种“万能胶”将企业、团体、组织以及个人跨时空联结在一起，使他们之间信息的交换变得“唾手可得”。市场营销中最重要也最本质的是组织和个人之间进行信息传播和交换。如果没有信息交换，那么交易就是无本之源。正因如此，互联网具有营销所要求的某些特性，使网络营销呈现一些特点。目前，网络营销的特点主要有以下几点：

1. 时域性

营销的最终目的是占有市场份额。由于互联网能够超越时间约束和空间限制进行信息交换，使营销脱离时空限制进行交易变成可能，企业有了更多时间和更大的空间进行营销，可每周 7 天，每天 24 小时随时随地地提供全球性营销服务。

2. 富媒体

互联网被设计成可以传输多种媒体的信息，如文字、声音、图像等信息，使为达成交易进行的信息交换能以多种形式存在和交换，可以充分发挥营销人员的创造性和能动性。

3. 交互式

互联网通过展示商品图像、商品信息资料库提供有关的查询，来实现供需互动与双向沟通，还可以进行产品测试与消费者满意调查等活动。互联网为产品联合设计、商品信息发布，以及各项技术服务提供最佳工具。

4. 个性化

互联网上的促销是一对一的、理性的、消费者主导的、非强迫性的、循序渐进式的，而且是一种低成本与人性化的促销，避免推销员强势推销的干扰，并通过信息提供与交互式交谈，与消费者建立长期良好的关系。

5. 增长性

互联网使用者数量快速增长并遍及全球，使用者大多属于年轻人、中产阶级、受教育水平高。由于这个群体购买力强而且具有很强的市场影响力，因此极具开发潜力。

6. 整合性

互联网上的营销可由商品信息至收款、售后服务一气呵成，因此也是一种全程的营销渠道。另外，企业可以借助互联网将不同的营销传播活动进行统一规划、设计和协调实施，以统一的传播资讯向消费者传达信息，避免不同传播中因不一致产生的消极影响。

7. 超前性

互联网是一种功能强大的营销工具，它同时兼具渠道、促销、电子交易、消费者互动服务，以及市场信息分析与提供的多种功能。它所具备的一对一营销能力符合定制营销与直复营销的未来趋势。

8. 高效性

计算机可储存大量的信息，供消费者查询，可传送的信息数量与精确度，远超过其他媒体，并能因应市场需求，及时更新产品或调整价格，因此能及时有效地了解并满足消费者的需求。

9. 经济性

通过互联网进行信息交换，代替以前的实物交换，一方面可以减少印刷与邮递成本，可以无店面销售，免交租金，节约水电与人工成本；另一方面可以减少由于迂回多次交换带来的损耗。

10. 技术性

网络营销大部分是通过网上工作者的一系列宣传、推广，这其中的技术含量相对较低，对客户来说是小成本大产出的经营活动。

（资料来源：https://baike. sogou. com/v363493. htm? fromTitle = %E4%BA%BA%E9%99%85%E7%BD%91%E7%BB%9C%E8%90%A5%E9%94%80.）

（5）网络营销。网络营销是指所有以计算机及其网络为渠道而进行的直复营销活动。它可以通过商业网络渠道和互联网进行。网络营销是随着信息技术的发展而出现的，能够最大限度地降低渠道中的营销费用，已成为直复营销者不可或缺的工具。戴尔公司是网络营销的成功典范。

(6) 消费者订货机销售营销。一些企业将消费者订货机安装在商店、机场或其他公共场所，展示商品和接受订货。例如，美国的一家鞋业公司就在其专卖店中放置了这样的机器，消费者可以通过按钮选择自己所需的鞋子的类型、颜色和尺码，屏幕上就会出现符合消费者要求的鞋子的照片。如果消费者选中的鞋子在店内已售完，那么他可以拨打订货电话并键入其信用卡号码以及本人的地址，很快就会收到公司邮寄来的商品。

2. 直接销售

直接销售（Direct Selling）即面对面销售，是指销售方派出许多销售代表，直接与消费者达成交易的方式。直接销售始于几个世纪以前，由最初的沿街叫卖发展而来。直接销售主要有一对一推销、一对多推销和多层次营销三种形式（不包括企业对企业的推销）。具体来说，推销人员可以通过挨门挨户推销，或者到办公室里进行销售，或者在家庭销售会上展示并销售商品。

多层次营销即传销，又称“消费者销售制”，是指消费者自己组织起来作为直销商，从生产者或传销公司那里直接购买商品，同时以众口相传的方式传播商品信息，销售商品并分享销售利润的方式。

依据消费者的需要和销售的商品特点不同，其组织形式主要有以下几种：

(1) 价格俱乐部型。这类公司主要以低价格吸引消费者，以佣金制吸引消费者相互介绍入会。公司并不生产商品，只是以出厂价格买进商品，然后以低于市场零售的价格卖给会员。

(2) 服务业的连锁会员制。服务业的多层传销制有两种形式：一种是消费者直接成为服务者。例如，美国威廉斯人寿保险公司，每个会员既是保险的享受者，又是保险服务的推销员，同时还训练愿意加入的消费者成为新的保险推销员。另一种是消费者之间互相介绍参加某项服务，介绍者不但可以获得服务折扣，还可获得佣金。

(3) 销售与服务兼容型。许多商品卖出时必须伴之以各种服务或售后服务，如美容护肤品、化妆品、健康营养品、珠宝、家庭工艺品等。这类商品较适宜于采用多层次传销。

传销的特点主要表现在三个方面：①它是由大量的人员推销少量的商品；②它可以产生极高的几何级数效应；③多层次传销是以“倒金字塔”报酬形式支付佣金的。

传销方式20世纪40年代末产生于美国，其后在不同的国家和地区的发展情况亦不相同，有的国家允许使用，有的国家明令禁止，有的国家则允许在使用的同时附带一定的限制。传销方式于20世纪90年代初传入我国，由于存在传销商品以劣充优、漫天要价，直销队伍良莠不齐、鱼龙混杂，“老鼠会”式直销方式趁机混入，有关法律法规尚未建立完善等因素，为加强对传销活动的监督管理、维护市场经济秩序、保护消费者的合法权益，我国于1997年1月10日制定了《传销管理办法》；1998年4月18日，国务院颁布《关于禁止传销经营活动的通知》（国发〔1998〕10号），对传销（包括直销）活动加以全面禁止。

3. 自动售货

自动售货（Automatic Vending）是指通过自动售货机向消费者出售商品的一种零售商业形式。这种方式在美国、日本等发达国家较为普遍。自动售货机一般设在工厂、办公室、大型零售商店、加油站、旅馆、车站和影院等过往人流量较大的场所，无人看管，消费者投币即可自行取货。其主要销售报纸、杂志、饮料、食品等规格标准化的商品。在日本，自动售货机非常先进，能够出售珠宝、冰冻牛肉、鲜花和威士忌酒等商品。自动售货机向消费者提供24h售货、自我服务和无须搬运商品等便利条件。但需要经常给非常分散的机器补充存货，而且机器常遭破坏，失窃率高，因此其商品的销售价格比一般水平要高15%~20%。

4. 购物服务公司

购物服务公司（Buying Service）是一种以会员制的方式专门为某些特定客户提供服务的无店铺零售形式。通常由学校、医院、工会和政府机关等特定客户加入一个购物服务公司，购物服务公司选择一些零售商并与之建立长期合作关系，然后从零售商那里进货再以折扣价销售给自己的会员。例如，美国“联合购物服务中心”的成员可享受“成本加成8%”的优惠价格采购货物。

（三）零售组织

在零售业的发展过程中，为了竞争的需要，越来越多的商店采用某种团体零售形式。这种零售组织的形成，有助于零售商本身的发展，也提高了参与某种团体的每个零售商的竞争力。这些零售组织的主要类型有连锁商店、消费者合作社和销售联合大企业等。

1. 连锁商店

连锁商店（Corporate Store）起源于美国，至今已有100多年的历史。目前，连锁商店主要有三种类型：

（1）公司连锁商店。公司连锁商店又称正规连锁商店、直营连锁商店，是指由同一总部全资或控股开设，在同一总部集中性管理机构的统一领导下，实行集中采购和销售，并经营同类商品和服务的两个或更多的零售企业。

公司连锁商店与独立商店相比具有很多优势。由于规模较大，可以集中大量采购，享有价格优势；总部对各分店拥有所有权和经营权，进行集中领导、统一管理，能够雇用到优秀的管理人员，在销售额预测、存货控制、定价和促销等方面进行科学管理，获得较好的经济效益；总部允许各分店享有一定程度的自由，以满足不同消费者的偏好，具有竞争优势。

（2）自由连锁商店。连锁店引发的竞争，使独立商店开始组成自愿连锁店和零售店合作社两种联盟。

1）自愿连锁商店是指由某一批发商牵头组成的独立零售组织，即所谓“批发商主导型任意连锁店集团”。零售店各成员经营的商品全部或大部分从该批发商进货。作为对等条件，该批发商必须向零售企业提供规定的统一服务。

2）零售店合作社是指由若干独立的零售商店组成的一个集中采购与联合促销的组织。

自由连锁商店最大的特点是：各成员店是独立法人，通过协商自愿联合，按照约定的经营模式统一经营；连锁总部遵循共同利益的原则，统一组织进货，为各成员店提供统一服务。

（3）加盟连锁商店。加盟连锁商店又称合同连锁店、特许连锁店或契约连锁店，是指特许人与加盟者通过签订特许授权合同而组成的契约性联合组织。按照特许连锁的内容，加盟连锁商店又可以分为“商品和商标”特许连锁店和“经营系统”特许连锁店。特许人可以是制造商、批发商，也可以是服务性组织。

加盟连锁店的核心是特许权的转让。特许者特别授权特许加盟者使用自己的商品、经营技巧、商标、商号、服务标记和其他作为营业象征的标志，并统一管理。加盟店则按照总部的统一指令进行经营，并依合同支付特许费。

资料链接 11-4：麦当劳的特许经营

提起麦当劳，可谓家喻户晓。那个金黄色的“M”字母遍布在城市里的各个角落，已经成为一个醒目的标志。

“麦当劳”原本是犹太人兄弟——麦克·麦当劳和迪克·麦当劳于1937年在洛杉矶东部的巴沙地那小镇开办的汽车餐厅。本着快速满足顾客需要的服务原则，兄弟俩花费大量资金改进了厨房设备和加工制作程序，并采用自助服务的方式，使汉堡包的加工制作和服务速度大大提高，因此吸引了大量消费者，在快餐业逐渐形成了一定的知名度。

为求发展，麦当劳兄弟尝试出售了为数不多的特许经营权，发展了一小批加盟店。1954年，麦当劳兄弟与雷蒙德·克洛克（Raymond A. Kroc）签订了一份联合经营的协议，雷蒙德·克洛克获得了在美国全国发展特许经营的权利，成为麦当劳特许经营的代理商。

1955年3月，雷蒙德·克洛克在芝加哥西北郊区开设了第一家麦当劳餐厅，创立了麦当劳特许加盟体系。从1955年开始，以经营汉堡包为主的美国麦当劳快餐店依靠特许经营，成为名副其实的“世界厨房”。在这个厨房里，每天生产4000万个麦当劳汉堡；发展最快的时候，每隔3个小时就会在世界的某一个角落竖立起一面崭新的金黄色“M”招牌；在世界119个国家和地区，截至2021年底已经开设了4万余家连锁餐厅；作为世界十大最有价值的品牌之一，它的品牌价值2021年已达458亿美元。所有的这一切，都要归功于克洛克。人们常说，麦当劳兄弟创造了麦当劳，而雷蒙德·克洛克创造了世界名牌。

麦当劳作为世界上最成功的特许经营者之一，以其引以为自豪的特许经营方式，成功地实现了异域市场拓展和国际化经营。在其特许经营的发展历程中，积累了许多非常宝贵的经验：①明确的经营理念与规范化管理是麦当劳特许经营成功的根本；②严格的检查监督制度使各加盟店都能够达到令消费者满意的产品与服务标准；③完备的员工培训体系，为特许经营受许人成功经营麦当劳餐厅，保持、塑造“麦当劳”统一品牌形象提供了强有力的保障；④联合广告基金制度是麦当劳开展特许经营的重要营销策略；⑤以租赁为主的房地产经营策略，解决了各加盟者开店的资金困难，为麦当劳特许经营的顺利开展奠定了坚实的基础。

2. 消费者合作社

消费者合作社是一种由消费者自己出资、管理和拥有的零售企业。由于某一地区的居民觉得当地的零售商店服务欠佳，不是售价太高，就是供应的商品质量低劣，为了保护自己的权益而自发组织起一种称为消费者合作社的零售组织。这些居民出资开设自己的商店，采用投票的方式进行决策，并推选出一些人对合作社进行管理。这些商店可以定价较低，也可以按正常价格销售，根据每个人的购买量给予惠顾红利。

3. 销售联合大企业

销售联合大企业是指通过所有权集中的形式将几种不同的零售业务和形式联合起来的零售组织。它是一种松散型组织，但组织内各零售商的分销和管理职能可以实行一定程度的一体化。

三、批发商

批发是指将商品或服务销售给以进一步转卖或者以生产性消费为目的而进行购买的企业

和个人的活动。专门从事这种批发业务的组织和个人称为批发商。与零售商相比，主要存在以下区别：①服务对象不同。批发商以零售商和生产企业为主要服务对象；而零售商以最终消费者为服务对象。②在分销渠道中所处的位置不同。零售商位于分销渠道的终点，零售交易结束后商品就从流通领域进入消费领域；批发商位于分销渠道的前部，批发业务结束后商品或继续留在流通领域，或进入生产企业重新投入生产。③交易量和交易频率不同。零售商将商品购进后分零出售，以适应个人或家庭的需要；而批发商则成批购进、成批售出。因此，批发业务量往往比零售业务量大而交易频率低。④营业网点的设置和交易范围不同。由于零售商和批发商所处位置不同，所以服务对象也不同。一般零售商店多开设在繁华地区和居民区；批发商店主要集中在大城市和地方性中心城市。批发商店在网点数量及分布上远不及零售商店，但其所覆盖的贸易范围一般比零售商店大。

（一）批发商的职能

（1）推销与促销职能。批发商拥有完善的销售通路和良好的信誉，通过其销售人员的业务活动，可以使制造商有效地接触众多的小客户，从而促进产品的销售。

（2）采购与配销职能。批发商可以代替顾客选购产品，并根据顾客需要，将花色品种结构进行有效的搭配，从而使顾客节省时间。

（3）整买零卖职能。批发商可以整批进货，然后把货物分解为较小的单元进行批销，从而降低顾客的进货成本。

（4）仓储职能。批发商具有仓储条件，能够为供应商和顾客分担存货成本和风险。

（5）运输职能。批发商能够利用自己的运输力量很快地将货物送到顾客手中。

（6）融资职能。批发商可以通过预付货款为产品供应者提供融资服务，通过分期付款为顾客提供融资服务。

（7）风险承担职能。批发商对货物拥有所有权，在分销过程中可承担失窃、损坏或滞销、积压等各种风险。

（8）提供信息职能。批发商可以向其供应商和顾客提供有关市场竞争者、新产品、价格行情等方面的市场信息。

（9）管理咨询服务职能。批发商可以为零售商提供推销人员培训、商店布置、产品陈列以及管理咨询等服务，为产业用户提供技术服务。

（二）批发商的主要类型

批发商的种类很多，依据不同的标准可以将其分为不同的类型。批发商按照是否拥有商品的所有权，可分为经销商和代理商；按经销商品的不同，可分为一般商品批发商和专业批发商；按商品经营的地区范围不同，可分为全国性批发商、区域性批发商和地方性批发商；按提供服务项目和程度不同，可分为完全服务批发商和有限服务批发商。目前，通用的分类是将批发商分为商人批发商、经纪人和代理商、制造商和零售商的分部与营业所。

1. 商人批发商

商人批发商也称商业批发商、独立批发商，是指自己进货，取得商品所有权后再批发出售的商业企业。商人批发商是批发商的最主要类型。按照执行职能的多少和提供的服务是否完全，它可以进一步分为完全服务批发商和有限服务批发商。

（1）完全服务批发商。这类批发商是指执行批发商的全部职能，向顾客提供全方位服务的批发商。其所提供的服务主要有保持存货、送货、雇用固定的销售人员、提供信贷和协助管理等。完全服务批发商根据服务的顾客不同，可以分为批发商人（又称批发中间商）和工业分销商两类。批发商人主要面向零售商销售商品，并提供广泛的服务；工业分销商则面向制造商销售商品。

（2）有限服务批发商。这类批发商为了减少成本费用，降低批发价格，只执行批发商的部分职能，提供少量服务。常见的有限服务批发商有以下六种类型：

1）现购自运批发商。这种批发商不承担赊销、送货等职能，只经营一些周转快的商品，将商品卖给小型零售商，现款交易，一般由顾客自己运送货物。

2）卡车批发商。这种批发商行使销售和送货职能，一般经营牛奶、面包和快餐等保质期短的商品，现货现卖。他们从生产者处把货物装上卡车后，立即运送到超级市场、小杂货店、医院、餐厅、旅馆等。

3）直送批发商。这种批发商先从零售商或工业用户等处收到订单，然后向制造商、矿商等生产企业进货，并由生产者按照协议将货物直运给顾客。从收到订单到顾客收到货物止，直送批发商拥有商品的所有权，承担一切风险。他们一般经营笨重的工业产品，如煤、木材和重型设备等。由于直送批发商不需要仓库，只有一间办公室或营业所，因而又被叫作写字台批发商。

4）邮购批发商。这种批发商将商品目录寄给零售商、工业用户及相关顾客，然后按照收到的订单以邮寄等方式交货。他们主要经营珠宝、化妆品、专业食品和其他一些小商品，其顾客是边远地区的小零售商等。

5）专柜寄售批发商。专柜寄售批发商又称托售批发商，提供送货、存货、融资等服务，在超级市场和其他食品杂货店设置自己的货架，展销所经营的商品；他们自行运输、自己定价、陈列商品、保持存货记录、保持商品新鲜。他们拥有商品的所有权，当商品卖出后才开收款单，主要经营家用器皿、化妆品、玩具等。

6）生产合作社。生产合作社又称农场主合作社，是指为农场主共同所有，负责将农产品组织到当地市场上销售的批发商。合作社的盈利在年终时分配给各成员。

2. 经纪人和代理商

经纪人和代理商是从事购买、销售或二者兼备的洽商工作，但不取得商品所有权的中间商。与商人批发商的区别是它们对商品没有所有权，所提供的服务少，其主要职能在于促成商品的交易，从中赚取佣金。经纪人和代理商一般都是专业化的，专门经营某一方面的业务。

（1）经纪人。经纪人的主要作用是为买卖双方牵线搭桥，协助谈判，向委托方收取佣金。他们不持有存货，不参与融资，也不承担风险。经纪人多见于房地产业、证券交易及保险业、广告业等。

（2）代理商。代理商的主要职责是代表买方或卖方寻找顾客，洽谈买卖事宜，办理代销、代存和代运业务。根据代理的对象和方式可分为制造商代理商、销售代理商、采购代理商和佣金商四种。

1）制造商代理商。制造商代理商也称制造商代表、企业代理商或厂商代理商，是指在某一区域范围内为制造商代理销售业务的中间商。他们通常代表两个或若干个互补的产品线的制造商，分别和每个制造商签订有关定价政策、销售区域、订单处理程序、送货服务和各种保证，以及佣金比例等方面的正式书面合同。制造商代理商主要执行推销职能，适用于服装、家具和电器产品等产品线。一般小企业和某些开辟新市场的大企业都愿意使用制造商代理商。

2）销售代理商。销售代理商是指在签订合同的基础上，为委托人销售某些特定商品或全部商品的代理商。他们对价格、条款及其他交易条件可全权处理。这种代理商常见于纺织、木材、某些金属产品、食品、服装等行业。

3）采购代理商。采购代理商一般与客户有长期关系，代客户采购商品，提供收货、验货、储运和送货等服务，同时也向客户提供市场信息。采购代理商常见于大型服装市场。

4）佣金商。佣金商又称佣金行，是指对商品的实体具有控制力并参与销售协商的代理商。大多数佣金商从事农产品的代销业务。

3. 制造商和零售商的分部与营业所

这类批发商不通过独立的批发商进行批发，而是由买方或卖方自行经营批发业务。其主要有以下两种类型：

(1) 销售分部和营业所。生产厂家为了改进其存货控制、销售和促销业务，往往设立自己的批发机构，如销售分部和营业所等。销售分部持有自己的存货，多在木材、汽车设备和配件等行业中经营；营业所不持有存货，是企业驻外的业务代表机构，主要用于织物和小商品行业。

(2) 采购办事处。许多零售商在大城市设立采购办事处或进货营业所。这些办事处的作用与经纪人或代理商相似，但是是买方组织的一个组成部分。

四、零售商与批发商的营销决策

(一) 零售商的营销决策

零售商通过增加花色品种，提供比竞争者更多更好的服务来赢得消费者，这是其获得竞争优势的重要策略。其内容主要包括目标市场、产品品种与采购、服务与商店气氛、价格、促销、地点等营销决策。

(1) 目标市场决策。选择、确定目标市场是零售商最重要的决策之一。只有当零售商确定了目标市场后，才能对其产品编配、服务、价格、促销等做出一致的决策。首先要确定企业的目标消费者群；其次确立自己的经营风格或形象。为此，零售商应定期检查、分析和研究消费者对商店的要求或希望，以确保自己的营销决策与目标消费者的要求相吻合。

(2) 产品品种与采购决策。产品的品种结构是同类零售商之间进行竞争的一个关键因素。消费者希望在商店购物时能够挑选到品种和质量都称心的产品，因此零售商必须决定产品组合的宽度、深度和质量，以使其所经营的产品品种与目标消费者可能购买的商品相一致。

采购是零售商经营活动中的一个重要环节，也是零售业经营中的核心技术。它对于促进商品销售、提高企业效益和实现营销目标都有重要作用。零售商的采购决策就是合理确定所要采购商品的品种、数量、价格以及购货的时间、地点和单位等，力争以最低的总成本，在最适合的时间购进适销对路、数量适度、品质相宜的商品。

(3) 服务与商店气氛决策。服务决策即零售商须确定向消费者提供的服务组合，它是零售商参与市场竞争、开拓市场的重要条件。零售服务主要有售前、售后和附加服务，各类服务包括很多项目，表 11-2 列举了一些典型的零售服务。零售商应根据目标消费者的需要和可能编配自己的服务组合，形成自己的特色。一般来讲，零售商可在自我服务零售、自我挑选零售、有限服务零售和完全服务零售四种服务组合中加以选择。

表 11-2　典型的零售服务

售前服务	售后服务	附加服务	售前服务	售后服务	附加服务
接受电话订货	送货	支票付款	试衣间	换货	内部装饰
接受邮购订货	常规包装	一般性解答	营业时间	裁剪	信用交易
广告	礼品包装	免费停车	时装表演	安装	休息室
橱窗陈列	调试	餐厅	抵价以旧换新	雕刻	代消费者照看小孩
内部陈列	退货	修理			

商店气氛是零售商进行竞争的另一个要素，主要由商店外观、店内设计、店内布局和商品陈列四部分构成，体现企业的档次，给人以深刻的第一印象，直接影响人们对企业的认识与评价。企业应根据服务对象对商店气氛进行设计和布局，科学、合理地布置商店内消费者、商品和店员之间的空间，创造一种良好的购物环境，以吸引消费者，方便消费者购物。

（4）价格决策。价格是反应零售商目标市场定位的一个重要因素。零售商必须根据目标市场、产品（服务）组合和市场竞争等情况制定自己的价格决策。定价策略的使用在零售商中的使用比较普遍，诸如季节折扣、招徕定价以及针对不同的服务项目进行价格调整等在零售业中随处可见。

（5）促销决策。在零售商的促销决策中，产品展示、人员推销、营业推广等方式经常被使用。零售商的促销要千方百计地刺激消费者的需求，推行使消费者愿意到本商店购买的积极措施。此外，促销决策还包括采用各种促销方式支持和加强自己的形象定位，以刺激消费者购买，促进商品销售。

（6）地点决策。经营地点是零售商制定经营策略和确定经营范围的重要依据。经营地点的选择是否合适，关系到零售商能否成功地吸引消费者。应依据交通的便利性、地区客流量、商品的购买频率以及种类和规模、消费者的购买习惯、竞争状况等因素综合考虑，选择适当的经营地点。而且，零售商店应以动态的观念来进行地点决策。

（二）批发商的营销决策

批发商是分销渠道中的重要成员，其决策对其他渠道成员的决策影响很大。批发商的营销决策涉及目标市场、产品组合与服务、定价、促销和地点等方面。

（1）目标市场决策。批发商首先要明确自己的目标市场。它可以根据客户的规模、顾客的种类和服务的要求等标准选择自己的目标市场。在选择了目标顾客群后，进一步从中寻找有利可图的顾客，设计商品的经营种类，与顾客建立良好的关系。

（2）产品组合与服务决策。一般来讲，批发商所经营的商品种类越多，规格越齐全，库存越充足，就越能迅速交货，满足顾客的需要。但是有时也会影响获利。因此，批发商在进行产品组合决策时，必须研究和确定所经营商品的种类，以取得较好的经济效益。

与此同时，在与顾客建立良好关系的过程中，批发商要寻找确定顾客重视的特殊服务组合，并且确定哪些服务最重要、哪些服务可以取消、哪些服务应酌情收费等。

（3）定价决策。成本加成定价法是批发商制定销售价格的一种常用方法。一般来说，批发商的加成率要比零售商低。近年来，为了争取一些新的重要客户，为供应商创造扩大销量的机会，批发商也在根据市场的需求状况努力探索新的定价方法。

(4) 促销决策。批发商主要依靠推销员来达到促销目标。对于广告、营业推广和公共关系等促销方式，批发商可以从使用零售商所采用的树立形象的方式中获益。他们需要制定整体的促销策略，以发挥协同作战的作用。

(5) 地点决策。批发商一般都选择在生产较集中、交通较便利或零售客户及业务使用者密集地设点营业，而且在办公设施等方面投资很少。随着科学技术的发展和市场竞争的需要，信息技术在批发企业的管理中起着越来越重要的作用。仓库管理实行自动化，储存业务操作机械化，用计算机处理订单、存货控制、会计、付款和预测等项业务都对提高批发商的决策能力影响很大。

第四节　实体分销策略

小案例 11-1：实体分销与物流的关系

实体分销涉及大量的物流技术问题：现代化的运输、仓储、包装、装卸技术等，与实体分销的效率紧密地联系在一起。提高实体分销效率，降低成本，除了要有先进的管理方法外，还必须有先进的物流手段。日本在 20 世纪 60 ~ 80 年代完成了这个转变，在国内建起了标准化的现代物流系统。我国近 20 年在通信、运输等方面也取得了长足的进步。

实体分销过程本身就是一个大系统中的各功能子系统相互依存、相互作用的过程。例如，运输速度影响到库存规模，即运速快，较少的库存量也能满足周转的需要；反之，运速慢，库存量大，费用也高。再如，装卸搬运的机械化水平影响包装，若使用几乎可以免装卸的集装系统，则商品包装可相对简化。同时，企业实体分销的效率离不开整个国民经济发展水平的制约，交通运输、码头、航空港，以及整个物流系统的标准化、社会化。

实体分销中存在大量需要权衡选择的问题，即当某个目标能较好地达到时，另一个目标却不能达到，或某项费用较少时，另一项费用却增加。例如，缩短送货周期，提供紧急订货等，虽然可提高服务水准，吸引顾客增加订货，但频繁发货也带来运输成本的增加。又如，企业选择运量大、运费低的铁路运输方式，虽然节省了运费，但铁路运输存在货物在途时间长、不能实现门对门的直达运输、对货物包装要求较高、发生磕碰损失的风险大等缺点，所产生的费用总和也许并不比其他运输方式低。因此，在做决策时必须综合考虑各种因素，选择最优方案。

（资料来源：https://wiki.mbalib.com/wiki/%E5%AE%9E%E4%BD%93%E5%88%86%E9%94%80.）

一、实体分销的含义与目标

1. 实体分销的含义

货物流通过程不仅是所有权转移实现其价值的过程，而且还是货物实体的转移过程。只有货物实体也从生产者手中转移到消费者手中，其使用价值才能最终实现。实体分销（Physical Distribution）又称物流策略，是指对原材料和最终产品从原产地到使用地的转移过程进行计划、执行和控制的活动。

欧美国家把物流称为 Logistics 多于 Physical Distribution。广义的物流包括原材料的采购物流、加工场所内半成品的生产物流和制成品的销售物流。这里所研究的实体分销只涉及产品从生产者到消费者这一流通过程中的时间和空间转移。

2. 实体分销的目标

实体分销的总体目标是把所需运送的货物，以最低的成本、在规定的时间内运送到准确的地点，为顾客提供期望的服务。但是，同时兼顾降低成本和提高服务质量并不容易，因为快速交付、库存充足、灵活分类、自由退货等高质量的服务必然会大大增加销售成本。如果顾客要求低价格，企业可以选择价格低廉的运输方式，保持低量的存货水平。这样顾客可能要等待较长的时间才能得到产品，而企业的生意可能因此被竞争者夺走。所以，实体分销的目标是追求顾客满意度与降低成本之间的平衡。

二、实体分销决策

在确定了实体分销的目标后，企业还要设计自己的实体分销系统。实体分销活动涉及四个重要问题的决策：订单处理、仓储、存货控制和运输方式。

1. 订单处理

实体分销是从顾客订货开始的。订单处理包括销售员转交订单、订单输入和客户信用审查、存货与生产安排、订单和发票传递、收到货款等步骤。订单处理的关键是迅速和准确。利用计算机管理系统进行数据处理和信息传递可以提高效率，缩短从订单到收款的周期。

2. 仓储

仓储是产品售出前的持有过程，具有缓和生产与消费在时间与数量上的矛盾的功能。企业在考虑仓储决策时，主要应考虑如何选择仓库数量和位置、仓库的规模和仓库的所有权等问题。

进行仓储决策必须注意以下几个问题：①仓库数量应在服务水平和仓储成本之间取得平衡。因为仓库数量越多，越能为顾客提供满意的服务，但这必然引起仓储成本的上升，从而引起实体分销总成本的上升。②在设计仓库位置时，要综合考虑供货范围、市场销量、仓库费用、运输成本、交通状况等多种因素。③视不同情况选择是否拥有仓库所有权。

3. 存货控制

存货控制是实体分销中需要解决的一个重要问题。存货控制包括决定何时订货和决定订货数量。决定何时进货时，重点在于确定订货点（Order Point），即库存商品减少到何种水平应提出订货；决定订货数量时，可根据订货处理成本和存货维持成本计算经济订购量。订货处理成本（Order-Processing Costs）包括制造商生产某一产品所需的生产准备成本和生产操作成本。存货维持成本（Inventory-Carrying Costs）包括仓储费用、资金成本、税收及保险费、资产折旧及产品过期损失等。将两种成本相加，即可求得最适宜的订货数量，即经济订货量，如图 11-3 所示。

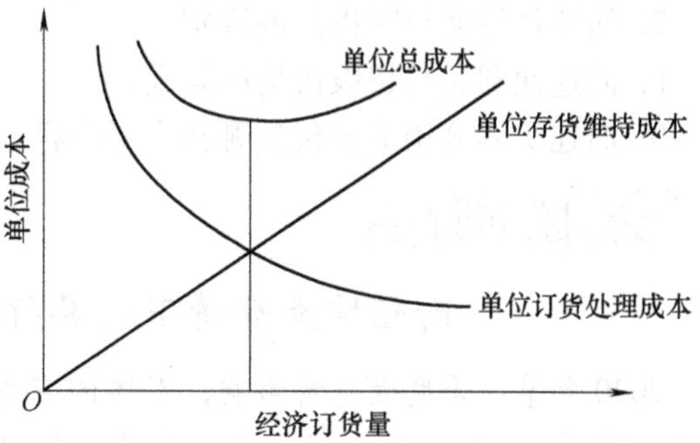

图 11-3 确定经济订货量

4. 运输方式

运输方式会影响产品的价格、送货的准时性和商品损耗等，从而影响顾客的满意度。企业可综合考虑速度、频率、可靠性、运载能力、可用性和成本等因素，选择铁路、水运、载重货车、管道、航空运输或者它们的组合运输方式。各种运输方式的比较见表 11-3。

表 11-3 各种运输方式的比较

运输方式	可靠性	成本	交付速度	可到达性	运输能力	可追踪性	最适用的产品
铁路运输	一般	一般	中等	高	高	低	汽车、粮食、钢铁等体积、质量都较大的产品
水运运输	低	低	慢	低	中等	低	汽车等体积大且不易坏的产品
公路运输	高	长距离成本高，短距离成本低	快	高	高	高	运用范围广泛，其中包括需要冷藏的产品
航空运输	高	高	很快	低	中等	高	电子设备和鲜花等高价值产品
管道运输	高	低	慢	低	低	中等	石油产品和其他一些化学制品

关键词

分销渠道 Distribution Channel
市场营销渠道 Marketing Channel
批发商 Wholesaler
零售商 Retailer
直复市场营销 Direct Marketing
广泛分销 Intensive Distribution
选择性分销 Selective Distribution
专营性分销 Exclusive Distribution
完全服务批发商 Full-Service Wholesaler
实体分销 Physical Distribution Wholesaler
有限服务批发商 Limit-Service Wholesaler

思考题

1. 解释以下概念：

分销渠道、直接渠道、间接渠道、中间商、直复市场营销、广泛分销、选择性分销、专营性分销

2. 简述分销渠道的作用。
3. 简述分销渠道的流程。
4. 简述分销渠道包括哪些类型。
5. 简述影响分销渠道选择和设计的主要因素有哪些。
6. 简述直复营销、直接销售和多层次传销的异同。
7. 简述批发商与零售商的区别。
8. 简述便利店与超级市场的异同。
9. 简述实体分销决策包括哪些主要内容。

案例分析讨论

新冠肺炎疫情下家具行业销售渠道的巨大变革

2020 年第一季度受疫情影响，直播的带货威力被大幅释放，各行各业开启了前所未有的线上直播。淘宝、抖音、快手、西瓜、腾讯等直播平台数不胜数，直播主播从员工到高层、从素人到网红、从店员到店主，直播类别有品牌厂家直播、经销商直播、门店直播等。

每天我国家居行业都有数百、上千场直播在发生，俨然进入了全民直播时代。以欧派、索菲亚为代表的定制家居龙头企业，在疫情期间将直播作为重要的获得消费者的渠道。2020 年 2 月 13 日，欧派携手湖南卫视主持人在天猫、腾讯、苏宁三大平台上试水直播卖货，实际在线观看人数突破 65 万，直播总订单达到 12365 单，创造了当月家居行业在线观看人数之最、直播总订单数之最。定制家居另一巨头索菲亚，战疫期间的线上直播营销可谓连环出击且毫不谦让，从员工到高层到明星到网红继续直播带货。值得一提的是，2020 年 3 月 18 日，索菲亚联合天猫家装、淘宝在直播间联合发布新品“索菲亚 BOX 衣帽间”，据悉取得了 17min 创造将近 1.8 亿元的成绩，在活动当天直播间累计观看超过 2000 万人次，强强联合的确能够最大限度地释放品牌的力量。作为北方成品家具代表的品牌“曲美”，自 2020 年 2 月 18 日开启第一场直播后，两个多月的时间，从首场北京试播到全国首场试播，全国 100 城同播，全国 300 城同播，共计举办了 2000 余场线上直播，累计获取订单 6 万多单。可以看出，直播已成为企业线上常态化营销的一部分。再看看软体家具的头部品牌“慕思”，把员工和经销商员工动员起来，组成了一个 1 万多人的全员营销大军，围绕全国 4000 多家门店，在全国建立了 90 多个群进行动员和指挥。

慕思总裁分享了 2020 年 3 月 1 日到 3 月 2 日的经验，在结束的两场慕思全国抗疫特惠直播活动中，其“战果”达到了 550 多万人收看直播，订单数量超过 10 万。慕思实现了“用户在线、产品在线、管理在线、员工在线”。慕思的计划是，直播活动要月月进行，不但全国直播，而且每个店都开始直播，全面拥抱新零售，打赢家居直播营销的“战争”！在不到三个月的时间，直播在我国家居业迅速蹿红，跨越了可能需要 3~5 年的普及教育期，成功跨越“普及鸿沟”，成为我国家居行业数字化营销的标配。

（资料来源：https://www.sohu.com/a/395330409_120119101.）

案例思考题：

1. 结合材料和所学知识，谈一谈你对新冠肺炎疫情下家具行业分销渠道设计的认识。
2. 结合实际，你认为家具行业未来 10 年应如何进行渠道拓展？

第十二章

促销策略

本章要点

1. 营销沟通的含义与一般过程
2. 促销组合的工具
3. 人员推销的运作
4. 广告媒体及其选择
5. 销售促进的主要形式
6. 公关的活动方式及实施

导入案例

华为应用市场的流量思维

流量源于需求，本质上是用户注意力。所以，互联网的流量运营，就是通过信息和用户的交互，获取用户注意力的过程。当互联网各个领域的应用越来越多，企业对用户的争夺愈加激烈。伴随着流量红利的消逝，用户的增长进入瓶颈期，获取用户成为很多企业和开发者亟待解决的问题。从应用的分发到拉新、促活、留存、变现，企业和开发者该如何让App获得流量，获取用户呢？华为应用市场AppGallery Connect给出了答案。

在精细化运营方面，华为应用市场AppGallery Connect致力于提供全生命周期的运营服务，围绕经典的AARRR模型，从拉新、促活、留存、收入、推荐五个方面提供具体的运营能力支持：①在拉新方面，通过内容推荐、安装有奖、首登活动等提高运营能力；②在促销活动中，通过社区管理、连登有奖、预约用户维系等方式为华为赢得更多的吸引力；③在留存方面，建立流失召回活动、用户反馈管理机制，增加客户黏性；④在收入可持续增长方面，宣传商品管理、充返有奖活动；⑤在推荐方面，通过互动评论、“开发者的话”提升用户的活跃度。

在商业推广策略方面，华为应用市场AppGallery Connect通过榜单类资源、搜索类资源、品效类资源的相互结合，为应用的推广提供了多种多样的方案。

在增长方面，AppGallery Connect增长服务提供的精细化运营工具，覆盖用户拉新、留存、促活等全生命周期。A/B测试通过实验数据决策最佳方案；远程配置无须升级应用版本，实现快速修改应用；应用内消息基于用户情景推送消息；App Linking 链接直达应用内容。基于运营场景，使用单个服务或多服务组合，助力开发者实现用户及收入的规模增长。

（资料来源：https://baijiahao.baidu.com/s?id=1681673145497267909&wfr=spider&for=pc.）

华为应用市场从五个方面入手，增加了流量，获得了更多的用户。企业应该制定怎样的促销策略才能获得最佳效果呢？本章将对促销组合中的人员推销、广告、销售促进和公共关系等主要工具和策略制定进行介绍。

第一节 沟通理论与促销组合

促销是企业市场营销活动的基本策略之一。仅有优质产品、合适的价格和顺畅的分销渠道，不一定能保证企业盈利和营销活动的成功。过去常说，“酒香不怕巷子深”，但是当前在激烈的市场竞争中，可能产品很好却鲜为人知，企业在市场上无以立足。促销就是要向顾客和潜在顾客进行传播，提供产品和企业的信息，与顾客进行沟通，启发或培育消费者的需求，激发顾客的购买欲望和购买行为。对于多数企业而言，问题的关键不在于是否要进行传播，而在于如何进行有效传播。因此，掌握传播理论、传播技巧和策略很有必要。

一、沟通理论

（一）营销沟通的含义

营销沟通是指营销者通过与顾客进行双向交流，建立共识而达成价值交换的过程。营销沟通本质上是一个信息传播过程，所涉及的关键要素主要有以下几个方面：

（1）发送者，又称信息源，是指发送信息的一方。

（2）编码，是指发送者将思想意图转换成信息的过程。

（3）信息，是指发送者传送的整套信号。

（4）媒体，是指信息从发送者到接收者所经过的传播渠道。

（5）解码，是指接收者确定发送者所传出的信号的意思的过程。

（6）接收者，也称接收人、受众或目标受众，是指接收信息的一方。

（7）反应，是指接收者在受信息影响后所采取的有关行动。

（8）反馈，是指接收者返传给发送者的那部分反应。

（9）噪声，是指在传播过程中发生的意外与失真。这是由于接收者收到不同于发送者所发出的信息而引起的。

营销沟通模式如图 12-1 所示。

在上述九个要素中，发送者和接收者代表传播的双方，信息和媒体代表主要的传播工具，编码、解码、反应和反馈代表主要的传播功能，噪声代表外界的干扰。这一模式强调了构成有效传播的主要因素。发送者如果要把他们想要发出的信息传递给特定的受众，就必须熟悉如何编码，并考虑目标受众通常会如何解码。信息必须通过可以达到目标受众的有效媒体才能传递，因此发送者还必须广开反馈渠道，只有这样才能真正了解接收者对信息的反应。

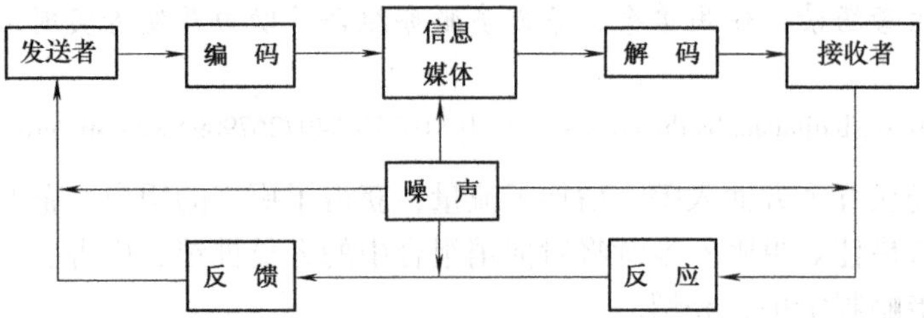

图 12-1 营销沟通模式

（资料来源：科特勒. 营销管理：第 11 版. [M]. 梅清豪，译. 上海：上海人民出版社，2003：636.）

（二）营销沟通的一般过程

1. 识别目标受众

目标受众既可以是企业产品的潜在购买者、目前用户、决策者或其他有影响的人，也可以是个人或某些方面的公众。传播者必须研究受众的需要、态度、偏好和其他特点，以便在确定传播目标时给予考虑。

2. 确定传播目标

市场营销传播者需要知道如何使目标受众从目前的状态转变为准备购买的最佳状态。消费者的反应阶段有各种不同的模式。人们最熟悉的消费者反应层次模式如图 12-2 所示。

阶 段	AIDA 模式	效果层次模式	创新采用模式	沟通模式
认识阶段	注意	知晓 ↓ 了解	知晓	接触 ↓ 接受 ↓ 认识
动情阶段	↓ 兴趣 ↓ 欲望	↓ 喜欢 ↓ 偏爱 ↓ 信服	↓ 兴趣 ↓ 评价	↓ 反应 ↓ 态度 ↓ 意愿
行为阶段	↓ 行动	↓ 购买	↓ 试用 ↓ 采用	↓ 行为

图 12-2 消费者反应层次模式

（资料来源：科特勒. 营销管理：第 11 版. [M]. 梅清豪，译. 上海：上海人民出版社，2003.）

在图 12-2 中，AIDA 模式表示购买者必须经历的四个阶段，即注意（Attention）、兴趣（Interesting）、欲望（Desire）和行动（Action）；效果层次模式表示购买者经历了知晓、了解、喜欢、偏爱、信服和购买阶段；创新采用模式表示购买者经历了知晓、兴趣、评价、试用和采用阶段；沟通模式表示购买者经历了接触、接受、认识、反应、态度、意愿和行为阶段。所有这些模式都假设购买者经历了一个认识→动情→行为的顺序阶段。下面以效果层次模式来具体说明购买者的经历状态：

（1）知晓（Awareness）。如果大多数目标受众并不知晓目标物，则信息传播者的任务就是建立知晓度。只要通过重复品牌名称等简单的信息就可以，但这也是需要时间的。

（2）了解（Knowledge）。目标受众可能知晓企业及其产品，但了解并不多。这时传播者首先应弄清分别有多少人了解很少、了解一些和了解很多，然后再决定其信息传播目标。

（3）喜欢（Liking）。假如目标受众了解传播对象，那么他们对传播对象的感觉如何呢？如果大多数人对企业或其产品的看法不好，传播者就要找出其中的原因，然后有针对性地开展传播活动，以使目标受众产生良好的感觉。如果不好的看法源于企业或其产品本身，那么传播活动无法解决这个问题，企业必须通过加强内部管理或提高产品质量来解决。

（4）偏爱（Preference）。目标受众可能喜欢该产品，但并不特别偏爱。因此，沟通的目标就是使他们形成对本企业及产品的偏爱。传播者通常会改善其产品的质量、价值、性能等属性，以便广泛招徕顾客。

（5）信服（Conviction）。目标受众可能偏爱某一产品，但还不会建立起购买的信念。这时传播的任务就是说服目标受众建立起这种信念。

（6）购买（Purchase）。目标受众中的有些人可能已有购买的想法，但不一定马上采取购买行动。他们可能要等待进一步的信息或者计划一段时间后才行动。传播者必须设法引导这些消费者采取最后的步骤，促使购买的策略有低价提供产品、提供奖金和提供有限的试用机会等。

3. 有效设计信息

在明确所希望的受众的反应之后，营销者需要进一步研究并设计出有效的信息。设计信息时必须解决需要说什么（信息内容）、如何有逻辑地说（信息结构）、以何种形式说（信息形式）和由谁来说（信息源）的问题。

（1）信息内容。传播者必须设想出对目标受众说什么才能使其产生所期望的反应，这一过程通常被称为诉求。诉求可以分为以下三类：①理性诉求，即表明该产品将会给目标受众带去的功能利益；②情感诉求，即试图激起推动购买的某种积极或消极的情感；③道德诉求，即针对受众传递是非信息，经常用于激励人们支持社会公益事业，如净化环境、尊老爱幼和援助残疾人等。

（2）信息结构。信息的有效性不仅取决于其内容，还取决于其结构。耶鲁大学的霍夫兰（Hovland）的研究成果对提出结论、单面和双面论证及表达次序等问题做了非常清楚的阐述。

1）提出结论。研究表明，最好的广告是提出问题而让受众自己做出结论。这是由于提出过分明确的结论可能会限制产品的被接受程度。例如，某汽车制造公司一再宣称某款汽车是专门为年轻人设计的车型，然而这一强烈的定义可能会把被这种车型所吸引的其他年龄层次的顾客排除在外。刺激物的模糊性可以创造某种产品更为广泛的市场和引起更加自发的使用，提出结论则更适合用于明确用途的专门产品和复杂产品。事实表明，比起传播者给出的结论，受众更容易接受自己得出的结论，也记得更牢，同时也就更不容易动摇和改变。

2）单面论证和双面论证。单面论证是指传播者只夸奖其产品，双面论证是指传播者指出产品优点的同时也提及产品的某些缺点。研究的结果表明，单面论证适用于开始就对传播者的立场有好感的受众和受教育程度较低的受众，双面论证则对于受过较好教育和最初反对的受众的效果较好。

3）表达次序。表达次序是指传播者应该是最先还是最后提出最重要的论点的问题。在单面论证的情形下，最先提出最重要的论点有利于引起注意和兴趣。在双面论证的情况下，正面的论点应首先提出还是最后提出，是值得传播者认真考虑的。假如受众开始持反对意见，传播者可以先提出反面论点。这样做是比较明智的，因为它既可以解除受众的思想武装，又可以使传播者有机会用其最重要的论点来做结论。一般来说，前面的观点容易引起受众的注意，而放在后面的观点容易被记忆。

（3）信息形式。传播者必须为信息设计一种强有力的表达形式。例如，印刷广告，传播者必须确定标题、文稿、插图和颜色。为了引人注目，广告可综合运用视觉形象、事件高潮、表演、情感和音乐等方法。如果采用无线电广播的传播形式，传播者必须慎选措辞，选择说话的速度、节奏、音调、发音、吐字等。如果信息要通过电视或由人员表演来传播，那么所有上述因素以及体态语言都必须事先安排设计好，信息代言人必须注意他们的面部表情、手势、服装、姿态等。如果信息是通过产品或其他包装来传播的，传播者就必须注意产品的颜色、质地、气味、大小及形状等。

（4）信息源。有吸引力的信息源发出的信息往往可以获得更多的注意力和给人留下更深的印象。广告常用名人作为代言人，但代言人（宣传人）的可信度同等重要。信息由具有较高信誉的代言人进行传播时，就更有说服力。代言人的可信度通常由专业技能、可靠性和受人喜爱三个因素构成。最可信的来源，应该是在这三个方面均得高分的人。

4. 选择传播渠道

信息传播者必须选择有效的信息传播渠道来传递信息。信息传播渠道分为人员信息传播渠道和非人员信息传播渠道。

（1）人员信息传播渠道。人员信息传播是指两个或更多的人员相互之间直接地进行信息传递。人员信息传播渠道可以进一步分为倡议者渠道、专家渠道和社会渠道。倡议者渠道由公司推销员组成，他们负责与消费者接触；专家渠道由向消费者做宣传的独立专家组成；社会渠道由邻居、朋友、家庭成员及同事组成，他们直接与购买者沟通。许多企业已经发现这种专家和社会渠道具有“口碑”传播的力量，在拓展新业务时特别重视激励这些渠道。

人员信息传播渠道在下列情况下对购买行为起到很大的作用：①对于产品价格昂贵、有风险的购买行为、购买不频繁的产品，消费者在购买时，对信息有较强的依赖。他们除了了解一般媒体的信息外，还要向专家或身边的人多方打听和咨询。②该产品对消费者的社会地位或身份有暗示。在这种情况下，购买者也会积极地向别人咨询。

（2）非人员信息传播渠道。非人员信息传播渠道是指不通过人员的接触或相互作用来传递信息。具体形式包括各类媒体、气氛和事件。媒体是指印刷媒体、电子媒体、网络媒体等。大多数消费者接触的都是这类媒体。气氛是指经过包装起来的整体配套的环境，它可以促使消费者产生（或增强）购买（或消费）产品的愿望。零售企业现场广告和促销等最能形成购买气氛。事件是指为了把特别的信息传达给目标受众而设计的活动。例如，公共关系部门安排的记者招待会，隆重的开幕式，以及赞助体育、重大科技、教育、慈善、环境保护等活动，以达到高效传播的目的。

5. 制定促销预算

促销预算在行业与行业之间、同行业的企业之间差距很大。下面介绍制定促销预算常用的四种方法：

（1）量力而行法（Affordable Method）。这种方法要求企业必须以自己的财力所限为准进行促销预算决策。但它忽视了促销作为一种投资所起的作用，以及促销对销售的直接影响。

（2）销售百分比法（Percentage-of-Sales Method）。许多企业以其销售总额的一定百分比为标准来确定其促销预算。其优点是企业的促销预算可随企业财政的承受能力的变化而变化，从而使促销预算与企业在经济周期各个阶段中的销售活动密切地联系在一起。但其不足之处在于它把销售额视为促销的原因而不是结果，不是以市场上的产品销售机会而是根据可供使用的资金的多寡来确定促销预算款项，不利于市场营销计划的顺利开展。

（3）竞争均势法（Competitive-Parity Method）。竞争均势法就是企业在促销费用开支方面采用与竞争对手同样的份额，目的是维持其市场占有率，保持竞争均势，防止发生促销战。这种做法的不足之处在于它把竞争对手的促销费用开支作为自己促销预算的标准。由于企业之间的声誉、资源、机会和目标差别很大，因此用其他企业的促销预算作为自己遵循的标准不一定适合。

（4）目标任务法（Objective-Task Method）。目标任务法要求市场营销人员通过确立其特定的目标、决定达到这些目标应完成的任务和估计完成这些任务的成本来制定其促销预算。它要求管理部门必须详细说明其有关开支金额、广告展露水平、试用度与广告使用量之间关系的假设。其缺点是没有从根本上考虑具体的广告目标是否值得这样做。

6. 衡量促销活动

在实施促销计划之后，传播者必须采取有效措施来衡量沟通活动对目标受众的直接和间接影响，如能记忆起哪些内容、对信息的感觉如何，以及他们先前和现在对待企业及产品的态度有无变化。传播者还必须收集受众反应的行为测度，如多少人购买了该产品、多少人喜爱该产品，以及多少人与其他人谈及过该产品。传播者应该根据调查结果，采取针对性的传播策略，加强营销工作的力度，扩大品牌的知晓度或增加产品的市场占有率等。

二、促销的含义与作用

促销是指企业以各种有效的方式向目标市场传递有关信息，以启发、推动或培育对企业产品和服务的需求，并激发购买欲望和购买行为的活动。促销一般包括广告、人员推销、营业推广和公关宣传等活动，也包括这些方式的组合运用活动。促销具有以下作用：

1. 告知

促销活动就是把企业及有关产品的信息通过各种传播媒介告诉广大公众，使他们对企业的产品有一定的知晓度，在购买过程中将企业的产品纳入自己的选择范围。产品的知名度越高，消费者对企业的产品越了解，选择该企业产品的可能性就越大。

2. 说服

促销活动都是营销者经过仔细的研究和分析而发起的。促销策划的重点在于如何了解消费者、如何设计信息、如何寻找代言人、如何说服消费者、如何增强消费者对本企业产品的信心等，从而产生购买行为。如何说服消费者是促销策略研究的重点。

3. 影响

促销活动通过运用大众媒体经常性的信息传播活动，不仅影响消费者短期的购买行为，对消费者长期的消费也有较大的影响。通过传播活动，不但使消费者加深了对企业和品牌的印象，甚至形成社会舆论影响消费者的心理，从而引发消费潮流。

三、促销组合及影响因素

在买方市场条件下，要引起消费者对企业产品的注意，必须采取各种有效的方法，把企业及产品的信息传达到自己的目标市场，以吸引消费者购买企业的产品，这样就需要综合运用各种促销方式，借助促销组合。

促销组合是指企业为了有效地进入目标市场，实现营销目标，而对人员推销、营业推广、广告和公共关系等几种促销工具的综合运用。

（一）不同性质的促销工具

由于每种促销工具都有其固有的本质属性和成本，因此市场营销人员在做出组合选择前，必须对它们有详细的了解。

1. 广告

广告在促销组合中呈现出以下特点：①公共宣传。广告是一种高度公共性质的传播方式，从而赋予产品一种合法性，并表明该产品采用一种标准化的供给方式，因为许多人收到同样的信息。②广告是一种渗透性促销工具。它可以使购买者接受各种竞争者的信息并加以比较。卖者的广告规模也从正面说明其名望、经济实力等。③强烈的感染力。广告通过精心策划，巧妙地利用印刷、声音和颜色等为企业及其产品提供了生动的展示机会。④非人格性。广告不像企业的销售代表那样具有情感性，受众并不感到有必要去留心或做出反应。广告对于受众只能是独白，而不是对话。因此，广告既可用来为产品树立长期的形象，同时又能激发销售以取得预期效果。由于广告是将产品的信息传播给分散于各地的为数众多的消费者的有效途径，因此其每人次展露的成本比较低。

2. 人员推销

人员推销在购买过程的特定阶段，特别是推动购买者的偏好、信心和行动阶段，相比较而言是最有效的工具。其原因是人员推销和广告相比，凸显三个鲜明的特性：①人际接触。人员推销包含两个或更多的人员之间的一种直接的、活跃的和相互作用的关系，每一方都能就近观察彼此的需要和特点，并可以立即做出反应。②培养关系。人员推销可培养出各种各样的关系，从就事论事的推销关系发展到个人的友谊。精明的销售人员通常会考虑消费者的利益，以保持长期的关系。③推销的即时反应。消费者在听了推销人员的介绍之后做出某种反应，即使反应只是一句“谢谢”这样的客套话，仍须给予注意并做出相应的反应。但销售人员的培养、辞退和换岗都不是容易的事，因而对于企业来说是一笔长期固定的费用。

3. 营业推广

营业推广的工具多种多样，但归纳起来有三个明显的特点：①信息传播。它能够引起消费者的注意，并通过提供信息把消费者引向产品。②适度的刺激。它通常采取某些让步、引导或赠送的办法给消费者以某些好处。③积极的引导。它具有明显的促使消费者立即进行交易的引导性。营业推广可用来激起人们对产品的注意，又可用来提高产品的销售量，因此企业可动用营业推广的各种手段来激起消费者更为迅速强烈的反应。但必须清醒地认识到，营业推广的效果通常是短期的，在建立长期的品牌偏好方面并没有效果，往往还会产生负面影响。

4. 公关宣传

公关宣传有三个极其显著的特性：①高度可信性。新闻报道与特写对读者来说一般比广告更有权威和更可信。②解除戒备心态。公关宣传可以使许多有意避开销售人员和广告的潜在顾客乐意接受，因为这时的商品信息是以新闻形式出现的。③引人注目。像广告一样，公关宣传推广具有能使企业或产品引人注目的功能。正因如此，越来越多的企业求助于公关，特别是赞助活动，以提高品牌的知名度和美誉度。

（二）制定促销组合时应考虑的因素

1. 产品性质

促销工具的有效性因消费品市场和工业品市场的差异而不同。标准化、大批量生产的消费品企业通常首先把大量资金用在广告上，以便使消费者产生品牌效应，其次是营业推广、人员推销，最后才是公关宣传；工业品企业则首先将大量促销资金用于人员推销，其次才是营业推广、广告和公关宣传。一般来说，人员推销较多地用于复杂的、昂贵的、有风险的、数目较少、规模较大的工业产品上。

2. “推式”策略与“拉式”策略

“推式”策略主要通过人员推销把产品推给分销渠道，通过分销渠道把产品推给消费者，即生产者积极地把产品推销给批发商，批发商积极地把产品推销给零售商，而零售商又积极地把产品推销给顾客。“拉式”策略是企业在广告、营业推广等促销上支出大笔经费激发消费者的需求，消费者向他们的零售商指名购买这一产品，零售商向他们的批发商指名购买这一产品，而批发商再向他们的生产商指名采购这一产品。例如，一些按订单生产的产品就是采取了“拉式”策略。图 12-3 对这两种策略进行了比较。

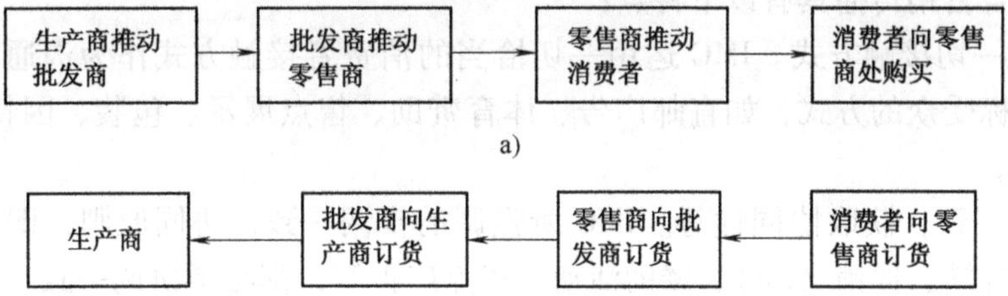

图 12-3　“推式”策略与“拉式”策略

a）“推式”策略　b）“拉式”策略

在营销实践中，企业通常会组合使用“推式”策略或“拉式”策略，或有所侧重地使用其中一种，以便获得较好的传播效果。

3. 目标市场的特点

如果企业面对地域辽阔且分散的顾客，广告的作用就较大，相对于人员推销具有较低的成本；对人口密度较大的市场，运用营业推广和人员推销的有效性更强。此外，目标市场的文化也会影响消费者对企业不同促销方式的接受程度，如日用品在我国市场上采取人员推销的方式被接受的程度就较低。

4. 产品生命周期阶段

促销手段在产品生命周期的不同阶段的效应也有所不同。在导入期，扩大产品知名度是企业的首要任务，因此广告和公关宣传具有很高的传播效应；其次是营业推广和人员推销，它们可以推动产品的试用，从而扩大市场占有率。在成长期，由于消费者彼此的相互转告，需求自然可保持其增长的势头，因此所有促销手段的传播效应都降低了。在成熟期，营业推广比广告的传播效应更大，广告又比人员推销的传播效应大。在衰退期，营业推广的传播效应较强，广告和公关宣传的传播效应则降低了，而人员推销的传播效应最低。

5. 企业的市场地位

调查表明，排名靠前的品牌做广告比营业推广可以获得更多的利益，排名前三位的品牌投资回报率随着广告与营业推广费用的增加而增加，而排名第四甚至更靠后的品牌利润率在广告增加的情况下则可能会递减。

四、整合营销传播

由于用来影响目标受众的传播工具与信息种类繁多，这就要求使用者必须使之协调一致，否则信息的推出便可能与是否有货可供在时间上产生矛盾；或者信息之间缺乏一致性，或者是信息不具备理想的成本效应。如果不加以协调，每一个负责传播信息源的负责人就会不顾不同工具的相对优缺点而各自力争更多的预算开支，从而造成巨大的浪费。

正因如此，越来越多的公司正在引进市场营销传播的新理念——整合营销传播（IMC）。美国广告代理商协会认为，整合营销传播是对各种传播方法及策略进行综合计划的增值效应的确认。IMC 强调在与消费者沟通时，为了达到理想的沟通效果，要将营销沟通要素，如广告、公关宣传、销售促进、人员销售、赞助营销、直接营销、POP 沟通等相互配合，整合成一体，与品牌的市场定位相一致，与产品、价格和分销渠道相协调，实现这些分散信息的无缝结合。整合营销传播具有以下特点：

（1）运用一切接触方式。IMC 运用一切恰当的消费者接触方式作为沟通渠道，所有能够有效接触目标受众的方式，如直邮广告、体育赞助、售点展示、包装、因特网、墙体等，都可加以使用。

（2）步调一致，获取协同优势。IMC 所强调的步调一致，协同原则，即要求广告、公关宣传、人员推销、促销（SP）、赞助活动、售点广告等，都必须协调一致。品牌广告活动中的主题或卖点，需要在产品包装上得以体现，在销售中由销售人员反复强调，在促销活动中形成焦点，在赞助营销中得以强调，在售点广告中要引人注目。总之，一切沟通手段传递的都是一个信息。只有这样，才能建立起强有力的品牌形象，并促使消费者采取购买行动。

当然，这一理念要求企业必须明确识别各种促销工具的作用和成本效应；必须按照不同的产品、促销工具、产品市场生命周期阶段和观察效果来分别跟踪所有的促销开支，以此作为日后更好地运用这些工具的依据；必须在开展重大促销活动时，对各种促销活动、媒体及其时间安排加以协调。

总之，整合营销传播可使购买者和公众看到企业意愿的一致性和连贯性，从而有利于节省促销费用，提高促销活动的效果。

第二节　人员推销策略

资料链接 12-1：世界十大杰出推销员

1. 保险业推销之神——原一平

原一平，1904 年出生于日本长野县，1930 年 3 月加盟明治保险公司，最终成为日本保险业连续 15 年全国业绩第一的“推销之神”。此外，他还是推销员协会会长、美国百万圆桌协会（MDRT）成员，在世界推销界享有极高声誉。

名言：做正确的事，而不是多做事；要做需要做的事，而不是你喜欢做的事。

2. 销售冠军的缔造者——汤姆·霍普金斯

汤姆·霍普金斯（Tom Hopkins），全世界单年内销售最多房屋的地产业务员，平均每天卖掉一幢房子，3 年内赚到 3000 万美元，27 岁就已成为千万富翁。至今，汤姆·霍普金斯仍是吉尼斯世界纪录的保持人。

汤姆·霍普金斯是国际培训集团的董事长。他每年出席全球 75 次研讨班，向全世界梦想获得巨大成功的人们传授销售知识，分享自己毕生的成功经验，被公认为“销售冠军的缔造者”“世界第一推销员训练大师”。如今全世界的很多销售培训课程，都来源于他的销售培训系统。

名言：成功者绝不放弃，放弃者绝不会成功。

3. 顶尖营销培训大师——布莱恩·崔西

布莱恩·崔西（Brian Tracy），世界顶级管理与营销培训大师、全球推销员的典范，曾被列入全美十大杰出推销员。

名言：人类因梦想而伟大，因挫折而成长，因实践而成功。

4. 世界上最伟大的推销员——乔·吉拉德

乔·吉拉德（Joe Girard），1928 年 11 月 1 日出生于美国底特律市的一个贫民家庭。他在 15 年的汽车推销生涯中总共卖出了 13001 辆汽车，平均每天销售 6 辆，最多一天销售 18 辆车，一个月最多销售 174 辆车，一年最多销售 1420 辆车，而且全部是一对一销售给个人的。他也因此创造了吉尼斯汽车销售的世界纪录，同时获得了“世界上最伟大的推销员”称号。2001 年，乔·吉拉德跻身“汽车名人堂”（Automotive Hall of Fame），这是汽车界的最高荣誉，他同世界汽车业界的先驱与灵魂人物：福特汽车创办人亨利·福特、本田汽车创办人本田宗一郎、法拉利创办人恩佐·法拉利等人并列其中，是迄今唯一荣登汽车名人堂的推销员。

名言：推销活动真正的开始在成交之后，而不是之前。

5. 保险推销奇才——克莱曼特·斯通

克莱曼特·斯通（W. Clement Stone），美国联合保险公司董事长、全美乃至世界商业界都享有极大美誉的销售、管理大师。

名言：对于强者来说，困难越多成就越大，具体到推销这个职业来说，在大的机构推销可以获得更大的成功。

6. 国际大师级的推销员领袖——弗兰克·贝特格

弗兰克·贝特格（Frank Bettger），美国著名保险营销顾问，有史以来最伟大的保险推销员，曾创造过美国保险业多项第一名。

名言：成功不是用你一生所取得的地位来衡量，而是用你克服的障碍来衡量。

7. 世界首屈一指的销售点子大王——齐格·齐格勒

齐格·齐格勒（Zig Ziglar），美国最杰出的推销员、百万圆桌协会成员、世界首屈一指的销售点子大王。

名言：什么叫成功？无非是你这次没有失败。

8. 世界顶尖推销大师——马里奥·欧霍文

马里奥·欧霍文（Mario Ohoven），世界顶尖推销大师、销售咨询培训专家，曾连续三次获得世界冠军推销员的殊荣。

名言：不要为失败寻找理由，而要为成功寻找方法。

9. 美国成功学的奠基人——奥里森·马登

奥里森·马登（Orison Marden），被公认为美国成功学的奠基人和最伟大的成功励志导师、成功学之父、美国著名营销管理大师。

名言：梦想是现实之母。

10. 全美公认的最佳保险经纪人——雷蒙·A. 施莱辛斯基

雷蒙·A. 施莱辛斯基（Raymond A. Slesinski），美国著名营销大师，曾被列入全美十大杰出推销员，全美公认的最佳保险经纪人。

名言：沟通，首先是面对自己，如果你连自己都沟通不良，那么怎能奢谈和陌生人沟通。

（改编自：①劳拉．世界最杰出的十大推销大师：营销人员的销售圣经［M］. 北京：中国民航出版社，2004. ②卓宇扬．优势销售：世界十大顶尖推销员的销售秘籍［M］. 北京：北京工业大学出版社，2010.）

人员推销是指企业的推销人员或派出的销售机构通过向目标顾客介绍和销售产品来推动销售的促销活动。中外企业的实践表明，人员推销与其他促销手段相比，具有不可替代的作用。

一、人员推销的特点

1. 灵活性

推销员与顾客面对面交谈，能随时观察与掌握顾客的反应，解答顾客的疑问，并及时调整推销策略和方法，说服顾客产生购买欲望，促成交易。

2. 针对性

广告等非人员促销方式面对的是广大公众，不一定是本企业产品的潜在顾客。人员推销多为个别进行，作业之前要经过调查研究，选择和了解潜在顾客，拟订具体推销方案、推销目标、方法策略等，以提高推销的成功率，减少浪费。

3. 及时性

人员推销的直接性大大缩短了从促销到顾客购买的时间间隔。采用非人员促销方式，顾客即使获得信息，也需要有一个思考、比较、决策以及到商店购买的过程，时间一长还可能放弃购买。面对面的人员促销能够尽快消除顾客的疑虑，及时成交。

4. 反馈性

人员推销是一种双向信息交流的过程，推销员在与顾客的交往中，能够收集到所需的各种市场信息，有助于企业改进产品和市场营销策略，并不断开拓新的市场和新的客源。

但是，人员推销的成本费用比较高，在市场范围广阔而买主又较为分散的情况下，显然不宜采用；相反，当市场密集度高、买主集中时，如有些工业品市场，人员推销则可扮演重要角色。由于人员推销可以提供较详细的资料，还可以配合顾客需求提供其他服务，所以最适于推销那些技术性较强的产品或新产品，以免增加不必要的开支。在企业的市场营销中，人员推销多用于工业品的销售或对中间商的销售。

二、人员推销的形式与步骤

（一）人员推销的对象与形式

1. 人员推销的对象

人员推销的对象是指人员推销活动中接受推销的主体，即推销人员说服的对象，可分为消费者、生产用户和中间商三种类型。选定推销对象是推销工作的起点。

（1）向消费者推销。为了更有效地达到目的，推销人员必须了解消费者的年龄、性别、民族、职业、宗教信仰等基本情况，以及消费的购买欲望、购买能力、购买特点和习惯等，时刻注意消费者的心理反应。对于不同的消费者，推销人员要采取不同的推销技巧。

（2）向生产用户推销。推销人员必须了解和熟悉生产用户的生产规模、人员构成、经营管理水平、产品设计与制作过程及资金等情况。同时，推销人员还要善于准确而恰当地说明自己产品的优点，简明扼要地分析生产用户使用自己产品后所得到的效益，必要时还能及时帮助生产用户解决遇到的疑难问题，以取得用户的信任。

（3）向中间商推销。由于中间商对所购商品具有丰富的专业知识，其购买行为属于理智型。这就要求推销人员必须具备较高的业务知识和推销技巧。在向中间商推销产品时，首先要了解中间商的类型、业务特点、经营规模、经济实力及其在整个分销渠道中的地位；其次，应向中间商提供有关信息和帮助，建立友谊以扩大销售。

2. 人员推销的基本形式

（1）上门推销。上门推销是指由推销人员携带样品、产品、说明书和订单等走访顾客以推销产品的方式。这种形式可以针对客户的需要而提供有效的服务，方便顾客，因而被广泛接受和认可。

（2）柜台推销。柜台推销又称门市推销，是指企业在适当地点设置固定的门市，由营业员接待进入门市的顾客，向其推销产品的方式。门市的营业员是广义的推销人员。与上门推销正好相反，是等客上门式的推销方式。由于门市里的产品种类齐全，能满足顾客多方面的购买要求，为顾客提供较多的购买品，还可以保证商品安全无损，因此这一方式容易被顾客接受。柜台推销适合零星小商品、贵重商品和容易损坏的商品。

（3）会议推销。会议推销是指企业利用各种会议向与会人员宣传和介绍产品，开展推销活动。例如，在订货会、交易会、展览会、物资交流会等会议上推销产品。这种推销形式接触面广、推销集中，可以同时向多个推销对象推销产品，成交额较大，推销效果好。

（二）销售人员推销的步骤

销售人员在开展推销工作时，尽管产品不同，但基本环节是相同的，大致都经过图 12-4

所示的六个步骤。

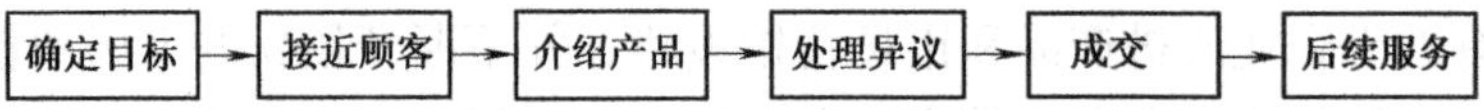

图 12-4　销售人员推销的步骤

1. 确定目标

人员推销的第一步就是要研究潜在顾客，选择极有可能成为顾客的人。这些潜在顾客可直接从消费者、产业会员中调研，或通过公共档案、电话“黄页”、行业协会名单、公司档案等获得。推销人员应把重点放在那些有财力、有意愿和有能力购买产品的潜在顾客身上。

2. 接近顾客

对于已经确定的顾客，推销人员要收集他们的有关资料，如需求类型、经济收入、职业特点、生活方式、购买特点等，以便针对不同的对象设置具体的销售方案。推销人员在接近潜在顾客时要留给对方良好的第一印象，因为第一印象往往是能否成功推销产品的关键。凡是能了解每个顾客特殊情况的推销人员，大多能形成良好的第一印象，并能做成交易。

3. 介绍产品

在很多情况下，除了对产品进行实际推销介绍外，还要展示或演示产品。推销人员应特别指出产品的特点和利益，以及相对于竞争者产品的差异化优势，甚至可以指出本产品的某些不足、可能出现的问题，以及如何避免。这可以给顾客以诚实的印象，加深好感。

4. 处理异议

顾客在整个沟通过程中都可能提出异议或问题，这给推销人员提供了进一步讲解、演示产品的机会。销售人员必须善于排除这些异议。有经验的销售人员对于可能出现的异议在销售前就有所准备，往往能随机应变，有效排除障碍，达成交易。

5. 成交

排除异议后，下一步就可能使顾客同意购买自己推销的产品。此时，推销人员必须确保在成交前没有遗留重要的问题。如果没有成交，销售人员也要豁达相对，因为经验表明，每次成交前平均要进行四次推销接触。

6. 后续服务

在交易达成后，推销人员还要做好后续工作，如送货、产品使用说明、保修、保养等。这样会给顾客留下一个好印象，并为未来的推销铺平道路。总之，推销人员的职责并不随销售工作的结束而结束，它将随着销售人员与顾客之间保持良好、有效的相互关系而延续下去。

三、推销人员管理

（一）推销队伍的结构

建立推销队伍要从企业的实际情况出发，按照营销活动的实际需要加以组织。推销队伍的结构一般有以下几种情况：

1. 按地区结构组成的推销队伍

产品组合比较单一而市场分布面较广的企业通常按地区结构来组织推销队伍。其基本做法是，将推销人员按所划定的市场区域进行分配。这种结构的好处是：①比较容易评价个别推销人员的销售业绩；②推销人员容易同顾客建立长期关系；③差旅费用相对较少。

2. 按产品结构组成的推销队伍

在企业的产品组合面广、各产品线关联性不大的情况下，通常采取按产品结构组织推销队伍的做法，即每一组推销人员专门负责销售某一种特定的产品。这种做法的好处是，推销人员可以在技术和业务上都十分熟练，并能对该产品的目标市场有全面的了解。但若两种产品消费关联性比较密切，则有可能出现同一企业的两个销售人员同时对同一顾客销售同类产品的情况。

3. 按顾客结构组织推销队伍

有些企业按照顾客的不同类型来组织推销队伍，即由一组推销人员面对一种类型的顾客群体。例如，有专门对批发商推销的人员，也有专门对零售商推销的人员；有专门对老年顾客推销的人员，也有专门对家庭妇女推销的人员。这样做的好处是推销人员对顾客的特点很熟悉，能有的放矢地开展推销活动。问题是若顾客分布面很广，推销人员的差旅费用可能会增加。

4. 复合结构的推销队伍

若将以上几种推销队伍的组织方式结合起来，就能形成一种按复合结构组织的推销队伍。例如，企业可按地区-产品、地区-顾客、产品-顾客的结构来组织推销队伍，也可按地区-产品-顾客的结构组织推销队伍，将推销队伍的结构逐步细分，这样就有可能克服以上几种组织方法存在的缺点，使推销队伍的结构合理化。当然，复合结构的推销队伍一般由较多的推销人员组成，所以是一种比较适合大型企业推销队伍的组织形式。

（二）推销队伍的选拔与培训

1. 推销人员的选拔

人员推销是一个双向沟通的互动过程，推销人员必须具备较高的素质才能完成任务。推销人员需要：①具备强烈的事业心和责任感；②具有丰富的知识和较强的学习新知识的能力；③具有勇于进取、不怕失败的精神；④具有善于表达、富于应变的能力；⑤具有相关的企业、产品和消费者方面的知识；⑥严格遵守职业道德。

企业可以采用申请、笔试和面试相结合的方法选拔优秀的推销人才（企业可以自己进行考核，也可以委托专门的中介机构进行考核）。由报名者自己填写申请表，借此掌握报名者的性别、年龄、受教育程度及工作经历等基本情况；通过笔试和面试可以了解报名者的仪表风度、工作态度、知识广度、语言表达能力、理解能力、分析能力和应变能力等。

2. 推销人员的培训

企业必须对选拔出的推销人员进行集中培训，使他们进一步学习和掌握有关知识与技能。培训的主要内容包括企业知识、产品知识、市场知识、心理学知识和法规知识等。具体培训方法很多，常采用的方法如下：①讲授培训，即请专家、教授讲授。②模拟培训，即由受训人员扮演推销人员向由专家教授或有经验的优秀推销员扮演的顾客进行推销，或由受训人员分析推销实例等。它是受训人员亲自参与的有一定真实感的培训方法。③实践培训，即当选的推销人员直接上岗，与有经验的推销人员建立师徒关系，通过传、帮、带，使受训人员逐渐熟悉业务，成为合格的推销人员。企业在对新的推销人员进行培训的同时，还要每隔一段时间对在岗推销人员进行培训，使其了解企业新的产品、新的经营计划和新的市场营销策略，进一步提高其素质。

3. 推销人员规模的确定

选拔推销人员既要有质的要求，又要有量的限制。这是由于他们是企业最有生产价值、花费最多的资产之一，其规模直接影响销售量和销售成本的变动。企业确定推销队伍规模的方法通常有三种：①工作量法，就是企业根据销售工作量的大小来决定配备推销人员的数量；②销售百分比法，就是企业根据历史资料计算出推销队伍的各种耗费占销售额的百分比，以及推销人员的平均成本，然后对未来销售额进行预测，从而确定推销人员的数量；③分解法，就是对每一位推销人员的产出水平进行分解，再同销售预测额相结合，从而判断推销队伍的规模大小。

（三）推销人员的报酬与激励

对推销人员劳动报酬的确定，是对推销人员和推销过程实现控制的有效方法。推销人员的报酬一般以销售业绩为主，同时参考行业平均水平，通常由以下几部分组成：

（1）固定工资。固定工资又称底薪，它不受业绩影响，是推销人员的稳定收入，用以保证他们的日常生活开支。

（2）超额奖金。超额奖金是对推销人员超额销售的奖励，根据推销人员的业绩发放。

（3）补贴部分。补贴部分是支付给推销人员日常工作所需的费用，如差旅费用等。

（4）福利部分。福利包括定期休假、退休金及医疗和人寿保险等。

在一些国家，推销人员的劳动报酬有三种形式，即纯薪金制、纯佣金制和底薪与佣金混合制。第三种形式结合了前两种形式的优点，对公司和员工双方都有利。基本薪金有利于保证推销员的基本生活，稳定销售队伍，提成有利于调动推销人员提升业绩的积极性。

（四）推销人员的考评

对推销人员的工作业绩进行科学合理的考评是企业销售管理的重要工作。考评结果不仅可以作为分配报酬的依据，而且是企业调整市场营销策略的基础。推销人员的考评工作通常包括以下具体内容：

1. 收集考评资料

考评资料主要包括推销人员销售工作报告、企业销售记录、企业内部员工的意见、顾客及社会公众的评价等。

（1）推销人员销售工作报告，一般包括推销工作计划、访问报告和销售绩效报告。推销工作计划是推销人员推销活动的日程安排。它使管理部门能够及时了解和掌握推销人员的工作及执行计划的能力。访问报告则使管理部门能够及时掌握推销人员以往的活动和顾客账户状况，并提供对以后访问有用的信息。销售绩效报告反映了推销人员的工作业绩，管理部门可以了解关于销售、费用开支、业务流失、新业务拓展等许多推销绩效的情况。

（2）企业销售记录。企业销售记录包括顾客记录、区域销售记录、销售费用支出的时间和数额等基本资料，通过对这些资料的加工、处理和分析，可以得出适当的评价指标。例如，某一推销人员所接订单的毛利、一定时期和一定规模订单的毛利等方面的情况。

（3）企业内部员工的意见，主要是指销售经理、其他非销售部门有关人员的意见和推销员的意见。通过对这些资料的分析，可以了解有关推销人员的合作态度和领导才干等方面的情况。

（4）顾客及社会公众的评价。在考评过程中，一定要听取顾客及社会公众的意见，通过调查分析，可以得出不同的推销人员在完成推销商品或服务这一工作任务时的情形。

2. 建立考评标准

考评标准的建立，既要遵循基本标准的一致性原则，又要坚持推销人员在工作环境、区域市场拓展潜力等方面的差异性原则。能反映基本情况的主要指标有：销售量、毛利、每天平均访问次数及每次访问的平均时间、每次访问的平均费用、一定时期内新顾客的增加数及失去的顾客数目、销售费用占总成本的百分比、货款回收率、顾客满意程度等。

3. 实施考评

企业在收集了足够的资料、确定了科学的考评标准之后，就可以正式开展考评工作。考评的方式通常有三种：一是横向比较，即公司的销售人员之间进行比较；二是纵向比较，即把推销人员的当前业绩与前期业绩进行比较；三是对推销人员的素质进行评价，即进行全面考核。

第三节 广告策略

资料链接 12-2：广告：与用户的遗忘做对抗

同样质量的服务与产品，知名度高低直接决定客户的信任程度。人们都倾向于购买自己熟悉的产品，广告宣传是抓住顾客的重要手段。广告的作用在生活中可体现在以下几点：

1. 提醒用户

因为消费者随时随地面临着选择和遗忘，广告就是在与消费者的遗忘和选择做对抗。用户是善于忘记的，尤其是现今品牌如此之多，用户更容易忘记一个品牌。因此，无数大品牌都在不断提醒用户消费，不断增加用户看到的频次，哪怕这样的广告无法直接带来销量，但这种提醒依然是必不可少的，尤其是消费频次较高的一些行业品牌，更是乐此不疲。

可口可乐一直都保持一定的广告投放比例，就是用于提醒用户，刺激用户消费，让用户“看得见、想得起、买得到”。心理学实验证明，当一件事物出现的频次达到一定程度时，人们就会对这个事物产生熟悉感并带来一定程度上的喜好，毕竟人们更喜欢熟悉的事物而非陌生的事物，就像你喜欢与熟人一起吃饭而不喜欢和陌生人一起吃饭一样。在营销中，用户也更倾向于喜欢熟悉的概念和名字，而新概念和新名字在传播过程中往往也阻力更大。

2. 教育新用户

教育市场是我们常说的一个词，即使没有做过市场营销的人也能说出这句话。其实很多品牌公司投放广告的目的之一是教育新用户，教育年轻用户，毕竟随着时间的推进，用户也在成长。例如，很多运动品牌就在不断推出新广告，教育新用户，获得新用户的认知，这就是所谓的“从新培养”。

3. 通过广告不断深化品牌定位

并不是所有的广告只要投放就一定能产生效果，很多品牌拥有无数粉丝、拥有很好的知名度，但是不一定有销量。例如，一些公司，做了大量活动及广告，但效果越来越差，为什么呢？因为这些公司在推广过程中没有不断深化品牌定位，甚至最终失去了自己的原有定位。

4. 保护品牌，建立护城河

作为领导品牌或者知名品牌，大量地投放广告除了具有上面所说的作用外，还有一层作用——保护品牌，建立护城河，释放信号，暗示用户自己很强大。虽然有些广告很贵，但依然有公司投放，其作用就是释放强信号，让用户感知品牌的强大。在同一品类中，例如某大企业一年的销售额为1000万元，假如它拿出10%作为广告费，就是100万元。如果是市场份额较小的公司，一年的销售额为500万元，同样拿出100万元作为广告费，那么就需要拿出总销售额的20%。在现实中，很多品类中的排名靠后的公司的销售额远远达不到市场老大的一半。大企业只要拿出销售额的一部分就足以大面积投放广告并发挥自己的优势，而排名靠后的公司则往往难以跟进大企业的投放策略。这就是一些品牌公司或品类中的大品牌，始终坚持大面积投放广告的原因。

（资料来源：https://mp.weixin.qq.com/s/_l0qlpfyrfUvqk7opOVmPA.）

一、广告的概念及其作用

（一）广告的概念

广告有广义和狭义之分。广义的广告包括营利性广告（商业广告）和非营利性广告（公益广告）；狭义的广告专指商业广告，就是广告客户以付费的方式，有计划地通过大众传播媒体向选定的目标市场受众传递特定的商品、服务或观念的信息，以期产生影响大众行动的信息传播活动。

（二）广告的作用

（1）告知。广告能使受众知晓市场上的新品牌或新产品，告知有关新产品或新品牌的特征和利益，或产品的新用途，促使受众建立正面的肯定性的品牌形象。广告是以相对低廉的单位接触成本（CPM）与大量受众进行沟通的有效形式。因此，利用广告的重复传播，有助于新产品、新品牌的推出，也有利于提高受众对其品牌的认知度。

（2）劝说。广告是说服的艺术，本质上是一种劝导术。广告运用各种表现形式和技巧，潜移默化地影响信息接收者，使他们在不知不觉中被说服，从而改变心理和购买行为。

（3）提醒。广告必须时常提醒目标顾客，否则该产品就会被顾客慢慢遗忘。广告能够使品牌在消费者的记忆中历久常新，保持较高的回忆度。一旦产生与广告产品相关的需求，对该品牌的记忆就会浮现在消费者的脑海中，并影响其购买决策。成功的广告还能加强消费者对熟悉品牌的信念和态度。知名度低的品牌可通过广告的重复性传播、提示，逐渐提升消费者对其的熟悉度，增加被选购的可能性。

（4）增值。品牌是企业重要的无形资产，广告是品牌增值的重要途径。企业借助广告能够影响消费者的感知，强化对品牌的信念，使其成为品牌的忠诚者。广告还能有效增加企业产品的市场份额，如可口可乐、海尔、通用汽车等企业都是如此。宝洁公司作为世界上最大的广告主之一，充分了解广告的增值作用，并把广告看作“在品牌资本银行中的投资”。

（5）支援。企业在进行其他活动时，如开拓新的地理市场、推出新产品、推销员与潜在顾客接触时等，广告提供了包含品牌、企业信誉等信息，起到了预先推销和铺路的作用。

二、广告的分类

广告可以按照不同的标准，归纳为若干互相渗透而又互有差异的种类。

1. 按广告的传播对象划分

（1）消费者广告。消费者广告面向最终消费者，一般也称为零售商品广告。

（2）工业用户广告。工业用户广告的传播对象主要是企业中的管理人员和操作人员，广告产品主要是机械设备、原材料和劳保用品等。

（3）专业广告。专业广告的主要对象是从事某项专业化工作的人员，如针对医生，可以推荐他们使用某种个人医疗保健产品，并通过他们影响广大患者。

（4）商品批发广告。商品批发广告是指由生产企业向商业批发商和零售商，或者是在批发商之间，以及批发商向零售商发出的广告。它所传播的对象是商业组织。

2. 按广告的传播范围划分

（1）国际性广告。国际性广告就是将本国的产品、服务和厂商的形象向国际市场进行推广介绍。这种广告常被跨国企业集团采用。

（2）全国性广告。全国性广告就是选用全国性的媒体向广告受众推广介绍产品、服务和观点。采用这种广告的多是一些产品和服务遍及全国的、规模较大的企业。

（3）区域性广告。区域性广告就是在一个较大的经济区域内做广告，如华东区、华南区、华北区等。采用这种广告的多为中小企业。

（4）地方性广告。地方性广告就是选用比区域性广告传播范围更窄的地方性传播媒体，如电视台、电台、报纸、杂志、路牌、霓虹灯等做广告。其宣传的重点是促使人们使用地方产品，或认店购买，或指名购买。其广告客户多为商业零售企业、地方性工业和服务业。

3. 按广告媒体的不同自然属性划分

（1）印刷品广告。印刷品广告是指刊载于印刷媒体上的广告，主要包括报纸、杂志、书籍等。印刷品广告易于保存，可以反复查看，复读率高，渗透力强。

（2）电子媒体广告。电子媒体广告是指借助现代电子媒介做的广告，主要包括电视、广播、计算机网络、录像、电子显示屏幕、多媒体传播系统等。电子媒体广告运用了现代的声光电技术，声像并茂，传播迅速，感染力强，常常会产生冲击效应。

（3）户外媒体广告。户外媒体广告是指陈列于户外各种媒体上的广告，主要包括路牌、霓虹灯、橱窗等。户外媒体广告场所固定，信息简单明了，复读率高，但覆盖面过小。

（4）邮寄广告。邮寄广告是指通过邮寄途径来做广告。其特点是以特定的组织或人物为对象，把推销品、明信片、传单、折页、小册子、产品目录、企业刊物、图表等资料通过邮寄途径送出去。

（5）交通工具广告。交通工具广告是指在各种交通工具上所做的广告，主要包括电车、汽车、火车、轮船、地铁、飞机和宇宙运载火箭等。

（6）纪念品广告。纪念品广告是指运用具有一定保存价值的物品来做广告，如年历、钥匙扣、领带夹、名片盒、笔筒、公文包等。

（7）其他媒体广告。随着现代高新技术的发展，还有许多可用来做广告的媒体，如天空中的烟雾广告、激光广告、喷泉广告、气球广告等。

4. 按广告的目的划分

（1）以推销为目的的广告。

1）报道式广告。这种广告以教育性、知识性的文字图像为特征，向消费者介绍商品的性质、用途、价格等情况。其基本任务是使人们了解而不是劝导购买。这类广告属于开拓性广告，多在商品生命周期的导入期和成长期采用。

2）劝导式广告。这是以说服为目的的广告，通过同类商品间的比较，指出本企业商品的特点，加深消费者对企业品牌、商标的印象，刺激选择性需求。这类广告属于竞争性广告，多在商品生命周期的成熟期和衰退前期采用。

3）提示式广告。采用这类广告的商品均是消费者已有使用习惯和购买习惯的日常生活用品。其目的是刺激重复购买、强化习惯性消费。

（2）以提升企业形象为目的的广告。这类广告不直接介绍商品及其优点，而是着重宣传企业的一贯宗旨、信誉、历史及成就，进而塑造企业自身的良好形象，增强消费者对企业的信心，沟通企业与消费者的关系，为企业的长期销售目标服务，故又称为战略性广告。

（3）以建立观念为目的的广告。这类广告不直接介绍商品，也不直接宣传企业的信誉，而是通过宣传、建立或改变购买者对一个企业、一种产品的印象，或者是建立（或改变）一种消费观念。

（4）以解决问题为目的的广告。这类广告通过直接传递信息，解决广告客户的某一类具体问题，如招聘人员、寻人启事、挂失等。

三、广告媒体及其选择

广告媒体也称广告媒介，是广告主与广告接受者之间的连接物质。它是广告宣传必不可少的物质条件。

（一）广告媒体的种类及其特性

广告媒体的种类很多，不同类型的媒体有不同特性。目前，比较常用的广告媒体有以下几种：

1. 报纸

报纸作为广告媒体，其优越性主要表现在：①影响广泛。报纸是传播新闻的重要工具，与人民群众联系密切，发行量大。②传播迅速。报纸可及时地传播有关经济信息。③简便灵活，制作方便，费用较低。④便于剪贴存查。⑤可信度高。可以借助报纸的威信，提高广告的可信度。

报纸媒体的不足是：因报纸登载内容庞杂，易分散受众对广告的注意力；印刷不精美，吸引力低；广告时效短，重复性差，只能维持当期的效果。

2. 杂志

杂志以登载各种专门知识为主，是各类专门产品的良好的广告媒体。它作为广告媒体，优点有：①广告宣传对象明确，针对性强，有的放矢；②有较长的保存期，读者可以反复看到杂志上的广告；③因杂志发行面广，可以扩大广告的宣传区域；④由于杂志读者一般有较高的文化水平和生活水平，比较容易接受新事物，故有利于刊登开拓性广告；⑤印刷精美，能较好地反映产品的外观形象，易引起读者的注意。

缺点表现在：发行周期长，灵活性较差，传播不及时；读者较少，传播不广泛。

3. 广播

广播的优点是：①传播迅速、及时；②制作简单，费用较低；③具有较大的灵活性；④听众广泛，不论男女老幼、是否识字，均能受其影响。

使用广播做广告的局限性在于：时间短促，转瞬即逝，不便记忆；有声无形，印象不深刻；不便存查。

4. 电视

电视作为广告媒体虽然在20世纪40年代才出现，但因其有图文并茂的优势，发展很快，现已成为最重要的广告媒体。具体说来，电视广告媒体的优点有：①因电视有形、有色，视听结合，使广告形象、生动、逼真、感染力强；②由于电视已成为人们文化生活的重要组成部分，收视率较高，使电视广告的宣传范围广、影响面大；③宣传手法灵活多样、艺术性强。

电视作为广告媒体的缺点是：时间性强，不易存查；制作复杂，费用较高；因播放节目繁多，易分散对广告的注意力。

5. 互联网

与所有传统广告媒体相比，互联网具有速度快、容量大、范围广、可检索、可复制，以及交互性、导航性、丰富性等优点，发展极为迅速。现在互联网已被称为“第四媒体”。

6. 其他广告媒体

其他广告媒体包括橱窗、车船、霓虹灯、激光、建筑等。

小案例12-1：抖音短视频的促销策略

在这个快节奏的社会中，短视频凭借其独特的趣味性和丰富的表现形式，以及多元化的内容赢得了大量年轻人的喜爱，短视频运营是一种新出现的职业，属于新媒体运营的分支，是利用抖音、微视、快手等短视频平台进行产品推广、企业营销等一系列活动。各个企业都想通过短视频平台来扩大它们的品牌知名度，利用短视频平台来增加自己的曝光度。抖音的爆红也给许多企业带来了巨大的效益和可观的收入。

抖音短视频的营销模式上：内容精良，定位精准。对于营销商来说，他们会把更多的目光聚焦在抖音视频平台开展的营销活动上。因此，一旦抖音平台开展某种营销活动，营销方就会结合自身产品和品牌的特征寻找适合营销的各种爆点，来量身定制符合受众审美的创意短视频，并且在此期间向受众推送个性化的精准内容。一方面以产品本身的特点为基础，挖掘其产品的主要卖点，抓住宣传推广的重要时机，认真设计视频内容。另一方面，在视频的后期制作过程中，选择合适的标题、背景音乐、场景、道具等。让用户感受来自作者精心制作过的视频内容，用短短的15s带给用户刺激的感官体验，从而赢得他们的青睐。

（资料来源：https://blog.csdn.net/LY6ya/article/details/108201069.）

（二）广告媒体的选择

不同的广告媒体有不同的特性，企业必须对广告媒体进行正确的选择，否则将影响广告效果。正确地选择广告媒体，一般要考虑以下影响因素：

1. 产品的性质

不同性质的产品有不同的使用价值、使用范围和宣传要求。广告媒体只有适应产品的性质，才能取得较好的广告效果。生产资料和生活资料、高技术产品和一般生活用品、价值较低的产品和高档产品、一次性用品和耐用品等，应采用不同的广告媒体。通常，对高技术产品进行广告宣传，主要面向专业人员，多选用专业性杂志、专业网站；而对一般的生活用品，则适合选用能直接传播到大众的广告媒体，如广播、电视、网络等。

2. 消费者接触媒体的习惯

选择广告媒体，还要考虑目标市场上消费者接触广告媒体的习惯。一般认为，能使广告信息传递到目标市场的媒体是最有效的媒体。例如，对儿童用品的广告宣传，宜选电视作为其媒体；对妇女用品进行广告宣传，选用电视或妇女喜欢阅读的杂志效果较好，也可以在妇女用品商店布置橱窗或展销。

3. 媒体的传播范围

适合全国各地使用的商品，应以全国性报纸、杂志、广播、电视等作为广告媒体；属于地方性销售的商品，可通过地方性报刊、广播、电视、霓虹灯等传播信息。

4. 媒体的费用

各广告媒体的收费标准不同，即便同一种媒体，也因传播范围和影响力不同而有价格差别。考虑媒体费用，应该注意其相对费用，即考虑广告促销效果。要根据广告目标的要求，结合各广告媒体的优缺点，综合考虑上述各影响因素，尽可能选择使用效果好、费用低的广告媒体。

四、广告的设计原则

广告设计是指将要传递的广告内容（商品或服务信息）运用艺术手段来编制成具体的图片、语言、文字或影像传递信息的创作活动。广告设计包括主题设计、文稿设计、图画设计和技术（构图或版面、场景、音响等）设计。无论是四个部分的有机组合或其中之一的设计都必须有新的创意。因此，广告设计必须做到以下几点：

（1）具有吸引力。广告设计的各个要素要能够引起目标顾客的注意和购买兴趣。

（2）具有独特性。广告设计要有创新点，无论是主题、图画、文字，都应当是同类产品广告所没有的独特创意。

（3）可信的承诺。承诺可以是企业产品的卖点或消费者所关心的利益。可以信任的承诺使消费者感到真实、可靠，这样广告才能有效果。

五、广告预算与效果测定

（一）广告预算

广告预算是指企业对广告活动费用的匡算，包括广告调查研究费用、广告设计制作费用、广告媒体费用、广告业务活动费用等。在确定广告预算之前，企业需首先明确广告目标，然后再根据广告目标要求确定广告活动的资金预算。影响广告预算的因素有以下几个方面：

（1）产品生命周期因素。在产品生命周期初期，新产品一般需要花费大量的广告预算，以便提升品牌知名度和争取潜在消费者试用。在进入产品生命周期的成长期以后，广告费用在销售额中所占的比例则可逐步降低。

（2）市场占有率因素。市场占有率高的品牌，只需要维持其已有的市场占有率，因此其广告预算在销售额中所占的比例较低；反之，市场占有率低的品牌试图通过增加市场销售，或从竞争对手中夺取市场来提高市场占有率，则需要投入大量的广告费用。竞争对手的费用和广告频率在做广告预算时都应予以考虑。

（3）销售目标因素。广告预算必须保证企业预定的销售目标能够实现。

（4）市场范围因素。市场范围大，则广告预算多；反之则少。

（5）广告媒体、频率因素。不同的广告媒体与频率具有不同的广告效果，从而影响广告的预算。

(6) 产品替代性因素。如果某一产品有较多品牌的替代产品，那么需要做大量广告，以树立有差异的形象。

(二) 广告效果测定

广告的有效计划与控制主要基于测定。由于销售与广告的关系很繁杂，时间上的差距也太大，较难测出其直接的效果，因此许多企业重点测定的是某种特定广告的短期沟通效果。测定的内容包括广告创意效果和销售效果。

1. 广告创意效果常用的测定方法

(1) 直接评分。直接评分即由目标消费者的一组固定样本或广告专家来评价这个广告，并填写评分问卷。有时问题只有一个，如“您认为这些广告中哪一个最能影响您来购买本产品?”有时问题可能较多且复杂。在该问卷中要填写评估广告的注意强度、阅读强度、认知强度、情绪强度和行为强度，每个部分在其最高分的范围内予以得分。这种做法的理论依据是，如果一个有效广告的最终目的是刺激购买行为，那么在这些指标上就应得到高分。

(2) 回忆测试。回忆测试即找一些经常使用该媒体沟通工具的人，请他们回忆刊登于该刊物上的企业及其产品的名称。回忆方式是请他们回想或复述所有能记住的东西。回忆结果的评分标准是受试者的反应如何。评分结果可用来判断广告引人注意和令人记住的效果如何。

(3) 识别测试。识别测试即先用抽样的方法抽取某一特定沟通接收者（如某一杂志的读者）作为受试者，再请他们反复阅读某一杂志，时间不限，然后说出认识杂志上众多广告中的哪一个，最后根据识别的结果给予每一个广告三种不同的可读性评分：只注意到、尚记得名称和读过一半以上的广告内容。

2. 广告销售效果常用的测定方法

广告创意效果的测定可以帮助企业改进信息内容的质量，但不能使人了解对销售的影响。一般来说，广告销售效果要比广告创意效果更难以测定。测定广告对销售状况的影响即广告的销售效果，可通过以下两种方法进行：

(1) 历史资料分析法。这是由研究人员根据同步或滞后的原则，利用最小二乘法求得企业过去的销售额与企业过去的广告支出两者之间的关系的一种测量方法。

在发达国家，不少研究人员在应用多元回归法分析企业历史资料、测量广告的销售效果方面取得了重大进展，尤其以测量咖啡等产品的广告效果最为成功。

(2) 试验设计分析法。用这种方法来测量销售的影响，可以选择不同的地区，在其中某些地区进行比平均广告水平强 50%的广告活动，另一些地区进行比平均水平弱 50%的广告活动。这样，从 150%、100%和 50%三类广告水平的地区的销售记录，就可以看出广告活动对企业销售究竟有多大影响。

第四节　销售促进策略

销售促进又称为营业推广，是指企业运用各种短期诱因，鼓励更快、更多地购买企业特定的产品或服务的促销活动。美国市场营销协会定义委员会认为，营销推广是指“除了人员推销、广告、宣传以外，刺激消费者购买和经销商效益提高的各种市场营销活动，如陈列、演出、展览会、示范表演等”。

一、销售促进的特点

（1）市场反应迅速。由于销售促进运用利益刺激的促销方法吸引消费者光顾，使消费者产生机不可失的感觉，使目标顾客迅速采取购买行为而在短期内能获得极好的效果。

（2）暂时性价格变动。销售促进的激励措施是以特定产品或服务为对象的，由于时间、事件等因素而暂时改变了产品的相对价格。例如，食品在一定时间内的折扣价格，又如由于纪念某个活动采取的价格优惠等。一旦时间和事件结束，价格就恢复到正常水平。

（3）容易自贬形象。销售促进显示了企业急于出售某类产品的意图，可能引起消费者对产品或企业的不良猜测。因此，如果频繁使用或不当使用销售促进方法，有可能降低产品的身价，损害企业形象，降低产品品牌忠诚度。

二、销售促进的形式

不同的销售促进形式用来实现不同的目标，而且更多的新工具正在不断地发展起来。选择销售促进形式，必须充分考虑市场类型、营业推广目标、竞争情况及每一种销售促进工具的成本效益等各种因素。从市场类型和实现目标的角度，销售促进形式大致分为以下几种：

（一）对消费者的促销形式

对于消费者来说，销售促进的目标包括鼓励吸引消费者试用、迅速购买、大批量购买和从品牌竞争者手中夺走品牌转换者。企业可以运用下列营业推广工具：

（1）样品。样品是指免费提供给消费者或供其试用的产品。可以将样品挨家挨户地送货上门，或邮寄发送，或在商店内提供，或附在其他产品上赠送，或作为广告品。赠送样品是一种最有效也是最昂贵的介绍新产品的方式。

（2）优惠券。优惠券是一种证明，证明持有者在购买某商品时可凭优惠券按规定少付若干金额。可以邮寄优惠券、放进其他产品包装内或附在其他产品上，也可将优惠券刊登在杂志和报纸广告上。优惠券可以有效地刺激成熟期产品的销售，引导消费者对新产品的早期使用。专家认为，一般优惠券必须提供15%~20%的价格减让才有效果。

（3）现金折款。现金折款是指在购物完毕后提供减价，而不是在零售店购买之时。消费者购物后将一张指定的“购物证明”寄给制造商，制造商用邮寄的方式退还部分购物款项。

（4）特价包。特价包是指向消费者提供低于常规价格销售商品的一种方法。其做法是在商品包装上或标签上标明。它们可以采取减价包的形式，即将商品单独包装起来减价出售（如原来买一件商品的价格现在可以买两件）；或者采取组合包的形式，即将两件相关的商品并在一起（如牙刷和牙膏）。特价包在刺激短期消费方面有时甚至比优惠券更有效。

小案例 12-2：加量不加价让百事可乐渡过难关

国际著名的调查机构 AC 尼尔森公司 2000 年的调查结果表明，百事可乐已成为我国年轻人最喜爱的软饮料之一。然而，创建于 1898 年的百事可乐，比可口可乐晚十多年，在历史发展进程中，面对可口可乐这个最强大的竞争对手，曾数次濒临绝境，三次请求可口可乐收购，却遭到可口可乐的拒绝。百事可乐的转机发生在 1932 年。

1932年，百事可乐几乎被可口可乐逼得走投无路之时，其总裁古兹灵感一闪：现在所有的饮料都是用6oz（1oz=29.57mL）的瓶子装着卖。如果改用12oz的瓶子，是否可以增加销量呢？

为了降低成本，古兹挖空心思，用回收的啤酒瓶子来装百事可乐，这种瓶子就是12oz的。这一招果真奏效，正受大萧条困窘的人们，很欢迎这种价格低廉的饮料：一大瓶12oz的百事可乐与原来6oz一瓶的百事可乐都是卖5美分！这就吸引了大量的消费者购买百事可乐。容量增加一倍但价格保持不变，这可能吗？事实上，古兹算得很精明，由于采用回收的啤酒瓶子，瓶子采购和装瓶加工都节省了一笔费用，所以虽然半价，百事可乐也有赚头。

这次优惠活动使百事可乐绝处逢生，1936年就赚了200万美元；1937年赚了420万美元。古兹如摩西一般，给百事可乐带来了一条生路。

（资料来源：卢泰宏，杨晓燕. 促销基础：顾客导向的实效促销［M］. 3版. 北京：清华大学出版社，2007.）

（5）赠品。赠品是指以较低的价格或免费向消费者提供某一物品，以刺激其购买某一特定产品的一种方法。赠品主要有三种形式：第一种是附包装赠品，即将赠品附在产品内（包装内附赠品），或附在包装上面（包装上附赠品）；第二种是免费邮寄赠品，即消费者交还诸如盒盖之类的购物证据就可获得一份邮寄赠品；第三种是自我清偿式赠品，即以低于一般零售价的价格向需要这种商品的消费者出售。

小案例12-3：创意、接触由新KENT开始

“英美烟草中国公司”在推出新KENT特低焦油系列香烟（简称新KENT）时，开展了以“探索、燃点、新KENT、新生活灵感”为主题的换领赠品的促销活动。活动分三期进行，每期以一款新时代打火机为赠品，凭新KENT空烟盒五个到指定换领地点换取“礼品换领卡”与当期打火机一个及其标贴一个。当集齐三个指定打火机标贴的“礼品换领卡”一张以及新KENT空烟盒五个，又可换取“非凡型赏”新潮流电话台灯一个。

同为香烟做赠品促销，同以打火机做赠品，但新KENT做到了与众不同。它特别邀请英国著名设计师Ben Jordan以“新KENT‘无限创意’新生活”为灵感，设计出一系列“新时代打火机”——新形态打火机、新观感打火机、新触感打火机，同时在广告宣传中明确表示该系列打火机“绝不向外发售，只有懂得欣赏新KENT的您，才有机会拥有”。波浪式的造型，符合手指的弯曲感；银色金属外壳，有绝对分量；潮流的蓝色点缀，质感十足；打火时，火焰宁静并带有清脆的金属声……可以想象这样的打火机时尚又显高档，有几个抽烟的男士会不喜欢这样的高档赠品？相对于做工粗糙、外形缺乏时代感的打火机，新KENT提供给消费者的新奇感是其他香烟品牌无法比拟的，它也因此轻而易举地受到了消费者的关注和青睐。对于高利润的烟草行业来说，设计赠送这样的打火机并非难事，可操作性也很强。

（6）奖品。奖品是指在消费者购买某物品后，向他们提供赢得现金、旅游或物品等的各种获奖机会。获得奖品主要有竞赛、抽奖和游戏等方式，这些方式比较有趣，顾客乐于参与，因而往往比优惠券或赠送小礼品更引人注意。

小案例12-4：八佰伴、百佳超市的抽奖促销活动

消费者抽奖一般分为两种模式：一是定出极少的奖品名额，但每份奖品都价值不菲，分量十足；二是定出较多名额，让消费者觉得奖品近在眼前，不过其分量自然打了折扣，不会太贵重。不同的人对这两种模式反应有所不同，无论采取其中哪一种模式都会讨好一部分顾客而冷落另外一部分顾客。20世纪90年代初，八佰伴、百佳超市在中国香港举行的抽奖促销活动，都是将两种模式糅合在一起的。

八佰伴的六周年纪念活动，推出200万元大抽奖。大奖共有三份，可得一辆汽车；小奖有数千份之多，每份送出100元一份的奖品，即抽即中，无须等候。这个安排大大提高了对消费者购物的刺激作用。

百佳超市也借着旺季推出了百万元之百佳“来得多，赢得多”大抽奖活动，以招徕顾客。大奖设15名，各得1万元购物礼券1张；小奖有5000份。无论顾客喜欢“博大”，还是“敲小”，都很难不为所动。其活动设计也奉行“即时奖励”的原则，除大奖外，所有奖品均每星期抽奖一次。顾客购物就有如购买六合彩，抽奖结果于数天内就见分晓，因此活动的吸引力也在无形中增强了。

（资料来源：卢泰宏，杨晓燕. 促销基础：顾客导向的实效促销［M］. 3版. 北京：清华大学出版社，2007.）

（7）积分奖励。积分奖励是指以现金折扣或其他形式用来奖励某一主顾或主顾集团的光顾。例如，零售企业的消费积分卡、航空公司的里程积分卡、旅馆采用的忠诚住客积分卡、通信公司的话费积分卡等。

（8）免费试用。免费试用是指邀请潜在顾客免费使用产品一段时间，以期他们购买此产品。

小案例12-5：免费品尝——百事可乐的挑战

1974年，百事可乐在饮料市场上还并不显眼，很少有人问津。为了树立品牌形象，对可口可乐进行公开挑战，百事可乐公司提出了一项大胆的SP计划。

百事可乐公司决定让达拉斯的市民同时品尝可口可乐和百事可乐，并公正地说出到底哪种可乐的味道更好。这种免费试饮品尝一旦失败，其结果可能是可口可乐超过百事可乐，但百事可乐本就处于二等饮料的位置，没有失败的负担。

于是，百事可乐公司在报纸上大肆宣传，在大街上打出横幅，欢迎达拉斯的市民参与品评。一排桌上放满了装着百事可乐和可口可乐的同样的瓶子，由过往行人自愿品尝，指出孰优孰劣。由于试饮者眼睛被蒙上，他们根本不知先饮的是可口可乐还是百事可乐。当场有公证人进行登记，还有电视新闻记者的镜头跟踪。

结果出人意料，认为百事可乐味道略胜一筹的人数竟高过可口可乐。

通过这次成功的免费试饮SP活动，百事可乐在达拉斯市声名鹊起，在当地的市场占有率很快升至17%，销量也扶摇直上。到1977年，百事可乐在美国国内超级市场的销售已超过可口可乐，可口可乐靠海外市场和贩卖机等才勉强维持了霸主地位。

由于这次活动成果卓著，于是一场声势浩大的“百事可乐的挑战”——可口可乐与百事可乐品尝评定活动在全美80%的地区开展起来，参与品尝的人士越来越多。百事可乐公司还将整个活动拍成影片在电视上播放，更加稳固了其竞争地位。

（9）以旧换新。以旧换新是指顾客在购买产品时如将同一品牌的旧产品交给商家，即可享受一定的折扣。

（10）联合促销。联合促销是指两个或两个以上的品牌或公司在优惠券、付现金折款和竞赛中进行合作，以扩大它们的影响力。例如，中国移动公司与商家进行合作，顾客可以使用电话积分在购买商家产品时享受折扣，或当消费者消费商家一定价值的产品时，移动公司会为消费者提供优惠的电话服务。

（11）产品保证。当企业的产品质量具有消费者比较敏感的属性，且企业能为消费者提供比竞争对手更长时间、更周到的产品保证服务时，就成为吸引消费者的重要促销工具。

（12）售点陈列和商品示范。这种方式一般出现在购买现场或者销售现场，即销售者现场操作产品，为消费者演示使用方式，介绍产品的特色和用途。

（二）对中间商的促销工具

企业为取得批发商和零售商的合作，可以运用的营业推广工具有：

（1）价格折扣。价格折扣又称发票折扣或价目单折扣，是指制造商在某段指定的时间内，对中间商的每次购货都给予低于价目单定价的直接折扣。这样可鼓励中间商购买一般情况下不愿购买的数量或新产品。中间商可将购货补贴用作直接利润、零售价减价。

（2）推广津贴。推广津贴即制造商提供折让，以此作为零售商同意以某种方式突出宣传制造商产品的报偿。这主要有广告折让和陈列折让等形式，前者用以补偿为制造商的产品做广告的零售商，后者用以补偿对产品进行特别陈列的零售商。

（3）免费商品。制造商还可提供免费产品给购买某种质量特色的，或购买达到一定数量的中间商，即额外赠送几箱产品。他们也可提供促销资金，如一些现金或者礼品。制造商还免费赠送附有公司名字的特别广告赠品，如茶杯、笔、年历等。

（4）销售竞赛。销售竞赛即通过竞赛活动，对经销本企业产品成绩优异的中间商给予奖励或奖金。

（三）对销售队伍的促销工具

对于销售队伍来说，销售促进的目标包括鼓励对新产品或新型号的支持，鼓励寻找更多潜在顾客和刺激过季商品销售。企业一方面需要激励销售人员努力工作，为企业销售出更多的产品；另一方面，企业也需要通过销售人员来影响和激励顾客，增进与顾客之间的关系，这些都需要企业花费很多资金用于销售队伍的促销。企业常用于销售队伍的促销工具有：①推销竞赛。推销竞赛的目的在于刺激营销人员在某一段时间内增加销售量，优胜者可以获得免费旅游、现金或礼品等。许多企业为推销人员举办年度竞赛来刺激他们完成较高的公司指标。②特别推销奖金。企业会给予完成特定销售任务的推销人员以奖励。

三、销售促进的管理

企业不仅要选择适当的促销形式，还要对销售促进过程进行管理。其内容主要包括以下几个方面：

1. 设定促销目标

销售促进的目标根据促销对象的不同而有所不同。对于消费者而言，销售促进的目标主要有争取非使用者的试用，鼓励迅速消费，刺激更大批量或更多重复购买，吸引竞争品牌的使用者；对于中间商而言，目标主要有劝说经销更多的商品，维持较高的存货水平，鼓励淡季进货，抵制竞争品牌的促销，培养品牌忠诚度；对于销售团队而言，目标主要包括鼓励他们对新产品或新型号的支持，鼓励寻找更多的潜在顾客，刺激淡季的销售。

2. 选择促销工具并设计诱因规模

目标设定之后，企业就必须根据所设定的目标选择最合适的销售促进方式，同时还必须确定使企业成本/效益最佳的诱因规模。假设销售反应会随着诱因大小而增减，则一张减价15元的折价券比减价5元的折价券会带来更多的消费者试用，但不能因此而确定前者的反应为后者的3倍。一般而言，诱因规模很小时，销售反应也很小；诱因规模达到一定程度时，才能使促销活动引起足够的注意。

3. 设定参与者的条件

销售促进的顾客对象并不是所有消费者，所以必须设定一定的条件，只有达到条件的消费者才可以参与。例如，特价包仅提供给那些购买量较大的消费者；抽奖可能限定在某一范围内，而不允许企业职员的家属或某一年龄以下的人参加。通过确定参与者的条件，卖主可以有选择地排除那些不可能成为商品固定使用者的人，可以降低促销成本。但是，如果条件过于严格，往往导致只有少数消费者才能参与。

4. 促销工具的送达

企业必须选择合适途径将促销方案传递到目标市场。例如，促销工具是一张优惠券，则至少有四种途径可使顾客获得：①放在产品包装内；②在商店里分发；③邮寄；④附在广告媒体上。

每一种途径的送达率和成本都不相同。例如，第一种途径主要用于送达经常使用者；而第三种途径虽然成本费用较高，却可送达非本品牌使用者。

5. 促销时机与时间长短的选择

企业对于在何时以及进行多长时间的促销必须进行研究。如果促销时间太短，一些消费者可能无法重购，或由于太忙而无法利用促销的好处；如果促销时间太长，消费者可能认为这是长期降价，而使优待失去效力，甚至还会使消费者对产品质量产生怀疑。企业必须根据促销目标、消费者购买习惯、竞争者策略及其他因素来确定促销活动开展的时机及时间的长短。

6. 销售促进的总预算

销售促进的总预算可以通过以下两种方式确定：

（1）根据全年销售促进活动的内容、所运用的销售促进工具及相应的成本来确定销售促进的总预算。实际上，销售促进总成本是由管理成本（如印刷费、邮寄费和促销活动费）加上诱因成本（如赠奖、折扣等成本）后再乘以在这种交易中售出的预期单位数量而得到的。

（2）按习惯比例来确定各项促销预算占总促销预算的比率。例如，牙膏的促销预算占总促销预算的30%，而洗发水的促销预算可能要占到总促销预算的50%。在不同市场上对不同品牌的促销预算比率是不同的，并且受产品所处生命周期阶段和竞争者促销预算的影响。经营多品牌的企业应将其销售促进预算在各品牌之间进行协调，以取得尽可能大的收益。

7. 评价销售促进结果

企业可运用多种方法对销售促进结果进行评价。评价程序随着市场类型的不同而有所差异。例如，企业在测定对零售商促销的有效性时，可根据零售商销售量、商店货架空间的分布和零售商对合作广告的投入等方面进行评估。企业可以通过比较销售绩效的变动来测定促销的有效性。

但是必须注意的是，在促销期间，现有的顾客是主要购买者并且储存商品，促销期一过，他们便消费这些商品，最后又恢复到原来的正常购买率。所以，促销的结果在很大程度上表现在消费者购买时间模式的改变，而不是购买量的持续增加。企业在这种情况下的营销推广并不一定是浪费。特别是当存货过多、企业想暂停生产、尽早处理完存货时，更是如此。

第五节 公共关系策略

一、公共关系的概念与作用

公共关系是指企业在市场营销活动中运用信息沟通手段，促进公众对企业的认识、理解和支持，以达到树立企业形象、实现组织与公众共同利益的营销管理活动。

公共关系在市场营销实践中具有如下显著的作用：

1. 构建与相关社会公众之间的良好关系

在市场经济中，企业作为一个独立的经济实体，要想求得生存与发展，必然要从外部获取资源，然后在内部进行一系列的活动。这就要求企业既要处理好与外部的顾客、竞争者、金融界、新闻和政府机关等方面的关系，又要处理好内部股东与员工等方面的关系。为此，企业必须将协调这些关系的行为纳入管理的轨道，有组织、有计划地通过大众传播等信息沟通渠道进行联系与交往，进而达到企业内部和外部各种关系的和谐统一。

2. 传播沟通，树立良好的企业形象

企业形象是指一个企业在受到它的行为和政策影响的社会公众心目中所形成的看法和评价。企业形象包括两个要素：一是企业的知名度，二是企业的美誉度。在现代社会，良好的企业形象是一个企业最重要的无形资产。企业运用公共关系、各种传播手段就是为了扩大企业的知名度，提高企业的美誉度，塑造良好的企业形象，从而为企业的生存与发展创造最佳的社会关系环境，促使企业步入良性发展的轨道。

3. 妥善处理营销危机，维护企业声誉

在经营活动中，企业总会遇到一些无法事先预测的事件，如工厂突发事故、产品质量问题、竞争或消费者投诉、政府政策的变化等。此时，企业必须在第一时间做出反应，采取恰当的公共关系行为，消除事件对企业形象的负面影响，并努力使危机转为机会，维持良好的公共关系和形象，维持企业的持续经营。

二、公共关系的活动方式

公共关系的活动方式主要有对外联络、对外宣传、新闻事件、赞助公益活动以及企业标识媒体、电话信息服务、公司主页等。

（1）对外联络。企业应与政府、银行、新闻界、行业协会等组织和有关人士建立联系，主动介绍企业的情况，征询其意见与建议，争取其理解与支持。

（2）对外宣传。公关人员应尽可能多地结识新闻记者和编辑人员，争取媒体能多录用本企业的新闻稿和让更多的记者参加记者招待会，以扩大企业的影响。企业还可以广泛借助书面资料来联系和影响目标市场，如通过年度报告、画册、文章、企业刊物等方面的资料，吸引人们对企业和产品的注意力，向目标市场传递重要的信息，树立和维护良好的企业形象。

(3) 新闻事件。企业可以通过安排一些特殊事件来吸引公众对企业及新产品的注意。这些特殊事件包括新产品发布会、环境保护活动、讨论会、社会公益活动、展览会、竞赛和周年庆祝活动等。通过对企业知名度和美誉度事件的策划与社会公众取得联系，并广泛吸引他们的注意。

小案例 12-6：伊利打造“世博标准”

2009 年 5 月 25 日，在伊利携手世博签约仪式上，上海世博局即宣布伊利集团全产品线都将成为世博专供产品。作为唯一一家符合世博标准为上海世博会提供乳制品的企业，伊利集团旗下液态奶、冷饮、奶粉、酸奶四大产品事业部共 1000 多种产品，全部成为“世博牛奶”，在世博园区中所有的售卖点内销售。

作为我国唯一一家符合奥运标准为北京奥运会提供乳制品的企业，伊利早在奥运期间就开历史先河，首创了新媒体营销。此次，伊利集团再次以新媒体载体“微博”为切入点，在新浪网上倾力打造了绿色公益微博——“绿社会”。这是首个由企业打造，以“低碳环保、绿色发展”为主题的绿色公益微博平台，一经上线，短短十天，粉丝数量就超过 8000 名，成为当时最火爆的公益微博之一。依托“绿社会”平台，伊利发起了“带你看世博，发现世博之绿”的公益活动，线上与线下的活动互动和分享，多种营销手段相结合，其倡导的“绿色”“低碳”理念也得到了越来越多的认同和支持。

通过牵手上海世博会以及一系列的跨界合作，伊利集团获得了超越自己，提升生产水平、产品品质的机遇和激励。伊利集团公布的半年报显示，2010 年上半年，公司实现主营业务收入 146.93 亿元，再次以行业第一的身份领跑中国乳业。第三方的数据也验证了世博效应对伊利的影响，AC 尼尔森公布的数据显示，伊利高科技含量、高附加值的高端产品以 23.5%的市场份额增幅，在与同级别产品的竞争中拔得头筹。同时，其品牌价值已经直逼 300 亿元大关，位居行业首位。

（改编自：http://www.3158.cn/news/20101227/11/84-51948382_4.shtml 世界十大世博营销案例，2010-12-27.）

(4) 赞助公益活动。企业可以投入一定的人力、财力、物力和时间用于有益的公共事业方面，以提高企业声誉，如赞助基础教育、慈善机构、环境保护、医疗卫生等。

(5) 企业标识媒体。在一般情况下，消费者通过企业的资料而获得的印象可能是散乱的，这不利于创造和强化企业身份。因此，企业通过企业形象识别系统（CIS）的实施将形象概念化，并通过强烈的视觉标识体现出来。视觉身份可通过相关媒体——广告、文件、小册子、招牌、企业模型、业务名片、建筑物、制服和车辆等进行传播。当企业身份媒体具有吸引力、特色和印象深刻的效果时，就成了一种有效的营销工具。

(6) 电话信息服务。社会公众或潜在顾客和现有顾客可通过电话的方式，从企业那里获得信息和良好的服务，如 800 电话等。

(7) 公司主页。公司主页或公众号就是企业在互联网上建立自己的主页，让顾客了解企业的产品和服务等信息，并通过互联网与企业进行交流和互动。

三、公共关系的实施程序

公共关系活动需要经过以下几个主要工作步骤展开：

1. 公共关系调查

认识自己是公共关系活动的首要任务。公共关系调查包括企业基本情况、公众意见及社会环境等方面的内容，这是公共关系工作的起点。企业通过调查可以甄别公关对象，测量舆论民意，评价企业形象，在掌握大量信息的基础上寻找差距，发现问题，为企业公关方面的工作提供科学决策的依据。

2. 编制计划，确定工作方案

在社会环境条件复杂多变的时代，一个企业要想顺利实现其预定目标，必须周密策划，方能运筹帷幄。因此，在公关调查之后，企业必须设定公关目标，并在此基础上制订较为完善的、富有创造性和冲击力的营销计划。在制订公关计划的过程中，必须坚持与外部环境条件相符合，长短兼顾、层次分明，留有余地，保持连续性和整体性，使公关活动富于创造性。

3. 找准工作对象，选择合适渠道

由于企业的类型不同，其所面对的公众也就不一样。一个公共关系计划面对的公众可能是范围极广的一大批人，也可能是有限范围内的少数人或个别人；可能是直接的消费者，也可能是中间商或代理人；可能与企业有直接利害关系，也可能与企业发生间接利益关系；可能是重要公众，也可能是一般公众。不同种类的公关对象往往有其最常用的传播媒介、最适宜的沟通方式；每一种传播媒介和沟通方式又各有其长处和短处。因此，公共关系要尽量选择最佳传播媒介和沟通方式，这样才能提高公共关系工作的效率。

4. 做出合理的预算费用

公共关系费用预算主要包括人力、房产、设备、材料和公共关系活动专项费用等。公共关系费用的预算编制方法通常有以下两种：

（1）目标管理法。目标管理法就是根据具体的工作目标，逐项列出费用，算出总数。这种方法的特点在于有较强的计划性，能最大限度地满足公共关系计划的实施。但是它的精确性要求较高，编制起来比较困难，稍有疏忽就可能造成短缺或浪费。

（2）提成法。提成法就是按计划产值或销售总额提成。这种方法的特点是简便易行。

5. 重新评估，调整企业行为

在实施传播沟通活动之后，企业必须对这种活动造成的影响、取得的效果进行认真的评价，在此基础上调整企业的原定公共关系目标，进一步改进企业的工作，使企业与公众的利益具有更大的一致性。

关键词

促销组合 Sales Promotion Combination
人员推销 Personal Selling
广告 Advertising
公共关系 Public Relation
销售促进 Sales Promotion
折扣 Discount
促销预算 Promotion Budgeting
广告媒体 Advertisement Media
整合营销 Integrated Marketing
受众 Audience

优惠券 Coupon　　新闻事件 News Event

思考题

1. 什么是促销组合？它受哪些因素影响？
2. 人员推销的步骤有哪些？请举例说明。
3. 简述广告的概念与分类。
4. 广告媒体选择受哪些因素的影响？
5. 简述广告效果的测定方法。
6. 什么是销售促进？它有哪些特点？
7. 不同的销售促进目标及促销工具有哪些？
8. 公共关系有哪些作用？它有哪些活动方式？
9. 简述公共关系的工作步骤。

案例分析讨论

如何抓住当下的大学生市场？

各种促销方式都有优缺点，企业进行促销方式组合时，要对广告、公共关系和销售促进等方式进行选择和搭配运用，使其成为一个有机整体，发挥整体功能。

1. 以情动人、锁定目标市场的广告策略

现在的大学生是受广告影响较大的一代人，对广告比较敏感，超过40%的大学生会尝试购买广告介绍的产品或直接根据广告选择所需产品。即使是坚持买自己平时喜欢的品牌、很少理会广告的品牌忠实的大学生在品牌认知过程中也深深地受到广告的影响。

广告策略首先要针对大学生的心理特点，在宣传中要突出年轻活力的形象，并与其心中的理想状况相近。广告诉求重在感情的传递和沟通，而非事实阐述或说教，表达方式应新颖别致，以吸引大学生的注意。广告目标确定之后，要选择适当的媒体才能把企业的信息传递给目标消费者。传统的媒体如电视、报纸都是大众媒体，传播面广影响面也大，但是针对性略显不足。企业需要以更贴近大学生的广告媒体直接将信息传递到目标市场。所以，企业应当重点考虑选择以下媒体：

(1) 互联网广告。新兴的广告媒体因其成本低、针对性强近年得到迅速发展，企业应充分利用网络信息技术，在大学生经常访问的网站有针对性地进行产品信息的发布和传播，结合网上购物，促进产品的宣传和销售。

(2) 校园内或附近的卖场POP广告。POP广告即购买时点广告，是指那些设置在销售现场的宣传物，通过现场宣传刺激消费者现时产生购买需求。其主要形式有悬挂于天花板上的彩条、店内旗帜、立式展示物、海报、特殊陈列架、特别布置物、特价标示牌等。由于POP广告布置在商店内外，它借助强烈的视觉传达效果，可以吸引路人进入店内，使其既能看到广告宣传又能见到实物，效果比较理想。POP广告要配合卖场的空间、照明和音响等因素来进行，其内容、造型和色彩等因素也必须从属于企业整体广告策略和营销计划。POP广告因为简单和简便，在为消费者提供商品信息的同时又能美化环境、营造购物气氛，是目前最受企业欢迎的工具之一。但POP广告也必须有一个策划过程，企业要注意了解消费者的需求，集中视觉效果设计有创意的POP。此外，POP必须与媒体广告同步进行。在形式上，校园POP特别关注招牌和橱窗。招牌和橱窗是商店的缩影以求给消费者留下深刻的印象。

（3）邮寄广告。邮寄广告即将印刷的广告物，如商品目录、商品说明书、订单、商业宣传单等通过邮政系统直接寄给目标大学生消费者。传统的邮寄广告显著的优点是地理选择性和目标顾客针对性极强，提供信息全面、反馈快；缺点是可信度低，如果目标顾客为个人消费者不能产生群体效应，成本也较高。大学生的集体生活正好可以降低邮寄广告影响力小的缺点，从而降低企业运营的成本。

（4）电子邮件。企业可以采用电子邮件的方式传递信息，这符合大学生的习惯，速度更快。

2. 激发热情、互动交融的活动策划

活动策划是企业开展公关活动最好的切入点。大学校园内的各类学生活动极为丰富，各种形式的竞赛、文体活动、讲座、晚会和各类社团活动频频举行。这些活动吸引了大学生，是企业进行产品宣传的很好时机。企业可以直接赞助学生活动，这既有利于拉近企业与大学生的距离，也有利于企业及其产品的宣传，增强企业及其产品在大学生中的认知度。一些特殊时机，如新生入学、校运动会、毕业晚会等。企业还可以通过策划参与性强的竞赛活动或娱乐活动吸引大学生参与。这样除了可以提升商品的知名度以外，还可以增加销售量，锻炼学生的动手能力，容易获得学校的支持和鼓励学生参加。

广西联通与区团委及各高校团委合作举办“联通UP新势力营销策划大赛”，区内有数十所高校参与。“UP新势力”是专门为青少年特有的通信需求而打造的品牌，因为活动给了在校大学生一个很好的实践机会，同学们的积极性很高，从而带动了“UP新势力”等产品的火爆销售，同时突显品牌个性。此外，还可以举办一些竞赛性的娱乐活动，如卡拉OK比赛、摄影比赛等增强大学生的关注度，加深大学生对品牌的印象。校内的营销活动最好具有延续性，得到大学生的认同。作为一项延续性活动，关键在于活动主题的确定，要做到每次促销都有主题。活动主题既要新颖，与社会关注的热点相结合，又要与企业的营销战略和定位相吻合，还要真正触及大学生的内心想法。只有这样才能既让学生感兴趣、打动他们的心，又达到企业传播的目的。

3. 直入人心、刺激购买的销售推广策略

大学生由于受经济状况的限制，对价格比较敏感，也把购买到价廉物美的商品作为一种乐趣。销售推广策略是企业吸引忠诚消费者的有力手段，也是打动新顾客的主要方式。在企业常用的促销手段中，最能被大学生接受的是特价促销，后面依次是赠送礼品、有奖销售。

（1）特价促销。降价由于办法简单，因此在促销活动中应用得最为广泛，但不能天天降价。一般最常见的有下列几种：①将换季商品或库存较久的商品、滞销品或外包装有破损的商品降价出售；②在新店开张、传统节日、周年庆典时推出折扣商品；③每周每月推出一款特价品，让大学生买到既便宜又好的商品；④批量价格优惠，这种方法一般用在周转频率较高的食品和日常生活用品上，在大学生批量购买商品时给予价格上的优惠，增加一次性购买商品的数量，大学生可以以宿舍或班级为单位统一购买获得优惠。特价促销容易引起大学生的购买增加，但可能会影响其忠诚度的提高。

（2）示范宣传策略。利用大学生的求新求异消费心理，对其不太熟悉的新商品除了广告宣传外，还可专门在食堂前等大学生聚集场所进行现场展示，演示商品的功能和使用方法、解答大学生提出的问题，制造活跃的气氛，引起其对新商品的兴趣。这种方式可以帮助缺乏商品知识和消费经验的大学生了解商品性能，引发即兴购买。同时，大学生受群聚生活的影响易产生从众行为。关键是企业可以做好大学生群体中的“时尚消费者”和“意见领袖”的促销工作，通过他们的示范作用，来达到引导消费的目的。

(3) 奖励活动促销。这是很有效果的促销活动，可在短期内对促销产生明显的效果，常用的有有奖销售、集点赠送和以旧换新等方式。需要注意的是，活动的日期、奖品或奖金、参加资格、发奖方式等必须让大学生清楚，特别是中奖率不能低，以增强大学生的参与热情，获得他们的信任。

(4) 免费试用和赠品。企业要迅速地向大学生介绍和推广产品，争取大学生的认同，可以设计免费品尝新包装、新口味的食品，或实行免费赠送、免费试用，鼓励其使用新商品进而产生购买欲望。还可以设计一些带有企业形象标识的小礼品，例如钥匙链、小卡通玩具等，在大学生购买一定数量的商品时免费赠送。当大学生购买商品后附赠精美的包装，包装可以根据商品的形状及数量分别设计，可以是特别的包装盒或购物袋。

（资料来源：https://wenku.baidu.com/view/c97d73e750e79b89680203d8ce2f0066f53364db.）

案例思考题：

1. 应用促销策略的知识，结合材料谈一谈如何抓住大学生市场？
2. 在进行促销的过程中，需要注意哪些问题？

第十三章

服务市场营销策略

本章要点

1. 服务的分类与特征
2. 服务营销要素
3. 服务质量评价标准
4. 提高服务质量的方法
5. 有形展示的类型与管理
6. 服务环境的设计
7. 服务定价、服务分销与服务促销

导入案例

数据服务的重要性

数据服务简单来说是一种商业化智能协同网络，洞察、挖掘数据价值，常应用于品牌洞察、商业地产、金融风控、App投研、营销等行业领域或商业行为中。以全球领先的数据智能科技平台Mobtech为例，其自由的大数据资源库+算法能力，使数据服务在业内拥有相当高的公信力。在营销方面，以数据为基础，洞察用户行为需求，锁定精准用户群体，制定个性化的用户沟通策略和数据驱动营销。

在大数据时代，互联网链接成为人们日常工作和生活的重要组成部分。大数据如今正在以各种方式改变着消费者的体验，这正是大数据时代互联网服务的性质。全球互联网服务提供商可以使用大数据为客户提供更好的体验方式。互联网的基础设施可能没有发生太大变化，但是在大数据管理的世界中，客户所依赖的服务已经发生了一些变化。对于寻求大数据体验服务的客户来说，需要了解有关全球互联网服务性质的更多信息，提供数据服务越来越重要。

（资料来源：https://www.wangyuyun.com/news/content/386.html.）

随着互联网的发展，数据服务为客户提供更加精确和个性化的体验，满足了客户的需求。本章将阐述服务市场营销的原理及有形展示等内容。

第一节 服务市场营销概述

一、服务的分类与特征

（一）服务的含义

对服务一词的界定和理解众说纷纭，至今还没有普遍认可的定义。比较具有代表性的定义有以下几种：

（1）1960年，美国市场营销协会（AMA）给服务下定义为："用于出售或者是同产品连在一起进行出售的活动、利益或满足感。"这一定义曾被广泛使用。但它并没有充分地把服务与产品区分开，因为有形产品也能用于出售并获得利益和满足感。之后，AMA在1960年定义的基础上，将服务定义为："可被区分界定、主要为不可感知但却可使欲望得到满足的活动，而这些活动并不需要与其他产品或服务的出售联系在一起。生产服务时可能会或不会需要利用实物，而且即使需要借助某些实物协助生产服务，这些实物的所有权也不涉及转移的问题。"

（2）科特勒认为，服务是一方能够向另一方提供的基本是无形的任何活动或利益，并且不导致任何所有权的产生。它可能与某种有形商品联系在一起，也可能毫无关系。

（3）泽斯曼尔则提出了一个简单而广泛的定义：服务是行动、流程和表现。

（4）格罗鲁斯在研究了服务的众多定义之后，基于服务的特性给出了界定：服务是由一系列或多或少具有无形特性的活动所构成的一种流程，该流程是在顾客、员工和有形资源的互动中进行的，而这些有形资源（有形产品或有形系统）作为顾客问题的解决方案提供给了顾客。

（5）A. 佩思认为："服务是一种涉及某些无形性因素的活动，它包括与顾客或他们拥有的财产的相互活动，它不会造成所有权的更换。条件可能发生变化，服务产出可能或不可能与物质产品紧密相连。"

综上所述，服务的定义主要包括以下要点：①服务主要是一种无形的活动，有时也与有形产品联系在一起；②服务提供的是产品的使用权，并不涉及产品所有权的转移。

（二）服务的分类

不同类型的服务有不同的互动流程，并呈现出不同的特性，从而对服务营销和管理人员提出了不同的要求。了解服务的类型，有助于企业提高服务营销与管理水平。

目前，服务营销中存在许多种对服务的分类方法。这里主要介绍科特勒的分类法。科特勒根据服务在产品中所占的比重进行分类：

（1）纯粹有形产品。这类供应物主要是有形产品，产品中没有伴随服务，如牙膏、牙刷、肥皂等。

（2）伴随服务的有形产品。这类供应物包括旨在提高对顾客的吸引力而伴有一种或多种服务的有形产品。有形的技术越复杂，它的销售越依靠其伴随顾客服务的质量和效用，如果没有服务，这些销售就会萎缩，如汽车、计算机等。

（3）有形产品与服务的混合供应物。这类供应物包括相应的有形产品与服务，如餐馆既提供食品又提供服务。

(4) 主要服务伴随小物品或服务。这类供应物由一项主要服务和某些附加的服务或辅助产品一起组成。例如，航空公司的乘客购买的是运输服务，同时伴随着某些有形产品，如食物与饮料、航空杂志和屏幕电影等。

(5) 纯粹服务。这类供应物主要是提供服务，如照看小孩、按摩、精神治疗等。

为了帮助企业更好地区分各类服务，科特勒进一步将服务细分为以下几类：①服务分为以设备为基础和以人为基础的服务。②服务可根据顾客的参与程度划分为需要客户在场和不需要客户在场的服务。前者如病人做手术，后者如汽车修理。③服务可按照满足个人需要或者企业需要来分类。④服务提供者因其目的（营利或非营利）和所有者（私有或公有）的不同而有所不同。

（三）服务的特征

1. 无形且无法储存性

服务的无形性是指服务本身不具有固化的形态。但服务的手段是有形的。例如，坐出租车从 A 地到 B 地，人们是可以看到汽车运输的过程的。服务无法储存，就是服务产品在消费完毕之后就不复存在了。由于服务是由人来提供的，人身是自由的，所以一般情况下服务产品是不能长期拥有的，除非提供服务者被服务消费者长期雇用。通常情况下，服务也不能够被用来注册或申请专利，但企业可以申请服务类商标。

2. 异质性和不易控制性

有形商品往往是被大规模工业化生产出来的，同质性较高；而服务则不同。由于服务的提供者是不同的人，因此同样的服务由不同的人来提供可能质量的差异就比较大。同时，服务质量还与许多其他因素有关，比如乘客坐出租车时，其感受会与司机的态度、车况和路况等有关。所以，服务质量在许多方面是由不可控制的因素所制约的。它也与顾客本人的心情和境遇有关系。例如，顾客高兴的时候，即使服务质量有一点瑕疵，他也很难察觉，甚至从主观上故意忽略。同一个顾客在不同的时间、地点享受同一个人的服务，感受也可能有所不同。服务质量的高低评价最终是由顾客来判断和衡量的，它与生产者和消费者的情绪都有关，所以不容易控制。

3. 生产与消费的同步性

生产者提供服务产品与消费者的消费是同步的，服务的生产和消费不可分割，共同构成了一个完整的过程。生产与消费的同步性使服务在产生的同时就直接传递给了消费者，而不会涉及所有权的转移问题。

4. 嵌入性

有形商品的销售也包含若干服务的内容。例如，产品销售中人们时常提到的售前、售中和售后服务。一般而言，在同等质量的前提下，一个知名的品牌往往拥有更高的价格，其中一个很重要的原因就是知名品牌能够提供更加完善的服务。例如，企业成套设备总报价为 100 万美元，其中设备本身的报价可能只有 65 万美元，还有安装调试费 5 万美元，培训费 5 万美元，运输费 10 万美元，保险费 5 万美元和售后服务费 10 万美元。

5. 标准化和统一化程度低

服务是由人直接提供的，人的可标准化程度低决定了服务产品的标准化程度必然也会相对较低。但这并不意味着服务不可以有标准化的地方。例如，在营业人员接待顾客的时候，可以统一着装、统一服务用语、统一服务流程等，只是相对于标准化的有形产品的生产，服务的标准化显然更困难一些。所以，企业应对服务质量采取预先控制原则，导入内部营销和互动式营销，提升员工素质和主动工作的积极性，以此提高服务质量。

二、服务营销要素

由于服务具有独特性，传统的4P's营销组合的不适应性日益显现出来。布姆斯（Booms）和比特纳（Bitner）于1981年提出了7P's服务营销组合，在原来的基础上增加了新的要素，使各个要素在协调组合和整合运作后发挥更大的作用。

1. 产品

产品（Product）要素包括产品系列或组合、新服务的设计开发与管理、服务产品质量及品牌名称等。企业应根据顾客所期望的利益和竞争者的状况来设计和选择服务产品。

2. 价格

价格（Price）要素包括定价目标、测算服务成本、分析竞争者成本、选择定价方法、价格水平、折扣、佣金及付款方式等。由于服务的无形性、差异性等特性，使服务产品的定价有了更大的困难和不确定性，企业难以计算出精确的成本，顾客难以对购买的利益进行有效的评估等，都会对企业的定价策略产生影响。

3. 渠道

渠道（Place）要素包括服务让渡的方式及其选择、让渡的时间进度、让渡的地点选择、中间商的角色等。由于服务产品中存在“人”的因素，使服务场所的选择显得特别重要，也相应提高了服务时间要素的重要性。服务过程的速度、便利性、时间的选择等在服务让渡中成为重要的决定性因素。

4. 促销

促销（Promotion）要素包括广告、公共关系、口碑宣传、销售促进和直接销售等。

5. 人员

人员（Personnel）要素包括员工的招聘、培训、激励、报酬、团队、企业文化的沟通及顾客教育和顾客管理。服务由服务人员提供，员工的素质和服务水平及能力决定了服务质量的差异，员工的挑选、培训、激励和管理成为服务营销成功与否的决定因素之一。企业同样需要对顾客消费行为和过程进行管理，顾客之间的关系也会影响其对服务质量的感知。因此，充分利用和管理顾客之间的互动也是营销管理人员应注意的部分。

6. 有形展示

服务的有形展示（Physical Facility or Evidence）包括一些支持提供服务的、可以传递服务特色和优点的有形因素，或者能让顾客看得见、摸得着的东西，包括服务环境、服务流程中的实物设施，以及其他有助于服务的生产、消费和沟通的有形要素。

7. 流程

流程（Process）要素是指服务交付的流程和运营系统。服务流程也是顾客对服务质量进行评价的流程，其中包括服务任务流程、服务时间进度、标准化和定制化等因素。服务在提供给顾客之前一般都是一样的。不同的人在不同时间、不同地点的参与才使服务流程呈现出不同结果。因此，服务的设计要考虑到服务的生产与交付流程及顾客的真正需求。值得指出的是，具有不同市场定位的企业，往往在服务流程的设计上呈现较大的差异，并不能简单地判断孰优孰劣。例如，有的企业以提供高度标准化的服务流程为主，如麦当劳、肯德基；

有的企业则以提供个性化的服务流程为主，如美容店。

资料链接 13-1：服务营销中的“北欧学派”

随着服务业在经济社会中的主导作用日渐突出，服务营销学逐渐从市场营销学中衍生出来并独立发展壮大。服务营销学于 20 世纪 60 年代兴起于西方。1966 年，美国约翰·拉斯摩（John Rathmall）教授首次对无形服务与有形产品进行区分，提出要以非传统的方法研究服务的市场营销问题。1974 年，拉斯摩所著的第一本论述服务市场营销的专著面世，标志着服务市场营销学的产生。在该著作中，作者明确指出仅把市场营销学的概念、模型、技巧应用于服务领域是行不通的，必须建立服务导向的理论架构。视服务营销学为市场营销学的衍生还不够，必须认清服务营销学与市场营销学存在着某种明显的区别，才能使服务营销学成为独立的学科。不过，当时认真领会这些问题的重要性并开展相关研究的学者甚少。直到 20 世纪 70 年代中后期，美国及北欧才陆续有市场营销学者正式开展服务营销学理论的研究工作。

在服务营销学界，一般将服务营销理论的研究学派分为“北美学派”和“北欧学派”。其中北欧学派又称诺迪克学派（Nordic School），其代表人物格隆鲁斯（Christopher Gronroos）和赫斯克特（James Heskett）在服务市场营销管理方面提出了突破性观点。他们的服务质量理论及服务营销管理理论成为服务营销学的重要理论支柱。

北欧学派一个非常重要的观点是：营销决策是整个有机的管理体系中不可分割的组成部分，不能“就营销论营销”；不管是高层的管理决策还是一般性的决策，都必须充分考虑这种决策可能产生的后果，即必须考虑顾客和市场的反应。从研究的特点来说，北欧学派倡导定量和理论框架的研究方法，而不是沉迷于无休止的理论争论。这个学派坚持这样一个观点：只有研究的理论框架是正确的，对理论的检验才可能是科学的。如果理论框架不正确，那么定量研究是不可靠的，因为这些框架为理论的发展提供了新的视角和前提条件。

（资料来源：吴晓云. 服务营销管理［M］. 天津：天津大学出版社，2006.）

第二节　服务质量管理

一、服务质量的内涵和测定

（一）服务质量的内涵

由于服务的无形性、可变性和不可分离性，服务质量的构成要素、形成过程、考核依据、评价标准均和有形产品质量存在差异。

1983 年，芬兰学者格罗鲁斯（Gronroos）教授提出了顾客感知服务质量（Customer Perceived Service Quality）的概念，并明确了其构成要素。格罗鲁斯认为，服务质量本质上是一种感知，是一个存在于消费者头脑中的主观范畴，它取决于顾客期望的服务质量（期望服务）和顾客实际体验（感知）到的服务质量的对比。当顾客体验质量达到或超过期望质量时，顾客就会满意，并认为服务质量较高；反之，则会认为服务质量较低。此外，企业形象是服务质量体验的“过滤器”，关键时刻是顾客体验服务质量的时机。

期望服务质量受市场沟通、企业形象、顾客口碑和顾客需求四个因素的影响。其中，市场沟通包括广告、直接邮寄、公共关系以及促销活动等，直接被企业控制。这些方面对预期服务质量的影响是显而易见的。例如，在广告活动中，一些企业过分夸大自己的产品及所提供的服务，导致顾客心存很高的预期质量。然而，顾客一旦接触企业，发现其服务质量并不像宣传的那样，就会对其感知服务质量大打折扣。企业形象和顾客口碑只能间接地被企业控制，这些因素虽然受许多外部条件的影响，但基本表现为与企业绩效的函数关系。顾客需求则是企业的不可控因素。顾客需求的千变万化及消费习惯、消费偏好的不同，决定了这一因素对预期服务质量的巨大影响。

1984年，格罗鲁斯对顾客感知服务质量的构成要素进一步做了界定，即技术质量和功能质量。其中，技术质量（Technical Quality）是指服务过程中的产出，即顾客从服务过程中所得到的东西。例如，对于酒店，技术质量是指客房；对于餐馆，技术质量是指食物；对于管理咨询公司，技术质量是指一份公司发展规划；对于律师事务所，技术质量是指官司的结果。功能质量（Functional Quality）则反映顾客在接受服务过程中的感知，与顾客服务的消费过程有关。

以酒店为例，一位顾客事先通过电话预订了酒店的一间客房。当顾客到达酒店时，门童先向他问候，迎宾员给他以指点，总台人员为他办理入住手续，然后楼层服务员引领他进入客房。在酒店居住期间，顾客要与服务人员发生多次服务接触，最后顾客退房并结账离开。在上述整个消费过程中，顾客是否得到服务人员的亲切对待就涉及服务的功能质量，而客房设施的好坏就涉及技术质量。此外，银行的自动提款机是否方便使用，网站是否易于进入，旅行社的线路信息是否容易查询，服务人员的衣着、外貌和言行举止，顾客排长队等候服务，顾客之间的相互干扰等，都属于功能质量的范畴。

（二）服务质量的评价标准

1. 服务质量维度

顾客对服务质量的评价包括对多个要素的感知。1985年，潘拉索拉曼（Parasuraman）、泽斯曼尔（Zeithaml）和贝利（Berry）首先提出了顾客评价服务质量的十个期望标准，见表13-1。

表13-1 顾客评价服务质量的十个期望标准

维度	定义	内容
可靠性	可靠、准确地完成所承诺的服务的能力	①公司首次为顾客提供服务应当及时、准确；②公司要遵守承诺，典型的例子包括准确结账、准确记录公司和顾客的相关数据、在预定的时间内提供服务
响应性	员工为顾客提供服务的意愿	①即时办理顾客要求的邮寄服务；②迅速回复顾客打来的电话；③及时
服务能力	员工应当具有为顾客提供服务所必需的技能和知识	①与顾客接触的员工所应具备的知识和技能；②运营支持人员所应具备的知识和技能；③组织所应具有的研究能力
可接近性	可接近和接触的容易程度	①顾客可以通过电话很方便地了解到服务的相关信息（如电话不会打不通，也不会让顾客等待较长时间）；②为了获得服务而等待的时间不长；③营业时间使顾客感到便利；④服务设施安置地点便利
礼仪	顾客接触人员的礼貌、庄重、体贴周到和友好	①客气、尊重、周到和友善（如前台接待人员、电话接线员等）；②能为顾客的利益着想；③员工外表干净、整洁，着装得体

（续）

维度	定义	内容
有效沟通	能够倾听顾客的要求，使用他们能够理解的语言向他们传递信息	①介绍服务本身的内容；②介绍获得服务所需的支出；③介绍服务与费用的性价比；④向顾客确认能够解决的问题
可信性	货真价实、信任和诚实。企业要将顾客价值最大化作为根本目标	①公司名称；②公司信誉；③与顾客接触的员工的个人特征；④与顾客互动关系中推销的困难程度
安全性	安全、没有风险和迟疑	①身体上的安全性；②财务上的安全性；③顾客隐私
了解顾客	努力去理解顾客的需求	①了解顾客的特殊需求；②提供个性化的关心；③识别忠诚顾客
有形性	服务的实物特征	①实物设施；②员工形象；③提供服务时所使用的工具和设备；④服务的实物表征（如卡片或银行凭条）；⑤服务设施中的其他物品

（资料来源：PARASURAMAN，ZEITHAML，BERRY. A conceptual model of service quality and its implications for future research［J］. Journal of marketing，1985，49：47.）

在后续的研究中，他们发现其中的某些变量之间有很高的关联度，因此就把它们综合成五个方面，也就是广为人知的服务质量五个维度[㊀]：可靠性、响应性、安全性、移情性和有形性。

（1）可靠性。可靠性（Reliability）是指企业准确、可靠地执行所承诺服务的能力。从顾客的角度看，可靠性是最重要的服务特性，是服务质量特性中的核心和关键内容。如果提供给低于顾客期望的核心服务，会直接导致顾客失望。例如，如果航班不能如约准时起降，即使客舱服务再好，也不可能让顾客对服务质量有好的感知。

（2）响应性。响应性（Responsiveness）是指企业愿意主动帮助顾客，及时为顾客提供必要的服务。响应性维度强调在处理顾客要求、询问、投诉、问题时的专注和快捷。例如，航空公司以响应性作为自己的服务特色，售票及时迅速、行李运送系统快捷、包裹及时运到。

（3）安全性。安全性（Assurance）是指雇员的知识和谦恭态度，及其能使顾客信任的能力。例如，航空公司可信的名称、良好的飞行记录、资深的飞行员、彬彬有礼的律师都代表着服务的保证性。当顾客感知的服务包含高风险或其没有能力评价服务的产出时，这一维度就变得特别重要，如银行、保险、证券交易、医疗服务。

（4）移情性。移情性（Empathy）是指服务人员认同和理解顾客的处境、感情和动机，处处为顾客着想。移情性在本质上是通过个性化的服务使每个用户感到自己是唯一的和特殊的，感到企业对他们的理解和关注。例如，空中小姐理解和预料顾客的特殊需要，对独自出行的儿童给予特别照顾就是一种移情。

（5）有形性。有形性（Tangibility）是指通过有形元素，如服务场景、设施、工具、人员、印刷品等向顾客展示服务的质量。有形性是顾客感知服务质量的重要维度，有形证据能加深顾客对其他四个服务质量维度的感知，还能降低顾客感觉中的购买风险。例如，餐馆的墙壁及桌椅整洁别致，员工统一着装并且微笑着为顾客服务等有形展示，为顾客提供了高质

㊀ 资料来源：PARASURAMAN，BERRY，ZEITHAML. Understanding customer expectations of service［J］. Sloan management review，1991，32（3）：41.

量的服务感知。

2. 服务质量测定的 SERVQUAL 模型

服务质量取决于顾客的感知，其中包括许多无形因素、心理因素和难以观察的间接接触。潘拉索拉曼、泽曼尔和贝利于 1988 年开发出基于服务质量差距的 SERVQUAL 模型，见表 13-2，用来测量服务质量的五个基本内容。自 SERVQUAL 模型诞生以来，已经先后在零售、饮食、银行、保险、图书馆、宾馆、医院、高等教育机构等行业得到广泛应用。该模型得到了许多营销专家的认可并在企业界得到了广泛的应用，是目前公认的用于评估各类服务质量的一种典型方法。

表 13-2 SERVQUAL 模型

维度	测量问项
可靠性维度	公司提供所承诺的服务 初次提供服务的正确性 公司应在承诺的时间内提供服务 公司应该告知顾客开始提供服务的时间 保留错误记录
响应性维度	顾客期望公司员工提供迅速及时的服务 公司员工应当总是乐于帮助顾客 员工无论多忙都应当及时回应顾客的要求 传达提供服务的时间信息
安全性维度	公司员工的行为举止应当是值得信赖的 公司应当是顾客可以信赖的 公司员工应当始终热情地对待顾客 公司员工应该具有足够的专业知识，以回答顾客的问题
移情性维度	公司应该对顾客给予个别的关注 公司拥有能给予顾客个别关注的员工 公司应当了解顾客的需要 公司的营业时间应该使顾客感到方便 公司应当了解员工的需要
有形性维度	公司应该有现代化的设备 公司的设备外观应该吸引人 公司员工应该穿着得体、整洁干净 与所提供服务相关的资料应当齐全

（资料来源：PARASURAMAN，ZEITHAML，BERRY. SERVQUAL：a multiple-item scale for measuring consumer perceptions of service quality［J］. Journal of retailing，1988，64（1）：36.）

二、服务质量差距模型

美国学者潘拉索拉曼、泽曼尔和贝利于 1988 年提出了服务质量差距模型（Five-Gap Model），如图 13-1 所示。该模型说明了导致服务质量问题的五种差距，可以作为企业进行质量管理的基本框架。

服务质量差距模型的上半部分与顾客有关，下半部分与企业有关。首先，期望的服务受到顾客过去经验、个人需要以及口碑传播的影响，同时，它还受到企业营销宣传，即与顾客

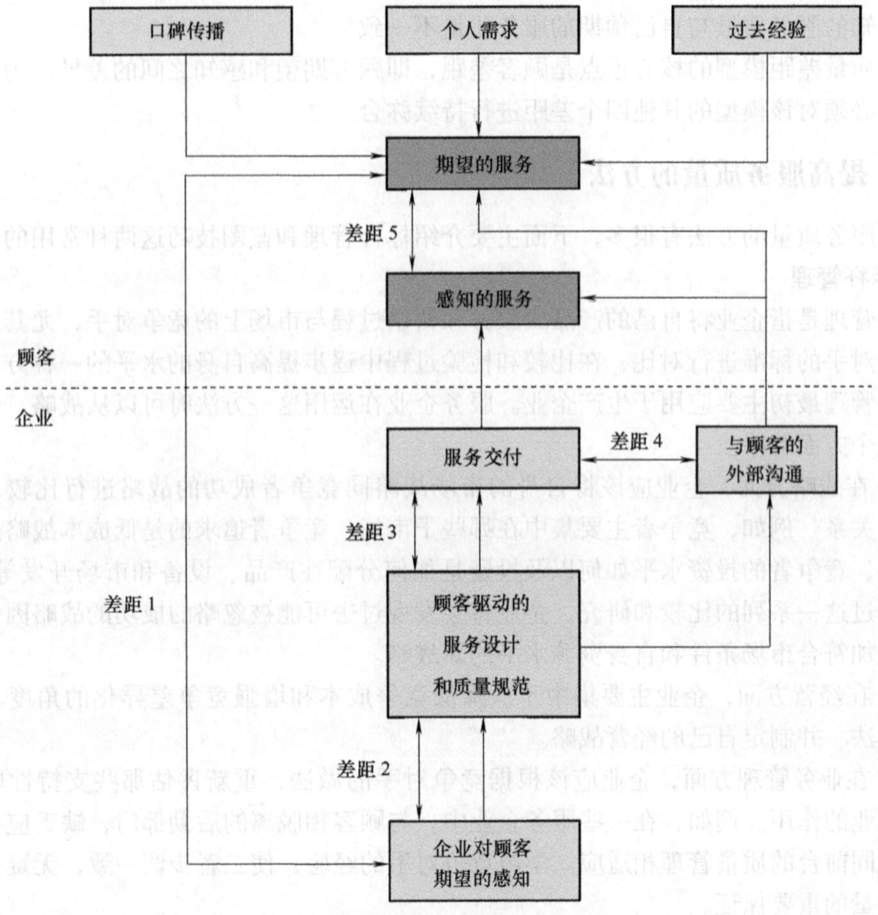

图 13-1　服务质量差距模型

的外部沟通的影响。其次，顾客感知的服务是企业一系列内部决策和活动的产物。企业对顾客期望的认知决定了组织将要执行的标准，员工依据服务标准向顾客交付服务，顾客则根据服务体验来感知服务质量。另外，该模型也显示了外部沟通，即企业的营销宣传对顾客体验到的服务也会产生影响。最后，该模型还展示了服务质量分析工作的程序和步骤。根据这些步骤，管理者可以发现产生服务质量问题的原因。

具体来说，企业提供的服务可能存在以下五个方面的差距：

（1）顾客期望与管理者感知之间的差距。这一差距又称为管理层认知差距，即管理人员并无法总是能够正确地感知顾客的需要。

（2）企业感知与提供服务之间的差距。这一差距又称为质量标准差距，是指所制定的具体质量标准与所提供的真实服务之间的差距。

（3）服务提供与服务交付之间的差距。这一差距又称为服务交付差距，是指服务生产与交付流程没有按照企业所设定的标准来进行。

（4）服务交付与外部沟通之间的差距。这一差距又称为市场营销传播差距，是指市场宣传中所做出的承诺与企业实际提供的服务不一致。

(5) 顾客期望与顾客感知之间的差距。这一差距又称为服务质量感知差距，是指顾客体验和感知的服务质量与自己预期的服务质量不一致。

服务质量差距模型的核心重点是顾客差距，即顾客期望和感知之间的差异。为了弥合这一差距，必须对该模型的其他四个差距进行持续弥合。

三、提高服务质量的方法

提高服务质量的方法有很多，下面主要介绍标杆管理和蓝图技巧这两种常用的方法。

1. 标杆管理

标杆管理是指企业将自己的产品或服务和营销过程与市场上的竞争对手，尤其是最具优势的竞争对手的标准进行对比，在比较和检验过程中逐步提高自身的水平的一种方法。

标杆管理最初主要应用于生产企业。服务企业在运用这一方法时可以从战略、经营和业务管理三个方面着手。

(1) 在战略方面，企业应该将自身的市场战略同竞争者成功的战略进行比较，寻找它们的相互关系。例如，竞争者主要集中在哪些子市场，竞争者追求的是低成本战略还是价值附加战略，竞争者的投资水平如何以及投资是如何分配在产品、设备和市场开发等方面的，等等，通过这一系列的比较和研究，企业将会发现过去可能被忽略的成功的战略因素，从而制定出更加符合市场条件和自身资源水平的新战略。

(2) 在经营方面，企业主要集中于从降低竞争成本和增强竞争差异化的角度了解竞争对手的做法，并制定自己的经营战略。

(3) 在业务管理方面，企业应该根据竞争对手的做法，重新评估那些支持性职能部门对整个企业的作用。例如，在一些服务企业中，与顾客相脱离的后勤部门，缺乏应有的灵活性而无法同前台的质量管理相适应。学习竞争对手的经验，使二者步调一致，无疑是企业提高服务质量的重要保证。

2. 蓝图技巧

蓝图技巧又称服务过程分析，是指通过分解组织系统和架构，鉴别顾客同服务人员的接触点，从这些接触点出发来提高服务质量的一种方法。

蓝图技巧借助流程图分析服务传递过程的各个方面，包括从前台到后勤服务的全过程。其主要步骤是：

(1) 将服务的各项内容绘入服务作业流程图，使服务过程一目了然地、客观地展示出来。

(2) 找出容易导致服务失误的接触点。

(3) 建立体现企业服务质量水平的执行规范。

(4) 找出顾客能看得见的、作为企业与顾客的服务接触点的服务展示。在每一个接触点，服务人员都要向顾客提供不同的职能质量和技术质量，而顾客对服务质量感知的好坏将影响企业形象。

由于服务的不可感知性，顾客常因担心服务质量难以符合期望水平而在购买时犹豫不决。企业为化解顾客对质量风险的顾虑，可从以下几方面改进工作：

(1) 集中强调服务质量。这要从企业的高层管理做起，使高层人员全身心地投入服务质量的管理上，建立以质量为中心的企业文化，使中下层管理人员能够自觉地为提高服务质量做贡献。

(2) 加强员工的培训。

(3) 在广告宣传中突出强调服务质量。

(4) 用好营业推广方法，刺激顾客消费。

(5) 善于利用顾客的口头传播作用，使顾客减少因为消费企业的服务而产生的疑虑。要知道，最好的广告莫过于满意的顾客，因此让满意的顾客来传播企业服务是提高服务质量的一种好方法。

第三节　服务的有形展示

小案例 13-1：美容院的服务有形展示

人们由春天联想到绿色，由夏天联想到红色，由秋天联想到金黄色，由冬天联想到纯白色——每种色彩代表着不同季节优美的自然景观，让人的心境在多彩的生活中，或欣喜，或感伤，或憧憬，或回忆……这种心灵体验就是色彩给人们带来的意境享受。

说到现在的美容院，已不再仅仅是一个单纯做美容的公共场所，几张美容床外加一些美容产品就可以开工营业了，而是糅合了更多的文化元素，即经营者自身固有的修养而向顾客传递的独特的人文气息，也就是人们通常说的“情调”。顾客来到美容院，除了能够改善生理上的瑕疵，通常也是为了寻求一种心灵的减压与放松。从美容业的发展趋向来看，美容院的卖点渐渐开始转移到“情调”二字。

“情调”最直接的表现形式毫无疑问就是色彩，即通过色彩的搭配来营造氛围，影响人们的心境。这样就增强了美容院与顾客的融合力度。如果美容院的环境符合顾客的心境，使人感到向往，那么顾客便会念念不忘，经常光顾。

豪华的装修不一定能够淋漓尽致地传达一种文化氛围。打造一个情调美容院首先要确定整个美容院的基调，即确定情调的主旋律。基调的选择首先是由店面所处的环境和光顾的顾客层次决定的，一定要达到和谐统一。其次，根据基调来确定主色调与辅助色。下面有一个很好的案例，它有一个很好听的名字：森林之春。

显而易见，这个美容院的基调引进了森林原野的大自然气息，久在都市的钢筋水泥丛林中穿梭的顾客，都有重返大自然、回归自我的渴望。这家美容院的顾客群大多属于白领阶层，承受着繁重的工作压力，但对生活品质又有着绝对高的要求，是一些典型的“个人完美主义者”，因此杂乱无章的环境是留不住他们的。由主基调——森林、大自然，这家美容院的主色调定位在绿色——象征森林的春天枝繁叶茂的蓬勃生机，红褐色——象征林木的质感和本色；辅助色——黑色、不锈钢原色，彰显一种尊贵的品质。

美容院入口处是前台接待处，入眼的首先是绿色的风景画，即树木的枝叶，镶嵌在柜身，既起到很好的装饰作用，又减少了红木的厚重感，紧邻天花板处利用了灯光的照射，营造出阳光穿透树叶的朦胧清新感。等候区的长椅款式简洁，也用了配套的绿色，和红褐色的扶手形成鲜明的对比。店堂中林木的装饰画随处可见，既起到一种隔离的作用，也成为整个美容室不可或缺的点睛之笔。想象一下，顾客在微闭双眼、享受周到的服务的同时，仿佛置身于燕鸟啁啾的森林中，心情自然会得到放松。

这个美容院整体给人感觉色调简单和谐，却不显单调，是因为在小细节上做了大文章。

例如，透明玻璃隔断的运用、灯光的运用等。透明玻璃隔断给人视野上形成开阔的效果，同时给简单的色彩搭配添加透明感；灯光使整个色调附上一层柔光，同时突出了每个区域的层次感。

在美容院装修的“硬件”中，除了色彩表现的情调以外，还应该注意利用一些“软件”，即运用无形的东西来烘托气氛。例如音乐，在这样充满大自然情趣的店面，应该选择一些轻柔的乐曲，如排箫、钢琴曲等，把音量调至若有若无，声、光、色融于一体；还有香氛，美容院中不应当仅仅充斥着化妆品的脂粉味道，做些适当的熏香，清新淡雅地附着在店堂的空气中，同样也是烘托情调的妙招。

情调美容院渐渐成为一种发展趋势，这是和社会的发展紧密相连的，因为美容不单纯是一种商业行为，最终它必然要回归到文化上来。如果将美容文化和商业操作做到完美的结合，就必然能成为美容行业的大赢家。

1973 年，科特勒提出，“设计一种环境空间，以对顾客施加影响”，“营销氛围”从此成为一种营销工具。1977 年，萧斯塔克又引入了“服务展示管理”的概念，从此，服务的有形展示就成为服务营销中的一个重要概念。简单地说，所谓服务的有形展示，就是指服务过程中一切外在的、可以被顾客正确感知的、能够体现服务特色和优点的有形组成部分。

一、有形展示的类型

服务的有形展示可以分为许多类型，不同类型的有形展示对顾客接受服务的心理及对服务内在质量的判断起着不同的作用。

（一）按服务产品的核心价值是否被顾客实际拥有分类

从服务产品的核心价值是否被顾客实际拥有的角度，有形展示可以分为以下几种：

1. 核心展示

核心展示是指那些长期存在且伴随顾客消费服务产品过程的始终，但又不能被顾客拥有的有形展示部分，它与顾客所认可的核心利益相一致。如顾客到某银行办事，银行的品牌、口碑，银行工作人员的办事效率、服务态度、服饰、语言、行为，银行环境的好坏，银行柜台的布局与设置等，对顾客感知银行服务的质量起到关键作用，甚至决定了顾客是否会继续选择该银行的服务。这些有形展示与顾客的消费行为过程是一致的。对于金融服务的对象来说，人们所看重的核心利益有时是不同的。例如，有的顾客注重是否能够得到更高的利率，而有的顾客注重资金的安全性，有的顾客注重便捷性，还有些顾客期望能得到贵宾式的优质服务。顾客追求的核心利益不同，为银行市场的细分提供了依据，企业可以根据顾客核心利益进行差异化的有形展示。

2. 边缘展示

边缘展示是指那些在服务过程中能够为顾客所直接拥有的有形展示部分，它不能决定顾客的价值取向和核心利益的拥有。例如，电影票是一张凭证，它决定了顾客能否进入电影院，电影票本身是顾客的资产，但它不能够代表看电影本身，顾客的核心利益是拥有看电影的享受，而不是拥有一张凭证式的纸。边缘展示的特点是其本身并不包含太多的价值，但它们的存在已经形成了商业习惯，成为服务价值链中必不可少的部分。边缘展示从顾客的实际需要出发，为核心服务价值构筑了强有力的支撑，如宾馆客房中可以看到的旅游指南、住宿须知、服务指南、纸、笔等均属于边缘展示。

3. 附加展示

附加展示对于企业来说不是必不可少的。对于顾客来说，有了它，能够感受到服务的档次上了一个台阶；但如果没有它，也不会意识到该项服务应该是存在的。例如，顾客早上从酒店出发，晚上拖着疲惫的身躯回到房间，发现枕边有一支玫瑰和一张精致的生日贺卡，打开贺卡，传来生日祝福的音乐，才想起今天是自己的生日。原来是酒店服务人员从顾客登记的身份证号码上知道了顾客的生日，于是送来了真诚的祝福，顾客的那一份感动是可想而知的。玫瑰和贺卡本身的价值不高，但是顾客可以由此感受到酒店细心与周到的服务，体验到酒店的真诚。

（二）按有形展示的构成要素进行分类

按有形展示的构成要素进行划分，可以将其分为物质环境展示、沟通信息展示和价格展示三种类型。

1. 物质环境展示

物质环境由习惯性环境因素、设计因素和社会因素三大因素构成。

（1）习惯性环境因素是指顾客在日常生活中已经习惯的某种环境存在的方式。它不会给人带来格外的兴奋和惊喜，而一旦脱离了这种环境，就会感到不舒适。习惯性环境因素包括温度和湿度、空气质量、噪声、气味、清洁度等，通常属于日常生活要素。

（2）设计因素是指企业根据消费者的心理、消费行为、竞争因素和周边环境而设计出的一种旨在立即引起注意、刺激购买的外在展示形式。例如，企业形象标识的设计、营业场所的设计、精美的产品设计和产品包装、功能的易用与舒适等。

（3）社会因素是指服务现场中一切对服务质量具有影响力的人的总和，包括服务员工、管理者、服务对象等服务现场的一切人士。

三者的区别在于，习惯性环境因素不会特别引起顾客的注意，但它一旦变化，则会立即引起顾客的注意；设计因素是最容易对顾客造成刺激的因素，它是服务及服务环境的物化和体现；社会因素则主要体现了服务环境中人的作用。

2. 沟通信息展示

企业通过对无形的服务和信息进行有形化的设计之后，能产生更好的与大众沟通的效果，即沟通信息展示。

信息沟通所使用的方法有服务有形化和信息有形化。服务有形化是指企业通过强化某些有形物，建立其与无形服务的内在关联性，让服务显得实实在在；信息也可以采用有形化的手段，利用广告进行服务形象的准确定位是一种必要的选择。例如，某出租车公司在市场上排名第二，距离市场第一名差距甚远，于是该公司做了一则这样的广告："位居第二，自当全力以赴"。该广告帮助公司成功地塑造了一个弱者自强不息的形象，引发了人们的广泛同情和赞许。除了广告之外，口碑传播也是一种非常不错的途径，它不需要额外付出费用，而效果却可能非常好。

小案例 13-2：麦当劳儿童乐园餐的沟通信息展示

麦当劳儿童乐园餐的汉堡包有一个外包装盒，上面印有许多儿童喜欢的游戏、迷宫等图案，还有其创始人唐纳德的画像。不仅如此，它们还为儿童配送一个小玩具，令这些目标顾客非常高兴。为了达到长期吸引儿童的目的，麦当劳会定期更换这些玩具，使儿童对它们保持新鲜感。有些儿童喜欢收集这些玩具，每隔一段时间就要到麦当劳就餐一次，以得到这些新式的玩具。

3. 价格展示

价格展示是通过价格标签完成的，它是服务质量和水准的重要展示途径。合适的定价会培养顾客对服务的信任和信心，影响人们对服务的期望和判断。

价格能展示一般的服务，也能展示特殊的服务；它能表达对顾客的关心，也能给顾客以急功近利的感觉。服务价格对服务水平和质量的可见性展示，能传送适当的信息，是一种对服务有效的有形展示。

二、有形展示的作用

有形展示是服务营销的七大组成要素之一，它的作用主要表现在以下几个方面：

1. 吸引顾客注意

通过有形展示的外在表现直接刺激顾客的感官，影响顾客对服务产品的第一印象，使之享受到服务带来的利益，是服务营销吸引顾客的重要法宝。

2. 引导顾客对服务产品产生合理的期望

顾客期望得到重视和尊重是必然的，企业应当满足人们的合理需求和欲望。但基于现实的因素，企业有时也要对顾客的欲望做出某些限制。例如，银行在柜台外面设立一米线，其作用在于：告诉顾客前面已经有人正在接受服务，请排队；请站在离窗口一米之外的地方，这对前面的顾客来说更有安全感；能够引导顾客的进出等。企业通过这样的有形展示可以有效合理地引导顾客的期望。

3. 帮助顾客识别服务产品的差异性，有助于树立服务品牌和企业形象

无论何种产品，在营销的过程中一定要给顾客足够的理由，让顾客明白为什么一定要买本企业的产品，而不是其他公司的产品。由于服务产品具有无形性，不太容易被表达和描述，也不易于形象的传播，因此必须要借助一定的有形展示才能更好地进行相关的诉求，刺激顾客的购买欲。有形展示加入创意的元素，也更容易使之区别于其他企业的服务，使顾客更容易识别和记忆，留给顾客良好印象的概率也会更大，这对树立服务品牌和企业形象有很大好处。顾客感知到服务质量的优良，就会主动选择使用、建立偏好并传播服务品牌和企业形象。

4. 有助于服务的标准化，有利于员工培训

服务业在一定程度上也可以实施标准化，如宾馆的标准间等硬件服务设施、服务的软环境等，都可以设立标准进行考核。服务的标准化有赖于硬件设施，它构成了有形展示的重要内容和手段。针对我国现实而言，硬件环境与国外相比差距并不大，许多设施由于新建不久，还处于领先的地位；中国服务业的短处在于服务本身。所以，服务业需要下大力气、花工夫对员工进行持续不断的培训，要借助有形展示使员工理解服务的真正内涵，迅速提高服务水平。

三、有形展示的管理

服务企业利用组成服务的有形元素突出服务的特色，使无形服务变为相对的有形和具体化，能让顾客在购买服务前判断服务的特征并享受服务后获得的利益。因此，加强对有形展示的管理，努力借助这些有形元素改善服务质量，树立独特的服务企业形象，对服务企业开展市场营销活动具有重要意义。

有形展示的管理需要注重以下几个方面：①将服务元素细化并进行有形化处理。例如，银行信用卡本身没有太大价值，但它包含了巨大的价值。它不仅可以透支消费，其贵宾 VIP 信用卡还有其他作用，甚至可以作为身份的象征，如在飞机场可以使用贵宾通道、有专供贵宾休息的房间等。② 展示的有形物要适当，要符合企业形象和服务特色、符合顾客的价值认同，而且有形物所承载的价值诺言一定要能够兑现。③检查并考核有形展示清单的执行状况。清单一定要详细，可以用表格的形式，也可以是问答的形式。

四、服务环境的特点和设计

服务环境是有形展示的重要环节。它是企业向顾客提供服务的场所，不仅包含有形的要素，而且还包含诸多无形的要素，如设备设施、内部装潢、采光、外部景观和室内景观的营造等。

1. 服务环境的特点

（1）整体性。服务环境是一个整体，讲究整体的协调效果。

（2）信息性。服务环境所包容的信息量大，并且具有隐含的特征。

（3）综合性。服务环境包含美学、社会学的系统特征。

（4）差异性。服务环境通常不会雷同，并且呈现不同程度的复杂性。

2. 服务环境的设计

以餐厅为例，其服务环境设计应考虑以下因素：

（1）选址环境。选址应根据投资金额考虑门面的大小、租金的多少和地段的选择等，并根据以上因素选择人流量比较大的几个地段进行考察，还要综合考虑停车场、商场、同类餐馆等方面的信息。例如，麦当劳、肯德基就是和大型卖场相结合以获取客流量。

（2）经营场所的内外部环境因素。例如，清洁卫生、道路通行环境等都会影响客流。

（3）对气氛的营造。通过对招牌、颜色、桌椅、灯饰、光线等的设计营造令顾客赏心悦目的环境，时逢节日还要利用气球、气模等道具营造喜庆的节日色彩。在服务环境的设计中，陈列台和服务台的设计、背景音乐的设计、一些植物（盆景）的设计、鱼缸的设计等也非常重要。

（4）设计的宗旨要与企业服务的宗旨相吻合，以体现服务特色。

（5）连锁店的服务环境应尽可能地保持风格一致。

第四节　服务定价、分销与促销

一、服务定价

（一）服务定价需要考虑的因素

服务定价除考虑成本、供求变化、竞争等因素外，通常还要考虑以下因素：

1. 质量与品牌影响力

服务价格与质量和品牌的关联性很强，正如等级越高的酒店收取的费用越高一样，质量与品牌影响力在服务市场的定价中起到了重要的甚至是决定性的作用。价格是服务质量的关键信号；品牌影响力代表着服务产品的知名度、美誉度、服务产品所使用的等级标准等，与企业的市场定位和目标市场密切相关，进而也就决定了其价格水准。

2. 消费者的个性化倾向

服务企业在制定价格时，消费者的个性化倾向更加明显，甚至有时针对不同的顾客可能会有“一客一价”的情况。例如，人寿保险就与顾客自身情况密切相关，其价格取决于顾客的年龄、身体状况、是否爱好烟酒等因素。在国外，甚至交通违章记录等也会引起人寿保险价格的改变。

3. 价格敏感度

在某些服务行业中，价格的敏感度很高，几乎成了一种竞争武器。只要一家企业打折销售，其余的服务提供者会立刻跟进（如餐饮业、美容美发等行业），这时价格对于企业和消费者而言都至关重要。

但在有些服务行业中，服务价格的敏感度则很低，价格几乎是不可见的。例如，IDS 金融服务公司发现顾客对公司服务的价格了解很少，甚至比公司预期的还少，顾客甚至不了解自己是如何支付金融服务费用的。

（二）服务产品的定价方法

1. 成本导向定价法

依据服务成本决定服务价格，简单明了，适应需求，利润合理。其计算公式为：价格=直接成本+间接成本+边际利润。服务成本更多考虑的是时间成本或精力成本，所以服务费的收取也就有多种方式。例如，清洁房屋可以按小时收费，也可以按房间多少收费，还可以按清洁面积收费；律师可以按标的额来收费，也可以按小时来计费等。服务企业的固定成本和可变成本举例见表 13-3。

表 13-3 服务企业的固定成本和可变成本举例

企业	固定成本	可变成本
酒店	建筑与设施的折旧（自有） 建筑与设施的租金（租价） 固定人员的酬金	食品消耗 易耗品的维修 水电的消耗
保险公司	管理成本	赔偿费
特快专递	自有交通工具及其他设施的折旧 一般费用（后勤管理）	航空公司的费用 燃料、集装箱等成本

小案例 13-3：家装服务的价格构成

家装公司设计是其提供的重要服务内容之一。但通常情况下，公司都提供免费设计服务，其成本主要是人工费和材料费，利润则来自建筑材料的价差和施工费。家装价格的构成也比较复杂，通常有“包清工”，即材料由业主自购、装饰公司负责施工，只收取人工费用；还有“半包价”和“全包价”，即由装饰公司提供部分建筑材料或提供全部建筑材料。不管采用哪种价格方式，家装公司一般都以提供免费设计为代价，而将设计费用计入其他的成本中。

2. 竞争导向定价法

竞争导向定价法主要有以下几种方式：

（1）领袖型企业主导下的竞争导向定价法。在许多行业中会有极少数企业成为行业的领导者，它们制定的价格通常会成为标杆价格，全行业其他所有企业都会默认并遵守。

（2）充分竞争市场下的竞争导向定价法。采用这种定价方法的企业，其价格基本上就是随行就市。例如，航空服务业的航线竞争非常激烈，一旦某个竞争者降低了价格，其余竞争者往往会马上跟进。

（3）拍卖定价法。随着网络的发展和普及，人们在很多网站上可以看到关于拍卖的服务价格，甚至出现了专业的服务拍卖网站。人们在网站上通过拍卖的方式可以得到图形设计、求职咨询、网站开发、翻译、房屋租赁等各种服务。

3. 需求导向定价法

需求导向定价法是现代市场竞争中经常使用的一种方法。这种方法根据顾客的意愿和承受能力来制定合适的价格，有时甚至会由顾客随心定价。需求导向定价法通常的做法是调查研究消费群体及其购买力，了解目标群体对该服务产品的认知和愿意为之付出的代价，从而制定一个符合消费者意愿的价格。

小案例 13-4：Just Around the Corner 的需求导向定价

伦敦一家名为 Just Around the Corner 的餐馆，采用一种特殊的顾客需求导向定价法为自己的产品和服务定价：顾客在这里用餐，可以按照自己的用餐感受直观地认为这顿饭值多少钱，就付多少钱。结果在老板开设的多家餐馆中，这一家竟然是盈利最多的。

二、服务分销

服务分销是指服务提供者考虑在什么时间、地点，通过何种途径，用何种方式，将服务交付给顾客，以使顾客尽可能方便快捷地购买、享用和受益的策略。主要的服务分销渠道包括以下两种：

1. 直销渠道

由于服务产品生产与消费过程的同步性，直销是一种比较适合服务产品的配送形式。在下列情况下，企业应考虑采用直销渠道：

（1）指定购买。这种形式常见于餐饮、美容美发等行业。例如，许多顾客在理发店里会指定专门的理发师为自己服务，甚至出现理发师跳槽把顾客带走的情况。

（2）企业不希望借助中介机构而希望对市场形成最强有力的控制时，也比较适合采用直销渠道。

（3）个性化或者专业化色彩强烈的服务。这类服务不太容易由其他机构代为生产和销售，只能直销。

2. 经由中介机构的分销渠道

经由中介机构的分销渠道是服务企业较常使用的一种分销方式。许多金融产品的分销就采用了这种方式，如银行网点代售保险和基金产品，酒店为了争夺客源而给予出租车司机奖励，房屋中介的牌子也是随处可见的。还有网站也正扮演着中介的角色，例如携程旅行网是一家以旅游、休闲为主的网站，其会员可以在签约的酒店打折消费；阿里巴巴、淘宝网则形成了一个网上销售平台，人们可以在该网站从事销售服务。

可见，服务市场的中介机构形态繁多，常见的有下列四种：

（1）代理。一般出现在销售、观光旅游、运输、保险等行业。

（2）经纪。例如，房产经纪人所从事的房屋中介服务。

（3）批发。例如，人们到照相馆照相后，照相馆通常会把数码照片拿到其他地方进行冲印，因为它没有相关的设备，而那些能够冲印照片的企业自然就成了批发商。

（4）零售。一些专利代理机构不仅代理企业和个人申请专利的业务，而且还销售各式专利权。

服务企业在选择分销渠道方式时，一般应该考虑以下问题：服务的业态类型及其特点，目标市场及营销战略，商业惯例及竞争对手的渠道方式，顾客的需求特点及顾客满意度，企业自身实力状况，使用中间商的效率与自身效率的对比情况等。

三、服务促销

服务促销是指通过沟通信息，使目标顾客了解企业及所提供的服务，刺激消费需求而设计和开展的营销活动。

服务促销的目标见表 13-4。

表 13-4　服务促销的目标

1. 顾客目标
- 增进对新服务和现有服务的认知
- 鼓励试用服务
- 鼓励非用户：

——参加服务展示

——试用现有服务
- 说服现有顾客：

——继续购买服务而不中止使用或转向竞争者

——增加顾客购买服务的频率
- 改变顾客需求服务的时间
- 沟通服务的区别利益
- 加强服务广告的效果，吸引消费者的注意
- 获得关于服务如何、何时及在何处购买和使用的市场研究信息
- 鼓励顾客改变与服务递送系统的互动方式

2. 中间商目标
- 说服中间商递送新服务
- 说服现有中间商努力销售更多服务
- 防止中间商在销售场所与顾客谈判价格

3. 竞争目标

服务促销组合是指将能够使用的促销元素根据促销目标巧妙地搭配在一起使用，以达到最佳效果。服务产品促销可以使用的元素主要有广告、人员推销、营业推广、公共关系、口头传播、DM 直邮等。各种促销手段的特点不一样，使用效果也会大相径庭，企业必须综合考虑，可以只使用一种方式，也可以将两种或者两种以上的手段搭配使用，形成促销组合，以达到销售目的。

资料链接 13-2：直邮

直邮（Direct Mail，DM）是指通过国际快递直发到客户手上，中间不经过任何第三方

中转，为人们提供一个安全可靠的购物渠道。美国直邮及直销协会对DM的定义如下："对广告主所选定的对象，将印就的印刷品，用邮寄的方法传达广告主所要传达的信息的一种手段。"DM就是要最大限度地促进销售、提高业绩，其目的大致可以归纳为以下几点：

(1) 在一定期间内，扩大营业额，并提高毛利率。

(2) 稳定已有的顾客群并吸引、增加新顾客，以提高客流量。

(3) 介绍新产品、时令商品或公司重点推广的商品，以稳定消费群。

(4) 增加特定商品（新产品、季节性商品、自有商品等）的销售，以提高人均消费额。

(5) 增强企业形象，提高企业知名度。

(6) 与同行业举办的促销活动竞争。

(7) 刺激消费者的计划性购买和冲动性购买，提高商场营业额。

DM在欧美国家发展十分迅速，是仅次于电视的第二大媒体。在奥地利，DM已是全国广告的第一名；在美国，DM广告占市场份额的20%左右；在日本，DM广告的市场占有量也超过了12%。DM广告在国外已成为传媒业发展的增长亮点。DM广告在我国广告市场中所占的份额只有1%，这个数字说明DM广告在我国还有巨大的成长空间。

（资料来源：https://baike.sogou.com/v7770680.htm?fromTitle=%E7%9B%B4%E9%82%AE.）

1. 广告

竞争的加剧和信息时代的到来使越来越多的服务企业开始采用广告的形式。因为即使原来做得比较好的企业也比以前更加容易被人遗忘，企业必须采用尽可能多的方式和途径提醒顾客自己存在的事实，并请求顾客再次选择。服务广告可以帮助企业快速树立企业形象，刺激并促使顾客转变购买心理，这样不仅可以吸引第一次尝试的顾客，而且可以有效地保持老顾客。其缺点是费用比较高，目标对象较宽泛，针对性略显不足。

一个好的服务广告必须做到：能体现顾客所能得到的核心利益，有效刺激顾客的购买欲望；能激发员工的服务意识和工作的主动性、积极性；能有效建立良好的企业形象，赢得目标顾客的喜爱。

2. 人员推销

推销产品和推销服务的差异见表13-5。

表13-5　推销产品和推销服务的差异

1. 顾客对服务采购的看法
● 与制造业相比，顾客认为服务业缺乏一致的质量
● 采购服务比采购产品的风险高
● 采购服务似乎总有不愉快的购买经历
● 服务的购买主要是以某一特定卖主为考虑对象
● 决定购买一项服务的时候，对该服务业公司的了解程度是一项重要因素
2. 顾客对服务的采购行为
● 顾客对于服务不怎么做价格比较
● 顾客对服务的某一特定卖主寄予最多关注
● 顾客受广告的影响较小，受别人介绍的影响较大
3. 服务的人员销售
● 在购买服务时，顾客本身的参与程度很高
● 推销人员往往需要花费很多时间来说服顾客

服务产品的人员推销通常出现在一些专业化较强的服务领域，典型的如律师事务所、会计师事务所等，这些服务一般都需要依靠人脉关系的积累。保险业和广告业的绝大部分业务量都是利用人员推销来实现的。对采用人员推销策略的服务企业来说，薪酬体系是一个值得重视的问题。在保险业和广告业，业务人员的基本工资都是不太高的，差异在于提成比例，以销售额为基础的提成比例通常为5%~30%，有时提成比例甚至高达40%。虽然高比例提成有利于提高推销人员的积极性，但蚕食了企业利润，对企业的可持续发展构成了威胁；而较低的提成比例则不利于推销人员积极性的提高。

所以，使用服务产品人员推销策略的企业应注意两个方面的问题。一方面是培养员工的忠诚度，建立完善的企业管理机制。人员推销是员工和顾客通过个人之间的信息交流和沟通来实现的，顾客关系的维护也需要员工来处理。当员工和顾客的个人关系发展到一定程度后，员工的离职可能会带走顾客。如果是核心员工，则带走顾客之后可能会使公司的业务陷入停滞。另一方面是控制销售费用。销售费用的控制主要存在两个方面：一是销售人员数量的控制，人数少了，不足以提高销售额，人数多了，则工资负担会加重；二是销售过程中的成本，包括销售业绩提成的比例、客户关系维护成本等。

人员推销一般可以采取以下策略：

（1）彰显专业化策略。该策略的重点在于选拔合适的推销人员进行专业化训练，使之在外表、内在气质、专业操作能力、语言表达等方面无一不体现专业素质，使顾客感受到专业服务的魅力和明显区别于其他公司服务的差异化，利用现场演示手法，吸引顾客参与体验活动，最终成为公司客户。

（2）重点客户策略。采用这种策略就是要让推销人员紧盯重点客户或关键人物，并说服他们购买企业服务。重点客户可能是具有重要影响力的个人，也可能是某个重要的团体；关键人物则由于拥有极强的影响力和辐射力，其购买往往带有标杆的含义，会带来大量的订单。

（3）关联销售策略。这种策略可以体现两个方面的含义：一方面是相关企业可以联合销售，销售人员之间做到信息共享；另一方面就是在企业内部将互有关联的产品打包销售。

（4）服务便捷化、舒适化、人性化策略。顾客购买服务是为了享受，而绝不是花钱买罪受，所以企业推销人员应事事处处为顾客着想，提前为顾客解决心中的疑惑，尽量将问题消灭在萌芽之前。如果服务过程中出现问题，也要及时进行补救，不要站在企业的立场，而要站在顾客的立场为顾客着想。有人说，服务只有两个字，那就是“感动”。如果推销人员感动了顾客，还有什么解决不了的问题呢？

3. 公关策略

公关策略是指企业利用特定事件，造成较为广泛的社会影响，并争取在媒体上得到较高的曝光率，引起人们关注，从而达到企业的目的的一种方法。例如，某商业企业在开业之前，想要引起公众的关注，但又不想花费过高的广告费，于是在地铁入口刊出了一个颇具争议的广告。第二天，几乎全市所有的媒体都在炒作这件事，对该广告贬多褒少。一周之后，该公司登出一个道歉声明，为引起人们的争议和不满表示诚挚的歉意，并表示撤掉原有广告，重新树立一个新的广告牌。该公司果然践诺，很快更换了广告牌，但这一次引起的争议更大。为此人们不禁要问，该公司到底想要干什么？果然又是一周之后，该公司再次登出了道歉声明，并解答了人们的疑问——原来该公司就要开业了。这家公司做了一次比较巧妙的公关宣传活动，花尽可能少的钱得到了尽可能多的关注。同时，该公司对这次公关事件控制得也比较好，人们对广告的争议只限于广告本身，而没有太多地影响到公司的声誉。

公关活动具有花费较少、影响力持续时间较长、可信度较强、富于戏剧化等特点。服务企业完全可以借助较好的公共关系活动实现促销的目的。

4. 营业推广策略

服务业使用营业推广手段也比较多，例如旅游景点利用价格杠杆来平衡淡旺季的客流量等。

服务业使用营业推广策略应注意以下问题：

（1）合乎法规。国家虽有明文规定，但是仍有企业在做营业推广时超出法律范畴，为顾客提供超出5000元价格的奖品，如轿车、大屏幕液晶彩电等。

（2）凸显服务特色。不要混淆了顾客购买服务的核心价值和利益，这也是做大品牌的重要环节。

（3）创新服务类别。服务产品的创新包括价格创新，都是营业推广重要的创新，只有新颖才能吸引顾客。创新是营销推广永恒的主题。

（4）具有抗争性。服务业的激烈竞争导致营业推广必须具有一定的抗争性，有了抗争性才能获取竞争优势。

（5）针对目标顾客。任何时候都不要忘记企业真正的服务对象。

关键词

服务 Service　　服务营销 Service Marketing

服务质量 Service Quality　　服务质量管理 Service Quality Management

有形展示 Visible Demonstrates　　服务环境 Service Circumstance

思考题

1. 发展服务营销理论对现代服务业发展的意义是什么？试举例说明。
2. 服务有哪几种类型？
3. 服务的特征有哪些？
4. 什么是服务质量？如何对服务质量进行管理？
5. 什么是有形展示？有形展示的类型有哪几种？如何对有形展示进行管理？
6. 怎样对服务产品进行定价？试举例说明。
7. 服务产品如何促销？试举例说明。

案例分析讨论

11年的坚守！星巴克的全球服务

星巴克全球服务月始于2011年，秉承分享与责任的创设初衷，同时伴随星巴克快速发展的规模优势，多年来星巴克持续深耕社区，积极投入、用心回馈。2021年，星巴克全球服务月启动的首发站在上海。4月2日世界自闭症日，星巴克开展“星”梦嘉年华，关爱自闭症儿童群体。200名星巴克志愿者参与其中；来自上海爱好儿童康复培训中心和儿童工艺美术家协会，共计66位自闭症孩子及25位陪同家长、老师，一同在青浦区“漫植花园”举办了一场别出心裁的职业体验和游戏互动活动。

“星”梦嘉年华同时邀请了孩子的父母来到现场，亲身体验了星巴克全球服务月对于聚焦“弱势群体”方面的积极投入和用心回馈。自闭症孩子的父母比正常孩子的父母要付出更多、承受更多，星巴克特别加入了“为父母调制一杯咖啡”的环节，让孩子懂得感恩父母多年无私、艰辛的养育之恩，也让大家对这个特殊群体的家长有更多的尊重和理解。孩子通过活动，能够发掘他们的天赋和亮点，锻炼他们的沟通交流及动手能力；志愿者通过陪伴，也能更深入地了解这个特殊的群体，用爱心感染他们，同时也呼吁更多人关注这些需要帮助的孩子，给予更多的尊重和包容。星巴克的服务获得了社会更多的关注和反馈，为品牌的传播提供了契机。

在各种产品与服务风起云涌的时代，星巴克却把一种世界上最古老的商品发展成为与众不同、持久的、高附加值的品牌。然而，星巴克并没有使用其他品牌市场战略中的传统手段，如铺天盖地的广告宣传和巨额的促销预算。“我们的店就是最好的广告”，星巴克的经营者这样说。据了解，星巴克从未在大众媒体上花过一分钱的广告费，但是其仍然非常善于营销。因为根据经验，大众媒体泛滥后，其广告也逐渐失去公信力，为了避免资源的浪费，星巴克故意不打广告。这种启发也是来自欧洲那些名店名品的推广策略，它们并不依靠在大众媒体上做广告，而每一家好的门店就是最好的广告。星巴克认为，在服务业，最重要的营销渠道是分店本身，而不是广告。如果店里的产品与服务不够好，做再多的广告吸引客人来，也只能让他们看到负面的形象。星巴克不愿花费巨额的资金做广告与促销，但坚持每一位员工都拥有最专业的知识与服务热忱。其员工犹如咖啡迷一般，可以对顾客详细地解说每一种咖啡产品的特性。只有通过一对一的方式，才能赢得信任与口碑。这是既经济又实惠的做法，也是星巴克的独到之处。另外，星巴克的创始人霍华德·舒尔茨意识到员工在品牌传播中的重要性，他另辟蹊径开创了自己的品牌管理方法，将本来用于广告的支出费用用于员工的福利和培训，使员工的流动性很小，这对星巴克“口口相传”的品牌经营起到了重要作用。

（资料来源：1. https://www.163.com/dy/article/G75Q1U0O0525PS8H.html. 2. http://www.stats.gov.cn/tjsj/zxfb/201801/t20180118_1574935.html. 3. http://stock.10jqka.com.cn/20201102/c624431457.shtml.）

案例思考题：

1. 应用服务市场营销策略的知识，谈一谈星巴克取得成功的原因有哪些？
2. 从星巴克这个案例中，你能得到哪些启示？

第十四章

市场营销组织、计划与控制

本章要点

1. 市场营销计划的内容
2. 市场营销组织的演变
3. 年度计划控制的主要内容
4. 市场占有率的主要指标
5. 市场营销审计的主要内容

导入案例

李子园的全国化能走多远?

含乳饮料仍是一个竞争激烈的市场。

含乳饮料是以乳或乳制品作为原料，加入水及适量辅料配制或发酵而成的饮料制品。2013年—2018年产量年均复合增长率为11.37%，截至2018年年底，全国规模以上含乳饮料企业总产量为1631.45万t，总产值为898.6亿元，占饮料行业总产值的比重约为15.11%。目前，行业格局基本上比较稳定，行业前五大企业市场占有率多年来一直稳定在34%。这和产品特性有关，由于保质期短，加上运输费占比高，含乳饮料销售半径有限，区域性特别明显。行业内企业可以分为两大类：一类是全国性企业，以伊利、蒙牛、娃哈哈为代表；另一类是区域性中小企业，以光明乳业、新乳业、燕塘乳业、李子园、均瑶乳业、夏进乳业等为代表。蒙牛、伊利等大型企业切入这个市场的时间相对来说比较晚，但是凭借强大的营销网络和品牌优势，迅速打造了全国性的大单品，成为这个市场的巨头。区域性企业一般规模较小，在某个区域占有优势。

每家企业主打单品各有不同，例如伊利大单品为优酸乳、果粒多，蒙牛与伊利类似。娃哈哈主要产品为爽歪歪、钙奶。新乳业为乳酸菌饮料，李子园则为甜牛奶。事实上，伊利、蒙牛等大型乳企能在乳饮料市场迅速崛起的原因为，契合了消费升级方向，推出了更符合消费者营养需求和健康需求的产品。相比之下，甜牛奶是一款传统的乳饮料，以奶粉、白糖为主要原料。常温运输保存的特性使它可以下沉到县级市场、早餐车、小卖部等。李子园的主要市场来自下沉市场，有人称之为“农村包围城市”。但问题是甜牛奶的市场空间究竟有多大？乳饮料之间，甚至乳制品和乳饮料都是可以互相替代的。整个乳制品行业消费升级趋势从常温奶向低温奶方向发展；从高糖、高热量向无糖、低热量方向发展。李子园的全国化能走多远？这个问题值得思考。

（资料来源：https://mp. weixin. qq. com/s/-aMMFVCxYB53vpFRduaEcg.）

市场环境竞争依旧十分激烈，企业如何才能长远发展？本章将介绍有关市场营销组织、市场营销计划和市场营销控制的相关内容。

第一节　市场营销组织

一、市场营销组织的演变

市场营销组织是为实现企业目标，制订和实施营销计划的职能部门。随着企业经营哲学的发展和企业自身规模的变化，企业的营销组织也经历了一个从简单到复杂的演变过程。在市场经济发达的国家，这种演变过程可划分为以下六个阶段：

1. 单纯的销售部门

最初，企业的营销组织是以单纯的销售部门形式出现的，一般聘用一名副总经理负责管理销售队伍，促使销售人员销售更多的产品，如图 14-1 所示。如果企业需要进行市场调研、广告宣传等，则聘请外部的营销力量来帮助完成这些营销职能。这种组织形式具有结构简单、成本低等特点。20 世纪 30 年代以前，西方企业以生产观念为导向，大多采用这种形式。

2. 兼有营销功能的销售部门

随着企业的扩大，企业需要开展经常性的市场调研、广告及顾客服务。当这些工作逐渐演变成推销部门的专门职能且达到一定程度时，企业就聘任一些专门的人员来执行这些职能，还在销售副总经理之下设置一名营销主任对除推销以外的营销职能进行规划与管理，如图 14-2 所示。以推销观念为导向的企业，其营销组织大多处于这一阶段。

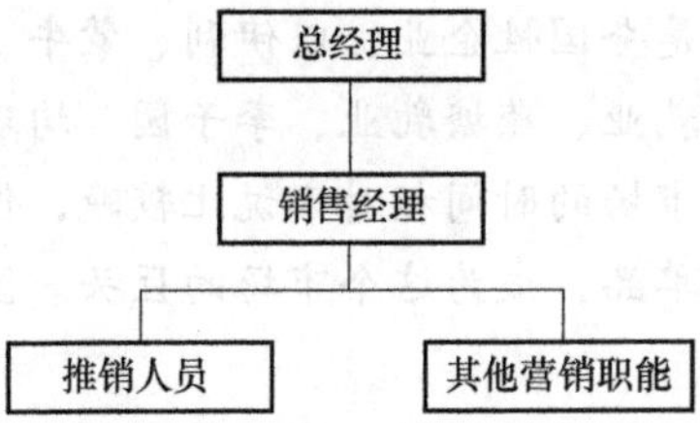

图 14-1　单纯的销售部门

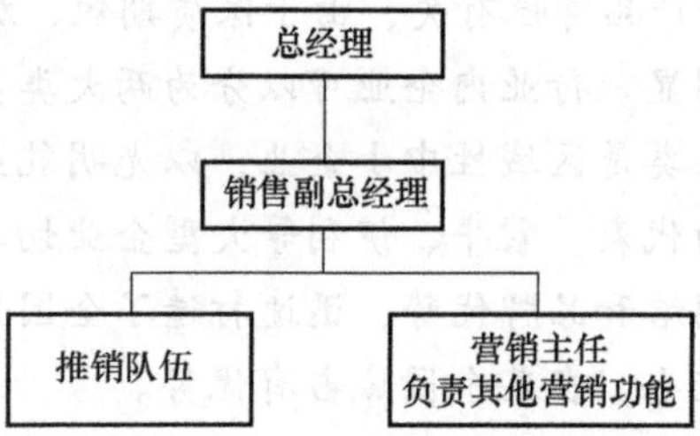

图 14-2　兼有营销功能的销售部门

3. 独立的营销部门

随着企业规模和业务范围的进一步扩大，营销调研、广告等辅助性职能在市场营销活动中的重要性日益增强。为了发挥其作用，企业设立了相对独立的市场营销部门和销售部门。销售部门负责产品的销售和销售队伍的管理，隶属于销售副总经理；营销部门负责营销调研、新产品开发、广告和销售促进以及服务顾客等工作，隶属于营销副总经理，如图 14-3 所示。营销部门和销售部门职能上平行，工作上密切配合，共同执行营销中的所有职能。这种组织设计使总经理能够比较全面、多角度地分析企业面临的机遇与挑战。

4. 现代营销部门

营销部门和销售部门的工作紧密相连，理应相互协作、步调一致，但实际上，两个部门之间常常相互竞争、互不信任。销售部门往往以短期目标为导向，注重短期利益，致力于按时完成销售定额；而营销部门则着眼于确定营销机会，侧重于制定合适的营销战略和计划，以满足市场的长期需求和获得市场份额。为了化解矛盾、避免冲突，企业设置现代营销部门，由营销与销售执行副总经理领导销售部门和营销部门，管理下属的全部营销职能，如图 14-4 所示。

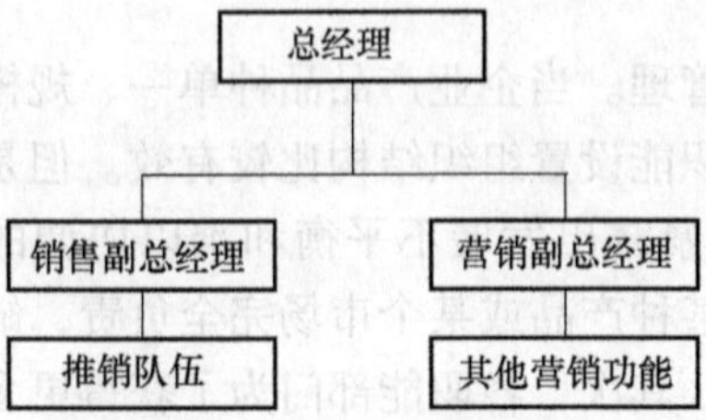

图 14-3　独立的营销部门

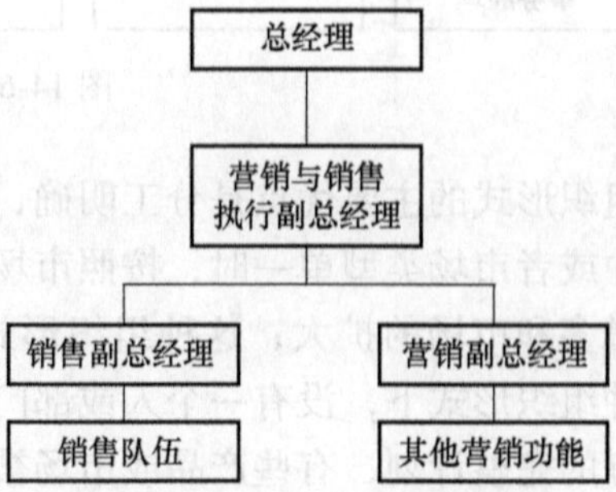

图 14-4　现代营销部门（有效的营销公司）

5. 有效的营销公司

一个企业即使设立了现代营销部门，也不能称得上是一个有效的营销公司。只有当企业内部的所有员工都认识到每个部门的工作、每个人的工作都是在为顾客服务，“市场营销”不只是一个部门的名称，而是贯穿于企业一切活动的指导思想时，该企业才能算得上是一个以顾客为中心的有效的营销公司。

6. 以过程和结果为基础的公司

传统的部门组织结构被认为是企业顺利完成业务的障碍。许多企业将自己的组织结构重新定位于关键过程而非部门管理。这些企业在内部建立跨职能的小组，负责从产品设计、生产、销售到售后服务等所有环节的工作；任命相应的过程小组负责人，由其对整个小组的工作实施管理，营销人员和销售人员则作为过程小组的成员参与小组的活动。在图 14-5 中，营销人员和小组由实线连接，而营销部门和小组之间是通过营销人员连接起来的。每个小组定期发出对营销部门人员的评价，而营销部门有责任训练营销人员，安排他们参与新的小组，并对他们的总成绩进行评定。

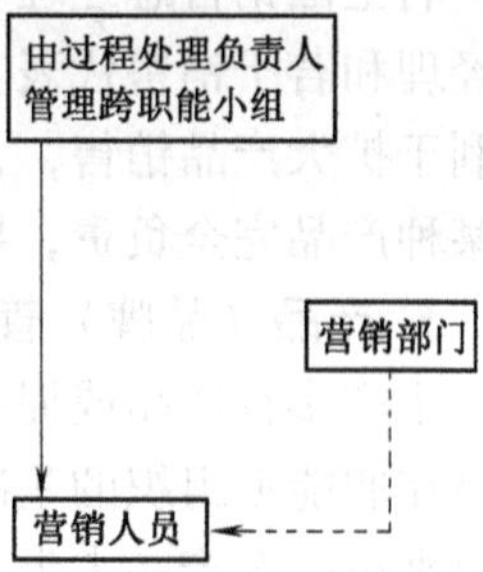

图 14-5　以过程和结果为基础的公司

二、市场营销组织的形式

现代企业的营销部门有多种形式，可以设置职能型组织、地区型组织、产品（品牌）管理型组织、市场管理型组织，还可以是产品-市场管理型组织。不同的组织形式有各自的特点，无论采用何种形式，都必须体现以顾客为中心的指导思想。

1. 职能型组织

职能型组织是最常见的市场营销组织形式，如图 14-6 所示。其特点是按照营销职能来设置企业的营销机构，每个机构是相互平行的，各种专业人员承担不同的职能，各部门在营销副总经理的领导下开展工作。

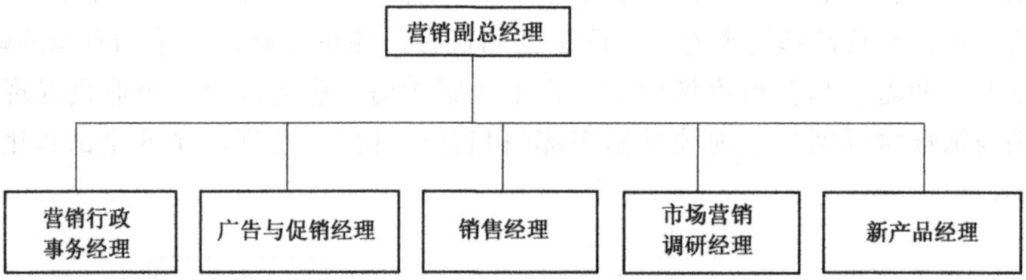

图 14-6　职能型组织

这种组织形式的主要优点是分工明确，易于管理。当企业产品品种单一、规模较小、地域范围集中或者市场类型单一时，按照市场营销职能设置组织结构比较有效。但是，随着产品品种的增多和市场的扩大，这种组织形式就会暴露出发展不平衡和难以协调的问题。首先，在这种组织形式下，没有一个人或部门能对某种产品或某个市场完全负责，缺少按产品或市场制订的完整计划，有些产品或市场被忽视。其次，各职能部门为了获得更多的预算和更重要的地位而相互竞争，使营销副总经理面临如何协调的难题。

2. 地区型组织

地区型组织按照目标市场地域覆盖范围划分企业的营销活动，继而设置对应的地区性综合营销管理部门，负责某一地区市场范围的营销业务。它可以只按地区来安排销售队伍，将营销的其他功能集中于公司的总部；也可以根据具体情况，为各个市场区域设置功能齐全的营销部门。例如，当一个企业面向全国开展营销活动时，就可以按照地理区域设置其市场营销机构，如图 14-7 所示。图 14-7 表示，企业所有的营销职能由营销副总经理统一领导，专设一名全国销售总经理统一负责销售业务，再设若干大区销售经理、区域销售经理、地区销售经理和若干销售代表。这种组织形式的主要优点是可以构成一个分布全国的销售网络，既有利于扩大产品销售，又有利于企业的统一管理。其缺点同职能型组织一样，即没有一个人对某种产品完全负责，导致有些产品被忽视。

3. 产品（品牌）管理型组织

生产多种产品或拥有多个品牌的企业，往往按产品或品牌设置市场营销组织。其基本做法是在职能型组织的基础上增设一个产品管理层次，即在一名产品总经理的领导下，每类产品分别设一名产品大类经理，产品大类经理之下再设若干产品（品牌）项目经理负责管理每个具体的产品，如图 14-8 所示。

产品经理的主要职责是制订、实施产品开发计划，监测其结果和采取改进措施。具体来说包括以下六个方面：①制定产品的长期经营和竞争战略；②编制年度营销计划和进行销售预测；③与广告代理商和经销代理商共同研究广告的文稿设计、节目方案和宣传活动；④激发销售人员和经销商对产品的兴趣和支持；⑤不断收集有关产品、顾客和市场机会等市场信息；⑥根据不断变化的市场需求组织产品的改进。

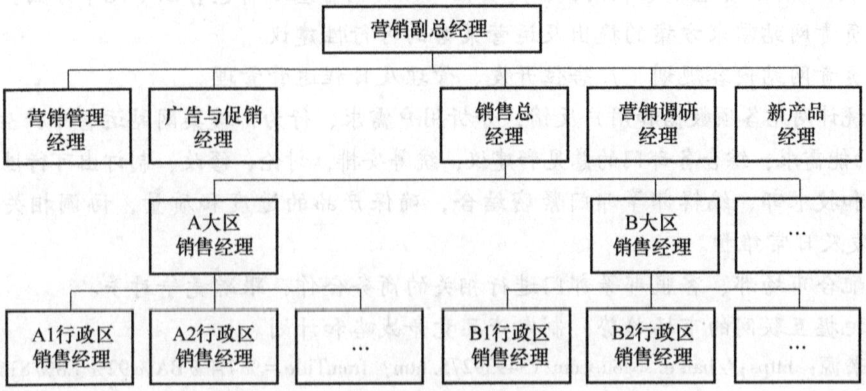

图 14-7　地区型组织

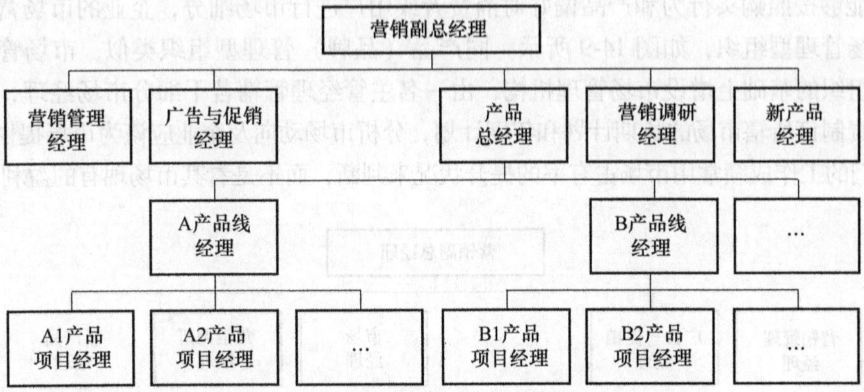

图 14-8　产品（品牌）管理型组织

产品（品牌）管理型组织是美国宝洁公司于 1927 年首创的，后来许多公司尤其是食品、化妆品和化学工业等公司竞相效法。其主要优点是：产品经理能够有效地协调各种市场营销职能，并对市场变化做出积极反应；由于有专门的产品经理，企业的大小品牌都能得到同等重视，而且年轻的管理者在这种组织中能涉足较为广泛的经营活动，管理能力得到锻炼和提高。

不过，这种组织形式也存在一些缺陷：①产品经理未能获得足够的权威，以保证他们有效地履行职责。在争取其他部门的配合和支持时，容易产生矛盾与冲突。②管理层次的增加使产品管理系统的成本比预期高。③产品经理的任期短暂，不能保证企业产品营销计划的长期性和产品长期优势的建立。

资料链接 14-1：互联网产品经理

互联网产品经理（Internet Product Manager，IPM）负责互联网产品的计划和推广，以及互联网产品生命周期的演化。根据所负责的互联网产品是用户产品还是商业产品，IPM 可以分为互联网用户产品经理和互联网商业产品经理。用户产品经理最关心的是互联网用户产品的用户体验，商业产品经理最关心的是互联网商业产品的流量变现能力。IPM 在互联网公司中处于核心位置，需要非常强的沟通能力、协调能力、市场洞察力和商业敏感度。IPM 不但要了解消费者、了解市场，还要能与风格迥异的团队，如开发团队和销售团队进行默契的配合。IPM 由于行业的不同，工作职责也不尽相同，但是其核心工作内容基本都包含以下几个方面：

（1）负责网站需求方案的提出及运营策略的可行性建议。

（2）负责网站内容规划、广告位开发、管理及日程运营管理。

（3）统计网站各项数据和用户反馈，分析用户需求、行为，搜集网站运营中产生的产品购买及网站功能需求，综合各部门的意见和建议，统筹安排，讨论、修改、制订出可行性方案。

（4）和技术部、编辑部等部门紧密结合，确保产品的进度和质量，协调相关部门进行网站的开发及日常维护。

（5）配合市场部、客服部等部门进行相关的商务合作，跟踪竞争对手。

（6）把握互联网的市场趋势，制定产品竞争战略和计划。

（资料来源：https://baike.sogou.com/v34939275.htm? fromTitle =%E4%BA%92%E8%81%94%E7%BD%91%E4%BA%A7%E5%93%81%E7%BB%8F%E7%90%86.）

4. 市场管理型组织

如果能够按照购买行为和产品偏好对消费者或用户进行市场细分，企业的市场营销部门适宜采用市场管理型组织，如图 14-9 所示。同产品（品牌）管理型组织类似，市场管理型组织在职能型组织的基础上增设市场管理机构，由一名主管经理管辖若干细分市场经理，各细分市场经理负责制订所辖市场的长期计划和年度计划，分析市场动向及企业应该为市场提供什么新产品等。他们的工作成绩常用市场占有率的提升状况来判断，而不是看其市场现有的盈利状况。

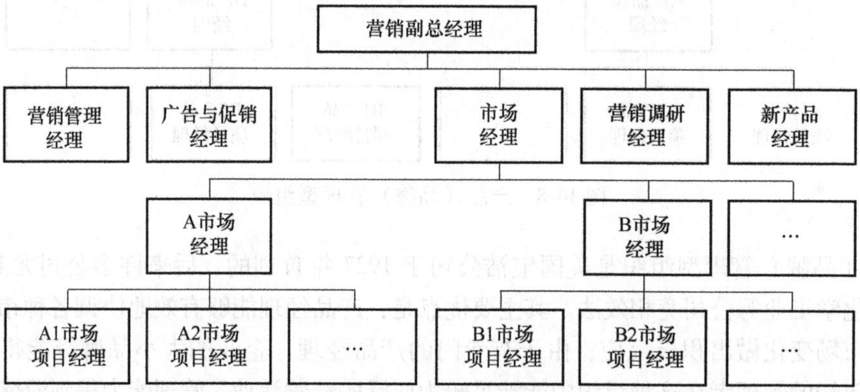

图 14-9 市场管理型组织

这种组织形式的优点在于企业可以根据不同顾客的需求开展一体化的营销活动，而不是把重点放在彼此隔离的产品或地区上，有利于贯彻以市场为导向的现代营销观念。其缺点和产品（品牌）管理型组织类似。

5. 产品-市场管理型组织

生产多种产品并向多个市场销售产品的企业，在确定营销组织结构时，可建立一种既有产品经理又有市场经理的产品-市场管理型组织。例如，美国杜邦公司的市场营销部门采用的就是产品-市场管理型组织，如图 14-10 所示。

产品-市场管理型组织既能加强企业内各部门的协作，集中各种专业人员的知识技能，又不增加编制，组建方便，适应性强，有利于提高工作效率。但是这种组织形式也有管理成本较高，容易产生矛盾和冲突，权力与责任界限模糊，难以落实等不足。在营销实践中，多

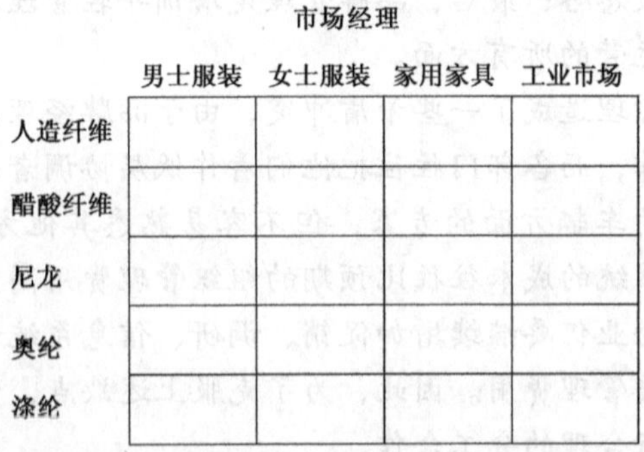

图 14-10　杜邦公司的产品-市场管理型组织

数经理人员认为，只有对那些相当重要的产品和市场才需要同时设置产品经理和市场经理。

小案例 14-1：汽车行业营销部门的组织形式

汽车经销企业的营销部门有若干不同的组织形式，但不论采取哪种形式，都要体现以顾客为中心的营销指导思想，不外乎以下四种基本类型：

1. 职能型组织结构

最常见的营销组织是在营销副总裁领导下由各种营销职能人员组成的，包括展示厅经理、推销经理、营销行政经理、广告和促销经理、营销调研经理。营销副总裁负责协调各营销职能经理之间的关系。除了这五种营销职能经理外，还可能包括的营销职能人员有：顾客服务经理、营销计划经理和车辆储运经理等。职能型组织结构的优缺点分析：

优点：行政管理简单。

缺点：随着车型的增多和市场的扩大，这种组织形式便会失去有效性。首先，由于没有一个人对一种品牌或一个市场负全部责任，因而没有按每种品牌车辆或每个市场制订的一个完整计划，有些车型或市场就很容易被忽略；其次，各个职能部门为了获取更多的预算和较其他部门更高的地位而进行竞争，使营销副总裁经常面临调解纠纷的难题。

2. 地区型组织结构

在一个较广阔的范围内销售的汽车销售企业往往按地理区域组织其推销人员。推销部门有 1 个负责整体区域的经理，多个区域推销主管和更多的推销员。从整体区域推销经理依次到区域推销主管，其所管辖的下属人员的数目即“管理幅度”逐级增加。在推销任务复杂，并且推销人员对于利润的影响至关重要的情况下，这种分层的具体控制是很有必要的。

3. 品牌管理型组织结构

代理多种不同品牌车辆的企业，往往按车辆品牌建立管理型的组织，即在一名营销总品牌经理领导下，按每个品牌分设一名经理，再按每种具体品种设一名经理，分层管理。

如果一个企业经销的各种车辆之间差别很大，并且车辆的绝对数量又很多，超过了职能组织所能控制的范围，就适于建立品牌管理型组织。品牌经理的作用是制订本品牌车辆销售计划，监督销售计划实施，检查执行结果，并且采取必要的调整措施。此外，仍要制定竞争策略。品牌管理型组织结构的优缺点分析：

优点：首先，品牌经理协调了他所负责车辆的营销组合策略；其次，品牌经理能及时反映该车辆在市场上出现的问题；再次，由于品牌经理各自负责推销自己所管的车辆，因而即使不著名的车型也不会被忽略；最后，品牌管理是培训年轻管理人员的最佳场所，因为品牌管理几乎涉及企业业务运营的所有方面。

缺点：首先，车辆管理造成了一些矛盾冲突，由于品牌经理权力有限，他们不得不依赖与广告、推销部门的合作，而各部门往往把他们看作低层协调者而不重视；其次，品牌经理比较容易成为他所负责的车辆方面的专家，但不容易熟悉其他方面（如广告、促销等）的业务；再次，销售管理系统的成本往往比预期的组织管理费用高，因为管理人员的增加导致人工成本的增加，同时企业仍要继续增加促销、调研、信息系统和其他方面的职能人员，结果使企业承担巨额的间接管理费用。因此，为了克服上述缺点，需要对品牌经理的职责以及和他们同职位的人员进行合理的分工合作。

4. 市场管理型组织结构

当客户能够按其特有的购车习惯和车辆偏好细分和区别对待时，就需要建立市场管理型组织。它同品牌管理型组织相似，由一个总市场经理管辖若干细分市场经理。各细分市场经理负责自己所辖市场的年度销售利润计划和长期销售利润计划。这种组织结构的主要优点是，企业可围绕特定客户群的需要开展一体化的营销活动，而不是把重点放在彼此隔裂开的车辆或地区上。在以市场经济为主的国家中，越来越多的企业组织都是按照市场型结构建立的。有些营销专家认为，以各主要目标市场为中心来建立相应的营销部门和分支机构，是确保企业实现“以顾客为中心”的现代营销观念的唯一办法。面向不同市场、代理多种不同品牌车的企业，在确定营销组织结构时面临着两难抉择：是采用品牌管理型，还是采用市场管理型？为了解决这个难题，企业可建立一种既有品牌经理，又有市场经理的矩阵组织。然而，这样的组织结构管理费用太高，而且极易产生内部冲突。矩阵组织结构面临新的两难抉择：如何组织推销人员？究竟应该按每一类车辆组织推销队伍，还是按各个市场组织推销队伍？或者推销队伍不实行专业化？绝大多数经理认为，只有对那些相当重要的车辆和市场才需要同时分设品牌经理和市场经理。但也有些经理认为，这种组织结构的管理费用高和潜在的矛盾并不可怕，因为它所能带来的效益远在为它付出的代价之上。

（资料来源：https://doc.mbalib.com/view/f2e2f9ac453b3d3a1bcbbdd978c1e41f.html.）

6. 公司与事业部组织

随着多产品企业经营规模的扩大，企业常将各产品部门转变为独立的事业部，每个事业部再分设自己的职能部门和服务部门。一般其营销组织可采取以下三种模式：

（1）企业一级不设营销部门。一些企业不设企业一级的营销人员，认为在企业一级营销人员没有什么用处，因为各事业部都有自己的营销组织。

（2）企业保持适度的营销组织。一些企业保持适度的营销组织来执行一些职能：协助最高管理当局全面评价营销机会；应事业部的要求，向事业部提供咨询方面的协助；帮助营销力量不足或没有营销部门的事业部解决营销方面的问题；促进企业其他部门的营销观念。

（3）企业保留强大的营销部门。有些企业一级的营销部门，除了履行上述营销职能外，还可以为下属的事业部提供专门的广告服务、销售促进服务、营销调研服务、营销咨询服务和营销管理等。

至于究竟采用这三种模式中的哪一种，因企业而异。有的企业从开始就在企业一级设立强大的营销部门，有的企业致力于发展各事业部的营销部门，有的则减小企业级营销部门的规模和权限，有的干脆不设企业级营销部门。

三、市场营销部门与其他部门的关系

市场营销部门与其他业务职能部门的关系，实际上是怎样看待市场营销部门在企业中的地位和作用。在实践中也存在不同的倾向：有的企业认为营销部门与财务、人事、生产等部门处于同等地位；有的认为营销职能是企业最重要的职能或市场营销是企业的主要职能；还有的认为顾客是企业经营管理的中心，在顾客导向思想指导下，有效满足顾客需求要求市场营销部门处于公司的中心支配地位。无论怎样认识和看待营销部门，无论采取何种营销组织形式，如何处理好营销部门与其他职能部门的关系都是营销管理的一项重要工作。

从原则上讲，企业的各职能部门应当以满足顾客需求为导向密切配合，以实现企业的总体目标。但事实上，企业的各部门之间由于各自的目标不同，考虑问题的角度不一样而常常存在矛盾，冲突时有发生。科特勒在《营销管理：分析、计划、执行和控制》（第 9 版）中将营销部门与其他部门的主要意见分歧进行了概括，见表 14-1。

表 14-1　营销部门与其他部门的主要意见分歧概要

部门	其他部门着重点	营销部门着重点
研究与开发	基础研究 内在质量 功能性特点	应用研究 认知质量 销售性特点
工程技术	型号较少 标准元件 较长的设计前置时间	型号较多 定制元件 较短的设计前置时间
采购	产品线窄 标准部件 材料价格 采购次数少 采购批量的经济性	产品线宽 非标准部件 材料质量 为满足顾客需求即时采购 大量采购以免断档
制造	型号不变化 标准订货 容易装配 一般控制质量 较长的生产前置时间 长期生产少数型号	型号经常变化 定制订货 造型美观 严格控制质量 较短的生产前置时间 短期生产许多型号
财务	按严格原则开支 定价着眼于回收成本 硬性和固定的预算	根据直观方法开支 着眼于促进市场的进一步扩大 能适应需求变化需要的灵活的预算定价
会计	报告极少 标准化的交易	报告很多 特殊交易条件和折扣
信贷	信贷风险小 信贷条件严格 收款程序严格 要求客户全面公开财务状况	信贷风险适中 信贷条件宽厚 收款程序简便 对客户做最低限度的信用审查

为促使企业各职能部门都在市场营销观念的指导下协调工作，必须建立健全企业营销导向战略。科特勒认为，一个真正以顾客为导向、以市场为驱动的企业，其各职能部门应该具备表 14-2 所示的特征。

表 14-2　顾客驱动下企业各职能部门的特征

部门	特征
研究与开发	花费时间来会见顾客和倾听问题 对营销部门、制造部门和其他部门的每一个新项目表示欢迎 以最好的竞争产品为基准寻求“同行最佳”解决方案 征求顾客反应和建议作为项目方案 在市场反馈的基础上不断改进和琢磨产品
采购	预先积极地寻求最好的供应商，而不是仅仅为了业务选择供应者 与为数不多的提供高质量的供应商建立长期关系 不会为了节约成本而降低质量标准
制造	邀请客户参观工厂 拜访客户的工厂以观察客户是怎样使用本公司产品的 为实现一个重要的交货计划的诺言，会超时工作 不断地寻找用更快和（或）更低成本来生产产品的方法 不断地改进产品质量，目标是零缺陷 只要能提高盈利能力，满足顾客要求为其“定制”产品
营销	研究顾客的需要，以更好地界定市场细分片 从目标细分片的长期利润潜力出发来分配营销力量 为每个目标细分片开发能盈利的提供物 不断地衡量公司形象和顾客满意度 不断地收集和评估新产品构思、产品改进和服务，以满足顾客需要 影响公司所有部门和员工，在思维和实践中以顾客为中心
销售	了解顾客所在行业的专业知识 努力给顾客“最好的解决问题的答案” 坚决履约 向产品开发部门反馈顾客的需要和主意 为相同顾客进行长时期的服务
物流	建立了高标准的服务交付时间，并始终如一地满足这个标准 经营一个对顾客知书达理的服务部门，能回答问题、处理投诉、解决问题，使顾客满意，并及时为其服务
会计	定期提供“盈利能力”报告，包括产品、市场细分片、地理区域（行政区、销售地区）、订货数量和个别客户情况 定制顾客需要的发票，有礼貌且迅速地回答顾客的问题
财务	理解与支持代表营销投资的费用开支（如形象广告），它可以产生长期的顾客偏好与忠诚 根据顾客的财务要求定制财务包 对客户信用能迅速决策

（续）

部门	特征
公关	发布对公司有利的新闻，控制不利的新闻 充当为使公司政策和实践做得更好的内部顾客与拥护者
其他与顾客有接触的人员	能干、有礼貌、愉快、可信赖、可靠和富有同情心

（资料来源：科特勒. 营销管理：分析、计划、执行和控制［M］. 梅汝和，梅清豪，张桁，译. 上海：上海人民出版社，1999：705-706.）

在建立健全企业营销导向战略的过程中，除了营销部门通过自身的努力外，企业最高管理层还需加强以下几个方面的工作：通过组织研讨会等方式，加强企业内各部门的交流，以促进相互理解；聘请和培养具有综合能力的部门主管；调整企业的业绩考核办法，让员工自觉树立顾客导向观念，等等。只有全体员工和各部门都统一到实现顾客价值的高度上来，共同参与、密切合作，才能使营销组织在市场竞争中发挥应有的作用，使企业的竞争实力不断增强。

第二节　市场营销计划

市场营销计划是企业进行营销管理的重要依据。企业通过计划的制订与实施，能够协调营销活动，加强营销管理，从而实现营销目标。

一、市场营销计划的概念

市场营销计划可以是企业层面的营销战略计划，也可以是各个战略业务单位操作层面的具体计划。战略营销计划是一种长期计划，时间跨度长，它提出了企业的战略营销目标、目标市场、市场定位和营销组合，需要考虑哪些因素将会成为今后驱动市场的力量、可能发生的不同情景、企业希望在未来市场占有的地位以及应当采取的措施，并且需要定期对战略性计划进行年度审计和修订。各个战略业务单位的计划内容具体、详细，具有可操作性，如品牌计划 新产品计划、产品线计划、客户计划等。一般来说，市场营销计划是指在研究目前市场营销状况（包括市场状况、产品状况、竞争状况、分销状况和宏观环境状况等），分析企业所面临的主要机会和威胁、优势和劣势以及存在的问题的基础上，对财务目标与市场营销目标、市场营销战略、市场营销行动方案以及预计利润表的确定和控制。

二、市场营销计划的基本内容

一份完整的市场营销计划应该包括营销战略和战术两个方面的内容，由以下八个部分组成：

1. 摘要

摘要是对主要营销目标和措施的简明概括和说明。它能帮助计划的阅读者和执行者迅速了解和把握计划的要点。

2. 现状分析

在此部分，营销计划需要对当前市场营销状况进行分析，描述市场、产品、竞争、分销等方面的现状，阐述宏观环境对企业营销活动的影响。

（1）对市场状况的描述。这部分内容列出所在目标市场的一些基本数据，包括市场规模与增长数据、不同地区或细分市场的份额大小、顾客需求状况及购买行为的发展趋势等。

（2）对产品状况的描述。这部分内容包括产品在过去几年的价格、销售和利润等背景数据。对于没有销售历史资料的新产品，则可以介绍产品的预期收入及利润构成比例。

（3）对竞争状况的描述。这部分内容分析企业的主要竞争对手，并分析其规模、目标、市场份额、产品质量、营销战略等方面有何特点和优势。

（4）对分销状况的描述。这部分内容分析企业分销渠道的构成，介绍各分销商的贡献以及企业管理分销渠道的政策等。

（5）对宏观环境的描述。从人口统计、经济、技术、政治法律和社会文化等因素入手，描述企业所面临的宏观营销环境现状及趋势对企业营销活动的影响。

3. 机会和问题分析

通过对外部环境的分析，识别企业的主要机会和威胁，明确企业的优势和劣势，以及在计划中必须注意的问题。

4. 确定目标

在市场营销现状分析、机会和问题分析的基础上，还要确定财务目标和营销目标。通常，用市场占有率、销售额、投资回报率、利润率等指标表示计划要达到的目标。其中，营销目标的表现形式有：将价格控制在一定的水平上，保持或增加销售量、销售额、市场份额，提高品牌知名度以及增加销售网点的数量等。

5. 选择营销战略

企业必须选择有利于实现目标的营销战略，即目标市场的选择、市场定位、营销组合的确定等。在营销战略的制定过程中，应当准确描述营销战略的内容，说明所需的资源等，征求有关职能部门的意见，争取得到理解、支持与合作。

6. 制订营销活动方案

营销战略需要将日期、费用和责任等详细内容转变为具体的行动方案，便于执行和控制。简单地说，制订营销活动方案就是要回答以下问题：应该做什么？谁来做？何时做？成本是多少？

7. 编制预计利润表

编制预计利润表是市场营销计划的一项重要内容。尽管在营销战略和营销活动方案中都对所需的资源进行了说明，但为了对营销计划的可能成果有一个完整的了解，必须编制预计利润表，说明执行有关战略和计划所需的费用、用途和理由，并对预期收入进行预测。西方企业常用目标利润计划法和利润最大计划法编制预计利润表（由于篇幅所限，请读者查阅相关书籍了解相关内容）。

8. 监控计划的实施

营销计划的最后部分就是对计划的执行进程进行监控，以确保计划的完成。通常的做法是把目标、预算按月或按季分解，以便于上级主管部门了解和掌握各部门、各环节的具体落实情况，监督和促进未完成计划任务的部门改进与达标。

有些市场营销计划的控制部分还包括对意外事件的应急方案。其目的是考虑可能出现的危机或困难，以采取必要的预防措施。

三、市场营销计划的实施

实施市场营销计划是一个把营销计划转变为营销行动的过程。一个企业的营销战略可能与另一个企业的相似，但能通过更好的实施而在竞争中获取胜利。美国的一项研究表明，大多数被调查的计划人员认为，他们制订的战略计划和战术计划之所以不成功，就是因为计划没有得到有效的实施。

营销计划的实施涉及制订行动方案、建立组织保障、设计规章制度和协调各种关系四个环节。

1. 制订行动方案

为了成功地实施营销计划，必须制订详细的行动方案。行动方案应该明确市场营销战略实施的关键性决策和任务、具体任务的时间安排，并将执行这些决策和任务的责任落实到个人或小组。

2. 建立组织保障

在市场营销计划的实施过程中，建立执行战略和计划的组织结构起着决定性的保障作用。美国学者托马斯·彼得斯和小罗伯特·沃特曼等在研究美国杰出企业的管理经验后提出了“7S”模型，认为战略、结构、制度这几项硬件因素和作风、人员、技能、共同的价值观这几项软件因素，能保证有效实施战略计划和营销计划，指出了成功的企业组织结构简单，分权管理，具有高度的灵活性，在执行计划时具有较强的适应性。因此，企业的正式组织将计划任务明确分配给具体的部门和人员，规定职权界限，保证信息沟通渠道的畅通，协调企业内部的各项决策和行动。与此同时，组织结构必须与计划任务相匹配，同企业自身的特点及环境变化相适应。

3. 设计规章制度

为了确保计划落实，企业需要设计相应的规章制度，如决策制度、绩效评估制度和薪酬激励制度等。这些规章制度必须明确与计划有关的责、权、利。

4. 协调各种关系

协调行动方案、组织结构、规章制度等因素之间的关系，使之相互配合，能够有效实施市场营销战略和计划。

市场营销计划的实施是将营销计划转化为行动和任务的部署过程，并保证这项任务的完成，以实现营销计划所制定的目标。如果执行不力，即使是一个好的营销战略和营销计划，也不会有成效。计划不成功，在实践中可能表现为计划与实际相脱离，或长期目标和短期目标相矛盾，或惯性习惯因循守旧，或缺乏具体明确的实施方案。一般认为，影响营销计划方案有效实施的因素有：①发现和诊断一个问题的技能；②对企业存在问题的层次进行评估的技能；③执行计划的技能；④评价执行结果的技能。这四种基本技能就是分配、监控、组织和相互配合。营销人员必须掌握这套能有效执行营销计划或政策的技能。也就是说，当营销计划执行的结果与预期目标有差距时，能确定究竟是什么问题导致计划不成功；问题究竟出在实现营销功能的哪一层，是制订营销计划层还是企业的决策层；怎样在功能、方案和政策上应用分配技能来预算时间、费用和人员等资源；是否具有应用相互配合技能执行计划的能力。

第三节　市场营销控制

规划、实施和控制市场营销活动是营销管理的重要内容，也是市场营销组织的重要任务。由于在市场营销计划的执行中会出现许多意外情况，因而必须不断地监控各项市场营销活动，以确保计划的执行和目标的实现。所谓市场营销控制（Marketing Control），是指对营销战略与计划的实施进程进行监控，对实施结果进行评估，并对实施中发现的问题分析原因，采取纠正措施，以保证市场营销战略的执行和计划的完成。市场营销控制常用的方法包括年度计划控制、盈利能力控制、营销效率控制和战略控制。

一、年度计划控制

年度计划控制主要检查市场营销活动的结果是否达到年度计划的要求，以确保年度计划所规定的销售、利润和其他目标的实现。年度计划控制的整个过程分为四个步骤：①将年度计划目标指标分解成月度目标或季度目标；②监督市场营销计划的执行情况；③如果营销计划在实施过程中出现严重偏差，分析其产生的原因；④采取必要的措施，努力使执行结果与计划相一致。

年度计划控制主要从销售分析、市场占有率分析、营销费用对销售额的比率分析、财务分析和顾客态度追踪五个方面展开。

1. 销售分析

销售分析（Sales Analysis）是指通过销售差异分析和微观销售分析来检查实际销售额与计划目标的差距。

（1）销售差异分析（Sales-Variance Analysis），即分析衡量不同因素对销售绩效的影响程度。

小案例 14-2：销售差距因素分析

某企业年度计划要求第一季度以每件 10 元的价格销售 4000 件产品；季末实际销售单价为每件 8 元，实际销售额 24000 元，比计划减少 16000 元。销售额的降低有多少是价格下降造成的？有多少是销售数量的减少造成的？下面利用销售差异分析来衡量价格和销售量两个因素对销售额差异所造成的影响。

因价格下降引起的差异=(实际价格-计划价格)×实际销售量

=(8-10)元/件×3000 件

=-6000 元

价格下降的影响程度$=\frac{6000}{16000}=37.5\%$.

因销售数量减少引起的差异=(实际销售量-计划销售量)×计划价格

=(3000-4000)件×10 元/件

=-10000 元

销售数量减少的影响程度$=\frac{10000}{16000}=62.5\%$

由此可见，约有 2/3 的销售差额归因于未能实现预期的销售数量。因此，需要进一步检查为什么没能完成计划规定的销售量。

（2）微观销售分析（Microsales Analysis），可以分别从产品、销售地区以及其他有关方面来分析未能达到预期销售份额的原因。

小案例 14-3：销售差距的地区因素分析

某企业在甲、乙、丙三个地区销售同一种产品，预期销售额分别为 15000 元、5000 元和 20000 元，而实际销售额分别是 14000 元、5250 元和 10750 元。与计划销售额的差异分别为-6.67%、5%和-46.25%。显然，丙地区销量的大幅减少是导致该企业出现销售困境的主要原因。因此，需要进一步深入调查分析是销售人员工作不力，还是有主要竞争者进入该地区，还是该地区居民收入下降等导致产生销售差异，并加强对该地区的市场营销管理。

2. 市场占有率分析

销售分析可以说明企业自身的销售业绩，但不能反映企业在市场上的竞争地位。市场营销控制既要进行销售控制，又要进行市场占有率控制。在正常情况下，企业市场占有率上升，表明营销绩效提高，在市场竞争中处于优势；反之，则说明相对于竞争者企业的营销绩效较差，在竞争中失利。

市场占有率分析一般有以下三种标准：

(1) 行业市场占有率（Overall Market Share），也称总的市场份额，是指企业的销售额占全行业销售额的百分比，反映了企业在本行业中的实力和地位。

(2) 服务市场占有率（Served Market Share），也称可达市场占有率或目标市场占有率，是指企业的销售额占其所服务市场的总销售额的比例。所谓可达市场，一是企业产品最适合的市场，二是企业市场营销努力所及的市场。

(3) 相对市场占有率（Relative Market Share），是指企业的销售额与市场领导者或三个最大竞争者的销售额的比例。①相对于本行业三个最大竞争者的市场占有率：以企业销售额对最大的三个竞争者的销售额总和的百分比来表示。例如，某企业市场占有率为30%，行业内三个最大的竞争者的市场占有率分别为20%、10%和10%，则该企业的相对市场占有率为30%/(20%+10%+10%)= 75%。一般情况下，相对市场占有率高于33%即被认为是强势企业。②相对于市场领导者的市场占有率：以企业销售额相对市场领导者的销售额的百分比来表示。相对市场占有率超过100%，表明该企业是市场领导者；相对市场占有率等于100%，表明企业与市场领导者同为市场领导者。

对市场占有率变动原因的分析，企业可从以下四个因素着手：①顾客渗透率，是指从本企业购买某产品的顾客占所有顾客的百分比；②顾客忠诚度，是指顾客从本企业所购产品的数量与其所购同种产品总量的百分比；③顾客选择性，是指本企业一般顾客的购买量相对于其他企业一般顾客购买量的百分比；④价格选择性，是指本企业平均价格同所有其他企业平均价格的百分比。这样，全部市场占有率就可表述为：顾客渗透率×顾客忠诚度×顾客选择性×价格选择性。

假如一个企业市场占有率下降，就可以根据上述公式得出解释：可能是企业失去了一部分顾客（较低的顾客渗透率）；可能是现有顾客向本企业购买的数量在其购买总量所占比例减少（较低的顾客忠诚度）；也可能是向本企业购买的那部分顾客购买量较小（较低的顾客选择性）；还可能是本企业的价格竞争力减弱（较低的价格选择性）。

3. 营销费用对销售额的比率分析

年度计划控制要求在实现营销目标的同时，将营销费用的支出控制在适宜的范围之内。在营销实践中，常常借助营销费用-销售额比率作为控制指标，运用控制图对诸如销售人员的工资占销售额的比率、广告费用占销售额的比率、营销调研费用占销售额的比率、销售管理费用占销售额的比率等进行控制。如果某项费用变化幅度过大，或上升速度过快，以至于接近或超出控制上限，则应查找问题的原因并采取控制措施。

4. 财务分析

营销费用-销售额比率应在总体的财务构架中进行分析，便于企业决定如何进行经营和获得盈利。企业越来越倾向利用财务分析寻找提高利润的战略，而不仅仅限于制定如何扩大销售的战略。例如，企业利用财务分析来判别影响企业资本净值报酬率的各种因素。

5. 顾客态度追踪

企业实施年度计划控制时，除了采用前面所述的以财务分析和数量分析为特征的定量分析外，还需要利用定性分析方法，即需要建立一套系统来追踪其顾客、经销商以及其他市场营销系统参与者的态度。这套系统包括抱怨和建议系统、固定顾客样本和顾客调查等内容。如果发现顾客对本企业和产品的态度发生了变化，企业管理者就能较早地采取行动，争取主动。

二、盈利能力控制

除了年度计划控制外，企业还需要运用盈利能力控制来测定不同产品、不同销售区域、不同顾客群体、不同渠道以及不同订货规模的盈利能力，以帮助管理者决定哪些产品或营销活动应扩大、收缩还是取消。

1. 盈利能力分析

盈利能力分析是指通过对财务报表和数据的处理，把所获利润分摊到产品、地区、渠道和顾客等因素上，测定各因素对企业最终获利的贡献大小。一般分为以下三步完成对盈利能力的分析：①确定职能性费用；②将职能性费用指定给各营销实体；③为每一个营销渠道编制一份利润表。

2. 选择调整措施

盈利能力分析的目的在于找到影响获利的因素，并采取措施消除或降低不利因素的影响。企业在选择调整措施时，必须全面考虑选择最佳的调整措施。尤其要注意，盈利能力分析能够为企业提供在不同产品、地区、渠道和顾客等方面获利能力的资料，但它并不能说明最好的方法就是放弃那些获利少的产品、渠道，也不能证明如果放弃它们，企业的获利就可以得到提高。

三、营销效率控制

当企业通过销售分析或盈利能力分析等发现某一产品、地区或市场获利情况不好时，可以通过营销效率分析找到改进的办法。效率控制主要侧重于对销售队伍、广告、促销及分销等营销活动的效率进行管理。

1. 销售队伍的效率

销售队伍的效率主要通过以下指标进行监控：①每个销售人员平均每天进行销售访问的次数；②平均每次访问所需的时间；③销售人员每次访问的平均收入；④销售人员每次访问的平均成本；⑤每次销售访问的招待费用；⑥每百次销售访问所获订购的比例；⑦每期的新顾客数；⑧每期丧失的顾客数；⑨销售成本占总销售额的百分比。

企业可从以上分析中发现一些问题：销售人员每天的访问次数是否太少？每次访问所花费时间是否太多？招待费是否太高？每百次访问中是否签订了足够的订单？是否吸引了足够的新顾客并保留住了老顾客？当企业开始正视销售人员效率的问题后，通常会取得很多实质性的改进。

2. 广告效率

准确测定广告支出能给企业带来多少盈利是一件非常困难的事，但企业至少要掌握以下信息资料：①某种媒体接触每千名购买者所花费的广告成本；②注意、联想和阅读印刷广告的顾客在其受众中所占的百分比；③顾客对广告内容和效果的意见；④顾客在广告前后对产品态度的测量；⑤受广告激发而引起的询问次数。管理部门可以采取更加有效的产品定位、确定广告目标、寻找较佳的媒体以及进行广告后效果测定来提高广告效率。

3. 促销效率

为了提高促销的效率，企业可以采用各种方法激发顾客的兴趣并试用产品，然后观察不同销售促进手段的效果，提出最有效的促销措施。企业进行促销效率控制时，需注意以下资料的收集和掌握：①优惠销售所占的百分比；②单位销售额的陈列成本；③赠券回收率；④促销演示引起的询问次数。

4. 分销效率

分销效率控制主要是对企业存货水准、仓库位置及运输方式进行分析和改进，以寻找最佳的分销方式和途径。分销效率控制需要对存货周转率、分销费用占营销成本的比率、接到订单后的平均交货时间和分销系统的结构与布局等指标进行监控。

四、战略控制

企业所处的营销环境复杂多变，为了确保企业目标、政策、战略等与营销环境相适应，企业有必要进行战略控制。

所谓战略控制，是指企业采取一系列行动，运用市场营销效果等级评价和市场营销审计等工具对营销战略的实施过程进行不断的评审和信息反馈，连续修正战略，从而保证营销活动有效率地开展。

1. 市场营销效果等级评价

企业的市场营销效果可以从顾客哲学（Customer Philosophy）、整合营销组织（Integrated Marketing Organization）、充分的营销信息（Adequate Marketing Information）、战略导向（Strategic Orientation）和营销工作效率（Operational Efficiency）五个方面进行等级评价。表 14-3 是科特勒设计的市场营销效果等级评价表，可供企业参考。

表 14-3 市场营销效果等级评价表

（一）顾客哲学	
A. 管理部门是否认识到要使公司去满足选定市场的需要和欲望的重要性?	
0	管理部门赞同将现有产品和新产品推销给那些愿意购买它们的顾客
1	管理部门赞同以同样的效率来满足广泛的市场和需求
2	管理部门先满足界定分明的市场的需要和欲望，这些市场能符合公司长期发展和潜在利润的要求
B. 管理部门是否对不同的细分市场提供不同的产品，并制订不同的市场营销计划?	
0	没有
1	有一些
2	在很大程度上
C. 管理部门是否用整体市场营销的系统观点来规划其经营业务（是否兼顾供应商、渠道、竞争者、顾客和环境等）?	
0	没有，管理部门将注意力集中在向眼前的顾客推销和服务
1	有一些，管理部门虽然将大部分精力用来向眼前的顾客推销和服务，但还是对渠道进行了长远的考虑
2	是的，管理部门采用了整体市场营销的系统观点，认识到系统中任何部分的变化都会给公司带来威胁和机会

（续）

（二）整合营销组织

D. 对主要的市场营销功能是否有高水平的市场营销一体化和市场营销控制？
0 没有，销售和其他市场营销功能在最高层次上没有一体化，并且存在一些毫无意义的冲突
1 有一些，主要的市场营销功能有正式的一体化和市场营销控制，但缺少令人满意的协调与合作
2 是的，主要的市场营销功能被有效地统一成一个整体

E. 市场营销管理部门是否和调研、生产、采购、分销以及财务部门之间建立了良好的工作关系？
0 没有，存在市场营销部门对其他部门提出的要求和成本是不合理的抱怨
1 有一些，尽管每个部门进行的许多活动都是围绕自身的利益，但部门之间的关系还是融洽的
2 是的，各部门能进行有效合作，能根据公司整体的最大利益处理和解决问题

（三）充分的营销信息

F. 新产品开发过程组织得如何？
0 这些系统的界定不明确，运行较差
1 这个系统在形式上存在，但缺乏先进技术
2 这个系统结构完善，并按项目小组工作原则运行充足的市场营销信息

G. 最后一次对顾客、购买影响因素、渠道和竞争对手行为的调查研究是在何时？
0 若干年以前
1 最近几年前
2 最近

H. 管理部门对不同的细分市场、顾客、地区、产品、渠道和订货规模的销售潜力和盈利能力了解多少？
0 一直都不知道
1 了解一些
2 知道很多

I. 公司为测定并提高不同市场营销费用的成本效益付出了多大努力？
0 很少或根本没有努力
1 有一些努力
2 相当多的努力

（四）战略导向

J. 正式市场营销计划的制订情况如何？
0 管理部门只制订很少或根本不制订正式的市场营销计划
1 管理部门编制了一个年度市场营销计划
2 管理部门编制了一个详尽的年度市场营销计划和一个每年都要修订的长期战略计划

K. 现行市场营销策略的质量如何？
0 现行市场营销策略不明确
1 现行市场营销策略明确，但只是传统策略的延续
2 现行市场营销策略明确，有创新精神，建立在数据翔实和合理论证的基础上

L. 应急考虑和规划的程度如何？
0 管理部门很少或没有应急考虑
1 管理部门有一些应急考虑，但很少有正式的应急计划
2 管理部门正式认清了最重要的突发事件，并编制了应急计划

（续）

（五）营销工作效率
M. 市场营销策略有没有问题？贯彻执行得如何？ 0　很差 1　中等 2　很成功
N. 管理部门是否有效地利用了自己的市场营销资源？ 0　没有，市场营销资源对要做的工作是不充分的 1　有一点，市场营销资源充足，但没有恰当地使用 2　是的，市场营销资源是充足的，而且得到了有效利用
O. 管理部门能否具备对现场出现的新问题做出迅速有效反应的良好能力？ 0　没有，销售和市场信息过时，管理部门反应较慢 1　有一些，管理部门收到大量最新的销售和市场信息，但反应时间各不相同，因人而异 2　是的，管理部门建立了及时收取信息并做出快速反应的制度
使用方法说明：表中每个问题只有一个最满意的答案，将得分相加，总分将是界于0~30的一个数字 下列标度显示了市场营销效率的水平：0~5分：没有；6~10分：很差；11~15分：中等；16~20分：良好；21~25分：很好；26~30分：优秀

（资料来源：科特勒．营销管理［M］．梅清豪，译．上海：上海人民出版社，2003：784-786.）

填写统计市场营销效果等级评价表后可以评出等级，根据是否达到优秀等级分数，可以看出改进营销工作的潜力。若哪个方面得分较低，则应引起足够的重视，及时采取措施予以改进。

2. 市场营销审计

市场营销审计（Marketing Audit）最先是由哥伦比亚大学的阿贝·舒克曼（Abe Shuchman）于1950年提出的。20世纪70年代，美国许多工商企业，尤其是一些跨国公司，日益从单纯关注利润和效率发展到全面检查经营战略、年度计划和市场营销组织，高瞻远瞩地改善企业的经营管理和更有效地扩大经济效果，使市场营销审计作为一种战略控制的有效工具得到广泛应用。

市场营销审计是指对一个企业的市场营销环境、目标、战略和活动等进行全面的、系统的、独立的和定期性的检查，从而发现存在的问题和机会，提出行动计划，以提高企业的营销业绩。营销审计是按照一系列有秩序的诊断步骤定期进行的经常性工作；不是只审查几个出问题的地方，而是要求对企业的主要营销活动进行全面审计，以便更有效地找出企业营销问题的真实原因。这种审计既涉及销售队伍、定价和广告等功能性审计，也涉及市场环境、目标、组织等内容审计。不论采取自我审计、交叉审计、上级审计、企业内部审计、部门审计、企业专业小组审计，还是采取企业外部专业组织审计方式，都强调客观、独立地完成，并且提交审计报告，以供决策者参考。

市场营销审计包括营销环境审计、营销战略审计、营销组织审计、营销系统审计、营销生产率审计和营销职能审计六个方面的内容。

关键词

市场营销计划 Marketing Planning　　　市场营销组织 Marketing Organization

市场占有率 Market Share　　　　市场营销控制 Marketing Control
销售分析 Sales Analysis　　　　市场营销审计 Marketing Audit
职能型组织 Functional Marketing Organization

思考题

1. 市场营销计划包括哪些内容？
2. 如何进行年度计划控制？
3. 企业如何根据自身特点选择市场营销组织？
4. 市场营销审计的范围和主要内容是什么？
5. 市场营销控制的方法有哪些？
6. 市场营销组织是如何演变的？
7. 如何度量市场占有率？
8. 讨论一下，“把事情做正确”的企业和“做正确的事情”的企业相比，谁更有可能获得成功？

案例分析讨论

到家业务，永辉超市全渠道布局

国家统计局披露，2017 年全年，社会消费品零售总额为 366262 亿元，比上年增长 10.2%，居民消费价格指数为 1.6%。其中，限额以上单位消费品零售额为 160613 亿元，增长 8.1%。可见，上规模的传统零售企业增速达不到全国平均数，零售新力量异军突起。全国网上零售额为 71751 亿元，比上年增长 32.2%。其中，实物商品网上零售额为 54806 亿元，增长 28.0%，占社会消费品零售总额的比重为 15.0%。可见，网上零售增速一改前两年下滑的趋势，重回上升态势。受疫情影响，消费者的线上消费习惯逐渐养成，加速了零售行业，尤其是生鲜行业的线上与线下全渠道融合的进程。2020 年前三季度，永辉超市到家业务实现销售额 65.35 亿元，同比增长 180%，在总营收中占比达到 9.7%。其中，7 月底才重新回表的永辉生活 App 已开始为到家业务贡献超过 50% 的收入。此外，永辉超市在 2021 年继续实施加速开店的扩张战略，截至 2021 年 10 月 30 日，永辉超市在 29 个省、市、自治区共拥有 970 家已开业门店，较 2019 年年底新增 69 家，另有 217 家门店在筹建中。

2020 年前三季度财报显示，永辉超市营业收入达到 726.70 亿元，同比增长 14.36%，净利润实现 20.28 亿元，同比增长 31.86%。在此之前，永辉超市的经营业绩已经连续两年处于下降和微增之中。对此，永辉超市表示，本次业绩的快速增长，得益于公司门店收入增加及新开门店数量持续扩张。

资料显示，2001 年，永辉超市在福建省成立，是国内首批将生鲜农产品引入现代超市的流通企业之一，同时也是国内“农改超”的开创者。2010 年，永辉超市在 A 股上市。目前，永辉超市旗下业务主要由永辉云超、永辉云创运营。其中，永辉云超主要负责集团旗下的超市/大卖场业务，并配有供应链、信息系统、金融系统等部门，永辉云创主要负责新零售板块。2015 年，永辉超市宣布开启新一轮扩张步伐。数据显示，2015 年，永辉超市的门店总数量为 388 家，经过四年的快速扩张后，永辉超市的门店数量在 2019 年年底达到 911

家，年均复合增速约为23.79%。目前，永辉超市的业务已经覆盖29个省、市、自治区，其中，福建省、重庆市、四川省均已成为永辉超市重点发力的市场。同一时期，永辉超市的营业收入从421.45亿元增长至848.77亿元，净利润也由6.05亿元增长至15.64亿元。其间，营收、净利润年均复合增长率分别为19.13%和26.80%。在大举开店的情况下，永辉超市的资金流动依然稳健。截至2020年三季度末，永辉超市经营活动产生的现金流达到60.70亿元，同比增长165.87%，到家业务收入占比9.7%。近几年，以配送到家为核心优势的生鲜电商企业虽然层出不穷，但真正的行业龙头迟迟没有出现。因此，看中生鲜板块的永辉超市也将发展眼光瞄准配送到家的新零售领域。

2016年，永辉超市开始试水新零售，分给永辉云创承担建设，同时发力线上与线下渠道融合、生鲜电商等业务。据了解，永辉云创旗下主要包括永辉生活、超级物种及永辉生活App三方面的业务。其中，永辉生活是80~300m^{2}的小微超市，主要用以覆盖大店无法进入的区域；超级物种则是对标盒马鲜生，从事"零售+餐饮+永辉到家App"等新零售业务。不过，由于新零售整个行业尚在试水期，永辉云创在开启新业态后连续亏损。2018年，永辉超市将永辉云创20%的股权转让给永辉云创创始人张轩宁，永辉云创出表。随后，永辉云超接手永辉超市的线上渠道建设与新零售业务建设，推出相对面积较大的永辉MINI店，并推出永辉买菜App，接替永辉到家App原本的线上渠道职能。永辉云创自2019年就已开始向社区生鲜转型，逐渐理顺发展思路。2020年7月，永辉云创重回上市公司报表，并为永辉超市线上销售额做出了不小贡献。国信证券分析师张峻豪认为："云创回归后既可以整合公司线上业务现有资源，提升经营效率，又可以通过数字化会员和消费数据为公司全渠道零售发展提供有力支撑。"

（资料来源：http://stock.10jqka.com.cn/20201102/c624431457.shtml.）

案例思考题：

1. 结合材料，阐述永辉"到家业务"是怎样进行全渠道布局的？
2. 如何强化永辉超市的全渠道零售发展？

第十五章

市场营销的发展与创新

本章要点

1. 交易营销与关系营销的区别
2. 关系营销的运作模型
3. 绿色营销的内涵与特征
4. 网络营销的特点与方式
5. 体验的含义与类型
6. 体验营销的内涵与特点
7. 体验营销的5E's组合策略
8. 大数据营销的含义与特征

导入案例

不可忽视的KOC营销

越来越多的品牌在营销推广上将目标投向了KOC，一个原因是KOL高昂的报价让一些低预算的品牌却步；另一个原因是KOC的种草、带货能力从某种程度来说，不亚于KOL，从投放性价比来说，算是经济实惠了。

国货品牌花西子的崛起，离不开直播达人的带货和明星、KOL、KOC的组合营销打法。花西子自从2019年3月入驻直播达人的直播间后，销量一路攀升。但从去年开始，花西子尝试新的营销策略，官宣了代言人和品牌大使。与此同时，在抖音小店上坚持“自播”的花西子，其自播频率已经从每周4.43次稳定到了7.5次。在抖音、微博等社交媒体平台上，花西子善用腰尾部博主进行产品铺量，其中近70%的腰部KOL分布在小红书、抖音上，70%的KOC主要在微博上。截至2020年年底，花西子在小红书合作的KOC也有近400位。选择分布如此之广，使能够看到花西子推广视频的粉丝在数量、质量、分类上远超其他品牌。花西子通过矩阵化的营销打法和多维度的推广，达到了产品宣传和带货的目的。

（资料收集：https://mp.weixin.qq.com/s/_pxoHxu-HUP_RhgGJa4Few.）

随着时代的进步和技术的不断创新，营销的各个环节有了新的含义，营销的方式也不断创新。本章将介绍关系营销、绿色营销、网络营销、体验营销和大数据营销等内容。

第一节　关系营销

关系营销理论的产生和发展得益于系统论、协同论、传播学等学科理论，是传统营销理论的延伸和进一步发展。20 世纪 70 年代以后，北欧的“诺丁（Nordic）学派”“IMP 学派”“社会学派”先后从服务营销、产业市场的关系和网络、社会交换等不同的视野和角度研究关系营销。1983 年，美国营销学者贝利（Berry）最早提出了关系营销的概念。20 世纪 90 年代关系营销理论的研究达到高潮，其中马丁·克里斯托弗（Martin Christopher）、阿德里安·佩恩（Adrian Payne）和大卫·巴伦泰恩（David Ballantyne）提出了六个市场模型（1991）；摩根（Morgan）及汉特（Hunt）提出“投入-信任”理论（1994）；Gummesson 提出从 4P’s 到 30R’s 理论（1997）；格罗鲁斯提出了“价值、交互和对话过程”理论（1996）；科特勒提出了全面营销理论（1992），Sheth 和 Atal Parvatiyar 提出了关系营销演变理论。20 世纪 90 年代以后，随着市场经济的发展，市场营销活动的范围日益扩大，市场竞争更加激烈，关系营销理论日益成为许多企业所倡导的指导思想和开展营销活动、寻求改善营销业绩的理论基础。

一、关系营销的含义与特征

贝利提出“关系营销就是保持顾客”（1983）；巴巴拉·本德·杰克逊（Barbara B. Jackson）提出“关系营销就是锁住顾客，由两种纽带将顾客锁住……一种是结构纽带，另一种是社会纽带”（1985）；卡波尔斯（Copulsky）和沃尔夫（Wolf）提出“关系营销就是利用数据库去‘瞄准’消费者，去保持消费者，与消费者建立连续关系”（1990）；摩根和汉特指出“关系营销是指所有目的在于建立、发展和维持同顾客成功的交换关系”（1994）。格罗鲁斯则提出关系营销“是为了满足企业和相关利益者的目标而进行的识别、建立、维持和促进同消费者的关系，并在必要时终止关系的过程，这只有通过交换和承诺才能实现”。他认为，对于一个服务提供者来说，建立关系意味着给予承诺；维持关系意味着履行承诺；加强关系意味着在先前承诺履行的基础上给予新的承诺；商业化关系意味着从长期来看，交易的成本与利润是正相关的。

一般认为，关系营销是指企业与其顾客（包括分销商、供应商、政府机构和社会公众等）建立、保持并加强关系，通过互利交换及共同履行诺言，使有关各方实现各自的目的，其核心是建立和发展与顾客的长远良好关系。

上述定义显示交易营销与关系营销存在区别。两者的主要区别见表 15-1。

表 15-1　交易营销与关系营销的区别

交易营销	关系营销
（1）关注一次性交易	（1）关注保持顾客
（2）以产品特征为导向	（2）以顾客价值为导向
（3）同顾客关系时间短（短期的考虑）	（3）长期同顾客保持联系（长期的战略考虑）
（4）有限的顾客承诺和服务	（4）强调高度顾客服务（为顾客提供最大化价值）
（5）较少的顾客联系	（5）高度顾客接触
（6）质量只在产品生产过程中才被考虑	（6）质量被所有部门关注和考虑

（资料来源：克里斯托弗，等. 关系营销［M］. 李宏明，李涌，等译. 北京：中国经济出版社，1998：12.）

与传统的营销相比，关系营销具有下列特点：

（1）以多学科理论为基础。在回顾关系营销理论的起源及研究状况时，Moller 和 Halinen（2000）发现制度经济学、产业经济学或基于资源的竞争理论、社会交换理论以及系统论被广泛应用。

（2）双向信息沟通。关系营销强调进行双向的信息交流与沟通。这种交流既可以从企业开始，也可以从顾客开始。通过广泛的信息交流与信息共享保持关系渠道畅通，从而争取各有关利益相关者的支持与合作。

（3）协调与合作。相关事物的联系存在两种状态，即对立与合作。为了各自的利益而相互排斥或反对的双方常常采用竞争、冲突、对抗、强制或斗争等形式处理彼此的关系；而合作性关系的双方为了共同的利益和目标，采取相互支持与配合的联合行动协调完成某项任务。关系营销强调合作是双赢的基础，企业要与顾客、分销商、供应商甚至竞争对手建立长期的、彼此信任的、互利的关系。

（4）互利互惠，达成共赢。出于竞争动机的交易者往往争取各自利益最大限度地得到满足，而出于合作动机的交易者则谋求共同利益的满足。利益上的互补是关系营销的基础，互利互惠是关系营销的境界。关系营销旨在通过合作增加各方的利益，而不是通过损害其中一方或多方的利益来增加其他相关者的利益。

（5）关系信息的反馈与控制。关系营销要求建立专门部门，通过信息反馈追踪营销系统中各参与者的态度，了解关系的动态变化，有利于市场需求的满足和各方利益的共同增长。

二、关系营销的运作模型

（一）关系营销的六大市场模型

在将关系营销理念转化为可操作模型的过程中，英国克兰福德（Cranfield）管理学院的阿德里安·佩恩教授于 1991 年提出了关系营销的六大市场模型，如图 15-1 所示。他将所有影响企业与顾客之间关系的因素归入六大市场，强调企业在与顾客打交道时，必须注意其他市场的作用，保证六大市场高度协调统一。

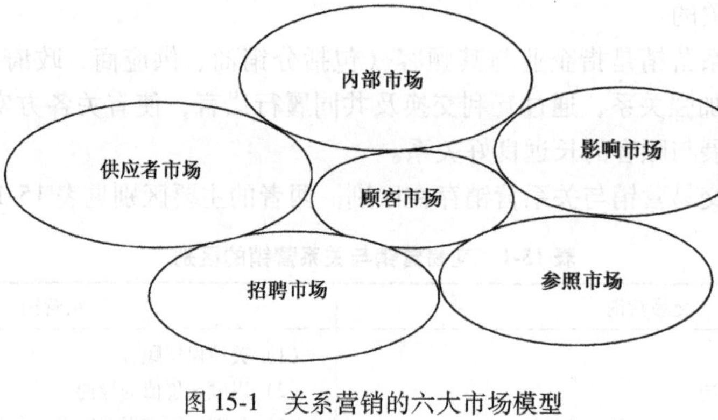

图 15-1　关系营销的六大市场模型

（1）顾客市场（Customer Markets）。它处于六大市场的中心，为了建立长期的顾客关系，企业必须为顾客提供有别于竞争者的服务。

（2）内部市场（Internal Markets）。它是指企业内部个人与团体的关系、上下级的关系、职能部门之间的关系。通过这些关系借助共同价值的指引，从而影响企业同顾客的关系。

（3）参照市场（Referral Markets）。它由各领域的专家组成。与企业具有良好的长久关系的专家能够从不同的角度宣传和介绍企业，有利于企业在顾客心目中树立良好的形象，促进企业与顾客长期关系的建立。

（4）影响市场（Influence Markets）。它由政府机构、金融机构、新闻媒体、公众等组成。它们对企业的营销活动都会产生重要影响。企业需要以公共关系为主要手段争取它们的理解和支持。

（5）招聘市场（Recruitment Markets）。它由员工组成，良好的员工关系是企业同顾客建立、保持和发展关系的关键。

（6）供应者市场（Supplier Markets）。它是指企业与供应商因协作关系而形成共同的利益关系。企业必须与供应商、经销商之间建立广泛的、密切合作的伙伴关系，以便获得其支持。

为实现整体的顾客保持目标，佩恩提倡依托六大市场模型制订关系营销计划，包括顾客发展计划、内部市场计划、参照计划、影响计划、招聘计划和供应商发展计划。

佩恩还认为，企业与顾客关系的变化呈现阶梯状，并提出了关系阶梯模型，即从阶梯的底部潜在顾客（Prospect）到阶梯的顶端伙伴（Partner），中间依次经过顾客（Customer）、客户（Client）、支持者（Support）和宣传者（Advocate）。经过企业的一系列营销活动，潜在顾客可能会成为企业的实际顾客，而只有当企业把顾客转变成支持者时，关系的力量才开始明朗起来。越是在阶梯的上层，企业与顾客的关系越密切，发展和扩大关系的可能性越大。要实现关系阶梯的上移，必须了解顾客的需求，并使顾客价值最大化。

（二）关系管理链模式

在上述基础上，英国克兰福德管理学院的莫里亚·克拉克（Moira Clark）、海伦·派克（Helen Peck）、阿德里安·佩恩和马丁·克里斯托弗（Martin Christopher）进一步将关系营销理念推向可操作层面。1993 年，他们根据 Gluck（1980）的商业体系（the Business System）和波特（1985）的价值链（the Value Chain）思想，提出了关系管理链模式（Relationship Management Chain），如图 15-2 所示。

关系管理链将六大市场简化为内部和外部两大市场，将员工的满意度提高到了非常重要的地位。关系管理链必须在两大市场协调运作的框架下进行，确保内部市场与外部市场不断融合。整个关系管理链流程分为五个步骤：①确定价值内涵；②细分、目标和定位；③确定运作和交付系统；④对已交付价值进行分析和评价；⑤控制与反馈。

整个关系管理链的核心观念是：在价值链上自始至终创造和维持互惠互利的优越关系，最终实现顾客价值的增加。

三、关系营销的适用性

关系营销具有许多优点，但它是否适用于任何类型的企业呢？下面简单讨论关系营销的适用性问题。

顾客期待的关系层次是企业制定关系运作决策的基础。科特勒把企业与顾客的关系划分为以下五个层次：

（1）基本型（Basic）。企业把产品销售给顾客后，就不再与顾客联系。

（2）反应型（Reactive）。企业把产品销售给顾客后，鼓励顾客在遇到问题时给企业打电话，但不主动与顾客联系。

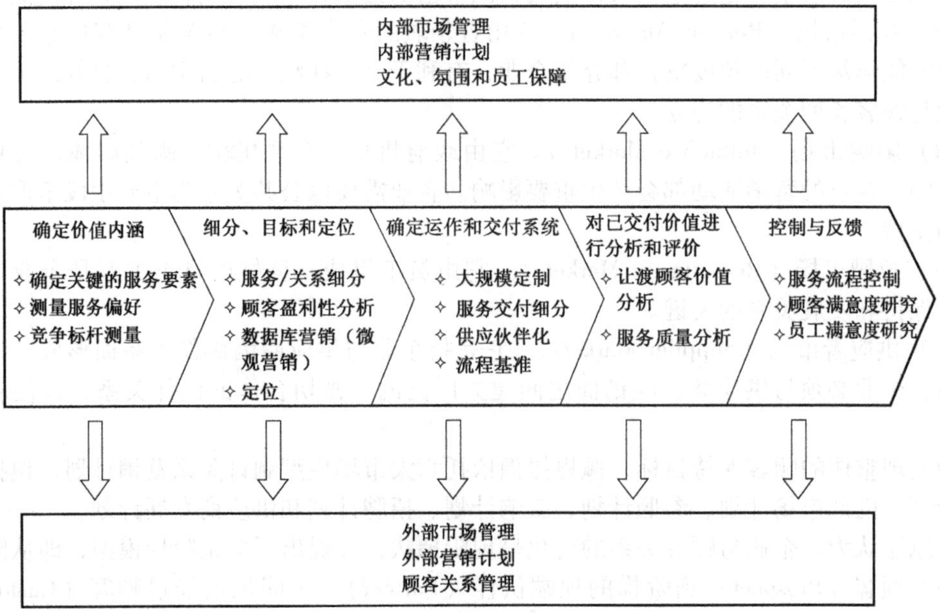

图 15-2　关系管理链模式

（3）负责型（Accountable）。企业在产品售出后不久便与顾客联系，检查产品是否符合顾客的期望。同时询问顾客对产品的意见，然后利用这些信息来改进企业的产品和服务。

（4）主动型（Proactive）。企业的营销人员经常与顾客联系，讨论有关改进产品用途或开发新产品的问题。

（5）合伙型（Partnership）。企业与顾客结成紧密的伙伴关系，共同努力寻求顾客合理开支的方法或帮助顾客更好地进行购买。

上述五种不同的关系层次适用于不同类型的企业，其考虑点主要有两个：一是顾客/分销商的数量（顾客购买的集中程度），二是产品的利润。两方面的不同组合需要不同的顾客-企业关系类型，见表 15-2。

表 15-2　不同层次的关系营销

顾客/分销商	高利润	中利润	低利润
很多	负责型	反应型	基本型或反应型
数量一般	主动型	负责型	反应型
较少	合伙型	主动型	负责型

从表 15-2 中可以看出，关系营销并不适用于任何类型的企业。关系营销中所要建立的关系，主要是指主动型或合伙型的高层次关系。如果企业与各关系方建立了长期伙伴关系，相互为对方提供更多的附加值或服务，才有利于彼此的合作和发展。

资料链接 15-1：社群营销

互联网的本质是连接一切，即将处于不同时空场景的人、信息、资源等内容关联起来，让其有了直接或间接的交集。互联网的这种连接方式也重构了“社群”。互联网时代的社群是不同的社会成员基于共同的目标、利益、兴趣等要素聚合在网络平台上的一种特殊的社会关系。社群营销就是基于相同或相似的兴趣爱好，通过互联网社群，使产品或服务满足群体需求而产生的营销方式。社群作为接口，能够使被内容所吸引并通过切口进入的流量沉淀下来，为接下来的商业化打下基础，而商业化则是寻找利益点来进行商业转化。现在的商业模式正在打破传统的以产品、厂商为核心的格局，转而向人和社群转变，使用户占据主要位置，以数据作为驱动。

社群营销的运作机制是将顾客变成用户，将用户发展成粉丝，将粉丝发展为朋友，将粉丝聚集起来，发挥粉丝效应。在社群营销中发挥出的粉丝效应，是美国的互联网专家凯文·凯利的“失控理论”的一种表现。

1. 社群营销的前提是发挥社群去中心化的作用，让群成员有深刻的“参与感”

失控理论认为，无论生物还是机器，其实都是进化体。进化体越复杂、越庞大，里面就能栖息更多的进化体。这种进化体的构建方式就叫分布式。分布式就是去中心化。如果每个人都是一个小的进化体，大家因为某个共同的兴趣、利益和目标聚在一起，就形成了一个大的进化体——社群。不断进化，通过去中心化的互联网，再分化出无数的兴趣族群。群成员具有大的进化体所形成的群体性的无意识认知，最终大的进化体会选择决定最适合该群体的行为方式。小米公司把群成员对小米手机的这种集体的无意识运作模式称为“粉丝效应”。在这种去中心化的社群中，要想让群成员对产品发挥粉丝效应，应该给予粉丝更多可参与的互动方式，让他们有深刻的“参与感”。

2. 社群营销实现转化的动力是社群带来的递增收益

失控理论认为，一个系统用得越多，用得越成功，越会带来更多的成功。这就是人们所说的网络效应。网络效应不是直线上升，是呈几何级数上升的。例如，你的客户数量翻一番，你的销售也会翻一番，这是直线式的上升。在一个网络中，你的客户翻一番，销售可以翻两倍，就是呈几何级数上升。这意味着，在社群中实现的销售是呈几何级数上升的，而针对同样数量的成员的单个销售只是直线式上升的。

营销的本质是客户关系，社群营销也不例外。时代不管如何变化，不变的是顾客对品牌的那份信任，是品牌用心做产品的初心。社群营销变化的只是与用户的互动方式和方法。实际上，人们对社群营销的认识还存在很多不足。例如，销售转化方式可否复制，怎样实现快速且稳定的社群分裂，怎样延长社群的生命周期等，这些都是需要进一步学习和探索的。

（资料来源：http://media.people.com.cn/n1/2019/0725/c40606-31256305.html.）

第二节 绿色营销

一、从传统营销到绿色营销

企业的营销活动以交换为核心，而交换会受到市场供求状况的制约。当市场供不应求时，企业制胜的关键是产量；当市场供求基本平衡时，企业制胜的关键是质量；当市场供过于求时，企业制胜的关键是经营方式与形象。因此，企业营销观念的发展是与社会经济发展的大环境直接相关的。其演变与市场供求关系状况紧密相连。随着商品经济的不断发展，企业营销观念大致经历了生产观念、产品观念、推销观念、市场营销观念及社会营销观念等阶段。

绿色营销是社会营销观念的重要组成部分，其理念包含在社会营销观念之中，是解决环境问题、实施可持续发展的有效途径。

绿色营销是在“绿色运动”作用下产生的，是在消费和绿色需求的带动下发展起来的。绿色营销是历史的必然，是人们在满足温饱的基础上进一步追求高质量生活的一种渴望及觉醒，是社会经济可持续发展、企业实现自身发展的一种迫切需要。

在经济全球化及可持续发展的大趋势下，各国政府将协调“人口、环境、资源和经济发展”之间的矛盾视为全球面临的共同性焦点问题。1992 年，联合国环境与发展大会通过了《21 世纪议程》，标志着人类社会进入了“保护环境，崇尚自然，促进可持续发展”的绿色时代。1994 年，我国政府也制定了《中国 21 世纪议程——中国 21 世纪人口、环境与发展白皮书》，由此拉开了我国实施“可持续发展”和“绿色工程”的序幕。在此背景下，绿色营销的重要性越来越被人们广泛关注。

绿色营销是指企业以不损害人类自身及后代未来的需要为条件，运用各种营销工具（或策略），满足社会和消费者需求的经营活动。在实现“共生共赢”经济的过程中，绿色营销将起到至关重要的作用。

绿色营销要求企业的一切经营活动都要从保护环境与资源出发，将绿色营销意识纳入生产经营体系之中，考虑节约能源、资源充分利用和新资源开发及资源再生利用等方面，通过研制和开发绿色产品、实施废物回收利用等措施来满足消费者的绿色消费需求，以实现企业的营销目标；在开展经营活动时所考虑问题、观察问题的视角更加长远和全面，是以往营销观念的补充，是社会营销领域的重要组成部分。

绿色营销是在绿色消费驱动下产生的，是在国际经济一体化与可持续发展战略大环境下发展起来的。它要求企业在营销过程中要充分体现环保意识，向消费者提供科学、无污染、健康、节能的产品和服务，并采用无污染或少污染的生产销售方式满足消费者对高品质生活的需求，追求企业自身发展与生态环境、社会利益相协调，起到改善自然环境状况、优化人类生存空间的作用。

二、绿色营销的内涵与特征

（一）绿色营销的内涵

由于“绿色”一词有多种象征意义，从不同侧面对绿色营销概念的理解有所不同。

从“绿色是自然之色、象征着环境保护”的角度进行描述，有学者认为：绿色营销是企业的一种经营哲学或一种行为观念，其中心含义是保护地球的生态环境，促进人与自然、经济与生态环境的和谐关系，确保人类社会可持续发展。在这种意义上，绿色营销是指个体或企业在消费者利益、环境利益和自身利益有机统一的基础上，创造和发现市场机遇，采取相应的市场营销策略以满足顾客需求，并从中获得发展的过程。这种含义上的绿色营销有三条宗旨：一是节约材料耗费，保护资源；二是确保产品安全、卫生和使用方便，有利于人们的身心健康，提高生活品质；三是引导绿色消费，培养人们的绿色意识，优化人们的生存环境。

从“永续经营”的角度来描述，有学者认为：绿色营销是指在经营中重视、充分利用并回收再生资源，使企业实现“永续经营”。其目的是求得企业、环境与社会和谐均衡共生。

从“绿色消费”的角度来描述，有学者认为：绿色营销是指企业以绿色观念为经营哲学，以绿色文化为企业价值观，以消费者的绿色消费为中心和出发点，通过制定和实施相应的营销策略，满足消费者的绿色需求，实现企业的经营目标。

从管理科学的角度来描述，有学者认为：“绿色”是一个形象用语，泛指保护地球生态环境的思想或观念、计划、行动和行为等。“绿色管理”就是将环境保护的观念融于企业的经营管理之中，注重对生命、资源、环境的管理。企业实施绿色管理，要达到三个主要目标：①资源利用最大化。企业通过集约型的科学管理，使所需的各种物质资源得到最有效、最充分的利用，使单位资源的产出达到最大、最优。②废弃物排放最小化。企业通过实行以预防为主的措施和全过程控制的环境管理，使生产经营过程中的各种废弃物排放最大限度地减少。③适应市场需要，产品绿色化。企业根据市场的需要，开发对环境、对消费者无污染和安全优质的产品。以上三者相互联系、相互制约，资源利用得越充分，环境负荷就越小；产品绿色化，能够促进物资资源的有效利用和环境保护。通过这三个目标的实现，最终使企业的发展目标与社会发展目标、环境改善协调同步，走上企业、消费者和社会可持续发展的三赢之路。实施绿色管理，要抓好以下几个关键环节：一是进行全员环境教育，树立绿色经营理念；二是建立企业环境管理新体系；三是大力推行清洁生产；四是开发符合市场需求的绿色产品。

还有学者从“利益相统一”的角度来描述：绿色营销是指企业在市场营销过程中注重地球生态环境保护，促进生态与经济发展，为实现企业自身利益、消费者利益及社会利益三者的统一，对营销活动进行策划和实施的过程。

从“可持续发展”的内涵来描述：绿色营销观念的实质是强调企业在进行营销活动时，努力把企业的经济效益、环境效益与社会效益结合起来，尽量保持企业经营与人、自然环境和社会环境的和谐，不断改善人类的生存环境；尽量修正传统的非绿色消费和营销观念，不断完善整体产品的概念理论，开发货真价实的绿色产品，传播绿色文明。该观点认为，与可持续发展理论中的“生态持续”相比，绿色营销所要求的营销策略更具长远性、开放性和弹性，更加关注企业运作对自然生态环境所带来的正面与负面影响；通过全面倡导绿色观念，达到消费持续和企业经营持续，最终实现社会持续发展的目的。绿色企业的营销活动应以改善和提高人类的生活质量或品质，满足人类长远需要为目的，为促进社会公正、稳定、安全、文明、健康发展做贡献，并能成为每个企业的自觉行动，这也是“绿色市场营销观念”的最终目的。

国内还有一些学者认为，绿色营销观念包括以下内容：①要求企业在开展市场营销活动的同时，努力消除和减少生产经营对生态的迫害和影响，企业在选择生产技术、生产原材料、制造程序时，应尽量符合环境保护标准；②在进行产品设计和包装设计时，应尽量降低产品包装或产品使用所造成的剩余物，以降低对环境的影响；③在分销和促销过程中，应积极引导消费者在产品消费使用、废弃物处置等方面尽量减少环境污染；④在产品售前、售中、售后服务中应注意节省资源，减少污染。

另有学者认为：绿色营销是指企业在营销活动中要体现“绿色”，即在营销中要注重对地球生态环境的保护，促进经济与生态的协调发展，为实现企业自身利益、消费者和社会利益以及生态环境利益的统一而对其产品、定价、分销和促销的策划与实施过程。直观地说，就是把“无废无污”和“无不良成分”及“无副作用”贯穿于整个营销活动之中。

还有学者认为：绿色营销是指企业在整个营销过程中，充分体现环保意识和社会意识，向消费者提供科学的、无污染的、有利于节约能源和符合社会道德准则的商品和服务；并采用无污染或少污染的生产及销售方式，实现对生态环境和社会环境的保护与改善，确保消费者获得安全、卫生、方便、可靠的商品和服务，提高人们的生活质量，优化人类的生存环境。

绿色营销的概念还可以理解为企业以环境保护观念作为其经营哲学思想，以绿色文化为其价值观念，以消费者的绿色消费需求为中心和出发点，力求满足消费者绿色消费需求的营销策略的总称。

国外有学者认为：绿色营销是指运用营销工具以实现企业目标及个人目标的方式，有利于保护、珍惜和爱护自然环境。绿色营销要求营销人员发挥更积极的作用，不仅要帮助人们意识到营销活动对自然环境的影响，更要鼓励人们参与实践，尽量减少有害于环境的消费活动及行为。

对绿色营销概念的理解，虽然从不同的角度有不同的表述，但本质上是基本一致的。

广义的绿色营销是指企业营销活动中体现的社会价值观和伦理道德观，充分考虑社会效益，既自觉维护自然生态平衡，又自觉抵制各种有害营销。因此，这个意义上的绿色营销也指伦理营销。

狭义的绿色营销主要是指企业在营销活动中谋求消费者利益、企业利益与环境利益的协调，既充分满足消费者的需求，实现企业的利润目标，又充分注意自然生态平衡，实现经济与市场的可持续发展。因此，狭义的绿色营销又称为生态营销或环境营销。

（二）绿色营销的特点

绿色营销作为一种全新的营销趋势，有自己的特点。总的来看，第一，绿色营销的观念是“绿色”的。绿色营销以节约能源、资源和保护生态环境为中心，强调污染的防治、资源的充分利用和再生利用、新资源的开发。第二，企业所属产业是“绿色”的。也就是开展绿色营销的企业所属产业及产品是绿色的，具有节约能源、资源和促使新型资源利用与资源再生利用的特点。第三，绿色营销的目标是长远的。绿色营销强调其产品与服务不仅要考虑消费者，还要考虑整个社会的利益；不仅要考虑近期利益，还要考虑长远利益。第四，绿色营销的过程是“绿色”的。绿色营销从生产技术的选择、产品的研发与设计、材料的采用、生产工艺及程序的制定、包装材料的选用及方式的确立、废弃物的处置、营销策略的运用，直到产品消费的全过程，都要体现“绿色形象”。

与传统营销相比，绿色营销具有以下特征：

1. 以绿色消费为前提

绿色消费是社会进步的需要，是消费需求由低层次向高层次发展的、不可逆转的客观规律。从目前看，绿色消费包括三方面的内容：①在人与自然和谐相处、协调发展的思想意识上进行生活消费，把生活消费纳入大自然的生态系统之中，树立人类生活消费的自然协调和谐观；②主张并实施合理科学的消费方式，即要改变人类“以我为中心”的过度追求物质消费的生活方式，使人类的消费方式及消费行为趋向合理化；③培育健康的消费心理，建立和弘扬人类的消费道德和规范。绿色消费在承认人类生活消费的基本权利的同时，明确人类生活消费的责任及义务，使生活消费的权利及责任统一起来，培养健康的消费心理，形成人类生活消费的道德和规范，以维系全人类赖以生存的基础。由此可见，绿色消费是开展绿色营销的前提。

2. 以绿色观念为指导思想

绿色观念是一种谋求与大自然和谐相处的新型消费价值观。它是人类在面临生存危机，并对传统消费观念进行了一系列反思之后提出的。首先，绿色消费的实施最终要依赖社会大多数消费者绿色消费观的建立；其次，作为一种消费文化，绿色消费观的培育需要全人类来自各方的支持与不懈努力，需要通过道德文化、政府（政策及法律）、经济与企业等多方力量的协调与引导才能达到。绿色营销以满足绿色需求为中心，以为消费者提供能够有效防止资源浪费、环境污染以及损害人类健康的产品为己任。因此，绿色观念是开展绿色营销的指导思想。

3. 以绿色体制为保障

绿色营销着眼于社会层面的新观念，所要实现的是人类社会的协调持续发展。因此，要有绿色体制为绿色营销提供法律保障。在竞争性的市场上，必须有完善的政治、经济体制与之相适应，制定并实施环境保护与绿色营销的方针、政策，解决绿色经济系统内在的不协调性，获得政府对绿色营销者的真正支持，制约来自人类各个方面的反绿色营销或非绿色营销的障碍性因素的影响，激发人类与自然和谐相处的愿望，从而推动绿色营销的全面发展。

4. 以绿色科技为物质保证

技术进步是产业变革和社会进化的决定性因素。一种新技术的产生，必然导致新的产业部门的出现，从而使消费者消费的对象不断增加、范围不断扩大，进而导致消费结构与产业结构的变化。但某些新技术的出现也可能是有违绿色观念的，其出现的结果可能会加快人类生存环境的进一步恶化。因此，只有以绿色科技促进绿色产品的发展，节约能源，利用可再生资源，进行无公害绿色产品的开发，才能够为绿色营销提供坚实的物质基础。

三、绿色营销策略

由于企业规模不同、企业自身条件不同、所处的行业及环境不同、服务对象及产品形式不同，各个企业所采取的绿色营销战略及策略也会各有差异。但是有一点是不变的，就是以环境保护为基础，为社会创造、体现、宣传和传递绿色价值，这是企业在绿色营销浪潮中实现自身价值的最终目标。

（一）绿色产品

绿色产品与传统产品的根本区别在于它具有更多考虑人类安全与健康、更加符合环境保护要求的特点，具有改善环境和整个人类生活品质的功能，具有社会效益、生态效益和经济效益共同提高并可持续发展的内涵。

绿色产品是绿色价值的载体和体现。因此，企业努力将一般的产品生产、流通和消费过程朝着绿色化方向发展，这是企业寻求和创造绿色价值的根本途径。

企业的绿色产品策略就是产品的绿色化过程。产品的绿色化过程是指使用绿色化新技术为社会创造绿色价值的过程。这包括研发绿色产品、实行绿色工艺或清洁生产、降低排污指标、治理污染等一系列对环境进行保护和整治的过程。

按照国际惯例，只有被授予“绿色标志”或“环境标志”的产品，才称得上是绿色产品。要成为上述意义（狭义）上的绿色产品，就必须获得“绿色标志”或“环境标志”，即产品本身及其生产、流通和消费过程都必须符合一定的标准及规定。当然，“绿色”本身是一个相对的概念，是随着社会经济、科学技术的发展而变化的。因此，绿色产品及其绿色程度将是一个不断深化的过程，也是一个范围不断扩大、程度由浅入深的过程。不断促进这个绿色化进程的深入发展，是政府、企业、社会公众及消费者个人的共同责任。

（二）绿色价格

绿色产品价格是绿色价值的又一个重要体现，直接影响着绿色需求的大小。为消费者创造绿色价值是企业绿色营销的核心内容，而绿色价值的顺利实现仍然需要通过市场才能达到。

开发绿色产品或进行产品绿色化，包括一系列的绿色化开发和改进，这需要增加一系列的投入。在环境业绩改善与提高的同时，必将引起整个产品成本结构的变化。客观上，在提升产品绿色价值的同时，也有可能提高了产品的价格。因此，绿色定价必须研究和评估消费者因企业或产品环境业绩改进所引起的价格增加的接受程度。

绿色价格策略一般要考虑以下因素：①要研究消费者的绿色素质；②要研究产品种类及消费者对与该产品相关联的绿色问题的关注程度；③要研究企业改进环境获得的业绩的美誉度；④绿色产品被消费者感知的价值与程度；⑤绿色营销组合策略中其他因素的运用程度，尤其是能否与绿色市场定位相适应。

产品价格直接影响企业的形象及竞争力。一般而言，绿色产品的价格只有高于一般水平，才较为符合其绿色价值的高品质市场形象，才有利于企业绿色形象的树立，有利于绿色产品竞争力的提高。一方面，较高的绿色价格符合消费者心目中“高价高质”或“优价优质”的消费心理；另一方面，消费者的普遍心理又希望绿色产品价格能够便宜。所以较高的绿色价格常常会成为绿色产品的主要销售障碍。因此，绿色价格策略的实施，需要来自多方面，特别是政府、社会公众的理解、参与、支持和配合。对政府而言，将社会效益和生态效益量化为经济效益，为绿色营销提供相应的扶持、优惠及奖励政策，通过法律及政策形式支持企业的绿色化经营活动，将会促进企业绿色价格的顺利实施。

（三）绿色促销

绿色促销是宣传绿色产品价值、加快绿色价值实现的重要手段。绿色促销是指围绕绿色产品及其价值展开的、帮助消费者认知和了解绿色产品及其价值、促进绿色产品销售和绿色价格实现的各种活动的总称。

绿色促销与传统促销相比，具有以下特征：

（1）绿色促销的内涵更为广泛。绿色促销围绕绿色产品展开，传递绿色产品及其价值的绿色信息，并通过绿色信息传递树立企业及产品的绿色形象，促使企业的产品与消费者的绿色需求相结合，引导和刺激消费者的绿色消费。

（2）绿色促销是绿色化的宣传活动。在促销和传播活动的各个环节，都应注意环境保护，以尽可能不污染或减少污染为原则，重视资源与能源的节约和利用率的提高。

（3）绿色促销是全面协调的促销方式。绿色促销更加注重各种绿色手段的协调采用，重视与企业其他部门的协调一致，注重近期与长远利益的协调一致，是一种全面协调的促销方式。

（4）绿色促销通过绿色媒体传递绿色产品信息，引起消费者的绿色消费需求，并进一步影响其购买行为。

（5）绿色促销方式与途径更加多样化。与一般消费需求相比，影响绿色需求的因素更加广泛，因此，绿色促销的宣传方式更加多样化，绿色广告、绿色公关、绿色人员推销及绿色营业推广等新概念被不断提出。

另外，绿色促销还特别注重把产品的绿色化程度、企业与环保行动等有机地联系起来进行。通过广泛宣传绿色产品保护环境、造福人类的内涵以及所带来的生态效益等，提高绿色产品的市场占有率；通过有影响力的媒介及公关活动，宣传企业在保护生态环境方面的实际行动，提高企业的知名度和美誉度，使企业在公众心目中树立起良好的绿色形象，进一步激发消费者对绿色产品的消费欲望。

（四）绿色分销渠道

1. 绿色分销的原则

与传统分销渠道相比，绿色分销渠道具有明显的“绿色”特征，主要表现在绿色产品分销途径各个环节上的成员，包括各级中间商和代理商，都具有较强的绿色意识和绿色观念，并积极参与和支持绿色经营活动。寻找有效的绿色渠道成员并与之和谐合作，是绿色营销活动顺利实施的关键环节，也是绿色营销的核心内容。

绿色产品及其价值能否得到及时、有效和持续的传递，取决于绿色分销渠道是否顺畅。因此，无论是对原有一般营销渠道进行绿色化改造，还是重新选择或建立可控性高的新型绿色分销渠道，都应当遵循一定的原则。

（1）经济合理性原则。选择绿色分销渠道，要以发展的观念看待潜在绿色市场的需求以及可能出现的成本变动，将进行绿色分销带来的收入增长与成本增加进行比较，寻求其经济上的合理性。

（2）可控性原则。拥有相对稳定、可控性强的绿色分销渠道，对企业维持市场份额、实现企业的长远战略目标是极其重要的。因此，企业在实施绿色分销时，应当充分考虑中间商的可控性，其绿色信誉状况是其中一个极为重要的评价指标。

（3）适应性原则。这是指企业对绿色分销渠道的适应性。对任何企业，尤其是生产制造企业而言，实施绿色分销的不可控因素很多，因此在选择和利用绿色分销渠道时，需要适当地调整自身的绿色营销策略，主动地适应绿色分销的渠道要求，更好地与外部环境相结合，以确保绿色分销的畅通无阻。

2. 绿色分销的内容

绿色分销渠道所涉及的绿色内容繁多，常见的有交通运输绿色化、产品储运绿色化、供应配送绿色化及销售环境绿色化等。

交通运输绿色化包括尽可能地使用对自然环境无污染或少污染的运输工具并承载适宜运载量以减少浪费，燃用污染少的燃料，使用有污染控制及节能的装置，统筹运输路线，尽量减少运输距离等；产品储运绿色化包括革新存储养护技术以减少资源浪费及能源消耗，减少储运过程中的浪费，改善储运条件及其设备，以减少货损及能耗等；供应、配送及销售环节的绿色化主要包括简化供应配送体系及销售环节，以降低资源消耗和货损量，减少资源浪费。

第三节　网络营销

网络的出现，在信息获取的手段和方法上突破了传统时空观念的限制，改变了企业外部经营和购销的实务操作模式。网络营销是指企业利用网络媒体开展的市场营销活动，是传统市场营销在网络时代的延伸和发展。这种网络环境不仅会给企业拓展经营活动的范围和市场空间带来难得的发展机遇，同时也会对传统的经营理论和实际操作带来巨大的冲击和挑战。成功的网络营销应该将互联网的功能与企业的资源、目标和能力联系起来，与消费者的需求和预期结合起来。

一、网络营销的概念及特点

（一）网络营销的概念

网络营销（Cyber-Marketing/Online Marketing）是借助互联网、计算机通信和数字交互式媒体来实现营销目标，与市场的变革、竞争及营销观念的转变密切相关的一门新学科。20世纪90年代以来，随着网络技术的飞速发展，在全球范围内掀起了互联网应用的热潮，企业也纷纷利用网络进行广告发布、开展产品的网络销售、提供各种信息服务。同时根据互联网的特点，企业积极改组其内部结构，探索新的管理营销方法，一种建立在网络基础上的全新营销模式——网络营销便得到了广泛的应用和推广，成为网络时代企业竞争优势的新来源。

（二）网络营销的特点

互联网将遍布全球的各种组织、企业和个人跨时空地联系在一起，使之相互间的信息交流变得“唾手可得”。互联网所创造的营销环境使营销活动的范围和方式变得更加宽广和灵活。网络营销利用互联网展开企业的营销活动，可以弥补传统营销媒体的局限，实现许多传统营销无法涉及的功能。其特点表现在以下几个方面：

1. 实时性和交互性

在网络环境下，企业通过电子布告栏、在线论坛、微博、微信、电子信函服务等方式，在营销的全过程中对消费者进行实时的信息收集，与消费者进行实时交流，向潜在顾客提供具体的、必要的信息。这种双向互动的沟通方式，提高了消费者的参与性和积极性，也提高了企业营销的针对性，有助于实现企业的全程营销目标。

2. 经济性和高效性

网络营销可以降低企业的交易成本，同时提高企业运营的效率。首先，企业通过商业增值网络使用EDI（电子数据交换）建立一体化的电子采购系统，实现实时采购，带来劳动力、打印和邮购等采购成本的降低；其次，互联网不仅为市场调查提供了全球性的空间，而且还大大降低了调查的各种费用；再次，有关公司、产品、渠道等的信息均储存在网络服务器中，企业可直接在线及时更新，顾客可随时在网上查询，从而降低促销成本；最后，在提高售后服务效率的同时，降低了企业的运营成本。

3. 定制化和个性化

网络营销的定制化是指企业可以利用网络优势，一对一地向顾客提供独特化、个性化的产品或服务。网络营销可以了解每个客户的消费习惯和偏好，并向其推荐相关产品或服务。通过网络营销，企业与顾客建立起学习型关系。学习型关系是指企业在通过网络向消费者传递信息的同时，也在积极地对消费者进行消费教育和引导。这样，顾客在自身需求得到满足的情况下，将与企业保持长期的联系，从而密切了企业与顾客的关系，提高了顾客的忠诚度。

4. 便利性和娱乐性

网络营销是一种集购物的便利性和娱乐性为一体的新型购物模式。售前，消费者可以在网上获得充分的产品或服务信息及相关资料，便于对同类产品或服务的性能、价格等因素进行比较，以做出购买决定。例如，对于准备购买汽车的消费者，网络可以提供目前市面上所有品牌的汽车信息，并提供不同品牌汽车之间性能、价格等指标的对比，而且有其他大量消费者的意见可供参考。售中，在网上购买不但省去了购物的路途麻烦，电子结算也省去了现金交款的麻烦，送货上门服务令消费者足不出户就可以完成购物。售后，网络也给消费者提供了最好的支持和帮助。总之，网络营销能最大限度地简化购物环节，节省消费者的时间和精力，使消费者真正地“乐在其中”。

二、网络营销的方式

近年来，随着网络的逐渐普及和企业网络意识的增强，“网络营销”作为一种全新的营销方式已成为热点话题。企业开展网络营销的目的是通过互联网手段更好地实现各项网络营销的职能，为增加销售量、提升品牌价值、提高整体竞争力而提供支持。也就是说，可以充分利用网络资源营造一个有利于企业发展的经营环境。目前看来，网络营销主要有以下几种方式：

1. 搜索引擎营销

搜索引擎营销简称 SEM，是 Search Engine Marketing 的英文缩写。SEM 是网络营销的一种新形式，就是企业有效地利用搜索引擎来进行网络营销和推广。SEM 是网络营销的主要手段，对于网站推广、网络品牌和产品推广、在线销售等具有明显的效果。它通过较高的搜索引擎排名来增加网站的点击率，即浏览量，从而获得产品或服务销售额的增加。

2. 网络广告营销

网络广告营销是指广告主利用一些受众密集或有特征的网站摆放商业信息，并设置链接到某目的网页的过程。网络广告也是常用的网络营销策略之一，在网络品牌建立、产品促销、网站推广等方面均有明显作用。网络广告的常见形式包括：BANNER（旗帜广告）、关键词广告、分类广告、赞助式广告、电子邮件广告等。网络广告具有可选择网络媒体范围广、形式多样、适用性强、投放及时等优点，适合于网站发布初期及运营期的任何阶段。

3. 电子邮件营销

电子邮件营销以电子邮件（Email）为主要的网站推广手段，常用的方法包括电子刊物、会员通信、专业服务商的电子邮件广告等。几乎所有互联网用户都会使用的一项服务就是电子邮件，而且绝大部分用户都有两个以上的电子邮件地址。电子邮件是互联网用户之间主要的沟通方式之一。电子邮件营销的主要功能有：品牌形象推广、产品或服务推广、顾客关系管理、顾客服务、交叉营销、市场调研、增强内部竞争力等。电子邮件营销可以针对用户进行完全的个人化定制，它最大的优势在于能够与用户进行交流，是吸引“回头客”的有力工具。随着技术的进步，电子邮件的发送、管理、个性化和实现商业用途等都成为可能。通过加强与用户的交流，企业可以增加销售，建立品牌的知名度，降低成本，提高用户的满意度，从而与用户建立长期互信的友好关系。

4. 无线互联网服务营销

无线商务被业界看成极具潜力的新兴市场。例如，中国移动已为行业和企业提供了多种移动商务服务，如企信通、手机小额支付、移动证券等。通过这些服务，行业和企业客户可以根据各自的需求和成本预算，选择适合自己的服务和相应的接入方案。无线搜索技术使无线营销也突破了传统的短信和 WAP 广告限制，逐步向多样化和普及化发展。

三、网络营销的基本步骤

网络营销是一种线上与线下相结合的电子商务模式（又称“鼠标+水泥”模式），即利用网络来开展各种营销活动，而具体的交易过程则依托传统的商业环境来进行。

网络营销的基本步骤如下：

1. 确定网络营销对象

以盈利为最终目标，从事网络营销活动的企业或个人，通过充分地调查分析自身优势、劣势，以及企业内部、外部环境后，确定某些具有特定需要，有意向与营销人员进行交换，而获得其所需之物的个人或组织。

2. 一对一营销

营销人员通过网络寻找目标顾客，并向有意者提供产品或服务的信息以及交易条件；而后，通过网络与其进行交流，根据其所提出的要求提供更详细的资料，或设计个性化的产品或服务，令潜在顾客满意，从而最终实现交易；最后，利用网络及时快捷地为顾客提供高效的售后服务。

3. 客户关系管理

网络营销的目的并非在于实现某一次销售，而是要通过向顾客提供定制化的产品或服务，在顾客享受网上购物的同时，与顾客建立并保持恰当的关系，以获取其重复购买，并向外传播其美好感受。

四、网络营销策略

随着互联网的不断扩展、各种网络技术的日渐成熟，更多的企业开始利用网络营销这一新的技术，并且实施了一系列的网络营销活动。但是，很多活动并没有达到预期的效果。究其原因，关键在于企业没有一个正确的战略目标来指导其电子商务投资。对于一个企业来说，营销策略是关系到企业生存的关键。同样，对于从事网络营销的企业来说，正确的营销策略也是保证网络营销成功的关键。

（一）网络营销产品策略

1. 选择适合网络营销的产品

从理论上来说，在网络上可以营销任何形式的实物产品。但在现阶段，由于受各种因素的影响，网络还不能达到这一要求，所以不是每个产品都可以用网络营销的方式进行销售。企业要想通过网络营销把产品推向市场，就必须对网络营销产品的属性进行研究。在选择网络产品时，要充分考虑产品自身的性能、产品的生命周期、实物产品的营销区域范围及物流配送体系等。

2. 提供产品信息

为用户提供完善的信息服务，是进行网络营销的一个重要组成部分。与实体产品网络营销和服务网络营销相比，在现阶段为用户提供完善的信息服务，可以说是进行网络营销的主要功能和优势所在。为用户提供产品信息服务时，可采取“虚拟展厅”“虚拟组装室”等形式。

3. 方便查询

调查表明，网上购物者多为理智型的消费类型，会事先对所需商品的特性、价格等有一定的计划，上网之后，一般会到合适的分类目录中查找。如果知道商品名称，顾客会直接查询；如果找不到合适的目录或者查询没有结果的话，顾客也许很快就会离开这个网站，而进入竞争者的网站。这是网站经营者最不愿意看到的结果。因此，设计一个快速、方便的主页是非常必要的。

4. 吸引消费者参与

利用网络提供的产品，除了将产品的性能、特点、品质以及为顾客服务的内容充分显示外，更重要的是以人性化为顾客导向的方式。可以针对个别需求提供一对一的营销服务，利用各种个性化的手段吸引消费者参与，并逐步提高消费者的参与程度。

（二）网络营销定价策略

消费者最关心的无疑是产品的价格。价格是市场的杠杆，是古典经济学中的“看不见的手”，是营销策略中最活跃的因素。无论是传统营销还是网络营销，价格策略都是最富有灵活性、艺术性和竞争性的策略，是企业营销组合策略的重要组成部分。

1. 竞价策略

通过顾客跟踪系统关注顾客的需求，时刻注意潜在顾客的需求变化，才能保证网站向顾客需要的方向发展。网络使产品也能普遍采取拍卖的方式销售，厂家可以只规定一个底价，然后让消费者竞价。在大多数购物网站上，经常会将网站的服务体系和价格等信息公开申明，这就为了解竞争对手的价格策略提供了方便。随时掌握竞争者的价格变动，调整自己的竞争策略，就可以时刻保持同类产品的相对价格优势。

2. 高价位定价策略

在产品刚介入市场时，可以采用高价位定价策略，以便在短期内尽快收回投资，这种方法也称为撇脂定价。由于网上商品价格的透明度更高，普遍来讲，网上商品的价格比传统方式销售商品的低。但也有部分商品高于传统方式，如周转慢、销售与储运成本较高的特殊商品、耐用品等的网络价格较高，以保证盈利。

3. 低于进价销售策略

这种方式初听起来可能令人费解，但了解网络的特点后就不难理解。因为这种定价方式能吸引更多的消费者，以图多销，就如同传统的商品低价促销一样，主要目的是让更多的人认识这个产品，以打响产品知名度。

（三）网络营销服务策略

现代顾客需要个性化的服务，网络为顾客服务提供了全新概念的工具：全天候、即时、互动。这些性质迎合了现代顾客个性化的需求特征，所以越来越多的企业将网络营销服务整合到企业的营销计划中。在顾客购买产品之前为顾客提供各种有关的信息，如产品的性能、外观等；售中服务主要是为客户提供交易谈判、签订合同及交易手续的各种便利；售后服务则包括免费指导与培训、及时受理各种投诉、解答顾客问题、传输技术资料等。网络营销服务的工具包括常见问题解答、电子邮件、网上论坛、聊天室等。由于网络营销服务具有及时、高效、低成本的特点，使这种模式能大幅度提高顾客满意度。

（四）网络营销渠道策略

营销渠道是指与提供产品或服务以供使用或消费这一过程有关的一整套相互依存的机构，涉及信息沟通、资金转移和实物转移等。与传统营销渠道一样，以互联网作为支撑的网络营销渠道也应具备传统营销渠道的功能。

1. 网络会员制

网络会员制营销的英文是 Affiliate Program，国内也有文章将其译为其他名称，如“联属网络营销”“会员制计划”等。网络会员制营销的定义是：“通过利益关系和计算机程序将无数个网站链接起来，将商家的分销渠道扩展到地球的各个角落，同时为会员网站提供一个简易的赚钱途径。”一个网络会员制营销程序应该包含一个提供这种程序的商业网站和若干个会员网站，商业网站通过各种协议和计算机程序与各会员网站联系起来。最初的网络会员制营销是拓展网上销售渠道的一种方式，主要适用于有一定实力和品牌知名度的电子商务公司。会员制营销已经被证实为电子商务网站的有效营销手段，国外许多网上零售型网站实施了会员制计划，几乎已经覆盖了所有行业。现在有许多网络联盟形式已经超出了在线销售的模式，在多个领域取得了明显的效果。

2. 分销网络

不同的产品和服务，所选择的分销渠道也不一样。如果是信息产品，企业就可以直接在网上销售，需要较少的分销商；如果企业提供的是有形产品，就需要较多的分销商；企业要进行大规模营销，就要有较大规模的分销渠道，建立大范围的分销网络。

3. 快递网络

要将有形产品及时送到顾客手中，就需要通过快递公司的送货网络来实现。规模大、效率高的快递公司建立的全国甚至全球范围的快递网络，是企业开展网络营销的重要条件。

4. 服务网络

如果企业提供的是无形服务，可以直接通过互联网实现服务功能；如果企业提供的是有形服务，需要对顾客进行现场服务，就需要建立服务网络，为不同区域的客户提供及时的服务。在这种情况下，企业可以自己建立服务网络，也可以通过专业性服务公司的网络来实现服务顾客的目的。

5. 物流网络

企业进行网络营销，根据顾客的订货情况，通过互联网和企业的内部网对供应网络、生产网络和送货网络进行最优组合调度，可以把低成本、高速度的网络营销方式发挥到极限。

第四节　体验营销

一、体验营销的产生

20 世纪 70 年代，美国著名的未来学家阿尔文·托夫勒在其《未来的冲击》一书中预言：继服务经济之后，体验经济将成为未来新的经济形态，在这种经济形态下，企业靠提供各种体验来争取顾客。但这种观点当时并没有引起重视。1998 年，美国战略地平线公司（Strategic Horizons LLP）的创始人 B. 约瑟夫·派恩（B. Joseph Pine）和詹姆士·H. 吉尔摩

（James H. Gilmore）在《哈佛商业评论》（1998 年 7—8 月号）上发表题为 *Welcome to the Experience Economy* 的文章，提出了体验经济的概念，指出体验经济是继农业经济、工业经济和服务经济后的一种新的经济形态。在《体验经济》中，他们进一步指出各种经济形态在经济提供物、经济功能等各个方面表现出不同的特征，见表 15-3。

表 15-3　各种经济形态的特征

经济形态	农业经济	工业经济	服务经济	体验经济
经济提供物	产品	商品	服务	体验
经济功能	采掘提炼	制造	传递	舞台展示
提供物的性质	可替换的	有形的	无形的	难忘的
关键属性	自然的	标准化的	定制的	个性化的
供给方法	大批储存	生产后库存	按需求传递	在一段时间后披露
卖方	贸易商	制造商	提供者	展示者
买方	市场	用户	客户	客人
需求要素	特点	特色	利益	突出感受
生产行为	原料生产为主	商品制造为主	强调分工及产品功能	以提升服务为首，并以商品为道具
消费行为	以自给自足为原则	强调功能性与效率	以服务为导向	追求感性与情境的诉求，创造值得消费者回忆的活动

（资料来源：派恩，吉尔摩. 体验经济［M］. 夏业良，鲁炜，等译. 北京：机械工业出版社，2002：13.）

经济形态的变迁，生产和消费行为的变化，要求企业的营销观念和营销模式必须与之相适应，如图 15-3 所示，由原来的注重产品和服务、为消费者提供更多功效向给消费者提供更多的体验转换。许多企业为了在竞争中立于不败之地，广泛关注并实施体验营销，取得了令人瞩目的业绩，如星巴克、迪士尼、微软和惠普等。因此，体验营销应运而生。

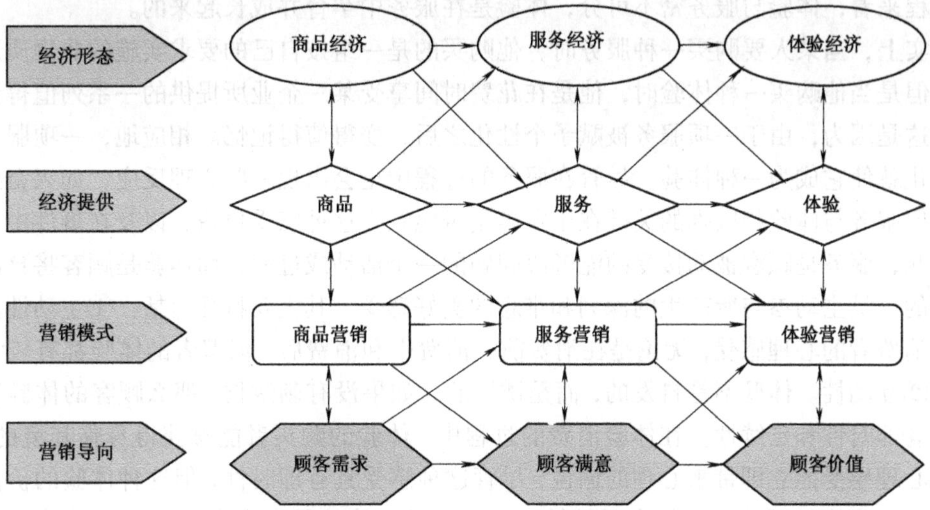

图 15-3　经济形态变迁下的营销模式演变

二、体验营销的内涵

(一) 体验的含义与类型

对体验经济的提供物"体验"(Experience) 进行界定，是正确理解体验营销的内涵的前提和基础。

1. 体验的含义

许多学者从不同的角度阐述了对体验含义的理解。比较有影响的有以下几种：

最早把体验作为经济价值来看待的是托夫勒 (Toffler)。他认为，体验是产品和服务心理化的产物，并指出"体验产品中的一个重要品种将以模拟环境为基础，让顾客体验冒险、奇遇、感性刺激和其他乐趣"。

派恩与吉尔摩认为，所谓体验，是指人们用一种从本质上说以个人化的方式来度过一段时间，并获得过程中呈现出的一系列可回忆的事件。派恩在其著作《体验经济》中又进一步地解释道：体验是使每个人以个性化的方式参与其中的事件。

哥伦比亚大学教授伯恩德·H. 施密特在《体验式营销》一书中指出，体验是指个体对某些刺激产生回应的个别化感受。体验通常是由对事件的直接观察或参与造成的，是人们内在的个性化的东西。派恩也表达了类似的观点：体验事实上是当一个人达到情绪、体力、智力甚至是精神的某一特定水平时，在意识中所产生的美好感觉。

《情感营销》的作者斯克特·罗比内特对体验的解释更倾向于行为学理论：体验存在于企业与顾客接触的所有时刻，是企业和顾客交流的感官刺激、信息和情感的要点的集合。

在服务领域关于体验的研究中，服务体验更多地被作为服务感知的代名词，其本身并没有赋予确切的定义。《体验——从平凡到卓越的产品策略》的作者特里·A. 布里顿和戴安娜·拉萨利认为：没有顾客的参与，体验就不可能发生，体验源于顾客与产品、公司或公司代表之间的互动。

上述解释强调了体验的过程和感受，但容易造成与服务概念的混淆。因为从体验经济产生的过程来看，体验与服务密不可分，体验是在服务中孕育并成长起来的。

事实上，当某人要购买一种服务时，他购买的是一组按自己的要求实施的非物质形态的活动；但是当他购买一种体验时，他是在花费时间享受某一企业所提供的一系列值得记忆的事件。这是因为，由于一项服务被赋予个性化之后，变得值得记忆。相应地，一项服务的顾客定制化就使它成为一种体验。尽管在服务的过程中也会出现一些心理反应，如兴奋感或满足感，但服务与体验相区别的关键在于顾客是否愿意为这种感受付费，以及在事件中主动与否。因此，服务是顾客被动接受的能解决问题的一个活动或过程，而体验是顾客将自己作为事件中的一员主动参与所产生的深刻和难忘的美好感受。其主要特征包括：①主动性。体验是来自消费者的心理感受，无论是在消费前、消费中和消费后，消费者的体验都有较大的主动性。②互动性。体验不是自发的，而是诱发的。如果没有刺激物，那么顾客的体验就无从产生。③即时性和延续性。在体验消费的过程中，体验的购买者能够获得身临其境的感受。良好的心理感受能立即带来心理的愉悦，尽管这种感受具有即时性，但这种体验的价值会在消费者心目中弥留延续，即具有延续性。④差异性。体验是发自个人内心的精神和心理感受。因此，这种心理感受就必然会因人而异。

2. 体验的类型

学者们从不同的角度对体验类型进行了探讨，比较著名的两种体验分别是：

（1）派恩和吉尔摩的体验类型。派恩和吉尔摩按照消费者的参与程度与在环境上的关联性将体验分成四种类型：娱乐体验、教育体验、遁世体验和审美体验，它们互相兼容，形成独特的个人经历。

1）娱乐体验（Entertainment Experience）。娱乐是指使人愉快并吸引人的注意力的行为和消遣。人们在娱乐的体验中通过感觉吸收体验。

2）教育体验（Education Experience）。它是指顾客能在事件发生的过程中获得知识。对于教育体验而言，人们为了获得某种知识技能而主动地参与一项活动。

3）遁世体验（Escape Experience）。它是指顾客不仅完全沉浸在某种体验里，而且还积极主动地参与这种体验的营造过程。典型的遁世体验要求的环境包括：主体公园、酒吧、俱乐部、咖啡馆、滑雪场、虚拟现实、网络聊天室等。

4）审美体验（Estheticism Experience）。在审美体验中，顾客置身于某种环境与氛围中，几乎对环境没有影响和作用，如游览大峡谷、参观大都会艺术博物馆、在海边极目远眺等。

（2）伯恩德·H. 施密特的体验类型。美国哥伦比亚商学院伯恩德·H. 施密特从消费者认知心理过程出发，将体验分为感官体验、情感体验、思考体验、行动体验和关联体验，认为创造深刻的消费者体验，需要触及消费者的心理机制。

1）感官体验。它是指通过对顾客的视觉、听觉、触觉、味觉和嗅觉的刺激所引发的一种感官上的体验。

2）情感体验。它是个体内心的一种感觉，能够创造顾客喜好的体验和强烈的偏爱。

3）思考体验。它是指通过让人出乎意料、激发兴趣、启发智力，创造性地让顾客获得认识和解决问题的一种体验。

4）行动体验。它是指顾客在参与事件的互动过程中所感受到的生活方式和身体体验。行动体验通过提高人们的生理体验、展示做事情的其他方法和另一种生活方式，以丰富顾客的生活。

5）关联体验。它包括感觉、情感、思考和行动体验的很多方面，是把个人与其理想中的自我、他人和文化联系起来，超越了“增加个人体验”的私有感受。

（二）体验营销的内涵与特点

1. 体验营销的内涵

派恩和吉尔摩提出并阐述了体验和体验经济，但并没有提出体验营销的概念。

伯恩德·H. 施密特是第一个提出“体验营销”概念的学者。他在 1999 年出版《体验营销》一书，首次提出体验营销（Experiential Marketing）是从顾客的感官、情感、思考、行动和关联五个方面重新定义、设计营销的思考方式。这种思考方式突破了传统上“理性消费者”的假设，认为顾客消费时是理性与感性兼具的，他们在消费前、消费时和消费后的体验，才是研究消费行为与企业品牌经营的关键。

科特勒认为，体验营销通过让顾客体验产品确认价值、促成信赖后自动贴近该产品，成为忠诚的顾客。

国内学者普遍认为，所谓体验营销，就是在整个营销过程中，充分利用感性信息的能力，通过顾客更多的感官感受来介入其行为过程，从而影响其消费决策的过程与结果。

综合对体验的理解和国内外对体验营销的定义，从企业的角度看，所谓体验营销，是指企业把顾客的感官、情感、思考、行动、关联等要素融为一体，作为设计、生产产品或提供服务的主要依据，通过创造、提供和出售体验，使顾客在购买和消费的过程中因主动参与而产生美好体验的一种营销管理过程。体验营销的核心观念是，不仅为顾客提供满意的产品和服务，还要为他们创造和提供有价值的体验。

体验营销作为一种通过为顾客提供体验来为顾客创造价值的营销方式，其意义在于能使企业的产品与竞争者区别开来，为企业树立形象和建立识别，引导顾客试用和购买，并增强消费忠诚度，进一步推动企业流程重组。

体验营销的应用可以涉足许多行业，包括运输工具（如汽车、火车、轮船、飞机等），一般工业品与高科技产品，新闻及娱乐，顾问咨询公司，医疗及其他专业服务，金融服务，宾馆、饭店、主题公园等一些旅游设施的设计，为零售店做店内环境设计，建设 Web 站点，等等。

2. 体验营销的特点

作为一种全新的营销模式，体验营销具有鲜明的特征。其与传统营销的不同之处主要表现在以下几个方面：

（1）注重顾客的体验。传统营销侧重于产品的功效和特色，通过产品的销售获利；而体验营销既注重顾客对产品和服务的消费，又关注顾客的体验，通过为顾客提供有价值的体验获利。体验营销认为，顾客的体验来自某种对感觉、心灵和思想的触动，体验所带来的感官、情感、思考、行动和关联的价值将取代功能价值。企业的营销活动应站在顾客体验的角度去审视自己的产品和服务，注重与顾客之间的沟通，发掘他们内心的渴望。

（2）从整体体验看待产品分类和竞争。与传统的产品和竞争分类不同，体验营销把消费视为一种整体体验。它考虑的不是某个具体的产品，而是每个产品是否适合整体消费情况以及这一情况提供的体验，从而改变了对市场机遇的看法，拓宽了产品类别的范畴。

（3）从理性和感性结合的角度认识顾客。传统营销假设顾客是理性的，把顾客购买过程视为一个非常理性的分析、评价和决策的过程；体验营销则认为顾客是理性和感性的综合体，在理智和情景刺激下产生冲动而做出购买决策的概率是一样的。企业不仅要重视产品的功能开发，而且更应重视产品本身的审美特征。在产品的设计和包装上应尽可能利用情感因素体现个性化，给顾客以全面的体验。

（4）使用多种营销方法为顾客创造和发现体验。体验是一个综合的复杂过程。体验营销使用的方法与传统营销不同，具有多变性。有的采用传统的样本群体、深入访谈或问卷调查等语言方式，有的则是采用视觉方法；有的在实验室进行，有的在酒吧里完成。这些方法大多是为某种具体情景而设计的，而不是适用于所有对象的标准方式。在体验营销的过程中，营销人员可以发挥其创造性，根据环境的特点选择适当的营销手段。

三、体验营销组合策略

在市场营销理论中，营销组合是实施营销战略非常有效的营销工具。传统营销以麦卡锡提出的 4P's 营销组合为指导。体验营销的目的是依靠顾客参与事件来生产和让渡体验，所以体验营销组合应紧紧围绕着体验的生产和消费来建立。体验营销策略组合由以下要素构成：体验（Experience）、情境（Environment）、事件（Event）、侵入（Engaging）和印象

(Effect)。由于五大要素的英文单词都是以“E”开头的，所以将其称为5E’s组合策略。

1. 体验

体验是体验营销组合中最基本的要素，它描述了企业要提供给顾客什么样的体验。施密特将体验分为五种类型，但其中感官、情感和思考属于个人体验，是顾客在心理和生理上独自的体验；行动和关联属于共有体验，必须有相关群体的互动才会产生。在实际情况中，顾客所感知的或者说顾客所产生的体验一般是几种体验结合而成的混合体验，甚至是涉及所有体验类型的全面体验。当然，这种混合并不是杂乱地交织在一起，而是以“体验的车轮”形式出现的。因此，在实施体验策略时，要在研究顾客需求的基础上把混合体验中能引起共鸣的部分作为体验主题，然后寻找合适的体验类型表达体验主题。

2. 情境

情境是企业为顾客创建的“表演舞台”，是体验产生的外部环境。情境策略对体验的生成有极大的促进作用，同时又是事件展开的必要条件。为了产生整合效果，情境的设计必须服从和服务于体验策略，既可以设计成现实的场景，也可以设计成虚拟的世界。

3. 事件

事件是指为顾客设定的表演程序。顾客主动参与是体验营销的重要特征，但也不能由顾客任意表演。如果企业提供的体验零散，将很难在顾客心目中形成清晰的定位，所以企业必须对表演过程进行特别的设计。在事件策略的制定过程中，既可以将事件设计为严格的程序，也可以设计成具有一定弹性的相对宽松的程序；既要考虑顾客自身的活动，又要考虑顾客相互之间的关系及其体验活动的协调。

4. 侵入

侵入主要是指通过营销手段使顾客真正投入企业所设计的事件中。侵入策略要求在事件的设计中使顾客成为真正的“演员”，而不能视其为观众或可有可无的人。引导顾客主动表演是侵入策略的关键，顾客只有真正地参与进去，才能真正地侵入预先设计的情境中，最终引起体验的产生。

5. 印象

体验是深刻和难忘的，体验的难忘过程产生了印象，因此印象就成了维持企业与顾客关系的重要因素。随着时间的推移，印象会逐渐衰减，企业必须通过成立体验会员俱乐部、体验过程记录保存、赠送体验纪念品等方式对印象进行管理，以形成长久的印象和建立长期的顾客关系。

在5E’s组合策略中，各个“E”之间存在着非常密切的联系。体验策略是体验的设计过程，是情境策略、事件策略和侵入策略的前提和基础；情境策略、侵入策略和事件策略是体验的实现过程；印象策略是体验影响的管理过程。

第五节 大数据营销

一、大数据的含义与特征

（一）大数据的定义

大数据技术正迅猛地影响着社会的各个领域，大数据时代已悄然来到我们身边。“大数据”（Big Data）一词最早在1980年由著名学者阿尔文·托夫勒（Alvin Toffler）提出。近年来，大数据成为业界人士研究的热门话题，但对于大数据的概念还没有一个确切公认的定义。维基百科（Wikipedia）从处理方法角度出发将大数据定义为，利用常用软件工具捕获管理和处理数据所耗时间超过可容忍时间限制的数据集；麦肯锡公司认为，大数据是数据规模超出传统数据库管理软件的获取、储存、管理以及分析能力的数据集；高德纳咨询公司（Gartner）将大数据归纳为，需要新处理模式才能增强决策力、洞察力和流程发现能力的海量高增长率和多样化的信息资产，不能集中储存并且难以在可接受时间内分析处理，其中个体或部分数据呈现低价值性而数据整体呈现高价值性的海量复杂数据集；我国国务院在《促进大数据发展行动纲要》的通知中将大数据定义为，以容量大、类型多、存取速度快、应用价值高为主要特征的数据集合，正快速发展为对数量巨大、来源分散、格式多样的数据进行采集、存储和关联分析，从中发现新知识、创造新价值、提升新能力的新一代信息技术和服务业态。大数据的概念非常宽泛，并不等同于“大量的数据”，大家要综合认识大数据，才能让其在社会生活中发挥“大价值”。

（二）大数据的特征

大数据的特征可归结为“5V”：

（1）海量的数据规模（Vast）。在数据采集、储存和分析处理的过程中数据量非常大，大数据的起始计量单位至少是PB、EB或ZB[⊖]。

（2）快速的数据传播（Velocity）。随着互联网技术的发展，数据增长速度、处理速度更快，对时效性的要求更高，通常能够快速地完成对海量大数据的处理，为人们获得深刻全面的洞察能力提供了前所未有的空间和潜力。

（3）多样的数据类型（Variety）。数据类型包括网络杂志、音频、视频、图片、地理位置信息等。由于编码方式、数据格式、应用特征等多方面都存在差异性，多信息源和多类型数据对数据的处理能力提出了更高的要求。

（4）客观真实的数据（Veracity）。与传统途径所获取的数据相比，数据的记录不再由第三方记录，如历史学家，而由本人或传感器记录，数据更加客观真实。

（5）巨大的数据价值（Value）。利用大数据技术能够帮助人们建立对事物的洞察力，提高决策的科学性，降低决策风险。

二、大数据营销概述

（一）大数据营销的发展阶段

大数据营销是借助互联网、计算机通信技术和数字交互式媒体来实现营销目标的一种方式。大数据营销的发展离不开互联网技术的重大变革和创新，可归结为互联网时代、社交媒体时代、移动互联网时代、大数据和人工智能时代几个阶段，如图15-4所示。

（1）互联网时代。20世纪90年代，互联网进入蓬勃发展的阶段，诞生了许多最具影响力的互联网公司，例如亚马逊和谷歌。消费者拥有了便捷的搜索工具进行辅助决策，企业也开始利用互联网技术来预测消费者的偏好。

⊖ 计算机中的数据由“0”和“1”两种状态组成，每种状态称为1位（bit）；计算机最小的基本单位为字节（Byte），1Byte=8bit，1TB=1024GB，1PB=1024TB，1EB=1024PB，1ZB=1024EB。

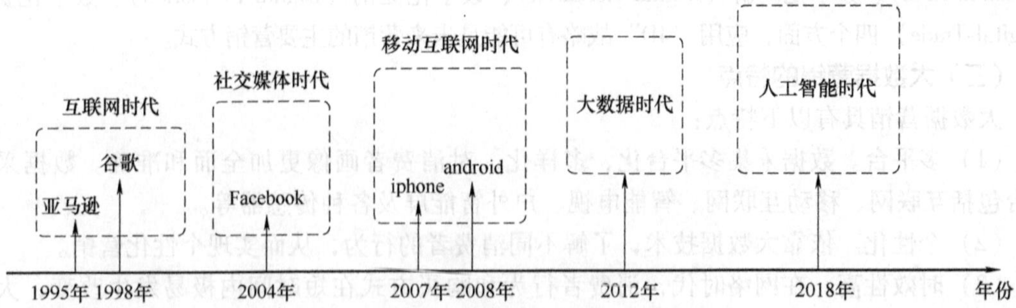

图 15-4　大数据营销的发展阶段

（2）社交媒体时代。20 世纪初期，随着 Facebook 等社交媒体软件的流行，用户之间形成了复杂的社交网络关系，社会网络时代到来。在实践中，越来越多的企业利用社交媒体收集市场信息并借此进行营销传播。

（3）移动互联网时代。移动互联网的主要设备为手机，2007 年苹果 iPhone 和 2008 年安卓手机出现，移动互联网从此发展起来。企业除了进行移动促销和移动广告外，更重要的是衍生出了另一种重要的产品，即移动应用程序（App），移动 App 对传统营销渠道产生了巨大影响，提升了企业的营销效果。

（4）大数据和人工智能时代。进入 2012 年，大数据被越来越多的学者提及，例如在《纽约时报》2012 年 2 月的一篇专栏中写道，“大数据”时代已经降临，在商业、经济及其他领域，决策将日益基于数据和分析而做出。2018 年，随着百度发布《AI 赋能营销白皮书》，预示着大数据营销开始进入人工智能时代。大数据和人工智能时代的营销分析，需要处理的数据量和种类都更庞大和更复杂，为洞察消费者行为提供了新的机会和解决方案，也为企业制定营销策略带来了新的机会。

（二）大数据营销的含义

大数据营销归根结底也是营销。大数据营销又被称为数据驱动营销，著名学者陈志轩将其定义为利用大数据技术从具有低价值密度的海量数据集合中，深度挖掘、准确分析，进而获得巨大的商业价值㊀。丽莎·亚瑟（Lisa Arthur）称大数据营销是通过搜集、分析、执行从大数据所得的洞察结果，并以此鼓励客户参与、优化营销效果和评估内部责任的过程㊁。在市场营销领域利用大数据技术对可用的、不断增长的、不断变化的、不同来源的、多种形式的海量数据进行分析，以洞察和预测消费者的偏好，更好地满足他们的需求，保证企业营销的效率和效果。与传统营销相比，大数据营销的转型与变革主要体现在以下几点：①大数据弥补了传统营销抽样调查中时效性不强、误差大的缺陷，大数据营销可以有效利用大量数据，获得新颖且有价值的信息；②大数据营销从消费者整体行为出发提高数据质量，全方位掌握消费者画像，改善营销的效果；③利用大数据技术，收集大量信息，对这些数据进行分析、推断，从而实现定制化、个性化服务和精准营销。

最新市场营销研究指出，企业市场营销战略将向“4D”战略转变，即数字化沟通（Digital-

㊀ 陈志轩，马琦．大数据营销［M］．北京：电子工业出版社，2019.

㊁ 丽莎·亚瑟．大数据营销：如何让营销更具有吸引力［M］．姜欣，黄雷，等译．北京：中信出版社，2014.

Communication)、数字化调研（Digital-Research）、数字化促销（Digital-Promotion）、数字化贸易（Digital-Trade）四个方面，应用“4D”战略有可能是未来营销的主要营销方式。

（三）大数据营销的特点

大数据营销具有以下特点：

（1）多平台。数据采集多平台化、多样化，对消费者画像更加全面和准确。数据采集平台包括互联网、移动互联网、智能电视、户外智能屏及各种传感器等。

（2）个性化。依靠大数据技术，了解不同消费者的行为，从而实现个性化营销。

（3）时效性高。在网络时代，消费者行为和购买方式在短时间内极易发生改变，大数据营销能够及时地掌握消费者需求和变化趋势，时效性高。

（4）性价比高。大数据营销能够做到精准投放广告，获得实时的效果反馈并及时对投放策略进行调整，从而减少营销传播的浪费。

（四）大数据营销流程

（1）采集。数据采集是进行大数据分析和商业洞察的基础，是实现与用户互联的核心，是成功进行大数据营销的前提。大数据主要源于政府机关、企业、互联网平台等。

（2）预处理。数据的预处理是从收集的广泛数据集中截取需要的部分。数据处理包括数据清洗、数据转换、归类编码和数字编码等过程。其中数据清洗占最重要的位置，它包括检查数据的一致性、处理无效值和缺失值等操作。将碎片化的数据进行整合，才能提高数据的价值。

（3）储存。大数据储存的格式多样，例如文本格式、网页格式等。目前，云储存技术颠覆了传统系统架构，具有可扩展性、低成本、灵活性等特点，提高了储存效率。

（4）数据挖掘。数据挖掘是利用人工智能、机器识别并结合统计学知识，从储存的数据中提取关键的、有价值的数据。数据挖掘的算法包括分类、预测、聚类和关联。通过数据挖掘构建模型、洞察用户需求是大数据营销流程中关键的一环，为企业营销实践提供指导意义。

（5）分析与应用。基于数据分析技术将数据加工，常用的数据分析工具有 SPSS、Stata、Hadoop 等，将数据可视化，进行用户画像分析和预测分析，以达到最佳的营销效果。

（五）大数据营销的新形式

1. 场景营销

场景营销㊀是指基于网民的上网行为，找到合适的人，再根据消费者所属群体和消费习惯决定用什么样的信息内容，以及根据消费者所处的环境来决定什么样的触点有效。场景营销的四大关键点如下：

（1）原生内容，为用户提供满足其生活形态，生活方式的信息。

（2）动态配置，结合用户的动态标签及时把握场景化的需求。

（3）场景触发，基于用户的位置和情感需求，触发消费行为。

（4）情感共鸣，借助与消费者的情感沟通实现共鸣。

处在移动互联网环境下的消费者产生了诸多数据，进行场景营销能够提高营销效率。

2. 精准营销

精准营销的核心思想在于精确、精密和可衡量，它是指依托现代信息技术建立个性化顾

㊀ 阳翼. 大数据营销［M］. 北京：中国人民大学出版社，2017.

客服务体系，应用新式媒体将营销信息推送到比较准确的受众群体，从而节约了营销成本，使营销效果最大化。精准营销三要素包括：

（1）精确的市场定位。企业必须找到精确的市场定位，然后集中企业优势资源占据更大的市场份额，才能获取营销活动的成功。

（2）巧妙的推广策略。精准营销正是借助大数据技术进行筛选、寻找目标顾客，实施有效的推广策略。

（3）更高的顾客体验。企业要关注顾客价值，提高顾客体验，真正满足顾客需求，以获得利润和回报。

3. 跨界营销

跨界营销是指将不同行业、不同产品、不同偏好的消费者所拥有的共性及一些原本不相干的元素进行融合，以赢得目标顾客的好感，产生协同效应，使跨界合作的品牌能够获得最大化的营销。跨界营销需要遵循的原则有：资源相匹配、品牌效应叠加、消费群体一致性、品牌非竞争性、互补、品牌理念一致性和以用户为中心。

4. 社会化营销

社会化营销又称社交媒体营销，是指利用社会化网络进行营销的一种方式。社交媒体是大数据营销重要的应用平台，为营销变革起到了重要的作用。一般媒体营销工具包括论坛、微博、微信、博客和视频分享等。

5. 情感分析基于商品评论文本数据

随着电商的发展，网络商品评论对消费者的网络购物决策产生了巨大影响。情感倾向可分为正面、中性和负面。情感分析立足于大数据技术捕捉消费者内心情感方面的信息，并对此进行深度分析，洞察消费者的情感差异和内在需求，从而实施情感策略，以实现产品各项经营目标。

（六）基于大数据的消费者洞察

消费者洞察就是正确描述和理解消费者的内心需求、信念或者态度，以引起消费者的共鸣，是产品打动消费者的关键要素㊀。利用大数据进行消费者洞察能够提高营销的精准度和人性化。

1. 利用大数据进行消费者洞察的优势

（1）提高效率。利用大数据技术能够在短时间内收集到大量且真实性较高的数据，从而节省传统调查方法耗费的人力成本和其他费用，提高洞察的准确性和营销效率。

（2）全面性。大数据技术突破时间和空间的限制，能够获取更加全面的数据。信息更加全面，基于此所做的分析也会少很多阻碍，所了解的情况能与实际情况更加贴合。

（3）真实性。基于大数据的消费者洞察不但能够规避调查人员的主观情感和主观推测，而且是基于消费者留下的真实数据进行分析，具有客观和真实性。

2. 基于大数据的消费者洞察的流程

基于大数据的消费者洞察流程大致分为四个步骤，如图 15-5 所示。

㊀ 乐为. 消费者洞察的常用方法与实务［C］//中国市场学会 2006 年年会暨第四次全国会员代表大会论文集，2006：630-635.

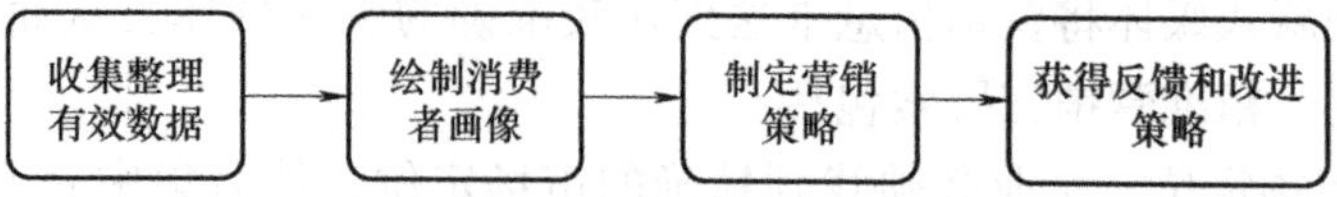

图 15-5　基于大数据的消费者洞察流程

（1）收集整理有效数据。从大数据中提取有效的数据，进而整理并建立起消费者数据库。

（2）绘制消费者画像。利用数据挖掘技术，对数据库中的消费者进行分类、标签化，分析每一类消费者的喜好，绘制消费者画像，例如“花粉”“极客”等，进而进行定制化活动，精准营销。

（3）制定营销策略。对消费者有针对性地制定营销策略，进而对目标人群进行品牌定位、产品包装、渠道选择等一整套营销策略。

（4）获得反馈和改进策略。在营销活动的过程中，根据反馈信息进一步完善营销策略。

（七）大数据背景下的营销策略

1. 大数据驱动的产品策略

企业只有提高自身产品的感知价值才能获得消费者认可，建立消费者忠诚。大数据技术更好地对产品层次进行划分，帮助企业制定产品差异化战略和提供新的发展思路。

（1）大数据背景下新产品开发。通过大数据的处理和分析，根据平台所提供的真实、客观和大规模的数据对用户需求进行产品开发，具有时效性、动态性、更清晰的产品定位、更长的产品生命周期和资源整合性等特征。大数据背景下新产品开发流程分为四个阶段，如图 15-6 所示。

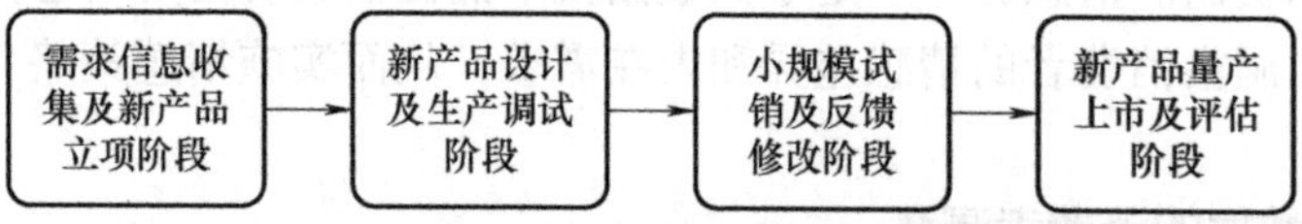

图 15-6　大数据背景下新产品开发流程

（2）大数据背景下的产品策略。通过大数据事先预测新产品的生命周期及各个阶段，有利于企业从整体上对新产品上市后的整个过程中的营销策略进行统一规划和效果模拟预测。

在产品导入期，企业可以利用大数据对以往同类产品上市后采用的营销策略和手段进行类别和效果分析，并结合企业的目标、资源等条件选择一些恰当的策略和手段，随后利用大数据分析平台模拟用户反应，判断这些营销策略和手段是否能够实现导入期的目标。如果模拟效果良好，就可以在新产品上市后正式投入使用。在整个导入期，企业需要时刻关注产品的销售情况和消费者对产品的认知情况，充分发挥大数据的检测和分析功能，一旦确定产品进入成长期，就要立刻采取相应的营销策略和手段。

用大数据分析制定不同的产品生命周期阶段的营销策略，首先根据历史数据对同类产品的生命周期进行预测，同时辅以多种变量，如消费者购买行为特征等进行调整，然后对不同生命周期阶段的营销策略进行规划并模拟消费者反应进行效果评估。在产品上市后，结合产品销售的实际情况对大数据的预测结果进行持续的动态修正，并时刻监控消费者需求的变动趋势，持续改进和研发新产品。

2. 大数据驱动的价格策略

企业在互动过程中通过大数据技术获得海量数据和产品定价在市场活动中的实际反馈，

从而制定或调整价格，为企业的定价策略带来新的思路。

(1) 个性化定价。个性化定价是指在认识到每个顾客均具有个性化需求的前提下，企业以顾客的个体信息为基础，针对顾客的特定需求调整企业行为，它是在大数据背景下产生和发展起来的。个性化定价的核心是对顾客消费数据进行精确分析，识别每位顾客的支付意愿。具体步骤如下：

1) 识别顾客的支付意愿。支付意愿是指顾客接受一定数量的消费物品或劳务所愿意支付的最高价格。运用数据挖掘技术，建立支付意愿测量模型，了解顾客愿意支付的价格。

2) 确定目标顾客。找到最有可能使用企业产品的人，有针对性地进行营销，使企业利润最大化。

3) 制定差别化定价方案。设计出差别定价方案，为不同的顾客提供不同的价格和商品优惠。

4) 制定商品价值分割方案。为了保证公平，要让支付不同价格的顾客享受到不同的服务，得到不同的商品价值。

(2) 动态化定价。动态化定价是指运用互联网技术和依赖大数据的支持，分析消费者在不同时间的需求和支付意愿，根据需求变化和供给状态制定和调整商品的价格[⊖]。进行动态化定价的步骤如下：

1) 数据收集。基于实时的供需信息，企业将互联网产生的大量数据，包括竞争者价格、时间点上的销售数据、顾客信息等进行收集，为重新定价提供数据基础。

2) 需求预测。根据收集的历史数据建立预测模型，借助统计分析软件对周期和历史趋势进行统计分析和模拟，预测出顾客行为。需求预测是一个复杂且循环反复的过程。

3) 制定最优价格决策。为了实现最大化的企业收益，企业需要利用数学方法设计详尽、细致和全面的决策程序，确定最大化企业收益下的产品价格。

3. 大数据驱动的渠道策略

在渠道规划中，通过大数据分析其特征、趋势、问题和短板，从而有针对性地进行整体布局和优化，以提升企业营销效率。利用大数据进行多渠道营销即整合多种渠道，使顾客在决定购买时又恰好能买到，方便、快捷地兑现承诺。进行多渠道营销的步骤如下：

(1) 找到渠道。将渠道分为交流渠道和销售渠道两大类。交流渠道即传达内容和信息，例如电视、报纸和客服中心等；销售渠道是指零售店、电子商务平台和产品展等。也可以分成线上和线下两种。

(2) 选择关键渠道。将资源集中到最关键的渠道上，提升顾客体验。

(3) 改善和整合关键渠道。评估和改善关键渠道，统筹不同渠道的部门以及它们的目标和预算，找出最合理的分配方式，以实现最佳效果。

4. 大数据驱动的促销策略

大数据可以帮助企业有效地收集、筛选和整合数据信息，制定科学的促销决策。大数据背景下的促销分为以下几步：

(1) 确定目标消费群体。从互联网等各个平台获得消费者信息，进行消费者画像分析，从而精准定位消费群体。

⊖ 陈志轩，马琦. 大数据营销［M］. 北京：电子工业出版社，2019.

(2) 选择促销工具组合。使用大数据分析和数据挖掘方法，投放合适的促销组合并获得这些活动对企业认知度和美誉的影响。

(3) 按消费者需求设计促销内容。通过用户标签分析、消费者画像分析，预测消费者的兴趣，设计促销信息，例如选择哪位明星代言、优惠力度等。

(4) 精准投放促销信息。基于互联网的大数据促销方式打破了时间和空间的限制，通过分析消费者的使用行为，投放适合不同消费者的促销信息。

(5) 及时反馈和优化投放效果。企业通过投放的促销信息，进行实时反馈和跟踪，分析促销信息的投放效果，从而进行调整和优化。

三、大数据营销中的伦理与责任

(一) 大数据营销中的伦理问题与风险

信息通信技术和大数据技术的发展与创新，解决了生活中“能不能”的问题，从伦理学的角度出发还需要考虑“该不该”的问题。所谓伦理，是指在处理人与人、人与社会的相互关系时应遵循的道理和准则。在大数据营销中，对于数据的获取、储存和使用都存在着许多安全问题。

1. 用户隐私保护

隐私权是指社会公众所享受的能够支配自身与公共利益和集体利益不相关的私人活动、个人信息和私有领域的一种权利，是一种人格权，如姓名、住址和身份证号码等。大数据技术通过多维信息联合，能够掌握消费者细致的生活信息和轨迹，对人们的隐私造成了新的威胁。

2. 数据安全隐患

保障数据安全也就是保证用户数据不损坏、不丢失以及不被泄露和不被盗用。数据蕴含着巨大的商业价值，大数据技术却经常被拿来行不法之事。实践中存在着灰色甚至黑色地带对数据安全造成了巨大隐患，例如系统被黑客攻击，造成数据泄露，被不法分子掌握后，传播有害信息，对用户造成骚扰，也给企业造成经济损失。

3. 数据过度收集

企业以大数据技术为支撑为收集数据提供了便捷性，而有的企业超过了合理收集的度。例如，在安装某款 App 时，需要用户授权手机通讯录、相册、电话、位置等信息，如果不授权将会导致无法注册和使用。

4. 大数据“杀熟”

企业滥用大数据技术对消费者实行差异化定价。大数据杀熟通俗来讲就是“熟客卖高价”，是指当老顾客购买商品时，支付的价格比新用户高。例如，使用酒店预订、点外卖等在线业务，新用户享受的优惠更多。不同的消费者购买同样的产品时，支付的价格却不一样，千人千价明显就是价格歧视。

(二) 大数据营销中伦理问题产生的原因

1. 用户隐私观念淡薄

部分用户对个人隐私的关注度不够，并没有认识到个人隐私被获取和泄露，甚至一些网络行为主动泄露了个人信息；同时并不清楚自己需要付出的代价会对生活造成多大的影响。用户要认识到在享受大数据带来的生活便利时，也在不断地向外输出个人隐私，大数据技术可以对个人数据进行反复分析和整合，信息泄露的危害绝非危言耸听。

2. 企业利益驱使

许多互联网公司没有就服务条款中数据的所有权做出明确的声明，为了使自身利益最大化从而牺牲用户的利益，基于大数据技术精准杀熟、实施价格歧视，让消费者无丝毫反抗之力。

3. 监管机制不健全

监管机制的完善程度没有与大数据技术发展的速度相匹配，从而存在漏洞。例如，用户在选择接受某 App 的服务条款时，该用户协议是否符合法律规定，没有明确的结论。即使签订后用户的隐私被其泄露，该如何维权，同样面临着很多问题。

（三）大数据营销中的伦理治理

1. 培养公民个人隐私观念

学校、政府应该对公众进行个人隐私知识的普及教育，树立正确的隐私观念，建立起用户对数据泄露的风险防范意识，从而更好地保护个人隐私。

2. 引导企业承担社会责任

企业应当积极地去做正确并有益于社会的事，遵循社会公德。企业在利用大数据技术进行数据收集和营销时，不能滥用隐私数据，要主动维护数据安全、避免用户隐私泄露。企业要想长期利用大数据技术获得持续性发展，就必须承担起对数据安全的伦理责任。

3. 健全大数据监管机制

随着用户对个人隐私重视程度的提升，法律法规是必不可少的保护手段。通过立法加强对违法行为的惩罚力度，细化隐私内容，有效防范侵权行为。

关键词

关系营销 Relationship Marketing　　绿色营销 Green Marketing
关系管理链模式 Relationship Management Chain　　体验营销 Experiential Marketing
网络营销 Cyber-Marketing/Online Marketing　　大数据营销 Big Data Marketing

思考题

1. 交易营销与关系营销的区别是什么？
2. 简述关系营销的六大市场模型。
3. 简述绿色营销的内涵与特征。
4. 简述网络营销的特点与方式。
5. 简述体验营销的内涵与特点。
6. 简述体验营销的 5E's 组合策略。
7. 简述大数据营销的含义和特点。
8. 简述在大数据营销中企业应注意的问题。

案例分析讨论

新能源时代，汽车行业的变革

2021 年第一季度，新能源汽车行业超出预期的火爆。蔚来汽车在 2021 年 1 月交付新车同比增长352.1%，连续6个月创品牌单月交付数新高。特斯拉发售国产Model Y并且大幅下调售价，剧烈搅动车市。新能源车企动作频频，似乎预示着新一年将是新能源汽车发展不平凡的一年。实际上，新能源汽车行业这种火爆迹象从2020年下半年就已经开始显现。2020年，在全球汽车销量同比下降20%的情况下，新能源汽车销量却同比增长43%。我国新能源汽车销量在2020年也逆势同比增长10.9%，并且出现了个人购买比例增加和非限购城市购买比重增长两大良好趋势。

相对于传统燃油车，新能源汽车对消费者有哪些独特的吸引力？不同车企在产品、营销和服务上有哪些特点和差异？从消费者视角来观察新能源汽车在产品力、价格、营销和服务等方面发生的改变。在中高端领域这一新能源汽车搏杀最激烈的"赛道"中，读出新能源汽车行业实现超预期增长背后的原因。与传统燃油汽车相比，新能源汽车的核心竞争力到底是什么？智能化似乎是公认的答案。越来越多的新能源汽车企业通过数字化平台，打造用户购车、用车全过程的服务体系，提升车内数字化生活和售后服务。从配置和性能来看，新能源车型均能够借助车机系统和App，实现控车、服务和社交等多种功能，并且车辆出售后也可以进行软件升级和功能迭代优化，实现汽车的常用常新。特斯拉是业内公认的"软件定义汽车"的代表。在试驾过程中，Model 3标准续航版可设定10位驾驶员的驾驶习惯，上车后一键调整，标配自带的辅助驾驶系统在驾驶时可以平稳行驶在车道中，面对有可能的追尾与加塞都能进行有效甄别和判断。如果想达到更高级别的辅助驾驶，可以购买6万多元的辅助驾驶包。相比传统燃油汽车，新能源汽车使用成本较低，智能化程度更高，产品竞争力日渐增强，消费者的接受度也随之显著提高。从最初的质疑观望到如今的熟悉适应，消费者对新能源汽车态度的转变正逐渐积累起巨大的市场需求。

与几年前被放在一排传统燃油汽车旁边势单力薄的景象不同，如今的新能源汽车，有了相对独立的营销方式，营销方式也更加数字化。特斯拉是数字营销的先行者。与传统购车方式不同，即使身在特斯拉直营店，店员也会告诉顾客需要登录官网或者App下单购买，所有配置自助选择添加。这种方式避开了传统销售人员口若悬河的推荐，给消费者专业高效的体验。特斯拉的营销工作做得简单、高效、细致，哪怕在大众点评等服务类平台上，特斯拉同城所有的门店也都统一封面和风格，并上线了汽车展厅。不过，在很多方面特斯拉的营销模式基本上不可复制。2020年10月，特斯拉解散了公关团队，成为第一家不与媒体交谈的汽车厂商。特斯拉CEO埃隆·马斯克认为公共关系或媒体关系部门没有存在的必要了。特斯拉中国公司在公共关系方面延续了这一风格，这种营销方式极大地节约了营销成本。传统汽车品牌主要从事制造环节，销售和售后大多由4S店和经销商完成，而新能源汽车品牌尤其是造车新势力天生自带互联网基因，与用户关系更紧密，也因此更加注重服务环节。从"制造"转向"制造+服务"，以用户为中心，打造产品和服务，正逐渐成为新能源汽车行业发展的新趋势。

（资料来源：https://baijiahao.baidu.com/s?id=1690717248302246552&wfr=spider&for=pc.）

案例思考题：

1. 根据材料，阐述特斯拉在哪些方面进行了变革？
2. 结合当前环境，谈一谈汽车行业应该如何适应市场营销的发展？

参考文献

[1] 科特勒. 营销管理：分析、计划、执行和控制[M]. 梅汝和，梅清豪，张桁，译. 上海：上海人民出版社，1999.
[2] 科特勒，凯勒. 营销管理[M]. 梅清豪，译. 上海：上海人民出版社，2006.
[3] 罗森布罗姆. 营销渠道管理[M]. 李乃和，奚俊芳，译. 北京：机械工业出版社，2003.
[4] STERN L W，EL-ANSARY A I，COUGHLAN A T. 市场营销渠道[M]. 赵平，廖建军，等译. 北京：清华大学出版社，2001.
[5] 巴比. 社会研究方法基础[M]. 邱泽奇，译. 北京：华夏出版社，2002.
[6] 科特勒，阿姆斯特朗，洪瑞云，等. 市场营销管理：亚洲版[M]. 梅清豪，译. 北京：中国人民大学出版社，2001.
[7] 霍金斯. 消费者行为学[M]. 符国群，等译. 北京：机械工业出版社，2003.
[8] 科特勒，巴斯. 水平营销[M]. 陈燕茹，译. 北京：中信出版社，2005.
[9] 埃文斯. 全方位质量管理[M]. 吴蓉，译. 北京：机械工业出版社，2004.
[10] 伍德拉夫. 洞察你的顾客[M]. 董大海，权小妍，译. 北京：机械工业出版社，2004.
[11] 耐格尔. 定价策略与技巧：赢利性决策指南[M]. 应斌，吴英娜，译. 北京：清华大学出版社，2003.
[12] 多兰，西蒙. 定价圣经[M]. 董俊英，译. 北京：中信出版社，2004.
[13] 门罗. 定价：创造利润的决策[M]. 孙忠，译. 北京：中国财政经济出版社，2005.
[14] 奎尔奇，梁绍明，洪瑞云，等. 营销管理与战略案例：亚太版[M]. 杨建华，译. 大连：东北财经大学出版社，2000.
[15] 泽丝曼尔，比特纳. 服务营销[M]. 张金成，白长虹，译. 北京：机械工业出版社，2004.
[16] 科塔比，赫尔森. 全球营销管理[M]. 刘宝成，译. 北京：中国人民大学出版社，2005.
[17] 基根. 全球营销管理[M]. 段志蓉，钱珺，等译. 北京：清华大学出版社，2004.
[18] 约翰逊. 全球营销[M]. 江林，等译. 北京：中国财政经济出版社，2004.
[19] 菲斯克，格罗夫，约翰. 互动服务营销[M]. 张金成，等译. 北京：机械工业出版社，2001.
[20] DIBB S，SIMKIN L. 市场营销案例和概念[M]. 赵平，孙燕军，译. 北京：清华大学出版社，2004.
[21] 科特勒，阿姆斯特朗，洪瑞云，等. 市场营销原理：亚洲版[M]. 何志毅，等译. 北京：机械工业出版社，2006.
[22] 迈克丹尼尔. 当代市场调研[M]. 范秀成，译. 北京：机械工业出版社，2002.
[23] 波隆斯基，威蒙萨特. 环境营销[M]. 王嗣俊，高红岩，等译. 北京：机械工业出版社，2000.
[24] 施密特. 体验式营销[M]. 张愉，等译. 北京：中国三峡出版社，2001.
[25] 施密特. 体验营销[M]. 周兆晴，编译. 南宁：广西民族出版社，2003.
[26] 派恩，吉尔摩. 体验经济[M]. 夏业良，鲁炜，等译. 北京：机械工业出版社，2002.
[27] 波特. 竞争战略[M]. 陈小悦，译. 北京：华夏出版社，1997.
[28] 吴健安. 市场营销学[M]. 2版. 北京：高等教育出版社，2004.
[29] 甘碧群. 市场营销学[M]. 3版. 武汉：武汉大学出版社，2002.
[30] 彭星闾，万后芬. 市场营销学[M]. 北京：中国财政经济出版社，2000.
[31] 苏亚民. 现代营销学[M]. 3版. 北京：对外经济贸易大学出版社，1997.
[32] 何永棋，傅汉章. 市场学原理[M]. 2版. 广州：中山大学出版社，1997.
[33] 叶万春. 服务营销学[M]. 北京：高等教育出版社，2001.
[34] 王方华，周洁如. 非营利组织营销[M]. 上海：上海交通大学出版社，2005.
[35] 王长征. 消费者行为学[M]. 武汉：武汉大学出版社，2003.
[36] 江若尘. 市场营销学[M]. 2版. 北京：中国科学技术出版社，2006.

[37] 晁钢令. 市场营销学[M]. 上海：上海财经大学出版社，2003.
[38] 苗月新. 市场营销学[M]. 北京：清华大学出版社，2004.
[39] 杨爱花，苗长川. 现代市场营销管理[M]. 北京：清华大学出版社，2004.
[40] 年小山. 品牌学[M]. 北京：清华大学出版社，2003.
[41] 陆娟. 现代企业品牌发展战略[M]. 南京：南京大学出版社，2002.
[42] 李业. 品牌管理[M]. 广州：广东高等教育出版社，2004.
[43] 刘敏，牟俊山. 绿色消费与绿色营销[M]. 北京：光明日报出版社，2004.
[44] 寿志钢，甘碧群. 论内部营销理论的多维度分析[J]. 外国经济与管理，2004，26（3）：24-27.
[45] 韩小芸，汪纯孝. 服务性企业顾客满意感与忠诚感关系[M]. 北京：清华大学出版社，2003.
[46] 董大海. 基于顾客价值构建竞争优势的理论与方法研究[D]. 大连：大连理工大学，2003.
[47] 万后芬. 论全面质量营销[J]. 武汉大学学报（社会科学版），2003，56（4）：474-479.
[48] 韩福荣. 现代质量管理学[M]. 4 版. 北京：机械工业出版社，2017.
[49] 钱旭潮. 市场营销管理：需求的创造和传递[M]. 北京：机械工业出版社，2005.
[50] 吴泗宗. 市场营销学[M]. 2 版. 北京：清华大学出版社，2005.
[51] 郭国庆. 市场营销管理：理论与模型[M]. 北京：中国人民大学出版社，1995.
[52] 陈启杰. 市场调研与预测[M]. 上海：上海财经大学出版社，2004.
[53] 景奉杰. 市场营销调研[M]. 北京：高等教育出版社，2001.
[54] 李桂荣. 市场调查与预测[M]. 北京：经济管理出版社，2004.
[55] 寇小萱，王永萍. 国际市场营销学[M]. 北京：首都经济贸易大学出版社，2002.
[56] 沈铖. 全球营销学[M]. 武汉：武汉大学出版社，2004.
[57] 甘碧群. 国际市场营销学[M]. 北京：高等教育出版社，2001.
[58] 肖建中，熊学慧. 体验营销：流行美 10 倍速盈利新模式[M]. 北京：中国人民大学出版社，2005.
[59] 庄贵军，周筱莲，王桂林. 营销渠道管理[M]. 北京：北京大学出版社，2004.
[60] 陈信康. 市场营销学案例集[M]. 上海：上海财经大学出版社，2003.
[61] 曾晓洋，胡维平. 市场营销学案例集：第二辑[M]. 上海：上海财经大学出版社，2005.
[62] 朱玉童. 渠道冲突[M]. 北京：企业管理出版社，2004.
[63] 许以洪，严辉武，杨卫丰，等. 市场营销调研[M]. 武汉：武汉理工大学出版社，2006.
[64] 张欣瑞，尚会英，刘莉，等. 市场营销管理[M]. 北京：清华大学出版社，2005.
[65] 吴涛. 市场营销管理[M]. 北京：中国发展出版社，2005.
[66] 陈祝平. 市场调研与分析[M]. 上海：上海大学出版社，2004.
[67] 简明，金勇进，蒋妍. 市场调查方法与技术[M]. 北京：中国人民大学出版社，2005.
[68] 雷培莉，姚飞. 市场调查与预测[M]. 北京：经济管理出版社，2004.
[69] 教育部高等教育司. 全国普通高等学校工商管理类核心课程教学基本要求[M]. 北京：高等教育出版社，2001.
[70] 科特勒，凯勒. 营销管理[M]. 何佳讯，于洪彦. 牛永革，等译. 上海：格致出版社，2016.
[71] 陈志轩，马琦. 大数据营销[M]. 北京：电子工业出版社，2019.
[72] 亚瑟. 大数据营销：如何让营销更具有吸引力[M]. 姜欣，任东英，温天宁，等译. 北京：中信出版社，2014.
[73] 阳翼. 大数据营销[M]. 北京：中国人民大学出版社，2017.